제6판

법학 입문

Introduction to Civil Law, Book 1

Basic Civil Law

민사법 1
민사법 기초

김해마루 지음

율현출판사

Introduction to Civil Law, Book 1
Basic Civil Law

민사법 1
민사법 기초

사람과 사람 사이의 재산 또는 가족관계에 관한 다툼을 널리 **민사사건**이라 하고, 이를 다루는 법을 민사법이라 한다. 민사법에는 민법, 민사소송법, 민사집행법 등이 있다.

1. **실체법인 민법**은 "권리가 누구에게 있는가?"를 다룬다.
2. **절차법인 민사소송법과 민사집행법**은 "권리를 실현하기 위한 절차는 어떤가?"를 다룬다.

수험적으로 민사법이 가장 중요하고, 그중에서도 특히 "법의 왕"이라고 부를 정도로 민법이 중요하다.

민사법 1 - 민사법 기초 | Basic Civil Law

제1강 민사구조론 | Civil Procedure Outline

제2강 계약법 기초 | Basic Contract Law

제3강 불법행위법 기초 | Basic Tort Law

제4강 물권법 기초 | Basic Property Law

민사법 2 - 권리 득실 | Acquisition and Extinction of Rights

제5강 물권 취득과 소멸 | Acquisition and Extinction of Property Rights

제6강 채권 이전과 소멸 | Transfer and Extinction of Claims

민사법 3 - 채권 효력 | Effect of Claims

제7강 강제이행 | Compulsory Performance

제8강 해제와 손해배상 | Rescission & Compensation

제9강 채무자 재산 보전 | Preservation of Chargeable Properties

민사법 4 - 민법총칙 | General Provisions of the Civil Code

제10강 법률행위론 | Theory of Juristic Act

제11강 흠 있는 계약 | Contract Defect

제12강 사람과 법인 | Natural Person & Juristic Person

민사법 5 - 상법·민사소송법 | Commercial Law · Civil Procedure Law

제13강 회사법 기초 | Basic Concepts of Company Law

제14강 증권법 기초 | Basic Concepts of Securities Law

제15강 보험법 기초 | Basic Concepts of Insurance Law

제16강 복잡 소송 | Complex Litigation

제17강 연습문제 | Practice

> 목차

제1강

민사구조론
Civil Procedure Outline

민사소송 및 민사집행의 기본 구조에 관하여

사람과 사람 사이에는 다툼이 발생한다. 그에 대한 법적인 해결절차가 있다.

1. 법원에 소를 제기해 판결을 받는 절차, 즉 **소송절차**가 있다.
2. 그 판결을 근거로 강제로 권리를 실현하는 절차, 즉 **집행절차**가 있다.

민사절차가 어떻게 흘러가는지, 즉 어떤 절차를 거치고, 왜 그런 절차를 거치며, 그 효과는 어떤지 이해하는 것이 강의목표다. 이를 위해서는 다음 기초개념을 반드시 알아야 하므로, 함께 살펴본다.

1. 소장, 답변서, 준비서면과 같은 소송서류 개요
2. 변론주의와 **요건사실**의 기초
3. 압류, 추심, 저당권실행과 같은 **집행법상 법률용어**

Nicolas Poussin
Jugement de Salomon,
1649, Oil on canvas, 101×150cm

들어가며	2	당사자주의	75
민사소송과 강제집행	6	공격방어방법	86
민사소송과 강제집행을 통한 권리실현	19	증거조사절차	106
담보권실행경매	40	판결 선고	125
민사절차에 관한 규정	45	판결에 대한 불복	141
당사자	50	화해와 조정	169
변론	54	법조인	183
서면	62	사건번호	195

목차

제2강

계약법 기초
Basic Contract Law

본인 의사에 따라 만드는 법률관계에 관하여

누가 누구에게 권리와 의무가 있는지 관계를 **법률관계**라고 한다.
1. 어떤 경우는 법률관계가 본인 **의사**에 따라 변화하기도 한다.
2. 어떤 경우는 법률관계가 그와 무관하게 변화하기도 한다.

앞 경우를 **법률행위**에 따른 법률관계 변동이라 한다. 그러한 법률행위 중에서도 계약이 가장 중요하다. 계약에 관한 법, 즉 계약법을 살펴본다. 구체적으로, 강의목표는 다음을 이해하는 것이다.
1. 기초적인 **계약법상 법률용어**
2. 계약법의 기본 사례와 구조

Edwin Lord Weeks
A Street Market Scene, India,
1887, Oil on canvas, 74×61cm

들어가며	204	노무형 계약	286
권리와 의무	209	보장형 계약	299
법률행위	214	그 밖의 계약들	305
계약 분류	220	계약 성립	312
계약자유 원칙과 한계	225	계약 효력	320
증여형 계약	237	계약 취소와 해소	329
대차형 계약	243	부당이득	338
임차인 보호	256	급여부당이득	349
차주 보호	274		

목차

제3강

불법행위법 기초
Basic Tort Law

잘못을 저질러 남에게 손해를 입혔을 때의 법률관계에 관하여

법률관계가 변하는 이유는 다양하다. 본인 **의사와 무관**하게, "어떤 일이 발생하면, 무슨 권리 의무가 생긴다."는 식으로 법이 정해 놓기도 한다. 대표적인 것이 **불법행위**다.

1. 불법행위가 발생하면, 가해자는 손해배상을 할 의무를 부담한다.
2. 불법행위가 발생하면, 피해자는 손해배상을 받을 권리를 취득한다.

강의목표는 다음을 이해하는 것이다.

1. 불법행위가 언제 어떤 **요건**에서 성립하는가?
2. 그때 배상액은 어떻게 **산정**하고 **조정**하는가?

Pascal Dagnan-Bouveret
Un accident (An Accident),
1879, Oil on canvas, 91×131cm

들어가며	360	재산상 손해 산정	421
불법행위 책임 종류	362	재산상 배상액 조정	430
특별법상 불법행위 책임	374	정신적 손해 산정	442
불법행위 성립	385	최종 배상액 결정	453
손해 분류	408	공동불법행위	456
손해배상 방법	412	사용자책임	467
손해배상 범위	416	여러 책임자와 과실상계	474

목차

제4강

물권법 기초
Basic Property Law

물건에 대한 권리가 변동하는 원리에 관하여

쉽게 말하면, 물건에 대한 권리를 물권, 사람에 대한 권리를 채권이라 한다. **소유권**, 점유권, 지상권, 유치권, **저당권** 같은 것들이 바로 물권이다. 물권은 채권과 다른 독특한 성질이 있다. 강의목표는 다음을 이해하는 것이다.

1. 전형적 물권의 개념과 사례
2. 물권의 특성
3. **물권 변동 원리**

이를 위해, 제1강에서 소개한 **저당권실행**을 조금 더 구체적으로 이해해야 한다. 생소하고 까다로울 수 있다. 그러나 자신이 당사자로서 이해관계인이라 생각하고 차분히 보면, 곧 원리를 깨달을 것이다.

René Magritte
The Listening Room (La chambre d'écoute),
1952, Oil on canvas, 45×55cm

들어가며	484	유치권	558
물건	489	질권	567
물권	507	저당권	578
점유권	516	근저당권 실행	593
소유권	521	전세권	604
지상권	528	점유이 기초개념	616
지역권	551	물권 변동 원리	627

일러두기

1. 판례번호는 사건번호로 갈음해 표기했다. 예를 들어, "대법원 2018. 6. 28. 선고 2018다214319 판결"은 "2018다214319"라고만 표기했다. 단, 하급심 재판은 법원명도 함께 표기하고 "○○고법", "○○지법", "○○지원" 식으로 약칭했다.
2. 대법원 전원합의체 판결은 "전합"이라고 부기했지만, 헌법재판소 전원재판부 결정은 별도로 "전원재판부" 표시를 하지 않았다. 그리고 어느 경우든 법정의견만 인용했다.
3. 법령 이름은 법제처 산하 법률 제명 약칭 위원회의 "법률 제명 약칭 기준"에 따른 약칭이 있을 경우 그 약칭으로 표기했다.
4. 영문 병기는 한국법제연구원 "대한민국영문법령"과 대법원 "각급 기관 및 직위의 영문표기에 관한 내규"를 기본으로 하되, 뜻을 명확하게 하기 위해 의역한 용어도 있다. 영문 병기를 한 이유는, "외국인에게 일상적 용어로 우리 법률개념을 표현할 수 없다면 그 제도를 이해하지 못한 것"이라는 저자의 신념을 담은 것이다.
5. 법령과 판례는 원문 그대로 인용하되, 비문 교정 또는 간결한 표현 등을 위해 저자가 수정한 부분은 "[ ]" 표시로 구별했다. 다만, 띄어쓰기는 별도의 수정 표시 없이 맞춤법에 맞도록 교정했다.
6. 삽입한 법률서류는 실제 사건 양식을 참고하되, 인적사항과 구체적 내용은 가공했다.
7. 중간중간 기출문제가 있다. 강의마다 공부 방향 설정에 참고하라고 넣은 것이다. 정답과 풀이는 제공하지 않는다.
8. 이 책 내용이 소속 기관의 견해와 반드시 일치하는 것은 아니다. 다만 기본 법리는 오로지 통설과 대법원 판례에 따라 설명했다. 쟁점에 관한 개인적 주장 또는 견해는 철저히 배제했다.

제6판 머리말

이 책은 수험용 민사법(민법, 상법, 민사소송법) 입문서다.

책 이름은 제4판(2017)까지 "누워서 읽는 법학"이었다가 제5판(2019)에서 "법학 입문"으로 바꾸었다.

이번 제6판(2023)에서 바뀐 부분은 특히 다음과 같다. 민사법은, 제1~4권에 흩어져 있던 상법, 민사소송법 내용 중 일부를 제5권을 추가하면서 그리로 옮겼다. 형사법은, 검경 수사권 조정 내용을 반영하였다. 민사법, 형사법, 공법 모두 법령 개정과 새로 나온 판례를 반영하였다.

네덜란드의 법학자 휘호 흐로티위스(Hugo Grotius)는 죽기 직전에 "모든 것을 얻으려다 아무것도 이루지 못했다."고 말했다. 그에게는 겸손의 말이겠지만, 첫걸음을 내딛는 수험 법학도에게는 현실이다. 시간은 짧고 가혹하다.

법학을 이해하기 위한 최소한의 이론(Theoretical Minimum), 즉 다음 단계로 나아가기 위해 꼭 알아야만 하는 것을 가장 먼저 이해해야 하는 것부터 서술했다. 입학 전 알아야 하는 모든 것을 설명하되 알아야 하는 것만을 설명하겠다는 다짐은 초판 이래 변함이 없다.

내용과 표현에 아낌없는 조언을 해주신 김승환 님, 경찰청 김별다비 경정(변호사)님, 부산지방법원 서부지원 한종현 조정전담변호사님과 그 배우자 하민희 님, 강 현 변호사님, 법무법인(유한) 태평양 오현수 변호사님께 감사드린다.

어떤 일이 있더라도, 또 어느 누가 뭐라 하더라도, 이 책을 읽는 모든 분이 항상 다음 3가지를 중심에 두기를 간절히 소망한다.

조문, 판례, 강약조절.

이것이 수험 법학의 전부고, 합격의 유일한 방법이다.

2023. 11. 지 은 이

제1강

민사구조론
Civil Procedure Outline

Nicolas Poussin, *Jugement de Salomon*, 1649, Oil on canvas, 101×150cm

민사소송 및 민사집행의 기본 구조에 관하여

— 사람과 사람 사이에는 다툼이 발생한다. 그에 대한 법적인 해결절차가 있다.

  1. 법원에 소를 제기해 판결을 받는 절차, 즉 **소송절차**가 있다.

  2. 그 판결을 근거로 강제로 권리를 실현하는 절차, 즉 **집행절차**가 있다.

— 민사절차가 어떻게 흘러가는지, 즉 어떤 절차를 거치고, 왜 그런 절차를 거치며, 그 효과는 어떤지 이해하는 것이 강의목표다. 이를 위해서는 다음 기초개념을 반드시 알아야 하므로, 함께 살펴본다.

  1. 소장, 답변서, 준비서면과 같은 소송서류 개요

  2. 변론주의와 **요건사실**의 기초

  3. 압류, 추심, 저당권실행과 같은 **집행법상 법률용어**

들어가며
Introduction

> 사람이 사람다움은 사람과 사람과의 결합에 있다.
> - Otto von Gierke

배경

금전대출(소비대차)

서울 서초구에 사는 K는 서울 관악구에 사는 친구 J에게 4,000만 원을 빌려주었다.

1. 소비대차(loan for consumption): 소비하되 같은 종류, 품질, 수량으로 돌려받기로 하고 빌려주는 것

대(貸)는 빌려준다, 차(借)는 빌린다는 뜻이다. 임(賃)대차는 빌린 "그 물건"을 돌려주기로 하는 대차다(바이올린, 건물 등). 소비(消費)대차는 빌린 물건을 소비(consumption)해도 상관없고 "같은 종류, 품질, 수량"으로 돌려주기만 하면 되는 대차다(돈, 쌀, 술 등). 금전소비대차란, 금전(돈) 대출을 말한다.

2. 대주(lender): 소비대차에서, 빌려주는 자
3. 차주(borrower): 소비대차에서, 빌리는 자

> 민법 제598조(소비대차의 의의) 소비대차는 당사자 일방[K]이 **금전**[4,000만 원]...의 소유권을 상대방[J]에게 **이전**할 것을 약정하고 상대방[J]은 그와 같은 종류 ... 및 수량[금전 4,000만 원]으로 **반환**할 것을 약정함으로써 그 효력이 생긴다.
>
> 민법 제603조(반환시기) ① 차주[J]는 약정시기에 차용물과 같은 종류 ... 및 수량의 물건[금전 4,000만 원]을 반환하여야 한다.
> ② 반환시기의 약정이 없는 때에는 대주[K]는 상당한 기간을 정하여 반환을 최고[(요구하는 통지)]하여야 한다. 그러나 차주[J]는 언제든지 반환할 수 있다.

소비대차가 이루어지면, 특별한 사정이 없는 한,

1. 차주는 대주에게 빌린 돈을 갚을 의무가 있다. 즉,
2. 대주는 차주에게 빌려준 돈을 갚으라고 할 권리가 있다.

바이올린 파손 사건(불법행위)

K는 바이올린 1대를 소유하고 있다. 그런데 J가 바이올린을 만져보다가, 완전히 부수고 말았다. 당시 바이올린의 시가는 1,000만 원이다.

1. 불법행위(tort): 고의 또는 과실로 다른 자에게 손해를 입히는 것
2. 피해자(victim): 불법행위를 당한 자
3. 가해자(offender; injurer): 불법행위를 가한 자

> **민법 제750조(불법행위의 내용)** 고의 또는 **과실**로 인한 위법행위로 타인[K]에게 **손해**를 가한 자[J]는 그 손해[1,000만 원]를 배상할 책임이 있다.

불법행위가 발생하면, 특별한 사정이 없는 한,
1. 가해자는 피해자에게 손해를 배상할 의무가 있다. 즉,
2. 피해자는 가해자에게 손해를 배상하라고 할 권리가 있다.

문제 상황
1. 차주 J는 갚기로 한 날을 지나도록 대주 K에게 돈을 갚지 않고 있다.
2. 가해자 J는 피해자 K의 피해를 배상하지도 않고 있다.

각자 입장

K 입장

1. K는 대주 지위에서, 차주 J를 상대로 대여금 4,000만 원을 반환하라고 요구한다.
2. K는 피해자 지위에서, 가해자 J를 상대로 손해 1,000만 원을 배상하라고 요구한다.

J 입장

1. J는 대여금 4,000만 원을 반환할 수 없다고 주장한다.

예: "빌린 적이 없다"고 부인(denial), 또는 "빌렸더라도 이미 모두 갚았다"고 항변(defense)

2. J는 손해 1,000만 원을 배상할 수 없다고 주장한다.

예: "파손한 일이 없다"고 부인(denial), 또는 "파손했더라도 너무 오래전 일이라 이제 책임이 없다"고 항변(defense)

민사사건

문제점

다음과 같은 문제가 발생하고, 이를 해결할 필요가 있다.

1. 실체적(substantial) 문제: 누가 누구에게 얼마를 주어야 하는가? K가 J에게 어떤 권리를 가지는가(J가 K에게 어떤 의무를 부담하는가)?

거칠게 말하면, 민법 문제다.

2. 절차적(procedural) 문제: 그 권리관계를 어떤 절차에 따라 확정하는가? K는 어떻게 공격하고, J는 어떻게 방어하며, 법원은 어떻게 처리해야 하는가?

거칠게 말하면, 민사절차법 문제다. 주로 민사소송법 문제다.

민사사건 개념

위와 같은 개인과 개인 사이의 권리의무(법률관계) 다툼을 민사사건(civil case)이라 한다. 물론, 개인 대신 법인이 당사자가 되는 경우도 있다.

> **2015다200111전합:** 민사사건은 대립하는 당사자 사이의 사법상 권리 또는 법률관계에 관한 쟁송[이다.]

예를 들어,

1. "계약한 대로 돈을 얼마 달라."
2. "등기를 이전해 달라."
3. "내 땅 위의 건물을 철거하라."
4. "치료비, 위자료를 달라."

관계자

소송으로 간다면, 원고(plaintiff) 대 피고(defendant)의 구조가 된다.

> **2014다34041:** <u>원고와 피고의 대립당사자 구조</u>를 요구하는 [것이] 민사소송법상의 기본원칙이[다.]

각 당사자(원고, 피고)는 보조자로 소송대리인(litigation representative)을 쓸 수 있다.

소송대리인을 쓸 것인지 선택은 자유다. 다만, 쓴다면, 원칙적으로 변호사(attorney-at-law)만 소송대리인이 될 수 있다.

> 2010다15363: 변호사강제주의를 택하지 않고 있는 [것이] 우리나라 법제[다.]

> 민사소송법 제87조(소송대리인의 자격) ... 변호사가 아니면 소송대리인이 될 수 없다.

법률관계 발생 원인

권리의무 관계, 즉 법률관계는 어떤 원인으로 발생하는가?

1. 대여금반환 관계처럼, 계약(금전소비대차계약)으로 발생하기도 한다. 즉, 약속을 한 사람(promisor)은 약속 상대방(promisee)에게 어떤 의무를 부담하게 된다.

2. 바이올린 파손에 따른 손해배상 관계처럼, 어떤 사건(불법행위)으로 발생하기도 한다. 즉, 가해자(offender; injurer)는 피해자(victim)에게 어떤 의무를 부담하게 된다.

모든 채권채무관계는 계약으로 발생하거나, 불법행위로 발생한다(*Omnis enim obligatio uel ex contractu nascitur uel ex delicto*; For every obligation arises either from contract or from tort).

민사소송과 강제집행
Civil Suit and Compulsory Execution

천하에 자랑할 만한 명문의 판결이라도
집행에 따라 그 실효성이 보장되지 않으면 한낱 휴지조각에 불과하다.
- 사법연수원, "민사집행법"

민사소송

개념

1. 민사분쟁(민사사건)을 해결하는 절차에는 여러 가지가 있다.
2. 그중 법원(court) 판결을 받아 해결하는 절차를 민사소송(civil suit)이라 한다.

권리가 존재하는 곳에 구제가 있다(*Ubi ius ibi remedium*; For every wrong, the law provides a remedy).

사례

K는 J를 상대로 5,000만 원(= 대여금반환 4,000만 원 + 불법행위 손해배상 1,000만 원) 지급을 구하는 취지로, 법원에 소를 제기할 수 있다. 법원 판결로 해결을 보겠다는 의도다.

소　장

원　고　김권자
　　　　서울 서초구 이대로 15
　　　　(전화: 02-3473-1234　　휴대전화: 010-5555-1234
　　　　　팩스: 02-3473-1235　　이메일: k-dragon@gmail.com)

피　고　장무자
　　　　서울 관악구 노루로 231-2

대여금 등 청구의 소

청 구 취 지

1. 피고는 원고에게 50,000,000원 및 그중 10,000,000원에 대하여 2019. 7. 24.부터, 40,000,000원에 대하여 2022. 9. 1.부터, 각각 소장 송달일까지는 연 5%의, 각각 그다음 날부터 다 갚는 날까지는 연 12%의 각 비율로 계산한 돈을 지급하라.
2. 소송비용은 피고가 부담한다.
3. 제1항은 가집행할 수 있다.

라는 판결을 구합니다.

청 구 원 인

1. 대여금 청구

   원고는 2022. 7. 1. 피고에게 변제기를 2022. 8. 31.로 정하여 4,000만 원을 대여했습니다(갑 제1호증).

   따라서 피고는 원고에게 차용금 4,000만 원을 반환하고 이에 대한 지연손해금을 지급할 의무가 있습니다.

2. 손해배상 청구

   피고는 2019. 7. 24. 서울 서초구 예술로 33에 있는 '마논트로트' 동아리방에서 원고 소유의 시가 1,000만 원 상당 바이올린을 만지다 실수로 이를 완전히 파손했습니다(갑 제2~4호증).

   따라서 피고는 원고에게 불법행위에 따른 손해배상으로 1,000만 원을 배상하고 이에 대한 지연손해금을 지급할 의무가 있습니다.

3. 결론

   그렇다면 피고는 원고에게 5,000만 원(= 차용금 4,000만 원 + 배상금 1,000만 원)을 지급하고 이에 대하여 다음 각 비율로 계산한 지연손해금을 지급할 의무가 있습니다.

   가. 차용금 4,000만 원에 대하여: ① 2022. 9. 1.(변제기 다음 날)부터 소장 송달일까지는 연 5%(민법), ② 그다음 날부터 다 갚는 날까지는 연 12%(소송촉진 등에 관한 특례법)

   나. 배상금 1,000만 원에 대하여: ① 2019. 7. 24.(불법행위일)부터 소장 송달일까지는 연 5%(민법), ② 그다음 날부터 다 갚는 날까지는 연 12%(소송촉진 등에 관한 특례법)

증 명 방 법

1. 갑 제1호증   계약서
2. 갑 제2호증   바이올린 구매 영수증
3. 갑 제3호증   파손된 바이올린 사진
4. 갑 제4호증   목갑자의 진술서

2023. 9. 13.

원고 김권사

서울중앙지방법원 귀중

이자니 지연손해금이니 하는 것들은 무시하고, 일단 원금만 생각하자. 손해배상법을 배우기에 앞서 보다가는, 오히려 체계 이해에 혼선이 생길 수 있다. 제8강 해제와 손해배상에서 차차 공부할 것이다. 그때까지는 궁금하더라도 참자.

결과

법원은 판결로 대답한다. K의 청구는,

1. 5,000만 원 전액 인정받을 수도 있고,
2. 일부(예: 700만 원)만 인정받을 수도 있고,
3. 전부 배척될 수도 있다.

일부만 인정한 사례를 보자.

서 울 중 앙 지 방 법 원

판　결

사　　　건	2023가단1020304　대여금 등	
원　　　고	김권자	
	서울 서초구 이대로 15	
피　　　고	장무자	
	서울 관악구 노루로 231-2	
변 론 종 결	2023. 12. 6.	
판 결 선 고	2023. 12. 13.	

주　　　문

1. 피고는 원고에게 7,000,000원 및 이에 대하여 2019. 7. 24.부터 2023. 12. 13.까지는 연 5%의, 그다음 날부터 다 갚는 날까지는 연 12%의 각 비율로 계산한 돈을 지급하라.
2. 원고의 나머지 청구를 기각한다.
3. 소송비용 중 6/7은 원고가, 나머지는 피고가 각각 부담한다.
4. 제1항은 가집행할 수 있다.

청 구 취 지

피고는 원고에게 50,000,000원 및 그중 10,000,000원에 대하여 2019. 7. 24.부터, 40,000,000원에 대하여 2022. 9. 1.부터, 각각 소장 송달일까지는 연 5%의, 각각 그다음 날부터 다 갚는 날까지는 연 12%의 각 비율로 계산한 돈을 지급하라.

이 유

소송절차 의의
1. 민사소송절차는 승소든 패소든 판결(judgment)로 일단 끝이 난다.
2. 그러나 원고가 승소판결을 받더라도, 권리구제 절차는 아직 끝이 아니다.
3. 판결을 받는다 해서 갑자기 상대방 계좌에서 내 계좌로 돈이 자동으로 이체되는 건 아니기 때문이다. 승소해도, 단지 "J는 K에게 얼마큼(예: 700만 원)을 지급할 의무가 있다"는 것을 법원으로부터 인정받았을 뿐이다.

2016다200552: 판결절차는 분쟁의 관념적 해결절차[다.]

강제집행

집행
따라서 원고는 판결 내용대로 실제로 만족을 받기 위해 어떤 시도를 해야 한다. 이를 집행(execution)이라 한다.

1. 먼저, 판결 받은 것을 내세우며 상대방에게 그 내용대로 의무를 이행하라고 요구해 본다. 상대방이 자발적으로 계좌이체를 해 준다거나 해서 이행을 하면 문제가 없다. 이를 임의이행이라 한다.
2. 그러나 만약 상대방이 임의이행을 거부한다면, 이제는 강제로 집행을 할 수밖에 없다.

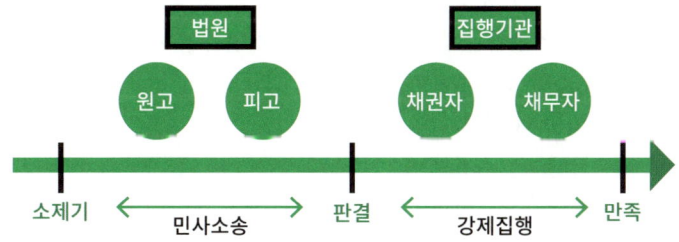

강제집행 방법

강제집행이라 해서 채권자 스스로 폭력을 써서 채무자의 재산을 빼앗아 간다거나 채무자를 노예로 삼을 수는 없다. 법원에 소장을 내듯, 소송에서 승소한 채권자는 다시 집행기관에 어떤 신청을 해야 한다.

사례1: 채권자의 권리가 물건 받을 권리일 경우

매수인(채권자) B가 매도인(채무자) S 상대로 물건A 인도청구소송을 해 승소 판결을 받은 상태라 하자.

매매대금에 관해선 S가 채권자지만, 물건에 관해선 어디까지나 B가 채권자다.

1. 채권자 B는 어쨌거나 물건A만 받으면 된다.
2. 절차를 거쳐 집행기관 주도로, 채무자 S의 물건A를 강제로 빼앗아 채권자 B에게 넘길 수 있다.
3. 이를 위해, B는 집행기관에 동산인도집행을 위임하면 된다.

사례2: 채권자의 권리가 돈 받을 권리이고, 채무자에게 물건이 있을 경우

금전대주(채권자) K가 금전차주(채무자) J를 상대로 대여금반환 청구 소송을 해 승소 판결을 받은 상태라 하자. J의 재산으로는 물건X(동산, 부동산 등)가 있다.

1. 채권자 K는 어쨌거나 돈만 받으면 된다.
2. 절차를 거쳐 집행기관 주도로, 채무자 J의 물건X를 강제로 경매에 부칠 수 있다. 낙찰되면 돈이 생기므로, 그 돈을 배당받아 만족할 수 있다.
3. 이를 위해, K는 집행기관에 물건X의 경매를 신청하면 된다.
4. 경매를 진행하려면 J가 물건X를 마음대로 처분하지 못하게 묶어야 한다. 이를 압류(seizure)라 한다.

압류해 달라는 신청(= 강제경매 신청)을 하면 된다. 신청취지 부분에 주목하라.

부동산강제경매신청서

채 권 자   김권자(850330-1234567)
　　　　　　 서울 서초구 이대로 15
　　　　　　 (전화: 02-3473-1234　　휴대전화: 010-5555-1234
　　　　　　 팩스: 02-3473-1235　　이메일: k-dragon@gmail.com)

채무자겸   장무자(810129-2123456)
소유자   서울 관악구 노루로 231-2

청구채권 및 집행권원의 표시

8,587,239원　서울중앙지방법원 2023. 12. 13. 선고 2023가단1020304호 집행력 있는 판결정본

7,000,000원 및 이에 대하여 2019. 7. 24.부터 2023. 12. 13.까지는 연 5%의, 그다음 날부터 2024. 1. 4.까지는 연 12%의 각 비율로 계산한 지연손해금

매각할 부동산의 표시

1. 서울 관악구 신림동 99-8 대 120㎡
2. 위 지상 시멘트블럭조 시멘트기와지붕 단층주택 85㎡

신 청 취 지

매각할 부동산의 표시 기재 부동산에 대해 경매절차를 개시하고 채권자를 위해 이를 압류한다.
라는 결정을 구합니다.

신 청 이 유

채무자는 채권자에게 위 집행권원에 따라 위 청구금액을 변제해야 하는데, 이를 이행하지 않고 있습니다.

첨 부 서 류

1. 집행력 있는 정본
2. 집행권원의 송달증명원
3. 부동산 등기사항전부증명서(11012018123456)

2024. 1. 4.

채권자 김권자

서울중앙지방법원 귀중

사례3: 채권자의 권리가 돈 받을 권리이고, 채무자에게 권리가 있을 경우

이번에도 금전대주(채권자) K가 금전차주(채무자) J를 상대로 대여금반환 청구 소송을 해 승소 판결을 받은 상태라 하자. J의 재산으로는 G에 대한 매매대금 채권이 있다.

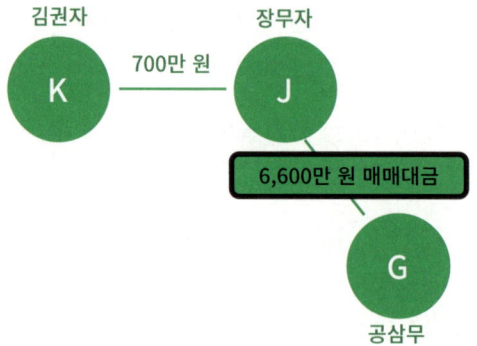

1. 이번에도 채권자 K는 어쨌거나 돈만 받으면 된다.
2. 절차를 거쳐 집행기관 주도로, 채권자 K는 채무자 J가 갖고 있던 권리(매매대금 채권)를 가로챌 수 있다. 그렇게 해서 만족할 수 있다.
3. 이를 위해, K는 집행기관에 추심명령을 신청하면 된다. 추심명령을 받으면, K는 J의 권리(매매대금 채권)를 자기가 직접 행사할 수 있다.

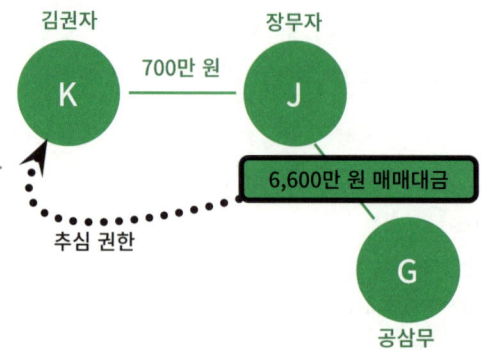

추심명령을 받더라도, 매매대금 채권자는 여전히 J이다. K는 매매대금 채권자도 아니면서 매매대금을 추심할 권한이 생긴다.

4. K는 추심명령 대신 전부명령을 신청해도 된다. 전부명령을 받으면, J의 권리(매매대금 채권)는 K에게 넘어간다.

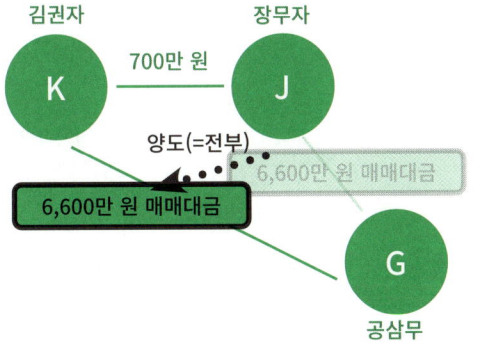

전부명령을 받으면, 매매대금 채권자는 K로 바뀐다. K는 매매대금 채권자이므로, 매매대금을 당연히 지급받을 수 있다.

5. 추심 또는 전부를 진행하려면, 역시 J가 권리(매매대금 채권)를 마음대로 처분하지 못하게 묶어야 한다. 바로 압류(seizure)다.

역시 압류해 달라는 신청을 하면 된다. 역시 신청취지 부분에 주목하라.

채권압류명령신청서

채 권 자   김권자(850330-1234567)
          서울 서초구 이대로 15
          (전화: 02-3473-1234   휴대전화: 010-5555-1234
            팩스: 02-3473-1235   이메일: k-dragon@gmail.com)

채 무 자   장무자(810129-2123456)
          서울 관악구 노루로 231-2

제3채무자 공삼무
          서울 강남구 제로 41

청구채권의 표시

8,620,239원

1. 7,000,000원 (원금)
2. 1,587,239원 (제1항 기재 돈에 대한 2019. 7. 24.부터 2023. 12. 13.까지는 연 5%의, 그다음 날부터 2024. 1. 4.까지는 연 12%의 각 비율로 계산한 지연손해금)
3. 33,000원 [인지액 1,800원, 송달료 31,200원(= 5,200원 × 6회)]
4. 합계 8,620,239원

집행권원의 표시

서울중앙지방법원 2023. 12. 13. 선고 2023가단1020304호 집행력 있는 판결정본

압류할 채권의 표시

청구금액: 8,620,239원

채무자 장무자(810129-2123456)가 제3채무자에게 2022. 7. 27. 매도한 사무용 의자(모델명 FKE-3700R) 300개에 대한 66,000,000원의 매매대금채권 중 위 청구금액에 이를 때까지의 금액

신 청 취 지

1. 압류할 채권의 표시에 기재한 채무자의 제3채무자에 대한 채권을 압류한다.
2. 제3채무자는 채무자에게 위 채권에 관한 지급을 하여서는 안 된다.
3. 채무자는 위 채권의 처분과 영수를 하여서는 안 된다.

라는 결정을 구합니다.

신 청 이 유

채무자는 채권자에게 위 집행권원에 따라 위 청구금액을 변제해야 하는데, 이를 이행하지 않고 있습니다.

첨 부 서 류

1. 집행력 있는 정본
2. 집행권원의 송달증명원
3. 주민등록초본(채무자)

2024. 1. 4.

채권자 김권자

서울중앙지방법원 귀중

결과

집행기관은 집행신청을,

1. 전부 받아들일 수도 있고,
2. 일부만 받아들일 수도 있고,
3. 배척할 수도 있다.

집행신청을 받아들인 사례 몇 개만 보자.

1. 금전채권자의 부동산강제경매 신청을 집행기관이 받아들인 사례

서 울 중 앙 지 방 법 원

결 정

사　　　건	2024타경112233　부동산강제경매
채　권　자	김권자 (850330-1234567)
	서울 서초구 이대로 15
채　무　자	장무자 (810129-2123456)
	서울 관악구 노루로 231-2
소　유　자	채무자와 같음

주　문

별지 목록 기재 부동산에 대하여 경매절차를 개시하고 채권자를 위하여 이를 압류한다.

청 구 금 액

7,000,000원(불법행위 손해배상금)

1,587,239원(위 손해배상금에 대한 2019. 7. 24.부터 2024. 1. 4.까지의 지연손해금)

합계 8,587,239원

이   유

위 청구금액의 변제에 충당하기 위한 서울중앙지방법원 2023. 12. 13. 선고 2023가단1020304 대여금 등 청구 사건의 집행력 있는 판결정본에 기초하여 한 채권자의 신청은 이유 있다.

2024. 1. 5.

사법보좌관   서본좌 (인)

별지.

목   록

1. 서울 관악구 신림동 99-8 대 120㎡
2. 위 지상 시멘트블럭조 시멘트기와지붕 단층주택 85㎡ 끝.

2. 금전채권자의 채권압류 신청을 집행기관이 받아들인 사례

서 울 중 앙 지 방 법 원

결   정

사 건	2024타채191817 채권압류	
채 권 자	김권자 (850330-1234567)	
	서울 서초구 이대로 15	
채 무 자	장무자 (810129-2123456)	
	서울 관악구 노루로 231-2	
제3채무자	공삼무	
	서울 강남구 제로 41	

주 문

1. 채무자의 제3채무자에 대한 별지 목록 기재 채권을 압류한다.
2. 제3채무자는 채무자에게 위 채권에 관한 지급을 하여서는 안 된다.
3. 채무자는 위 채권의 처분과 영수를 하여서는 안 된다.

청 구 금 액

7,000,000원(불법행위 손해배상금)

1,587,239원(위 손해배상금에 대한 2019. 7. 24.부터 2024. 1. 4.까지의 지연손해금)

33,000원(집행비용)

합계 8,620,239원

이 유

위 청구금액의 변제에 충당하기 위한 서울중앙지방법원 2023. 12. 13. 선고 2023가단1020304 대여금 등 청구 사건의 집행력 있는 판결정본에 기초하여 한 채권자의 신청은 이유 있다.

2024. 1. 5.

사법보좌관   서본좌 (인)

별지.

목 록

청구금액: 8,620,239원

채무자 장무자(810129-2123456)가 제3채무자에게 2022. 7. 27. 매도한 사무용 의자(모델명 FKE-3700R) 300개에 대한 66,000,000원의 매매대금채권 중 위 청구금액에 이를 때까지의 금액. 끝.

강제집행절차 의의

강제집행(compulsory execution)이란, 다음을 의미한다.

1. 판결에 근거해(based on judgment),
2. 채권자의 신청으로(by obligee's application),
3. 국가 권력을 이용해, 즉 집행기관(executing agency)을 통해,
4. 채무자의 재산(obligor's property)에 집행하는 절차.

민사집행법 제24조(강제집행과 종국판결) 강제집행은 확정된 종국**판결...에 기초**하여 한다.

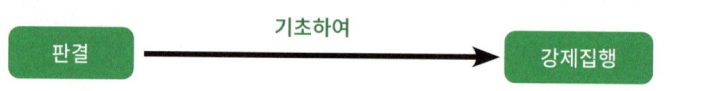

결론

소송절차
권리관계 확정 → 분쟁의 관념적 해결

강제집행절차
판결의 후속절차 → 분쟁의 사실적, 종국적 해결
압류의 본질 = 돈 받기 위해, 처분 못하게 만듦.

민사소송과 강제집행을 통한 권리실현
Execution of Right through Civil Suit and Compulsory Execution

> 인생에서 원하는 것을 얻기 위한 첫 번째 단계는
> 내가 무엇을 원하는지 결정하는 것이다.
> - Ben Stein

몇 가지 기초개념

채권

1. 채권(claim): 특정한 자가 다른 특정한 자에게 어떤 행위를 하도록 요구할 권리
2. 채권자: 어떤 행위를 요구할 권리자(즉, 채무자의 상대방)
3. 채무자: 어떤 행위를 해야 하는 의무자(즉, 채권자의 상대방)

물건

1. 물건(property) = 유체물(corporeal) + 관리 가능한 자연력
2. 부동산(real property) = 토지 + 건물 등
3. 동산(personal property) = 물건 - 부동산

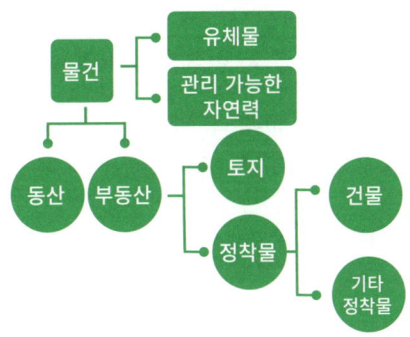

> **민법 제98조(물건의 정의)** 본법[민법]에서 물건이[란] 유체물 및 전기 기타 관리할 수 있는 자연력을 말한다.

> **민법 제99조(부동산, 동산)** ① 토지 및 그 정착물은 부동산이다.
> ② 부동산 이외의 물건은 동산이다.

법률용어는 법마다 조금씩 다르게 정의할 수도 있다. 예를 들어, 민법과 달리 민사집행법은,

1. "동산"에 채권(claim)까지 포함한다.
2. 그래서 채권을 제외한 동산을 별도로 유체동산(corporeal property)이라 부른다.

민사집행법 제2편 강제집행
  제2장 금전채권에 기초한 강제집행
   제4절 동산에 대한 강제집행
    제2관 유체동산에 대한 강제집행
    제3관 채권과 그 밖의 재산권에 대한 강제집행

매매

1. 매매(sale and purchase): 물건을 사고 파는 것
2. 매수인(buyer): 매매에서, 물건을 사는 자
3. 매도인(seller): 매매에서, 물건을 파는 자

> 민법 제563조(매매의 의의) 매매는 당사자 일방이 재산권을 상대방에게 이전할 것을 약정하고 상대방이 그 대금을 지급할 것을 약정함으로써 그 효력이 생긴다.

부동산등기부

1. 부동산(토지, 건물)은 들고 다닐 수 없어서, 소유자가 누구인지 겉보기로 알기 어렵다. 부동산에 관한 권리(소유권, 저당권 등)를 적어 둔 공개(public) 장부가 필요하다. 부동산등기부(registry of real property)라 한다.

> 부동산등기법 제14조(등기부의 종류 등) ① 등기부는 토지 등기부(土地登記簿)와 건물 등기부(建物登記簿)로 구분한다.
> ② 등기부는 영구(永久)히 보존하여야 한다.
>
> 부동산등기법 제15조(물적 편성주의) ① 등기부를 편성할 때에는 1필의 토지 또는 1개의 건물에 대하여 1개의 등기기록을 둔다. ...
>
> 부동산등기법 제3조(등기할 수 있는 권리 등) 등기는 부동산의 표시(表示)와 다음 각호의 어느 하나에 해당하는 권리의 보존, 이전, 설정, 변경, 처분의 제한 또는 소멸에 대하여 한다.
>   1. 소유권(所有權)
>   5. 저당권(抵當權)

저당권이 무엇인지도 곧 배울 것이다.

2. 등기부는 법원(court) 또는 등기소(registry office)가 관리한다.

> 부동산등기법 제7조(관할 등기소) ① 등기사무는 부동산의 소재지를 관할하는 지방법원... 또는 등기소...에서 담당한다.

3. 오늘날 등기부는 전산화되어 있다.

> 부동산등기법 제2조(정의) 이 법에서 사용하는 용어의 뜻은 다음과 같다.
>   1. "등기부"란 전산정보처리조직에 의하여 입력·처리된 등기정보자료를 ... 편성한 것을 말한다.
>   3. "등기기록"이란 1필의 토지 또는 1개의 건물에 관한 등기정보자료를 말한다.

4. 누구나 등기부(등기기록) 내용을 열람할 수 있다. 증명서도 떼어 준다. 이 증명서를 등기사항증명서(certificate of registered matters)라 한다.

> **부동산등기법 제19조(등기사항의 열람과 증명)** ① 누구든지 수수료를 내고 … 등기기록에 기록[된] 사[항] 전부 또는 일부의 열람(閱覽)과 이를 증명하는 등기사항증명서의 발급을 청구할 수 있다. …

등기부가 전산화되기 전에는 등기부등본(등기부초본)이라 했다. 구 등기부등본(등기부초본)이 곧 오늘날 등기사항전부증명서(등기사항일부증명서)다.

> **부동산등기법 제48조(등기사항)** ① 등기관이 … 권리에 관한 등기를 할 때에는 다음 각 호의 사항을 기록하여야 한다.
>   1. 순위번호
>   2. 등기목적
>   3. 접수연월일 및 접수번호
>   4. 등기원인 및 그 연월일
>   5. 권리자

등기사항전부증명서(말소사항 포함)
- 건물 -

등기고유번호 1101-2018-123456

[건물] 서울특별시 관악구 신림동 99-8

【 표 제 부 】 (건물의 표시)

표시번호	접 수	소재지번 및 건물번호	건물 내역	등기원인 및 기타사항
1	2018년4월19일	서울특별시 관악구 신림동 99-8 [도로명주소] 서울특별시 관악구 노루로 231-2	시멘트블럭조 시멘트기와지붕 단층주택 85㎡	

【 갑 구 】 (소유권에 관한 사항)

순위번호	등 기 목 적	접 수	등 기 원 인	권리자 및 기타사항
1	소유권보존	2018년4월19일 제549호		소유자 장무자 810129-******* 서울특별시 관악구 노루로 231-2(신림동)

-- 이 하 여 백 --

수수료 1,200원 영수함   관할등기소 서울중앙지방법원 등기국 / 발행등기소 서울중앙지방법원 등기국

이 증명서는 등기기록의 내용과 틀림없음을 증명합니다.

서기 2023년 8월 1일

법원행정처 등기정보중앙관리소   전산운영책임관 (인)

물건 소유권 이전

1. 부동산 매수인은 부동산의 등기상 소유자 명의를 이전받아야 소유자가 될 수 있다.

소유자 명의를 이전하는 등기를 "소유권이전등기"라 한다.

> **민법 제186조(부동산물권변동의 효력)** 부동산에 관한 법률행위로 인한 물권의 득실변경은 **등기하여야 그 효력**이 생긴다.
>
> **부동산등기법 제22조(신청주의)** ① 등기는 당사자의 신청 또는 관공서의 촉탁에 따라 한다. …
>
> **부동산등기법 제23조(등기신청인)** ① 등기는 법률에 다른 규정이 없는 경우에는 등기권리자(登記權利者)와 등기의무자(登記義務者)가 공동으로 신청한다.

2. 동산 매수인은 동산을 건네 받아야 소유자가 될 수 있다.

건네주고 받는 것을 "인도"라 한다.

> **민법 제188조(동산물권양도의 효력, 간이인도)** ① 동산에 관한 물권의 양도는 그 동산을 **인도하여야 효력**이 생긴다.
>
> **2018다287522전합:** 일반적으로 물건의 '인도'는 물건에 대한 현실적·사실적 지배를 완전히 이전하는 것을 뜻한다.

금전채권과 비금전채권(특정채권)

1. 돈을 달라고 요구할 권리는 금전채권(monetary claim)이다. 예를 들어, L이 B에게 1,000만 원을 빌려 줬다면, L은 B에 대해 1,000만 원의 금전채권을 갖는다.

2. 돈 달라는 것 이외의 모든 요구할 권리는 비금전채권(non-monetary claim)이다. 예를 들어, S가 B에게 물건 C를 팔고 대금도 다 받았다면, B는 S에 대해 물건 C 소유권을 이전받을 비금전채권을 갖는다.

비금전채권을 특정채권이라고도 한다.

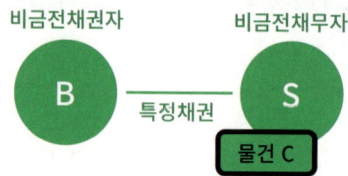

추심

금전채권 내용에 따라 이행(지급) 받는 것을 추심(collection)이라 한다.

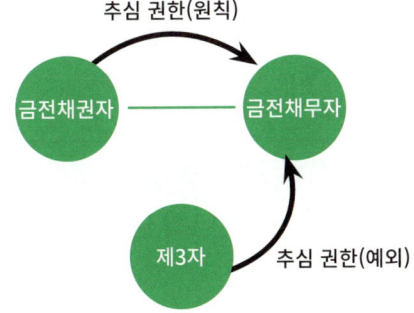

1. 원칙: 채권자가 채무자를 상대로 추심 권한을 갖는다.
2. 예외: 채권자 아닌 자가 추심 권한을 가질 수도 있다.

판결과 강제집행 관계

소송의 끝: 종국판결의 확정

소송은 판결의 확정으로 끝난다.

1. 판결(judgment): 소송을 통한 청구에 대한 법원(court)의 대답

   > 민사소송법 제203조(처분권주의) 법원은 당사자가 신청하지 아니한 사항에 대하여는 판결하지 못한다.

   > 민사소송법 제206조(선고의 방식) 판결은 재판장이 판결원본에 따라 주문을 읽어 선고하며, 필요한 때에는 이유를 간략히 설명할 수 있다.

2. 종국판결(final judgment): 그 심급(예: 제1심, 제2심, 제3심)을 종료시키는 판결

   > 민사소송법 제198조(종국판결) 법원은 소송의 심리를 마치고 나면 종국판결(終局判決)을 한다.

   중간판결(interlocutory judgment)도 있다. 그러나 실무상 중간판결을 거의 활용하지 않기 때문에, 그냥 "판결"이라 하면 종국판결이라 이해해도 무방하다.

   > 민사소송법 제201조(중간판결) ① 법원은 독립된 공격 또는 방어의 방법, 그 밖의 중간의 다툼에 대하여 필요한 때에는 중간판결(中間判決)을 할 수 있다.

   > 94다38366: 중간판결이[란 무엇인가?] 그 심급에[서] 사[건] 전부 또는 일부를 완결하는 재판인 종국판결을 하기에 앞서 그 종국판결의 전제가 되는 개개의 쟁점을 미리 정리·판단하여 종국판결을 준비하는 재판이[다.]

3. 판결정본(authentic judgment): 판결원본은 법원에 보관해야 한다. 그래서 당사자에게는 원본 내용을 그대로 옮겨 맨 끝에 "정본입니다"라고 표시한 문서를 준다. 이것이 판결정본이다. 원본과 똑같은 효력을 갖는다.

민사소송법 제210조(판결서의 송달) ① 법원사무관등은 판결서를 받은 날부터 2주 이내에 당사자에게 송달하여야 한다.
② 판결서는 정본으로 송달한다.

정본입니다.

2023. 12. 14.

서울중앙지방법원

법원주사   최주보   (인)

판결에 불복이 있을 때에는 이 정본을 송달받은 날(발송송달의 경우에는 발송한 날)부터 2주 이내에 상소장을 이 법원에 제출하여야 합니다(민사소송법 제71조의 보조참가인의 경우에는 피참가인을 기준으로 상소기간을 계산함에 유의).

※ 각 법원 민원실에 설치된 사건검색 컴퓨터의 발급번호조회 메뉴를 이용하거나, 담당 재판부에 대한 문의를 통하여 이 문서 하단에 표시된 발급번호를 조회하시면, 문서의 위,변조 여부를 확인하실 수 있습니다.

---

4. 항소(appeal): 제1심 종국판결에 대한 불복

민사소송법 제390조(항소의 대상) ① 항소(抗訴)는 제1심법원이 선고한 종국판결에 대하여 할 수 있다. …

5. 상고(final appeal): 제2심 종국판결에 대한 불복

민사소송법 제422조(상고의 대상) ① 상고는 고등법원이 선고한 종국판결과 지방법원 합의부가 제2심으로서 선고한 종국판결에 대하여 할 수 있다.

6. 확정판결(final and conclusive judgment): 당사자가 더는 상소할 수 없게 된 종국판결

항소(상고)하지 않은 채 항소(상고)기간을 넘긴 판결, 또는 최종심(제3심) 판결은 확정판결이다. 강제집행의 근거인 "판결"이란, 정확히는 "확정판결"을 의미한다.

> **민사소송법 제396조(항소기간)** ① 항소는 판결서가 송달된 날부터 2주 이내에 하여야 한다. ...
>
> **민사소송법 제425조(항소심절차의 준용)** 상고와 상고심의 소송절차에는 특별한 규정이 없으면 제1장[항소]의 규정을 준용한다.
>
> **민사소송법 제498조(판결의 확정 시기)** 판결은 상소를 제기할 수 있는 기간 또는 그 기간 이내에 적법한 상소제기가 있을 때에는 확정되지 아니한다.

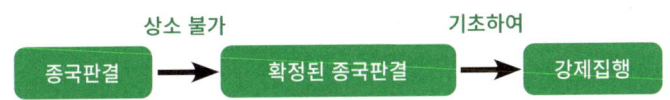

강제집행 시작: 종국판결 확정 + 집행문

강제집행을 하려면 확정판결이 필요하다. 그러나 그것만으로는 부족하다. 집행문까지 필요하다.

> **민사집행법 제24조(강제집행과 종국판결)** 강제집행은 **확정된** 종국판결(終局判決)...에 기초하여 한다.

1. 집행문(execution clause): 어떤 확정판결에 강제집행을 할 수 있는 힘, 즉 집행력(executive force)이 있다는 점을 공증(notarial)한 문서

확정판결을 받은 뒤 집행문 부여(grant of execution clause) 신청을 하면, 원칙적으로 집행문을 받을 수 있다.

> **민사집행법 제30조(집행문부여)** ① 집행문은 판결이 확정되거나 ... 때에만 내어 준다.
>
> **민사집행법 제28조(집행력 있는 정본)** ② 집행문은 신청에 따라 ... 법원의 ... 법원사무관등[이] ... 내어 준다.
>
> **민사집행법 제29조(집행문)** ① 집행문은 판결정본의 끝에 덧붙여 적는다.
> ② 집행문에는 "이 정본은 피고 아무개 또는 원고 아무개에 대한 강제집행을 실시하기 위하여 원고 아무개 또는 피고 아무개에게 준다."라고 적고 법원사무관등이 기명날인하여야 한다.

집 행 문

사　　건　　서울중앙지방법원 2019가단1020304 대여금 등

이 정본은 피고 장무자에 대한 강제집행을 실시하기 위하여 원고 김권자에게 내어 준다.

2024. 1. 3.

서울중앙지방법원

법원주사   최 주 보 (인)

◇ 유 의 사 항 ◇

1. 이 집행문은 판결(결정)정본과 분리하여서는 사용할 수 없습니다.
2. 집행문을 분실하여 다시 집행문을 신청한 때에는 재판장(사법보좌관)의 명령이 있어야만 이를 내어줍니다(민사집행법 제35조 제1항, 법원조직법 제54조 제2항). 이 경우 분실사유의 소명이 필요하고 비용이 소요되니 유의하시기 바랍니다.
3. 집행문을 사용한 후 다시 집행문을 신청한 때에는 재판장(사법보좌관)의 명령이 있어야만 이를 내어줍니다(민사집행법 제35조 제1항, 법원조직법 제54조 제2항). 이 경우 집행권원에 대한 사용증명원이 필요하고 비용이 소요되니 유의하시기 바랍니다.
4. 집행권원에 채권자, 채무자의 주민등록번호(주민등록번호가 없는 사람의 경우에는 여권번호 또는 등록번호, 법인 또는 법인 아닌 사단이나 재단의 경우에는 사업자등록번호, 납세번호 또는 고유번호를 말함, 이하 '주민등록번호등'이라 함)가 적혀 있지 않은 경우에는 채권자, 채무자의 주민등록번호등을 기재합니다.

2. 집행력 있는 정본(executory exemplification): 판결정본 + 집행문

제28조(집행력 있는 정본) ① 강제집행은 **집행문이 있는** 판결정본(이하 "집행력 있는 정본"이라 한다)**이 있어야** 할 수 있다.

실무상 집행문만 단독으로 활용하는 경우는 거의 없다. 즉, 항상 판결정본 등에 붙여 사용한다.

부동산 매수인의 권리실현

문제 상황

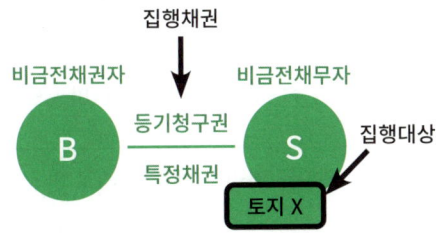

1. 매수인 B는 매도인 S로부터 어떤 토지 X를 매수해 대금을 모두 지급했다. 그런데 매도인 S가 토지 X의 등기상 소유자 명의(title)를 B에게 이전하는 절차에 협력하지 않고 있다.
2. 매수인 B는 특정한 토지 X를 받아야 한다.

민사소송절차

1. 토지 X에 관한 채권자(매수인 B)는 채무자(매도인 S)를 상대로, "S는 B에게 X에 관하여 소유권이전등기절차를 이행하라"는 취지로 법원에 소제기 한다.

> 엄밀히는 "S는 B와 공동으로 X에 관하여 소유권이전등기신청 의사표시를 하라(의사를 진술하라)"고 해야 한다. 다만 실무에서는 표현의 편의상 "…절차를 이행하라"고 간략히 기재한다.

> **민법 제389조(강제이행)** ② … 채무가 법률행위를 목적으로 한 때에는 채무자[S]의 의사표시[를] 갈음할 재판을 청구할 수 … 있다.

2. 채권자(매수인 B)는 승소 확정판결을 받는다.

> **98다42615**: 소유권이전등기를 명하는 판결은 의사의 진술을 명하는 판결[이다.]

후속 절차

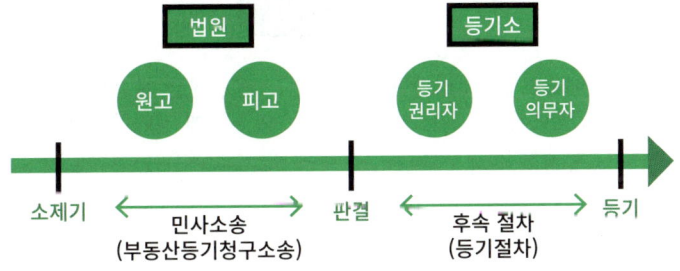

1. 채권자(매수인 B)는, 위 판결을 가지고, 토지 X가 있는 장소의 관할 등기소(registry office)에 소유권이전등기 신청을 한다.

   부동산등기법 제23조(등기신청인) ④ 등기절차의 이행[을] ... 명하는 판결에 의한 등기는 승소한 등기권리자[B]...가 **단독으로** 신청[한다.]

   98다42615: 소유권이전등기를 명하는 판결...이 확정되면 [B]는 일방적으로 이전등기를 신청할 수 있[다.]

2. 등기소는 토지 X 소유자 명의를 채권자(매수인 B)로 바꾼다.

의의

채권자(매수인 B)는 토지 X에 관한 비금전채권(특정채권)을 가진 자다. 즉, 금전채권 외의 채권에 기초한 강제집행, 즉 "비금전집행"에 해당한다.

다만, 위 후속 절차(subsequent procedure)는 엄밀히 말해 "집행" 절차가 아니다. 등기를 구하는 소송은 확정판결 순간 집행이 이루어진 것으로 간주하기 때문이다. 즉, 집행 문제를 남기지 않는다. 상세히는 제7강 강제이행에서 배운다.

   민사집행법 제263조(의사표시의무의 집행) ① ... 의사의 진술을 명한 판결이 확정된 때에는 그 판결로 ... 의사를 진술한 것으로 본다.

   2017그100: [판결로써] 단순하게 의사의 표시를 명하는 경우에 판결 확정 시에 의사표시가 있는 것으로 간주[한]다.

동산 매수인의 권리실현

문제 상황

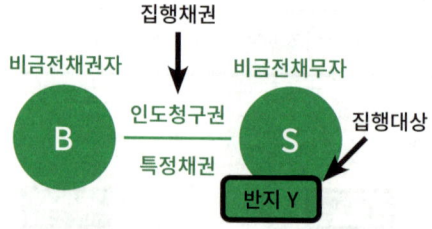

1. 매수인 B는 매도인 S로부터 어떤 다이아몬드 반지 Y를 매수해 대금을 모두 지급했다. 그런데 매도인 S가 반지 Y를 매수인 B에게 건네주지 않고 있다.
2. 매수인 B는 특정한 반지 Y를 받아야 한다.

민사소송절차

1. 반지 Y에 관한 채권자(매수인 B)는 채무자(매도인 S)를 상대로, "S는 B에게 Y를 인도하라"는 취지로 법원에 소를 제기한다.

민법 제389조(강제이행) ① 채무자[S]가 임의로 채무를 이행하지 아니한 때에는 채권자[B]는 그 강제이행[반지 Y의 인도]을 법원에 청구할 수 있다. …

2. 채권자(매수인 B)는 승소 확정판결을 받는다.

강제집행절차

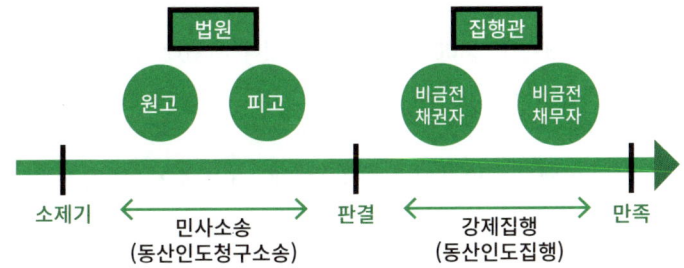

1. 채권자(매수인 B)는, 위 판결을 근거로, 반지 Y가 있는 장소의 관할 법원에 소속된 집행관(executor)에게 집행을 위임한다.

이것을 동산인도집행 위임이라 한다.

민사집행법 제2조(집행실시자) 민사집행은 이 법에 특별한 규정이 없으면 집행관이 실시한다.

2020도34: 집행관은 집행관법 제2조에 따라 재판의 집행 등을 담당하면서 그 직무 행위의 구체적 내용이나 방법 등에 관하여 전문적 판단에 따라 합리적인 재량을 가진 독립된 단독의 사법기관이[다.]

민사집행법 제42조(집행관에 의한 영수증의 작성·교부) ① 채권자[B]가 집행관에게 집행력 있는 정본을 교부하고 강제집행을 위임한 때에는 집행관은 … 지급이나 그 밖의 이행을 받[을]… 수 있다. …

2. 집행관은 채무자(매도인 S)로부터 반지 Y를 빼앗아 채권자(매수인 B)에게 인도한다.

민사집행법 제257조(동산인도청구의 집행) 채무자[S]가 특정한 동산[반지 Y]이나 대체물의 일정한 수량을 인도하여야 할 때에는 집행관은 이[반지 Y]를 채무자[S]로부터 빼앗아 채권자[B]에게 인도하여야 한다.

의의

채권자(매수인 B)는 반지 Y에 관한 비금전채권(특정채권)을 가진 자다. 즉, 금전채권 외의 채권에 기초한 강제집행, 즉 "비금전집행"에 해당한다.

집행을 하는 목적(purpose)을 집행채권(execution claim)이라 한다. 채권자(매수인 B)의 채무자(매도인 S)에 대한 반지 Y 인도채권이 집행채권이다.

금전 대주의 권리실현 1: 상대방 재산으로 부동산이 있을 경우

문제 상황

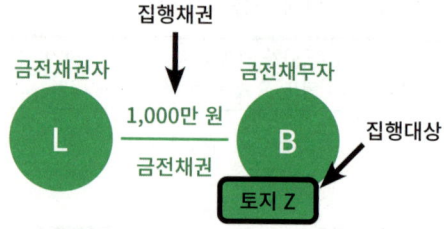

1. 대주 L은 차주 B에게 1,000만 원을 빌려주었다. 그런데 차주 B가 약속한 날에 돈을 갚지 않고 있다.
2. 차주 B의 재산으로 토지 Z가 있다고 하자.
3. 대주 L은 뭐가 됐든 돈만 받으면 된다. 즉, 대주 L은 토지 Z를 돈으로 바꾸어 만족을 받고 싶다.

민사소송절차

1. 채권자(대주 L)는 채무자(차주 B)를 상대로, "B는 L에게 1,000만 원을 지급하라"는 취지로 법원에 소를 제기한다.

> **민법 제389조(강제이행)** ① 채무자[B]가 임의로 채무를 이행하지 아니한 때에는 채권자[L]는 그 강제이행[1,000만 원 지급]을 법원에 청구할 수 있다. …

2. 채권자(대주 L)는 승소 확정판결을 받는다.

강제집행절차

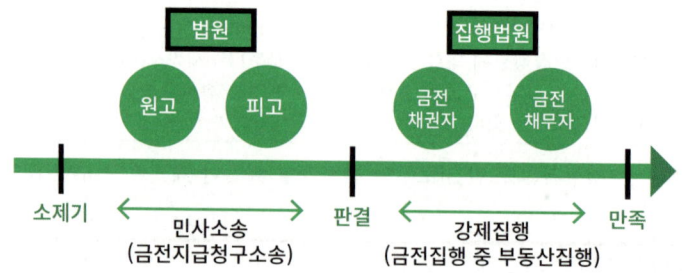

1. 채권자(대주 L)는, 위 판결을 근거로, 토지 Z가 있는 장소의 관할 법원(court)에 토지 Z의 강제경매를 신청한다.

이것이 앞서 본 부동산강제경매 신청이다. 이때 "법원"은 소송(suit)절차를 담당하는 역할이 아니라, 집행(execution) 절차를 담당하는 역할을 한다. 집행기관으로서의 법원을 "집행법원(execution court)"이라 한다.

> **민사집행법 제78조(집행방법)** ① 부동산[토지 Z]에 대한 강제집행은 채권자[L]의 신청에 따라 법원이 한다.

2. 집행법원은 채무자(차주 B)가 토지 Z를 처분하지 못하도록 한다.

이것을 압류(seizure)라 한다.

민사집행법 제83조(경매개시결정 등) ① 경매절차를 개시하는 결정에는 동시에 그 부동산[토지 Z]의 압류를 명하여야 한다.

3. 집행법원은 압류한 토지 Z를 경매에 부친다. 그렇게 토지 Z를 돈으로 만든다.

이것을 현금화라 한다.

민사집행법 제103조(강제경매의 매각방법) ① 부동산[토지 Z]의 매각은 집행법원이 정한 매각방법에 따른다.
② 부동산[토지 Z]의 매각은 [i] 매각기일에 하는 호가경매(呼價競賣), [ii] 매각기일에 입찰 및 개찰하게 하는 기일입찰 또는 [iii] 입찰기간 이내에 입찰하게 하여 매각기일에 개찰하는 기간입찰의 세가지 방법으로 한다.

민사집행법 제135조(소유권의 취득시기) [경매]매수인은 매각대금을 다 낸 때에 매각의 목적인 권리[토지 Z 소유권]를 취득한다.

4. 집행법원은 이 돈(경매대금)을 채무자(차주 B)의 채권자들(대주 L 등)에게 준다. 남는 돈은 토지 Z의 원래 소유자던 채무자(차주 B)에게 돌려 준다.

이것을 배당이라 한다. 배당에는 일정한 순서와 규칙이 있다. 채권자들이 받을 돈 액수에 비례해 평등하게 나눠야 할 수도 있고(*pro rata*; in proportion), 누군가 우선해서 받아갈 수도 있다. 차차 배우자.

민사집행법 제145조(매각대금의 배당) ① 매각대금이 지급되면 법원은 배당절차를 밟아야 한다.
② 매각대금으로 배당에 참가한 모든 채권자[L 등]를 만족하게 할 수 없는 때에는 법원은 민법·상법, 그 밖의 법률에 의한 우선순위에 따라 배당하여야 한다.

2014다206983전합: 민사집행법상 배당의 순위는 [i] ... **법률에 의한 우선순위**에 따라야 [한다. 그러나] [ii] 배당에 참가한 채권이 모두 **일반채권이면 채권자평등** 원칙에 따른 안분비례(按分比例)의 방법으로 배당되어야 한다.

의의

1. 채권자(대주 L)는 금전채권을 가진 자다. 즉, 금전채권에 기초한 강제집행, 즉 "금전집행"에 해당한다.

채권자(대주 L)의 채무자(차주 B)에 대한 1,000만 원 채권이 집행채권이다.

2. 집행의 대상이 부동산이다. 즉, 금전집행 중 부동산에 대한 강제집행, 즉 "부동산집행"에 해당한다.

금전 대주의 권리실현 2: 상대방 재산으로 동산이 있을 경우

문제 상황

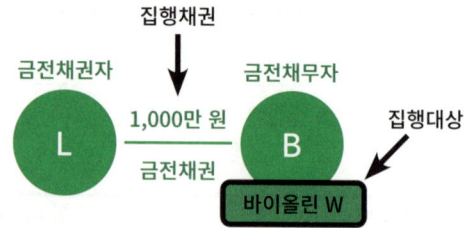

1. 대주 L는 차주 B에게 1,000만 원을 빌려주었다. 그런데 차주 B가 약속한 날에 돈을 갚지 않고 있다.
2. 차주 B의 재산으로 어떤 바이올린 W가 있다고 하자.
3. 대주 L은 뭐가 됐든 돈만 받으면 된다. 즉, 대주 L은 바이올린 W를 돈으로 바꾸어 만족을 받고 싶다.

민사소송절차

1. 채권자(대주 L)는 채무자(차주 B)를 상대로, "B는 L에게 1,000만 원을 지급하라"는 취지로 법원에 소를 제기한다.

> **민법 제389조(강제이행)** ① 채무자[B]가 임의로 채무를 이행하지 아니한 때에는 채권자[L]는 그 강제이행[1,000만 원 지급]을 법원에 청구할 수 있다. …

2. 채권자(대주 L)는 승소 확정판결을 받는다.

강제집행절차

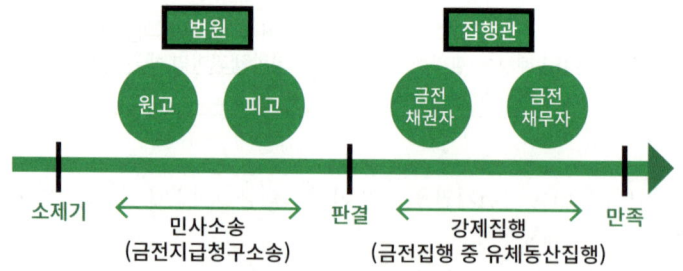

1. 채권자(대주 L)는, 위 판결을 근거로, 바이올린 W가 있는 장소의 관할 법원에 소속된 집행관(executor)에게 집행을 위임한다.

이것을 (유체)동산강제집행 신청이라 한다.

> **민사집행법 제2조(집행실시자)** 민사집행은 이 법에 특별한 규정이 없으면 집행관이 실시한다.

민사집행법 제42조(집행관에 의한 영수증의 작성·교부) ① 채권자[L]가 집행관에게 집행력 있는 정본을 교부하고 강제집행을 위임한 때에는 집행관은 ... 지급이나 그 밖의 이행을 받[을]... 수 있다. ...

2. 집행관은 채무자(차주 B)가 바이올린 W를 처분하지 못하도록 한다.

압류다.

민사집행법 제188조(집행방법, 압류의 범위) ① 동산[바이올린 W]에 대한 강제집행은 압류에 의하여 개시한다.

민사집행법 제189조(채무자가 점유하[는] 물건의 압류) ① 채무자[B]가 점유하[는] 유체동산[바이올린 W]의 압류는 집행관이 그 물건[바이올린 W]을 점유함으로써 한다. ...

3. 집행관은 압류한 바이올린 W를 경매에 부쳐 바이올린 W를 돈으로 만든다.

현금화다.

민사집행법 제199조(압류물의 매각) 집행관은 압류를 실시한 뒤 입찰 또는 호가경매의 방법으로 압류물[바이올린 W]을 매각하여야 한다.

4. 집행관은 이 돈(경매대금)을 채무자(차주 B)의 채권자들(대주 L 등)에게 준다. 남는 돈은 바이올린 W의 원래 소유자던 채무자(차주 B)에게 돌려 준다.

배당이다. 만약 경매대금이 충분하지 못해 채권자들에게 줄 돈이 모자라면, 바로 배당하지 않고 공탁소(depository)에 맡겨 둔다. 공탁은 차차 배우자.

민사집행규칙 제155조(집행관의 매각대금 처리) ① ... 매각대금...으로 각 채권자[L 등]의 채권과 집행비[용] 전부를 변제할 수 있는 경우에는 집행관은 채권자[L 등]에게 채권액을 교부하고, 나머지가 있으면 채무자[B]에게 교부하여야 한다.

민사집행법 제222조(매각대금의 공탁) ① 매각대금으로 배당에 참가한 모든 채권자[L 등]를 만족하게 할 수 없고 ... 채권자[L 등] 사이에 배당협의가 이루어지지 아니한 때에는 매각대금을 공탁하여야 한다.

의의

1. 채권자(대주 L)는 금전채권을 가진 자다. 즉, 금선채권에 기초한 강제집행, 즉 "금전집행"에 해당한다.

채권자(대주 L)의 채무자(차주 B)에 대한 1,000만 원 채권이 집행채권이다.

2. 집행의 대상이 유체동산이다. 즉, 금전집행 중 유체동산에 대한 강제집행, 즉 "유체동산집행"에 해당한다.

금전 대주의 권리실현 3: 상대방 재산으로 금전채권이 있을 경우

문제 상황

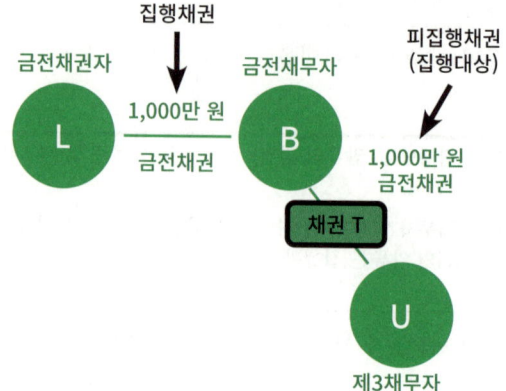

1. 대주 L은 차주 B에게 1,000만 원을 빌려주었다. 그런데 차주 B가 약속한 날에 돈을 갚지 않고 있다.
2. 차주 B도 제3자 U에 대해 1,000만 원의 금전채권(T)이 있다고 하자.

여기서 제3자 U와 같이, 채권자(대주 L) 입장에서 채무자(차주 B)의 채무자(U)를 제3채무자(garnishee)라 한다. 이때 채무자(차주 B)의 제3채무자(U)에 대한 채권을 피집행채권(garnished claim)이라 한다.

3. 대주 L은 뭐가 됐든 돈만 받으면 된다. 즉, 대주 L은 "차주 B의 금전채권(T)"을 자기 것처럼 이용하고 싶다.

사안에서 채권자(대주 L)의 채권도, 채무자(차주 B)의 채권(T)도, 모두 금전채권이다. 그러나 채권자(대주 L)의 채권은 목적(purpose)이고, 채무자(차주 B)의 채권은 대상(target)이다. 혼동하지 않도록 주의해야 한다.

민사소송절차

1. 채권자(대주 L)는 채무자(차주 B)를 상대로, "B는 L에게 1,000만 원을 지급하라"는 취지로 법원에 소를 제기한다.

> **민법 제389조(강제이행)** ① 채무자[B]가 임의로 채무를 이행하지 아니한 때에는 채권자[L]는 그 강제이행[1,000만 원 지급]을 법원에 청구할 수 있다. ...

2. 채권자(대주 L)는 승소 확정판결을 받는다.

강제집행절차(1): 추심 방식

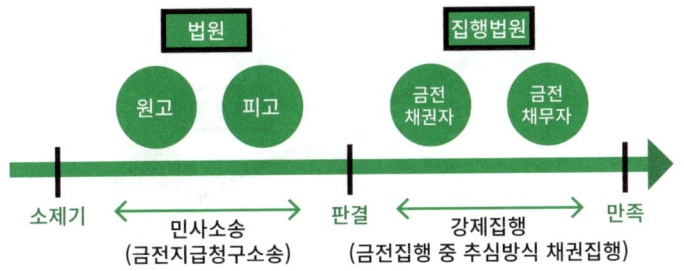

채권자(대주 L)는 추심 방식 강제집행을 선택할 수 있다.

1. 압류 및 추심명령 신청: 채권자(대주 L)는, 위 판결을 근거로, 채무자(차주 B) 관할 법원(court)에 권리(T)에 대한 추심 방식 강제집행을 신청한다.

이것이 앞서 본 압류 및 추심명령 신청이다. 이때 "법원"은 "집행법원(execution court)"을 의미한다.

> 민사집행법 제225조(압류명령의 신청) 채권자[L]는 **압류명령신청**에 압류할 채권[T]의 종류와 액수를 밝혀야 한다.

> 민사집행법 제229조(금전채권의 현금화방법) ① 압류한 금전채권[T]에 대하여 압류채권자[L]는 **추심명령**(推尋命令)이나 전부명령(轉付命令)을 **신청**할 수 있다.

2. 압류(seizure): 집행법원은 채무자(차주 B)가 채권 T를 처분 못하게 한다.

> 민사집행법 제227조(금전채권의 압류) ① 금전채권[T]을 압류할 때에는 법원은 제3채무자[U]에게 채무자[B]에 대한 지급을 금지하고 **채무자[B]에게 채권[T]의 처분**과 영수를 **금지**하여야 한다.

3. 추심명령(collection order): 집행법원은 채무자(차주 B)가 더는 채권 T를 추심하지 못하도록 한다. 채권자(대주 L)만이 채권 T를 추심(collection)하도록 한다.

채무자(차주 B)가 제3채무자(U)에 대해 갖고 있던 추심권한을 빼앗아 채권자(대주 L)에게 주는 것이다.

> 민사집행법 제229조(금전채권의 현금화방법) ② **추심명령**이 있는 때에는 **압류채권자[L]는** 대위절차(代位節次) 없이 압류채권[T]을 **추심할 수 있다**.

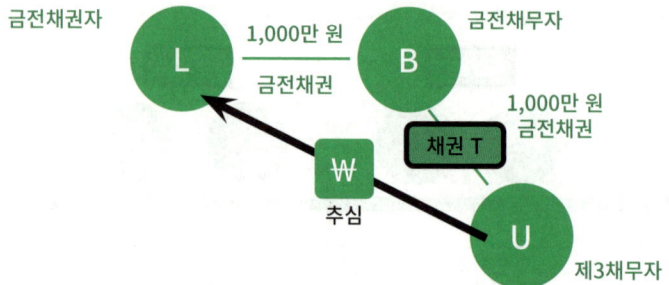

4. 직접적인 채권관계 ×: 채권 T 자체가 이전된 것은 아니다. 따라서 채권자(대주 L)와 제3채무자(U) 사이에 1,000만 원에 관한 직접적인 채권관계는 없다. 채무자(차주 B)가 여전히 제3채무자(U)에 대한 1,000만 원 채권자다.

> **2000다73490:** 금전채권[T]에 대한 압류 및 추심명령이 있[다면 어떻게 되는가?] 이는 강제집행절차에서 추심채권자[L]에게 채무자[B]의 제3채무자[U]에 대한 채권[T]을 추심할 권능만을 부여하는 것이[다. 그러]므로, 이로 인하여 채무자[B]가 제3채무자[U]에 대하여 가지는 채권[**T]이 추심채권자[L]에게 이전되거나 귀속되는 것은 아니[다**.]

5. 추심금 청구의 소: 추심명령에 따라, 채권자(대주 L)는 직접 제3채무자(U)를 상대로 "U는 L에게 1,000만 원을 지급하라"는 취지로 법원에 소를 제기할 수도 있다.

추심금 청구의 소라 한다. 채권자(대주 L)는 제3채무자(U)에 대한 채권자는 아니지만, 추심권한이 있으므로 승소할 수 있다.

6. 집행채권(purpose)의 운명: 채권자(대주 L)가 제3채무자(U)로부터 추심금을 실제로 지급받으면, 그만큼 채권자(대주 L)의 채무자(차주 B)에 대한 채권도 소멸한다.

추심명령만 받고 추심금을 실제로 지급받지 않은 상태라면, 아직 채권자(대주 L)의 채무자(차주 B)에 대한 채권은 남아 있다.

강제집행절차(2): 전부 방식

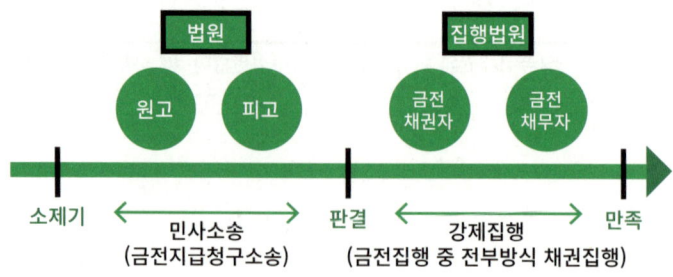

채권자(대주 L)는 추심 대신 전부 방식 강제집행을 선택할 수도 있다.

1. 압류 및 전부명령 신청: 채권자(대주 L)는, 위 판결을 근거로, 채무자(차주 B) 관할 법원(court)에 권리(T)에 대한 전부 방식 강제집행을 신청한다.

이것이 앞서 본 압류 및 전부명령 신청이다. 이때 "법원"은 역시 "집행법원(execution court)"을 의미한다.

> **민사집행법 제225조(압류명령의 신청)** 채권자[L]는 **압류명령신청**에 압류할 채권[T]의 종류와 액수를 밝혀야 한다.
>
> **민사집행법 제229조(금전채권의 현금화방법)** ① 압류한 금전채권[T]에 대하여 압류채권자[L]는 추심명령(推尋命令)이나 **전부명령**(轉付命令)을 **신청**할 수 있다.

2. 압류(seizure): 집행법원은 채무자(차주 B)가 채권 T를 처분 못하게 한다.

> **민사집행법 제227조(금전채권의 압류)** ① 금전채권[T]을 압류할 때에는 법원은 제3채무자[U]에게 채무자[B]에 대한 지급을 금지하고 **채무자[B]에게 채권[T]의 처분**과 영수를 **금지**하여야 한다.

3. 전부명령(assignment order): 집행법원은 채무자(차주 B)의 채권 T 자체를 채권자(대주 L)에게 이전(assignment)한다.

채무자(차주 B)가 제3채무자(U)에 대해 갖고 있던 채권 T 자체를 강제로 채권자(대주 L)에게 넘기는 것이다.

> **민사집행법 제229조(금전채권의 현금화방법)** ③ **전부명령**이 있는 때에는 압류된 채권[T]은 지급[을] 갈음하여 **압류채권자[L]에게 이전**된다.

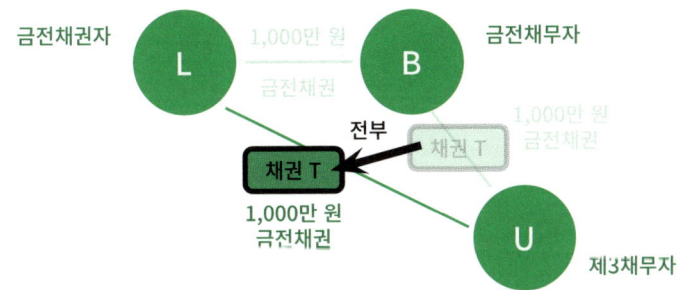

4. 직접적인 채권관계 ○: 채권 T 자체가 이전됐다. 따라서 채권자(대주 L)와 제3채무자(U) 사이에 1,000만 원에 관한 직접적인 채권관계가 생긴다. 채무자(차주 B)는 이제는 제3채무자(U)에 대한 1,000만 원 채권자가 아니다.

5. 전부금 청구의 소: 전부명령에 따라, 채권자(대주 L)는 직접 제3채무자(U)를 상대로 "U는 L에게 1,000만 원을 지급하라"는 취지로 법원에 소를 제기할 수도 있다.

전부금 청구의 소라 한다. 채권자(대주 L)는 제3채무자(U)에 대한 채권자라서 승소할 수 있다.

6. 집행채권(purpose)의 운명: 채권자(대주 L)가 제3채무자(U)로부터 전부금을 실제 지급받았는지와 상관없이, 전부명령에 따라 채권자(대주 L)의 채무자(차주 B)에 대한 채권도 소멸한다.

전부명령만 받고 전부금을 실제로 지급받지 않은 상태라도, 이미 채권자(대주 L)의 채무자(차주 B)에 대한 채권은 소멸했다. 이미 갚은 것(변제)으로 간주하기 때문이다.

> **민사집행법 제231조(전부명령의 효과)** 전부명령이 확정된 경우에는 전부명령이 제3채무자[U]에게 송달된 때에 채무자[B]가 [채권자 L에 대한] 채무를 <u>**변제한 것으로 본다**</u>. 다만, ...
>
> **95다55047:** 전부명령은 <u>**압류된 금전채권[T]을**</u> 그 권면액으로 <u>**집행채권자[L]에게 이전**</u>시킨다. 그리고 그 대신 동액 상당의 집행채권을 소멸시킨다. 이로써 <u>**집행채무자[B]의 채무변제[를] 갈음**</u>하게 하는 제도이[다.]

의의

추심 방식이든, 전부 방식이든,

1. 대주 L은 금전채권자다. 즉, 금전채권에 기초한 강제집행, 즉 "금전집행"에 해당한다.

채권자(대주 L)의 채무자(차주 B)에 대한 1,000만 원 채권이 집행채권이다.

2. 집행의 대상도 금전채권이다. 즉, 금전집행 중 채권에 대한 강제집행, 즉 "채권집행"이다. 그중에서도 "금전채권집행"이다.

채무자(차주 B)의 제3채무자(U)에 대한 1,000만 원 채권이 피집행채권이다.

결론

권리실현 사례

집행채권이 무엇인지, 상대방 재산은 무엇인지에 따라, 취할 절차가 달라진다.

금전집행과 비금전집행

	강제집행	사례
집행채권 = 금전채권	금전집행	금전대여자의 집행
집행채권 = 특정채권	비금전집행	물건매수인의 집행

정리

	부동산 등기청구	동산 인도집행	부동산 집행	유체동산 집행	채권집행 (추심)	채권집행 (전부)
채권자	부동산 매수인	동산 매수인	금전 대주			
채무자	부동산 매도인	동산 매도인	금전 차주			
소송	부동산 이전등기 청구소송	동산인도 청구소송	금전지급청구소송			
집행채권	부동산 이전등기 청구권	동산인도 청구권	금전채권			
집행유형	비금전 집행	비금전 집행	금전집행			
집행대상	부동산	동산	부동산	동산	금전채권	금전채권
집행신청	×	동산 인도집행 위임	부동산 강제경매 신청	동산 강제집행 신청	채권압류 추심명령 신청	채권압류 전부명령 신청
집행기관	×	집행관	집행법원	집행관	집행법원	집행법원
압류	×	×	○	○	○	○
현금화 /만족	×	×	경매 /배당	경매 /배당	추심명령 +추심	전부명령

1. 부동산을 샀는데 등기를 이전받지 못한 경우: 부동산인도청구소송
2. 동산을 샀는데 인도받지 못한 경우: 동산인도청구소송 + 동산인도집행
3. 돈을 빌려줬는데 돌려받지 못하고, 상대방 재산으로는 부동산이 있는 경우: 금전지급청구소송 + 부동산집행
4. 돈을 빌려줬는데 돌려받지 못하고, 상대방 재산으로는 동산이 있는 경우: 금전지급청구소송 + 유체동산집행
5. 돈을 빌려줬는데 돌려받지 못했고, 상대방 재산으로는 금전채권이 있는 경우: 금전지급청구소송 + 채권집행(추심 또는 전부 방식)

추심 방식과 전부 방식은 일장일단이 있다. 자세히는 제7강 강제이행 중 "채권에 대한 강제집행"에서 배우자.

담보권실행경매
Auction to Exercise Security Rights

> 돈을 갚지 않았다고 담보를 실행해 집에서 내쫓는 것은 잔인해 보이기도 한다.
> 그러나 만약 담보 실행을 통해 집에서 내쫓을 수 없다고 하면,
> 누구도 담보대출을 해 주지 않을 것이다. 이것이 저당권 제도의 목적이다.
> - Robert J. Shiller

배경

금전대출 대주의 심정
금전대출에서, 대주는 차주가 제 때 갚을지 안 갚을지 불안하다.

부동산 담보 약속
물론, 대주와 차주는 금전대출을 할 때, "채무자가 돈을 제 때 안 갚으면, 채무자의 A부동산을 경매에 부쳐 그 배당금으로 받겠다"라는 식으로 서로 합의할 수도 있다.

약속의 한계
그러나 합의만으로는 상대방을 믿을 수 없어 여전히 불안하다.

저당권설정

개념
그렇다면, 누구나 볼 수 있는 A부동산 등기부(registry)에 위와 같은 담보 내용을 기재하여 누구나 열람할 수 있도록 하면 어떨까? 가능하다. 이것을 저당권설정(establishment of mortgage)이라 한다.

관련 용어
1. 저당권설정을 받은 채권자를 저당권자(mortgagee)라 한다.
2. 저당권설정을 한 채무자를 저당권설정자(mortgagor)라 한다.

경우에 따라, 채무자 아닌 자가 채무자를 위해 저당권설정을 하기도 한다. 그러나 일단은 채무자가 저당권설정을 하는 경우만 생각하자.

3. 담보를 확보한 위 채권을 피담보채권(secured claim)이라 한다.

채무자 입장에서는 피담보채무(secured debt)가 된다. 같은 개념이다.

민법 제356조(저당권의 내용) 저당권자는 채무자 또는 제삼자가 점유를 이전하지 아니하고 채무의 담보로 제공한 부동산에 대하여 다른 채권자보다 자기채권의 우선변제를 받을 권리가 있다.

부동산등기법 제3조(등기할 수 있는 권리 등) 등기는 부동산의 ... 다음 각호의 어느 하나에 해당하는 권리의 보존, 이전, 설정, 변경, 처분의 제한 또는 소멸에 대하여 한다.
  1. 소유권(所有權)
  5. 저당권(抵當權)

부동산등기법 제75조(저당권의 등기사항) ② ... 근저당권(根抵當權)... 경우... 제48조에서 규정한 사항 외에 다음 각호의 사항을 기록하여야 한다. 다만, 제3호 및 제4호는 등기원인에 그 약정이 있는 경우에만 기록한다.

1. 채권의 최고액
2. 채무자의 성명...
4. 존속기간

부동산등기법 제48조(등기사항) ① 등기관이 갑구 또는 을구에 권리에 관한 등기를 할 때에는 다음 각호의 사항을 기록하여야 한다.

1. 순위번호
2. 등기목적
3. 접수연월일 및 접수번호
4. 등기원인 및 그 연월일
5. 권리자

등기사항전부증명서(말소사항 포함)
- 건물 -

등기고유번호 1101-2018-123456

[건물] 서울특별시 관악구 신림동 99-8

【 표 제 부 】 (건물의 표시)

표시번호	접 수	소재지번 및 건물번호	건 물 내 역	등기원인 및 기타사항
1	2018년4월19일	서울특별시 관악구 신림동 99-8 [도로명주소] 서울특별시 관악구 노루로 231-2	시멘트블럭조 시멘트기와지붕 단층주택 85㎡	

【 갑　　구 】 (소유권에 관한 사항)

순위번호	등 기 목 적	접 수	등 기 원 인	권 리 자 및 기 타 사 항
1	소유권보존	2018년4월19일 제549호		소유자 장무자 810129-******* 서울특별시 관악구 노루로 231-2(신림동)

【 을　　구 】 (소유권 이외의 권리에 관한 사항)

순위번호	등 기 목 적	접 수	등 기 원 인	권 리 자 및 기 타 사 항
1	근저당권설정	2022년7월4일 제777호	2022년7월1일 설정계약	채권최고액 금55,000,000원 채무자 장무자 서울특별시 관악구 노루로 231-2(신림동) 근저당권자 김권자 850330-******* 서울특별시 서초구 이대로 15(서초동) 공동담보 토지 서울특별시 관악구 서초동 99-8

```
  ─ 이 하 여 백 ─
수수료 1,200원 영수함    관할등기소 서울중앙지방법원 등기국 / 발행등기소 서울중앙지방법원 등기국


        이 증명서는 등기기록의 내용과 틀림없음을 증명합니다.
                    서기 2023년 8월 1일

        법원행정처 등기정보중앙관리소           전산운영책임관 (인)
```

저당권설정 의의

1. 저당권이 설정되면, 채권자는 나름 안심이 된다. 채무자가 돈을 안 갚더라도, 채권자는 저당권을 설정한 A부동산을 통해 어떤 권리를 행사할 수 있다.
2. 이처럼, 어떤 채무를 담보하는 권리를 일반적으로 담보권(security right)이라 한다.

담보권실행경매 의의

문제 상황

그런데 채무자가 약속한 날이 되도록 돈을 안 갚고 있다.

해결방안

1. 물론 민사소송을 한 뒤 법원의 판결(judgment)을 받아서 강제경매에 나아갈 수도 있다.
2. 그러나 만약 이미 저당권설정을 했다면, 굳이 번거롭게 판결을 받을 필요가 없다. 합의(약속)하고 공개했던 대로, 저당권(mortgage)을 근거로 경매에 나아가면 되기 때문이다. 이러한 경매가 담보권실행경매다.

담보권실행경매 개념

담보권실행경매(auction to exercise security rights)란, 다음을 의미한다.

1. 판결 없이(without judgment),
2. 저당권(mortgage; security right)에 기초해,
3. 채권자, 즉 저당권자의 신청(by mortgagee's application),
4. 국가 권력을 이용해, 즉 집행기관(executing agency)을 통해,
5. 채무자, 즉 저당권설정자의 재산(mortgagor's property)에 집행하는 절차.

> **민사집행법 제264조(부동산에 대한 경매신청)** ① 부동산을 목적으로 하는 담보권을 실행하기 위한 경매신청을 함에는 **담보권이 있다는 것을 증명**하는 서류를 내야 한다.

강제경매와 대비하여 임의경매(voluntary auction)라고도 부른다.

부동산임의경매신청서

채 권 자 김권자(850330-1234567)
    서울 서초구 이대로 15
    (전화: 02-3473-1234 휴대전화: 010-5555-1234
     팩스: 02-3473-1235 이메일: k-dragon@gmail.com)

채무자겸 장무자(810129-2123456)
소유자 서울 관악구 노루로 231-2

청구채권 및 담보권의 표시

41,528,767원 2022. 7. 1. 자 설정계약의 근저당권, 채권최고액 55,000,000원.
       서울중앙지방법원 2022. 7. 4. 등기접수 제777호

40,000,000원 및 이에 대하여 2022. 9. 1.부터 2023. 6. 6.까지 연 5%의 비율로 계산한 지연손해금

매각할 부동산의 표시

1. 서울 관악구 신림동 99-8 대 120㎡
2. 위 지상 시멘트블럭조 시멘트기와지붕 단층주택 85㎡

신 청 취 지

매각할 부동산의 표시 기재 부동산에 대해 경매절차를 개시하고 채권자를 위해 이를 압류한다.
라는 결정을 구합니다.

신 청 이 유

채권자는 2022. 7. 1. 채무자에게 변제기를 2022. 8. 31.로 정하여 4,000만 원을 대여했습니다. 채권자는 위 채무의 담보로 채무자 소유의 매각할 부동산의 표시 기재 부동산에 대하여 서울중앙지방법원 2022. 7. 4. 접수 제777호로 근지당권설정등기를 미쳤습니다. 그러나 채무자는 변제기가 지나도록 위 채무를 변제하지 않고 있습니다.

```
           첨 부 서 류
1. 부동산 등기사항전부증명서(11012018123456)
2. 근저당권 설정 계약서 사본


                 2023. 6. 6.

                            채권자 김권자


서울중앙지방법원 귀중
```

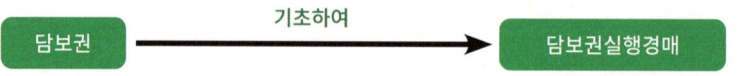

정리

담보권실행

2017다266177: 담보권의 실행이란 목적물의 **교환가치로부터 채무를 변제**받음으로써 채권의 만족을 실현하는 것이다.

담보권 실행 방법

2017다266177: 담보목적물을 **매각해 현금화**하여 채무의 변제를 받는 것이 담보권의 전형적인 실행방법이[다.]

민사절차에 관한 규정
Rules of Civil Procedure

노하우(know-How)가 아니라
노웨어(know-Where)가 중요한 시대가 되었다.
- 문용식

개념

민사절차(civil procedure)

1. 민사소송(civil suit)
2. 민사집행(civil execution)

민사집행(civil execution)

1. 강제집행(compulsory execution)
2. 담보권실행경매(auction to exercise security rights)
3. 기타

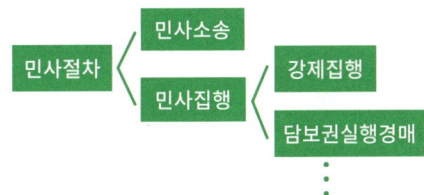

규정 체계

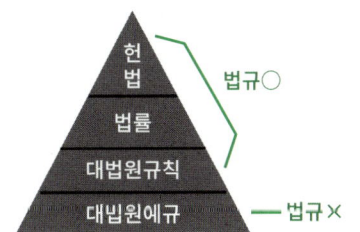

1. 헌법(constitution): 최상위 법규

> **대한민국헌법 전문** ... 우리 대한국민은 ... 1948년 7월 12일에 제정되고 8차에 걸쳐 개정된 헌법을 이제 국회의 의결을 거쳐 국민투표에 의하여 개정한다.

2. 법률(act): 헌법 아래 법규로, 국회가 제정(민법, 민사소송법, 민사집행법 등)

> **대한민국헌법 제40조** 입법권은 국회에 속한다.

3. **대법원규칙(Supreme Court regulations)**: 법률 아래 법규로, 대법원이 제정(민사소송규칙, 민사집행규칙 등)

> **대한민국헌법 제108조** 대법원은 법률에 저촉되지 아니하는 범위안에서 소송에 관한 절차, 법원의 내부규율과 사무처리에 관한 규칙을 제정할 수 있다.

대법원규칙은 법령(statute)에 포함된다. 즉, 법규성(enforcement)이 있다. 쉽게 말해, 법이다.

4. **대법원예규(Supreme Court established rule)**: 법원 내부 사무처리 기준으로, 대법원이 제정

대법원예규는 법령이 아니다. 즉, 법규성이 없다. 쉽게 말해, 법이 아니다.

> **2022그18**: 이행권고결정에 주민등록번호를 기재하지 않았다고 하더라도 그와 같은 조치는 내부적 업무처리지침에 불과한 재판서 양식에 관한 **예규에 어긋날 뿐**이[다.] 개인정보 보호법의 취지에는 합치되는 것이므로 **부적법하다고 할 수 없다**.

민사소송에 관한 법령

민사소송법

1. 민사소송절차를 규율하는 법률이다.

> **민사소송법 제1조(민사소송의 이상과 신의성실의 원칙)** ① 법원은 **소송절차**가 공정하고 신속하며 경제적으로 진행되도록 노력하여야 한다.
> ② 당사자와 소송관계인은 신의에 따라 성실하게 소송을 수행하여야 한다.

2. 체계는 다음과 같다.

> **민사소송법 제1편 총칙**
>   제1장 법원
>   제2장 당사자
>   제4장 소송절차
>
> **민사소송법 제2편 제1심의 소송절차**
>   제1장 소의 제기
>   제2장 변론과 그 준비
>   제3장 증거
>   제4장 제소전화해…의 절차
>
> **민사소송법 제3편 상소**
>   제1장 항소
>   제2장 상고
>   제3장 항고
>
> **민사소송법 제4편 재심**

3. 조항을 무작위로 몇 개 찾아보자.

> **민사소송법 제327조의2(비디오 등 중계장치에 의한 증인신문)** ① 법원은 다음 ... 사람을 증인으로 신문하는 경우 ... 비디오 등 중계장치에 의한 중계시설을 통하거나 인터넷 화상장치를 이용하여 신문할 수 있다.
> 1. 증인이 멀리 떨어진 곳 또는 교통이 불편한 곳에 살고 있거나 그 밖의 사정으로 말미암아 법정에 직접 출석하기 어려운 경우
>
> ③ 제1항에 따른 증인신문의 절차와 방법, 그 밖에 필요한 사항은 대법원규칙으로 정한다.

민사소송규칙

1. 민사소송절차를 규율하는 대법원규칙이다.

> **민사소송규칙 제1조(목적)** 이 규칙은 민사소송법...이 대법원규칙에 **위임한 사항, 그 밖에 민사소송절차**에 관하여 필요한 사항을 규정함을 목적으로 한다.

2. 조항을 무작위로 몇 개 찾아보자.

> **민사소송규칙 제95조의2(비디오 등 중계장치 등에 의한 증인신문)** 법 제327조의2에 따른 증인신문의 절차와 방법에 관하여는 제73조의3을 준용한다.

> **민사소송규칙 제73조의3(영상기일의 실시)** ① 영상기일은 당사자, 그 밖의 소송관계인을 비디오 등 중계장치에 의한 중계시설에 출석하게 하거나 인터넷 화상장치를 이용하여 지정된 인터넷주소에 접속하게 하고, 영상과 음향의 송수신에 의하여 법관, 당사자, 그 밖의 소송관계인이 상대방을 인식할 수 있는 방법으로 한다.
>
> ② 제1항의 비디오 등 중계장치에 의한 중계시설은 법원 청사 안에 설치하되, 필요한 경우 법원 청사 밖의 적당한 곳에 설치할 수 있다.

민사소송 관련 대법원예규

1. 민사소송절차를 규율하는 대법원예규는 아주 많다.
2. 조항을 무작위로 몇 개 찾아보자.

> **재판서 양식에 관한 예규 제1조(목적)** 이 예규는 재판서의 양식에 관하여 필요한 사항을 정함을 목적으로 한다.

> **재판서 양식에 관한 예규 제9조(당사자 등의 표시)** ① 민사...사건의 새판서...에는 다음 각호에 따라 원·피고... 등...[을] 표시한다.
> 1. 판결서[예: 금전지급을 명하는 판결서, 동산인도를 명하는 판결서, 부동산소유권이전등기를 명하는 판결서]([판결서는 아니지만] 화해·조정·포기·인낙조서와 화해권고결정, 조정을 갈음하는 결정을 포함한다. 이하 같다)...에는 당사자 등의 성명과 주소를 기재한다. ... [즉, 원칙적으로 주민등록번호까지는 기재하지 않는다.]
> 2. 제1호에 해당하지 아니하는 재판서[예: 채권압류 및 추심명령 결정서]에는 당사자 등의 성명과 주소를 기재하되, 성명으로부터 한 칸 띄어 괄호하고 그 안에 주민등록번호를 기재한다. ...
> 3. 등록의 의사표시를 명하는 판결서[예: 자동차소유권이전등록을 명하는 판결서]는 제1호[가 있더라도] 제2호를 적용한다. [즉, 주민등록번호도 기재한다.]

재판서 양식에 관한 예규 제10조(주소 등의 표시) ① 특별시, 광역시, 도는 "서울", "부산", "경기", "강원" 등으로 표시하고, 시는 도 표시를 하지 아니한다.

② 읍, 면에는 소속 시, 군을 기재한다.

③ 번지에는 "번지"를 생략하고, 가지번호는 " - (하이픈)"로 표시한다.

제9조 제1항은, 집행이나 후속 절차상 필요 없다면 판결서에 주민등록번호를 기재하지 않는 취지다. 내용을 파악하라. 그러면 표현이 따를 것이다(*Rem tene, verba sequentur*; Grasp the subject, and the words will follow).

민사집행에 관한 법령

민사집행법

1. 민사집행절차를 규율하는 법률이다.

   민사집행법 제1조(목적) 이 법은 강제집행, 담보권 실행을 위한 경매, 민법·상법, 그 밖의 법률의 규정에 의한 경매(이하 "**민사집행**"이라 한다) 및 보전처분[가압류, 가처분 등]의 **절차**를 규정함을 목적으로 한다.

2. 체계는 다음과 같다.

   민사집행법 제1편 총칙
   민사집행법 제2편 강제집행
   　제1장 총칙
   　제2장 금전채권에 기초한 강제집행
   　제3장 금전채권 외의 채권에 기초한 강제집행
   민사집행법 제3편 담보권 실행 등을 위한 경매
   민사집행법 제4편 보전처분

3. 조항을 무작위로 몇 개 찾아보자.

   민사집행법 제28조(집행력 있는 정본) ① 강제집행은 집행문이 있는 판결정본(이하 "집행력 있는 정본"이라 한다)이 있어야 할 수 있다.

   ② 집행문은 신청에 따라 제1심법원의 ...법원사무관등[이] ... 내어 주며, 소송기록이 상급심에 있는 때에는 그 법원의 법원사무관등이 내어 준다.

   민사집행법 제103조(강제경매의 매각방법) ② 부동산의 매각은 매각기일에 하는 호가경매(呼價競賣), 매각기일에 입찰 및 개찰하게 하는 기일입찰 또는 입찰기간 이내에 입찰하게 하여 매각기일에 개찰하는 기간입찰의 세가지 방법으로 한다.

   ③ 부동산의 매각절차에 관하여 필요한 사항은 대법원규칙으로 정한다.

민사집행규칙

1. 민사집행절차를 규율하는 대법원규칙이다.

> **민사집행규칙 제1조(목적)** 이 규칙은 민사집행법...이 대법원규칙에 **위임한 사항, 그 밖에** 법 제1조의 **민사집행**과 보전처분의 **절차**를 규정함을 목적으로 한다.

2. 조항을 무작위로 몇 개 찾아보자.

> **민사집행규칙 제19조(집행문부여신청의 방식)** ③ 집행문을 내어 달라는 신청을 하는 때에는 법원사무관등은 채권자·채무자 또는 승계인의 주소 또는 주민등록번호등을 소명하는 자료를 제출하게 할 수 있다.

> **민사집행규칙 제72조(호가경매)** ① 부동산의 매각을 위한 호가경매는 호가경매기일에 매수신청의 액을 서로 올려가는 방법으로 한다.
> ② 매수신청을 한 사람은 더 높은 액의 매수신청이 있을 때까지 신청액에 구속된다.

민사집행 관련 대법원예규

1. 민사집행절차를 규율하는 대법원예규도 아주 많다.
2. 조항을 무작위로 몇 개 찾아보자.

> **부동산경매사건의 진행기간 등에 관한 예규 1.** 부동산경매절차는 각 단계별로 아래 기간내에 진행하여야 한다.
> ○ 경매신청서 접수: 접수 당일
> ○ 개시결정 및 등기촉탁: 접수일부터 2일 안
> ○ 채무자에 대한 개시결정 송달: 임의경매: 개시결정일부터 3일 안, 강제경매: 등기완료통지를 받은 날부터 3일 안
> ○ 배당요구종기결정/배당요구종기 등의 공고·고지: 등기완료통지 받은 날부터 3일 안
> ○ 배당요구종기: 배당요구종기결정일부터 2월 후 3[개]월 안
> ○ 최초 매각기일·매각결정기일의 지정·공고(신문공고의뢰)/이해관계인에 대한 통지: 배당요구종기부터 1[개]월 안
> ○ 최초매각기일 또는 입찰기간 개시일: 공고일부터 2주 후 20일 안
> ○ 입찰기간: 1주 이상 1[개]월 이하

이런 것들을 암기할 필요는 없다. 법을 안다는 것은 그것들의 단어를 기억하는 것이 아니라 법의 효력과 권한을 기억하는 것이다(*Scire leges non hoc est verba earum tenere, sed vim ac potestatem*; To know the laws is not to observe their mere words, but their force and power).

당사자
Parties

> 민주주의에서는 제일 약한 자도 제일 강한 자와 똑같은 기회를 획득한다.
> - Mahatma Gandhi

민사소송의 당사자

개념

쉽게 말해 재판을 받는 사람들이 소송 당사자(litigant party)다. 바로 원고와 피고다.

1. 소장에 "원고"로 쓰여 있는 사람이 원고(plaintiff)다.
2. 소장에 "피고"로 쓰여 있는 사람이 피고(defendant)다.

소 장

원 고	김권자 서울 서초구 이대로 15 (전화: 02-3473-1234 휴대전화: 010-5555-1234 팩스: 02-3473-1235 이메일: k-dragon@gmail.com)
피 고	장무자 서울 관악구 노루로 231-2

형사사건에서는 재판을 받는 범인을 "피고인"(the accused, defendant)이라 부른다. "피고"와 "피고인" 용어를 구별하라.

실제 법률관계?

원고가 피고에게 실제로 권리가 있든 없든 상관없다. 원고가 피고라고 지정한 이상, 묻지도 따지지도 않고 피고로 지정된 사람이 피고가 된다. 만약 실제로는 그러한 권리관계가 없다면, 원고가 패소하게 될 뿐이다.

채권관계와 원고·피고

보통은 채권자가 채무자를 상대로 청구한다. 따라서 대부분 사안에서,

1. 채권자(obligee)가 원고(plaintiff)
2. 채무자(obligor)가 피고(defendant)

사례: K가 원고, J가 피고

K가 J를 상대로, 대여금 및 손해배상 합계 5,000만 원 지급을 구하는 소를 제기할 수 있다.

1. 대여금 및 손해배상 채권자 K가 원고
2. 대여금 및 손해배상 채무자 J가 피고

K는 소장 원고란에 "K", 피고란에 "J"를 기재한 뒤 법원에 제출한다.

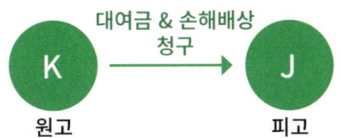

사례: J가 원고, K가 피고

J가 K를 상대로, K가 자꾸 거짓말을 해서 정신적 손해를 입었다며 위자료 1,500만 원 지급을 구하는 소를 제기할 수도 있다. 이 경우,

1. 손해배상(위자료) 채권자 J가 원고
2. 손해배상(위자료) 채무자 K가 피고

J는 소장 원고란에 "J", 피고란에 "K"를 기재한 뒤 법원에 제출한다.

두 소송의 처리

1. 서로 다른 법원(또는, 같은 법원이라도 서로 다른 재판부)에서 다른 사건으로 진행되는 경우도 있다.

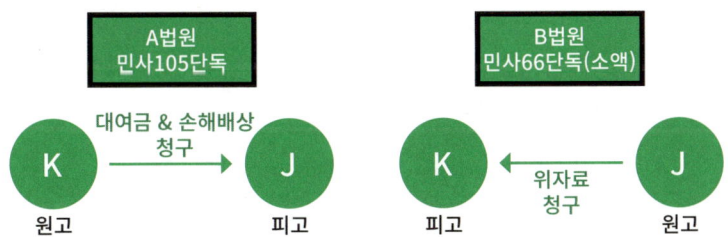

별소(separate lawsuit) 관계에 있다고 한다.

2. 같은 법원 같은 재판부에서 같은 절차로 진행되는 경우도 있다.

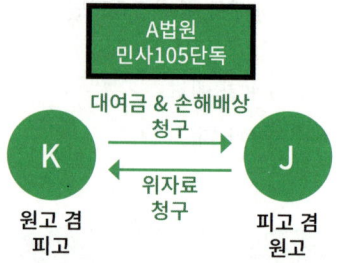

선행 소가 본소(principal lawsuit), 후행 소가 반소(counter lawsuit)다.

민사소송법 제269조(반소) ① 피고는 소송절차를 현저히 지연시키지 아니하는 경우에만 변론을 종결할 때까지 본소가 계속된 법원에 반소를 제기할 수 있다. 다만, 소송의 목적이 된 청구가 … 본소의 청구 또는 방어의 방법과 서로 관련이 있어야 한다.

소결
소제기 자체는 원칙적으로 개인의 자유다. 결국, 원고가 소장에 당사자를 어떻게 기재하냐에 따라 당사자가 정해진다.

민사집행의 당사자

개념
강제집행을 신청하거나 그 상대방이 되는 사람이 집행 당사자(executional party)다. 신청인, 피신청인이다.

1. 신청서에 "신청인"으로 쓰여 있는 사람이 신청인(applicant)
2. 신청서에 "피신청인"으로 쓰여 있는 사람이 피신청인(respondent)

부동산강제경매신청서

채 권 자   김권자(850330-1234567)
           서울 서초구 이대로 15
           (전화: 02-3473-1234   휴대전화: 010-5555-1234
            팩스: 02-3473-1235   이메일: k-dragon@gmail.com)

채무자겸   장무자(810129-2123456)
소유자   서울 관악구 노루로 231-2

채권관계와 신청인, 피신청인

보통은 채권자가 채무자 상대로 집행을 신청한다. 따라서, 이 경우,

1. 채권자(obligee)가 신청인(applicant)
2. 채무자(obligor)가 피신청인(respondent)

집행채권자와 집행채무자

집행법에서는 다음과 같이 부른다.

1. 채권자(obligee)를 집행채권자(execution creditor) 또는 채권자(creditor)
2. 채무자(obligor)를 집행채무자(execution debtor) 또는 채무자(debtor)

사례

1. 만약 K가 J를 상대로 승소판결을 받았다고 하자.
2. 판결까지 받으면 웬만하면 임의이행을 한다.
3. 그러나 끝내 임의이행이 안 된다면 강제집행절차로 나갈 수밖에 없다. 그 근거, 즉 집행권원(executive title)은 승소 확정판결이다.
4. 이때 K가 신청인, J가 피신청인으로 된다.

K는 부동산강제경매신청서 신청인란에 "K", 피신청인란에 "J"를 기재한 뒤 집행기관(법원)에 제출한다. 그러면 부동산이 법원경매로 넘어갈 수도 있다.

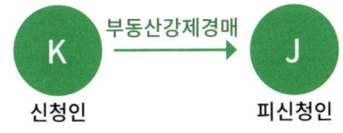

변론
Pleadings

*타방의 말을 듣지 않고 어떤 것을 결정하는 자는,
비록 공평한 것을 결정했더라도 공평하지 않은 자였던 것. - Seneka*

서류 공방

머리에

민사소송은 어떤 식으로 진행되는가? 법정에서 무슨 일이 일어나는지 보기 전에, 먼저 그 전에 일어나는 서류 공방을 보자.

원고의 소장 제출

1. K가 J를 상대로 5,000만 원의 지급을 구하는 소장(written complaint)을 써서 법원에 제출한다.

2. 이 단계에서는 K가 따로 알려주지 않는 이상, J로서는 아직 소송을 당했는지도 모른다.

소장 부본 송달

1. 법원은 소장 부본(duplicate of written complaint)을 피고에게 보내 준다. 여기서 "부본"이란, 거칠게 말하면 복사본이다. 이 과정을 소장 부본 송달(service of duplicate of written complaint)이라 부른다.

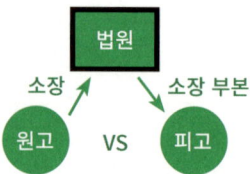

2. 이 단계부터 J는 소송 당했다는 사실을 알게 된다.

피고의 답변서 제출

1. J는 돈을 줄 수 없다는 답변서(written defense)를 써서 법원에 제출한다.

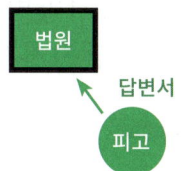

2. 답변서 부본도 원고에 송달(service of duplicate of written defense) 해 준다. 이 단계부터 K는 J 입장을 알게 된다.

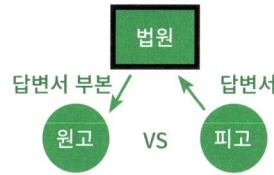

변론기일

변론기일 지정

그러면 법정을 열어서 법원이 직접 양쪽 당사자 말을 들어 볼 때가 되었다. 법원 측에서 날짜와 장소를 잡는다.

> **민사소송법 제134조(변론의 필요성)** ① 당사자는 소송에 대하여 법원에서 변론하여야 한다. ...

> **민사소송규칙 제69조(변론기일의 지정 등)** ① 재판장은 답변서가 제출되면 바로 사건을 검토하여 가능한 최단기간 안의 날로 제1회 변론기일을 지정하여야 한다.

한 사람의 말을 듣고 다른 사람의 말도 들어야 한다(*Man muß den einen hören und auch den anderen*; You have to hear the one and the other).

변론기일과 변론 개념

1. 이렇게 정해진 날을 변론기일(date for pleading)이라 한다. 보통은 하루에 안 끝난다. 그래서 제2회, 제3회 변론기일 식으로 여러 번 열리곤 한다.
2. 양 당사자는 변론기일에 출석해 공격, 방어한다. 즉, 변론(pleadings)한다.

변론기일 통지

법원 쪽에서 당사자들에게 날짜와 장소를 알려준다.

1. 처음에는 "변론기일통지서"라는 서류를 보내 준다.

> **민사소송법 제167조(기일의 통지)** ① 기일은 기일통지서 또는 출석요구서를 송달하여 통지한다. ...

```
┌─────────────────────────────────────────────────────────────┐
│                                                             │
│                      서울중앙지방법원                          │
│                       변론기일통지서                           │
│                                                             │
│   사     건      2023가단1020304   대여금 등                   │
│                                                             │
│   원     고      김권자                                       │
│                                                             │
│   피     고      장무자                                       │
│                                                             │
│   위 사건의 변론기일이 다음과 같이 지정되었으니 출석하시기 바랍니다.    │
│                                                             │
│                                                             │
│     일시: 2023. 10. 25.  14:20  (소요예상시간 10분)            │
│                                                             │
│     장소: 동관 - 제480호 법정[동관 1번 법정출입구]              │
│                                                             │
│                                                             │
│                       2023. 10. 15.                         │
│                                                             │
│                                                             │
│                                                             │
│                   법원주사   최  주  보  (인)                 │
│                                                             │
│                                                             │
│                      ◇ 유 의 사 항 ◇                        │
│   1. 출석할 때에는 신분증을 가져오시고, 이 사건에 관하여 제출할     │
│      서면이 있는 경우에는 사건번호 ( 2023가단1020304 )를        │
│      기재하시기 바랍니다.                                      │
│   2. 합의부에서 심리하는 사건은 변호사(지배인 등 법률상 소송대리인   │
│      포함)가 아니면 소송대리가 허용되지 않습니다.                │
│   3. 소송대리인이 선임되어 있더라도 되도록 당사자 본인(당사자가 회사 │
│      등 법인 또는 단체인 경우에는 대표자 또는 실무책임자, 당사자가  │
│      여러 명인 경우에는 의사결정을 할 수 있는 주된 당사자)도 함께  │
│      출석하시기 바랍니다.                                      │
│   ※ 주차시설이 협소하오니 대중교통을 이용하여 주시기 바랍니다.     │
│                                                             │
│   ※ 재판기일 등 각종 정보 열람: 대한민국 법원 홈페이지(www.scourt.go.kr) │
│   ※ 사건진행에 관한 안내 자동응답전화(ARS) : 지역번호 없이 1588-9100  │
│     ☞ 연결 후 '1' + '9' + [열람번호] + '*' 를 차례로 누르시면 곧바로 안내를 받을 수 있습니다. │
│   ※ 그 밖의 문의사항 연락처 : 서울중앙지방법원 제105단독 법원주사보 박개장 │
│     전화 : 02-3017-1234    팩스 : 02-3017-1236    e-mail : choijoobo122@gmail.com │
│                                                             │
└─────────────────────────────────────────────────────────────┘
```

2. 그러나 변론기일에 출석한 사람에게는, 따로 다음 기일 통지서를 보내 주지 않는다.

민사소송법 제167조(기일의 통지) ① ... 다만, 그 사건으로 출석한 사람에게는 기일을 직접 고지하면 된다.

변론 공개

공개재판이 원칙이다. 누구나 아무 이해관계가 없더라도 변론기일에 찾아와 방청할 수 있다.

> **대한민국헌법 제109조** 재판의 심리와 판결은 공개한다. …

변론기일 진행

당사자 또는 소송대리인 출석

소송대리인(변호사)이 있는 경우는 당사자 본인이 직접 출석하지 않아도 된다.

형사소송은 변호인(변호사)이 있더라도 피고인 본인이 같이 출석해야 한다.

기일 시작

> **민사소송법 제169조(기일의 시작)** 기일은 사건과 당사자의 이름을 부름으로써 시작된다.

변론

변론(pleadings)이란 당사자 쌍방이 변론기일에 공개법정에서 각자의 주장을 말로(orally) 하는 것이다.

> **민사소송법 제134조(변론의 필요성)** ① 당사자는 소송에 대하여 **법원에서 변론**하여야 한다.

> **민사소송규칙 제28조(변론의 방법)** ① 변론은 당사자가 말로 중요한 사실상 또는 법률상 사항에 대하여 진술하거나, 법원이 당사자에게 말로 해당사항을 확인하는 방식으로 한다.
> ② 법원은 변론에서 당사자에게 중요한 사실상 또는 법률상 쟁점에 관하여 의견을 진술할 기회를 주어야 한다.

참고로, 출석하더라도 변론하지 않을 수도 있다("출석 무변론"). 예를 들어, 원고가 법정에 모습을 보이지 않을 때, 피고가 법정에서 "피고는 변론하지 않겠습니다." 식으로 말하기도 한다. 출석 무변론은 법적으로는 출석하지 않은 것("불출석")과 같다.

> **민사소송법 제268조(양쪽 당사자가 출석하지 아니한 경우)** ① 양쪽 당사자가 변론기일에 출석하지 아니하거나 **출석하였다 하더라도 변론하지 아니한 때**에는 재판장은 다시 변론기일을 정하여 양쪽 당사자에게 통지하여야 한다.

변론조서 작성

1. 진술이 말로만 이루어지면 기억하기도 어렵고, 나중에 변론기일 진행 절차에 대해 여러 말이 나올 수도 있다.
2. 그래서 법원사무관등은 서류에 변론의 날짜와 장소, 변론의 요지 등을 기록한다. 이를 변론조서(protocol of pleadings)라고 한다.

서울중앙지방법원
변 론 조 서

1차

사　　　건	2023가단1020304 대여금 등	
판　　　사	임바른	기　　일: 2023. 10. 25. 14:20
		장　　소: 480호 법정
		공개 여부: 공　개
법 원 주 사	최주보	고지된 다음 기일: 2023. 11. 22. 15:00

사건과 당사자의 이름을 부름

원고　　김권자　　　　　　　　　　　　　　　　　　　출석

피고　　장무자　　　　　　　　　　　　　　　　　　　출석

원　　고

　　소장 진술. ① 대여금 4,000만 원 반환 및 ② 원고 소유 바이올린을 파손한 불법행위로 1,000만 원 손해배상을 구함

피　　고

　　답변서 진술. ① 피고는 원고로부터 돈을 빌린 적이 없고 갑 제1호증(계약서)은 위조된 것이며, ② 원고가 2019년 7월 말경 피고의 불법행위 사실을 알았으므로 이미 3년 소멸시효가 완성했다고 주장

원　　고

　　피고의 소멸시효 주장에 대해 다투며, 구체적인 근거와 자료는 준비서면을 통해 제출하고자 함

원고 및 피고

　　다음 사실은 당사자 사이에 다툼이 없는 것으로 정리

　　① 갑 제1호증의 피고 명의 아래 인영과 피고의 인장 모양은 일치

　　② 피고가 실수로 원고의 바이올린을 파손했는데, 당시 바이올린의 시가는 1,000만 원이었지만 완파되어 현재는 가치가 전혀 없음

판　　사

　　이 사건의 쟁점이,

　　① 대여금 청구 관련, 갑 제1호증의 위조 여부 및 대출계약의 존재 여부

　　② 손해배상 청구 관련, 소멸시효 완성 여부

　　라는 점에 관하여 쌍방에게 의견을 구하다.

원고 및 피고

　　각각 그렇다고 진술

증거관계 별지와 같음 (쌍방 서증, 증인 등)

속　　행

　　　　　　　　　　　　　　법 원 주 사　　　최 주 보　(인)

　　　　　　　　　　　　　　판　　　　사　　　임 바 른　(인)

민사소송법 제152조(변론조서의 작성) ① 법원사무관등은 변론기일에 참여하여 **기일마다 조서를 작성**하여야 한다. …

민사소송법 제153조(형식적 기재사항) 조서에는 법원사무관등이 다음 각호의 사항을 적고, 재판장과 법원사무관등이 기명날인 또는 서명한다. …
1. 사건의 표시
2. 법관과 법원사무관등의 성명
4. 출석한 당사자·대리인·통역인과 출석하지 아니한 당사자의 성명
5. 변론의 날짜와 장소

민사소송법 제154조(실질적 기재사항) 조서에는 변론의 요지를 적[는다.]…

3. 판사는 나중에 변론조서를 참고해 판결서를 작성한다.

변론 속행

법원으로서는 그 날 변론만 두고는 부족하기 때문에 일단 그 날 변론기일은 마무리하고 법원에서 한 번 더 변론기일을 잡아 계속하겠다고 할 수도 있다. 변론 속행(continuation of pleadings)이라 한다.

1. 예를 들어, 변론에서 말이 엇갈리는데, 증인을 불러 보거나 추가자료를 수집해 제출하면 확실히 알 수가 있다 하자. 이럴 때 법원은 변론을 속행한다.

2. 보통 2, 3주 이상 여유 있게 잡아서, 그 전에 당사자들이 자료를 준비할 수 있도록 하고, 오는 기일에 증인이 출석할 수 있도록 한다. "2023. 10. 25. 14:20 우리 법원 동관 480호 법정" 식으로 기일을 잡는다.

3. 그러나 사정이 있어서 법원이 다음 기일 날짜를 정하기 어려운 경우도 있다. 그러면 일단 속행으로 하되, 다음 변론기일 날짜는 추후에 지정하겠다고 한다. 이를 줄여서 "추정"이라고도 한다.

변론 종결

법원이 그때까지의 변론을 가지고도 충분히 재판할 수 있겠다 싶으면, 이제 변론을 끝낸다. 변론 종결(closure of pleadings)이라 한다.

1. 예를 들어, K와 J 모두 서로 주장할 건 다 주장하고 낼 증거도 다 냈다고 하면, 법원은 이제 변론을 종결한다.

2. 당사자들은 역할을 다 한 셈이고, 이제 법원의 판결만 남는다. 변론 종결 후 시간적 간격을 두고 판결 선고기일을 잡는다. 그사이에 판결문을 작성한다.

> **민사소송법 제207조(선고기일)** ① 판결은 변론이 종결된 날부터 2주 이내에 선고하여야 하며, 복잡한 사건이나 그 밖의 특별한 사정이 있는 때에도 변론이 종결된 날부터 4주를 넘겨서는 아니 된다.

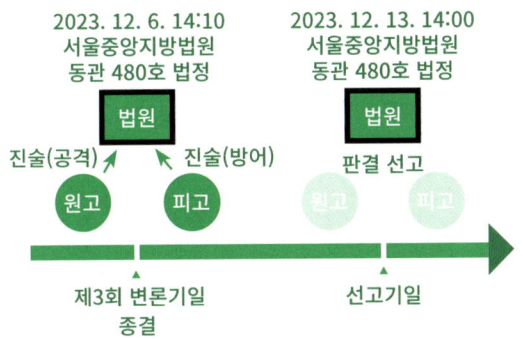

변론 재개

변론 재개(reopening of pleadings)이란, 종결했던 변론을 법원이 다시 여는 것이다. 다음 2가지가 있다.

1. 직권 재개: 판사가 판결문을 쓰려고 보니 뭔가 빠진 자료가 있다. 이럴 때 법원이 직권으로 변론을 재개하기도 한다.
2. 신청에 따른 재개: 변론 종결 후 당사자가 법원에 내야 할 새로운 자료를 발견하는 경우도 있다. 그러면 당사자가 변론재개를 신청한다. 법원이 재개신청을 받아들이면 변론이 재개된다.

예를 들어,

1. 계약서의 위조 여부에 관한 다른 증거를 찾지 못한 채 변론이 종결됐다.
2. 그런데 그 후 판결 선고 전 우연히 위조사실을 확실히 증명할 수 있는 자료가 발견되었다.
3. 이 경우 당사자가 증거제출을 위해 변론재개를 신청하면,
4. 법원이 변론을 재개할 수 있다.

2020다277641: 당사자가 변론종결 후 주장, 증명을 제출하기 위하여 변론재개신청을 [했다. 이] 경우 당사자의 변론재개신청을 받아들일지 여부는 **원칙적으로 법원의 재량**에 속한다.

그러나 변론재개신청을 한 당사자가 변론종결 전에 그에게 책임을 지우기 어려운 사정으로 주장, 증명을 제출할 기회를 제대로 [얻]지 못하였[다고 하자]. 그리고 그 주장, 증명의 대상이 판결의 결과를 좌우할 수 있는 ... 요증사실에 해당[한다고 하자]. 이런 경우처럼, 당사자에게 변론을 재개하여 그 주장, 증명을 제출할 기회를 주지 않은 채 패소의 판결을 하는 것이 민사소송법이 추구하는 절차적 정의에 반하는 경우[가 있다. 이때는] 법원은 변론을 재개하고 심리를 속행할 의무가 있다.

서면
Briefs

사연을 듣기 전에 대답하는 자는 미련하여 욕을 당하느니라.
- "잠언" 제18장 제13절

의의

서면의 필요성

당사자들은 자신이 청구하는 것이 무엇인지, 그에 대한 자신의 견해는 어떠한지를 서면(documents; briefs)으로 법원에 제출한다.

1. 왜냐하면 변론기일에 갑자기 처음 주장을 하면 법원도 상대방도 본인도 입장 정리가 안 되기 때문이다. 그러면 결국 아무 의미 없이 변론기일을 또 잡아야 한다. 이것을 기일의 공전(wasting time)이라 한다.
2. 기일공전을 피하기 위해 미리 서면을 낸다.

부본과 송달

1. 원본과 똑같이 생긴 문서를 하나 더 만들어 그걸 부본(duplicated copy; duplicate)이라 한다. 서면을 낼 때에는 이 부본을 첨부해서 내야 한다. 즉, 법원에 원본과 부본을 모두 낸다.

	목적	범위	효력	사례
원본 (original copy)	보관	-	원본	(법원 보관용) 판결서
정본 (officially certified copy)	원본처럼 사용	전부	원본과 동일	(당사자에 주는) 판결서
부본 (duplicated copy)	송달	전부	원본과 동일	서면제출 시 첨부문서
등본 (certified copy)	원본 내용의 증명	전부	증명서	등기사항 전부증명서
초본 (abstract copy)	원본 내용의 증명	일부	증명서	등기사항 일부증명서
사본 (courtesy copy)	참고용	무방	참고자료	(상대방용) 증인신문사항

2. 법원은 원본과 부본을 모두 접수한다. 원본은 법원이 갖고 보고, 부본은 법원이 반대편 당사자에게 보내 준다. 이렇게 부본을 보내 주는 것을 부본 송달(service of duplicate)이라 한다.

따라서 상대방 당사자가 n명이면, 기본적으로 n개의 부본을 첨부한다.

서면 제출과 부본 송달

1. 원고가 부본을 첨부해 소장을 내면, 법원은 소장 부본을 피고에게 송달(service of duplicate of written complaint; service of process)한다.

2. 피고가 부본을 첨부해 답변서를 내면, 법원은 답변서 부본을 원고에게 송달(service of duplicate of written defense)한다.

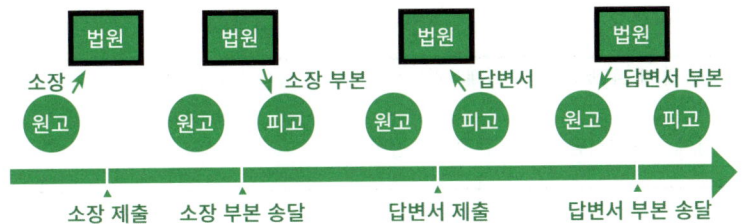

하여튼 당사자가 부본을 첨부해 어떤 서면을 내면, 법원은 그 부본을 상대방 당사자에게 송달하는 것이다.

서면의 역할

이처럼 누군가 어떤 서면을 내면, 법원은 물론 그 상대방도 받아 읽어보게 된다. 서면을 통해,

1. 당사자들은 서로의 입장을 확인한다. 그와 함께,
2. 변론을 준비한다.

실무 경향

실무상으로는 다음과 같이 진행한다.

1. 미리 서면을 충실히 작성해 제출한다.
2. 변론기일에는 서면 내용을 간략히 진술해 짧게 끝낸다.

서면 종류

1. 소장(written complaint)
2. 답변서(written defense)
3. 준비서면(preparatory documents): "변론을 준비하는 서면"이란 의미다.
4. 참고서면: 변론 종결 후에 못다 한 이야기가 있으면 "판결에 참고하라는 서면"을 낸다.
5. 기타

소장

머리에
최초의 서면은 소장이다. 원고는 소장을 법원에 제출한다.

> **민사소송법 제249조(소장의 기재사항)** ① 소장에는 당사자와 …, 청구의 취지와 원인을 적어야 한다.
> ② 소장에는 준비서면에 관한 규정을 준용한다.

소　장

원　　고　　김권자
　　　　　　서울 서초구 이대로 15
　　　　　　(전화: 02-3473-1234　　휴대전화: 010-5555-1234
　　　　　　　팩스: 02-3473-1235　　이메일: k-dragon@gmail.com)

피　　고　　장무자
　　　　　　서울 관악구 노루로 231-2

대여금 등 청구의 소

청구취지
청구취지(gist of the claim)란, 원고가 구하는 결론 부분이다. 예를 들어, 원금 기준으로,

1. 주된 청구취지: "피고는 원고에게 5,000만 원을 지급하라."
2. 종된 청구취지: 소송비용 등 관련

청 구 취 지

1. 피고는 원고에게 50,000,000원 및 그중 10,000,000원에 대하여 2019. 7. 24.부터, 40,000,000원에 대하여 2022. 9. 1.부터, 각각 소장 송달일까지는 연 5%의, 각각 그다음 날부터 다 갚는 날까지는 연 12%의 각 비율로 계산한 돈을 지급하라.
2. 소송비용은 피고가 부담한다.
3. 제1항은 가집행할 수 있다.

라는 판결을 구합니다.

2017다251694: 민사소송에서 청구취지는 그 내용 및 범위가 명확히 알아볼 수 있도록 구체적으로 특정되어야 [한다.] ... 청구취지가 특정되지 않은 경우에는 법원은 피고의 이의 여부와 관계없이 직권으로 보정을 명[해야 한다. 만약 원고가] 이에 응하지 않을 때에는 소를 각하하여야 한다.

소제기가 부적법하다면, 원고의 주장이 이유 있는지 따져볼 것도 없이 법원은 원고 패소판결을 선고한다. 이러한 판결을 소각하(dismissal) 판결이라 한다.

청구원인

청구원인(cause of the claim)이란, 그 이유 부분이다. 예를 들어,

1. 대여금 청구: "원고가 피고에게 4,000만 원을 빌려주었는데 피고가 약속한 날이 되도록 갚지 않는다."

실제 대출계약 관련 법률분쟁은 대여(loan) 자체보다 반환(repayment)에 관한 것이 대부분이다. 쉽게 말해, 돈을 안 갚아서 문제된다. 그래서 단지 "대여금 청구"라고만 해도, 대주가 차주를 상대로 이미 지급한 대여금의 "반환"을 구하는 것으로 이해한다.

2. 손해배상 청구: "피고가 실수로 원고의 바이올린을 파손하여 원고가 1,000만 원 손해를 입었다."

청 구 원 인

1. 대여금 청구

원고는 2022. 7. 1. 피고에게 변제기를 2022. 8. 31.로 정하여 4,000만 원을 대여했습니다(갑 제1호증).

따라서 피고는 원고에게 차용금 4,000만 원을 반환하고 이에 대한 지연손해금을 지급할 의무가 있습니다.

2. 손해배상 청구

피고는 2019. 7. 24. 서울 서초구 예술로 33에 있는 '마논트로트' 동아리방에서 원고 소유의 시가 1,000만 원 상당 바이올린을 만지다 실수로 이를 완전히 파손했습니다(갑 제2~4호증).

따라서 피고는 원고에게 불법행위에 따른 손해배상으로 1,000만 원을 배상하고 이에 대한 지연손해금을 지급할 의무가 있습니다.

3. 결론

그렇다면 피고는 원고에게 5,000만 원(= 차용금 4,000만 원 + 배상금 1,000만 원)을 지급하고 이에 대하여 다음 각 비율로 계산한 지연손해금을 지급할 의무가 있습니다.

가. 차용금 4,000만 원에 대하여: ① 2022. 9. 1.(변제기 다음 날)부터 소장 송달일까지는 연 5%(민법), ② 그다음 날부터 다 갚는 날까지는 연 12%(소송촉진 등에 관한 특례법)

나. 배상금 1,000만 원에 대하여: ① 2019. 7. 24.(불법행위일)부터 소장 송달일까지는 연 5%(민법), ② 그다음 날부터 다 갚는 날까지는 연 12%(소송촉진 등에 관한 특례법)

민사소송규칙 제62조(소장의 기재사항) 소장의 <u>**청구원인**</u>에는 다음 각호의 사항을 적어야 한다.

1. **청구를 뒷받침하는 구체적 사실**
2. 피고가 주장할 것이 명백한 방어방법에 대한 구체적인 진술

증명방법

증명방법(증거방법; method of evidence)이란, 쉽게 말해 증거(evidence)다. 구체적으로, 증거조사 대상이다.

1. 예를 들어, 계약서, 사진 등을 말한다.
2. 증거에는 번호를 붙이는데, 원고가 내는 증거는 그 앞에 "갑"을 붙인다. 갑 제1호증, 갑 제2호증 식이다. 그래서 흔히 "갑호증"이라 부른다.

상대방 당사자가 n명이면, 기본적으로 각 증명방법은 (n+1)개씩 제출해야 한다. 상대방도 봐야 하고(n개), 법원도 봐야 하기(1개) 때문이다.

증 명 방 법

1. 갑 제1호증   계약서
2. 갑 제2호증   바이올린 구매 영수증
3. 갑 제3호증   파손된 바이올린 사진
4. 갑 제4호증   목갑자의 진술서

                     2023. 9. 13.

                                 원고 김권자

서울중앙지방법원 귀중

민사소송규칙 제62조(소장의 기재사항) 소장의 청구원인에는 다음 각호의 사항을 적어야 한다.

3. [증명]이 필요한 사실에 대한 **증거**방법

민사소송규칙 제105조(문서를 제출하는 방식에 의한 서증신청) ② 서증을 제출하는 때에는 상대방의 수에 1을 더한 수의 사본을 함께 제출하여야 한다. …

첨부서류

첨부서류란, 말 그대로 소장에 첨부하는 서류다. 예를 들어,

1. 소장 부본 등을 소장에 첨부한다.

> **민사소송규칙 제48조(부본제출의무 등)** ① 송달을 하여야 하는 소송서류를 제출하는 때에는 특별한 규정이 없으면 송달에 필요한 수의 부본을 함께 제출하여야 한다.

> **민사소송규칙 제63조(소장의 첨부서류)** ① 피고가 소송능력 없는 사람[예: 어린이]인 때에는 법정대리인[예: 부모], 법인인 때에는 대표자...의 자격을 증명하는 서면을 소장에 붙여야 한다.
> ② 부동산에 관한 사건은 그 부동산의 등기사항증명서, 친족·상속관계 사건은 가족관계기록사항에 관한 증명서, 어음 또는 수표사건은 그 어음 또는 수표의 사본을 소장에 붙여야 한다. 그 외에도 소장에는 증거로 될 문서 가운데 중요한 것의 사본을 붙여야 한다.

2. 소송대리인(변호사)이 있다면, 소송위임장도 첨부한다.

> **민사소송법 제89조(소송대리권의 증명)** ① 소송대리인의 권한은 서면으로 증명하여야 한다.

소장 부본 송달

1. 소장이 법원에 접수된 단계에서는, 아직 피고는 소송과 무관하다.
2. 피고가 소장 부본을 송달받은 단계부터, 비로소 피고가 소송에 관여하는 상태가 된다. 이렇게 원고, 피고, 법원 3자 관계가 형성된 상태를 소송계속(pendency of a lawsuit)이라 부른다.

> **2005마1014:** 소송계속은 소장부본이 피고에게 송달된 때에 비로소 발생한다.

답변서

머리에

소장 부본을 받은 피고는 답변서를 법원에 제출한다.

> **민사소송법 제256조(답변서의 제출의무)** ① 피고가 원고의 청구를 다투는 경우에는 소장의 부본을 송달받은 날부터 **30일 이내에 답변서를 제출하여야** 한다. ...
> ④ 답변서에는 준비서면에 관한 규정을 준용한다.

답 변 서

사 건   2023가단1020304 대여금 등
원 고   김권자
피 고   장무자

위 사건에 관하여 피고는 아래와 같이 답변합니다.

이처럼 피고는 답변서 제출의무를 지지만, 실제로 답변서를 내고 안 내고는 자유다. 단지 내지 않으면 소송에서 불리하게 될 뿐이다.

> **민사소송법 제257조(변론 없이 하는 판결)** ① 법원은 피고가 제256조 제1항의 답변서를 제출하지 아니한 때에는 청구의 원인이 된 사실을 **자백한 것으로 보고 변론 없이 판결할 수 있다**. ...

청구취지에 대한 답변(답변취지)

피고가 답변하는 결론 부분이다. 예를 들어,

1. 주된 답변취지: "원고의 청구를 기각한다."
2. 종된 답변취지: 소송비용 등 관련

청구취지에 대한 답변

1. 원고의 청구를 기각한다.
2. 소송비용은 원고가 부담한다.

라는 판결을 구합니다.

청구원인에 대한 답변(답변원인)

그 이유 부분이다. 예를 들어,

1. 대여금 청구에 대해: "피고는 원고로부터 돈을 빌린 사실이 없다."
2. 손해배상 청구에 대해: "3년 소멸시효가 완성했다."

권리를 일정 기간(예: 3년, 5년, 10년 등) 지나도록 행사하지 않으면 그 권리는 시효(prescription) 완성으로 소멸한다. 정확하고 자세히는, 제6강 채권 이전과 소멸에서 공부할 것이다.

> **민사소송규칙 제65조(답변서의 기재사항 등)** ① 답변서에는... [준비서면의 기재사항]과 청구의 취지에 대한 답변 외에 다음 각호의 사항을 적어야 한다.
>   1. 소장에 기재된 개개의 사실에 대한 **인정 여부**
>   2. **항변과 이를 뒷받침하는 구체적 사실**
>   3. 제1호 및 제2호에 관한 **증거**방법

청구원인에 대한 답변

1. 대여금 청구에 대한 답변

    피고는 원고로부터 원고 주장 일자에 원고 주장 돈을 차용한 사실이 없습니다. 피고는 2018년 5월경 배신자에게 원룸 임대 업무를 위임하면서 피고의 인감도장을 잠시 맡긴 일이 있는데(을 제1호증 배신자의 진술서), 배신자 바로 옆집에 사는 원고가 위 인감도장을 무단으로 사용해 피고 명의의 계약서(갑 제1호증)를 위조한 것 같습니다.

2. 손해배상 청구에 대한 답변

　피고가 원고의 바이올린을 파손했는지는 잘 기억나지 않습니다. 그러나 원고 주장이 사실이라 하더라도, 원고가 피고의 불법행위 사실을 알게 된 2019년 7월 말경부터 3년이 지난 현재 원고 주장 손해배상채권은 소멸시효 완성으로 이미 소멸했습니다.

3. 결론

　그러므로 원고의 청구는 부당하여 기각해야 합니다.

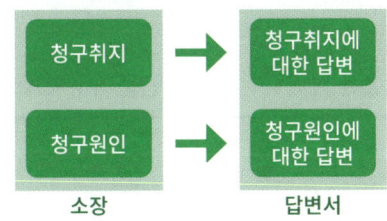

증명방법

피고가 내는 증거는 "을"을 붙인다. 을 제1호증, 을 제2호증 식이다. 그래서 흔히 "을호증"이라 부른다.

상대방 당사자(원고)가 m명이면, 증명방법은 (m+1)개를 제출한다.

증 명 방 법

1. 을 제1호증　　　배신자의 진술서

2023. 10. 13.

피고 장무자

서울중앙지방법원 민사 제105단독 귀중

첨부서류

1. 답변서 부본 등을 답변서에 첨부한다.
2. 소송대리인(변호사)이 있다면, 소송위임장도 첨부한다.

답변서 부본 송달

법원은 답변서 원본과 부본을 모두 접수한다. 원본은 법원이 보고, 부본은 원고에게 송달한다.

준비서면

머리에

그 밖에도 각 당사자들은 필요한 때 준비서면을 법원에 각각 제출할 수도 있다. 말 그대로 변론을 준비한다는 의미가 있는 서면이다.

> **민사소송법 제272조(변론의 집중과 준비)** ① 변론은 집중되어야 하며, 당사자는 **변론을 서면으로 준비**하여야 한다.

준비서면의 작성자

1. 원고가 준비서면을 작성, 제출할 수도 있다. 예를 들어, 답변서 부본을 송달받은 원고가 그 내용을 반박하는 준비서면을 작성할 수도 있다.

준 비 서 면

사　　건　　2023가단1020304 대여금 등
원　　고　　김권자
피　　고　　장무자

위 사건에 관하여 원고는 아래와 같이 변론을 준비합니다.

1. 대여금 청구에 관하여

　계약서(갑 제1호증)의 피고 명의 아래 인영과 피고의 인장 모양이 일치하는 이상, 위 계약서가 위조되었다면 이를 주장하는 피고 쪽에서 구체적인 근거를 제시해야 합니다. '배신자가 보관하던 피고의 인감도장을 원고가 무단으로 사용한 것 같다.'라는 피고 주장은 억측에 불과합니다.

2. 손해배상 청구에 관하여

　원고는 피고의 불법행위 당시 미국 유학 중이어서 가해자가 피고임을 처음에는 알지 못하다, 2020. 12. 24.에 이르러서야 동아리 친구 이을환을 통해 알게 되었습니다. 원고는 그로부터 3년 내에 이 사건 소를 제기했으므로, 소멸시효는 완성하지 않았습니다.

　그렇지 않더라도, 피고가 2020. 6. 15. 원고에게 잘못을 시인하며 1,000만 원 손해배상채무를 승인한 사실이 있으므로(갑 제5호증), 그 무렵 소멸시효가 중단되었습니다.

　따라서 어느 모로 보나 피고의 소멸시효 완성 주장은 부당합니다.

2. 피고가 준비서면을 작성, 제출할 수도 있다. 예를 들어, 원고의 준비서면 부본을 송달받은 피고가 그 내용을 반박하는 준비서면을 작성할 수 있다.

준 비 서 면

사　　건　　2023가단1020304 대여금 등
원　　고　　김권자
피　　고　　장무자

위 사건에 관하여 피고는 아래와 같이 변론을 준비합니다.

1. 대여금 청구에 관하여

　피고가 2022. 7. 1. 원고로부터 돈을 차용하였다고 하더라도, 2022. 8. 31. 원고에게 4,000만 원을 지급함으로써 모두 변제했습니다(을 제2호증).

2. 손해배상 청구에 관하여

　'원고가 2020. 12. 24.에 이르러서야 피고의 가해사실을 알게 되었다.'는 원고 주장은 사실과 다릅니다. 이을환은 이미 2019. 7. 말경 원고에게 국제전화로 피고가 바이올린을 파손했다는 사실을 알려 주었습니다(을 제3호증).

　한편, 피고가 2020. 6. 15. 원고에게 손해배상을 언급하며 사과할 당시, 피고로서는 손해배상채무 소멸시효 혜택을 포기하겠다는 의도가 없었습니다. 갑 제5호증(문자메시지 출력물)도 '자기 아내를 안심시키기 위해 필요하다.'는 원고의 요구에 따라 피고가 형식상으로 원고에게 전송한 문자를 출력한 것으로, 증거가치가 없습니다.

3. 소장이든, 답변서든, 준비서면이든, 당사자들은 각자에게 유리한 주장을 한다. 그러나 그 주장 내용이 항상 법적, 사실적으로 옳을 수는 없다.

불리한 것은 축소하고 유리한 것은 확장하는 것이 당연하다(*Odia restringi et favores convenit ampliari*; Whatever is odious ought to be restricted, whatever is favorable ought to be extended).

준비서면에 기재할 내용

1. 결국, 상대방 서면 내용에 대한 반박이다. 그와 동시에,
2. 변론기일에 말로 진술할 내용의 준비다.

　민사소송법 제274조(준비서면의 기재사항) ① 준비서면에는 다음 각호의 사항을 적고, 당사자 또는 대리인이 기명날인 또는 서명한다.
　　4. **공격 또는 방어**의 방법
　　5. **상대방의 청구와 공격 또는 방어의 방법에 대한 진술**
　② 제1항 제4호 및 제5호의 사항에 대하여는 사실상 주장을 증명하기 위한 **증거**방법과 상대방의 **증거방법에 대한 의견**을 함께 적어야 한다.

증명방법

이전에 k호증까지 냈다면, 준비서면엔 번호를 (k+1)호증부터 붙이면 된다. 역시, 원고 제출 증거는 "갑호증"이고, 피고 제출 증거는 "을호증"이다.

상대방 당사자가 m명이면, 증명방법은 (m+1)개를 제출한다.

증 명 방 법

1. 갑 제5호증   문자메시지 출력물

                                2023. 11. 2.

                                          원고 김권자

서울중앙지방법원 민사 제105단독 귀중

증 명 방 법

1. 을 제2호증   계좌이체 영수증
1. 을 제3호증   이을환의 진술서

                                2023. 11. 8.

                                          피고 장무자

서울중앙지방법원 민사 제105단독 귀중

첨부서류

준비서면 부본 등을 첨부한다.

준비서면 부본 송달

1. 역시 부본 송달 절차가 있다.

> **민사소송법 제273조(준비서면의 제출 등)** 준비서면은 그것에 적힌 사항에 대하여 상대방이 준비하는 데 필요한 기간을 두고 제출하여야 하며, 법원은 상대방에게 그 부본을 송달하여야 한다.

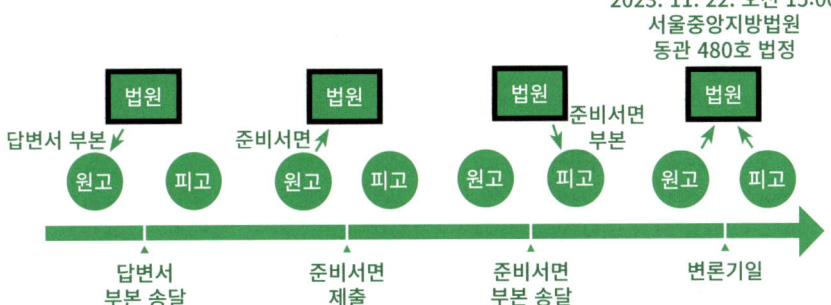

2. 준비서면 제출기간이 있다. 기일공전을 막기 위해서다.

> **민사소송규칙 제69조의3(준비서면의 제출기간)** 새로운 공격방어방법을 포함한 준비서면은 변론기일 …의 7일 전까지 상대방에게 송달될 수 있도록 적당한 시기에 제출하여야 한다.

그러나 실무상 준비서면 제출기간을 엄격히 지키지는 않는다. 변론기일 전날이라도 내면 양반이다. 변론기일 당일 들고 오는 경우도 있다.

적절한 시기에 제출

1. 준비서면은 한 번 내고 끝이 아니다. 진행 상황에 따라 다음 변론기일에 제출이 필요하다면 적절한 시기에 또 제출할 수 있다.

> **민사소송법 제146조(적시제출주의)** 공격 또는 방어의 방법은 소송의 정도에 따라 적절한 시기에 제출하여야 한다.

예를 들어 "원고의 2023. 11. 2. 자 준비서면", "원고의 2023. 11. 23. 자 준비서면" 식으로 서면을 특정해 부른다.

2. 적시에 내지 않은 공격방어방법(주장, 증거, 서면)은 법원이 배척할 수 있다.

> **민사소송법 제149조(실기한 공격·방어방법의 각하)** ① 당사자가 제146조의 규정을 어기어 고의 또는 중대한 과실로 공격 또는 방어방법을 뒤늦게 제출함으로써 소송의 완결을 지연시키게 하는 것으로 인정할 때에는 법원은 직권으로 또는 상대방이 신청에 따라 결정으로 이를 각하할 수 있다.

> **2017다1097:** 민사소송법 제149조에 정한 실기한 공격·방어방법이란 [무엇인가?] 당사자가 고의 또는 중대한 과실로 소송의 정도에 따른 적절한 시기를 넘겨 뒤늦게 제출하여 소송의 완결을 지연시키는 공격 또는 방어의 방법을 말한다.

> 여기에서 적절한 시기를 넘겨 뒤늦게 제출하였는지를 판단[할 때]는 [무엇을 고려해야 하는가?] 새로운 공격·방어방법이 구체적인 소송의 진행정도에 비추어 당사자가 과거에 제출을 기대할 수 있었던 객관적 사정이 있었는데도 이를 하지 않은 것인지[를 고려해야 한다. 그리고] 상대방과 법원에 새로운 공격·방어방법을 제출하지 않을 것이라는 신뢰를 부여하였는지 여부 등[도] 고려해야 한다.

이러한 법원의 각하결정은 "공격방어방법(주장, 증거)"에 대한 배척일 뿐, "소송(청구, 소)" 자체에 대한 배척이 아니다. 즉, "공격방어방법 각하" 결정은 앞서 언급한 "소 각하" 판결과는 다르다. 어쨌든, 어떤 공격방어방법이 배척되어도, 다른 공격방어방법으로 승소할 수도 있다.

소장 및 답변서와 준비서면

원고의 소장과 피고의 답변서도 결국 변론을 준비한다는 의미가 있다. 그러므로 소장과 답변서 역시 넓게 보면 준비서면의 일종이다.

민사소송법 제249조(소장의 기재사항) ② 소장에는 준비서면에 관한 규정을 준용한다.

민사소송법 제256조(답변서...) ④ 답변서에는 준비서면에 관한 규정을 준용한다.

당사자주의
Adversary System

너는 사실을 말하라. 그러면 나는 권리를 주리라. - 오래된 법언

당사자주의와 직권주의

머리에

> **2002헌바46**: 민사소송절차는 법원과 당사자가 참여하여 일정한 법원칙에 따라 역할과 책임을 분담하면서 진행된다.

당사자주의

소송의 주도권을 당사자가 가지고 원고와 피고가 서로 대립하여 공격, 방어를 하는 구조를 당사자주의(adversary system)라 한다.

> **2002헌바46**: 주로 당사자가 역할을 분담하고 책임을 지는 원칙 즉 소송심리의 주도권을 당사자에게 주는 것을 '당사자주의'라고 [한다.]

직권주의

소송의 주도권을 법원이 갖는 구조를 직권주의(inquisitorial system)라 한다.

> **2002헌바46**: 주로 법원이 그 임무를 가지는 원칙 즉 소송심리의 주도권을 법원에게 주는 것을 '직권주의'라고 한다.

우리 민사소송의 구조

우리나라 민사소송은 어떤 구조인가? 소송을 내용과 절차로 구별한다면,

1. 내용(주장, 증거)의 주도권은 당사자에게 있다.

> **2002헌바46**: 우리 민사소송법은 ... 당사자에게는 판결을 위한 자료를 제공하여 사건의 내용을 명확하게 하는 역할을 맡기고 있[다.]

2. 절차(진행, 판단)의 주도권은 법원에게 있다.

> **2002헌바46**: 우리 민사소송법은 ... 법원에게는 절차의 주재자로서의 역할을 부여하여 이를 신속하게 진행시키는 책임을 지우고 있[다.]

3. 당사자주의 여부는 내용(주장, 증거)의 주도권을 기준으로 판단한다.
4. 따라서 우리 민사소송은 당사자주의가 원칙이다. 내용(소송자료, 증거자료) 제출 책임이 당사자에게 있고, 법원은 그렇게 당사자가 제출한 것에 대해서만 판단하기 때문이다.

> **2002헌바46**: 우리 민사소송법은 ... 당사자주의 원칙(... 제203조)에 따[른다. 즉, 다툼 있는] 사실의 증명에 필요한 증거는 당사자가 신청하는 것을 조사하는 것으로 그치는 것이 원칙이[다. 단지] 보충적으로 법원이 직권증거조사를 할 수 있도록 하고 있다.

아직은 두루뭉술할 것이다. 그러나 당사자주의를 이루는 근간인 처분권주의와 변론주의를 하나씩 분석해 보면 조금씩 감이 올 것이다.

처분권주의

개념

처분권주의(principle of disposition)란, 소송의 시작과 끝, 그리고 법원이 심판할 대상을 모두 당사자(원고)에게 맡기는 것이다. (i) 절차의 개시, (ii) 심판의 대상과 범위, (iii) 절차의 종결 순서로 보자.

절차의 개시

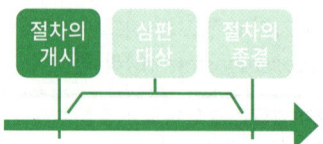

원고가 소제기를 해야 소송이 시작한다.

1. K가 J에게 돈을 받을 것이 있어도,
2. K가 J를 피고로 해서 법원에 소장을 제출하지 않는 이상,
3. 법원이 사건을 판단할 수가 없다.

> **민사소송법 제248조(소제기의 방식)** ① 소를 제기하려는 자는 법원에 소장을 제출하여야 한다.

신청 없으면 재판 없다(*ne procedat judex ex officio*; Proceedings can never start on the court's own motion).

심판의 대상과 범위

일단 원고가 소제기를 하면, 법원은 원고가 청구한 것만을 판단해야 한다. 예를 들어, K가 J에게,

1. 불법행위 손해배상금 1,000만 원 중 300만 원만 청구하고,
2. 나머지 700만 원과 대여금 4,000만 원은 청구하지 않았다고 하자.

그러면, 법원으로서는,

1. 오로지 불법행위 손해배상에 대해서만,
2. 그것도 300만 원에 한해 인정되는지 인정되지 않는지를 판단해야 한다.

> **민사소송법 제203조(처분권주의)** 법원은 당사자가 신청하지 아니한 사항에 대하여는 판결하지 못한다.

절차의 종결

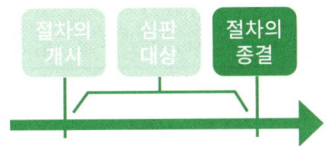

일단 계속된 소송이라도, 당사자가 임의로 종결해도 된다. 예를 들어,

1. K가 그동안의 정을 생각해 소제기를 없었던 것으로 하겠다고 하고,
2. J도 동의한다.
3. 그러면, 판사가 아무리 판결을 내리고 싶더라도, 그대로 소송절차를 끝내야 한다.

당사자가 임의로 절차를 종결하는 유형은 다음과 같다.

1. 취하(withdrawal): 원고 스스로 소제기를 없었던 것으로 돌려 놓을 수 있다. 자신의 청구가 이유 있든 없든 상관없다. 소의 취하(withdrawal of a lawsuit)라 한다. 취하하면 법적으로 처음부터 소제기가 없었던 것으로 간주한다. 이를 "소제기 효과가 소급적(retroactive)으로 소멸한다"고 한다.

> **민사소송법 제266조(소의 취하)** ① **소**는 판결이 확정될 때까지 그 전부나 일부를 **취하할 수 있다.**

> **민사소송법 제267조(소취하의 효과)** ① 취하된 부분에 대하여는 소가 **처음부터 계속되지 아니한 것으로 본다.**

심지어 판결 선고가 난 다음에 소취하할 수도 있다. 대신 몇 가지 불이익을 감수해야 한다. 차차 배우자.

2. 포기(waiver): 원고 스스로 자기의 청구가 이유 없다고 인정하고 끝낼 수도 있다. 청구 포기(waiver of a claim)라 한다.

결과적으로, 원고 패소 판결(기각)을 받은 것과 마찬가지다.

3. 인낙(recognition): 피고 스스로 원고의 청구가 이유 있다고 인정하고 끝낼 수도 있다. 청구 인낙(recognition of a claim)이라 한다.

결과적으로, 원고 승소 판결(인용)을 받은 것과 마찬가지다.

4. 화해(compromise): 당사자들 스스로 서로 양보해서 원고의 청구를 일부 인정하며 끝낼 수도 있다. 재판상 화해(judicial compromise)라 한다.

결과적으로, 원고 일부 승소 판결(일부인용)을 받은 것과 마찬가지다.

> **민사소송법 제220조(화해, 청구의 포기·인낙조서의 효력)** 화해, 청구의 포기·인낙을 변론조서·변론준비기일조서에 적은 때에는 그 조서는 **확정판결과 같은 효력**을 가진다.

	취하	포기	인낙	화해
효과	소제기 효과 소급적 소멸	청구 기각	청구 인용	청구 일부인용
승패	(승패 없음)	원고 패소	원고 승소	원고 일부승소

소결
1. 처분권주의란, 이처럼 법원이 심판할 대상을 당사자에게 맡기는 것이다.
2. 그런데 심판대상을 소송물(matter of a lawsuit)이라고도 부른다.
3. 그래서 처분권주의를 "소송물에 대한 처분의 자유"라고 부른다.

> **2015다49422:** 민사소송에서 심판 대상은 원고의 의사에 따라 특정[된다. 그리고] 법원은 당사자가 신청한 사항에 대하여 신청 범위[에]서만 판단하여야 한다.

변론주의

변론주의 개념

당사자주의 구조는 변론주의(principle of pleading)를 원칙으로 한다.
1. 어떤 주장을 하고 증거를 제출할 것인지를 모두 당사자에게 맡긴다.

> **2002헌바46:** 우리 민사소송법은 … 당사자에게는 판결을 위한 자료를 제공하여 사건의 내용을 명확하게 하는 역할을 맡기고 있[다.]

2. 법원으로서도 당사자가 제출한 자료만으로 재판해야 한다.

> **2002헌바46:** 우리 민사소송법은 … [다툼 있는] 사실의 증명에 필요한 증거는 당사자가 신청하는 것을 조사하는 것으로 그치는 것이 원칙이[다.]

판사가 지나치게 적극적으로 재판에 개입하면 재판의 중립성을 해할 수가 있다. 그렇게 하지 못하도록 하기 위해 변론주의를 택하고 있다.

변론주의 3요소
1. 사실의 주장책임
2. 자백의 구속력
3. 증거의 신청책임

사실의 주장책임

당사자가 어떤 사실(fact)을 주장하지 않으면, 설령 법원이 그 사실을 안다고 하더라도 모른 체해야 한다. 즉, 당사자가 변론에서 주장하지 않으면 판결의 기초로 삼을 수 없다. 그 사실은 없는 것으로 취급되어 불이익한 판단을 받게 된다.

> **83다카1489전합:** 당사자가 변론에서 주장한 주요사실만이 심판의 대상이 [된다.]
>
> **2020다289989:** 법률상의 요건사실에 해당하는 주요사실에 대하여 당사자가 주장하지도 아니한 사실을 인정하여 판단하는 것은 변론주의에 위반된[다.]

예를 들어,

1. K가 J를 상대로 바이올린 파손으로 1,000만 원 손해배상을 구하는 소를 제기했다.
2. 그런데 원고 K가 변론이나 서면에서 손해발생만 주장하고, J의 과실이나 인과관계 부분은 주장조차 안 했다.

불법행위에 따른 손해배상책임이 인정되려면, 가해자의 과실, 피해자의 손해, 가해행위와 손해 사이 인과관계가 모두 인정되어야 한다.

3. 그러면 설령 판사가 피고(J)의 과실을 알고 있다 하더라도, 그 내용을 판결의 기초로 삼을 수 없다. 결국 원고(K)는 패소하게 된다.
4. 이것은 원고(K)가 주요사실을 다 주장하지 않은 대가다.

> **2020다289989:** [제2심]은 하○○가 장△△에게 세 차례에 걸쳐 합계 320,000,000원을 대여하였다고 전제한 다음 ... 이를 기초로 원고의 ... 청구를 일부 인용하였다.
>
> 그러나 ... 원고는 하○○가 장△△에게 대여한 돈의 합계가 320,000,000원이라는 주장을 한 바가 없[다.] ... 그럼에도 [제2심]은 당사자가 **주장하지도 아니한 사실**을 기초로 삼아 판단하였[다. 결국] ... 변론주의 원칙[을] 위반하[였다.]

자백의 구속력

원고가 주장하는 사실이 피고에게 불리한데도, 피고가 이를 인정하기도 한다. 이것을 자백(confession)이라 한다. 자백한 사실은 증거가 필요 없다. 즉,

1. 당사자가 어떤 사실을 주장했는데,
2. 서로 다툼이 없다면,
3. 설령 법원이 그 사실을 믿든 안 믿든 그 사실을 인정해야만 한다.

> **민사소송법 제288조(불요증사실)** 법원에서 당사자가 자백한 사실…은 증명을 필요로 하지 아니한다. …

예를 들어,

1. K가 바이올린 파손으로 1,200만 원 손해가 발생했다고 주장한다.
2. 그런데 J가 그 액수를 그대로 인정한다. 즉, 피고(J)가 손해액을 자백하여, 다툼이 없다.
3. 그렇다면 실제 손해액은 1,000만 원이라 하더라도, 나아가 설령 법원이 실제 손해액이 1,000만 원이라는 점을 알고 있다고 하더라도, 법원은 K의 손해액을 1,200만 원으로 인정해야 한다.

> **66다1872:** 법원은 … 당사자가 **자백한 사실[= 다툼 없는 사실]**에 관하여서는 심증 여부[가 어떻든] 자백에 구속을 받아 그대로의 사실인정을 하여야 한다.

증거의 신청책임

당사자가 어떤 사실을 주장했는데 다툼이 있다면, 이제는 증거가 필요하다. 이때 법원은 당사자가 신청한 증거만 조사한다.

예외가 있다. 당사자가 신청하지 않은 증거도 법원이 증거조사를 하는 경우가 있다. 이것을 직권증거조사라 한다.

주요사실

개념

여기서 사실(fact)이란, 법규에서 요건으로 정해둔 사실을 말한다. 이런 의미에서, "사실"을 요건사실이라고도 부른다. 이 요건사실을 주요사실(consequential fact)이라고도 한다.

> **83다카1489전합:** 주요사실이[란] 법률효과를 발생시키는 실체법상의 구성요건 해당사실을 말한다.

1. 사실의 주장책임에서 말하는 "사실"도 주요사실을 의미한다.
2. 구속력 있는 자백의 대상인 "사실"도 주요사실을 의미한다.

> **2016다58124:** 민사소송절차에서 변론주의 원칙은 권리의 발생·변경·소멸이라는 법률효과 판단의 요건이 되는 주요사실에 관한 주장·증명에 적용된다.

사례

불법행위를 당한 피해자(victim)가 가해자(offender)를 상대로 손해배상(damages)을 구하려고 한다. 민법 제750조를 보면, 손해배상 청구가 받아들여지려면 최소한 다음 3가지가 인정되어야 한다. 법이 요건을 그렇게 정해 놓았다.

1. 가해자의 잘못(고의, 과실)에 관한 사실
2. 피해자의 손해
3. 가해자의 잘못과 피해자의 손해 사이 인과관계에 관한 사실 등

> **민법 제750조(불법행위의 내용)** <u>고의 또는 과실</u>로 <u>인한</u> 위법행위로 타인에게 <u>손해</u>를 가한 자는 그 손해를 배상할 책임이 있다.

이때 위 3가지 사실이 주요사실(요건사실)이다.

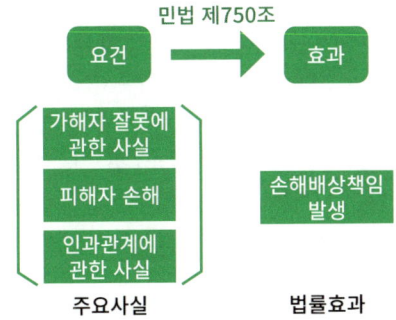

> **97므18**: 손해의 발생, 위법한 가해행위의 존재, 가해행위와 손해의 발생과의 사이에 상당인과관계가 있다는 사실 등[은] 불법행위의 요건사실[이다.]

주요사실과 간접사실의 구별(핵심 vs 배경)

주요사실 자체가 아니라 그 경위나 내력 같은 것은 "주요사실(요건사실)"이 아니다. 즉, 경위, 내력은 여기서 말하는 "사실"이 아니다.

> **94다37868**: 변론주의에서 일컫는 사실이라 함은, 권리의 발생소멸이라는 법률효과의 판단에 직접 필요한 주요사실만을 가리키는 것이[다. <u>주요사실의 존부를 확인하는 데 있어 도움이 됨에 그치는 간접사실</u>은 포함하지 않는 것이다.

1. 사례에서 J가 바이올린을 만지게 된 경위가, 악기연주를 위해서였는지, 동아리방 청소 목적이었는지는 중요하지 않다.
2. 이러한 경위, 내력을 간접사실(circumstantial fact)이라고 부른다. 정확히는, 주요사실을 추인하는 데 도움이 되는 사실이 간접사실이다.
3. 이러한 간접사실은 주요사실이 아니므로, (i) 법원이 당사자의 주장과 달리 판단해도 되고, (ii) 그러한 주장이 없어도 판단할 수 있다.

복잡한 논의가 있으나, 지금 단계에서는 이 정도로만 이해해도 충분하다.

주요사실과 법률주장의 구별(사실 vs 법률)

어떤 사실에 대해, 어떤 법을 적용하고 어떤 법리에 따라 판단해야 하는지는 "주요사실(요건사실)" 문제가 아니다.

> **2016다258124**: 민사소송절차에서 변론주의 원칙은 ... 주요사실에 관한 주장·증명에 적용된다. ... 어떤 시효기간이 적용되는지에 관한 주장은 권리의 소멸이라는 법률효과를 발생시키는 요건을 구성하는 **사실에 관한 주장이 아니라 단순히 법률의 해석이나 적용에 관한 의견**을 표명한 것이다. 이러한 주장에는 변론주의가 적용되지 않으므로 법원이 당사자의 주장에 구속되지 않고 직권으로 판단할 수 있다.
>
> 당사자가 민법에 따른 소멸시효기간[10년]을 주장한 경우에도 법원은 직권으로 상법에 따른 소멸시효기간[5년]을 적용할 수 있다.

1. 사례에서 손해배상의 근거 법률이 민법 제750조인지 제조물책임법 제3조인지, 자동차손배법 제3조인지는 주요사실 문제가 아니다.
2. 인과관계를 반드시 존재 또는 부존재 여부만 판단해야 하는지, 아니면 "몇 %의 인과관계" 식으로 비율적 인과관계 개념도 현행법상 인정할 수 있는지 하는 문제역시 주요사실 문제가 아니다.
3. 이런 것들은 주요사실이 아니라, 단지 적용법률이나 적용법리에 관한 당사자의 의견 또는 주장에 불과하다.
4. 이러한 법률주장은 주요사실이 아니다. 그러므로 법원이 당사자의 주장과 달리 판단해도 되고, 그러한 주장이 없어도 판단할 수 있다. 당사자 주장에 구속되지 않고 정당한 법률판단을 하는 것이 법원의 존재 이유다.

너는 사실을 말하라, 나는 법률을 주리라(*Da mihi factum, dabo tibi ius*; Give me the facts, I will give you the law). 법률은 법원이 안다(*Iura novit curia*; The court knows the law).

주의사항

문제점

1. 법원의 심판대상은 당사자가 정하고, 법원은 그에 구속된다(처분권주의).
2. 어떤 법을 적용하고 어떤 법리에 따라 판단해야 하는지는 당사자가 정할 수 없고, 법원이 직권으로 판단한다(법률주장에 대한 법원의 법률적 판단).

그런데 실제 그 구별이 쉽지는 않다. 다음 사안을 보자.

처분권주 문제로 보는 사례

같은 금액의 손해배상청구라도, 다음은 서로 심판대상(소송물) 자체가 다른 것으로 본다.

1. 불법행위(민법 제750조)에 근거한 손해배상청구

> **민법 제750조(불법행위의 내용)** 고의 또는 과실로 인한 위법행위로 타인에게 손해를 가한 자는 그 손해를 배상할 책임이 있다.

2. 채무불이행(민법 제390조)에 근거한 손해배상청구

> **민법 제390조(채무불이행과 손해배상)** 채무자가 채무의 내용에 좇은 이행을 하지 아니한 때에는 채권자는 손해배상을 청구할 수 있다. …

서로 심판대상(소송물)이 다르므로, 당사자가 그중 1개만을 청구하면 법원은 오직 당사자가 구하는 것만을 심판해야 한다.

> **2009다42765:** 손해배상청구의 법률적 근거는 이를 계약책임으로 구성하느냐 불법행위책임으로 구성하느냐에 따라 요건사실에 대한 증명책임이 달라[진다. 이것은] 중대한 법률적 사항에 해당[한다.]

> **63다241:** 불법행위를 원인으로 한 손해배상을 청구한데 대하여 채무불이행을 원인으로 한 손해배상을 인정한 것은 [어떤 문제가 있는가?] **당사자가 신청하지 아니한 사항에 대하여 판결한 것**으로서 위법이다.

마찬가지로, 불법행위(민법 제750조)에 근거한 손해배상청구와 부당이득(민법 제741조)에 근거한 반환 청구도 서로 심판대상(소송물) 자체가 다르다.

> **민법 제741조(부당이득의 내용)** 법률상 원인 없이 타인의 재산 또는 노무로 인하여 이익을 얻고 이로 인하여 타인에게 손해를 가한 자는 그 이익을 반환하여야 한다.

> **2020다230239:** 부당이득반환청구권[→ 민법 제741조]과 불법행위로 인한 손해배상청구권[→ 민법 제750조]은 서로 **별개의 청구권**[이다.]

법률주장에 대한 법원의 법률적 판단 대상으로 보는 사례

불법행위에 근거한 같은 금액의 손해배상청구라도, 다음은 서로 심판대상(소송물)이 같다고 본다.

1. 민법상 불법행위(민법 제750조)에 근거한 손해배상청구

> **민법 제750조(불법행위의 내용)** 고의 또는 과실로 인한 위법행위로 타인에게 손해를 가한 자는 그 손해를 배상할 책임이 있다.

2. 자동차손배법상 불법행위(자동차손배법 제3조)에 근거한 손해배상청구

> **자동차손배법 제3조(자동차손해배상책임)** 자기를 위하여 자동차를 운행하는 자는 그 운행으로 다른 사람을 사망하게 하거나 부상하게 한 경우에는 그 손해를 배상할 책임을 진다. …

같은 심판대상에 대해, 다만 어떤 법을 적용하고 어떤 법리에 따라 판단해야 하는지 문제다. 즉, 법원에 맡겨진 사항이다.

> **70다1501:** [자동차손배법]의 규정은 민법 제750조의 특별규정이[다. 그러]므로 당사자가 주장을 하지 않더라도 민법상의 손해배상의 규정에 우선하여 적용하여야 한다.

결론

처분권주의
심판대상에 대한 자유.

변론주의
소송자료(사실과 증거)에 대한 자유.

당사자주의
민사소송에서 당사자가 심판대상과 소송자료에 대해 자유를 갖는 구조.

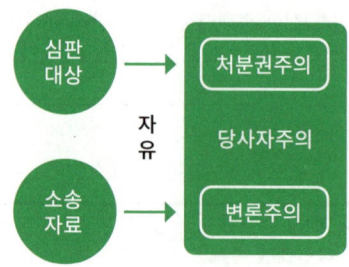

연습문제

연습문제1

2019년도 변호사시험 민사법 선택형

[문 58.] 甲은 乙회사(이하 '乙'이라 함)의 영업을 위하여 2005. 1. 1. 乙에게 변제기를 2009. 5. 5.로 하여 1억 5,000만 원을 대여해 주었음에도 乙이 이를 변제하지 않는다며 乙에 대하여 2014. 7. 1. 대여금청구[의 소를] 제기하였다. 이에 대하여 乙은 대여사실을 인정하면서 위 채권은 2014. 5. 5. 시효로 소멸되었다고 주장하였다. 이에 관한 설명 중 옳은 것을 모두 고른 것은? (다툼이 있는 경우 판례에 의함)

ㄱ. 甲의 대여사실에 대하여는 자백이 성립한 것이므로 법원은 별도의 증거조사 없이 甲의 대여사실을 인정하여야 한다.

ㄴ. 본래의 소멸시효 기산일과 당사자가 주장하는 기산일이 서로 다른 경우에 법원은 당사자가 주장하는 기산일을 기준으로 소멸시효를 계산하여야 한다.

ㄷ. 위 사건을 심리한 결과 甲의 대여금은 乙의 영업을 위한 것이 아닌 개인적인 대여금이라고 법원이 판단하였을 경우에도 그 소멸시효기간을 乙의 주장과 달리 판단할 수 없다.

ㄹ. 乙이 소멸시효 완성 주장을 하지 않은 경우에 법원이 증거조사결과 甲의 채권이 소멸시효 완성으로 인하여 소멸하였다는 심증을 형성하더라도 이를 이유로 청구기각의 판결을 선고할 수 없다.

연습문제2

2021년도 변호사시험 민사법 선택형

[문 57.] 처분권주의에 관한 설명 중 옳지 않은 것은? (다툼이 있는 경우 판례에 의함)

① 원고가 매매를 원인으로 한 소유권이전등기청구를 하였는데, 법원이 양도담보약정을 원인으로 소유권이전등기를 명하는 판결을 하는 것은 처분권주의에 위배되지 않는다.

② 1억 원을 초과하는 채무는 존재하지 않는다는 채무부존재확인의 소에서 2억 원을 초과하는 채무는 존재하지 않는다는 판결을 하는 것은 처분권주의에 위배되지 않는다.

③ 부동산을 단독으로 상속하기로 분할협의하였다는 이유로 부동산 전부가 자기 소유임의 확인을 구하는 청구에는 지분에 대한 소유권의 확인을 구하는 취지가 포함되[었]다고 보아야 하므로, 지분이 인정되면 청구를 전부 기각할 것이 아니라 지분에 관하여 승소판결을 하여야 한다.

④ 「민법」 제840조 각호가 규정한 이혼사유마다 재판상 이혼청구를 할 수 있으므로 법원은 원고가 주장한 이혼사유에 관하여만 심판해야 하며 원고가 주장하지 아니한 이혼사유에 의하여 이혼청구를 인용하여서는 안 된다.

⑤ 자동차사고를 당한 원고가 「민법」상 불법행위의 사용자책임에 따른 손해배상청구를 하였는데, 법원이 「자동차손해배상 보장법」상 자기를 위하여 자동차를 운행하는 자의 손해배상책임 규정을 적용하여 청구를 인용하는 것은 처분권주의에 위배되지 않는다.

공격방어방법
Method of Offense & Defense

> 내가 읽고 공부한 책이나 논문에서는 예외없이, 부동산매매계약은 이미 체결되었고, 매수인은 대금을 지급하지 않아서 그 채무를 불이행했거나 대금을 다 지급하여서 대금채무는 소멸하였다. ... 그러나 실제의 사건에서 상대방은 매매계약이 체결되지 않았다고 주장하고, 매수인은 대금을 다 지급했고 매도인은 다 지급받지 못했다고 주장한다.
> - 양창수

증명책임

사례

"J 탓으로 화재가 발생했다"는 주요사실(Z사실) 존부가 다툼이 되고 있다.

1. K는 "J 탓으로 화재가 발생했다(Z사실이 있다)"고 주장한다.
2. J는 "J 탓으로 화재가 발생한 것이 아니다(Z사실이 없다)"고 주장한다.

확신과 의심

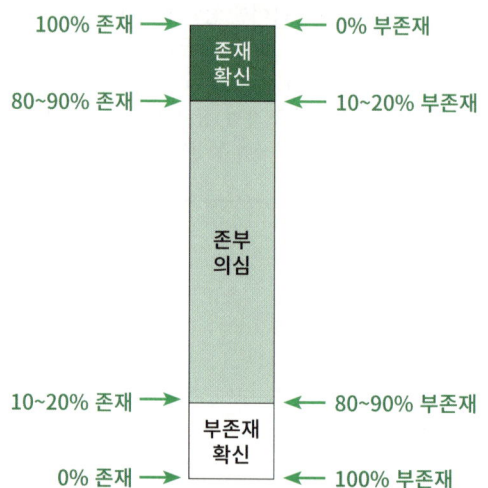

1. 확신(conviction): 법관이 보기에, 어떤 사실의 존재 또는 부존재에 관해 십중팔구 확실하다는 믿음을 가진 상태

확신이란, 꼭 100%를 의미하는 것은 아니다. 소송에서 100%는 있을 수도 없다. 현실적으로 "80~90% 이상 확실하다"는 높은 가능성이면 충분하다.

> **2015두54759**: 민사소송...에서 사실의 증명은 추호의 의혹도 있어서는 아니 되는 자연과학적 증명은 아니[다. 다만,] 특별한 사정이 없는 한 경험칙에 비추어 모든 증거를 종합적으로 검토하여 어떤 사실이 있었다는 점을 시인할 수 있는 고도의 개연성을 증명하는 것이[다.] 그 판정은 통상인이라면 의심을 품지 아니할 정도일 것을 필요로 한다.

2. 의심(doubt): 법관이 어떤 사실의 존재 또는 부존재에 관해 확신을 갖지 못한 상태

예: "60% 이상 가능하다"고 믿는 단계라면, 아직 확신에는 이르지 못했다. 즉, 여전히 의심 상태에 불과하다.

K가 증명책임을 질 경우

만약 K가 증명책임을 진다면(J가 증명책임을 지지 않는다면), 다음과 같이 처리한다.

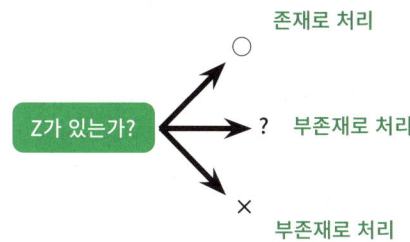

1. 법관이 Z가 있다고 확신하면, Z 존재로 처리한다.
2. 법관이 Z가 없다고 확신하면, Z 부존재로 처리한다.
3. 법관이 Z가 있는지 없는지 확신이 서지 않으면, Z 부존재로 처리한다.

만약 K가 증명책임을 진다면, 불명 시 Z사실은 부존재하는 것처럼 처리한다. 즉, J 탓으로 화재가 발생한 것이 아니다. K는 패소하고, J는 승소한다. 지(知)가 증명되지 않는 곳에 부지(不知)가 추정된다(*Praesumitur ignorantia ubi scientia non probatur*; Ignorance is presumed when knowledge is not proved).

2008다6755: 화재가 [J 회사 직원의] 담뱃불로 발생[Z]하였을 상당한 가능성이 있다고 의심[되기는 한다. 그러]나 이러한 의심만으로는 [J] 회사 직원들이 피운 담뱃불로 인한 것[Z]이라고 **인정하기에 부족**하[다. 즉, 의심은 되지만 확신이 서지 않는다.] 아울러 [이 사건에서] 화재의 원인이 [J] 회사 직원들의 과실에 있음을 **증명할 책임은 [원고 K]에게 있[다**. 그렇다면,] 화재가 [J] 회사 직원들이 피운 담뱃불로 인한 것임[**Z**]**을 전제로 하는 [원고 K]의 주장을 배척**[해야 한다.]

J가 증명책임을 질 경우

만약 J가 증명책임을 진다면(K가 증명책임을 지지 않는다면), 다음과 같이 처리한다.

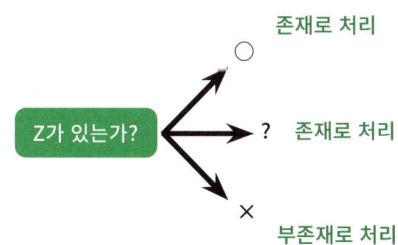

1. 법관이 Z가 있다고 확신하면, Z 존재로 처리한다.
2. 법관이 Z가 없다고 확신하면, Z 부존재로 처리한다.
3. 법관이 Z가 있는지 없는지 확신이 서지 않으면, Z 존재로 처리한다.

만약 J가 증명책임을 진다면, 불명 시 Z사실은 존재하는 것처럼 처리한다. 즉, J 탓으로 화재가 발생한 것이다. J는 패소하고, K는 승소한다.

> **2012다86895전합**: 임대차 목적물이 화재 등으로 인하여 소멸됨으로써 임차인[J]의 목적물 반환의무가 이행불능이 [되었다.] 임차인[J]은 이행불능이 자기가 책임질 수 없는 사유로 인한 것[Z]이라는 증명을 다하지 못하면 ... 손해를 배상할 책임을 [진다.]

> 비록 그 발화원인이 밝혀지지 아니하였으나 피고[J]가 이 사건 임대차 목적물의 보존에 관하여 선량한 관리자의 주의의무를 다하였음[**Z]이 증명되지 아니하였[다**. 그러]므로, **피고[J]는 ... 손해를 배상할 책임**이 있[다.]

증명책임의 분배 기준

위와 같이 진위 불명(증명실패)의 불이익을 증명책임(burden of proof)이라 한다. 각자 자기에게 유리한 규정의 요건사실에 관해 증명책임을 진다. 예를 들어,

1. 대여사실(loan)은 대여했다는 원고가 증명해야 한다.

> **민법 제603조(반환시기)** ① 차주는 약정시기에 차용물과 같은 종류, 품질 및 수량의 물건을 반환하여야 한다.

당사자들의 권리가 불분명할 때에는 원고보다는 피고에게 더 유리하게 여겨야 한다(*Cum sunt partium iura obscura reo fovendum est potius quam actori*; When the rights of the parties are obscure the accused should be favored over the accuser).

2. 변제사실(repayment; performance)은 변제했다는 피고가 증명해야 한다.

변제란, 쉽게 말해 돈을 갚는 것을 의미한다.

> **민법 제460조(변제제공의 방법)** 변제는 채무내용에 좇은 현실제공으로 이를 하여야 한다. 그러나 채권자가 미리 변제받기를 거절하거나 채무의 이행에 채권자의 행위를 요하는 경우에는 변제준비의 완료를 통지하고 그 수령을 최고하면 된다.

3. 충당사실(appropriation)은 충당했다는 원고가 증명해야 한다.

충당이란, 쉽게 말해 이 채무 말고 다른 채무 변제에 채운 것을 의미한다.

> **민법 제476조(지정변제충당)** ① 채무자가 동일한 채권자에 대하여 같은 종류를 목적으로 한 수개의 채무를 부담한 경우에 변제의 제공이 그 채무전부를 소멸하게 하지 못하는 때에는 변제자는 그 당시 어느 채무를 지정하여 그 변제에 충당할 수 있다.
>
> ② 변제자가 전항의 지정을 하지 아니할 때에는 변제받는 자는 그 당시 어느 채무를 지정하여 변제에 충당할 수 있다. ...

> **민법 제477조(법정변제충당)** 당사자가 변제에 충당할 채무를 지정하지 아니한 때에는 다음 각호의 규정에 의한다. ...

증명작업

본증과 반증

1. 본증(active proof): 법관에게 확신(conviction; beyond reasonable doubt)을 주어야 하는 증명

결국, 증명책임을 지는 자의 증명작업이 본증이다.

2. 반증(passive proof): 법관에게 의심(doubt)만 주어도 충분한 증명

결국, 증명책임을 지지 않는 자의 증명작업이 반증이다.

만약 K가 증명책임을 질 경우, 각자의 증명작업

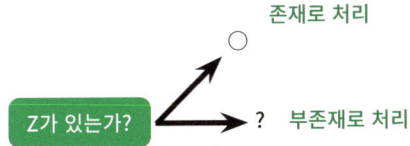

Z사실이 "존재"한다고 주장하는 K는,

1. "존재"한다는 확신(conviction)을 주어야만 증명에 성공한다.
2. 따라서 "존재"에 관한 본증(active proof)을 제출해야 한다.

Z사실이 "부존재"한다고 주장하는 J는,

1. "부존재"할지도 모른다는 의심(doubt)만 주어도 증명에 성공한다.
2. 따라서 "부존재"에 관한 반증(passive proof)을 제출하면 충분하다.

물론 J는 "부존재"한다는 확신을 주어도 된다. 그러나 굳이 그럴 필요까지는 없다는 의미다.

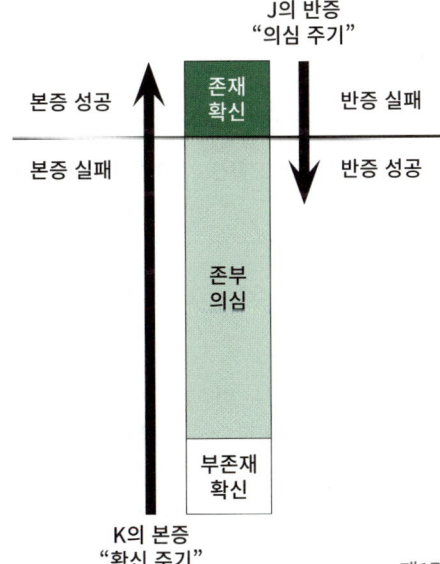

만약 J가 증명책임을 질 경우, 각자의 증명작업

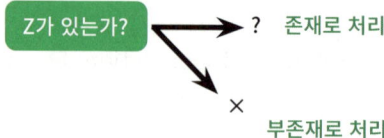

Z사실이 "존재"한다고 주장하는 K는,

1. "존재"할지도 모른다는 의심(doubt)만 주어도 증명에 성공한다.
2. 따라서 "존재"에 관한 반증(passive proof)을 제출하면 충분하다.

물론 K는 "존재"한다는 확신을 주어도 된다. 그러나 굳이 그럴 필요까지는 없다는 의미다.

Z사실이 "부존재"한다고 주장하는 J는,

1. "부존재"한다는 확신(conviction)을 주어야만 증명에 성공한다.
2. 따라서 "부존재"에 관한 본증(active proof)을 제출해야 한다.

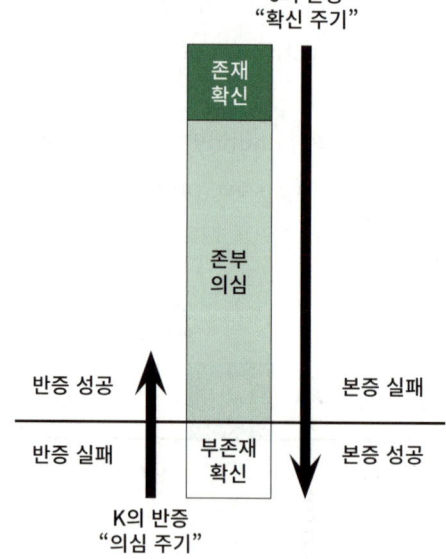

추정과 공격방어

추정과 깨짐

1. A가 인정되면, "특별한 사정이 없는 한" B가 인정되는 어떤 관계가 있다. 이를 A에 따라 B로 추정(presume)한다고 한다.
2. 이 경우 "만약 특별한 사정이 있다면" B가 인정되지 않을 수도 있다. 이를 A에 따른 B로의 추정이 깨졌다(rebuttal; reversal)고 한다.

만약 A가 인정되면 "무조건" B가 인정되는 관계라면, 추정이 아니라 간주 (deemed)다. 간주 사안에서는, A가 인정되는 한 B로의 인정을 깰 수가 없다.

추정 종류

1. 법률상 추정(legal presumption): 법률이 "P가 인정되면 Q로 추정된다"는 추정규정을 두고 있는 경우

예를 들어, 여럿이 같은 사고로 사망(P)했다면, 동시에 사망(Q)했다고 법률상 추정한다. 동시사망 여부에 따라 상속관계가 달라질 수 있어, 상속에서 중요하다.

민법 제30조(동시사망) 2인 이상이 동일한 위난으로 사망[P]한 경우에는 동시에 사망[Q]한 것으로 추정한다.

98다8974: 민법 제30조[의]... 추정은 법률상 추정[이다.]

2. 사실상 추정(*de facto presumption*; presumption of fact): 법률에는 없지만 "R이 인정되면 S도 인정된다"는 경험상(empirical) 법칙이 있을 경우

예를 들어, 문서에 찍힌 인영이 내 도장 모양과 같다면(R: 인영 동일), 내가 스스로 도장을 찍은 문서로(S: 인영 진정성립) 사실상 추정한다.

94다41324: 문서에 날인된 작성명의인의 인영이 그의 인장에 의하여 현출된 것[R]이라면 특별한 사정이 없는 한 그 인영의 진정성립, 즉 날인행위가 작성명의인의 의사에 기[초]한 것임[S]이 사실상 추정[된다.]

추정을 이용한 공격

추정사실(Q)이 요건사실이라 하자. 공격자는 어떤 증명작업이 필요한가?

1. 요건사실(Q)에 대한 본증(active proof): Q사실을 본증으로 증명해도 된다.

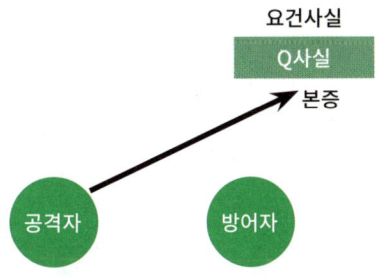

2. 전제사실(P)에 대한 본증(active proof): P사실을 본증으로 증명해도 된다. 그러면 Q사실로의 추정이 작동한다.

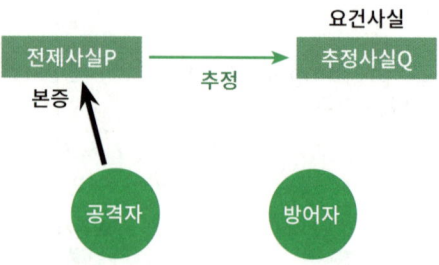

일반적으로 공격자가 요건사실Q(동시에 사망)를 직접 증명하기는 어렵다. 그래서 전제사실P(같은 사고로 사망)를 증명해 추정을 이용하는 편이 낫다.

법률상 추정에 대한 방어

법률상 추정(legal presumption) 관련하여, 추정사실(Q)이 요건사실이라 하자. 방어자는 어떤 증명작업이 필요한가?

1. 전제사실(P)에 대한 반증(passive proof): P사실을 반증으로 배척해도 된다. 그러면 Q사실로의 추정도 작동하지도 않는다.

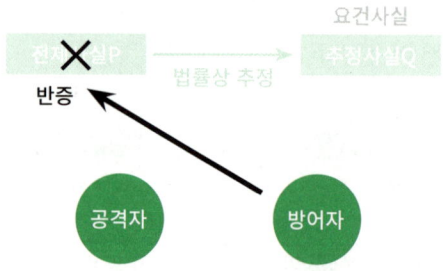

P사실은 그 "존재"를 주장하는 공격자가 증명책임을 진다. 즉, 방어자로서는 반증으로 충분하다.

> **98다8974**: 민법 제30조…[의] 법률상 추정[을] 번복하기 위하여는 동일한 위난으로 사망하였다는 **전제사실[P]에 대하여 법원의 확신을 흔들리게 하는 반증**을 제출…하[는 방법이 있다.]

2. 추정사실(Q)에 대한 본증(active proof): Q사실을 본증으로 배척해도 된다. 즉, 작동하던 추정을 깨뜨리면 된다.

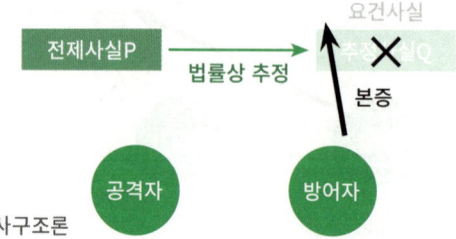

P사실이 인정되는 이상 Q사실 존재는 법률상 추정된다. 증명책임이 전환(conversion of burden of proof)되어 이제는 그 "부존재"를 주장하는 방어자가 증명책임을 진다. 즉, 방어자로서는 본증까지 필요하다.

98다8974: [또는] 민법 제30조...[의] 법률상 추정[을] 번복하기 위하여는 ... 각자 **다른 시각에 사망하였다는 점[~Q]에 대하여 법원에 확신을 줄 수 있는 본증**을 제출하여야 [한다.] 이 경우 사망의 선후에 의하여 관계인들의 법적 지위에 중대한 영향을 미치는 점을 [고려]할 때 충분하고도 명백한 [증명]이 없는 한 위 추정은 깨어지지 아니한[다.]

이 사건 사고차량에 동승하였던 소외 망 김○호 및 하○숙이 모두 이 사건 사고로 ... 사망한 사실[P][이] 인정[된다.] 위 망인들은 다른 특별한 사정이 없는 한 같은 교통사고로 인하여 동시에 사망하였다[Q]고 추정되고 이를 번복할 만한 증거가 없[다.]

(법률상 추정시)	Plan A: 전제사실에 대한 반증	Plan B: 추정사실에 대한 본증
전제사실에 대해	반증	-
주요사실에 대해	-	본증

추정 규정은 증명의 어려움을 도와준다.

상법 제399조(회사에 대한 책임) ① 이사가 고의 또는 과실로 법령 또는 정관[을] 위반[하는] 행위를 하거나 그 임무를 게을리한 경우에는 그 이사는 회사에 대하여 연대하여 손해를 배상할 책임이 있다.

② 전항의 행위가 이사회의 결의에 의한 것인 때에는 그 결의에 **찬성한 이사도 전항의 책임이 있다**.

③ 전항의 결의에 참가한 이사로서 **이의를 한 기재가 의사록에 없는 자는 그 결의에 찬성한 것으로 추정**한다.

2016다260455: 상법 제399조 제3항은 같은 조 제2항을 전제로 [한다. 이는] 이사의 책임을 추궁하는 자로서는 어떤 이사가 이사회 결의에 찬성하였는지 여부를 알기 어려워 그 **증명이 곤란한 경우가 있음을 고려**하여 그 **증명책임**을 이사에게 **전가하는 규정**이다.

사실상 추정에 대한 방어

사실상 추정(presumption of fact) 관련하여, 추정사실(S)이 요건사실이라 하자. 방어자는 어떤 증명작업이 필요한가?

1. 전제사실(R)에 대한 반증(passive proof): R사실을 반증으로 배척해도 된다. 그러면 S사실로의 추정도 작동하지도 않는다.

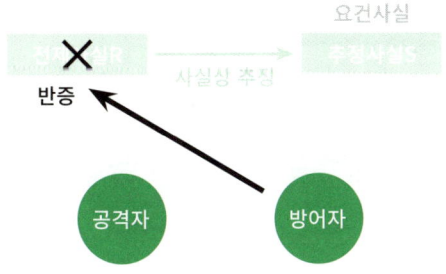

R사실은 그 "존재"를 주장하는 공격자가 증명책임을 진다. 즉, 방어자로서는 반증으로 충분하다.

> **93다4151**: 어음에 어음채무자로 기재[된 방어자가] 자신의 기명날인이 위조된 것이라고 주장하는 경우[다. 이 경우 방어자]에 대하여 어음채무의 이행을 청구하는 [공격자가] 그 기명날인이 진정한 것임[S]을 증명[해야 한다. 공격자는 전제사실R에 대한 본증을 제출해 사실상 추정을 이용할 수도 있다. 이를 깨려는 방어자는 **전제사실R에 대해 반증**을 제출하면 된다.]

2. 추정사실(S)에 대한 반증(passive proof): S사실을 반증으로 배척해도 된다. 이것은 S사실을 다투는 것이다.

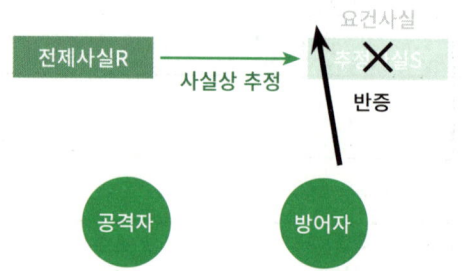

S사실 존재는 법률상 추정이 아니라 사실상 추정에 불과하기 때문에, 증명책임을 전환하는 효과까지는 없다. 여전히 "존재"를 주장하는 공격자가 증명책임을 진다. 즉, 방어자로서는 여전히 S사실은 반증으로 충분하다.

> **2002다59122**: 인영의 진정성립, 즉 날인행위가 작성 명의인의 의사에 기[초]한 것[S]이라는 추정은 사실상의 추정이[다. 그러]므로, 인영의 진정성립을 다투는 자가 반증을 들어 인영의 날인행위가 작성 명의인의 의사에 기[초]한 것임[S]에 관하여 법원으로 하여금 의심을 품게할 수 있는 사정을 [증명]하면 그 진정성립의 추정은 깨어진다. [즉, 방어자는 **추정사실S에 대하여 반증**을 제출하면 된다.]

3. 간접반증(indirect passive proof): 방어자는 S사실에 직접 반증을 제출할 필요 없이, 사실상 추정을 깨뜨리기만 해도 된다. 이를 위해 R사실과 양립 가능한 별개의 간접사실T를 "본증"으로 증명할 수 있다.

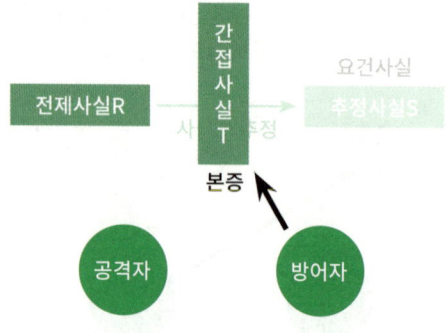

T사실은 그 "존재"를 주장하는 방어자가 증명책임을 진다. 즉, 방어자로서는 T사실에 관해 본증까지 필요하다.

87다카707: 문서에 찍혀진 작성 명의인의 인영이 그 인장에 의하여 현출된 인영임[R]이 밝혀진 경우에는 [어떻게 되는가?] 그 문서가 작성 명의인의 자격을 모용하여 작성한 것 [T]이라는 것은 그것을 주장하는 자가 적극적으로 [증명]하여야 한다. [즉, **간접사실T에 대하여 본증**을 제출하여 추정을 깰 수도 있다.]

(사실상 추정시)	Plan A: 전제사실에 대한 반증	Plan B: 추정사실에 대한 반증	Plan C: 간접반증
전제사실에 대해	반증	-	-
주요사실에 대해	-	반증	(반증)
간접사실에 대해	-	-	본증

공격방어의 모습

문제 상황

L은 B에게 1억 원을 대여했다. L(원고)은 돌려받기로 한 날까지 기다린 후 B(피고)를 상대로 돈 갚으라는 취지로 소를 제기했다.

대주 L이 차주 B를 상대로 금전소비대차계약에 근거해 대여금반환 청구의 소를 제기한 사안이다. 이자 등은 편의상 생략한다.

1. L(원고)은 청구가 받아들여졌으면 좋겠다.
2. B(피고)는 청구가 배척되었으면 좋겠다.

원고의 공격: 청구원인

L(원고)은 청구원인 사실(대여금반환 청구 요건사실)을 주장, 증명해야 한다.

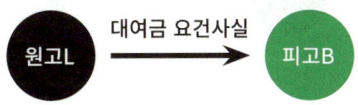

1. L(원고)과 B(피고)가 대출계약을 체결했다. 그리고
2. L(원고)이 B(피고)에게 돈을 인도(대여)했다.

피고의 방어 1: 청구원인에 대한 부인

B(피고)는 청구원인 사실(대여금반환 청구 요건사실)을 다툴 수도 있다.

1. L(원고)과 B(피고) 사이에 대출계약이 체결된 사실이 없다. 또는
2. L(원고)이 B(피고)에게 돈을 인도(대여)하지 않았다.

이처럼 상대방이 주장하는 요건사실을 부정함으로써, 상대방 주장을 다투는 것을 부인(denial)이라 한다.

부인: 상대방(원고) 주장과 양립 불가능한(incompatible) 주장을 통한 방어방법

피고의 방어 2: 항변

B(피고)는 청구원인 사실(대여금반환 청구 요건사실)을 인정하되, 항변(변제)을 할 수도 있다. B(피고)는 변제 요건사실을 주장, 증명해야 한다.

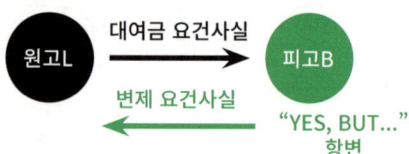

1. B(피고)가 L(원고)에게 돈을 지급했다. 그리고
2. 그 돈은 대출계약상 채무 변제를 위해 지급한 것이다.

이처럼 상대방이 주장하는 요건사실은 인정하되, 별개의 요건사실을 내세움으로써, 상대방 주장을 다투는 것을 항변(defense)이라 한다.

항변: 상대방(원고) 주장과 양립 가능한(compatible) 주장을 통한 방어방법

원고의 재공격 1: 항변에 대한 부인

L(원고)은 항변 사실(변제 요건사실)을 다툴 수도 있다.

1. B(피고)가 L(원고)에게 돈을 지급한 사실이 없다. 또는
2. 그 돈은 대출계약상 채무 변제를 위해 지급한 것이 아니다.

이것은 피고 항변에 대한 원고의 부인(denial against defense)이 된다.

항변에 대한 부인: 상대방(피고) 항변과 양립 불가능한(incompatible) 주장을 통한 원고의 재공격방법

원고의 재공격 2: 재항변

L(원고)은 항변 사실(변제 요건사실)을 인정하되, 재항변(충당)을 할 수도 있다. L(원고)은 충당 요건사실을 주장, 증명해야 한다.

1. L(원고)에 대해 B(피고)는 또다른 채무가 있다.
2. B(피고)가 지급한 금액은 전체 채무액수보다 작다. 그리고
3. B(피고)가 지급한 금액이 위 또다른 채무에 충당되었다.

피고 항변에 대한 원고의 재항변(counter-defense against defense)이 된다.

재항변: 상대방(피고) 항변과 양립 가능한(compatible) 주장을 통한 원고의 재공격방법

단순 부인과 이유부 부인

1. 단순 부인(direct denial): "대여사실이 없다." 식으로, 상대방 주장 요건사실을 직접적으로 단순히 다투는 것

직접 부인, 또는 소극 부인이라고도 한다.

2. 이유부 부인(indirect denial): "돈을 받았지만 대여가 아니라 증여다." 식으로, 상대방 주장 요건사실에 이유를 붙여 간접적으로 다투는 것

간접 부인, 또는 적극 부인이라고도 한다. 이유부 부인도 부인이다. 즉, 이유부 부인은 항변이 아니다. 대여와 증여는 양립 불가능(incompatible)하기 때문이다.

2017다37324: 당사자 사이에 금전을 주고받았다는 사실에 관하여 다툼이 없[긴 하다. 그렇]다고 하더라도 이를 대여하였다는 원고[L]의 주장에 대하여 피고[B]가 다투[고 있다.]

단순 항변과 예비적 항변

1. 단순 항변(primary defense): "대여사실이 있지만, 변제했다." 식으로, 상대방 주장 요건사실을 시인하면서 별개 요건사실을 내세우는 것
2. 예비적 항변(secondary defense): "대여사실이 없지만, 있더라도 변제했다." 식으로, 상대방 주장 요건사실을 부인하며 별개 요건사실을 내세우는 것

상계항변이 대표적인 예비적 항변이다. 상계(offset)란, 피고 B도 거꾸로 원고 L을 상대로 3억 원의 채권을 갖고 있다면, 대립하는 채권을 같은 금액만큼 소멸시키는 것이다. 1억 원 상계 후, 원고 L의 채권은 소멸하고, 피고 B의 채권은 2억 원으로 감축될 것이다. 자기 채권도 감축되므로, 피고 B는 마냥 기쁘지 않다.

2013다95964: 소송상 방어방법으로서의 상계항변은 통상 수동채권의 존재가 확정되는 것을 전제로 하여 행하여지는 일종의 예비적 항변[이다.]

주요 청구원인 사실과 항변 사실

원고의 청구원인 사실: 권리발생사실

계약이 성립한 사실. 예를 들어,

1. 금전소비대차계약을 체결한 사실
2. 매매계약을 체결한 사실

피고의 항변 사실(1): 권리장애사실

계약 무효에 관한 사실. 예를 들어,

1. 그 계약이 서로 통모하여 허위표시로 체결한 사실

> 민법 제108조(통정한 허위의 의사표시) ① 상대방과 통정한 허위의 의사표시는 무효로 한다.

2. 그 계약 이행이 처음부터 불가능했던 사실

> 2014두15580: 하천구역으로 편입되어 국유로 된 토지는 사인 사이의 거래의 객체가 될 수 없[다. 그러]므로 [S]가 이 사건 ... 토지를 [B]에게 매도하였다고 하더라도 그와 같은 매매는 원시적으로 불능인 급부를 목적으로 하는 계약으로서 원칙적으로 무효이다.

계약 이행이 처음부터 불가능한 계약은 무효다. 아무도 불가능한 것에 대해서는 의무를 질 수 없다(*Nemo potest ad impossibile obligari*; No one is bound to do the impossible).

피고의 항변 사실(2): 권리소멸사실

일단 권리가 발생했지만, 그 후에 발생한 사실로 권리가 소멸한 사실. 예를 들어,

1. 그 계약이 취소권 행사로 취소된 사실

> 민법 제110조(사기, 강박에 의한 의사표시) ① 사기나 강박에 의한 의사표시는 취소할 수 있다.

> 민법 제141조(취소의 효과) 취소된 법률행위는 처음부터 무효인 것으로 본다. ...

2. 그 계약이 해제권 행사로 해제된 사실

> 민법 제544조(이행지체와 해제) 당사자 일방이 그 채무를 이행하지 아니하는 때에는 상대방은 상당한 기간을 정하여 그 이행을 최고하고 그 기간내에 이행하지 아니한 때에는 계약을 해제할 수 있다. ...

> 2005다6341: 계약해제 시 계약은 소급하여 소멸하게 [된다.]

3. 그 계약을 이미 이행(변제)한 사실

> 민법 제460조(변제제공의 방법) 변제는 채무내용에 좇은 현실제공으로 이를 하여야 한다. ...

> 2012다74236전합: 채무가 ... 변제로 인하여 먼저 소멸...

피고의 항변 사실(3): 권리행사저지사실

일단 권리가 발생했고, 그 권리가 소멸한 것은 아니지만, 그 이행을 막을 수 있는 사실. 예를 들어,

1. 이행기가 도래하지 않은 사실(또는 이행기가 연장된 사실)

> **81다카10**: '채무의 이행기가 도래한 때'[란] 채권자가 채무자에게 이행의 청구를 할 수 있는 시기가 도래하였음을 의미[한다.]

2. 동시이행 관계가 존재하는 사실

> **민법 제536조(동시이행의 항변권)** ① 쌍무계약의 당사자 일방은 상대방이 그 채무이행을 제공할 때까지 자기의 채무이행을 거절할 수 있다. ...

청구원인 사실의 증명책임

피고 자백 시 청구원인 사실의 증명책임: ×

만약 B(피고)가 청구원인 사실(대여금반환 청구 요건사실)에 관해 다투지 않고 인정할 경우,

1. 증명 필요 없이,
2. 존재하는 것으로 처리한다.

> **민사소송법 제288조(불요증사실)** 법원에서 당사자가 자백한 사실...은 증명을 필요로 하지 아니한다. ...

피고 부인 시 청구원인 사실의 증명책임: 원고

만약 B(피고)가 청구원인 사실(대여금반환 청구 요건사실)을 부인할 경우, 청구원인 사실(대여금반환 청구 요건사실)에 관해,

1. 증명이 필요하다.
2. L(원고)이 증명책임을 진다. 즉, L(원고)은 본증까지 필요하고, B(피고)는 반증으로 충분하다.

증명책임은 주장자에게 있고, 부정자에게 있지 않다(*Ei incumbit probatio qui dicit, non qui negat*; The burden of proof is on the one who declares, not on one who denies).

피고 항변 시 청구원인 사실의 증명책임: ✕
만약 B(피고)가 항변할 경우, 청구원인 사실(대여금반환 청구 요건사실)에 관해,

1. 증명 필요 없이,
2. 존재하는 것으로 처리한다.

항변은 자백을 포함하므로, B(피고)의 항변 과정에서 자백이 성립하기 때문이다. 다만, 예비적 항변은 자백을 포함하지 않으므로, 이때는 B(피고) 부인시와 마찬가지로 L(원고)이 증명책임을 진다.

항변 사실의 증명책임

피고 항변 및 이에 대한 원고 자백 시 항변 사실의 증명책임: ✕
만약 L(원고)이 항변 사실(변제 요건사실)에 관해 다투지 않고 인정할 경우,

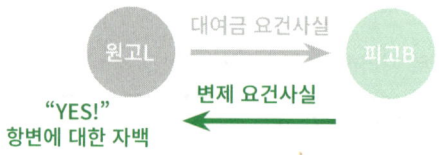

1. 증명 필요 없이,
2. 존재하는 것으로 처리한다.

피고 항변 및 이에 대한 원고 부인 시 항변 사실의 증명책임: 피고
만약 L(원고)이 항변 사실(변제 요건사실)을 부인할 경우, 항변 사실(변제 요건사실)에 관해,

1. 증명이 필요하다.
2. B(피고)가 증명책임을 진다. 즉, B(피고)는 본증까지 필요하고, L(원고)는 반증으로 충분하다.

피고 항변 및 이에 대한 원고 재항변 시 항변 사실의 증명책임: ×
만약 L(원고)이 항변 사실(변제 요건사실)에 대해 재항변할 경우, 항변 사실(변제 요건사실)에 관해,

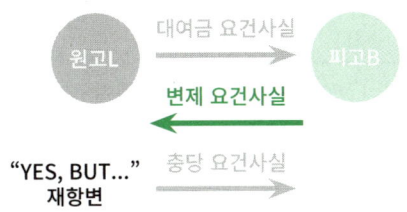

1. 증명 필요 없이,
2. 존재하는 것으로 처리한다.

재항변은 항변에 대한 자백을 포함하므로, L(원고)의 재항변 과정에서 항변에 대한 자백이 성립하기 때문이다. 다만, 예비적 재항변은 자백을 포함하지 않으므로, 이때는 L(원고) 부인시와 마찬가지로 B(피고)가 증명책임을 진다.

사실 인부(답변 태도)

문제점
증명책임을 지는 자(A)가 상대방(B)에게 불리한 사실을 주장한다. 이에 대해, 상대방(B)은 어떻게 답변할 수 있는가? 이것이 사실의 인정, 부정 문제다. 줄여서 사실 인부라 부른다.

부인
1. 부인(denial): 주장사실을 아니라고 부정하는 진술
2. 부인한 사실: 증명이 필요하나. 증거조사 결과에 따라, 그 사실이 존재하는 것으로 인정될 수도 있고 아닐 수도 있다.

> **민사소송법 제202조(자유심증주의)** 법원은 변론 전체의 취지와 **증거조사의 결과**를 참작하여 자유로운 심증으로 사회정의와 형평의 이념에 입각하여 논리와 경험의 법칙에 따라 **사실주장이 진실한지 아닌지**를 판단한다.

3. 단순 부인을 하든, 이유부 부인을 하든, 그것은 자유다.
4. 다만, A가 B 명의의 문서를 제출하자 B가 그 문서의 진정성립을 부인하는 경우는? 이때는 B의 단순 부인을 허용하지 않는다. 즉, B는 위조되었다고 보는 이유를 구체적으로 언급해야 한다.

> 민사소송규칙 제116조(문서의 진정성립을 부인하는 이유의 명시) 문서의 진정성립을 부인하는 때에는 그 이유를 구체적으로 밝혀야 한다.

물론, 증명책임은 여전히 A가 부담한다.

자백

1. 자백(confession): 주장사실을 시인하는 진술

> 2018다267900: 재판상의 자백은 변론기일...에서 상대방의 주장과 일치하면서 자신에게는 불리한 사실을 진술하는 것을 말한다.

2. 자백한 사실: 증명이 필요 없다. 그 사실을 존재하는 것으로 인정해야 한다.

> 민사소송법 제288조(불요증사실) 법원에서 당사자가 자백한 사실과 현저한 사실은 증명을 필요로 하지 아니한다. ...

부지

1. 부지(not knowing): 주장사실을 알지 못한다고 하는 진술
2. 부지는 부인으로 추정(presume)한다.

> 민사소송법 제150조(자백간주) ② 상대방이 주장한 사실에 대하여 **알지 못한다고 진술**한 때에는 그 사실을 **다툰 것으로 추정**한다.

모르겠다는 것은 아니라는 취지로 추측한다.

3. 자기가 관여하지 않은 행위에 대해서는 부지라는 답변을 허용한다.
4. 그러나 자기가 관여했다는 행위에 대해서는, 상식적으로 부지라는 답변이 있을 수 없다. 자백 또는 부인만 가능하다.

침묵

1. 침묵(silence): 주장사실을 명백히 다투지 않는 것
2. 침묵은 경우에 따라 자백으로 간주(deemed)한다.

> 민사소송법 제150조(자백간주) ① 당사자가 변론에서 상대방이 주장하는 사실을 **명백히 다투지 아니한** 때에는 그 사실을 **자백한 것으로 본다**. ...

침묵하는 것은 동의하는 것이다(Qui tacet consentire videtur; Silence means consent).

3. 침묵은 경우에 따라 부인으로 볼 수도 있다.

> 민사소송법 제150조(자백간주) ① ... 다만, 변론 전체의 취지로 보아 그 사실에 대하여 다툰 것으로 인정되는 경우에는 그러하지 아니하다.

> 2018다267900: 상대방의 주장에 단순히 침묵하거나 불분명한 진술을 하는 것**만으로는** 자백이 있다고 인정하기에 **충분하지 않다**.

침묵하는 것은 동의하는 것도 아니고 자백하는 것도 아니다(*Is qui tacet non fatetur, sed nec utique negare videtur*; He who keeps silent does not confess anything, but he does not deny anything either).

주의사항

B의 자백이나 침묵이, 꼭 방어 포기를 의미하지는 않는다. 왜냐하면,

1. A의 주장사실(fact)이 인정되더라도, A의 청구(claim)가 주장 자체로 법적으로 부당할 수도 있다.

예: B가 신체 포기 각서를 작성한 사실을 자백하더라도, B는 그 각서에 근거한 A의 청구에 대해 방어할 수 있다.

2. B가 항변을 하는 것일 수도 있다.

예: A의 대여금 청구에 대해, B가 변제 항변을 하는 경우

소결

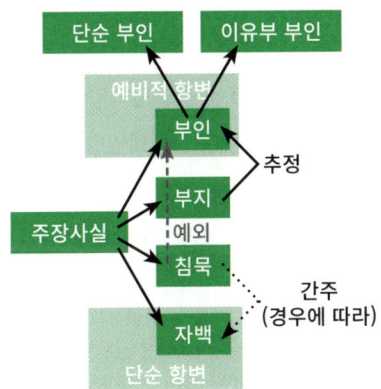

결론

증명책임의 분배 기준

2014헌바202: [증명]책임은 **법규의 구조와 형식**(예컨대 본문과 단서, 일반규정과 특별규정, 원칙규정과 예외규정 등)에 따라 분배되어야 [한다.] 권리의 존재를 주장하는 당사자는 **권리근거사실에 대하여 [증명]책임**을 부담[한다.] 권리의 존재를 다투는 당사자는 **권리장애사실, 권리소멸사실 또는 권리저지사실에 대하여 [증명]책임**을 진[다.]

청구원인 사실

청구원인 사실은 피고가 부인하면 원고에게 증명책임이 있다.

1. 대여사실은 원고에게 증명책임이 있다.
2. "대여했다"는 원고 증명은 본증이다.

3. "대여하지 않았다"는 피고 증명은 반증이다.

이유부 부인도 부인이므로, 마찬가지다.

2017다37324: 당사자 사이에 금전을 주고받았다는 사실에 관하여 다툼이 없[긴 하다. 그럼]다고 하더라도 이를 대여하였다는 원고[L]의 주장에 대하여 피고[B]가 다투[고 있다. 이] 때에는 대여사실에 대하여 이를 주장하는 원고[L]에게 증명책임이 있다.

항변 사실
항변 사실은 원고가 부인하면 피고에게 증명책임이 있다.

1. 변제사실은 피고에게 증명책임이 있다.
2. "변제했다"는 피고 증명은 본증이다.
3. "변제하지 않았다"는 원고 증명은 반증이다.

83다카2014: 금전채무의 ... 변제사실에 속하[는 사항은] 변제자[B]에게 그 [증명]책임이 있[다.]

재항변 사실
재항변 사실은 피고가 부인하면 원고에게 증명책임이 있다.

1. 다른 채무로의 충당사실은 원고에게 증명책임이 있다.
2. "충당했다"는 원고 증명은 본증이다.
3. "충당하지 않았다"는 피고 증명은 반증이다.

99다14433: 채무자[B]가 특정한 채무의 변제조로 [돈] 등을 지급한 사실을 주장[한다(변제 항변). 이]에 대하여, 채권자[L]가 이를 수령한 사실을 인정하고서 다만 타 채무의 변제에 충당하였다고 주장[한다(충당 재항변). 이] 경우에는, 채권자[L]는 타 채권이 존재하는 사실과 타 채권에 대한 변제충당의 합의가 있었다거나 타 채권이 법정충당의 우선순위에 있다는 사실을 주장·[증명]하여야 한다.

같은 원리로 공격방어(재재항변, 재재재항변, ...)가 계속될 수 있다.

연습문제

2019년도 변호사시험 민사법 선택형

[문 65.] 증거에 관한 설명 중 옳은 것은? (다툼이 있는 경우 판례에 의함)

① 「민법」 제30조에 의하면 2인 이상이 동일한 위난으로 사망한 경우에는 동시에 사망한 것으로 추정하도록 규정하[는]바, 이 추정을 번복하기 위하여는 동시에 사망하였다는 점에 대하여 법원의 확신을 흔들리게 하는 반증을 제출해야 한다.

② 점유자가 스스로 매매 등과 같은 자주점유의 권원을 주장하였지만 그것이 인정되지 않는다면 자주점유의 추정이 번복된다.

③ 가압류의 집행 후에 집행채권자가 본안소송에서 패소 확정되었다고 하더라도, 그 가압류의 집행으로 인한 채무자의 손해에 대하여 집행채권자에게 고의 또는 과실이 있다고 사실상 추정되지 아니한다.

④ 소유권이전등기의 원인이 전 등기명의인의 직접적인 처분행위에 의한 것이 아니라 제3자가 그 처분행위에 개입되어 무효라는 이유로 전 등기명의인이 말소등기청구를 한 경우, 현 등기명의인은 그 제3자에게 전 등기명의인을 대리할 권한이 있었다는 등의 사실에 대한 증명책임을 진다.

⑤ 준거법으로서의 외국법은 법률이어서 법원이 직권으로 그 내용을 조사하여야 하고, 법원이 합리적이라고 판단하는 방법에 의하여 조사하면 충분하다.

증거조사절차
Examination of Evidence

남에게 돈을 빌려줄 땐 증인을 세우고, 적선할 땐 아무도 보지 않는 데서 하라.
- "탈무드"

기초개념: 판결과 결정

판결
법원의 재판 중, 원고의 청구(claim)에 대한 것을 판결(judgment)이라 한다.
1. 예: "피고는 원고에게 1,000만 원을 배상하라."
2. 판결은 따로 선고기일을 잡아 선고(pronouncement)해야 한다.

> **민사소송법 제205조(판결의 효력발생)** 판결은 선고로 효력이 생긴다.

결정
법원의 재판 중, 소송절차(procedure)에 대한 것을 결정(ruling)이라 한다.
1. 예: "원고가 신청한 A증거를 채택하겠다."
2. 결정은 선고가 필요 없고 적당한 방법으로 당사자에게 고지(notice)하면 충분하다.

> **민사소송법 제221조(결정·명령의 고지)** ① 결정...은 [적절]한 방법으로 고지하면 효력을 가진다.

소송자료와 증거자료

개념
1. 소송자료(procedural data): 사실에 관한 당사자의 주장(contention) + 당사자가 주장하는 사실자료(factual data)
2. 증거자료(evidential data): 소송자료를 뒷받침하는 근거자료

소송자료와 증거자료의 구별
소송자료와 증거자료는 다르다.

> **81다262**: 증거자료에 나타난 사실을 소송상 주장사실과 같이 볼 수는 없[다.]

1. 소송자료가 없으면(예: 피고의 변제 항변이 없다면),
2. 증거자료가 있더라도(예: 증인이 변제 사실을 증언하더라도),
3. 법원은 그 사실이나 주장을 판단해서는 안 된다(예: 법원이 변제 항변에 대해 판단할 수 없음).

변론주의(principle of pleading) 때문이다.

> **2002다38361:** 법률상의 요건사실에 해당하는 주요사실에 대하여 당사자가 주장하지도 아니한 사실을 인정하여 판단하는 것은 변론주의에 위배된[다.]
>
> **64다1189:** 설사 ... [피고 진술이 기재된] 갑 제6호증의 기재에 원고의 주장 사실과 일치되는 부분이 있다 하더라도 이를 피고의 자백으로 볼 수 없[다.]

증거

증거와 증명

1. 증거(evidence): 사실관계의 확인자료
2. 증명(proof): 증거에 근거해 사실관계가 확인되는 과정
3. 요증사실(facts required to be proved): 증명의 대상이 되는 사실
   즉, "증"명이 필"요"한 사실.
4. 증명취지(purpose of proof): 증거와 요증사실 관계

증거의 2가지 의미

"증거(evidence)"라는 말에는 다음 두 의미가 모두 있다.

1. 증거방법(method of evidence)으로서의 증거: 증거조사의 대상
2. 증거자료(evidential data)로서의 증거: 증거방법을 조사하여 얻은 자료

증거방법

1. 증인(witness)
2. 감정인(appraiser)
3. 증거물(evidential material)
4. 증거서류(evidentiary documents)

원고, 피고와 같은 당사자(party)는 증거방법이 아니다. 그러나 경우에 따라 법정에서 당사자를 신문하는 절차를 진행하기도 하는데, 이때는 예외적으로 그 당시자는 증거방법이 된다.

> **민사소송법 제367조(당사자신문)** 법원은 직권으로 또는 당사자의 신청에 따라 당사자 본인을 신문할 수 있다. 이 경우 당사자에게 선서를 하게 하여야 한다.

증거자료

1. 증인신문에 따른 증인의 증언(testification of witness)
2. 감정인의 감정의견(opinion of appraiser)
3. 증거물의 성질과 상태(shape & condition of evidential material)
4. 증거서류의 의미내용(contents of evidentiary documents)

당사자의 진술(statement of the party)은 증거자료가 아니다. 그러나 예외적으로, 당사자신문으로 취득한 당사자의 진술은 증거자료가 된다.

> **64다1189**: 당사자 본인 신문에 의한 [진술]은 증인의 증언과 같이 증거자료이지 소송자료가 아니[다.]

사례

요증사실
J가 실수로 바이올린을 파손하여 K에게 1,000만 원 손해가 발생한 사실

증거방법
1. 증인: 이을환
2. 감정인: 악기전문가 홍감별
3. 증거물: 파손된 바이올린
4. 증거서류: 이을환의 진술서

증거자료
1. 증언: 이을환의 법정진술
2. 감정의견: 악기전문가 홍감별의 바이올린 시가 감정 결과
3. 증거물의 성질과 상태: 바이올린의 파손 상태
4. 증거서류의 의미내용: 이을환의 진술서 기재 내용

증거조사
1. 이을환 증인신문
2. 바이올린 시가 감정
3. 법원의 바이올린 상태 검증
4. 법원의 진술서 열람

증명취지
1. 이을환의 법정진술, 악기전문가 홍감별의 감정의견, 바이올린의 파손 상태, 이을환의 진술서 기재 내용을 통해,
2. J가 실수로 바이올린을 파손하여 K에게 1,000만 원 손해가 발생한 사실을 증명하고자 함

증명
증거에 근거해 J가 실수로 바이올린을 파손하여 K에게 1,000만 원 손해가 발생한 사실을 확인하는 과정

주의사항

다툼 없는 사실에 대해서는 증명도 필요 없고 증거조사도 필요 없다.

예를 들어, 만약 파손 당시 바이올린 시가가 1,000만 원이라는 점을 피고가 자백하면, 시가 감정 절차는 필요 없다.

> 민사소송법 제288조(불요증사실) 법원에서 당사자가 자백한 사실...은 증명을 필요로 하지 아니한다. ...

증거 신청과 증거 조사

증거의 필요성

1. 민사소송은 증거 싸움이라 할 정도로, 서로 말이 엇갈릴 때 증거가 없으면 지게 되는 경우가 많다.

K가 바이올린 파손 운운하며 J를 상대로 손해배상을 구하는데, 만약 K 주장 이외에 J가 파손했다는 아무런 증거가 없다면, K는 패소할 수밖에 없다.

2. 당사자의 증거 신청에 따라, 법원이 증거조사를 하게 된다.

증거 신청

1. 어떤 사실을 주장하는 당사자가 스스로 적극적으로 관련 증거를 제시해야 한다.
2. 증거를 사용하기 위해 법원에 허가를 구하는 것을 증거 신청(application for examination of evidence)이라 한다.

> 민사소송법 제289조(증거의 신청과 조사) ① 증거를 신청할 때에는 증명할 사실을 표시하여야 한다.
> ② 증거의 신청과 조사는 변론기일전에도 할 수 있다.

> 민사소송규칙 제74조(증거신청) 증거를 신청하는 때에는 증거와 증명할 사실의 관계[증명취지]를 구체적으로 밝혀야 한다.

증기 신청 사례

1. 서증 신청: "갑 제1호증 서류를 증거로 사용해 달라."
2. 증인신문 신청: "이을환을 증인으로 소환해 달라."
3. 감정 신청: "악기전문가 홍감별을 통해 바이올린 가격을 증명하게 해 달라."

증거조사

법원이 사실관계에 관해 심증을 얻기 위해, 각종 증거 내용을 보고 듣는 것을 증거조사(examination of evidence)라고 한다.

증거 신청과 증거 조사 관계

법원은 증거에 대해 다음과 같이 결정(ruling)할 수 있다.

1. **증거채택 결정**: 당사자의 증거 신청을 법원이 채택(accept)하여, 증거조사를 할 수도 있다.

   증거채택이란 어디까지나 법원이 그 증거를 조사하겠다는 취지고, 그것을 믿겠다는 의미는 아니다.

   2015다8902: 감정인의 신체감정 결과는 증거방법의 하나로서 법원이 어떤 사항을 판단할 때 특별한 지식과 경험이 필요한 경우에 판단의 보조수단으로 이용하는 데에 지나지 않는다. 법관은 모든 증거를 종합하여 자유로운 심증으로 특정 감정 결과에 따라 후유장해의 인정 여부를 판단할 수 있[다.]

2. **증거기각 결정**: 당사자의 증거 신청을 법원이 기각(reject)하여, 증거조사를 하지 않을 수도 있다.

   민사소송법 제290조(증거신청의 채택여부) 법원은 당사자가 신청한 증거를 필요하지 아니하다고 인정한 때에는 **조사하지 아니할 수 있다.** ...

   민사소송법 제291조(증거조사의 장애) 법원은 증거조사를 할 수 있을지, 언제 할 수 있을지 알 수 없는 경우에는 그 증거를 **조사하지 아니할 수 있다.**

3. **직권증거조사 결정**: 당사자의 증거 신청이 없더라도, 법원이 직권(*ex officio*)으로 증거조사를 할 수도 있다.

   민사소송법 제292조(직권에 의한 증거조사) 법원은 당사자가 신청한 증거에 의하여 심증을 얻을 수 없거나, 그 밖에 필요하다고 인정한 때에는 **직권으로 증거조사를 할 수 있다.**

민사소송에서 증거조사는 증거 신청에 따른 증거채택결정 방식이 기본이다. 즉, 직권증거조사는 예외적, 보충적(supplement)이다. 변론주의 때문이다.

증거 결정의 재량성

당사자가 증거 신청을 하면, 법원은 반드시 채택해야 하는가?

1. **원칙**: 증거의 채택 여부는 법원 재량이다.

   97다38435: 자유심증주의를 채택하[는] 우리 민사소송법에서 ... 채증여부는 사실심법원의 재량에 속[한다.]

2. **예외**: 증명책임을 지는 자가 신청한 증거가 유일증거(sole evidence)라면, 법원은 반드시 증거조사를 해야 한다. 즉, 재량이 아니다.

   민사소송법 제290조(증거신청의 채택여부) 법원은 ... 조사하지 아니할 수 있다. 다만, 그것이 당사자가 주장하는 사실에 대한 유일한 증거인 때에는 그러하지 아니하다.

   97다38510: 유일한 증거[란] 당사자가 [증명]책임이 있는 사항에 관한 유일한 증거를 말[한다.] 유언의 존재 및 내용이 [증명]사항[→ 주요사실]인 이상 유서에 대한 필적과 무인의 감정은 반증에 불과하여 유일한 증거에 해당하지 않는다.

서증

서증 개념

1. 증거서류(좁은 의미의 서증; evidentiary document): 서류의 언어적 (linguistic) 의미와 내용이 증거로 되는 경우

예: 금전소비대차계약 사실을 증명하기 위한 계약서

2. 증거물인 서면(document as evidential material): 서류의 물리적 (physical) 상태와 존재가 증거로 되는 경우

예: 수표위조 사실을 증명하기 위한 위조수표

> 92다12919: [이 사건에서] 일방 당사자가 증거서류를 제출한 취지가 그 서류가 위조되었다는 사실을 [증명]하기 위한 것일 뿐[이다.] 거기에 기재된 사상이나 내용을 증거로 하려는 것이 아니어서 [좁은 의미의] 서증으로 제출한 것이 아[니다.]

다양한 증거

1. 증거가 특정한 방법으로 정해져 있는 것은 아니다. 민사소송에서는 어떤 형식·내용이든 주요사실을 뒷받침할 수 있는 것이기만 하면 모두 증거가 된다.
2. 따라서 계약서 같은 문서는 물론, 사진, 녹음, 동영상, 증인의 진술 등도 모두 증거로 쓸 수 있다. 즉, 증거가 꼭 서류일 필요는 없다.

> 민사소송규칙 제121조(음성·영상자료 등에 대한 증거조사) ② 녹음테이프등에 대한 증거조사는 녹음테이프등을 재생하여 검증하는 방법으로 한다.

서증으로 편입

1. 그렇지만, 판사는 여러 사건을 처리하므로, 시간이 부족하다. 따라서 서류 아닌 것들도 문서로 소송기록에 편입되어야 효과적이다. 판사는 기록을 보며 판결문을 작성하기 때문이다. 각종 자료를 서증으로 편입할 필요가 있다.
2. 그래서 사진은 출력, 녹음은 속기사를 통해 녹취서를 작성, 동영상은 주요 장면을 몇 장 선별해 출력하는 식으로 문서로 만들어 제출하는 경우가 많다.

> 민사소송규칙 제121조(음성·영상자료 등에 대한 증거조사) ③ 녹음테이프등에 대한 증거조사를 신청한 당사자는 법원이 명하거나 상대방이 요구한 때에는 녹음테이프등의 녹취서, 그 밖에 그 내용을 설명하는 서면을 제출하여야 한다.

3. 증인 경우도, 증인이 직접 법정에 나와 증언을 하기도 하지만, 법원에 출석하지 않고 스스로 진술서를 작성해 당사자가 이를 제출하는 경우도 많다.

> 민사소송규칙 제79조(증인진술서의 제출 등) ① 법원은 효율적인 증인신문을 위하여 … 증인을 신청한 당사자에게 증인진술서를 제출하게 할 수 있다.
> ② 증인진술서에는 증언할 내용을 그 시간 순서에 따라 적고, 증인이 서명날인하여야 한다.

증 인 진 술 서

사　　건　　2023가단1020304 대여금 등
원　　고　　김권자
피　　고　　장무자

진술인(증인)의 표시

이　　　름	이을환
생 년 월 일	1985. 7. 7.
주　　　소	(06758) 서울 서초구 삼대로 11
전 화 번 호	(자택)02-3473-4444 (사무실)02-6386-9999 (휴대전화)010-8765-4444

1. 진술인은 2014년경 오케스트라 동아리 '마논트로트'에 가입하여 같은 동아리에 소속한 원고, 피고와 친하게 지내왔습니다.

2. 그러던 중 피고가 2019. 7. 24. 서울 서초구 예술로 33에 있는 위 '마논트로트' 동아리방에서 원고 소유의 시가 1,000만 원 상당 바이올린을 만지다 실수로 이를 완전히 파손한 사건이 발생했습니다.

3. 진술인은 같은 날 우연히 동아리방에 놀러 갔다가 현장에서 피고의 파손 사실을 보게 되었습니다. 당시 원고는 미국 유학 중이었고 동아리방에는 진술인, 피고, 목갑자만 있었습니다. 현장에 있던 3인은 그 자리에서 이후 대책에 관하여 이야기를 나누었던 것으로 기억하는데, 그 날 피고가 직접 원고에게 연락하여 위 사건을 보고했는지는 모릅니다.

4. 진술인은 원고가 바이올린 파손 사실을 알지 못할까 염려되어 2019. 7. 말경 원고에게 국제전화를 걸어 피고가 원고의 바이올린을 파손했다고 알려 준 사실이 있습니다. 원고가 2019. 12.경 유학을 마치고 한국으로 돌아온 후, 진술인은 같은 달 24일 원고를 만나 위 파손 사건의 경위를 상세히 이야기하기도 했습니다.

5. 원고는 피고와 관계 때문에 손해배상청구를 머뭇거리다가 아내로부터 "배상청구를 왜 하지 않냐"는 핀잔을 듣고 부득이 피고에게 사정사정 하여, 2020. 6. 15. 피고로부터 사과 및 배상 약속을 받았다고 합니다. 진술인은 2020. 6. 말경 원고로부터 그 이야기를 들어 알게 되었고, 그 자리에서 원고에게 "혹시 악기보험을 들어 두었다면 차라리 보험으로 처리하면 되지 않겠냐"고 조언하였습니다. 진술인은 원고가 실제 보험회사에 보험금을 청구했는지는 모릅니다.

6. 이상 내용은 모두 진실임을 서약하며, 이 진술서에 적은 사항의 신문을 위하여 법원이 출석요구를 하는 때에는 법정에 출석하여 증언할 것을 약속합니다.

2023. 11. 23.

진술인 이을환

서울중앙지방법원 민사 제105단독 귀중

서증제출 시기와 방법

소장, 답변서, 준비서면 같은 서면에 증명방법(갑호증, 을호증)을 첨부해 제출한다. 이렇게 첨부해 제출하는 것 자체가 서증 신청이다.

> **민사소송법 제343조(서증신청의 방식)** 당사자가 서증(書證)을 신청하고자 하는 때에는 **문서를 제출하는 방식** [등]...으로 한다.

촉탁 신청

문서송부 촉탁 신청

제출할 문서가 있는데, 당사자가 그 서류를 직접 갖고 있지 않다면 어떻게 할까?

1. 법원이 문서 소지자에게 "법원에 문서를 보내 달라"고 부탁하면 된다. 법원의 문서송부 촉탁(entrusting forwarding of documents)이다.
2. 그러나 변론주의 때문에, 법원이 먼저 나서서 이렇게 촉탁하지 않는다. 당사자가 그렇게 해 달라고 법원에 요구를 해야 진행한다. 이를 당사자의 문서송부 촉탁 신청이라 한다.

> **민사소송법 제352조(문서송부의 촉탁)** 서증의 신청은 ... 문서를 가지고 있는 사람에게 그 문서를 보내도록 촉탁할 것을 신청함으로써도 할 수 있다. ...

예: 어떤 증거가 M기관에 있다면, 당사자는 M기관으로의 문서송부 촉탁을 법원에 신청할 수 있다.

문 서 송 부 촉 탁 신 청 서

사　　건　　2023가단1020304 대여금 등
원　　고　　김권자
피　　고　　장무자

위 사건에 관하여 피고는 수상사실을 증명하기 위하여 아래와 같이 문시송부촉탁을 신청합니다.

기록의 보관처

뮤직손해보험 주식회사 손해사정센터

촉탁기관의 명칭 및 주소

뮤직손해보험 주식회사
서울 중구 보험로 671, 17층

송부촉탁 할 기록

2019. 7. 24.부터 현재까지 접수된 원고의 악기보험 보험금 청구서류 일체

증명하고자 하는 사실

원고가 바이올린 파손 가해자를 알게 된 시기 등을 증명하고자 함

2023. 11. 27.

피고 장무자

서울중앙지방법원 민사 제105단독 귀중

사실조회촉탁 신청

만약 제3자에게 어떤 사실을 물어봐야 알 수 있는 부분이 있다면 어떨까?

1. 법원이 그 제3자에게 "어떠어떠한 사항을 법원에 알려 주고 필요한 문서도 보내 달라"고 부탁(촉탁)하면 된다. 이를 법원의 사실조회촉탁(fact inquiry request)이라 한다.

   > **민사소송법 제294조(조사의 촉탁)** 법원은 공공기관·학교, 그 밖의 단체·개인 또는 외국의 공공기관에게 그 업무에 속하는 사항에 관하여 필요한 조사 또는 보관중인 문서의 등본·사본의 송부를 촉탁할 수 있다.

2. 역시 변론주의 때문에, 법원이 먼저 나서서 이렇게 촉탁하지는 않는다. 당사자가 법원에 그 요구(신청)를 해야 진행한다. 이를 당사자의 사실조회촉탁신청이라 한다. 간단히 사실조회신청이라 한다.

예: 어떤 증거가 S기관에 있다면, 당사자는 S기관으로의 사실조회촉탁을 법원에 신청할 수 있다.

사 실 조 회 신 청 서

사 건	2023가단1020304 대여금 등
원 고	김권자
피 고	장무자

위 사건에 관하여 피고는 주장사실을 증명하기 위하여 아래와 같이 사실조회를 신청합니다.

> ### 사실조회촉탁의 목적
> 원고가 2019. 7. 말경 자신의 휴대전화기(010-5555-1234)를 이용하여 피고의 바이올린 파손 사실을 알고 있던 이을환과 수시로 연락을 취해 온 사실을 명백히 함
>
> ### 촉탁기관의 명칭 및 주소
> 에스케이텔레콤 주식회사 (담당부서 - 고객지원실, 02-3709-0088)
> 서울 중구 남대문로5가 267, 2층
>
> ### 사실조회사항
> 원고(김권자, 1985. 3. 30.생)는 에스케이텔레콤 주식회사와 휴대폰이용계약을 체결하여 휴대전화번호 010-5555-1234를 이용하였습니다. 2019. 7. 24.부터 같은 달 30일까지 위 휴대전화번호(원고가 위 기간 개설한 다른 휴대전화번호가 있다면 이를 포함)의 통화내역(발신, 역발신, 문자메시지 내역, 문자내용 포함)을 법원으로 송부해 주시기 바랍니다.
>
> 2023. 11. 27.
>
> 피고 장무자
>
> 서울중앙지방법원 민사 제105단독 귀중

증인의 진술

머리에

1. 당사자의 주장과 증거(서증)가 일단 정리된 후, 필요한 경우 증인(witness)을 부른다.

> **민사소송법 제293조(증거조사의 집중)** 증인신문...은 당사자의 주장과 증거를 정리한 뒤 집중적으로 하여야 한다.

2. 증인을 불러 법정에서 질문하는 것을 증인신문(examination of witness)이라 한다.

> **민사소송법 제303조(증인의 의무)** 법원은 특별한 규정이 없으면 누구든지 증인으로 신문할 수 있다.

승인 신성

1. 당사자는 증인신문을 위해 증인을 신청할 수 있다.

관례상, 변론기일에 재판부로부터 미리 구술 양해를 얻은 다음 법원에 증인 신청서를 낸다.

증 인 신 청 서

1. 사건: 2023가단1020304 대여금 등

2. 증인의 표시

이 름	이을환
생 년 월 일	1985. 7. 7.
주 소	(06758) 서울 서초구 삼대로 11
전 화 번 호	(자택)02-3473-4444 (사무실)02-6386-9999 (휴대전화)010-8765-4444
원 , 피 고 와의 관계	원고와 피고가 소속된 동아리 '마논트로트' 동아리원

3. 증인이 사건에 관여하거나 내용을 알게 된 경위

　증인은 피고가 동아리방에서 바이올린을 파손할 당시 현장에 있었고, 당시 미국에 있는 원고에게 국제전화를 걸어 피해사실과 가해자를 알림

4. 신문할 사항의 개요

　증인이 원고에게 바이올린 파손 가해자가 피고임을 알려 주었는지 여부

　증인이 위와 같이 알려 준 정확한 시점

5. 희망하는 증인신문방식

　□ 증인진술서 제출방식

　■ 증인신문사항 제출방식

　□ 서면에 의한 증언방식

6. 그 밖에 필요한 사항

　1) 출석확보를 위한 협력방안

　　□ 대동　　■ 출석요구서 송달　　□ 영상신문　　□ 기타

　2) 예상소요시간 (주 신문)

　　■ 15분　　□ 20분　　□ 기타 (　)

2023. 11. 27.

피고 장무자

서울중앙지방법원 민사 제105단독 귀중

2. 법원이 증인 신청을 허가하면, 증인 신청한 당사자는 증인신문사항(matters subject to examination)을 미리 법원에 제출해야 한다. 원고가 신청했다면 원고가, 피고가 신청했다면 피고가 제출한다.

> **민사소송규칙 제80조(증인신문사항의 제출 등)** ① 증인신문을 신청한 당사자는 법원이 정한 기한까지 상대방의 수에 3...을 더한 통수의 증인신문사항을 적은 서면을 제출하여야 한다. ...
> ② 법원사무관등은 제1항의 서면 1통을 증인신문기일 전에 상대방에게 송달하여야 한다.

실무상 증인신문 1주일 정도 전을 제출기한으로 정하는 경우가 많다.

증인 이을환에 대한 신문사항

1. 증인은 원고와 피고를 알고 있나요?

2. 증인은 2014년경 원고와 피고가 소속된 오케스트라 동아리 '마논트로트'에 가입해 활동했지요?

3-1. 피고가 원고의 바이올린을 만지다 실수로 이를 완전히 파손한 사실이 있나요?
 -2. (있다면,) 사건의 일시, 장소, 발생 경위는?
 -3. (관련하여,) 증인은 위 사실을 어떻게 알고 있나요?

4. 위 사건 발생 당시 원고는 어디에 있었나요?

5-1. 증인이 원고에게 바이올린 파손 사실을 알린 사실이 있나요?
 -2. (있다면,) 증인은 가해자가 피고라는 사실까지 알렸나요?
 -3. (알렸다면,) 증인은 가해자가 피고라는 사실을 언제 처음으로 알렸나요?

6-1. 증인은 목갑자를 알고 있나요?
 -2. (있다면,) 목갑자도 원고에게 바이올린 파손 사실을 알렸나요?
 -3. (알렸다면,) 그것이 언제이고, 증인이 이를 어떻게 알고 있나요?

7. 그 밖에 필요한 사항

3. 상대방 당사자는 반대신문사항(matters subject to cross-examination)을 제출할 수 있다.

실무상 증인신문 당일 주신문 직후 반대신문 직전에 즉석 제출한다.

증인 이을환에 대한 반대신문사항

1. (주신문 제5-1항과 관련하여)
원고와 증인은 평소 동아리 안에서 사이가 몹시 좋지 않았을 뿐만 아니라, 원고는 2019. 7. 24.부터 같은 달 30일까지 휴대전화기 고장으로 수리를 맡긴 상황이었는데, 어떻게 증인이 원고에게 전화로 파손 소식을 전할 수 있었나요?

---

4. 증인 신청한 당사자는, 증인신문사항 대신 앞서본 증인진술서(witness statements)를 제출해도 된다.

민사소송규칙 제79조(증인진술서의 제출 등) ① 법원은 **효율적인 증인신문을 위하여** 필요하다고 인정하는 때에는 증인을 신청한 당사자에게 증인진술서를 제출하게 할 수 있다.
② 증인진술서에는 증언할 내용을 그 시간 순서에 따라 적고, 증인이 서명날인하여야 한다.
③ 증인진술서 제출명령을 받은 당사자는 법원이 정한 기한까지 원본과 함께 상대방의 수에 2…를 더한 만큼의 사본을 제출하여야 한다.
④ 법원사무관등은 증인진술서 사본 1통을 증인신문기일 전에 상대방에게 송달하여야 한다.

민사소송규칙 제80조(증인신문사항의 제출 등) ① 증인신문을 신청한 당사자는 … 증인신문사항을 적은 서면을 제출하여야 한다. 다만, 제79조의 규정에 따라 증인진술서를 제출하는 경우로서 법원이 증인신문사항을 제출할 필요가 없다고 인정하는 때에는 그러하지 아니하다.

증인소환

1. 법원이 증인 신청을 허가하면, 변론기일에 증인이 출석해야 한다.
2. 법원이 증인에게 출석요구서(summons)를 보낸다. 출석요구서에는 변론기일 안내가 있다.

민사소송법 제309조(출석요구서의 기재사항) 증인에 대한 출석요구서에는 다음 각호의 사항을 적어야 한다.
1. 당사자의 표시
2. 신문 사항의 요지
3. 출석하지 아니하는 경우의 법률상 제재

서울중앙지방법원
증인출석요구서

사　　　건　　　2023가단1020304 대여금 등

원　　　고　　　김권자

피　　　고　　　장무자

신문사항요지　별지와 같음

위 사건의 사실관계 등을 파악하기 위하여 귀하를 민사소송법 제303조(증인의 의무)에 따라 증인으로 채택하여 신문하게 되었으므로, 아래의 일시, 장소에 출석하여 주시기 바랍니다.

일시: 2023. 12. 6. 14:10 (소요예상시간 30분)

장소: 동관 - 제480호 법정[동관 1번 법정출입구]

2023. 11. 29.

법원주사 최 주 보 (인)

◇ 유 의 사 항 ◇

1. 법원은 특별한 규정이 없으면 누구든지 증인으로 신문할 수 있습니다(민사소송법 제303조).
2. 부득이 위 기일에 출석할 수 없는 경우에는 그 사유를 밝혀 신속히 신고하시기 바랍니다. 멀리 떨어진 곳에 거주하여 출석이 현저히 불편하다고 인정되는 경우에는 거주지 근처 법원에 출석하여 비디오 등 중계장치에 의한 중계시설을 통하거나 인터넷 화상장치를 이용하여 증인신문을 진행하는 것도 가능하오니(민사소송법 제327조의2), 불출석 사유와 함께 이러한 방식의 증인신문을 희망하는지 여부도 밝히시기 바랍니다.
3. 정당한 사유 없이 기일에 출석하지 아니한 때에는 법원은 500만 원 이하의 과태료를 부과하고 강제구인 할 수 있으며, 과태료를 부과 받고도 정당한 사유 없이 다시 출석하지 아니한 때에는 7일 이내의 감치에 처할 수 있습니다. 또한, 법원은 위와 같은 불출석으로 인한 소송비용의 부담을 명할 수 있습니다(민사소송법 제311조, 제312조).
4. 출석할 때에는 본인 확인 및 증인여비지급을 위하여 신분증, 도장 및 계좌번호를 준비하고, 이 사건에 관하여 법원에 제출할 서면이 있는 경우에는 사건번호(2023가단1020304)를 기재하시기 바랍니다.

3. 원래 증인은 법원에 출석하는 것이 귀찮기도 하고 여러 가지로 부담스럽기 때문에, 잘 안 나오려 한다. 그렇다고 증인을 구속해 소환할 수는 없다. 다만 불출석 시 여러 제재를 줄 수는 있다.

> **민사소송법 제311조(증인이 출석하지 아니한 경우의 과태료 등)** ① 증인이 정당한 사유 없이 출석하지 아니한 때에 법원은 결정으로 증인에게 이로 말미암은 소송비용을 부담하도록 명하고 500만 원 이하의 과태료에 처한다.
> ② 법원은 증인이 제1항의 규정에 따른 과태료의 재판을 받고도 정당한 사유 없이 다시 출석하지 아니한 때에는 결정으로 증인을 7일 이내의 감치(監置)에 처한다.

> **민사소송법 제312조(출석하지 아니한 증인의 구인)** ① 법원은 정당한 사유 없이 출석하지 아니한 증인을 구인(拘引)하도록 명할 수 있다.

위증에 대한 경고와 선서

1. 위증(perjury)에 대한 벌의 경고

> **형법 제152조(위증, 모해위증)** ① 법률에 의하여 **선서한 증인이 허위의 진술**을 한 때에는 5년 이하의 징역 또는 1천만 원 이하의 벌금에 처한다.

> **민사소송법 제320조(위증에 대한 벌의 경고)** 재판장은 **선서에 앞서** 증인에게 선서의 취지를 밝히고, 위증의 벌에 대하여 **경고**하여야 한다.

2. 증인의 선서

> **민사소송법 제319조(선서의 의무)** 재판장은 증인에게 **신문에 앞서 선서**를 하게 하여야 한다. 다만, 특별한 사유가 있는 때에는 신문한 뒤에 선서를 하게 할 수 있다.

> **민사소송법 제321조(선서의 방식)** ① 선서는 선서서에 따라서 하여야 한다.
> ② 선서서에는 "양심에 따라 숨기거나 보태지 아니하고 사실 그대로 말하며, 만일 거짓말을 하면 위증의 벌을 받기로 맹세합니다."라고 적어야 한다.
> ③ 재판장은 증인으로 하여금 선서서를 소리 [내] 읽고 기명날인 또는 서명[시킨다.]

증인신문 방식

> **민사소송법 제327조(증인신문의 방식)** ① 증인신문은 증인을 신청한 당사자가 먼저 하고, 다음에 다른 당사자가 한다.
> ② 재판장은 제1항의 신문이 끝난 뒤에 신문할 수 있다.
> ④ 재판장이 알맞다고 인정하는 때에는 당사자의 의견을 들어 제1항과 제2항의 규정에 따른 신문의 순서를 바꿀 수 있다.

1. 주신문(main examination): 원칙적으로 유도신문(leading question)을 할 수 없다.

> **민사소송규칙 제91조(주신문)** ① 주신문은 증명할 사항과 이에 관련된 사항에 관하여 한다.
> ② 주신문에서는 유도신문을 하여서는 아니 된다. 다만, …

2. 반대신문(cross-examination): 원칙적으로 유도신문을 할 수 있다.

> **민사소송규칙 제92조(반대신문)** ① 반대신문은 주신문에 나타난 사항과 이에 관련된 사항에 관하여 한다.
> ② 반대신문에서 필요한 때에는 유도신문을 할 수 있다.

다만, 새 사항을 신문하는 것은 주신문과 마찬가지로 유도신문을 할 수 없다.

> **민사소송규칙 제92조(반대신문)** ④ 반대신문의 기회에 주신문에 나타나지 아니한 새로운 사항에 관하여 신문하고자 하는 때에는 재판장의 허가를 받아야 한다.
> ⑤ 제4항의 신문은 그 사항에 관하여는 주신문으로 본다.

3. 재주신문(re-examination): 주신문과 마찬가지다. 원칙적으로 유도신문을 할 수 없다.

> **민사소송규칙 제93조(재주신문)** ① 재주신문은 반대신문에 나타난 사항과 이와 관련된 사항에 관하여 한다.
> ② 재주신문은 주신문의 예를 따른다.
> ③ 재주신문에 관하여는 제92조 제4항·제5항의 규정을 준용한다.

증인신문조서

사람은 망각의 동물이고 판사 역시 사람이기 때문에, 증인신문을 기록할 필요가 있다. 증인신문조서(witness examination report)를 작성한다.

서울중앙지방법원
변 론 조 서

3차

사 건	2023가단1020304 대여금 등
판 사	임 바 튼
기 일	2023. 12. 6. 14:10
장 소	480호 법정
공개 여부	공 개
법 원 주 사	척 주 보
고지된 선고기일	2023. 12. 13. 14:00

사건과 당사자의 이름을 부름

원고	김권자	출석
피고	장무자	출석
증인	이을환	출석

원 고

    2023. 11. 2. 자 준비서면 진술. 불법행위 손해배상 청구에 관하여, 피고가 2020. 6. 15. 채무를 승인하였으므로 시효가 중단하였다고 주장

피 고

    2023. 11. 8. 자 준비서면 진술. 대여금 청구에 관하여, 피고가 2022. 8. 31. 대여금 전부를 변제하였다고 주장

판 사

    (법원주사에게) 민사소송법 제159조 제1항의 규정에 따라 증인 이을환에 대한 신문은 전부 녹음할 것을 명하고 당사자에게 이를 고지

출석한 증인 별지 조서와 같이 신문

증거관계 별지와 같음 (쌍방 서증, 증인 등)

변론종결

                         법 원 주 사   최 주 보 (인)

                         판   사   임 바 른 (인)

서울중앙지방법원
증 인 신 문 조 서 (2023. 12. 6. 3차 변론조서 일부)

```
사       건    2023가단1020304   대여금 등
증   인   이    름    이을환
              생 년 월 일    1985. 7. 7.
              주      소    서울 서초구 삼대로 11
------------------------------------------------------
판   사
        증인에게 선서의 취지를 명시하고 위증의 벌을 경고한 다음, 별지 선서
        서에 따라 선서하게 하였다.
증인에 대한 신문내용은 법정녹음시스템의 녹음파일(고유번호 290511230581)과
같다.

                           법 원 주 사     최 주 보   (인)

                           판      사     임 바 른   (인)
```

상식: 증언은 법정에서 녹음한다. 녹음물은 변론조서 일부가 된다.

민사소송법 제159조(변론의 속기와 녹음) ① 법원은 필요하다고 인정하는 경우에는 변[론] 전부 또는 일부를 녹음하…도록 명할 수 있으며, 당사자가 녹음…[을] 신청하면 특별한 사유가 없는 한 이를 명하여야 한다.
② 제1항의 **녹음테이프[는] 조[서] 일부**로 삼는다.

변론의 속기·녹음에 관한 업무처리요령 제9조의2(녹음이 필요하다고 인정하는 경우) 변론 중 **증인신문**절차 **또는 당사자신문**절차는 법 제159조 제1항 전단에 따라 녹음이 필요한 경우에 해당한다고 보아 그 전부를 **녹음한다**. …

상식: 위 녹음물을 속기자에게 전달해 녹취서로까지 만든다.

민사소송규칙 제35조(녹취서의 작성) ① 재판장은 필요하다고 인정하는 때에는 법원사무관등 또는 속기자에게 녹음테이프에 녹음된 내용에 대하여 녹취서를 작성할 것을 명할 수 있다.

변론의 속기·녹음에 관한 업무처리요령 제13조의2(녹취서의 작성 등) ① 제9조의2 본문에 따라 녹음[→ **증인신문 또는 당사자신문**절차를 녹음]하는 경우에는 재판장이 속기자에 대하여 **녹음물에 대한 녹취서**의 작성을 명하여야 한다. …

	확인인

녹 취 서 (요지)

사건번호	2023가단1020304
기 일	2023. 12. 6. 14:10
장 소	480호 법정
녹취내용	증인 이을환의 증언
총 면 수	6면
비 고	

민사소송규칙 제35조의 규정에 따라 작성한 녹취서를 붙임과 같이 제출합니다.

2023. 12. 7.

속기자 신 의 손   (인)

※ 이 녹취서는 진술의 주요한 부분만을 정리하여 기재하는 방식으로 작성되었습니다.
※ 당사자나 증인 등은 이 녹취서에 적힌 사항에 대해 이의를 제기할 수 있습니다. 이의가 제기되면 법원사무관등이 그 이의의 취지를 이 녹취서 또는 별도의 서면에 기재하거나 이 녹취서 중 해당 부분을 정정하여야 합니다.

원 고	
	증인에게
문	증인은 원고와 피고를 알고 있나요.
답	예, 모두 오케스트라 동아리 '마논트로트' 친구들이라 잘 압니다.

1. 판사는 그 조서를 소송기록에 끼워넣고 참조해서 판결문을 쓰지만,
2. 어디까지나 조서(또는 녹음물, 녹취서 등)가 아니라 증인의 진술, 즉 증언 자체가 증거다.

판결 선고
Pronouncement of Judgment

말할 적엔 부리가 석 자나 길어지고 판결할 적엔 손이 닷 근처럼 무거워진다.
- "육여경"

재판과 판결

판결 개념

변론이 종결되면, 이제 법원은 "그때까지의 당사자들의 주장, 증거만을 가지고" 원고의 청구를 받아들일 것인지 아닌지 판단을 한다. 원고 청구(claim)에 대한 법원의 응답을 판결(judgment)이라고 한다.

재판 개념

판결과 재판은 다르다. 소송에서 법원, 법관이 내리는 판단을 "재판"이라 한다. 재판에는 3종류가 있는데, 판결은 그중 하나일 뿐이다.

1. 판결(judgment): 원고 청구(claim)에 대한 법원(court)의 재판
2. 결정(ruling): 소송절차(procedure)에 관한 법원(court)의 재판
3. 명령(order): 소송절차(procedure)에 관한 법관(judge)의 재판

> 민사소송법 제221조(결정·명령의 고지) ① 결정과 명령은 [적절]한 방법으로 고지하면 효력을 가진다.

	판결	결정	명령
주체	법원	법원	법관
대상	청구	소송절차	소송절차
고지방법	판결서 작성해 선고	적절한 방식으로 고지	적절한 방식으로 고지

판결의 3원칙

1. 자유심증주의(principle of free evaluation of evidence)

> 민사소송법 제202조(자유심증주의) 법원은 변론 전체의 취지와 증거조사의 결과를 **참작하여 자유로운 심증으로** 사회정의와 형평의 이념에 입각하여 논리와 경험의 법칙에 따라 사실주장이 진실한지 아닌지를 판단한다.

> 2019다208472: 자유심증주의는 **형식적·법률적 증거규칙에 얽매일 필요가 없다**는 것을 뜻[한다. 그러나 그렇다고 해서] 법관의 자의적 판단을 허용하는 것은 아니[다.]

반대말은 법정증거주의(principle of evidence based on law): "살인 사실을 인정하려면 2명 이상 증인이 있어야 한다.", "서증은 증인에 앞선다(*Lettres passent témoins*; Witnesses over letters).

1. 처분권주의(principle of disposition)

> **민사소송법 제203조(처분권주의)** 법원은 당사자가 신청하지 아니한 사항에 대하여는 판결하지 못한다.

2. 직접주의(principle of directness)

> **민사소송법 제204조(직접주의)** ① 판결은 기본이 되는 변론에 관여한 법관이 하여야 한다.
> ② 법관이 바뀐 경우에 당사자는 종전의 변론결과를 진술하여야 한다.

판결 종류

사례
원고(K)가 피고(J)를 상대로 5,000만 원의 지급을 구하는 소를 제기했다고 하자. 판결은 다음 4가지 중 하나로 난다.

청구인용(acceptance)
1. 뜻: "원고청구가 모두 이유 있어서 받아들이겠다."
2. 판결 주문: "피고는 원고에게 5,000만 원을 지급하라."
3. 승패: 원고 전부 승소(= 피고 전부 패소)

청구기각(rejection)
1. 뜻: "원고청구가 모두 이유 없어서 받아들이지 않겠다."
2. 판결 주문: "원고의 청구를 기각한다."
3. 승패: 원고 전부 패소(= 피고 전부 승소)

청구일부인용(partial acceptance)
1. 뜻: "원고청구 중 일부만 이유 있어서, 일부만 받아들이고 나머지는 받아들이지 않겠다."
2. 판결 주문: "피고는 원고에게 700만 원을 지급하라. 원고의 나머지 청구를 기각한다."
3. 승패: 원고 일부 승소(= 원고 일부 패소 = 피고 일부 승소 = 피고 일부 패소)

소각하(dismissal)
1. 뜻: 원고의 주장이 이유 있는지 없는지와 무관하다. "소제기 자체가 부적법하므로 더 나아가 판단할 필요가 없다."
2. 판결 주문: "원고의 소를 각하한다."
3. 승패: 굳이 따지면, 원고 전부 패소(= 피고 전부 승소)

"청구를 각하"라는 말은 없다. "소를 각하"하는 것이다.

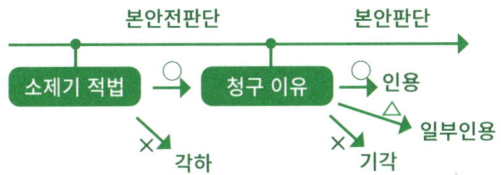

판결서 작성

작성 시기
1. 변론이 종결하면, 판사는 이제 판결서(written judgment)를 작성한다.
2. 판결 선고일 전까지 판결서를 작성해야 한다. 판사는 판결원본을 읽으면서 선고해야 하기 때문이다.

판결서의 기재사항 개요

민사소송법 제208조(판결서의 기재사항 등) ① 판결서에는 다음 각호의 사항을 적고, 판결한 법관이 서명날인하여야 한다.
  1. 당사자와 법정대리인
  2. **주문**
  3. **청구의 취지** 및 상소의 취지
  4. **이유**
  5. 변론을 종결한 날짜. 다만, 변론 없이 판결하는 경우에는 판결을 선고하는 날짜
  6. 법원

② 판결서의 **이유에는 주문이 정당하다는 것을 인정할 수 있을 정도**로 당사자의 주장, 그 밖의 공격·방어방법에 관한 판단을 표시한다.

판결서의 앞부분

서 울 중 앙 지 방 법 원

판 결

사 건   2023가단1020304 대여금 등
원 고   김권자
        서울 서초구 이대로 15

피 고	장무자
	서울 관악구 노루로 231-2
변론종결	2023. 12. 6.
판결선고	2023. 12. 13.

주문

주문(text)은 판결의 결론 부분이다. 소장의 "청구취지", 답변서의 "청구취지에 대한 답변" 부분에 대응한다. 예를 들어,

1. 주된 주문: "피고는 원고에게 700만 원을 지급하라. 원고의 나머지 청구를 기각한다."
2. 종된 주문: 소송비용 등 관련

주 문

1. 피고는 원고에게 7,000,000원 및 이에 대하여 2019. 7. 24.부터 2023. 12. 13.까지는 연 5%의, 그다음 날부터 다 갚는 날까지는 연 12%의 각 비율로 계산한 돈을 지급하라.
2. 원고의 나머지 청구를 기각한다.
3. 소송비용 중 6/7은 원고가, 나머지는 피고가 각각 부담한다.
4. 제1항은 가집행할 수 있다.

"각 부담한다", "각 이행하라"는 모두 문법에 맞지 않는다. 관형사 "각" 뒤에는 용언(동사, 형용사)이 놓일 수 없기 때문이다. 그러나 아직 실무에서는 위와 같은 표현을 즐겨 사용하고 있다.

청구취지

소장에서 봤던 그 청구취지 개념이다. 원고가 구하던 결론 부분을 판결문에도 적는다. 예를 들어,

1. 주된 청구취지: "피고는 원고에게 5,000만 원을 지급하라."
2. 판결서의 청구취지 부분에는 종된 청구취지까지는 쓰지 않는다.

> **청 구 취 지**
>
> 피고는 원고에게 50,000,000원 및 그중 10,000,000원에 대하여 2019. 7. 24.부터, 40,000,000원에 대하여 2022. 9. 1.부터, 각각 소장 송달일까지는 연 5%의, 각각 그다음 날부터 다 갚는 날까지는 연 12%의 각 비율로 계산한 돈을 지급하라.

판결서에도 청구취지를 적는 이유는, 판결서만 보고도 판결 효력 범위를 분명히 알 수 있게 하기 위해서다. (i) 원고가 700만 원을 청구했는데 700만 원이 인용된 것과 (ii) 원고가 1조 원을 청구했는데 700만 원이 인용된 것은 판결의 의미와 효력 범위가 다르다.

이유

이유(reason for judgment)는, 판결 결론에 대한 근거 부분이다. 소장의 "청구원인", 답변서의 "청구원인에 대한 답변" 부분에 대응한다. 예를 들면 다음과 같이 기재한다.

1. 대여금 청구에 대한 판단: "이래저래 해서 피고의 대여금 반환 의무가 없다."

> **이 유**
>
> 1. 대여금 청구에 관한 판단
>
>   가. 청구원인에 관한 판단
>
>   갑 제1호증(계약서, 피고의 인영부분에 다툼이 없어 문서 전체의 진정성립이 추정된다. 피고는 원고가 이 문서를 위조하였다고 항변한다. 그러나 이에 부합하는 증인 배신자의 증언은 믿기 어렵고 달리 이를 인정할 증거가 없다)의 기재 및 변론 전체의 취지를 종합하면, 원고가 2022. 7. 1. 피고에게 변제기를 2022. 8. 31.로 정하여 4,000만 원(이하 '이 사건 차용금'이라 한다)을 대여한 사실을 인정할 수 있다.
>
>   그렇다면 특별한 사정이 없는 한 피고는 원고에게 차용금 4,000만 원 및 이에 대한 지연손해금을 지급할 의무가 있다.

나. 항변에 관한 판단

피고는 이 사건 차용금을 변제하였다고 항변한다. 을 제2호증(계좌이체 영수증)의 기재 및 변론 전체의 취지를 종합하면, 피고는 2022. 8. 31. 원고에게 채무의 변제를 위하여 4,000만 원(이하 '이 사건 지급금'이라 한다)을 지급한 사실을 인정할 수 있다. 그러므로 피고의 위 항변은 이유 있다.

이에 대하여 원고는, 피고가 원고에게 이 사건 차용금 채무 외에도 2020. 5. 4. 차용금(이하 '이 사건 별개 차용금'이라 한다) 채무를 부담하고 있었는데, 원고와 피고는 차용 일자가 더 빠른 이 사건 별개 차용금 채무 원리금에 이 사건 지급금을 우선 충당하기로 합의하였으므로, 이 사건 차용금 채무는 소멸하지 않았다고 재항변한다. 그러나 원고와 피고 사이에 이 사건 별개 차용금 계약을 체결한 사실을 인정할 만한 아무런 증거가 없다. 그러므로 나머지 점에 관하여는 살펴볼 것도 없이 원고의 재항변은 이유 없다.

다. 소결론

따라서 원고의 대여금 청구는 이유 없다.

2. 손해배상 청구에 대한 판단: "이래저래 해서 피고는 얼마큼 손해배상 의무가 있다."

2. 손해배상 청구에 관한 판단

가. 손해배상책임 발생

1) 청구원인에 관한 판단

피고가 2019. 7. 24. 서울 서초구 예술로 33에 있는 '마논트로트' 동아리방에서 원고 소유의 시가 1,000만 원 상당 바이올린(이하 '이 사건 바이올린'이라 한다)을 만지다 실수로 이를 완전히 파손한 사실 및 위 파손 후 잔존물의 가치가 없게 된 사실은 당사자 사이에 다툼이 없다.

그렇다면 특별한 사정이 없는 한 피고는 원고에게 위와 같은 불법행위로 인하여 원고가 입은 손해 1,000만 원 및 이에 대한 지연손해금을 배상할 의무가 있다.

2) 항변 등에 관한 판단

피고는 위 손해배상채권이 시효로 소멸하였다고 항변한다. 불법행위에 따른 손해배상채권은 피해자가 그 손해 및 가해자를 안 날로부터 3년간 이를 행사하지 않으면 시효로 인하여 소멸한다(민법 제766조 제1항). 그런데 을 제3호증(이을환의 진술서)의 기재, 증인 이을환의 증언, 이 법원의 에스케이텔레콤 주식회사에 대한 사실조회 결과 및 변론 전체의 취지를 종합하면, 이을환이 2019. 7. 말경 원고에게 피고가 이 사건 바이올린을 파손했다는 사실을 알려 준 사실을 인정할 수 있다. 그러므로 원고는 그 무렵 가해자인 피고 및 이 사건 불법행위에 따른 손해 발생을 알았다고 보아야 한다. 이 사건 소가 그로부터 3년이 지난 후인 2023. 9. 13. 제기되었음은 기록상 명백하다.

그러나 갑 제5호증(문자메시지 출력물), 을 제3호증(이을환의 진술서)의 각 기재, 증인 이을환의 증언 및 변론 전체의 취지에 따르면, 피고는 소멸시효기간 만료 전인 2020. 6. 15. 원고에게 피고의 잘못을 인정하면서 1,000만 원을 지급하겠다고 제안한 사실을 인정할 수 있다. 그러므로 피고에게 장차 시효 완성에 따른 법적 이익을 받지 않겠다는 효과의사가 있었는지 관계없이, 이로써 위 소멸시효는 중단되었다. 따라서 이를 지적하는 원고의 재항변은 이유 있고, 결국 피고의 위 항변은 이유 없다.

나. 손해배상책임 범위

불법행위에 따른 손해 발생 또는 확대에 관하여 피해자에게도 과실이 있는 때에는 가해자의 손해배상 범위를 정할 때 당연히 이를 참작하여야 한다. 배상의무자가 피해자의 과실에 관하여 주장을 하지 않은 경우에도 소송자료에 따라 과실이 인정되는 경우에는 이를 법원이 직권으로 심리, 판단하여야 한다(대법원 2016. 4. 12. 선고 2013다31137 판결 참조).

앞서 인정한 사실 및 증인 이을환의 증언 및 변론 전체의 취지를 종합하면 다음과 같은 사실들이 인정된다. 즉, 이 사건 바이올린과 같은 현악기는 구조상 그 자체로 충격에 쉽게 손상될 수 있음에도 원고가 잠금장치가 전혀 설정되어 있지 않은 케이스에 1,000만 원 상당의 이 사건 바이올린을 넣어두었다. 위 '마논트로트' 동아리방은 동아리 회원은 물론 그 지인까지도 별다른 제한 없이 출입할 수 있는 곳으로, 사건이 발생하기 몇 달 전인 2019. 4.경에도 목갑자와 그 친구들이 이 사건 바이올린을 케이스에서 꺼내 갖고 놀다가 땅에 떨어뜨릴 뻔했다. 원고는 이를 알면서도 특별한 경고 표시도 없이 사람들의 눈에 띄기 좋은 창고 입구에 이 사건 바이올린이 들어 있는 케이스를 그대로 방치하였다.

위와 같은 사실들에 비추어 보면, 원고의 이 사건 바이올린 관리 소홀이 원고의 손해 발생 및 확대에 영향을 미쳤으므로, 피고가 배상할 손해배상액 산정에 원고의 이러한 과실을 참작하여야 한다. 그 밖에 이 사건 변론에 나타난 제반 사정에 비추어 원고의 과실비율을 30%로 정하여, 원고의 책임은 위 과실비율을 제외한 나머지 70%로 제한한다.

다. 소결론

따라서 피고는 원고에게 700만 원(= 1,000만 원 × 70%) 및 이에 대하여 다음 각 비율로 계산한 지연손해금을 지급할 의무가 있다.

1) 2019. 7. 24.(불법행위일)부터 2023. 12. 13.(피고가 이행의무의 존재 여부나 범위에 관하여 항쟁하는 것이 타당하다고 인정되는 판결 선고일)까지: 연 5%(민법)

2) 그다음 날부터 다 갚는 날까지: 연 12%(소송촉진 등에 관한 특례법)

3. 결론 부분: "이 사건 청구 중 얼마만큼은 이유 있어 인용하고, 나머지는 이유 없어 기각한다."

> 3. 결론
>
> 　원고의 청구는 위 인정 범위에서 이유 있어 인용하고 나머지는 이유 없어 기각한다.

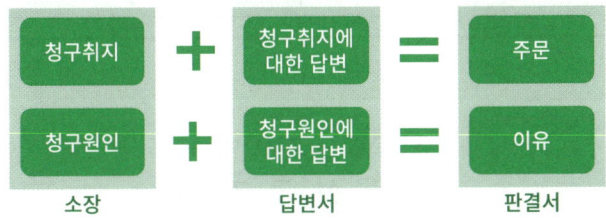

판결서의 끝부분

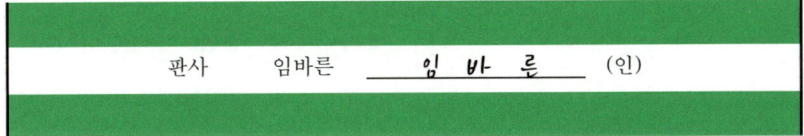

선고기일

변론 종결일과 판결 선고일의 차이

1. 판사가 판단을 하고 판결서를 작성하는 데 시간이 걸리기 때문에, 변론 종결일과 판결 선고일 사이에 시간적 간격이 발생할 수밖에 없다.
2. 그래서 법원에서는 변론 종결일에 선고기일을 잡는데, "2023. 12. 13. 14:00 이 법원 동관 480호 법정"식으로 잡는다.

> **민사소송법 제207조(선고기일)** ① 판결은 변론이 종결된 날부터 2주 이내에 선고하여야 하며, 복잡한 사건이나 그 밖의 특별한 사정이 있는 때에도 변론이 종결된 날부터 4주를 넘겨서는 아니 된다.

3. 변론주의 원칙상 법원은 당사자가 주장한 사실과 제출한 증거에 관해서만 판단한다. 그런데 당사자는 변론 종결 전까지만 자료를 낼 수 있기 때문에, 결국 법원은 변론 종결 전까지의 자료만 가지고 판단한다.

매우 중요한 사항이다. 꼭 기억하라.

선고의 방식

민사소송법 제206조(선고의 방식) 판결은 재판장이 판결원본에 따라 주문을 읽어 선고하며, 필요한 때에는 이유를 간략히 설명할 수 있다.

서울중앙지방법원
판 결 선 고 조 서

4차

사　　　건	2023가단1020304 대여금 등	
판　　　사	임 바 른	기　　　일: 2023. 12. 13. 14:00
		장　　　소: 480호 법정
법 원 주 사	최 주 보	공개 여부: 공　　개

사건과 당사자의 이름을 부름

원고　　김권자　　　　　　　　　　　　　　　　　　출석
피고　　장무자　　　　　　　　　　　　　　　　　　출석

판　　사

　　　판결원본에 따라 판결선고

　　　　　　　　　　　　　　법 원 주 사　　최 주 보 (인)

　　　　　　　　　　　　　　판　　　사　　임 바 른 (인)

출석의 필요성

1. 당사자의 주장 및 증거제출은 변론 종결일까지만 의미 있으므로, 판결 선고일에 당사자가 할 수 있는 것은 없다.
2. 어차피 당사자들에게 판결서를 보내준다. 민사는 상소기간도 판결서를 받은 때부터 진행하기 때문에, 판결 내용을 미리 알아야 하는 것도 아니다.
3. 그래서 선고기일에 당사자든 소송대리인이든 법정에 출석할 필요가 없다. 물론 굳이 나오겠다면 막지는 않는다.

> **민사소송법 제207조(선고기일)** ② 판결은 당사자가 출석하지 아니하여도 선고할 수 있다.

판결 이후

판결서 송달

> **민사소송법 제209조(법원사무관등에 대한 교부)** 판결서는 선고한 뒤에 바로 법원사무관등에게 교부하여야 한다.

> **민사소송법 제210조(판결서의 송달)** ① 법원사무관등은 판결서를 받은 날부터 2주 이내에 당사자에게 송달하여야 한다.
> ② 판결서는 정본으로 송달한다.

상소에 대한 고지

> **민사소송규칙 제55조의2(상소에 대한 고지)** 판결서의 정본을 송달하는 때에는 법원사무관등은 당사자에게 **상소기간과 상소장을 제출할 법원을 고지**하여야 한다.

판결 효력

기판력 개념

판결 선고 후 상소기간을 넘기면 판결이 확정된다. 확정된 판결에 대해 당사자들은 나중에 다른 소리를 할 수 없다. 이를 기판력(*res judicata*; effect of excluding further litigation)이라 한다.

판결한 사항은 사실로 인정된다(*Res iudicata proveritate accipitur*; A thing adjudged is regarded as truth).

객관적 범위

원칙적으로 주문(text)에만 기판력이 있다.

> **민사소송법 제216조(기판력의 객관적 범위)** ① 확정판결(確定判決)은 **주문에 포함된 것에 한하여** 기판력(既判力)을 가진다.

> **2019다261381**: 확정판결의 기판력[이란?] 확정판결의 주문에 포함된 법률적 판단과 동일한 사항이 소송상 문제가 되었을 때[를 보자.] [i] 당사자는 이에 저촉되는 주장을 할 수 없[다.] [ii] 법원도 이에 저촉되는 판단을 할 수 없[다. 이런] 기속력을 의미[한다.]

1. 앞 사례에서, "피고는 원고에게 700만 원을 지급하라. 원고의 나머지 청구를 기각한다."라는 주문 부분만 기판력이 있다. 즉, 대여금 4,000만 원 부분, 바이올린 파손에 따른 손해배상액 300만 원(= 1,000만 원 - 700만 원) 부분은 당사자들이 나중에 판결과 다르게 다투는 것 자체를 금지한다.
2. J가 대출채무를 변제했는지, 손해배상채무 소멸시효가 완성했는지 등 이유 부분은 기판력이 없다. 따라서 당사자들이 나중에 이런 것들을 다투는 것은 허용한다.

> **2017다224906**: 확정판결의 기판력은 그 판결의 주문에 포함된 것, 즉 소송물로 주장된 법률관계의 존부에 관한 판단의 결론 그 자체에만 생[긴다.] 판결 이유에 설시된 그 전제가 되는 법률관계의 존부에까지 미치는 것은 아니다.

다만, 기판력이 없기 때문에 다투는 것이 허용되더라도, 종전 판결에서와 다르게 판단될 가능성이 높지는 않다.

> **94다47292**: 민사재판에[서]는 다른 민사사건 등의 판결에서 인정된 사실에 구속받는 것이 아니[다. 그러나 그렇다]라 할지라도 **이미 확정된 관련 민사사건에서 인정된 사실**은 특별한 사정이 없는 한 **유력한 증거**가 [된다. 그리]므로, 합리적인 이유설시 없이 이를 배척할 수 없[다.] 특히 전후 두 개의 민사소송이 당사자가 같고 분쟁의 기초가 된 사실도 같으나 다만 소송물이 달라 기판력에 저촉되지 아니한 결과 새로운 청구를 할 수 있는 경우[에]는 더욱 그러하다.

주관적 범위

원칙적으로 당사자에 한해 기판력이 미친다.

> **민사소송법 제218조(기판력의 주관적 범위)** ① 확정판결은 당사자...에 대하여 효력이 미친다.

1. 원래 원고와 피고가 뜻이 통하면 그들이 원하는 대로 판결을 받을 수가 있다. 처분권주의 및 변론주의 때문이다.
2. 그래서 만약 기판력이 제3자에게도 미친다고 하면, 제3자에게 불측의 피해를 줄 수 있다.
3. 따라서 민사소송법은 원칙적으로 기판력은 당사자에 한해 미치게 했다.

역시 예외가 있다. 일단 "예외가 있다"는 정도만 기억하고 넘어가자.

관할법원

재판권과 관할

1. 재판권이란, 소제기를 받은 법원(수소법원; court of a lawsuit)이 그 사건을 재판할 수 있는 권한이다.

재판권이 없다면, 절차 무효(*coram non judice*)로 법원은 소각하 판결을 한다.

2009다16766: 대한민국에 거주하면서 주한미군사령부에서 근무하는 甲[이 있다. 그런데 甲의] 채권자 乙이 우리나라 법원에서 제3채무자를 미합중국으로 하여 甲이 미합중국에 대하여 가지는 퇴직금과 임금 등에 대하여 채권압류 및 추심명령을 받[았다. 그] 후 ... [추심채권자] 乙이 [제3채무자] 미합중국을 상대로 ... 추심금 소송[을 제기했다.]

[위 추심금 소송]에 대하여 우리나라 법원이 당연히 재판권을 행사할 수 있는 것은 아니[다. 여러 사정을 종합하면, 이 사건에서는] ... 우리나라 법원은 미합중국을 제3채무자로 한 채권압류 및 추심명령을 발령할 재판권을 가지지 못[한다.] 따라서 위 채권압류 및 추심명령은 재판권이 없는 법원이 발령한 것으로 무효[다. 그 결과 **우리나라 법원은 추심금 소송에 대하여도 재판권이 인정되지 않는[다**. 즉,] ... 이 사건 **소는** 우리나라 법원에 재판권이 없어 **부적법**하[다.]

2. 관할(jurisdiction)이란, 법원 간 재판권의 분담관계를 정해 놓은 것을 말한다. 즉, 원고가 재판권 있는 법원 중에서도 어느 법원에 소제기 해야 하는지 문제다.

관할 위반이면, 수소법원은 관할권 있는 법원으로 사건을 넘긴다. 이를 이송(transfer)이라 한다.

민사소송법 제34조(관할위반 또는 재량에 따른 이송) ① 법원은 소[송] 전부 또는 일부에 대하여 관할권이 없다고 인정하는 경우에는 결정으로 이를 관할법원에 이송한다.

토지관할

1. 각 지역별로 지방법원(District Court)이 있다.

서울중앙지방법원, 서울남부지방법원, 청주지방법원 등은 지방법원이다.

2. 지방법원은 각기 지원(Branch Court of District Court)을 두기도 한다.

청주지방법원은 충주지원, 제천지원, 영동지원을 두고 있다. 참고로 서울중앙지방법원, 서울남부지방법원은 지원을 두고 있지 않다.

3. 토지관할(territorial jurisdiction)이란, 제1심 소송사건을 대등한 법원 간에 지역을 기준으로 나눈 관할이다. 관할구역은 법률에서 정하고 있다.

서울 강남구, 관악구, 서초구 등은 서울중앙지방법원 관할구역이다. 서울 강서구, 양천구 등은 서울남부지방법원 관할구역이다. 청주시, 괴산군 등은 청주지방법원 관할구역이다. 충주시, 음성군은 충주지원 관할구역이다. 제천시, 단양군은 제천지원 관할구역이다. 영동군, 옥천군은 영동지원 관할구역이다.

4. 지방법원과 지방법원 지원은 제1심 관할구역이 서로 겹치지 않는다. 즉, 지방법원과 지방법원 지원은 소송법상 대등한 관계(equal status)에 있다.

이 점은 형사사건이든 민사사건이든 마찬가지다.

2015도1803: 각급 법원의 설치와 관할구역에 관한 법률 제4조 제1호 [별표 3]은 지방법원 본원과 지방법원 지원의 관할구역을 대등한 입장에서 **서로 겹치지 않게** 구분하여 규정하고 있다.

따라서 제1심 형사사건에 관하여 **지방법원 본원과 지방법원 지원은** 소송법상 별개의 법원이자 각각 일정한 토지관할 구역을 나누어 가지는 **대등한 관계**에 있[다.]

5. 여기서 관할구역이란 누구, 무엇을 기준으로 하는가? 그 기준이 되는 장소를 재판적(forum; venue)이라 한다. 결국, 토지관할은 재판적 문제다.

기본적으로는 피고의 주소지를 기준으로 정한다. 추가로, 재산권 소송이면 주소와 무관하게 그 의무를 이행할 장소도 기준이 될 수 있다. 또한, 부동산 소송이면 그 부동산이 있는 장소도 기준이 될 수 있다.

민사소송법 제2조(보통재판적) 소(訴)는 피고의 보통재판적(普通裁判籍)이 있는 곳의 법원이 관할한다.

민사소송법 제3조(사람의 보통재판적) 사람의 보통재판적은 그의 주소에 따라 정한다. ...

민사소송법 제8조(거소지 또는 의무이행지의 특별재판적) 재산권에 관한 소를 제기하는 경우에는 거소지 또는 의무이행지의 법원에 제기할 수 있다.

민사소송법 제20조(부동산이 있는 곳의 특별재판적) 부동산에 관한 소를 제기하는 경우에는 부동산이 있는 곳의 법원에 제기할 수 있다.

사물관할

사물관할(subject-matter jurisdiction)이란, 제1심 소송사건을 사건의 경중에 따라 나눈 관할이다. 사건의 경중은 대체로 소가를 기준으로 한다.

민사소송 등 인지규칙 제6조(소가산정의 원칙) ... 소가는 원고가 **청구취지**로써 구하는 범위[에서] 원고의 입장에서 보아 **전부 승소할 경우**에 직접 받게 될 경제적 이익을 객관적으로 평가하여 금액으로 정함을 원칙으로 한다.

민사소송 등 인지규칙 제7조(소가산정의 기준시) 소가는 소를 제기한 때...를 기준으로 하여 산정한다.

민사소송 등 인지규칙 제12조(통상의 소) 통상의 소의 소가는 다음 각호에 규정된 가액 또는 기준에 의하여 산정한다.
1. 확인의 소...는 권리의 종류에 따라 ...[물건가액 등]
3. 금전지급청구의 소...는 **청구금액**
5. 물건의 인도·명도 또는 방해배제를 구하는 소...는 다음의 구별에 의한다.
   가. 소유권에 기[초]한 경우에는 목적물건 가액의 2분의 1
   라. 소유권의 이전을 목적으로 하는 계약에 기[초]한 동산인도청구의 경우에는 목적물건의 가액

민사소송 등 인지규칙 제13조(등기·등록 등 절차에 관한 소) ① ...등기... 절차의 이행을 구하는 소의 소가는 다음 각호에 규정된 가액 또는 기준에 의한다.
1. 소유권이전등기의 경우에는 목적물건의 가액
2. ...의 경우에는 다음의 구별에 의한다.
   나. 담보물권... 경우에는 목적물건가액을 한도로 한 피담보채권액...

민사소송 등 인지규칙 제18조의2(소가를 산출할 수 없는 재산권상의 소 등) ... 비재산권을 목적으로 하는 소송의 소가는 5천만 원으로 한다. 다만, ... 제15조의2[단체소송], 제17조의2[특허소송]...에 정한 소송의 소가는 1억 원으로 한다.

위와 같은 기준을 암기할 필요는 없다. 제도 취지를 이해하면 충분하다.

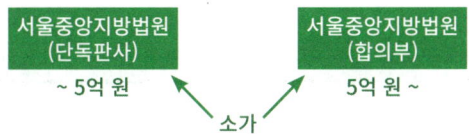

1. 단독사건(single-judge case): 소가 5억 원 이하인 사건. 판사 1명이 단독판사(single-judge)로 사건을 담당한다.

단독사건의 재판부를 "서울중앙지방법원 민사105단독[Civil Chamber 105 (Single Judge) of Seoul Central District Court]" 식으로 표현한다.

법원조직법 제7조(심판권의 행사) ④ 지방법원...과 지방법원...의 지원...의 심판권은 단독판사가 행사한다.

2. 합의사건(collegiate case): 소가 5억 원을 초과하는 사건. 판사 3명이 각각 재판장, 좌배석, 우배석으로 합의부(collegiate; panel of judges)를 구성해 사건을 담당한다.

합의사건의 재판부를 "서울중앙지방법원 제77민사부[Civil Chamber 77 of Seoul Central District Court]" 식으로 표현한다.

법원조직법 제7조(심판권의 행사) ⑤ 지방법원...과 지방법원...의 지원...에서 합의심판을 하여야 하는 경우에는 판사 3명으로 구성된 합의부에서 심판권을 행사한다.

민사 및 가사소송의 사물관할에 관한 규칙 제2조(지방법원 및 그 지원 합의부의 심판범위) 지방법원 및 지방법원지원의 합의부는 소송목적의 값이 5억 원을 초과하는 민사사건...을 제1심으로 심판한다. ...

단, 어음·수표금, 자동차손해배상, 산업재해손해배상 사건 등은 소가와 무관하게 단독사건이다. 즉, 합의사건이 아니다.

> **민사 및 가사소송의 사물관할에 관한 규칙 제2조(지방법원 및 그 지원 합의부의 심판범위)** ... 다만, 다음 각호의 1에 해당하는 사건을 제외한다.
> 1. 수표금·약속어음금 청구사건
> 3. [자동차손배법]에서 정한 자동차...의 운행 및 근로자의 업무상재해로 인한 손해배상 청구사건...

3. 소액사건(small claim case): 단독사건 중에서도 특히 소가 3,000만 원 이하인 사건. 소액사건도 단독사건의 일종이다.

소액사건의 재판부를 "서울중앙지방법원 민사66단독(소액)[Civil Chamber 66 (Small Claims) of Seoul Central District Court]" 식으로 표현한다.

> **소액사건심판법 제2조(적용범위등)** ① 이 법은 지방법원 및 그 지원의 관할사건 중 대법원규칙으로 정하는 민사사건(이하 "소액사건"이라 한다)에 적용한다.
>
> **소액사건심판규칙 제1조의2(소액사건의 범위)** 법 제2조 제1항에 따른 소액사건은 제소한 때의 소송목적의 값이 3,000만 원을 초과하지 아니하는 금전... 지급을 목적으로 하는 제1심의 민사사건으로 한다. ...

연습문제

2021년도 변호사시험 공법 선택형

[문 13.] 법원에 관한 설명 중 옳은 것은? (다툼이 있는 경우 판례에 의함)

① 헌법은 "대법원은 법령에 저촉되지 아니하는 범위 안에서 소송에 관한 절차, 법원의 내부규율과 사무처리에 관한 규칙을 제정할 수 있다."라고 규정하고 있다.

② 대법관후보추천위원회는 선임대법관·법원행정처장·대한변호사협회장 등으로 구성되는데, 사법부의 독립을 위하여 행정부 소속 공무원은 대법관후보추천위원회의 위원이 될 수 없다.

③ 단독판사와 합의부의 심판권을 어떻게 분배할 것인지 등에 관한 문제는 기본적으로 입법형성권을 가진 입법자가 사법정책을 고려하여 결정할 사항으로, 입법자는 국민의 권리가 효율적으로 보호되고 재판제도가 적정하게 운용되도록 법원조직에 따른 재판사무 범위를 배분·확정하여야 한다.

④ 「범죄인인도법」은 법원의 인도심사결정 시 그 성질에 반하지 않는 한도에서 관련 「형사소송법」 규정을 준용하고 있으며 인도대상이 된 자에게 변호인의 조력을 받을 수 있게 하고 의견진술기회를 부여하고 있으므로, 법원에 의한 범죄인인도심사는 전형적인 사법절차의 대상에 해당되고 그 심사절차는 성질상 국가형벌권의 확정을 목적으로 하는 형사절차와 동일하다고 할 수 있다.

⑤ 명령이 법률에 위반되는 여부가 재판의 전제가 된 경우에는 대법원이 이를 최종적으로 심사할 권한을 가지고, 명령이 헌법에 위반되는 여부가 재판의 전제가 된 경우에는 헌법재판소가 이를 최종적으로 심사할 권한을 가진다.

판결에 대한 불복
Dissatisfaction with Judgment

베스도가 배석자들과 상의하고 이르되, 네가 가이사에게 상소하였으니
가이사에게 갈 것이라 하니라. - "사도행전" 제25장 제12절

머리에

문제 상황
1. K가 J를 상대로 하는 서울중앙지방법원 민사105단독 재판부 담당 소송에서 청구금액 5,000만 원 중 700만 원만큼 승소했다.
2. 패소한 사람은 더 다퉈 보고 싶을 수도 있다. 우리나라는 기본적으로 3심제를 택하고 있다.

각자 입장
1. K는 4,300만 원을 못 받은 것이 아깝다고 주장한다. K로서는 원고 청구금액 5,000만 원 중 4,300만 원(약 6/7)이 패소 부분이다.
2. J는 700만 원을 지급해야 하는 상황이 억울하다고 주장한다. J로서는 원고 청구금액 5,000만 원 중 700만 원(약 1/7)이 패소 부분이다.

상소
1. 원고(K)도 상소할 수 있다.
2. 피고(J)도 상소할 수 있다.

상소

상소 개념
재판이 확정되기 전에 상급 법원에 그 취소·변경을 구하는 불복신청을 "상소"라고 한다.

상소 종류
상소(appcal)는 다음과 같이 나뉜다.
1. 항소, 상고: 판결(judgment)에 대한 불복
2. 항고, 재항고: 결정(ruling)이나 명령(order)에 대한 불복

	판결	결정	명령
주체	법원	법원	법관
대상	청구	소송절차	소송절차
불복	항소, 상고	항고, 재항고	항고, 재항고

판결에 대한 불복: 항소, 상고

판결(judgment)에 대해 불복하는 것이 항소, 상고다.

1. 항소: 제1심판결에 대해 불복하는 것이다. 항소를 하면 항소심법원에서 소송이 진행된다. 항소심법원이 제2심(항소심) 판결을 선고한다.

> **민사소송법 제390조(항소의 대상)** ① 항소(抗訴)는 **제1심**법원이 선고한 종국**판결에 대하여** 할 수 있다. ...

2. 상고: 제2심(항소심) 판결에 대해 불복하는 것이다. 상고를 하면 상고심법원에서 소송이 진행된다. 상고심법원이 제3심(상고심) 판결을 선고한다.

> **민사소송법 제422조(상고의 대상)** ① 상고는 고등법원이 선고한 종국판결과 지방법원 합의부가 **제2심**으로서 선고한 종국**판결에 대하여** 할 수 있다.

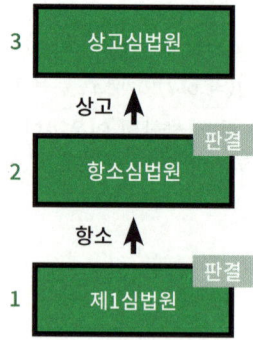

결정·명령에 대한 불복: 항고, 재항고

판결 이외의 재판에 대해 불복하는 것이 항고다. 즉, 결정(ruling)이나 명령(order)에 대해 불복하는 것이 바로 항고다.

> **민사소송법 제439조(항고의 대상)** 소송절차에 관한 신청을 기각한 **결정이나 명령에 대하여** 불복하면 항고할 수 있다.

1. 제1심에서의 결정, 명령에 대해 불복하는 것은 "최초의 항고"다. 최초의 항고를 하면 항고심법원이 판단한다.

2. 제2심(항소심)에서의 결정, 명령에 대해 불복하는 것은 "재항고"다.

3. 항고심법원 결정, 명령에 다시 불복하는 것도 "재항고"다. 재항고를 하면 재항고심법원이 판단한다.

> **민사소송법 제442조(재항고)** **항고법원·고등법원 또는 항소법원의 결정 및 명령에 대하여**는 재판에 영향을 미친 헌법·법률·명령 또는 규칙의 위반을 이유로 드는 때에만 재항고(再抗告)할 수 있다.

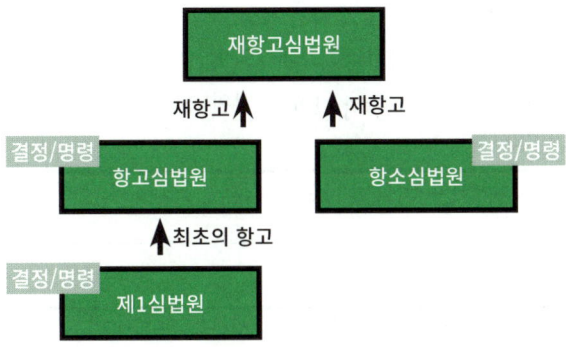

모든 좋은 일은 셋이다(*Aller guten Dinge sind drei*; All good things come in threes).

상소심 관할법원

제1심 합의사건 경우

소가 5억 원 초과 사건(합의사건) 경우,

1. 제1심: 지방법원(District Court) 또는 지원(Branch Court)의, 합의부 (Collegiate Chamber)

   민사 및 가사소송의 사물관할에 관한 규칙 제2조(지방법원 및 그 지원 합의부의 심판범위) 지방법원 및 지방법원지원의 합의부는 소송목적의 값이 **5억 원을 초과**하는 민사 사건...을 제1심으로 심판한다. ...

2. 제2심: 고등법원(High Court)

   법원조직법 제28조(심판권) 고등법원은 다음의 사건을 심판한다. ...
   1. 지방법원 합의부...의 제1심판결...에 대한 항소...사건

   서울, 대전, 대구, 부산, 광주, 수원 6곳에 고등법원이 있다.

   법원설치법 제4조(관할구역) 각급 법원의 관할구역은 다음 각호의 구분에 따라 정한다. ...
   1. 각 고등법원·지방법원과 그 지원의 관할구역: 별표 3

   법원설치법 [별표 3] 고등법원·지방법원과 그 지원의 관할구역 [고등법원: 서울, 대전, 대구, 부산, 광주, 수원]

3. 제3심: 대법원(Supreme Court)

   법원조직법 제14조(심판권) 대법원은 다음 각호의 사건을 종심(終審)으로 심판한다.
   1. 고등법원... 판결에 대한 상고사건

제1심 단독사건 중 소가 2억 원 초과 사건 경우

소가 5억 원 이하 사건(단독사건) 중 소가 2억 원 초과 경우,

1. 제1심: 지방법원(District Court) 또는 지원(Branch Court)의, 단독판사(Single Judge)

   법원조직법 제7조(심판권의 행사) ④ 지방법원…과 지방법원…의 지원…의 심판권은 단독판사가 행사한다.

2. 제2심: 고등법원(High Court)

   법원조직법 제28조(심판권) 고등법원은 다음의 사건을 심판한다. …
   2. 지방법원단독판사…의 제1심판결…에 대한 항소…사건으로서 형사사건을 제외한 사건 중 대법원규칙으로 정하는 사건

   민사 및 가사소송의 사물관할에 관한 규칙 제4조(고등법원의 심판범위) ① 고등법원은 다음 각호의 어느 하나에 해당하는 사건에 대한 지방법원 단독판사의 제1심판결…에 대한 항소…사건을 심판한다. …
   1. 소송목적의 값이 … **2억 원을 초과**한 민사소송사건

3. 제3심: 대법원(Supreme Court)

   법원조직법 제14조(심판권) 대법원은 다음 각호의 사건을 종심(終審)으로 심판한다.
   1. 고등법원… 판결에 대한 상고사건

제1심 단독사건 중 소가 2억 원 이하 사건 경우

소가 5억 원 이하 사건(단독사건) 중 소가 2억 원 이하 경우,

1. 제1심: 지방법원(District Court) 또는 지원(Branch Court)의, 단독판사(Single Judge)

   법원조직법 제7조(심판권의 행사) ④ 지방법원…과 지방법원…의 지원…의 심판권은 단독판사가 행사한다.

2. 제2심: 지방법원의 항소부(Appellate Chamber). 지방법원이 재판하되, 합의부(Collegiate Chamber)가 담당한다. 즉, 항소부는 합의부다.

   법원조직법 제32조(합의부의 심판권) ② 지방법원 본원 합의부…는 지방법원단독판사의 판결…에 대한 항소…사건…을 제2심으로 심판한다. …

   기본적으로, 지원(Branch Court)은 제2심(항소심)을 하지 않는다.

3. 제3심: 대법원(Supreme Court)

   법원조직법 제14조(심판권) 대법원은 다음 각호의 사건을 종심(終審)으로 심판한다.
   1. … 항소법원…의 판결에 대한 상고사건

서울중앙(소가 5억 원~) 사례

1. 제1심: 서울중앙지방법원 제77민사부(Civil Chamber 77 of Seoul Central District Court)
2. 제2심: 서울고등법원 제39민사부(Civil Chamber 39 of Seoul High Court)
3. 제3심: 대법원 제1부(Chamber 1 of Supreme Court)

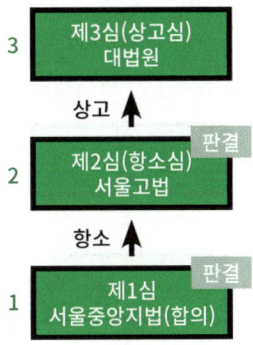

서울중앙(소가 2~5억 원) 사례

1. 제1심: 서울중앙지방법원 민사105단독[Civil Chamber 105 (Single Judge) of Seoul Central District Court]

실무상 "고액단독" 사건(2~5억 원)이라 부른다. 지금은 고액단독 경우를 보고 있다.

2. 제2심: 서울고등법원 제39민사부(Civil Chamber 39 of Seoul High Court)
3. 제3심: 대법원 제1부(Chamber 1 of Supreme Court)

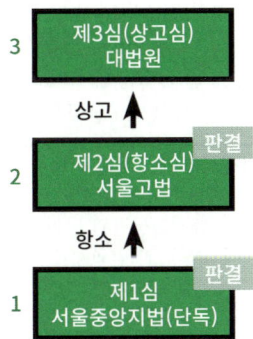

서울중앙(소가 ~2억 원) 사례

1. 제1심: 서울중앙지방법원 민사105단독[Civil Chamber 105 (Single Judge) of Seoul Central District Court]

실무상 고액단독(2~5억 원)도 소액단독(~3,000만 원)도 아닌 단독사건을 "중액단독" 사건(3,000만 원~2억 원)이라 부른다. 지금은 소액단독 또는 중액단독 경우를 보고 있다.

2. 제2심: 서울중앙지방법원 제12민사부(항소)[Civil Chamber 12 (Appellate) of Seoul Central District Court]
3. 제3심: 대법원 제1부(Chamber 1 of Supreme Court)

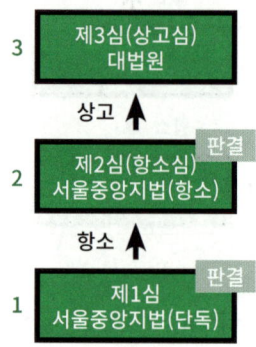

제천(소가 5억 원~) 사례

1. 제1심: 청주지방법원 제천지원 합의부(Chamber of Jecheon Branch Court of Cheongju District Court)
2. 제2심: 대전고등법원 청주제5민사부[Civil Chamber 5 (Cheongju) of Daejeon High Court]

청주지방법원이 아니라 대전고등법원이다. 다만, 청주, 충주, 제천 등에서 대전까지 가기는 너무 번거롭기 때문에, 대전고등법원 재판부 몇 개를 청주에도 설치해 두었다. 이런 재판부를 고등법원 원외재판부(Local Chamber)라 한다. 장소가 청주에 있을 뿐, 법적으로는 어디까지나 대전고등법원 재판부다.

고등법원 부의 지방법원 소재지에서의 사무처리에 관한 규칙 제2조(고등법원 원외재판부의 설치) 제주지방법원 소재지와 전주지방법원 소재지에 각 광주고등법원 원외재판부를, 청주지방법원 소재지에 대전고등법원 원외재판부를, 인천지방법원 소재지와 춘천지방법원 소재지에 각 서울고등법원 원외재판부를, 울산지방법원 소재지와 창원지방법원 소재지에 각 부산고등법원 원외재판부를 각각 둔다.

3. 제3심: 대법원 제1부(Chamber 1 of Supreme Court)

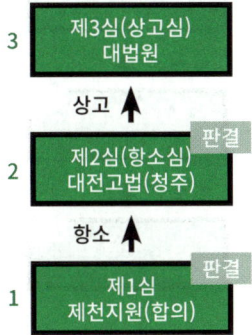

제천(소가 2~5억 원) 사례

1. 제1심: 청주지방법원 제천지원 민사5단독[Civil Chamber 5 (Single Judge) of Jecheon Branch Court of Cheongju District Court]

지금은 고액단독 경우를 보고 있다.

2. 제2심: 대전고등법원 청주제5민사부[Civil Chamber 5 (Cheongju) of Daejeon High Court]
3. 제3심: 대법원 제1부(Chamber 1 of Supreme Court)

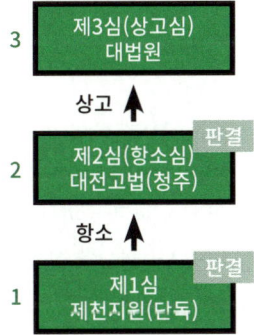

제천(소가 ~2억 원) 사례

1. 제1심: 청주지방법원 제천지원 민사5단독[Civil Chamber 5 (Single Judge) of Jecheon Branch Court of Cheongju District Court]

지금은 소액단독 또는 중액단독 경우를 보고 있다.

2. 제2심: 청주지방법원 제4민사부(항소)[Civil Chamber 4 (Appellate) of Cheongju District Court]
3. 제3심: 대법원 제1부(Chamber 1 of Supreme Court)

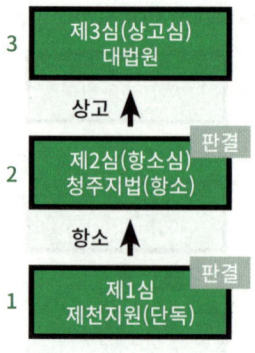

소결

제3심	대법			
제2심	지법 합의부(항소부)		고법	
제1심	지법(지원) 단독판사			지법(지원) 합의부
분류	소액	중액단독	고액단독	합의
소가	~ 3,000만 원	3,000만 원 ~ 2억 원	2~5억 원	5억 원 ~

수험적으로, 관할을 암기할 필요는 없다. 상식적인 차원에서 이해하면 충분하다.

항소제기

당사자

제1심판결에 불복하려면 항소(appeal)를 하면 된다. 여기서 항소하는 쪽을 항소인(appellant), 그 상대방을 피항소인(appellee)이라 한다.

1. K가 항소: K = 원고 = 항소인, J = 피고 = 피항소인
2. J가 항소: K = 원고 = 피항소인, J = 피고 = 항소인
3. 둘 다 항소: K = 원고 = 항소인 겸 피항소인, J = 피고 = 피항소인 겸 항소인

아래에서는, 편의상 원고(K)만 항소했다 하자.

항소의 방식

1. 항소장을 원심법원(original court)인 제1심법원에 제출하면 된다. 항소심이 아니다. 이를 원심법원 제출 주의라 한다.

> 민사소송법 제397조(항소의 방식, 항소장의 기재사항) ① 항소는 항소장을 **제1심법원에 제출**함으로써 한다.

"어느 법원에 제출해야 하는가?"라는 물음에 대해, 예를 들어 "서울중앙지방법원(민사105단독)에 제출해야 한다."는 식으로 구체적으로 답할 수 있어야 한다.

2. 항소장은 준비서면 비슷하게 작성하면 된다.

> **민사소송법 제397조(항소의 방식, 항소장의 기재사항)** ② 항소장에는 다음 각호의 사항을 적어야 한다.
> 1. 당사자와 법정대리인
> 2. 제1심판결의 표시와 그 판결에 대한 항소의 취지
>
> **민사소송법 제398조(준비서면규정의 준용)** 항소장에는 준비서면에 관한 규정을 준용한다.

항 소 장

사　　건　　2023가단1020304

항　소　인　　김권자
(원　　　고)　서울 서초구 이대로 15

피항소인　　　장무자
(피　　　고)　서울 관악구 노루로 231-2

위 사건에 관하여 서울중앙지방법원은 2023. 12. 13. 원고 일부패소를 선고하였습니다. 원고는 이에 불복하므로 다음과 같이 항소를 제기합니다.

원판결의 표시

1. 피고는 원고에게 7,000,000원 및 이에 대하여 2019. 7. 24.부터 2023. 12. 13.까지는 연 5%의, 그 다음 날부터 다 갚는 날까지는 연 12%의 각 비율로 계산한 돈을 지급하라.
2. 원고의 나머지 청구를 기각한다.
3. 소송비용 중 6/7은 원고가, 나머지는 피고가 각각 부담한다.
4. 제1항은 가집행할 수 있다.

항 소 취 지

1. 제1심판결 중 아래에서 지급을 명하는 돈에 해당하는 원고 패소 부분을 취소한다.
2. 피고는 원고에게, 43,000,000원 및 그중 3,000,000원에 대하여 2019. 7. 24.부터, 40,000,000원에 대하여 2022. 9. 1.부터, 각 2023. 12. 13.까지는 연 5%의, 각 그다음 날부터 다 갚는 날까지는 연 12%의 각 비율로 계산한 돈을 지급하라.
3. 소송비용은 제1, 2심 모두 피고가 부담한다.
4. 제2항은 가집행할 수 있다.

라는 판결을 구합니다.

```
                    항 소 이 유

추후 준비서면으로 제출하겠습니다.

                         2023. 12. 18.

                                  항소인(원고) 김권자

서울중앙지방법원 민사 제105단독 귀중
```

제출은 원심법원에 한다. 그렇지만 항소를 판단할 법원은 당연히 항소심법원 (appellate court)이다.

항소기간

1. 항소는 제1심판결서(판결정본)를 받은 날부터 2주 내에 해야 한다. 이를 항소기간(period of appeal)이라 한다. 항소기간을 넘긴 항소는 부적법하다.

> **민사소송법 제396조(항소기간)** ① 항소는 판결서가 송달된 날부터 2주 이내에 하여야 한다. 다만, 판결서 송달전에도 할 수 있다.
> ② 제1항의 기간은 **불변기간**으로 한다.

> **민사소송법 제172조(기간의 신축, 부가기간)** ① 법원은 법정기간 또는 법원이 정한 기간을 늘이거나 줄일 수 있다. 다만, 불변기간은 그러하지 아니하다.

항소기간은 불변기간이다. 그러므로, 당사자가 책임질 수 없는 사유로 기간을 도과했다면 항소할 수 있다.

> **민사소송법 제173조(소송행위의 추후보완)** ① 당사자가 책임질 수 없는 사유로 말미암아 불변기간을 지킬 수 없었던 경우에는 그 사유가 없어진 날부터 2주 이내에 게을리한 소송행위를 보완할 수 있다. ...
> ② 제1항의 기간에 대하여는 제172조의 규정을 적용하지 아니한다.

2. 판결 선고일부터가 아니라 당사자가 판결서를 받은 날부터라는 점을 주의하라. 민사소송에서는 선고기일에 당사자가 출석하지 않아도 되기 때문에, 보통 당사자 출석 없이 판결을 선고한다. 그래서 판결문을 받기 전까지는 당사자가 구체적인 판결 내용을 알기 어렵다. 이를 고려한 것이다.

형사소송은 상소기간이 7일인데, 이 기간은 판결 선고일부터 곧바로 진행한다. 즉, 판결문을 받지 못해도 상소기간이 계속 진행한다. 형사소송에서는 원칙적으로 선고기일에 피고인이 법정에 출석해야 하므로, 그때부터 기산을 해도 된다.

2004헌바39: [현행법은] **형사**판결에 대한 항소제기기간을 판결**선고 후 7일** 이내로 정하고 있[다.] ... [이에 비교해] **민사**...재판에 대한 항소는 '판결서가 **송달된 날**'로부터 '**2주** 이내'에 할 수 있[다. 그러]므로, 항소제기기간 및 그 기산점...서 형사재판을 받은 사람과 민사...재판을 받은 사람과의 사이에 차별이 발생한다. ... [그러나 이러한] **차별은 합리적 근거가 있다.**

[그 이유는 다음과 같다.] [i] 형사소송에서는 원칙적으로 피고인의 출석 없이 판결을 선고할 수 없는 반면, 민사...소송에서는 당사자가 출석하지 아니하여도 선고할 수 있다. 또한 [ii] 형사소송에서는 형을 선고하는 경우에 재판장이 피고인에게 상소할 기간과 상소할 법원을 고지하도록 하[는] 반면, 민사...소송에서는 이에 관하여 아무런 규정도 두고 있지 않다.

항소이유

법에서 정해 놓은 항소이유(cause of appeal)는 없다. 그저 제1심판결이 부당하기만 하면 된다. 흔히 다음 2가지 사유 중 하나 이상을 쓴다.

1. 사실오인(mistake of fact): 원심이 사실관계를 잘못 인정한 것.
2. 법리오해(misunderstanding law; misapprehension of legal principles): 원심이 법적 판단을 잘못한 것.

> **민사소송규칙 제126조의2(항소인의 준비서면 등)** ① 항소인은 항소의 취지를 분명하게 하기 위하여 항소장 또는 항소심에서 처음 제출하는 준비서면에 다음 각호의 사항을 적어야 한다.
> 1. 제1심판결 중 **사실을 잘못 인정한 부분** 또는 **법리를 잘못 적용**한 부분

준비서면처럼 쓰면 된다. 예를 들어, K는 항소이유를 다음과 같은 식으로 쓴다.

1. "대여금 청구 관해, 이래저래 해서 대여금 채무가 소멸하지 않았습니다."
2. "손해배상 청구에 관해, 이래저래 해서 과실상계 대상이 아닙니다."
3. "따라서 이 부분 원심판결에는 사실오인 또는 법리오해가 있어 부당합니다."

항소취지

항소취지(gist of appeal)란, 항소인이 구하는 결론 부분이다. 즉, 불복하는 범위다. 예를 들어, 원금 기준으로,

1. 주된 항소취지: "제1심판결 중 원고 패소 부분을 취소한다. 피고는 원고에게 4,300만 원을 지급하라."

700만 원 부분(원금)은 이미 제1심에서 인용되었기 때문에, 항소로 지급을 구해서는 안 된다.

2. 종된 항소취지: 소송비용 등 관련

> ### 항 소 취 지
>
> 1. 제1심판결 중 아래에서 지급을 명하는 돈에 해당하는 원고 패소 부분을 취소한다.
> 2. 피고는 원고에게, 43,000,000원 및 그중 3,000,000원에 대하여 2019. 7. 24.부터, 40,000,000원에 대하여 2022. 9. 1.부터, 각 2023. 12. 13.까지는 연 5%의, 각 그다음 날부터 다 갚는 날까지는 연 12%의 각 비율로 계산한 돈을 지급하라.
> 3. 소송비용은 제1, 2심 모두 피고가 부담한다.
> 4. 제2항은 가집행할 수 있다.
>
> 라는 판결을 구합니다.

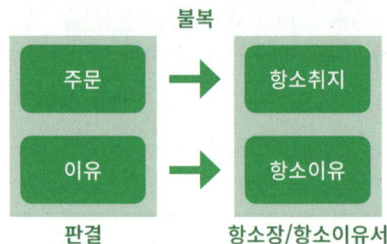

항소취지와 항소이유를 받은 피항소인은, 항소심법원에 반박 준비서면을 제출할 수 있다.

> **민사소송규칙 제126조의2(항소인의 준비서면 등)** ② 재판장등은 피항소인에게 상당한 기간을 정하여 제1항 제1호에 따른 항소인의 주장에 대한 반박내용을 기재한 준비서면을 제출하게 할 수 있다.

항소심 절차

절차 일반

1. 항소심은 제1심을 이어나가는 성격을 갖는다. 그래서 속심(continuing court)이라고 한다.

   > **민사소송법 제409조(제1심 소송행위의 효력)** 제1심의 소송행위는 **항소심에서도** 그 효력을 가진다.

2. 당사자들은 새로운 자료와 주장을 제출할 수 있다. 즉, 항소심법원은 제1심 소송자료와 항소심 소송자료를 모두 검토해서, 항소가 이유 있는지 없는지를 판단한다.

> **민사소송규칙 제126조의2(항소인의 준비서면 등)** ① 항소인은 항소의 취지를 분명하게 하기 위하여 항소장 또는 항소심에서 처음 제출하는 준비서면에 다음 각호의 사항을 적어야 한다.
> **2. 항소심에서 새롭게 주장할 사항**
> **3. 항소심에서 새롭게 신청할 증거와 그 [증명]취지**
> 4. 제2호와 제3호에 따른 주장과 증거를 제1심에서 제출하지 못한 이유

3. 법리오해뿐만 아니라 사실오인도 항소이유가 된다고 했다. 즉, 항소심은 사실관계까지도 다시 판단한다. 그래서 항소심을 사실심이라 부른다.
4. 결국, 항소심도 제1심 소송절차와 마찬가지로 진행된다.

> **민사소송법 제408조(제1심 소송절차의 준용)** 항소심의 소송절차에는 특별한 규정이 없으면 제2편 제1장[부터] 제3장[까지][**제1심 소송절차 중 소의 제기, 변론과 그 준비, 증거]의 규정을 준용**한다.

항소인의 준비서면

1. 항소장은 원래 "항소를 제기한다"는 의미만 들어있으면 충분하다. 그러므로, 반드시 항소장에 항소이유를 기재할 필요는 없다. 사건번호, 당사자 등만 기재해서 1장짜리 항소장을 제출하는 식도 가능하다.

실무상 항소장에는 항소이유를 "추후 제출하겠습니다."라고만 기재하는 경우가 많다.

2. 항소이유는 따로 준비서면(preparatory documents) 형태로 항소심법원에 낸다. 준비서면처럼 변론기일 전에만 내면 된다. 법에서 그 제출기간을 정해 둔 건 없다. 제목을 "항소이유서", "준비서면" 등 어떻게 써 내든 무방하다.

> **2016그99:** 민사소송법은 항소이유서의 제출기한에 관한 규정을 두고 있지 아니하[다.]

항소장은 원심(제1심) 법원에 내지만, 항소인의 준비서면은 항소심(제2심) 법원에 낸다.

3. 물론, 처음부터 항소장에 항소이유를 적어 내도 된다.

항소심판결 종류

항소인용(acceptance of appeal)

1. 뜻: "항소인의 항소가 이유 있으므로 항소를 받아들인다."
2. 판결 주문: "제1심판결을 취소한다."
3. 승패: 항소에 관해서는 항소인 승소(= 피항소인 패소)

> **민사소송법 제416조(제1심판결의 취소)** 항소법원은 **제1심판결을 정당하지 아니하다고 인정한 때**에는 취소하여야 한다.

> 민사소송법 제417조(판결절차의 위법으로 말미암은 취소) 제1심판결의 절차가 법률에 어긋날 때에 항소법원은 제1심판결을 취소하여야 한다.

항소기각(rejection of appeal)

1. 뜻: "항소인의 항소가 이유 없으므로 항소를 받아들이지 않겠다."
2. 판결 주문: "피고의 항소를 기각한다." 또는 "원고의 항소를 기각한다."
3. 승패: 항소에 관해서는 항소인 전부 패소(= 피항소인 전부 승소)

> 민사소송법 제414조(항소기각) ① 항소법원은 **제1심판결을 정당**하다고 인정한 때에는 항소를 기각하여야 한다.
> ② 제1심판결의 이유가 정당하지 아니한 경우에도 **다른 이유에 따라 그 판결이 정당**하다고 인정되는 때에는 항소를 기각하여야 한다.

항소각하(dismissal of appeal)

1. 뜻: "항소제기 자체가 부적법하므로 더 나아가 항소심에서 판단할 필요 없다." 항소가 이유 있는지 여부는 상관없다. 예를 들어, 항소기간을 도과하면, 내용이 어떻든 간에 항소각하 판결을 선고한다.
2. 판결 주문: "피고의 항소를 각하한다." 또는 "원고의 항소를 각하한다."
3. 승패: 굳이 따지면, 항소에 관해 항소인 전부 패소(= 피항소인 전부 승소)

> 민사소송법 제413조(변론 없이 하는 항소각하) **부적법한 항소**로서 흠을 보정할 수 없으면 변론 없이 판결로 항소를 각하할 수 있다.

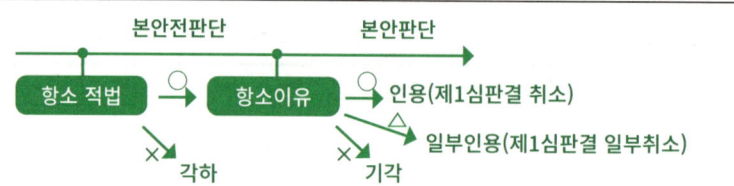

항소심의 심리 범위

머리에

항소심은 항소인이 불복한 범위에서만 판단한다.

> 민사소송법 제415조(항소를 받아들이는 범위) 제1심판결은 그 **불복의 한도안에서** 바꿀 수 있다. ...

1. 제1심에서 청구금액 5,000만 원 중 700만 원이 인용되고,
2. 원고(K)가 패소 부분 전부에 대해 불복하며 항소한 사례를 보자.

항소전부인용 경우

항소가 모두 이유 있다고 하자. 즉, 제1심과 항소심 통틀어 5,000만 원 청구 전부가 이유 있다고 하자. 그러면 일단 제1심판결을 취소하기는 해야 한다.

1. 그런데 5,000만 원 중 700만 원 부분까지 취소할 필요는 없다. 이 부분은 제1심에서 이미 인용된 부분으로, 제1심판결 그대로 두면 된다. 애당초 원고가 불복한 부분도 아니므로, 항소심 심판대상이 아니다.

2. 취소할 부분은 4,300만 원 부분이다. 이 부분은 제1심에서 기각된 부분으로, 제1심판결 그대로 두면 안 된다. 원고가 불복한 부분이므로, 항소심 심판대상이다. 이 부분은 취소하고 청구를 인용해야 한다.

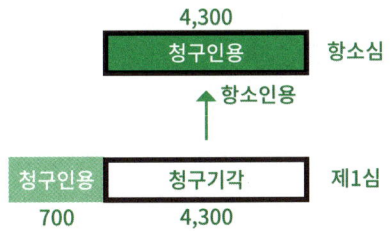

따라서 항소심법원은 다음과 같이 판결을 선고한다.

1. 항소인용 부분(4,300만 원): "제1심판결 중 원고 패소 부분을 취소한다."
2. 청구인용 부분(4,300만 원): "피고는 원고에게 4,300만 원을 지급하라."

이렇게 되어도 K는 J로부터 당연히 총 5,000만 원(= 제1심 청구인용 700만 원 + 항소심 청구인용 4,300만 원)을 지급받을 수 있다.

주의: "제1심판결을 취소한다. 피고는 원고에게 5,000만 원을 지급하라."고 선고하면 안 된다.

항소일부인용 경우

항소가 2,500만 원 부분만큼만 이유 있다고 하자. 즉, 제1심과 항소심 통틀어 3,200만 원(= 700만 원 + 2,500만 원) 청구가 이유 있다고 하자. 일단 제1심판결을 일부 취소하기는 해야 한다.

1. 원고가 불복하지도 않아 항소심 심판대상도 아닌 700만 원 부분은 취소할 필요가 없다.

2. 한편, 원고가 불복하여 항소심 심판대상인 4,300만 원 부분(제1심에서 기각되었던 부분)을 보자. 그중 2,500만 원 부분은 취소하고 청구를 인용해야 한다.

3. 위 4,300만 원 중 나머지 1,800만 원 부분은 그대로 두면 된다.

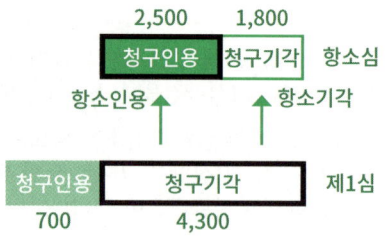

따라서 항소심법원은 다음과 같이 판결을 선고한다.

1. 항소인용 부분(2,500만 원): "제1심판결 중 아래에서 추가로 지급을 명하는 돈에 해당하는 원고 패소 부분을 취소한다."
2. 청구인용 부분(2,500만 원): "피고는 원고에게 2,500만 원을 지급하라."
3. 항소기각 부분(1,800만 원): "원고의 나머지 항소를 기각한다."

이렇게 되어도 K는 당연히 총 3,200만 원(= 제1심 청구인용 700만 원 + 항소심 청구인용 2,500만 원)을 지급받을 수 있다.

주의: "제1심판결을 취소한다. 피고는 원고에게 3,200만 원을 지급하라."고 선고하면 안 된다.

항소기각 경우

항소가 모두 이유 없다고 하자. 즉, 제1심과 항소심 통틀어 700만 원 청구까지만 이유 있다고 하자.

1. 원고가 불복하지도 않아 항소심 심판대상도 아닌 700만 원 부분은 취소할 필요가 없다.
2. 한편, 원고가 불복하여 항소심 심판대상인 4,300만 원 부분(제1심에서 기각되었던 부분)을 보자. 모두 그대로 두면 된다.

따라서 항소심법원은 다음과 같이 판결을 선고한다.

1. 항소기각 부분(4,300만 원): "항소를 기각한다."

이렇게 되어도 K는 당연히 총 700만 원(= 제1심 청구인용 700만 원)을 지급받을 수 있다.

주의: "제1심판결을 취소한다. 피고는 원고에게 700만 원을 지급하라."고 선고하면 안 된다.

취소판결

취소

항소심의 항소인용이란, 제1심판결이 부당(unjustifiable)하므로 해당 부분 제1심판결 효력을 없애겠다는 의미다. 이것을 취소(revocation)라 한다. 앞서 본 것처럼, 항소심법원이 항소인용을 할 경우 제1심판결을 취소하는 주문을 낸다.

> **민사소송법 제416조(제1심판결의 취소)** 항소법원은 제1심판결을 정당하지 아니하다고 인정한 때에는 취소하여야 한다.

취소판결에는 3종류가 있다.

1. 취소자판(revocation and self-rendering)
2. 취소환송(revocation and remand)
3. 취소이송(revocation and transfer)

원래 상소이유가 정해져 있고 거기에 해당하면 원심을 "파기"한다. 그런데 민사소송법은 항소이유를 따로 정해 놓지 않았다. 그래서 민사 항소심에서는 "파기"라는 말이 없다. 즉, 여기서는 "파기"가 아니라 "취소"라고 써야 옳다.

취소자판

제1심판결을 취소하고, 아까 본 것처럼 원고의 청구에 대해 항소심이 직접 판단할 수도 있다. 판결 주문에는 제1심판결을 취소한다는 취지와 함께 항소심에서 정당하다고 보는 결론을 적는다. 즉,

1. 취소: "제1심판결 중 원고 패소 부분을 취소하고,"
2. 자판(self-rendering): "피고는 원고에게 4,300만 원을 지급하라."

취소환송

제1심판결을 취소하고, 원고의 청구를 다시 판단해 보라며 제1심법원에 사건을 돌려보낼 수도 있다. 제1심에서 소각하 판결을 받았다면, 항소심이 취소환송을 한다.

> **민사소송법 제418조(필수적 환송)** 소가 부적법하다고 **각하한 제1심판결을 취소하는 경우에는** 항소법원은 사건을 **제1심법원에 환송**(還送)하여야 한다. ...

1. 취소: "제1심판결을 취소하고,"
2. 환송(remand): "사건을 서울중앙지방법원 단독재판부에 환송한다."

아직 한 번도 법원으로부터 본안판단을 받지 못한 경우, 본안판단을 3번 받을 기회를 보장해 주기 위해 제1심으로 보내는 취지다.

1. 만약 항소심에서 자판한 다음 상고심 절차로 넘어간다고 하면,
2. 본안판단을 실질적으로 2번밖에 받지 못하는 셈이 되어 부당하다.

취소이송

제1심판결을 취소하고, 원고의 청구를 다시 판단해 보라며 제1심법원(원심법원)이 아닌 다른 법원으로 보낼 수도 있다. 제1심(원심)에 관할 위반이 있었다면, 관할권이 있는 법원으로 보내는 것이다.

> **민사소송법 제419조(관할위반으로 말미암은 이송)** 관할위반을 이유로 제1심판결을 취소한 때에는 항소법원은 판결로 사건을 **관할법원**에 이송하여야 한다.

1. 취소: "제1심판결을 취소하고,"
2. 이송(transfer): "사건을 서울가정법원으로 이송한다."

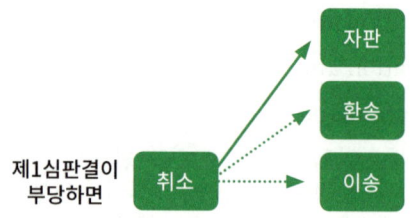

상고제기

당사자

1. 항소심(제2심) 판결에 불복하려면 상고(appeal)를 하면 된다.
2. 상고하는 쪽을 상고인(appellant), 그 상대방을 피상고인(appellee)이라고 한다.

> **민사소송법 제425조(항소심절차의 준용)** 상고와 상고심의 소송절차에는 **특별한 규정이 없으면** 제1장[항소]의 규정을 준용한다.

상고의 방식

1. 원심법원 제출 주의: 상고장을 원심법원(항소심법원)에 제출한다.
2. 상고장 역시 준비서면 비슷하게 작성하면 된다.

```
               상 고 장

사     건    2023나10746

상 고 인    김권자
(원     고) 서울 서초구 이대로 15
```

피상고인   장무자
(피   고)   서울 관악구 노루로 231-2

위 사건에 관하여 서울중앙지방법원은 2024. 3. 5. 원고 일부패소를 선고하였습니다. 원고는 이에 불복하므로 다음과 같이 상고를 제기합니다.

원판결의 표시

상 고 취 지

상 고 이 유

추후 상고이유서로 제출하겠습니다.

2024. 3. 11.

상고인(원고) 김권자

서울중앙지방법원 제5민사부(항소) 귀중

제출은 원심법원에 한다. 그렇지만 상고를 판단할 법원은 당연히 상고심법원(appellate court)이다.

상고기간

상고는 항소심(제2심) 판결서를 받은 날부터 2주 내에 해야 한다. 이를 상고기간(period of appeal)이라 한다. 상고기간을 넘긴 상고는 부적법하다.

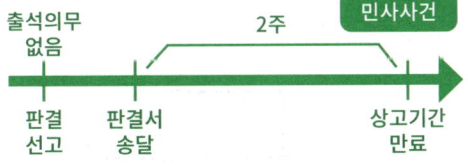

상고이유

법에서 상고이유를 정해 뒀다. 관례상 (i) 법리오해, (ii) 채증법칙 위반, (iii) 이유모순 등으로 이유를 적어 낸다.

1. 일반적 상고이유

> **민사소송법 제423조(상고이유)** 상고는 판결에 영향을 미친 헌법·법률·명령 또는 규칙의 위반이 있다는 것을 이유로 드는 때에만 할 수 있다.

2. 절대적 상고이유

> **민사소송법 제424조(절대적 상고이유)** ① 판결에 다음 각호 가운데 어느 하나의 사유가 있는 때에는 상고에 정당한 이유가 있는 것으로 한다.
> 1. 법률에 따라 판결법원을 구성하지 아니한 때
> 2. 법률에 따라 판결에 관여할 수 없는 판사가 판결에 관여한 때
> 3. 전속관할에 관한 규정에 어긋난 때
> 4. 법정대리권·소송대리권 또는 대리인의 소송행위에 대한 특별한 권한의 수여에 흠이 있는 때
> 5. 변론을 공개하는 규정에 어긋난 때
> 6. 판결의 이유를 밝히지 아니하거나 이유에 모순이 있는 때

상고심 절차

절차 일반

1. 상고심은 항소심을 이어나가 계속 심리하는 것이 아니다. 항소심 때까지의 소송자료만을 가지고, 법적으로 항소심판결이 정당한지 여부를 판단한다. 이에 속심이 아니라 사후심(*ex post* court)이라 한다.

> **민사소송법 제432조(사실심의 전권)** 원심판결이 적법하게 **확정한 사실은 상고법원을 기속**한다.

2. 즉, 당사자들이 새로운 증거를 제출할 수가 없다. 그래서 상고심은 굳이 변론을 열지 않고 기록만 가지고 판결을 해도 된다.

> **민사소송법 제430조(상고심의 심리절차)** ① 상고법원은 상고장·상고이유서·답변서, 그 밖의 소송기록에 의하여 **변론 없이 판결할 수 있다**.

3. 아까 본 상고이유에 "사실오인"이 없다. 즉, 사실오인은 상고이유가 될 수 없다. 즉, 상고심은 사실관계는 다시 판단을 할 수 없고, 항소심에서 인정한 그대로 인정해야 한다. 상고심을 법률심이라 부른다.
4. 다만, 앞서 본 것처럼, 원칙적으로 항소심 소송절차를 준용한다.

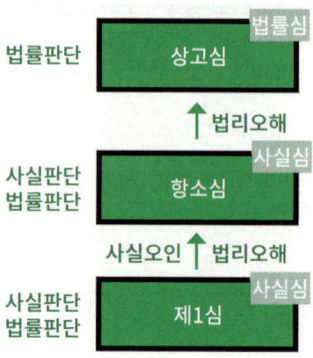

상고이유서

1. 상고장 역시 원래 "상고를 제기한다"는 의미만 들어있으면 충분하므로, 반드시 상고장에 상고이유를 기재할 필요는 없다. 간략히 1장짜리 상고장을 원심법원(항소심법원)에 제출하면 된다.
2. 그러면 항소심법원은 대법원(상고심법원)에 소송기록을 모두 올려 보낸다. 상고심법원은 당사자들에게 소송기록을 접수했다는 걸 알려 준다.
3. 이제 상고인은 상고이유서를 상고심법원에 내야 한다. 상고이유서 제출은 기간 제한이 있다.

> **민사소송법 제426조(소송기록 접수의 통지)** 상고법원의 법원사무관등은 원심법원의 법원사무관등으로부터 소송기록을 받은 때에는 바로 그 사유를 당사자에게 통지하여야 한다.
>
> **민사소송법 제427조(상고이유서 제출)** 상고장에 상고이유를 적지 아니한 때에 상고인은 제426조의 통지를 받은 날부터 20일 이내에 상고이유서를 제출하여야 한다.
>
> **민사소송법 제428조(상고이유서, 답변서의 송달 등)** ① 상고이유서를 제출받은 상고법원은 바로 그 부본이나 등본을 상대방에게 송달하여야 한다.

4. 상고이유서에 대한 답변서도 기한이 있다.

> **민사소송법 제428조(상고이유서, 답변서의 송달 등)** ② 상대방은 제1항의 서면[상고이유서 부본]을 송달받은 날부터 10일 이내에 답변서를 제출할수 있다.
> ③ 상고법원은 제2항의 답변서의 부본이나 등본을 상고인에게 송달하여야 한다.

상고장은 원심(제2심)법원에, 상고이유서는 상고심(제3심) 법원에 낸다.

5. 물론, 처음부터 상고장에 상고이유를 적어 내도 된다. 그러면 굳이 중복되는 내용으로 상고이유서를 낼 필요가 없다.

	항소	상고
상소기간	제1심판결 정본 송달일부터 2주	항소심판결 정본 송달일부터 2주
상소장 제출 법원	원심 (제1심)	원심 (항소심)
상소이유 (실무)	제1심판결의 부당 (사실오인, 법리오해 등)	법에서 정한 상고이유 (채증법칙 위반, 법리오해 등)
상소이유 제출 기간	법정기간 없음	소송기록 접수 통지받은 날부터 20일
상소이유 제출 법원	항소심법원에 준비서면 제출	상고심법원에 상고이유서 제출

상고심판결 종류

상고인용(acceptance of appeal)
1. 뜻: "상고인의 상고가 이유 있으므로 상고를 받아들인다."
2. 판결 주문: "원심판결을 파기한다."
3. 승패: 상고에 관해서는 상고인 승소(= 피상고인 패소)

상고기각(rejection of appeal)
1. 뜻: "상고가 이유가 없어서 상고를 받아들이지 않겠다."
2. 판결 주문: "피고의 상고를 기각한다." 또는 "원고의 상고를 기각한다."
3. 승패: 상고에 관해서는 상고인이 전부 패소(= 피상고인 전부 승소)

상고이유서를 기간 내에 제출하지 않아도 상고기각이다.

> **민사소송법 제429조(상고이유서를 제출하지 아니함으로 말미암은 상고기각)** 상고인이 제427조 규정을 어기어 상고이유서를 제출하지 아니한 때에는 상고법원은 변론 없이 판결로 상고를 기각하여야 한다. ...

그 밖에도 심리 없이 상고기각을 하는 경우도 있다. 심리불속행제도라 한다. 형사소송에는 없고, 민사소송에 있는 제도다.

> **상고심법 제4조(심리의 불속행)** ① 대법원은 ... [일정한 경우] 더 나아가 심리(審理)를 하지 아니하고 판결로 상고를 기각(棄却)한다.
> ③ ... 다음 각호의 어느 하나에 해당할 때에는 제1항의 예에 따른다.
>   1. **그 주장 자체로 보아 이유가 없는 때**
>   2. 원심판결과 관계가 없거나 **원심판결에 영향을 미치지 아니하는 때**
>
> **상고심법 제2조(적용 범위)** 이 법은 민사소송, 가사소송 및 행정소송...의 상고사건(上告事件)에 적용한다.

상고각하(dismissal of appeal)
1. 뜻: "상고제기 자체가 부적법하므로 더 나아가 상고심에서 판단할 필요가 없다." 상고가 이유 있는지 여부는 상관없다. 예를 들어, 상고기간을 도과하면 상고각하판결을 선고한다.
2. 판결 주문: "피고의 상고를 각하한다." 또는 "원고의 상고를 각하한다."
3. 승패: 굳이 따지면, 상고에 관해 상고인 전부 패소(= 피상고인 전부 승소)

주의: 상고기간 도과 후 상고장을 제출하면 상고각하다. 그러나 상고기간 내에 상고장을 제출했지만 상고이유서 제출기간 내에 상고이유서를 제출하지 못했다면 상고기각이다.

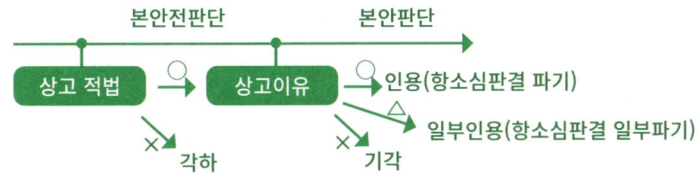

상고심의 심리 범위

머리에

상고심은 상고인이 불복한 범위에서만 판단한다.

> **민사소송법 제431조(심리의 범위)** 상고법원은 상고이유에 따라 **불복신청의 한도** 안에서 심리한다.

항소심에 준해 판단

앞서 항소심에서 공부한 것을 떠올리면 된다.

> **민사소송법 제425조(항소심절차의 준용)** 상고와 상고심의 소송절차에는 특별한 규정이 없으면 제1장[항소]의 규정을 준용한다.

파기판결

파기

상고심의 상고인용이란, 상고이유(grounds for appeal)가 인정되므로 항소심판결 효력을 없애겠다는 의미. 이것을 파기(reversal)라 한다. 앞서 본 것처럼, 상고심법원이 상고인용을 할 경우 항소심판결을 파기하는 주문을 낸다.

> **민사소송법 제436조(파기환송, 이송)** ① 상고법원은 **상고에 정당한 이유**가 있다고 인정할 때에는 원심판결을 파기[한다.] …

파기판결에는 3종류가 있다.

1. 파기환송(reversal and remand)
2. 파기이송(reversal and transfer)
3. 파기자판(reversal and self-rendering)

민사 항소심에서는 원심(제1심)이 부당하면 "취소"하나, 민사 상고심에서는 상고이유가 있다면 원심(항소심)을 "파기"한다. 한편, 형사 항소심, 형사 상고심 모두 "파기"한다. 형사소송은 항소이유와 상고이유가 각각 법정되어 있기 때문이다.

> **민사소송법 제416조(제1심판결의 취소)** **항소**법원은 제1심판결을 **정당하지 아니**하다고 인정한 때에는 **취소**하여야 한다.

> **민사소송법 제436조(파기환송, 이송)** ① 상고법원은 **상고**에 정당한 **이유**가 있다고 인정할 때에는 원심판결을 **파기**[한다.] …

형사소송법 제364조(항소법원의 심판) ⑥ **항소이유**가 있다고 인정한 때에는 원심판결을 **파기**하고 다시 판결을 하여야 한다.

형사소송법 제391조(원심판결의 파기) 상고이유가 있는 때에는 판결로써 원심판결을 **파기**하여야 한다.

파기환송

항소심판결을 파기하고, 원고의 청구를 다시 판단해 보라며 항소심법원에 사건을 돌려보낼 수도 있다. 상고심은 사후심일 뿐이어서, 직접 청구에 대한 결론을 내리지 않는다. 즉, 파기할 때 환송하는 것이 원칙이다.

민사소송법 제436조(파기환송, 이송) ① 상고법원은 상고에 정당한 이유가 있다고 인정할 때에는 원심판결을 파기하고 사건을 **원심법원에 환송**하거나, 동등한 다른 법원에 이송하여야 한다.
② 사건을 환송받거나 이송**받은 법원은 다시 변론을 거쳐 재판**하여야 한다. 이 경우에는 상고법원이 파기의 이유로 삼은 사실상 및 법률상 판단에 기속된다.

1. 파기: "원심판결 중 원고 패소 부분을 파기하고,"
2. 환송(remand): "사건을 서울중앙지방법원 합의부로 환송한다."

파기이송

항소심판결을 파기하고, 원고의 청구를 다시 판단해 보라며 항소심법원도 아닌 다른 법원으로 보낼 수도 있다. 파기이송이라 한다. 관할권이 있는 법원으로 보내는 것이다.

민사소송법 제436조(파기환송, 이송) ① 상고법원은 상고에 정당한 이유가 있다고 인정할 때에는 원심판결을 파기하고 사건을 원심법원에 환송하거나, **동등한 다른 법원에 이송**하여야 한다.
② 사건을 환송받거나 이송**받은 법원은 다시 변론을 거쳐 재판**하여야 한다. 이 경우에는 상고법원이 파기의 이유로 삼은 사실상 및 법률상 판단에 기속된다.

1. 파기: "원심판결 중 원고 패소 부분을 파기하고,"
2. 이송(transfer): "사건을 서울중앙지방법원 합의부로 이송한다."

파기자판

항소심판결을 파기하고, 원고의 청구에 대해 상고심이 직접 판단할 수도 있다. 판결 주문에는 항소심판결을 파기한다는 취지와 함께 상고심에서 정당하다고 보는 결론을 적는다. 파기자판은 일종의 예외다.

민사소송법 제437조(파기자판) 다음 각호 가운데 어느 하나에 해당하면 **상고법원은 사건에 대하여 종국판결**을 하여야 한다.
  1. 확정된 사실에 대하여 법령적용이 어긋난다 하여 판결을 파기하는 경우에 사건이 **그 사실을 바탕으로 재판하기 충분**한 때
  2. 사건이 법원의 권한에 속하지 아니한다 하여 판결을 파기하는 때

1. 파기: "원심판결 중 원고 패소 부분을 파기하고,"
2. 자판(self-rendering): "피고는 원고에게 100만 원을 지급하라."

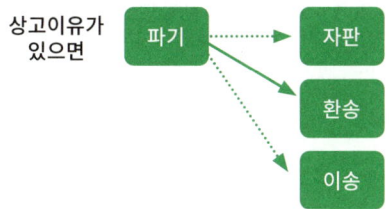

주의: 항소심에서 취소판결을 선고할 때는 자판이 원칙이다. 상고심에서 파기판결을 선고할 때는 환송이 원칙이다.

재심

판결의 확정

판결을 더 이상 다툴 수 없게 된 상태를 판결의 확정(judgment becomes finally binding)이라 한다.

1. 상소기간이 도과하면,
2. 판결이 확정된다.

확정판결을 깰 수 있는가?

1. 일반적(ordinary) 방법으로는 깰 수 없다. 즉, 상소로는 깰 수 없다.
2. 비상적(extraordinary) 방법으로만 깰 수 있다. 바로 재심(retrial; reopening of procedures)이다.

2018도7575: 확정판결에 대하여는 법적 안정성을 위하여 확정력과 기판력을 부여함이 원칙이[다.] 다만 예외적으로 재심 등을 허용하는 것이 [타]당한 경우에 재심청구 등 특별한 불복방법을 허용[한다.] 이것이 형사소송법과 민사소송법의 기본 취지이다.

만일 확정판결에 대하여 이와 취지가 다른 확정판결이 있다는 이유만으로 다툴 수 있다면[?] 분쟁의 종국적 해결이 지연되거니 불가능하게 되어 소송경제에 반하거나 심급제도 자체가 무의미하게 되는 결과가 초래[된다. 그리고] 재판을 통한 법질서의 형성과 유지도 어렵게 [된다.]

형사소송에는 재심 외에 비상상고(extraordinary appeal) 제도도 있다. 비상상고 방법으로도 확정판결을 깰 수 있다.

형사소송법 제3편 상소
  제1장 항소[제390조~제421조]
  제2장 상고[제422조~제438조]
  제3장 항고[제439조~제450조]

형사소송법 제4편 재심[제451조~제461조]

개념과 의의

2018다300470: 재심은 확정된 종국판결에 대하여 판결의 효력을 인정할 수 없는 중대한 하자가 있는 경우 예외적으로 판결의 확정에 따른 **법적 안정성을 후퇴**시켜 그 하자를 시정함으로써 **구체적 정의를 실현**하고자 마련된 것이[다.]

1. 확정판결을
2. 바로잡는 제도

사례

증거서류가 위조된 바람에 법원이 사실(fact)을 중대하게 오인해 유죄판결을 했다면? 그 판결은 확정되더라도, 재심 절차로 깰 수 있다.

설령 원고가 피고를 상대로 강제집행을 마친 경우라도 재심할 수 있다.

사유

민사소송법 제451조(재심사유) ① 다음 각호 가운데 어느 하나에 해당하면 **확정된 종국판결**에 대하여 재심의 소를 제기할 수 있다. 다만, 당사자가 상소에 의하여 그 사유를 주장하였거나, 이를 알고도 주장하지 아니한 때에는 그러하지 아니하다.

1. 법률에 따라 판결법원을 구성하지 아니한 때
2. 법률상 그 재판에 **관여할 수 없는 법관이 관여**한 때
3. 법정대리권·소송대리권 또는 **대리**인이 소송행위를 하는 데에 필요한 권한의 수여**에 흠**이 있는 때. 다만, ...
4. 재판에 관여한 법관이 그 사건에 관하여 직무에 관한 죄를 범한 때
5. 형사상 처벌을 받을 다른 사람의 행위로 말미암아 자백을 하였거나 판결에 영향을 미칠 공격 또는 방어방법의 제출에 방해를 받은 때
6. 판결의 증거가 된 문서, 그 밖의 물건이 **위조되거나 변조**된 것인 때
7. 증인·감정인·통역인의 **거짓 진술** 또는 당사자신문에 따른 당사자나 법정대리인의 거짓 진술이 판결의 증거가 된 때
8. **판결의 기초**가 된 민사나 형사의 판결, 그 밖의 **재판 또는 행정처분이** 다른 재판이나 행정처분에 따라 **바뀐 때**
9. 판결에 영향을 미칠 중요한 사항에 관하여 **판단을 누락**한 때
10. 재심을 제기할 판결이 **전에 선고한 확정판결에 어긋나**는 때
11. 당사자가 상대방의 주소 또는 거소를 알고 있었음에도 있는 곳을 잘 모른다고 하거나 **주소나 거소를 거짓으로 하여 소를 제기**한 때

② 제1항 **제4호[부터] 제7호[까지]의 경우**에는 처벌받을 행위에 대하여 **유죄의 판결...이 확정된 ... 때에만** 재심의 소를 제기할 수 있다.

2018다300470: 재심사유는 그 하나하나의 사유가 별개의 청구원인을 이[룬다.]

대상

확정판결.

> **민사소송법 제451조(재심사유)** ① ... **확정된** 종국**판결**에 대하여 재심의 소를 제기할 수 있다. ...

> **민사소송법 제453조(재심관할법원)** ① 재심은 재심을 제기할 판결을 한 법원의 전속관할로 한다.

구체적으로,

1. 제1심판결 후, 항소 없음 → 제1심판결
2. 항소 기각 후, 상고 없음 → 항소심판결

> **민사소송법 제451조(재심사유)** ③ 항소심에서 사건에 대하여 본안판결을 하였을 때에는 **제1심판결에 대하여 재심의 소를 제기하지 못한다**.

비교: 형사에서는 항소 기각 사안에서 제1심판결이 재심 대상이다.

2022모509: [민사와 달리 **형사**에서는,] 제1심이 유죄판결을 선고하고, 그에 대하여 불복하였으나, 항소...기각판결이 있었던 경우에 ... 재심대상판결은 제1심판결이 되어야 [한다. 왜?] ... [i] 형사항소심은 속심이면서도 사후심으로서 성격을 가지고 있[다. 그리고] [ii] 형사소송법은 원칙적인 재심대상판결을 '유죄 확정판결'로 규정하[는데(제420조), ... 항소...기각판결은 그 확정으로 그 원심의 유죄판결이 확정되는 것이지 그 자체가 유죄판결은 아니[다. 그렇]기 때문에, **민사재심에서와 달리** 보아야 한다.

3. 항소 인용(자판) 후, 상고 없음 → 항소심판결

항소 인용으로 제1심판결은 이미 취소되어 소멸했기 때문이다.

4. 상고 기각 → 항소심판결 or 상고심판결

> **민사소송법 제453조(재심관할법원)** ② 심급을 달리하는 법원이 같은 사건에 대하여 내린 판결에 대한 재심의 소는 **상급법원이 관할**한다. **다만**, 항소심판결과 상고심판결에 각각 **독립된 재심사유가 있는 때에는 그러하지 아니하다**.

항소심은 사실심이지만, 상고심은 법률심이다. 그러다 보니, 많은 경우 재심 사유는 상고심판결에 없고 항소심판결에만 존재한다. 그 결과 대체로 항소심판결이 재심 대상이다.

5. 상고 인용(환송) → 환송 후 항소심판결

93재다27전합: **대법원의 환송판결은** 형식적으로 보면 "확정된 종국판결"에 해당[한다. 그렇지만] ... 환송받은 하급심에서 다시 심리를 계속하[므로] 소송설자를 최송석으로 종료시키는 판결은 아니[다.] ... 이는 중간판결의 특성을 갖는 판결로서 "**실질적으로 확정된 종국판결**"이라 할 수 없다.

청구시한

원칙적으로, 청구시기에 제한이 있다.

> **민사소송법 제456조(재심제기의 기간)** ① 재심의 소는 당사자가 판결이 확정된 뒤 재심의 사유를 안 날부터 30일 이내에 제기하여야 한다.
> ② 제1항의 기간은 불변기간으로 한다.
> ③ 판결이 확정된 뒤 5년이 지난 때에는 재심의 소를 제기하지 못한다.
> ④ 재심의 사유가 판결이 확정된 뒤에 생긴 때에는 제3항의 기간은 그 사유가 발생한 날부터 계산한다.
>
> **민사소송법 제457조(재심제기의 기간)** 대리권의 흠 또는 제451조 제1항 제10호에 규정한 사항을 이유로 들어 제기하는 재심의 소에는 제456조의 규정을 적용하지 아니한다.

비교: 형사소송은 재심 청구시기에 제한을 두지 않는다.

준재심

판결은 아니지만 확정판결과 같은 효력이 있는 것들은?

예: 화해조서, 확정된 화해권고결정, 조정조서, 확정된 조정갈음결정

1. 확정"판결"이 아니므로 재심 대상은 아니다.
2. 그러나 재심사유가 있다면 재심처럼 다투게 할 필요는 있다.

그래서 준재심(quasi-retrial) 제도를 두었다.

> **민사소송법 제461조(준재심)** 제220조의 조서 또는 … 결정이나 명령이 확정된 경우에 제451조 제1항에 규정된 사유가 있는 때에는 확정판결에 대한 제451조[부터] 제460조[까지]의 규정에 준하여 재심을 제기할 수 있다.
>
> **민사소송법 제220조(화해, 청구의 포기·인낙조서의 효력)** 화해, 청구의 포기·인낙을 변론조서·변론준비기일조서에 적은 때에는 그 조서는 확정판결과 같은 효력을 가진다.

화해와 조정
Compromise & Conciliation
아무리 나쁜 화해라도 좋은 판결보다는 낫다. - 오래된 법언

머리에

소송의 부담
원래 소송은 이겨도 이익이 크지 않지만, 지면 큰 손해를 보게 된다. 심지어 이겨도 소송비용 때문에 손해를 보는 경우까지 있다.

화해와 조정의 필요성
그래서 법적인 권리를 가타부타 따지는 판결을 받지 않고, 당사자들이 서로 조금씩 양보하고 조정해서 합의로 결론을 낼 수도 있다.

판사들도, 판결은 아무래도 부담이 커서, 화해, 조정을 선호하는 경향이 있다.

재판상 화해

화해 개념
화해(compromise)란, 기존의 다툼을 그만두기로 약속하는 것.

소송상 화해 개념
소송상 화해(compromise in court)란,
1. 소송계속 중,
2. 담당 법원(재판부)에서,
3. 원고의 청구에 대해,
4. 당사자 쌍방 합의가 성립하여,
5. 변론조서에 기재되는 것.

제소 전 화해 개념
제소 전 화해(compromise before instituting lawsuit)란,
1. 소제기 전에,
2. 법원에 화해를 신청해,
3. 원고의 청구에 대해,
4. 당사자 쌍방 합의가 성립하여,
5. 화해조서에 기재되는 것.

재판상 화해 개념
재판상 화해(judicial compromise)란, 소송상 화해 + 제소 전 화해.

서울중앙지방법원
화 해 조 서

사 건	2023가단1020304 대여금 등	
원 고	김권자	
	서울 서초구 이대로 15	
피 고	장무자	
	서울 관악구 노루로 231-2	
판 사	임 바 른	기 일: 2023. 12. 6. 14:10
		장 소: 480호 법정
법 원 주 사	최 주 보	공개 여부: 공 개

사건과 당사자의 이름을 부름

원고 김권자   출석
피고 장무자   출석

위 당사자는 다음과 같이 화해하였다.

화 해 조 항

1. 피고는 원고에게 2023. 12. 31.까지 15,000,000원을 지급한다. 만일 위 기한을 넘길 때에는 2024. 1. 1.부터 다 갚는 날까지 연 12%의 비율로 계산한 지연손해금을 더하여 지급한다.
2. 원고는 나머지 청구를 포기한다.
3. 소송비용은 각자 부담한다.

청 구 의 표 시

1. 청구취지

  피고는 원고에게 50,000,000원 및 그중 10,000,000원에 대하여 2019. 7. 24.부터, 40,000,000원에 대하여 2022. 9. 1.부터, 각각 소장 송달일까지는 연 5%의, 각각 그다음 날부터 다 갚는 날까지는 연 12%의 각 비율로 계산한 돈을 지급하라.

2. 청구원인

  별지 기재와 같다.

                            법 원 주 사   최 주 보 (인)

                            판   사   임 바 른 (인)

위 서류는 소송상 화해 사안 화해조서다.

화해 권고

> **민사소송법 제145조(화해의 권고)** ① 법원은 소송의 정도와 관계없이 화해를 권고...할 수 있다.

화해 효력

1. 소송상 화해는 기판력(*res judicata*)이 있다.

> **민사소송법 제220조(화해, 청구의 포기·인낙조서의 효력)** 화해, 청구의 포기·인낙을 변론조서·변론준비기일조서에 적은 때에는 그 조서는 확정판결과 같은 효력을 가진다.

> **2012다29557:** 재판상 화해는 확정판결과 동일한 효력이 있고 창설적 효력을 가지는 것이다. 그래서 재판상 화해가 이루어지면 종전의 법률관계를 바탕으로 한 권리·의무관계는 소멸함과 동시에 재판상 화해에 따른 새로운 법률관계가 유효하게 형성된다.

소송비용은 각자 부담하게 된다.

> **민사소송법 제106조(화해한 경우의 비용부담)** ... 화해비용과 **소송비용**의 부담에 대하여 특별히 정한 바가 없으면 그 비용은 당사자들이 **각자 부담**한다.

화해권고결정

의의
1. 법원이 단순히 화해 권고를 하는 데서 더 나아가,
2. 아예 적당한 화해안을 제시하며 그에 따르라는 결정을 내리기도 한다.

화해권고결정 개념
화해권고결정(recommendation for compromise by ruling)이란,
1. 소송계속 중,
2. 담당 법원(재판부)에서,
3. 원고의 청구에 대해,
4. 적당한 화해안을 제시하고, 그에 따르라고 내리는,
5. 법원 결정.

> **민사소송법 제225조(결정에 의한 화해권고)** ① 법원·수명법관 또는 수탁판사는 소송에 계속 중인 사건에 대하여 **직권으로 당사자의 이익, 그 밖의 모든 사정을 참작하여** 청구의 취지에 어긋나지 아니하는 범위안에서 사건의 공평한 해결을 위한 화해권고결정(和解勸告決定)을 할 수 있다.

화해권고결정서
당사자들은 "화해권고결정서"라는 제목의 서류를 받는다. 정본으로 받는다. 판결서 비슷하게 생겼다. 그러나 판결서는 아니다. 결정서(재판서)다.

> **민사소송법 제225조(결정에 의한 화해권고)** ② 법원사무관등은 제1항의 결정내용을 적은 조서 또는 **결정서의 정본을 당사자에게 송달**하여야 한다. …

```
              서 울 중 앙 지 방 법 원

                     화 해 권 고 결 정

사    건       2023가단1020304   대여금 등
원    고       김권자
               서울 서초구 이대로 15
피    고       장무자
               서울 관악구 노루로 231-2
```

위 사건의 공평한 해결을 위하여 당사자의 이익, 그 밖의 모든 사정을 참작하여 다음과 같이 결정한다.

결 정 사 항

1. 피고는 원고에게 2023. 12. 31.까지 15,000,000원을 지급한다. 만일 위 기한을 넘길 때에는 2024. 1. 1.부터 다 갚는 날까지 연 12%의 비율로 계산한 지연손해금을 더하여 지급한다.
2. 원고는 나머지 청구를 포기한다.
3. 소송비용은 각자 부담한다.

청구의 표시

1. 청구취지

   피고는 원고에게 50,000,000원 및 그중 10,000,000원에 대하여 2019. 7. 24.부터, 40,000,000원에 대하여 2022. 9. 1.부터, 각각 소장 송달일까지는 연 5%의, 각각 그다음 날부터 다 갚는 날까지는 연 12%의 각 비율로 계산한 돈을 지급하라.

2. 청구원인

   별지 기재와 같다.

2023. 11. 23.

판사   임 바 른   (인)

※ 이 결정서 정본을 송달받은 날부터 2주일 이내에 이의를 신청하지 않으면 이 결정은 재판상 화해와 같은 효력을 가집니다. 재판상 화해는 확정판결과 동일한 효력이 있습니다.

이의신청

1. 화해권고결정에 대해서는 이의신청을 할 수 있다.

> **민사소송법 제226조(결정에 대한 이의신청)** ① 당사자는 제225조의 결정에 대하여 그 조서 또는 결정서의 정본을 송달받은 날부터 **2주 이내에 이의를 신청**할 수 있다. ...
> ② 제1항의 기간은 불변기간으로 한다.

화해권고결정에 대한 이의신청서

사　　건　　2023가단1020304 대여금 등
원　　고　　김권자
피　　고　　장무자

위 사건에 관하여 원고는 2023. 11. 27. 화해권고결정을 송달받고 이의를 신청합니다.

2023. 11. 29.

이의신청인 원고 김권자

서울중앙지방법원 민사 제105단독 귀중

---

2. 이의신청을 하면 화해권고결정은 무효로 된다.

> **민사소송법 제232조(이의신청에 의한 소송복귀 등)** ① 이의신청이 적법한 때에는 소송은 **화해권고결정 이전의 상태로 돌아간다**. 이 경우 그 이전에 [한] 소송행위는 그대로 효력을 가진다.

화해권고결정 효력

1. 만약 이의신청기간 내에 이의신청이 없으면, 화해권고결정은 그대로 확정된다. 그러면 재판상 화해가 성립한 것과 같은 효과가 있다. 즉, 기판력(res judicata)이 발생한다.

> **민사소송법 제231조(화해권고결정의 효력)** 화해권고결정은 다음 각호 가운데 어느 하나에 해당하면 **재판상 화해와 같은 효력**을 가진다.
> 1. 제226조 제1항[결정에 대한 이의신청]의 **기간 이내에 이의신청이 없는 때**

> **2012다29557**: 소송에서 다투어지고 있는 권리 또는 법률관계의 존부에 관하여 동일한 당사자 사이의 전소에서 확정된 화해권고결정이 있는 경우 [어떤 효력이 있는가?] 당사자는 이에 반하는 주장을 할 수 없고 법원도 이에 저촉되는 판단을 할 수 없다.

2. 재판상 화해와 마찬가지로 소송비용은 각자 부담한다.

민사소송법 제106조(화해한 경우의 비용부담) 당사자가 법원에서 화해한 경우(제231조[화해권고결정]의 경우를 포함한다) 화해비용과 **소송비용**의 부담에 대하여 특별히 정한 바가 없으면 그 비용은 당사자들이 **각자 부담**한다.

조정

의의
법정이 아니라 조정실에서, 법관이나 조정위원의 권유로, 당사자들이 서로 양보하여 합의로 해결하기도 한다.

개념
조정(conciliation)이란,

1. 소송절차와 별개로(= 별도 조정절차로),
2. 조정기관에서,
3. 원고의 청구에 대해,
4. 당사자 쌍방 합의가 성립하여,
5. 조정조서에 기재되는 것.

재판상 화해와 차이
1. 소송이 아닌 별도 조정절차를 거친다는 점에서 화해와 다르다.
2. 사건번호도 소송사건번호와는 별도로 조정사건번호가 부여된다.

절차

1. 조정 회부: 법원이 조정에 회부하면, 소송절차(2023가단1020304)는 일단 중지되고, 조정사건(2023머5001234)을 진행한다.

   민사조정법 제6조(조정 회부) 수소법원(受訴法院)은 필요하다고 인정하면 항소심(抗訴審) 판결 선고 전까지 소송이 계속(係屬) 중인 사건을 **결정으로 조정에 회부**(回附)할 수 있다.

   민사조정규칙 제4조 ② 법 제6조의 규정에 의하여 소송사건이 조정에 회부된 때에는 그 절차가 종료될 때까지 **소송절차는 중지**된다.

채권자가 처음부터 소제기 없이 바로 조정신청부터 할 수도 있지만, 드물다. 조정사건 대부분은 소송절차 중 법원이 직권으로 조정에 회부한 것이다.

서 울 중 앙 지 방 법 원

결 정

사 건	2023가단1020304 대여금 등	
원 고	김권자 (850330-1234567)	
	서울 서초구 이대로 15	
피 고	장무자 (810129-2123456)	
	서울 관악구 노루로 231-2	

주 문

이 사건을 조정에 회부한다.

이 유

이 사건은 조정이 필요하다. 그러므로 민사조정법 제6조에 따라 주문과 같이 결정한다.

2023. 11. 27.

판사 임 바 른   (인)

---

2. 조정기관: 조정 재판부에서 조정사건을 처리한다. 조정 재판부의 조정 전담 판사는 상임 조정위원이나 조정위원회에 맡길 수도 있다.

민사조정법 제7조(조정기관) ① 조정사건은 **조정담당판사**가 처리한다.
② 조정담당판사는 … **상임 조정위원** … **또는 조정위원회로 하여금** 조정을 하게 할 수 있다. …

민사조정법 제10조(조정위원) ① 조정위원은 …법원장…이 학식과 덕망이 있는 사람 중에서 미리 위촉한다. …

3. 조정기일

민사조정법 제15조(조정기일) ① 조정기일은 당사자에게 통지하여야 한다.
③ 양쪽 당사자가 법원에 출석하여 조정신청을 하는 경우에는 특별한 사정이 없으면 그 신청일을 조정기일로 한다.

4. 조정 장소: 법원 밖도 가능하지만, 보통 법원 안에 조정실이 있다.

민사조정법 제19조(조정 장소) ① 조정담당판사는 사건의 내용, 당사자의 의사와 편의 등을 고려하여 법원 외의 적당한 장소에서 조정을 할 수 있다.

이러한 절차를 암기할 필요는 없다. 어떤 식으로 조정이 진행된다는 정도만 이해하면 충분하다.

조정 결과

1. 조정 불성립, 또는

민사조정법 제27조(조정의 불성립) 조정담당판사는 다음 각호의 어느 하나에 해당하는 경우 ... 조정이 성립되지 아니한 것으로 사건을 종결시켜야 한다.
　1. 당사자 사이에 합의가 성립되지 아니하는 경우
　2. 성립된 합의의 내용이 적당하지 아니하다고 인정하는 경우

2. 조정 성립

민사조정법 제28조(조정의 성립) 조정은 당사자 사이에 합의된 사항을 **조서에 기재함으로써 성립**한다.

서울중앙지방법원
조 정 조 서

사　　　건	2023머5001234　대여금 등	
	(2023가단1020304)	
원　　　고	김권자	
	서울 서초구 이대로 15	
피　　　고	장무자	
	서울 관악구 노루로 231-2	

상임조정위원	조 정 치	기 일:	2023. 12. 11. 15:10
		장 소:	373호 조정실
		공개 여부:	공　개

원고	김권자	출석
피고	장무자	출석

다음과 같이 조정성립

조 정 조 항

1. 피고는 원고에게 2023. 12. 31.까지 15,000,000원을 지급한다. 만일 위 기한을 넘길 때에는 2024. 1. 1.부터 다 갚는 날까지 연 12%의 비율로 계산한 지연손해금을 더하여 지급한다.
2. 원고는 나머지 청구를 포기한다.
3. 소송비용 및 조정비용은 각자 부담한다.

청구의 표시

1. 청구취지

　피고는 원고에게 50,000,000원 및 그중 10,000,000원에 대하여 2019. 7. 24.부터, 40,000,000원에 대하여 2022. 9. 1.부터, 각각 소장 송달일까지는 연 5%의, 각각 그다음 날부터 다 갚는 날까지는 연 12%의 각 비율로 계산한 돈을 지급하라.

2. 청구원인

　별지 기재와 같다.

법 원 주 사　　　강 참 여　(인)

상임조정위원　　　조 정 치　(인)

조정 효력

1. 조정은 기판력(res judicata)이 있다.

> **민사조정법 제29조(조정의 효력)** 조정은 **재판상의 화해와 동일한 효력**이 있다.
>
> **민사조정규칙 제4조(소송절차와의 관계)** ③ 소송이 계속 중인 사건을 법 제6조의 규정에 의하여 조정에 회부한 경우, 조정이 성립...된 때에는 **소의 취하가 있는 것으로 본다**.
>
> **2006다78732:** 조정조서는 재판상의 화해조서와 같이 **확정판결과 동일한 효력**이 있으며 창설적 효력을 가지는 것이[다. 그래서] 당사자 사이에 조정이 성립하면 종전의 다툼 있는 법률관계를 바탕으로 한 권리, 의무관계는 소멸하고 조정의 내용에 따른 새로운 권리·의무관계가 성립한다.

소송비용은 각자 부담하게 된다.

> **민사조정법 제37조(절차비용)** ① 조정절차의 비용은 **조정이 성립된 경우**에는 특별한 합의가 없으면 **당사자들이 각자 부담**하고, 조정이 성립되지 아니한 경우에는 신청인이 부담한다.

조정갈음결정

의의

1. 조정기관이 단순히 조정 권고를 하는 데서 더 나아가,
2. 아예 적당한 조정안을 제시하며 그에 따르라는 결정을 내리기도 한다.

조정갈음결정 개념

조정갈음결정(ruling in lieu of conciliation)이란,

1. 소송절차와 별개로(= 별도 조정절차로),
2. 조정기관에서,
3. 원고의 청구에 대해,
4. 적당한 조정안을 제시하고, 그에 따르라고 내리는,
5. 조정기관 결정.

> **민사조정법 제30조(조정을 갈음하는 결정)** 조정담당판사는 합의가 성립되지 아니한 사건...에 관하여 **직권으로 당사자의 이익이나 그 밖의 모든 사정을 고려**하여 신청인의 신청 취지에 반하지 아니하는 한도에서 사건의 공평한 해결을 위한 결정을 할 수 있다.
>
> **2023다219417:** 조정을 갈음하는 결정은 당사자 사이에 합의가 성립되지 아니한 경우에 조정담당판사나 수소법원이 직권으로 당사자의 이익이나 그 밖의 모든 사정을 고려하여 신청취지 내지 청구취지에 반하지 않는 한도에서 사건의 공평한 해결을 위하여 하는 결정이[다.]

조정갈음결정조서

당사자들은 "조정갈음결정조서"라는 제목의 서류를 받는다. 정본으로 받는다. 조정조서 비슷하게 생겼다.

> **민사조정법 제33조(조정에 관한 조서의 송달 등)** ② 법원사무관등은 ... **조정을 갈음하는 결정을 기재한 조서**...는 그 정본(正本)을 **당사자에게 각각 송달**하여야 한다.

서울중앙지방법원
조정을 갈음하는 결정조서

사 건	2023머5001234 대여금 등	
	(2023가단1020304)	
원 고	김권자	
	서울 서초구 이대로 15	
피 고	장무자	
	서울 관악구 노루로 231-2	
상임조정위원	조 정 치	기 일: 2023. 12. 11. 15:00
		장 소: 373호 조정실
		공개 여부: 공 개
원고 김권자		출석
피고 장무자		출석

상임조정위원

　　　다음과 같이 조정을 갈음하는 결정을 하고 이를 고지

결 정 사 항

1. 피고는 원고에게 2023. 12. 31.까지 15,000,000원을 지급한다. 만일 위 기한을 넘길 때에는 2024. 1. 1.부터 다 갚는 날까지 연 12%의 비율로 계산한 지연손해금을 더하여 지급한다.

2. 원고는 나머지 청구를 포기한다.

3. 소송비용 및 조정비용은 각자 부담한다.

청구의 표시

1. 청구취지

　피고는 원고에게 50,000,000원 및 그중 10,000,000원에 대하여 2019. 7. 24.부터, 40,000,000원에 대하여 2022. 9. 1.부터, 각각 소장 송달일까지는 연 5%의, 각각 그다음 날부터 다 갚는 날까지는 연 12%의 각 비율로 계산한 돈을 지급하라.

2. 청구원인

　별지 기재와 같다.

　　　　　　　　　　　　　　　법 원 주 사　　　강 참 여　(인)

　　　　　　　　　　　　　　　상임조정위원　　　조 정 치　(인)

※ 이 결정조서 정본을 송달받은 날부터 2주일 이내에 이의를 신청하지 않으면 이 결정은 재판상 화해와 같은 효력을 가집니다. 재판상 화해는 확정판결과 동일한 효력이 있습니다.

"조정갈음결정서"를 받을 수도 있다. 당사자 입장에서, 조정갈음결정조서와 조정갈음결정서 사이에 실질적인 차이는 없다.

이의신청
1. 조정갈음결정에 대해서는 이의신청을 할 수 있다.

> **민사조정법 제34조(이의신청)** ① 제30조…의 결정[조정을 갈음하는 결정]에 대하여 당사자는 그 조서의 정본이 송달된 날부터 **2주일 이내에 이의를 신청**할 수 있다. 다만, 조서의 정본이 송달되기 전에도 이의를 신청할 수 있다.
> ⑤ 제1항의 기간은 불변기간으로 한다.

조정을 갈음하는 결정에 대한 이의신청서

사	건	2023머5001234 대여금 등
		(2023가단1020304)
원	고	김권자
피	고	장무자

위 사건에 관하여 원고는 2023. 12. 13. 조정을 갈음하는 결정조서를 송달받고 이의를 신청합니다.

2023. 12. 14.

이의신청인 원고 김권자

서울중앙지방법원 민사 제101단독(조정) 귀중

2. 이의신청을 하면 조정갈음결정은 무효로 된다.

조정갈음결정 효력

1. 만약 이의신청기간 내에 이의신청이 없으면, 조정갈음결정은 그대로 확정된다. 그러면 재판상 화해가 성립한 것과 같은 효과가 있다. 즉, 기판력(res judicata)이 발생한다.

> **민사조정법 제34조(이의신청)** ④ 다음 각호의 어느 하나에 해당하는 경우에는 제30조...에 따른 결정[조정을 갈음하는 결정]은 **재판상의 화해와 동일한 효력**이 있다.
>   1. 제1항에 따른 기간 내에 **이의신청이 없는 경우**

> **민사조정규칙 제4조(소송절차와의 관계)** ③ 소송이 계속 중인 사건을 법 제6조의 규정에 의하여 조정에 회부한 경우, 조정이 성립하거나 조정을 갈음하는 결정이 확정된 때에는 **소의 취하가 있는 것으로 본다.**

> **2023다219417:** 조정을 갈음하는 결정에 대하여 이의신청 기간 내에 이의신청이 없으면 그 결정은 재판상의 화해와 같이 **확정판결과 동일한 효력**이 있[다](민사조정법 제30조, 제34조 참조)[.] 이는 창설적 효력을 가[진다. 그러]므로, 당사자 사이에 종전의 다툼 있는 법률관계를 바탕으로 한 권리의무관계는 소멸하고 결정된 내용에 따른 새로운 권리의무관계가 성립한다.

2. 재판상 화해와 마찬가지로 소송비용은 각자 부담하게 된다.

> **민사조정법 제37조(절차비용)** ① 조정절차의 비용은 **조정이 성립된 경우**에는 특별한 합의가 없으면 **당사자들이 각자 부담**하고, 조정이 성립되지 아니한 경우에는 신청인이 부담한다.

조정갈음결정을 "강제조정"이라고도 부른다. 그러나 이의신청 할 수 있으므로 법적인 강제는 아니다. 다만, 이의를 하면 결국 판결을 받게 될 것인데, 이 경우 오히려 조정 내용보다도 더 불리한 판결을 받을 위험도 있다. 말하자면, 혹 떼려다 혹 붙일 수 있다. 이 점은 화해권고결정도 마찬가지다.

법조인
Lawyers

참다운 웅변은 말해야 할 모든 것을 이야기하고 또 말해야 할 것만을 말하는 데에 있다.
- François de La Rochefoucauld

소송대리인

의의

1. 소송대리인(litigation representative)이란, 민사소송에서 당사자를 대리하는 사람이다.
2. 당사자 본인이 직접 변론기일에 출석하기 어려운 사정이 있을 수 있다. 이때 누군가를 대신 출석하고 변론하게 해서 소송을 진행하기 위해 선임한다.
3. 당사자 본인이 법을 잘 몰라 패소할 수 있다. 전문가가 서면도 대신 써 주고 변론도 대신 하도록 하여 승소 확률을 높이기 위해 선임한다.

변호사강제주의?

민사소송 당사자는 소송대리인 없이 소송해도 된다. 그러한 소송을 본인소송이라 부른다.

> **2010다15363:** [우리 법제는] **변호사강제주의를 택하지 않고 있[다**. 따라서] ... 손해배상청구의 원인[이 된] 불법행위 자체와 변호사 비용 사이에 상당인과관계가 ... 없[다. 그러]므로 변호사 비용을 그 불법행위 자체로 인한 손해배상채권에 포함시킬 수는 없다.

형사소송은 일정한 경우 반드시 변호사인 변호인을 두어야 한다.

> **형사소송법 제282조(필요적 변호)** 제33조 제1항 각호의 어느 하나에 해당하는 사건...에 관하여는 변호인 없이 개정하지 못한다. ...

> **형사소송법 제33조(국선변호인)** ① 다음 각호의 어느 하나에 해당하는 경우에 변호인이 없는 때에는 법원은 직권으로 변호인을 선정하여야 한다.
> 1. 피고인이 구속된 때
> 6. 피고인이 사형, 무기 또는 단기 3년 이상의 징역이나 금고에 해당하는 사건으로 기소된 때

헌법재판도 일정한 경우 반드시 변호사인 대리인을 두어야 한다.

> **헌법재판소법 제25조(대표자·대리인)** ③ ... 당사자인 사인(私人)은 변호사를 대리인으로 선임하지 아니하면 심판청구를 하거나 심판 수행을 하지 못한다. ...

변호사 대리 원칙

그렇지만, 민사소송에서도 만약 소송대리인을 선임한다면, 반드시 변호사(attorney-at-law)를 선임해야 한다. 이를 변호사 대리 원칙이라 한다.

> **민사소송법 제87조(소송대리인의 자격)** ... **변호사가 아니면 소송대리인이 될 수 없다.**

> 2005다2041: 변호사 아닌 담당 공무원으로 하여금 소송수행자로서 소송대리를 하도록 한 것은 [어떤가? 이 경우에도] 민사소송법 제424조 제1항 제4호가 규정하는 '소송대리권의 수여에 흠이 있는 경우'에 해당하는 위법이 있다.

1. 변호사 대리 원칙을 둔 이유는 무엇일까? 법률전문가가 관여해야 절차가 원활하게 진행되기 때문이다. 또한, 이길 사건을 지게 되는 결과를 막아, 당사자 본인을 제대로 보호하기 위해서다.
2. 몇 가지 예외가 있다.

예를 들어, 소가 3,000만 원 이하 금전지급청구 사건(소액사건)에서는 일정 범위 가족이 소송대리인이 될 수 있다.

> **소액사건심판법 제8조(소송대리에 관한 특칙)** ① [소가 3,000만 원 이하 소액사건] 당사자의 배우자·직계혈족 또는 형제자매는 법원의 허가없이 소송대리인이 될 수 있다.

법률사무소

변호사는 혼자서 사무실을 낼 수도 있고, 여러 변호사들이 로펌(law firm)을 구성할 수도 있다. 로펌을 통한 소송대리도 가능하다.

1. 법인 형태로 운영하기도 한다. 법무법인 자체가 소송대리인이 된다.

> **변호사법 제40조(법무법인의 설립)** 변호사는 그 직무를 조직적·전문적으로 수행하기 위하여 법무법인을 설립할 수 있다.

사건별로 구성원 변호사(partner)와 소속 변호사(associate attorney-at-law) 몇 명이 담당변호사로 지정되는 식이다.

> **변호사법 제50조(업무 집행 방법)** ① 법무법인은 법인 명의로 업무를 수행하며 그 업무를 담당할 변호사를 지정하여야 한다. 다만, 구성원 아닌 소속 변호사에 대하여는 구성원과 공동으로 지정하여야 한다.
> ⑥ 담당변호사는 지정된 업무를 수행할 때에 각자가 그 법무법인을 대표한다.
> ⑦ 법무법인이 그 업무에 관하여 작성하는 문서에는 법인명의를 표시하고 담당변호사가 기명날인하거나 서명하여야 한다.

2. 합동법률사무소 형태로 운영하기도 한다. 이 경우는, 사무소 자체가 소송대리인이 될 수는 없다. 그 소속 변호사가 소송대리인이 된다.

K의 소송대리인 선임

K는 J를 상대로 대여금 4,000만 원, 바이올린 파손 손해 1,000만 원 모두 청구하려고 한다.

1. K는 법과 절차를 아무것도 몰라 전전긍긍하던 중, 우연히 "최변사 변호사사무실"을 찾게 되었다.

2. 착수금 500만 원에다 승소하면 청구액의 10%를 더 내야 한다는 성공보수까지 요구하기에, K는 고민한다. 그러나 법을 몰라 패소해서 J로부터 아무것도 못 받는 것보다는 차라리 낫겠다 싶어 최변사를 소송대리인으로 선임한다.

2015다200111전합: 민사사건은 대립하는 당사자 사이의 사법상 권리 또는 법률관계에 관한 쟁송[이다. **민사사건은**] 형사사건과 **달리** 그 결과가 승소와 패소 등으로 나누어[진다. 그러]므로 사적 자치의 원칙이나 계약자유의 원칙에 비추어 보더라도 [민사사건에서] **성공보수 약정이 허용됨**]에 아무런 문제가 없[다.] ... 당장 가진 돈이 없어 변호사 보수를 지급할 형편이 되지 않는 사람도 성공보수를 지급하는 조건으로 변호사의 조력을 받을 수 있게 된다는 점에서 제도의 존재 이유를 찾을 수 있다.

3. 변호사 최변사는 K로부터 소송위임장(warrant of attorney)을 받는다. 변호사는 소송위임장을 법원에 제출해야만 소송대리를 할 수 있다.

민사소송법 제89조(소송대리권의 증명) ① 소송대리인의 권한은 서면으로 증명하여야 한다.

변호사법 제29조의2(변호인선임서 등의 미제출 변호 금지) 변호사는 법원이나 수사기관에 변호인선임서나 위임장 등을 제출하지 아니하고는 다음 각호의 사건에 대하여 변호하거나 대리할 수 없다.
   1. 재판에 계속(係屬) 중인 사건
   2. 수사 중인 형사사건[내사(內査) 중인 사건을 포함한다]

소 장

원   고   김권자
            서울 서초구 이대로 15

            원고 소송대리인
              변호사 최변사
              서울 서초구 변호로 131, 4층
              (전화: 02-2155-4321   팩스: 02-2155-4322
              이메일: byunsa.choi@bestfakelaw.co.kr)

첨 부 서 류

1. 소송위임장

2023. 9. 13.

원고 소송대리인
변호사 최변사

서울중앙지방법원 귀중

소 송 위 임 장

사 건	대여금 등
원 고	김권자
피 고	장무자

위 사건에 관하여 아래 수임인을 소송대리인으로 선임하고, 아래에서 정한 권한을 수여합니다.

수임인	변호사 최변사 주 소 : 서울 서초구 변호로 131, 4층 전 화 : 02-2155-4321 이메일 : byunsa.choi@bestfakelaw.co.kr

수권사항	(1) 일체의 소송행위 (2) 변제의 수령 (3) 상소의 제기 (4) 반소의 제기 (5) 재판상 또는 재판외의 화해 (6) 복대리인의 선임 (7) 기타 특별수권사항 [권한을 부여하면 ○표시, 보류하면 ×표시]		
	기타 특별수권사항		**수권여부**
	소의 취하	제기된 소송의 전부 또는 일부를 철회하여 소송을 종료할 수 있는 권한	○
	상소의 취하	원심을 유지·확정하면서 상소의 신청을 철회할 수 있는 권한	○
	청구의 포기	위임인의 청구가 이유 없다고 인정하여 소송을 종료할 수 있는 권한	○
	청구의 인낙	상대방의 청구가 이유 있다고 인정하여 소송을 종료할 수 있는 권한	○
	소송탈퇴	제3자가 소송에 참가한 경우 그 소송에서 탈퇴할 수 있는 권한(민사소송법 제80조에 따른 탈퇴)	○

2023년 9월 13일 위임인 성명 김 권 자 (서명 또는 인) 주소 : 서울 서초구 이대로 15	변호사회 경유

형사사건에서는 사건을 위임받은 변호사가 "변호인선임서"를 낸다.

4. 변호사가 법원 등 공공기관에 소송위임장을 낼 때는 반드시 지방변호사회 (local bar association)를 거쳐야 한다. 수임 관련 비리 또는 불법 브로커를 막으려는 취지가 있다.

> **변호사법 제29조(변호인선임서 등의 지방변호사회 경유)** 변호사는 법률사건이나 법률사무에 관한 변호인선임서 또는 위임장 등을 공공기관에 제출할 때에는 사전에 소속 지방변호사회를 경유하여야 한다. …

법적 지위

1. 변호사 최변사: 이 사건에서 K의 소송대리인이다. 서면을 쓰고 변론에 출석한다.

> **민사소송법 제90조(소송대리권의 범위)** ① 소송대리인은 위임을 받은 사건에 대하여 반소(反訴)·참가·강제집행·가압류·가처분에 관한 소송행위 등 일체의 소송행위와 변제(辨濟)의 영수를 할 수 있다.
> ② 소송대리인은 다음 각호의 사항에 대하여는 특별한 권한을 따로 받아야 한다.
>   1. 반소의 제기
>   2. 소의 취하, 화해, 청구의 포기·인낙 또는 제80조의 규정에 따른 탈퇴
>   3. 상소의 제기 또는 취하
>   4. 대리인의 선임
>
> **민사소송법 제91조(소송대리권의 제한)** 소송대리권은 제한하지 못한다. …

소송대리(위임) 관계는 대체로 소송대리인이 종국판결을 송달받을 때까지 유지된다(심급대리 원칙). 다만, 만약 상소제기에 관한 특별수권을 받았다면, 종국판결 후에도 상소기간에 소송대리(위임) 관계가 존속할 수 있다.

> **93다52105:** 위임받은 소송대리권의 범위는 특별한 사정이 없는 한 당해 심급[(예: 제1심)]에 한정된다.

2. K: 심급(예: 제1심)이 끝날 때까지 소송에 관한 모든 권한을 변호사에게 위임했다. 따라서 K 본인이 서면을 쓰거나 변론기일에 출석할 필요가 없다.

물론, K 본인이 원하면 직접 서면을 쓰거나 변론기일에 출석해도 된다.

3. 법원: 피고의 서면 부본을 원고(K)에게 보내는 것이 아니라, 원고의 소송대리인인 변호사 최변사에 보낸다.

물론, 법원이 소송대리인이 아니라 원고(K)에게 송달해도 적법하다. 그러나 적절하지는 않다.

> **70마325:** 당사자가 소송대리인을 선임하여 일체의 소송행위를 수행케 하였을 경우라 힐지리도 소송기일 판결정본 등을 당사자 본인에게 송달하였음을 위법이었다고는 할 수 없[다.] … 그 송달의 효력[은] 인정되어야 한[다.]

소송구조 제도

국가가 변호사 비용을 부담하기도 한다. 소송구조(litigation aid) 제도다.

> **민사소송법 제128조(구조의 요건)** ① 법원은 소송비용을 지출할 자금능력이 부족한 사람의 신청에 따라 또는 직권으로 소송구조(訴訟救助)를 할 수 있다. 다만, 패소할 것이 분명한 경우에는 그러하지 아니하다.
> ③ 제1항의 신청인은 구조의 사유를 소명하여야 한다.

민사소송법 제129조(구조의 객관적 범위) ① 소송...에 대한 소송구조의 범위는 다음 각호와 같다. 다만, 법원은 [타]당한 이유가 있는 때에는 다음 각호 가운데 일부에 대한 소송구조를 할 수 있다.

    2. 변호사...의 보수...

② 제1항 제2호의 경우에는 변호사...[가] 보수를 받지 못하면 국고에서 상당한 금액을 지급한다.

민사소송규칙 제26조(변호사보수 등의 지급) ① 법 제129조 제2항의 규정에 따른 변호사...의 보수는 구조결정을 한 법원이 보수를 받을 사람의 신청에 따라 그 심급의 소송절차가 완결된 때...에 지급한다.

② 제1항과 법 제129조 제2항의 규정에 따라 지급할 변호사...의 보수액은 ... 재판장의 감독 하에 법원사무관등이 정한다.

소송구조제도의 운영에 관한 예규 제11조(소송구조 변호사의 보수) ① 법 제129조 제2항, 민사소송규칙... 제26조 제2항에 따라 소송구조 변호사에게 지급할 기본보수액은 당해 사건의 심급마다 100만 원으로 한다.

2018마6041: 변호사비용에 대한 소송구조를 받은 당사자는 변호사에게 소송구조 결정에 따른 것임을 알리고 승낙을 받아 선임계약을 체결하여 변호사를 선임할 수 있다. 이러한 경위로 선임되어 소송을 수행한 소송구조 변호사는 구조결정에 따라 변호사 보수의 지급이 유예된 당사자로부터는 보수를 지급받지 못하고 국고에서 일정한 금액을 지급받을 수 있다(민사소송법 제129조 제1항 제2호, 제2항). 소송구조 변호사가 구조결정이 이루어진 심급의 소송절차가 완결되었을 때 구조결정을 한 법원에 신청하면, 법원사무관 등이 재판장의 감독 하에 ... 보수액을 지급한다(민사소송규칙 제26조).

형사사건에서는 국가(법원)가 아예 변호인을 선정하기도 한다. 국선변호인 (court appointed counsel) 제도다.

형사소송법 제33조(국선변호인) ① 다음 각호의 어느 하나에 해당하는 경우에 변호인이 없는 때에는 법원은 직권으로 변호인을 선정하여야 한다.

    1. 피고인이 구속된 때 ...

② 법원은 피고인이 빈곤이나 그 밖의 사유로 변호인을 선임할 수 없는 경우에 피고인이 청구하면 변호인을 선정하여야 한다.

③ 법원은 피고인의 나이, 지능 및 교육 정도 등을 참작하여 권리보호를 위하여 필요하다고 인정하면 피고인의 명시적 의사에 반하지 아니하는 범위에서 변호인을 선정하여야 한다.

2014도4496: 형사소송법... 제33조는 헌법 제12조에 의하여 피고인에게 보장된 변호인의 조력을 받을 권리가 공판심리절차에서 효과적으로 실현될 수 있도록 일정한 경우에 직권 또는 청구에 의한 법원의 국선변호인 선정의무를 규정[한다](제1, 2항)[. 한편,] 피고인의 연령, 지능 및 교육 정도 등을 참작하여 권리보호를 위하여 필요하다고 인정되는 때에도 피고인의 명시적 의사에 반하지 아니하는 범위 안에서 법원이 국선변호인을 선정하여야 한다고 규정하고 있다(제3항).

법조계

법조 인접 직역

우리나라는 제도적으로 변호사 말고도 다양한 법률전문가(lawyer)를 인정하고 있다. 흔히 법조 인접 직역(similar field)이라고도 부른다. 예를 들어,

1. 세무사(licensed tax accountant)

> **세무사법 제2조(세무사의 직무)** 세무사는 납세자 등의 위임을 받아 …**세무대리**…를 수행하는 것을 그 직무로 한다.

2. 법무사(certified judicial scrivener)

> **법무사법 제2조(업무)** ① 법무사의 업무는 다른 사람이 위임한 다음 … 사무로 한다.
> 1. **법원**과 검찰청에 **제출하는 서류의 작성**
> 3. **등기**나 그 밖에 등록신청에 필요한 서류의 작성
> 7. 제1호부터 제3호까지의 규정에 따라 작성된 **서류의 제출 대행**(代行)

3. 손해사정사(claim adjuster)

> **보험업법 제185조(손해사정)** … 보험회사는 손해사정사를 고용하여 **보험사고에 따른 손해액 및 보험금의 사정**(이하 "손해사정"이라 한다)에 관한 업무를 담당하게 하거나 손해사정사…를 선임하여 그 업무를 위탁하여야 한다. …

4. 변리사(patent attorney)

> **변리사법 제2조(업무)** 변리사는 특허청 또는 법원에 대하여 **특허, 실용신안, 디자인 또는 상표에 관한 사항을 대리**하고 그 사항에 관한 감정(鑑定)과 그 밖의 사무를 수행하는 것을 업(業)으로 한다.

5. 공인노무사(certified labor consultant)

> **공인노무사법 제2조(직무의 범위)** ① 공인노무사는 다음 각호의 직무를 수행한다.
> 1. **노동 관계 법령**에 따라 관계 기관에 대하여 [하]는 신고·신청·보고·진술·청구(이의신청·심사청구 및 심판청구를 포함한다) 및 권리 구제 등의 **대행 또는 대리**
> 3. **노동 관계 법령과 노무관리에 관한 상담·지도**
> 4. 「근로기준법」을 적용받는 사업이나 사업장에 대한 노무관리진단

6. 관세사(licensed customs broker)

> **관세사법 제2조(관세사의 직무)** 관세사는 타인으로부터 의뢰를 받아 다음 각호의 업무를 수행하는 것을 그 직무로 한다.
> 1. **수출입물품**에 대한 세번(稅番)·세율의 분류, 과세가격의 확인과 세액의 계산
> 3. 「관세법」이나 그 밖에 **관세에 관한 법률**에 따른 물품의 수출·수입·반출·반입 또는 반송의 신고 등과 이와 관련되는 **절차**의 이행
> 5. 「관세법」에 따른 이의신청, 심사청구 및 심판청구의 대리
> 6. **관세에 관한 상담 또는 자문에 대한 조언**

7. 행정사(licensed administrative agent)

> **행정사법 제2조(업무)** ① 행정사는 다른 사람의 위임을 받아 다음 …업무를 수행한다. …
> 1. **행정기관**에 **제출하는 서류의 작성**
> 4. 제1호… 서류의 **제출 대행(代行)**
> 5. 인가·허가 및 면허 등을 받기 위하여 행정기관에 하는 신청·청구 및 신고 등의 대리(代理)
> 6. **행정 관계 법령 및 행정에 대한 상담 또는 자문에 대한 응답**

법무관(advocate)

1. 군법무관(military advocate): 법무장교, 즉 군인이다. 군대 내에서 군판사, 군검사, 국선변호장교 등 보직을 맡는다.

> **군사법원법 제24조(군판사의 임용자격)** ② 군판사는 군법무관으로서 10년 이상 복무한 … 장교 중에서 임명한다. …
>
> **군사법원법 제41조(군검사의 임명)** ① 군검사는 … 소속 군법무관 중에서 임명한다. …
>
> **군사법원법 제62조(국선변호인)** ② [군사법원 등에서 직권으로] 선정하는 변호인은 변호사나 변호사 자격이 있는 장교… 중에서 선정하여야 한다. …

군법무관에는 직업군인으로 장기(예: 10년) 복무하는 군법무관("장기 군법무관")도 있고, 병역의무로 3년 동안 복무하는 법무관("단기 군법무관")도 있다. 이제는 변호사 자격이 필요하므로, 변호사시험에 합격해야 한다.

> **병역법 제58조(…법무…장교…의 병적 편입)** ② 다음 각호의 어느 하나에 해당하는 사람 중 …법무…사관후보생을 지원한 사람은 …법무…사관**후보생**의 병적에 편입할 수 있[다]. …
> 2. … 변호사 자격을 얻기 위하여 … **법학전문대학원**에서 정하여진 과정을 **이수하[는] 사람**
>
> ③ 제2항에 따라 …법무…사관후보생의 병적에 편입된 사람은 35세까지 … 현역장교 병적에 편입할 수 있[다]. …
>
> **병역법 시행령 제119조의3(…법무… 분야 현역장교의 선발기준 및 절차)** ① … 법무…분야의 **현역장교는** 다음 각 호의 어느 하나에 해당하는 사람 중에서 선발한다.
> 1의2. 법무 분야 현역장교: … 법무사관후보생의 병적에 편입되어 정해진 과정을 마치고 … **변호사의 자격을 취득한 사람**
>
> **군인사법 제7조(의무복무기간)** ① 장교…의 의무복무기간은 다음 각 호와 같다. …
> 4. 단기복무 장교의 의무복무기간은 3년으로 한다. …

2020두53293: 현역병입영 대상자 중 법학전문대학원 등에서 정해진 과정을 이수하[는] 사람이 법무사관후보생을 지원하여 병무청장에 의해 신체등급, 성적 등을 기준으로 법무사관후보생에 선발되는 경우 '법무사관후보생 병적'에 편입[된다.] 법무사관후보생이 정해진 과정을 마치고 … 변호사의 자격을 취득하면 국방부장관에 의해 신체등급, 성적 등을 기준으로 법무장교로 선발된 후 현역입영 통지서를 송달받아 군부대에 입영하여 군사교육을 마친 다음 날 법무장교로 임용되어 '법무장교 병적'에 편입된[다.]

2. **공익법무관**(public-service advocate): 보충역, 즉 민간인이다. 법률구조공단에서 민사, 형사소송 대리를 하거나, 각급 검찰청에서 국가소송, 행정소송 수행 등을 한다.

> **공익법무관법 제2조(정의)** 이 법에서 사용하는 용어의 뜻은 다음과 같다.
> 2. "**법률구조업무**"란 「법률구조법」에 따라 경제적으로 어렵거나 법을 몰라서 법의 보호를 충분히 받지 못하는 사람을 위하여 [대한법률구조공단 등]이나 [법무부, 그 소속기관, 각급 검찰청]에서 법률 상담, 소송대리(訴訟代理), 그 밖의 법률 사무에 관하여 지원하는 업무를 말한다.
> 3. "**국가소송 등의 사무**"란 국가를 당사자 또는 참가인으로 하는 소송 및 행정소송…의 수행과 법률자문업무 등 공공 목적의 업무 수행에 필요한 법률 사무에 관하여 지원하는 업무를 말한다.

공익법무관에는 병역의무로 3년 동안 복무하는 법무관("단기 공익법무관")만 있다. 즉, "장기 공익법무관"은 없다. 역시 변호사 자격이 필요하므로, 변호사시험에 합격해야 한다.

> **병역법 제34조의6(공익법무관의 편입)** ① 병무청장은 **변호사 자격이 있는 사람으로서** 다음 각호의 어느 하나에 해당하는 사람이 원할 경우 공익법무관으로 편입할 수 있다. 이 경우 현역병입영 대상자는 보충역에 편입한다.
> 2. … 법무사관**후보생**의 병적에 편입된 사람으로서 법무 분야 **현역장교의 병적에 편입되지 아니한 사람**
> 3. 변호사 자격이 있는 사람으로서 사회복무요원 소집 대상인 보충역에 해당하는 사람
> ② 제1항에 따라 공익법무관에 편입된 사람은 해당 분야에서 3년간 복무하여야 하며, 그 기간을 마치면 사회복무요원의 복무를 마친 것으로 본다.

외국변호사

1. **외국변호사**(foreign licensed lawyer): 외국의 변호사 자격증을 가진 사람. 한국의 변호사 자격이 없는 이상, 등록 여부와 상관없이 한국법 법률사무는 할 수 없다. 즉, 오직 외국법 법률사무만 할 수 있다.

한국인이라도 외국에서 변호사 자격증을 따면 외국변호사에 해당한다.

> **외국법자문사법 제2조(정의)** 이 법에서 사용하는 용어의 뜻은 다음과 같다.
> 2. "외국변호사"란 외국[예: 미국 뉴욕주]에서 변호사에 해당하는 법률 전문직의 자격[예: New York State Bar]을 취득하여 보유한 사람을 말한다.

2. "국제변호사"라는 개념은 근거도 실제도 없다.

> **변호사법 제23조(광고)** ② 변호사등은 다음 각호의 어느 하나에 해당하는 광고를 하여서는 아니 된다.
> 2. 국제변호사를 표방하거나 그 밖에 법적 근거가 없는 자격이나 명칭을 표방하는 내용의 광고

필요하다면, 예를 들어 "미국 및 일본 변호사", "국제법 전문가"로 부르면 된다.

변호사

머리에

1. 변호사(attorney-at-law): "직업" 또는 "자격"
2. 소송대리인(litigation representatives): 변호사의 "(민사)소송상 지위"

변호사의 형사소송상 지위는 변호인(defense counsel)이다.

변호사의 직무

> **변호사법 제2조(변호사의 지위)** 변호사는 **공공성을 지닌 법률 전문직**으로서 독립하여 자유롭게 그 직무를 수행한다.
>
> **변호사법 제3조(변호사의 직무)** 변호사는 당사자와 그 밖의 관계인의 **위임**이나 … "공공기관"…의 위촉 등에 의하여 **소송에 관한 행위** 및 행정처분의 청구에 관한 대리행위와 **일반 법률 사무**를 하는 것을 그 직무로 한다.

변호사의 자격

> **변호사법 제4조(변호사의 자격)** 다음 각호의 어느 하나에 해당하는 자는 변호사의 자격이 있다.
> 1. 사법시험에 합격하여 사법연수원의 과정을 마친 자
> 2. 판사나 검사의 자격이 있는 자
> 3. 변호사시험에 합격한 자

소송대리

변호사는 민사소송에서 당사자의 "소송대리인"이 될 수 있다.

변호사는 형사사건에서는 "변호인"이 될 수 있다.

법무사

머리에

법무사(certified judicial scrivener) 사무실은 주로 각 지역 법원 근처에서 쉽게 찾을 수 있다.

법무사의 업무

> **법무사법 제2조(업무)** ① 법무사의 업무는 다른 사람이 위임한 다음 … 사무로 한다.
> 1. **법원**과 검찰청에 **제출하는 서류의 작성**
> 3. 등기나 그 밖에 등록신청에 필요한 서류의 작성
> 7. 제1호부터 제3호까지의 규정에 따라 작성된 **서류의 제출 대행**(代行)

법무사의 자격

> **법무사법 제4조(자격)** 법무사시험에 합격한 자는 법무사의 자격이 있다.

소송대리

1. 법무사는 민사소송 당사자의 소송대리인이 될 수 없다. 즉, 법무사가 당사자를 대리해 변론기일에 출석하거나 변론할 수가 없고, 그렇게 해도 무효다.

형사사건에서도 법무사는 변호인이 될 수 없다.

> **변호사법 제34조(변호사가 아닌 자와의 동업 금지 등)** ⑤ 변호사가 아닌 자는 변호사가 아니면 할 수 없는 업무를 통하여 보수나 그 밖의 이익을 분배받아서는 아니 된다.
>
> **변호사법 제109조(벌칙)** 다음 각호의 어느 하나에 해당하는 자는 7년 이하의 징역 또는 5천만 원 이하의 벌금에 처한다. …
> 1. 변호사가 아니면서 금품·향응 또는 그 밖의 이익을 받거나 받을 것을 약속하고 … [소송 사건, 수사 사건 등]에 관하여 감정·대리·중재·화해·청탁·법률상담 또는 법률 관계 문서 작성, 그 밖의 법률사무를 취급하거나 이러한 행위를 알선한 자

2. 그러나 법무사는 소장, 답변서 등 각종 서면을 대신 작성하고, 대신 제출해 줄 수는 있다. "대리"가 아닌 "대행(writing)"은 인정한다. 대행 경우, 어디까지나 작성, 제출 명의자는 법무사가 아니라 당사자 본인이다.

3. 법무사에게는 소송대리권은 없다. 그러나 소송에서 서면이 차지하는 비중은 엄청나다. 실무에서 법무사는 비중을 가지고 나름의 역할을 담당하고 있다.

J의 법무사 선임

1. 며칠 전 등기우편으로 소장 부본을 송달받은 J는 법을 몰라 고민한다. 그러던 중, 마침 법원 근처에서 "소장, 답변서 작성, 무료법률상담"이라는 간판이 걸린 법무사 범문수 사무실을 발견한다.

2. J는 범문수 법무사와 면담을 했더니, 변호사들이 제시하는 액수보다 훨씬 저렴한 비용에 답변서를 대신 작성해 줄 수 있다고 한다. 다만 변론기일에는 당사자 본인이 직접 가야 한다고 단서를 붙인다.

3. 법원 왔다 갔다 하는 것이 뭐가 대수냐는 생각에, J는 답변서 작성, 제출을 범문수 법무사에게 맡긴다.

법적 지위

그러면 J는 소송대리인 없이 본인소송을 하는 것이다.

1. 서면 작성은 사실상 법무사가 담당한다.

2. 그러나 변론은 모두 J가 직접 해야 한다. 하지만 걱정 없다. 법문수 법무사의 설명을 들으니 법적으로 그렇게 어려운 사건은 아니었고, 변론기일에 출석해서 법문수 법무사가 쓴 답변서 내용대로만 얘기하면 된다.

변리사

특허사건과 특허침해사건

특허권, 실용신안권, 디자인권, 상표권을 총칭해 산업재산권(industrial property)이라 한다.

산업재산권 중에서도 가장 대표적인 특허권(patent) 중심으로 설명한다.
1. 특허사건: 산업재산권(특허권) 발생, 소멸, 효력 범위 자체 분쟁
2. 특허침해사건(= 민사사건): 산업재산권(특허권) 침해를 이유로 한 손해배상청구 또는 금지청구 사건

변리사의 업무
1. 변리사(patent attorney)는 특허·상표 등 지식재산권에 관한 사무를 영업으로 하는 직업이다.

> **변리사법 제2조(업무)** 변리사는 특허청 또는 법원에 대하여 특허, 실용신안, 디자인 또는 상표에 관한 사항을 대리하고 그 사항에 관한 감정(鑑定)과 그 밖의 사무를 수행하는 것을 업(業)으로 한다.

공과대학 졸업자 등 이과 출신이 많다. 특허청이 대전 서구에 있어서 그쪽에 사무실을 많이 둔다. 변리사는 법무법인이나 법률사무소에 들어갈 수도 있지만, 특허법인에 갈 수도 있다.

> **변리사법 제6조의3(특허법인의 설립)** ① 변리사는 업무를 조직적·전문적으로 수행하기 위하여 대통령령으로 정하는 바에 따라 5명 이상의 변리사를 구성원으로 하는 특허법인을 설립할 수 있다.

변리사의 자격

> **변리사법 제3조(자격)** 다음 각호의 어느 하나에 해당하는 사람으로서 ... 실무수습을 마친 사람은 변리사의 자격이 있다.
> 1. 변리사시험에 합격한 사람
> 2. 「변호사법」에 따른 변호사 자격을 가진 사람

소송대리
1. 변리사는 기본적으로는 민사소송에서 소송대리인이 될 수 없다.

변리사는 형사사건에서도 변호인이 될 수 없다.

2. 그러나 변리사는 특허사건에서는 소송대리인이 될 수 있다.

> **변리사법 제8조(소송대리인이 될 자격)** 변리사는 특허, 실용신안, 디자인 또는 상표에 관한 사항의 소송대리인이 될 수 있다.

2010다108104: 여기서 '특허, 실용신안, 디자인 또는 상표에 관한 사항'이란 특허·실용신안·디자인 또는 상표(이하 '특허 등'이라고 줄여 부른다)의 출원·등록, 특허 등에 관한 특허심판원의 각종 심판 및 특허심판원의 심결에 대한 심결취소소송을 의미한다. 따라서 ... 변리사법 제8조에 의하여 **변리사에게 허용되는 소송대리의 범위 역시 특허심판원의 심결에 대한 심결취소소송으로 한정**[된다.]

사건번호
Classification of Case

한글은 기호 배합의 효율성이 특히 돋보이는 세계에서 가장 합리적인 문자이다.
- Jared Diamond

머리에

사건번호의 필요성
1. 사건들이 워낙 많아서, 각각을 구별하기 위해 사건번호가 필요하다.
2. 법원도, 검찰청도, 경찰청도, 대한법률구조공단도, 회사 법무팀도, 각자 처리하는 사건들을 특정하기 위해 나름대로 기호나 번호를 붙인다.

사건번호 이해의 필요성
시험에서 사건번호 자체를 묻지는 않는다. 그렇지만,
1. 사건번호에는 사건 이해에도 도움이 되는 알짜정보가 숨어 있다.
2. 사건번호만 보고 심급 종류와 유형, 어느 정도의 진행 상황 파악을 할 수 있다. 이를 통해 공부 시간을 절약할 수 있다.

소결
1. 법원의 사건번호 중
2. 민사사건(civil case) 또는 가사사건(family case)으로
3. 중요한 것 몇 개만 알아보자.

외울 이유는 없다. 이해만 하면 충분하다.

사례

배경
K는 2023. 9. 14. J를 상대로 서울중앙지방법원에 소장을 제출했다.

사건번호 및 사건명
법원은 접수를 하며 사건에 "서울중앙지방법원 2023가단1020304 대여금 등"이라는 사건번호 및 사건명을 부여한다.

분석

법원 이름
"서울중앙지방법원"은 사건을 처리하는 법원, 즉 수소법원 이름이다.

접수년도
"2023"는 법원이 사건을 접수한 연도다.

이 경우 판결 선고는 2023년 이후, 예를 들어 2024년에 이루어질 수도 있다.

부호문자(사건 구분)

"가단"이란 민사 단독사건을 뜻한다.

진행번호

"1020304"는 접수순서와 관련이 있을 것 같다.

1. 일련번호(앞자리들 "102030"): 사건별 접수순서를 의미한다. 즉, 서울중앙지방법원이 2023년에 접수한 민사 단독사건("가단") 중에서 10만 2,030번째 사건이라는 뜻이다.
2. 검색 숫자(맨 끝자리 "4"): 전산처리용 검색 숫자다. 접수 순서와는 상관없다.

검색 숫자 때문에 "진행번호"와 접수 순서는 정확히는 불일치한다.

3. 진행번호(전체 "1020304"): 일련번호 + 검색 숫자

송달료규칙의 시행에 따른 업무처리요령 제16조(사건번호부여방법) ③ 사건번호[2023가단1020304]는 서기 연수의 네 자리 아라비아 숫자[2023], 사건별 부호 문자[가단] 및 진행번호[1020304]를 병기하여 표시한다.

④ 사건번호 중 진행번호는 일련번호[102030] 뒤에 검색숫자[4]를 붙여서 그 전체 [1020304]를 진행번호로 한다.

형사사건은 전산처리를 위한 검색용 숫자 개념이 없다. 따라서 접수순서, 진행번호가 일치한다. 서울중앙지방법원 형사사건 사건번호 "2023고단12345"란, 서울중앙지방법원이 2023년에 접수한 "고단" 사건 중 1만 2,345번째 사건을 뜻한다.

법원재판사무 처리규칙 제19조(사건번호등) ② 사건번호[2023고단12345]는 서기 연수에 네 자리 아라비아 숫자[2023], 사건별 부호문자[고단]와 진행번호인 아라비아 숫자[12345]로 표시한다.

사건명

말 그대로 사건의 이름이다.

사건의 구분

가합(민사 제1심 합의사건)

제1심(ㄱ), 민사소송(ㅏ), 합의사건(합)

가단(민사 제1심 소액사건 아닌 단독사건)
제1심(ㄱ), 민사소송(ㅏ), (소액사건이 아닌) 단독사건(단)

가소(민사 제1심 소액사건)
제1심(ㄱ), 민사소송(ㅏ), 소액사건(소)

나(민사 항소사건)
제2심(ㄴ), 민사소송(ㅏ)
항소심은 원래 모두 합의사건이므로, 굳이 "합"이라는 말을 쓰지 않는다.

다(민사 상고사건)
제3심(ㄷ), 민사소송(ㅏ)
상고심법원은 대법원이므로, 대법원 판례에서 자주 볼 수 있다.

라(민사 최초의 항고사건)
최초의(ㄹ), 항고(라)

마(민사 재항고사건)
다시 재(ㅁ), 항고(마)
재항고에 대한 판단은 대법원 결정으로 하므로, 대법원 판례에서 종종 볼 수 있다.

머(민사 조정사건)
K의 "서울중앙지방법원 2023머5001234 대여금 등"이 기억나면 충분하다.

차(독촉사건)
지급명령 관련 절차다.
지급명령이 무엇인지는 차차 배우자. 지금 단계에서는 "독촉절차가 곧 지급명령절차이다." 정도로만 기억하고 넘어가도 충분하다.

카합(민사 가압류·가처분 합의사건)
가압류·가처분(카), 합의사건(합)

카단(민사 가압류·가처분 단독사건)
가압류·가처분(카), 단독사건(단)

드합(가사 제1심 합의사건)
제1심(ㄷ), 가사(ㅡ), 합의사건(합)

드단(가사 제1심 단독사건)
제1심(ㄷ), 가사(ㅡ), 단독사건(단)

르(가사 항소사건)
제2심(르), 가사(一)

므(가사 상고사건)
제3심(므), 가사(一)
대법원 판례에서 종종 볼 수 있다.

브(가사 최초의 항고사건)
최초의(브), 가사(一)

스(가사 재항고 사건)
다시 재(스), 가사(一)

너(가사 조정사건)
가사사건은 법적으로 조정을 반드시 거쳐야 하는 경우가 많다. 그래서 실무상 자주 볼 수 있는 부호문자다.

사건명

부여 방법
보통, 소장에 기재된 소의 이름을 따라 기재한다. K의 사건 경우, 대여금 청구와 손해배상 청구를 함께 구하면서 "대여금 등"이라 했다.

소　　장
대여금 등 청구의 소

사례
대여금, 물품대금, 계약금반환, 손실보상금, 청산금, 임료, 손해배상, 위자료, 보험금, 수표금, 양수금, 물품인도, 건물인도, 소유권이전등기, 근저당권설정등기말소, 소유권확인, 공유물분할, 주주총회결의부존재확인, 이혼, 친자관계부존재확인 등이 있다.

위와 같은 명칭이 권장될 뿐, 반드시 따라 맞춰야 할 필요까지는 없다.

손해배상 사건명의 구체화
1. 손해배상(자): 교통사고
2. 손해배상(산): 산업재해

3. 손해배상(의): 의료사고
4. 손해배상(공): 공해(pollution)
5. 손해배상(지): 지식재산권 침해
6. 손해배상(해): 해사(maritime)
7. 손해배상(기): 기타(폭행 등)

주의점

1. 사건의 이름일 뿐이므로, 실제 청구 내용과는 상관없다.

설령 소장에는 "대여금 등 청구의 소"라 써냈는데, 실제 내용을 보면 대여금이 아니라 엉뚱하게 물품대금을 청구한 것이라 하자. 그렇더라도 이 사건의 사건명은 "대여금 등"이 된다.

2. 이렇게 최초로 붙인 사건명은 원칙적으로 대법원까지 계속 유지된다.

예를 들어 K가 소송 중에 내용을 대여금 등 대신 물품대금 청구로 바꾸더라도, 여전히 사건명은 "대여금 등"이다.

> **민사소송법 제262조(청구의 변경)** ① 원고는 청구의 기초가 바뀌지 아니하는 한도안에서 변론을 종결할 때(변론 없이 한 판결의 경우에는 판결을 선고할 때)까지 청구의 취지 또는 원인을 바꿀 수 있다. ...
>
> **법원재판사무 처리규칙 제19조(사건번호등)** ③ 사건에 관하여 최초에 붙인 사건번호와 사건명은 그 사건이 종국에 이르기까지 사용한다. 다만, 사건명은 잘못이 있음이 분명한 때에는 제1심 종국에 이르기까지 재판장의 허가를 받아 정정할 수 있다.

판례번호

사건번호와 재판번호

1. 사건번호(case number): "서울중앙지방법원 2023가단1020304"

판결이 나기 전에도 사건번호는 있다.

2. 판결번호(judgment number): "서울중앙지방법원 2023. 12. 13. 선고 2023가단1020304 판결"

서울중앙지방법원	2023. 12. 13.	선고	2023가단1020304	판결
법원 이름	재판 일자	선고	사건 번호	재판 유형

3. 결정번호(ruling number): "서울중앙지방법원 2023. 12. 17. 자 2023카단 102 결정"

서울중앙지방법원	2023. 12. 17.	자	2023카단102	결정
법원 이름	재판 일자	자	사건 번호	재판 유형

"선고"하지 않는 재판은 판례번호에 "선고"라는 말을 붙이지 않는다.

재판례와 판례

1. 판결례(judgment case): 판결 사례
2. 결정례(ruling case): 결정 사례
3. 재판례(judgment and ruling case): 판결례와 결정례
4. 판례(judicial precedent): 법원(court)에서 판시한 법의 해석 및 적용에 관한 의견
5. 대법원 판례(judicial precedent of the Supreme Court of Korea): 대법원에서 판시한 법의 해석 및 적용에 관한 의견

수험법학은 대법원 판례 공부라 해도 과언이 아니다.

> **대한민국헌법 제101조** ① 사법권은 법관으로 구성된 법원에 속한다.
> ② 법원은 최고법원인 대법원과 각급법원으로 조직된다.

> **2006다66272**: 구체적 분쟁사건의 재판에 즈음하여 법률 또는 법률조항의 의미·내용과 적용 범위가 어떠한 것인지를 정하는 권한[이] 곧 법령의 해석·적용 권한[이다. 이것]은 사법권의 본질적 내용을 이[룬다.] ... 법령의 해석·적용 권한은 대법원을 최고법원으로 하는 법원에 전속한다.

판례번호

판례의 출처가 되는 재판의 재판번호

판례번호를 외우는 것은 적어도 수험적으로는 무의미하다. 판례 내용을 이해하는 것이 중요하다.

검색

사건 진행내역 검색

1. 대법원 홈페이지(scourt.go.kr) → 대국민서비스 → 정보 → 사건검색
2. 위 사이트에서 사건번호를 입력하고, 당사자 이름을 입력한다.

판례검색

1. 법제처 국가법령정보센터(law.go.kr)
2. 대법원 종합법률정보(glaw.scourt.go.kr)
3. 헌법재판소 지능형 통합검색(isearch.ccourt.go.kr)
4. 로앤비(lawnb.com)
5. 케이스노트(casenote.kr)
6. 엘박스(lbox.kr)
7. 빅케이스(bigcase.ai)
8. 리걸엔진(legalengine.co.kr)
9. 법고을LX(USB 형태로 판매)

최신판례 학습

대법원 판례 경우,

1. 속보: 대법원 홈페이지(scourt.go.kr) → 대국민서비스 → 판결 → 판례속보
2. 공보: 법원도서관(library.scourt.go.kr) → 검색 → 판례판결 → 판례공보

헌법재판소 판례 경우,

1. 속보: 헌법재판소 홈페이지(ccourt.go.kr) → 알림소식 → 뉴스레터
2. 공보: 헌법재판소 홈페이지(ccourt.go.kr) → 판례통계법령 → 판례정보 → 공보판례

최신판례는 수험적으로 매우 중요하다. 판례속보, 공보 사이트를 인터넷 시작 페이지로 설정해 두는 것을 권장한다.

태양 아래 새로운 것은 없다(*Nihil sub sole novum*; There is nothing new under the sun).

제2강

계약법 기초
Basic Contract Law

Edwin Lord Weeks, *A Street Market Scene, India*, 1887, Oil on canvas, 74×61cm

본인 의사에 따라 만드는 법률관계에 관하여

— 누가 누구에게 권리와 의무가 있는지 관계를 **법률관계**라고 한다.
   1. 어떤 경우는 법률관계가 본인 **의사**에 따라 변화하기도 한다.
   2. 어떤 경우는 법률관계가 그와 무관하게 변화하기도 한다.
— 앞 경우를 **법률행위**에 따른 법률관계 변동이라 한다. 그러한 법률행위 중에서도 계약이 가장 중요하다. 계약에 관한 법, 즉 계약법을 살펴본다. 구체적으로, 강의 목표는 다음을 이해하는 것이다.
   1. 기초적인 **계약법상 법률용어**
   2. 계약법의 기본 사례와 구조

들어가며
Introduction

사람에겐 사람이 필요하다. - Rabindranath Tagore

머리에

문제 상황

K는 J에게, 다음을 구하고 있다.

1. 대여금 4,000만 원의 지급
2. 바이올린 파손에 따른 손해 1,000만 원 배상

법적 평가

이 두 가지는 근거가 서로 다르다. 이제 법적으로 분석해 보자.

이해의 편의를 위해 사실관계는 모두 원고 K 주장과 같다고 가정하자. 즉, 4,000만 원의 대출계약이 체결된 것이 맞고, 1,000만 원 손해를 입힌 불법행위도 실제 있었다고 하자. J의 항변 사유도 없다고 가정하자.

대여금 부분

대출계약

돈을 빌린 사람이 돈을 갚아야 하는 것은 대출계약(금전소비대차계약)에 따른 것이다. 대출계약(loan agreement; credit agreement; facility agreement)은 계약의 대표적 유형이다.

계약이란 쉽게 말해 약속 또는 합의다. 누가 누구에게 어떤 권리 또는 의무를 갖기로 양 당사자가 합의하는 것이다.

권리의무 관계

대주(lender) K 입장에서는,

1. 대여(loan) 의무: J에게, 약속한 금액을 빌려줄 의무가 생긴다.
2. 반환(repayment) 권리: J로부터, 약속한 일정기간 후 약속한 금액을 돌려받을 권리가 생긴다.

차주(borrower) J 입장에서는,

1. 대여(loan) 권리: K로부터, 약속한 금액을 빌릴 권리가 생긴다.
2. 반환(repayment) 의무: K에게, 약속한 일정기간 후 약속한 금액을 돌려줄 의무가 생긴다.

권리의무 발생

계약 때문에 권리의무가 발생한다.

1. 원래 K와 J는 대출계약을 체결하기 전까지는 서로 법적으로는 아무 관계가 아니었다.
2. 그런데 어느 날 K는 J에게 돈을 빌려주기로, J는 K로부터 돈을 빌리기로 합의했다.
3. 이렇게 양 당사자가 "합의(계약)"한 순간, K와 J 사이에 4,000만 원의 권리의무가 발생한다.

당사자 의사(intention)에 따라 권리의무 관계가 발생했다. 이 점을 이해하는 것이 중요하다. 당사자들은 4,000만 원을 대여 및 반환하기로 계약(합의)했다. "계약(합의)했으니까" 그렇게 대여 및 반환해야 한다.

청약 순서?

서로 뜻이 통하는 한, 누가 먼저 청약했는지는 법적으로 상관없다.

1. K가 먼저 청약(offer)하고 J가 승낙(accept)해도 된다.

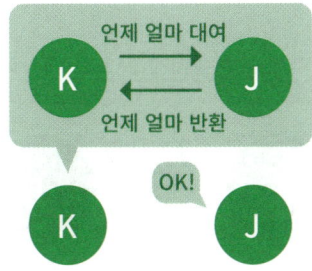

2. J가 먼저 청약(offer)하고 K가 승낙(accept)해도 된다.

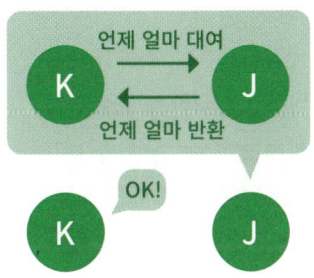

정리

1. 계약(agreement; contract)이란, 어떤 권리(right)나 의무(duty)를 갖기로 하는 양 당사자(both parties)의 합의다.

2. 계약 때문에 권리의무 관계가 생기기도 한다.

금전을 빌리고 갚을 K와 J의 권리의무 관계는 양 당사자의 금전소비대차계약 때문에 발생한다.

3. 원칙적으로, 당사자가 계약한 그대로 권리의무 관계를 갖게 된다. "그러한 권리의무 관계"가 만들어지는 이유는 "그렇게 하기로" 합의했기 때문이다.

대여금을 이자 없이 4,000만 원으로 합의(계약)했다고 하자. 그러면 약속한 반환일이 되었을 때, 대주 K는 일방적으로 5,000만 원을 갚으라고 요구할 수 없다. 차주 J 역시 일방적으로 3,000만 원만 갚겠다고 할 수도 없다. 더도 말고, 덜도 말고, 약속한 만큼 지급한다.

바이올린 파손 손해 부분

불법행위

과실로 손해를 가한 가해자가 피해자에게 돈으로 배상해야 하는 것은 불법행위가 성립했기 때문이다.

권리의무 관계

피해자(victim) K 입장에서는,

1. 손해배상(damages) 권리: J로부터, 손해를 돈으로 배상받을 권리가 생긴다.
2. 의무?: J에 대한 어떤 의무가 발생하지는 않는다.

가해자(offender) J 입장에서는,

1. 손해배상(damages) 의무: K에게, 손해를 돈으로 배상할 의무가 생긴다.
2. 권리?: K에 대한 어떤 권리가 발생하지는 않는다.

권리의무 발생

불법행위 때문에 권리의무가 발생한 것이다.

1. 원래 K와 J는 불법행위가 있기 전까지는 서로 법적으로는 아무 관계가 아니었다.

2. 그런데 어느 날 J가 과실로 K 물건을 파손하는 사건이 있었다.
3. 이렇게 불법행위를 "저지른" 순간, K와 J 사이에 1,000만 원의 권리의무 관계가 발생한다.

당사자 의사(intention)와 무관하게, 권리의무 관계가 발생했다. 이 점을 이해하는 것이 중요하다. 당사자들은 1,000만 원을 배상하기로 계약(합의)한 적이 없다. 그럼에도 1,000만 원을 배상해야 한다.

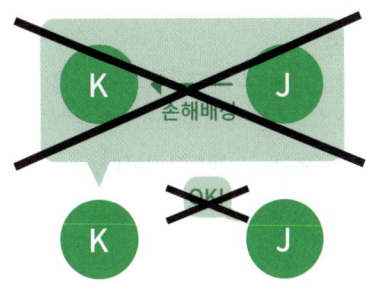

민법 제750조(불법행위의 내용) 고의 또는 과실로 인한 위법행위로 타인에게 **손해를 가한 자는 그 손해를 배상할 책임이 있다.**

민법 제763조(준용규정) …제394조… 규정은 불법행위로 인한 손해배상에 준용한다.

민법 제394조(손해배상의 방법) 다른 의사표시가 없으면 손해는 금전으로 배상한다.

정리

1. 불법행위(tort)란, 고의 또는 과실로 다른 자에게 손해를 가하는 위법행위다.
2. 권리의무 관계는 불법행위처럼 계약 아닌 것(non-contract) 때문에 생기기도 한다.

바이올린 파손에 따른 K와 J의 권리의무 관계(1,000만 원 손해배상 의무)는 실수에 따른 파손이라는 사건 또는 사실 때문에 발생한다.

3. "그러한 권리의무 관계"가 만들어지는 이유는 당사자들이 "그렇게 하기로" 합의했기 때문이 아니다.

불법행위로 1,000만 원 손해를 가했고, 별다른 증액 또는 감액 사유도 없다고 하자. 그러면 피해자 K는 일방적으로 1,100만 원을 배상하라 요구할 수 없다. 가해자 J 역시 일방적으로 900만 원만 배상하겠다고 할 수도 없다. 더도 말고, 덜도 말고, 손해만큼 배상한다.

결론

대여금 청구 4,000만 원

1. 대여금 4,000만 원 청구의 근거는 4,000만 원을 반환하기로 "그렇게 합의했기 때문"이다.
2. 즉, 계약(contract)에 근거한다.
3. 여기에는 당사자 "의사(intention)"가 들어가 있다.

손해배상 청구 1,000만 원

1. 손해배상 1,000만 원 청구의 근거는 실수로 바이올린을 파손해서 손해가 1,000만 원이 발생한 "그러한 사건(event) 때문"이다.
2. 즉, 계약 아닌 것(non-contract)에 근거한다.
3. 여기에는 당사자 의사(intention)가 들어있지 않다.

권리와 의무
Rights & Duties

권리란 일정한 이익을 누릴 수 있게 하기 위하여 법이 인정하는 힘이다.
- Ludwig Enneccerus

권리

권리의 양 갈래
민법에서 말하는 권리(rights)에는 채권(claims)과 물권(property right)이 있다.

채권 개념
채권(債權; claims)이란, 특정인에게 무언가 해 달라 요구할 권리다. 예를 들어,

1. A가 B에게 100만 원을 받을 권리
2. B가 C에게 300만 원을 받을 권리
3. C가 D에게 자기를 광화문까지 태워달라고 할 권리
4. E가 F에게 "내가 다치면 치료비를 달라"고 할 권리 등 무궁무진하다.

채권을 사람에 대한(*in personam*; against a person) 권리라고도 한다.

"채권을 발행한다"에서 쓰는 금융에서의 채권(債券; bond)과는 다른 개념이다.

물권 개념
물권(property right)이란, 어떤 물건을 지배하고 이용하여 이익을 누리는 권리다. 예를 들어,

1. 내게 신발이 있다 하자. 그러면 그 신발을 사용할 권리, 누군가 내 신발을 가져갔을 때 돌려달라고 할 권리, 버리는 등 처분할 권리 등
2. 자기 소유의 땅이 있다고 하자. 그러면 그 땅을 사용할 권리, 땅에 집을 지을 권리, 자기 땅에 무단으로 건축한 건물을 철거할 권리 등

물권을 물건에 대한(*in rem*; against a thing) 권리라고도 한다.

지금 단계에서는, 물권이란 소유권 정도로 생각하면 된다. 더욱 정확히는 제4강 물권법 기초에서 배운다.

채권의 특징
채권을 가진 사람은 채권관계가 있는 바로 그 사람에 대해서만 권리(채권)를 주장할 수 있다. 그래서 대인적(particular) 권리라고도 한다.

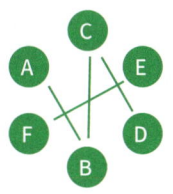

1. A가 B에게 100만 원을 받을 권리(채권)가 있다면, 원칙적으로 A는 B에게만 요구해야 한다.
2. A가 C, D, E, F에게 달라고 할 수 없다.

물권의 특징

물권을 가진 사람은 누구에게나 그 권리(물권)를 주장할 수 있다. 그래서 세상에 대한 권리, 즉 대세적(general) 권리라고도 한다.

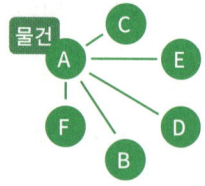

1. A가 K토지 소유권(물권)을 가지면, 원칙적으로 A는 누구에게나 소유권을 행사할 수 있다.
2. B, C, D, E, F 등등 누구라도 A의 소유권 행사를 방해하면, A는 방해자에 대해 각종 권리를 행사할 수 있다.

	채권	물권
개념	사람에 대한 권리	물건에 대한 권리
효력	대인적(특정적)	대세적(일반적)

의무

양면성

다음 두 명제는 똑같다.

1. "A가 B에게 어떠어떠한 권리(rights)가 있다."
2. "B가 A에게 어떠어떠한 의무(duties)가 있다."

이를 권리의무의 양면성이라 부른다.

사례

다음 두 명제는 똑같다.

1. "A가 B에게 4,000만 원을 받을 권리가 있다."
2. "B가 A에게 4,000만 원을 줄 의무가 있다."

권리관계와 권리의무관계

1. 편의상 "누구의 권리"가 있다고만 말하더라도,
2. 이 말 안에는 동전의 양면처럼 "상대방의 의무"가 있다는 말이 생략돼 있다.

즉, 권리관계가 곧 권리의무 관계다. 채권관계(claim relationship)가 곧 채권채무 관계(claim-obligation relationship)다.

오르막길과 내리막길은 똑같은 길이다(Ὁδὸς ἄνω κάτω μία καὶ ὡυτή; The road up and the road down is one and the same). 채권법(채권에 관한 법)이 곧 채무법(채무에 관한 법)이다. 참고로 우리는 주로 "채권법"이라 하지만, 미국에선 "채무법(obligation law)"이라 한다.

권리 변동

개념

권리의무 관계를 다른 말로 법률관계(legal relationship)라고도 한다. 법률관계(권리의무 관계)는 변하기 마련이다. 예를 들어,

1. 원래 A와 B 사이에 아무런 법적 관계가 없었다.
2. 그런데 A가 B에게 100만 원을 빌려주면,
3. 이제는 100만 원을 갚을 권리의무 관계, 즉 법률관계가 생긴다.

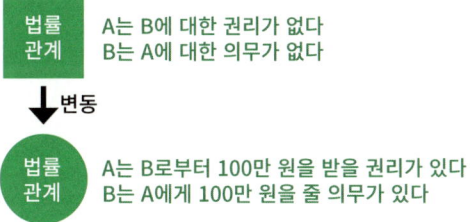

변동의 모습

1. 권리의무 발생(acquisition): 이처럼, 없던 권리의무가 생기기도 한다.

2. 권리의무 변경(change): 존재하는 권리의무 내용이 변하기도 한다. 위 사례에서 B가 A에게 70만 원을 갚으면(일부변제), 채권채무는 30만 원만 남게 된다. 즉, 100만 원의 채권관계가 30만 원으로 변한다.

A가 B로부터 받을 100만 원 채권을 P에게 넘길 수도 있다. 그러면 A와 B 사이의 100만 원 채권관계가 P와 B 사이의 100만 원 채권관계로 바뀐다. 이러한 권리의무 이전(transfer) 역시 권리의무 변경에 해당한다.

3. 권리의무 소멸(extinction): 존재하던 권리의무가 사라지기도 한다. 위 사례에서 100만 원 전액을 갚거나(변제), A가 B에게 갚지 않아도 된다며 채무를 탕감해 준다거나 하면(면제), 채권·채무 관계가 사라진다.

법률요건

어떤 법률관계에서 K라는 법률관계로 변동한 원인(사유)을 K의 법률요건(legal prerequisite)이라 부른다.

2016다256968: 법률관계, 특히 **권리 또는 의무의 발생, 변경, 소멸**이라는 법률효과는 원인 되는 **법률요건**이 충족될 경우에 그 결과로서 생긴다.

1. 앞서 보았듯, 법률관계(legal relationship)는 시시각각 변한다.
2. 사안에서 권리관계가 발생한 원인은 무엇인가? 100만 원을 빌려주는 계약이 있었기 때문이다. 바로 "그러한 계약의 존재"가 100만 원 채권관계의 법률요건(legal prerequisite)이다.
3. 그 밖에도 예를 들어, 계약, 사망, 유언, 취소, 시간의 경과, 불법행위 등 때문에 법률관계가 변동하게 된다.

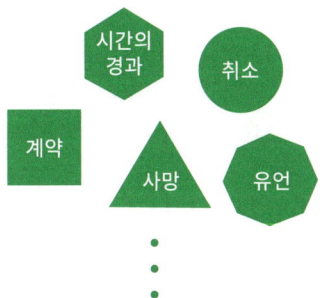

개별 개념은 차차 공부하자. 이들 각각을 법률요건이라 부른다는 사실을 이해하는 것이 중요하다.

결론

법률관계
권리의무 관계가 곧 법률관계(legal relationship)다.

법률요건
법률관계 변동 원인(사유)을 법률요건(legal prerequisite)이라 한다.

권리의무 변동
법률요건 때문에 권리의무(rights and duties)가 변동한다.

법률행위
Juristic Act

다른 사람의 충동에 따르는 것은 노예가 되는 것이지만,
자신이 규정한 법에 복종하는 것은 자유이다.
- Jean-Jacques Rousseau

의사표시

효과의사와 의사표시

1. 효과의사(intention to enter into juristic relations): 법률관계를 변동(alteration)시키겠다는 당사자 의사(intention)
2. 의사표시(declaration of intention): 그러한 효과의사를 표시하는 것

숨은 의도는 아무것도 발생시키지 않는다(*Intentio in mente retenta nihil operatur*; The intention in mind operates nothing).

의사표시의 사례

다음은 법률관계를 변동시키려는 의사표시다.

1. "돈을 얼마 빌려주고 언제 돌려받겠다."
2. "돈을 얼마 빌리고 언제 갚겠다."

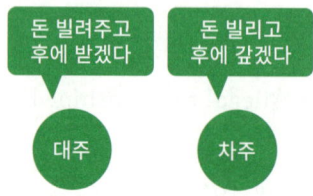

3. "무엇을 얼마에 판다."
4. "무엇을 얼마에 산다."
5. "재산의 1/3을 큰아들 하후돈에게 상속해 주겠다."
6. "무엇을 취소한다."
7. "내 채무 소멸시효가 완성했지만, 갚겠다."

2014다32458: 시효이익을 받을 채무자는 소멸시효가 완성된 후 시효이익을 포기할 수 있다[다]. 이것은 시효의 완성으로 인한 법적인 이익을 받지 않겠다고 하는 효과의사를 필요로 하는 의사표시이다.

법률요건 분류

구별기준

법률요건이란 법률관계를 변동하게 만드는 원인이다. 법률요건 중에는,

1. 당사자 의사에 따른 것도 있다.
2. 당사자 의사와 무관한 것도 있다.

의사표시에 따른 법률요건(= 법률행위)

법률행위(legal act)란, 법률요건(legal prerequisite) 중에서도 의사표시(declaration of intention)를 본질로 하는 법률요건이다.

1. 예를 들어, 계약, 유언, 취소 등에는 그러한 내용대로 법률관계를 변화시키려는 당사자 의사가 들어 있다.
2. 이들은 모두 법률요건이다.
3. 그중에서도 의사표시를 본질로 하는 법률요건이다.

법률행위의 정의는 무슨 일이 있어도 정확하게 암기하라. 다만, 영미법에는 법률행위에 정확하게 대응하는 용어는 없다.

의사표시와 무관한 법률요건(= 법률행위 아닌 법률요건)

의사표시와 무관한 법률요건은 법률행위가 아니다.

1. 예를 들어, 사망, 시간의 경과 등에는 그러한 내용대로 법률관계를 변화시키려는 당사자 의사가 들어 있지 않다.
2. 물론 이들은 모두 법률요건이기는 하다.
3. 그러나 의사표시와 무관한 법률요건이다. "그러한 내용대로" 법률관계를 변동시키려는 의사표시는 어디에도 들어 있지 않다.

법률행위 분류

머리에

법률행위는 계약과 단독행위로 나뉜다.

계약

계약(contract)이란 두 의사표시가 만나 일치해 성립하는 법률행위다.

1. "금전소비대차계약": 돈 빌려주고 약속한 날에 돈 받겠다는 의사표시와 돈 빌리고 약속한 날에 돈 갚겠다는 의사표시가 만난 것

> **민법 제598조(소비대차의 의의)** 소비대차는 당사자 일방[K]이 금전 기타 대체물의 소유권을 상대방[J]에게 이전할 것을 약정하고 상대방[J]은 그와 같은 종류, 품질 및 수량으로 반환할 것을 약정함으로써 그 효력이 생긴다.

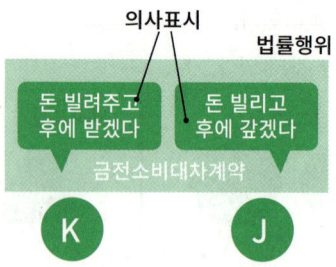

2. "증여계약": 물건 주겠다는 의사표시와 물건 받겠다는 의사표시가 만난 것

> **민법 제554조(증여의 의의)** 증여는 당사자 일방[P]이 무상으로 재산을 상대방[Q]에 수여하는 의사를 표시하고 상대방[Q]이 이를 승낙함으로써 그 효력이 생긴다.

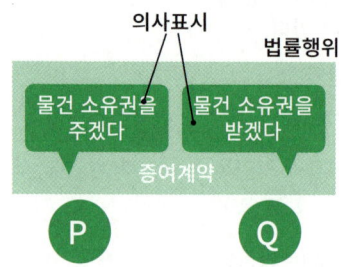

단독행위

단독행위(unilateral act)란 1명의 의사표시로 성립하는 법률행위다.

1. "취소": 취소해서 없던 것으로 하겠다는 의사표시로 성립한다. 취소권이 있는 이상, 취소는 상대방 허락 받고 하는 것이 아니라 일방적으로 할 수 있다.

2. "유언": 어떠한 내용대로 상속관계를 만들겠다는 의사표시로 성립한다. 역시 허락 받고 유언하는 것이 아니다. 일방적으로 한다.

공통점

계약, 단독행위 모두 의사표시(declaration of intention)가 본질이다. 계약, 단독행위는 모두 법률행위(legal act)다.

계약에 관하여

계약의 정의
1. 둘 이상 당사자의 합치하는 의사표시를 요소로 하는 법률행위. 또는,
2. 법적으로 강제력을 갖게 되는 당사자 간의 약속이나 합의(legally enforceable agreement or promise)

일반적으로 두 가지 정의를 모두 사용한다.

계약과 문서: 낙성계약 원칙
쌍방 사이에 의사가 합치하기만 하면, 말만으로도 계약은 성립한다.

> **2015다34437**: 계약이 성립하기 위해서는 당사자 사이에 계약의 내용에 관한 의사의 합치가 있어야 한다. 이러한 의사의 합치는 계약의 내용을 이루는 모든 사항에 관하여 있어야 하는 것은 아니[다.] 본질적 사항이나 중요 사항에 관하여 구체적으로 의사가 합치되[면 충분하다. 그렇지 않더라도,] 적어도 장래 구체적으로 특정할 수 있는 기준과 방법 등에 관한 합의가 있으면 충분하다.

1. 가게에서 물건을 사고파는 것도, 버스나 택시를 이용하는 것도, 과외를 하기로 합의하는 것도, 커피를 주문하는 것도 모두 유효한 계약이다.
2. 이처럼 계약을 위해 반드시 문서를 작성할 필요가 없다. "승낙만으로 성립한다." 해서, 낙성계약(consensual contract)이라 부른다. 즉, 계약은 원칙적으로 낙성계약이다.

> **90다14652**: 민법상 소비대차는 당사자 일방이 금전 기타 대체물의 소유권을 상대방에게 이전할 것을 약정하고 상대방은 그와 같은 종류, 품질 및 수량으로 반환할 것을 **약정함으로써 그 효력이 생기는 이른바 낙성계약**이[다. 그러]므로, 차주가 현실로 금전 등을 수수하거나 현실의 수수가 있는 것과 같은 경제적 이익을 취득하여야만 소비대차가 성립하는 것은 아니다.

물론,
1. 다툼이 생겼을 때 말만으로는 증명하기 힘들기 때문에 중요한 계약은 계약서 같은 서류를 작성하기도 한다.
2. 그러나 꼭 그래야만 계약이 성립하기 때문이 아니다.
3. 어디까지나 서로 분명히 해 나중에 증거로 쓰기 위한 취지다.

> **2002다64520**: 일반적으로 보험계약은 당사자 사이의 의사 합치에 의하여 성립되는 낙성계약으로 별도의 서면을 요하지 아니[한다. 그러]므로 보험계약을 **체결할 때 작성·교부되는 보험증권은 하나의 증거증권에 불과**한 것이[다.] 보험계약의 성립 여부라든가 보험계약의 내용 등은 그 증거증권만이 아니라 계약 체결의 전후 경위 등을 종합하여 인정할 수 있다.

계약과 문서: 요물계약의 예외

예외적으로, 몇몇 계약은 반드시 어떤 서류 같은 것을 작성해 넘겨 줘야만 성립하기도 한다. 이런 계약은 말만으로는 계약이 성립하지 않는다. "물건이 필요하다" 해서 요물계약(substantial contract)이라 부른다. 예를 들어,

1. 계약금계약은 실제 계약금을 지급해야만 성립한다.
2. 즉, 계약금계약은 요물계약이다.

> **2007다73611:** 계약금계약은 금전 기타 유가물의 교부를 요건으로 [한다. 그러]므로 단지 계약금을 지급하기로 약정만 한 단계에서는 아직 계약금으로서의 효력...[은] 발생하지 않는[다.]
>
> [이 사건에서] **계약금[6,000만 원]이 [모두] 교부되지 아니한 이상 아직 계약금계약은 성립되지 아니하였[다.]**

일단 이런 것이 존재한다는 정도로만 기억하자. 아직 계약금을 정확히는 모르기 때문이다. 자세히는 제8강 해제와 손해배상 중 "계약금 제도"에서 배울 것이다.

법률행위와 계약

계약은 법률행위 중 가장 대표적인 경우다. 그래서 "법률행위에 관한 것"이라도, 편의상 "계약에 관한 것"으로 표현하는 경우가 많다.

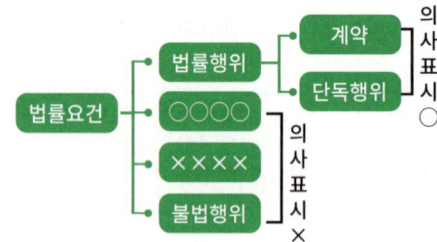

사례

대여금 청구 4,000만 원

1. 대여금 4,000만 원 청구 부분은 계약(contract)이라는 법률행위(legal act)에 근거한다.
2. 의사표시와 관련이 있다.
3. 위 4,000만 원 채권채무관계의 법률요건은 "금전소비대차계약의 체결"이다.

손해배상 청구 1,000만 원

1. 손해배상금 1,000만 원 청구 부분은 계약에 근거하지 않는다. 법률행위가 아니라 불법행위(tort)를 이유로 한 청구다.
2. 의사표시와는 직접 관련이 없다.
3. 위 1,000만 원 채권채무관계의 법률요건은 "불법행위 발생"이다.

강의순서에 관하여

민법의 두 줄기: 채권법과 물권법

민법을 깨우치기 위해서는, 다음 양대산맥을 이해해야 한다.

1. 채권관계를 다루는 채권법(obligation law)
2. 물권관계를 다루는 물권법(property law)

그런데, 채권관계와 물권관계는 서로 밀접한 관련이 있어, 서로 법원리를 참조한다. 따라서 채권과 물권 중 어느 한 가지만 보아서는, 전체는 물론, 그 어느 한 가지도 제대로 이해할 수 없다.

채권관계 발생원인의 두 줄기: 의사표시와 의사표시 아닌 것

채권관계 발생원인은 다시 다음 2가지로 나눌 수 있다.

1. 의사표시에 따른 것: 대표적으로 계약(contract)
2. 의사표시와 무관한 것: 대표적으로 불법행위(tort)

위 2가지를 이해하는 것이 곧 채권법 학습이다.

결론

채권법이든 물권법이든 그 밖에 어떤 민법 과목이든, 수험생은 이를 파고들기 전 다음을 숙지해야 한다. 그것이 "빠르고 정확하게" 공부하는 유일한 방법이다.

1. 계약법(contract law) 기초
2. 불법행위법(tort law) 기초
3. 물권법(property law) 기초

계약 분류
Classification of Contract

내가 푼 각각의 문제는 나중에 다른 문제들을 풀기 위한 규칙이 되었다.
- René Descartes

대가관계 유무에 따른 구별

편무계약과 쌍무계약

채무와 채무가 서로 대가관계에 있는지 문제다.

1. 편무계약(unilateral contract): 계약 당사자가 서로 대가적인 채무를 부담하지 않는 계약. 증여(donation), 즉 물건을 주는 계약이 대표적이다.

즉, 한 명(A)만 권리를 갖는다[= 한 명(B)만 의무를 부담한다].

> 민법 제554조(증여의 의의) 증여는 당사자 **일방**이 무상으로 **재산을 상대방에 수여**하는 의사를 표시하고 상대방이 이를 승낙함으로써 그 효력이 생긴다.

2. 쌍무계약(bilateral contract): 계약 당사자가 서로 대가적인 채무를 부담하는 계약. 매매(sale and purchase)계약, 즉 물건을 파는 계약이 대표적이다.

즉, 쌍방(A, B) 모두 권리를 갖는다[= 쌍방(B, A) 모두 의무를 부담한다].

> 민법 제568조(매매의 효력) ① **매도인[B]은** 매수인[A]에 대하여 매매의 목적이 된 권리 [**물건 소유권**]를 **이전하여야** 하며 **매수인[A]은** 매도인[B]에게 **그 대금을 지급하여야** 한다.
> ② 전항의 **쌍방의무**는 특별한 약정이나 관습이 없으면 동시에 이행하여야 한다.

받기 위하여 준다(*do ut des*; *Ich gebe, damit du gibst*; I give, so that you may give).

무상계약과 유상계약

손실 부담(contribution)이 서로 대가관계에 있는지 문제다.

1. 무상계약(naked contract; gratuitous contract): 손실 부담 없이 (without contribution) 권리를 취득하는 계약. 증여(donation) 계약이 대표적이다.

즉, 대가 없이 손실을 부담한다. 쉽게 말해, 공짜로 한다.

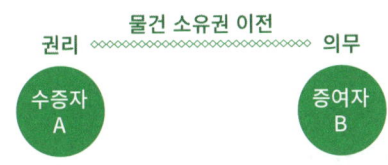

> **민법 제554조(증여의 의의)** 증여는 당사자 일방이 **무상으로** 재산을 상대방에 수여하는 의사를 표시하고 상대방이 이를 승낙함으로써 그 효력이 생긴다.

2. 유상계약(onerous contract; contract for value): 손실을 부담하기로 하면서(with contribution) 권리를 취득하는 계약. 매매(sale and purchase) 계약이 대표적이다.

즉, 대가가 있어서 손실을 부담한다. 쉽게 말해, 돈 받고 한다.

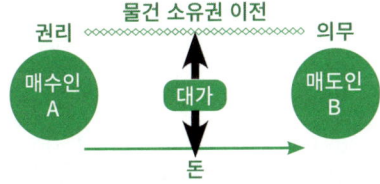

> **민법 제568조(매매의 효력)** ① 매도인[B]은 매수인[A]에 대하여 매매의 목적이 된 권리[물건 소유권]를 이전하여야 하며 매수인[A]은 매도인[B]에게 <u>그 대금을 지급하여야</u> 한다.

관계

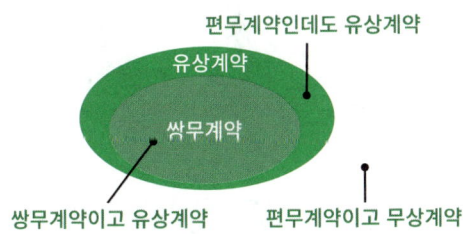

1. 쌍무계약은 모두 유상계약이다.

매매: 쌍무계약이면서 유상계약이다.

> **민법 제563조(매매의 의의)** 매매는 당사자 일방이 재산권을 상대방에게 이전할 것을 약정하고 상대방이 그 대금을 지급할 것을 약정함으로써 그 효력이 생긴다.

2. 편무계약은 대체로 무상계약이다.

증여: 편무계약이면서 무상계약이다.

3. 그러나 편무계약이지만 유상계약인 경우도 있다.

현상광고: 편무계약이지만 유상계약이다.

편무계약이면서 유상계약인 경우: 현상광고

1. 현상광고(advertisement for prize)는 민법이 명시한 계약 유형 중 하나다.

> **민법 제675조(현상광고의 의의)** 현상광고는 광고자[B]가 어느 행위를 한 자[A]에게 일정한 보수를 지급할 의사를 표시하고 이에 응한 자[A]가 그 광고에 정한 행위를 완료함으로써 그 효력이 생긴다.

2. 현상광고는 편무계약이다. 응모자 A는 광고에서 정한 행위를 할 의무가 없기 때문이다. 응모자 A가 그 행위를 완료하기 전에는 현상광고계약은 효력도 없다. 그래서 광고자 B가 응모자 A에게 어떤 행위를 요구할 근거도 없다.

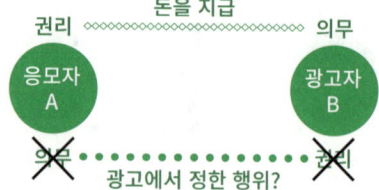

3. 현상광고는 유상계약이다. 광고자 B가 돈을 지급하는 것은 응모자 A가 광고에서 정한 행위를 하기 때문이다. 마찬가지로, 응모자 A가 그 행위를 하는 것은 광고자 B가 돈을 지급하기 때문이다. 손실 부담 사이에 대가관계가 있다.

	편무계약 사례	쌍무계약 사례
무상계약 사례	증여	-
유상계약 사례	현상광고	매매

계속성에 따른 구별

계속적 계약
채무 이행이 시간상으로 계속인 계약을 계속적 계약(continuous contract)이라고 한다.

예: 아래에서 볼 임대차, 사용대차, 근로, 위임

일시적 계약
이에 비교해 채무 이행이 일시적, 일회적으로 실현되는 계약을 일시적 계약(non-continuous contract)이라 한다.

예: 아래에서 볼 매매, 증여, 교환

상대적인 구별
계속적 계약이냐 일시적 계약이냐는 계약의 구체적 내용에 따라 달라질 수 있다. 즉, 상대적인 개념이다.

1. 일반적으로 매매는 일시적 계약이다.

예: 신문을 사는 것, 우유를 사는 것

2. 그러나 매매가 계속적 계약일 수도 있다. 이를 계속적 매매계약이라 한다.

예: 신문을 구독하는 것, 우유를 매일 배달시키는 것

구별 실익

구별 실익의 뜻
구별 실익(practical benefit of classification)이란, 구별의 필요성을 뜻한다.

1. 어떤 것의 법적 의미가 A냐 B냐에 따라 논증, 결론이 달라지는 경우, "A와 B를 구별할 실익이 있다."고 표현한다.
2. 어떤 것의 법적 의미가 A냐 B냐와 무관하게 논증, 결론이 동일한 경우, "A와 B를 구별할 실익이 없다."고 표현한다.

실무와 수험법학에서는 구별 실익이 없다면, 논의하지 않는다. 구별 실익이 없는데도 서면 또는 답안에서 논하는 것은 무익하며(futile), 많은 경우 유해하다(harmful). 이 점을 명심하기 바란다.

편무계약과 쌍무계약의 구별 실익
편무계약과 달리, 쌍무계약에는 몇 가지 중요한 특징이 있다. 따라서 편무계약과 쌍무계약은 구별 실익이 있다. 예를 들어, 동시이행 관계는,

1. 원칙적으로 쌍무계약에서 인정된다.

> 민법 제536조(동시이행의 항변권) ① 쌍무계약의 당사자 일방은 상대방이 그 채무이행을 제공할 때까지 자기의 채무이행을 거절할 수 있다. ...

약속을 지키지 않는 상대방에 대하여는 약속을 지키지 않아도 된다(non servanti fidem non est fides servanda; *One need not hold to his word vis-à-vis those who do not*).

2. 반면 원칙적으로 편무계약에서는 인정되지 않는다.

무상계약과 유상계약의 구별 실익

무상계약과 달리, 유상계약에는 몇 가지 중요한 특징이 있다. 따라서 무상계약과 유상계약은 구별 실익이 있다. 예를 들어, 매매에 관한 민법 규정은,

1. 원칙적으로 다른 유상계약에도 준용한다.
2. 반면 원칙적으로 무상계약에는 준용하지 않는다.

민법 제567조(유상계약에의 준용) 본 절[제3절 매매]의 규정은 매매 이외의 **유상계약에** 준용한다. ...

각 조항들의 구체적인 의미는 제3권 채권 효력에서 배울 것이다. 그러나 파고들기 전에 기초개념을 숙지해야 한다. 그렇지 않으면 시간을 낭비할 수 있다. 제2권까지를 건너뛰고 제3권, 제4권부터 곧바로 보는 실수를 저지르지 말기 바란다.

계약자유 원칙과 한계
The Freedom of Contract and Its Restrictions

> 우리 법은 개인이 하고 싶은 것은 다 해도 된다는 원칙 위에 서 있다.
> 그리고 타인에게 피해를 주거나 사회에 해악을 끼친 경우는 분명히 책임을 지라고 말한다.
> - 양창수

계약자유 원칙

개념

계약에 관해서는, 계약을 체결하려는 당사자가 자유롭게 결정할 수 있다.

> **2002두8626전합:** [우리나라는] 사유재산제도와 경제활동에 관한 사적자치의 원칙에 입각한 시장경제질서를 기본으로 [한다.] 원칙적으로 사업자들에게 계약체결 여부의 결정, 거래상대방 선택, 거래내용의 결정 등을 포괄하는 **계약의 자유**가 인정[된다.]

세부 내용

1. 체결 자유(freedom to contract): 계약체결을 할지 말지 선택할 자유
2. 상대방선택 자유(freedom of choosing the other party): 누구하고 계약을 체결할 것인가를 마음대로 결정할 수 있는 자유
3. 내용 자유(freedom of contents): 쌍방 당사자가 그 계약 내용을 자유롭게 정할 수 있는 자유
4. 방식 자유(freedom of method): 계약 체결에 일정한 방식을 필요로 하지 않는다는 자유

전형계약

문제점

1. 계약 내용의 자유 때문에 계약이 다양한 것 자체는 좋다. 그러나 계약들이 너무 천차만별이면, 개별 계약마다 의미와 내용을 알기 어렵게 된다.

2. 계약 의미가 불분명하면, 당사자 사이에 분쟁이 생길 위험이 커진다.
3. 그 결과, 사람들이 계약에 따른 법률관계를 예측할 수 없다. 사람들은 불안해 거래를 꺼리게 된다. 이것은 문제다.

계약 유형화
1. 그 대책으로, 법은 다양한 계약들을 몇 가지 유형으로 나누어 보았다.
2. 그렇게 나눈 유형들에 "매매계약", "임대차계약", "위임계약" 식으로 이름을 붙였다.

> **민법 제3편 채권**
>   **제2장 계약**
>   제2절 증여 / 제3절 매매 / 제4절 교환 / 제5절 소비대차 / 제6절 사용대차
>   제7절 임대차 / 제8절 고용 / 제9절 도급 / 제9절의2 여행계약 / 제10절 현상광고
>   제11절 위임 / 제12절 임치 / 제13절 조합 / 제14절 종신정기금 / 제15절 화해

유명계약(전형계약)
1. 이렇게 이름을 붙인 계약을 유명계약(named contract)이라 한다.
2. 전형적인 계약이라 해서 전형계약(typical contract)이라고도 한다.

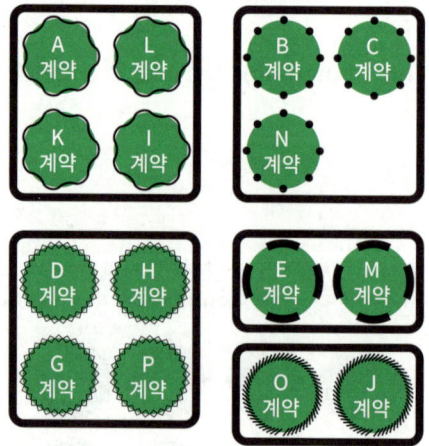

결국 전형계약(유명계약)이란, 유형별로 각각 어떤 공통요소(common elements)를 갖는 계약들을 뜻한다.

사례
1. "물건 소유권을 이전하고 그 대가로 대금을 받는" 계약이라면, 계약마다 세부적 차이가 있더라도, 공통적으로 민법 제563조의 "매매계약"에 속한다.

> **민법 제563조(매매의 의의)** 매매는 당사자 일방이 재산권을 상대방에게 이전할 것을 약정하고 상대방이 그 대금을 지급할 것을 약정함으로써 그 효력이 생긴다.

2. 민법 제563조부터 제589조까지는 매매계약을 다루고 있다. 어떤 계약이 "매매계약"에 해당하면, 그 계약에 관한 법률관계는 위 조항들에 따르게 된다.
3. 예를 들어, 물건 인도와 대금 지급을 동시에 하기로 했다면, 대금 지급은 인도 현장에서 해야 한다. 민법 제586조 때문이다.

민법 제586조(대금지급장소) 매매의 목적물의 인도와 **동시에** 대금을 지급할 경우에는 그 인도장소에서 이를 지급하여야 한다.

---

4. 따라서 그 계약을 체결하려는 사람은 법률관계를 예측할 수 있다. 그 결과 분쟁도 최소화할 수 있다. 즉, 위 사례에서 "이 사건에서 대금을 지급해야 하는 장소가 어디인가?"에 관해 소모적인 논쟁을 할 필요가 없다.
5. 그 결과, 사람들은 더욱 안심하고 거래에 나아가게 된다.

전형계약과 계약자유 원칙

머리에
법이 전형계약을 두고 있지만, 그렇다고 해서 계약자유 원칙을 포기한 것이 아니다. 여전히, 당사자들은 계약 내용을 자유롭게 정할 수 있다.

변형한 전형계약의 허용
전형계약에서, 계약 내용 일부를 법에서 정한 것과 다르게 정해도 된다.

1. 예를 들어, 물건을 사고 팔려는 당사자들이 "물건 인도와 대금 지급을 동시에 진행하되, 물건 인도는 부산에서, 대금 지급은 서울에서 하기"로 정해도 된다.
2. 이 부분은 민법 제586조 내용과 다르다. 그렇지만, 당사자가 합의한 내용이 민법 제586조보다도 우선한다.

합의가 법을 만든다(*Consensus facit legem*; Consent makes the law).

전형계약이 아닌 계약의 허용
아예 전형계약에 해당하지 않는 계약을 창조해도 된다.

1. 예를 들어, 피트니트센터 운영자 V는 회원 M에게 피트니트센터의 각종 시설을 이용할 수 있도록 서비스를 제공하고, 회원 M은 운영자 V에게 돈(회원비)을 내기로 하는 F계약(회원제 체육시설이용계약)을 체결할 수 있다.
2. F계약은 민법이 유형화한 계약 어디에도 속하지 않는다. 즉, F계약은 전형계약이 아니다. 그러나 그 체결은 당연히 가능하다.

무명계약(비전형계약)

1. 이렇게 이름이 붙지 않은 계약을 무명계약(contract without regular name)이라 한다.
2. 전형적이지 않은 계약이라 해서 비전형계약(untypical contract)이라고도 한다.

> **95다35098**: 회원제 체육시설이용계약은 [어떤 계약인가?] 체육시설의 주체가 다수의 회원을 모집하여 회원들로 하여금 각종 체육시설 등을 이용할 수 있도록 서비스를 제공하고 회원들은 그 대가로 대금을 지급하는 일종의 무명계약이[다.] 회원들이 계약 체결 시 체육시설의 주체에게 지급한 일정금액의 입회보증금과 가입비 외에 그 계약에 따라 매년 지급하는 연회비도 위 계약상의 시설이용의 대가라고 할 수 있다.

결국 비전형계약이란,

1. 법을 만든 사람이 미처 예상하지 못한 계약 유형이다. 또는,
2. 법을 만든 사람이 이런 경우까지 공통요소를 뽑아 유형화할 필요를 느끼지 못했을 수도 있다.

혼합계약

2개 이상 전형계약 내용을 하나로 합친 혼합계약(mixed contract)도 가능하다. 혼합계약 자체도 비전형계약이고, 적법 유효하다.

> **92다40167**: 자동차의 수리계약은 임치와 도급의 혼합계약이[다.]

소결

1. 법에서 정한 것과 다른 내용을 둔 계약(변형한 전형계약)도, 적법 유효하다.
2. 아예 법에서 정하지 않은 계약(비전형계약)도, 적법 유효하다.

임의규정

문제점

이처럼 당사자들이 법과 다르게 정해도 될 것이라면, 계약에 관한 법 규정은 무슨 쓸모가 있는가? 즉, 민법은 왜 굳이 계약법 규정을 두고 있는가?

규정의 존재 이유

위와 같은 규정들은, 당사자 의사에 틈이 있는 경우를 대비해 그 틈을 보충하기 위해서 존재한다.

사례

1. 물건을 사고 팔려는 당사자들이 "물건 인도는 부산에서 하고, 대금은 물건 인도와 동시에 지급하기"로 정했지만, 대금 지급 장소까지는 정하지 않았다고 하자.

2. "대금 지급 장소를 정하지 않았으니, 대금을 지급하지 않아도 된다"고 말할 수 있을까? 또, 매매계약을 무효라 보아야 하는가?
3. 그렇게 볼 수 없다. 앞서 본 민법 제586조가 있기 때문이다. 의사의 틈을 민법 제586조가 보충하여, 대금 지급 장소는 부산으로 본다.

> **민법 제586조(대금지급장소)** 매매의 목적물의 인도와 동시에 대금을 지급할 경우에는 **그 인도장소에서** 이를 지급하여야 한다.

이처럼 법 규정들 덕분에, 계약의 무효 위험과 계약 내용의 불확실성이 줄어든다. 그 결과, 사람들은 보다 안심하고 거래에 나아가게 된다. 앞서 본 맥락이다. 이러한 법 규정들은 민법에도 있고, 다른 법(예: 상법, 국가계약법 등)에도 있다.

> **2012다74076전합:** 국가계약**법상** 물가의 변동으로 인한 계약**금액 조정 규정은** 계약상대자가 계약 당시에 예측하지 못한 물가의 변동으로 계약이행을 포기하거나 그 내용에 따른 의무를 제대로 이행하지 못하여 공공계약의 목적 달성에 지장이 초래되는 것을 막기 위한 것이다.

임의규정 개념

이때 위와 같은 법 규정을 임의규정(*jus dispositivum*; non-mandatory provision)이라 한다. 즉, 임의규정이란,

1. 계약 당사자 의사 틈을 메우기 위한 것으로,
2. 당사자들이 합의로 그 내용과 다르게 정해도 그 합의(계약)가 유효(valid)하게 되는 법 규정을 말한다.

> **민법 제105조(임의규정)** 법률행위의 당사자가 법령 중의 선량한 풍속 기타 사회질서에 관계없는 **규정과 다른 의사를 표시한 때에는 그 의사에 의한다.**

> **2012다74076전합:** 계약담당자 등은 ... 개별 계약의 구체적 특성, 계약이행에 필요한 물품의 가격 추이 및 수급 상황, 환율 변동의 위험성, 정책적 필요성, 경제적 변동에 따른 위험의 합리적 분배 등을 고려하여 계약상대자와 물가변동에 따른 계약**금액 조정 조항의 적용을 배제하는 합의를 할 수 있**[다.]

당사자들이 합의로 법 규정과 다르게 정한 사항을 특약(special agreement) 사항이라 한다.

소결

1. 임의규정에 관한 특약은 유효(valid)하다.
2. 전형계약이든, 비전형계약이든, 계약자유 원칙을 적용한다.

> **2012다74076전합:** [위 법 규정이] 계약상대자와의 합의에 기초하여 계약당사자 사이에만 효력이 있는 특수조건 등을 부가하는 것을 금지하거나 제한하는 것이라고 할 수 없[다.] 사적 자치와 **계약자유의 원칙상** 그러한 **계약 내용**이나 조치의 **효력을 함부로 부인할 것이 아니다.**

계약은 법률을 이긴다(*Convenances vainquent loi*; The convention of the parties overrule the law).

강행규정

문제점

당사자들이 법조문과 다르게 합의하면 무조건 유효한가? 즉, 특약은 언제나 유효한가?

사례

1. 다른 사람(A)이 사망하면 보험금을 타는 경우가 있다. 이러한 보험을 타인의 생명의 보험(third-party personal insurance)이라 한다.

   > **상법 제730조(생명보험자의 책임)** 생명보험계약의 보험자[보험회사]는 피보험자[A]의 사망, 생존, 사망과 생존에 관한 보험사고가 발생할 경우에 약정한 보험금을 지급할 책임이 있다.

2. 법은 타인(A)의 생명의 보험계약을 체결하려면, 반드시 그 타인(A)의 서면 동의를 받도록 정했다.

   > **상법 제731조(타인의 생명의 보험)** ① 타인[A]의 사망을 보험사고로 하는 보험계약에는 보험계약 체결시에 그 타인[A]의 서면...에 의한 동의를 얻어야 한다.

   > 2014다204178: 상법 제731조 제1항이 타인의 사망을 보험사고로 하는 보험계약의 체결 시 타인의 서면동의를 얻도록 규정한 것은 동의의 시기와 방식을 명확히 함으로써 분쟁의 소지를 없애려는 데 취지가 있[다].

3. 그런데, 당사자들이 합의로 그 내용과 달리 정해도 적법, 유효한가? 즉, 서면 동의 절차를 생략해도 적법, 유효한가? 아니다. 위법, 무효다.

   > 2014다204178: 상법 제731조 제1항[은] ... 강행규정으로서 이[를] **위반한 보험계약은 무효**[다.]

강행규정 개념

이때 위와 같은 법 규정을 강행규정(*jus cogens*; mandatory provision)이라 한다. 즉, 강행규정이란,

1. 사회질서(social order)를 유지하기 위한 것으로,
2. 당사자들이 합의로 그 내용과 다르게 정하면 그 합의(계약)가 무효(nullity)로 되는 법 규정을 말한다.

소결

1. 강행규정에 위반되는 특약은 무효(nullity)다.
2. 계약자유 원칙에도 한계가 있다.

단속규정

개념

행정단속 목적에서, 법이 각종 행위를 금지, 제약하기도 한다. 이러한 금지, 제약 규정을 단속규정(control provision; restriction provision)이라 한다.

1. 공법(public law)상 행정단속(administrative control)을 위한 것으로,
2. 당사자들이 합의로 그 내용과 달리 정했을 때 그 합의(계약) 효력이 유효인지 무효인지와 상관없이,
3. 그와 같이 달리 정하는 것을 위법(unlawful)하다고 보아, 위반자에게 제재(administrative punishment)를 가하는 법 규정을 말한다.

단속규정 분류

1. 효력규정(control provision which affects the validity): 위반한 법률행위는 무효가 되는 단속규정. 즉, 규정을 만든 취지를 고려할 때, 위반행위를 무효로 보아야 하는 경우다.

   > 2013다79887: [구 농지법 제23조] 위반행위에 대하여 형사 처벌을 하는 것과 별도로 농지임대차 **계약의 효력 자체를 부정**[해야] 한다. ... 농지의 임대를 금지한 구 농지법 제23조의 규정은 **강행규정**[→ "효력규정"]이다.

   법을 어기고 이루어진 것은 무효로 보아야 한다(*Quae contra ius fiunt, debent utique pro infectis haberi*; Whatever is done against the law should be held null and void).

2. 단순단속규정(control provision which does not affect the validity): 위반한 법률행위라도 여전히 유효인 단속규정. 즉, 규정을 만든 취지를 고려할 때, 위반행위를 무효로까지 만들 것은 아닌 경우다.

   > 2016다259677: 개업공인중개사 등이 중개의뢰인과 직접 거래를 하는 행위를 금지하는 공인중개사법 제33조 제6호의 ... 규정은 **강행규정**[→ "효력규정"]**이 아니라 단속규정**[→ "단순단속규정"]이라고 보아야 한다.

   해서는 안 되는 것이라도 만일 이미 그것을 한 경우에는 효력이 있다(*Quod fieri non debet, factum valet*; What ought not to be done, when done is valid).

소결

1. 효력규정 위반행위는 무효(nullity)다.
2. 단순단속규정 위반행위는 유효(validity)하다.

강행규정과 단속규정 관련 용어는 문맥 또는 학자에 따라 조금씩 의미가 다르게 사용할 수 있다. 그러나 실제로는 단지 표현상 차이에 가깝다.

> **95다55351**: [이 사건] 규정들은 강행규정[→ "넓은 의미의 단속규정"]이기는 하[다. 그러]나 이른바 단속규정[→ "단순단속규정"]이다. 그래]서 이에 반하는 ... 약정...을 바로 무효로 만드는 것은 아니[다.]
>
> **2008다75119**: [이 사건] 규정은 강행규정[→ "효력규정"]이 아니라 단속규정[→ "단순단속규정"]이다.

2009년도 사법시험 민법 선택형

[문 2.] 강행법규와 단속법규에 관한 학설의 설명으로 괄호 안에 들어갈 말이 옳게 짝지워진 것은?

> 제1설은 강행법규에 효력규정과 단속규정이 포함되[었]다고 본다.
> 제2설은 강행법규와 단속법규는 법체계상 차원이 다른 것으로 본다.

ㄱ. (A)에 의하면, 단속규정은 다시 이를 위반한 법률행위를 무효로 하는 효력규정과 위반한 법률행위의 효력에는 영향을 미치지 아니하는 단순한 단속규정으로 나누어진다.

ㄴ. (B)에 의하면, 어떤 법규의 위반행위로 인하여 이에 대하여 제재를 받는 것과 동시에 사법상의 효력까지 무효로 된다면 이 규정은 강행법규인 동시에 효력규정이다.

ㄷ. (C)에 의하면, 행정적인 목적을 가진 공법이라도 사법상의 법률관계를 규율하게 되면 이러한 공법은 이미 실질적인 민법에 해당한다.

ㄹ. 투기과열지구내에서 사업주체가 건설·공급하는 주택의 입주자로 선정된 지위는 전매할 수 없다는 규정(구「주택건설촉진법」제32조의5, 「주택법」제41조의2)은 이[를] 위반한 전매계약의 효력에는 영향을 미치지 않는데, (D)에 의하면 이 규정은 강행법규이며 단속규정에 속하게 되고, (E)에 의하면 이 규정은 단순한 단속규정이면서 광의의 단속규정에 속하게 된다.

ㅁ. (F)에 의하면, 단속법규의 위반행위에 대하여 제재 등의 처벌을 받는 것과 함께 사법상의 효력까지 무효로 된다면 이 규정은 효력규정이다.

임의규정과 강행규정의 구별

문제점

당사자들의 법률관계는 어떠어떠하다고 정한 법 규정이 있다.

1. 이것은 임의규정인가? 즉, 계약 당사자 의사 틈을 메우기 위한 것인가?
2. 아니면 강행규정인가? 즉, 사회질서를 유지하기 위한 것인가?

구별기준

1. 규정 스스로 "달리 정하지 않은 때에는 ...하다." 또는 "다른 의사표시가 없는 때에는 ...하다." 식으로 명시하면, 그 규정은 임의규정이다.

2. 규정 스스로 "위반행위는 효력이 없다(무효다)." 또는 "...는 강행규정이다." 식으로 명시하면, 그 규정은 강행규정이다.
3. 규정 스스로 이 점을 명시하지 않은 경우, 임의규정일 수도 있고 강행규정일 수도 있다. 그 판단은 해석(interpretation)에 맡겨져 있다.

사례 1: 명시한 임의규정

1. 민법 제467조에 따르면, 바이올린을 매매한 경우, 바이올린 인도는 매매계약 당시 바이올린이 있었던 장소에서 해야 한다.
2. 이 규정은 임의규정이다. 즉, 당사자들이 달리 정해도 된다.

> **민법 제467조(변제의 장소)** ① 채무의 성질 또는 당사자의 <u>의사표시로 변제장소를 정하지 아니한 때에는</u> 특정물의 인도는 채권성립당시에 그 물건이 있었던 장소에서 하여야 한다.

사례 2: 명시한 강행규정

1. 민법 제640조에 따르면, 임대인은 임차인이 임대료 2기분을 연체해야 해지할 수 있으나, 연체액수가 그 미만이면 해지할 수 없다.

> **민법 제640조(차임연체와 해지)** 건물 기타 공작물의 임대차에는 임차인의 차임연체액이 2기의 차임액에 달하는 때에는 임대인은 계약을 해지할 수 있다.

2. 이 규정은 강행규정이다. 즉, 당사자들이 "임대료 1기분만 연체해도 해지할 수 있다"고 정하면 그 조항은 무효다.

> **민법 제652조(강행규정)** ... 제640조...의 규정[을] <u>위반하는 약정</u>으로 임차인...에게 불리한 것은 그 <u>효력이 없다</u>.

반대로 "임대료를 12기분을 연체해야 해지할 수 있다."고 정하면 이는 유효하다. 위 조항은 임차인에게 불리한 경우만 무효라 하기 때문이다. 한쪽 당사자를 위한 강행규정이라 해서 "편면적 강행규정"이라 한다.

사례 3: 해석상 임의규정

1. 5,000만 원의 A채무(이율 월 2%)와 5,000만 원의 B채무(이율 일 1%) 합계 1억 원 채무를 부담하는 상황에서, 모두 못 갚고 5,000만 원만 갚았다고 하자. 민법 제477조에 따르면, 다른 조건이 같다면, 지급금은 B채무보다 A채무에 먼저 충당한다.

> **민법 제477조(법정변제충당)** 당사자가 변제에 충당할 채무를 지정하지 아니한 때에는 다음 각호의 규정에 의한다.
>   2. 채무전부의 이행기가 도래하였거나 도래하지 아니한 때에는 채무자에게 변제이익이 많은[예: 이율이 더 높은] 채무[A채무]의 변제에 충당한다.

2. 민법이 위 조항을 임의규정이라 명시하고 있지는 않다. 그러나 규정 취지상 임의규정으로 해석한다.

2001다53349: 변제충당에 관한 민법 제476조[부터] 제479조[까지]의 규정은 임의규정이[다. 그러]므로 변제자(채무자)와 변제수령자(채권자)는 **약정에 의하여** 위 각 **규정을 배제**하고 제공된 급부를 어느 채무에 어떤 방법으로 충당할 것인가를 결정할 수 있[다.]

사례 4: 해석상 강행규정

1. 민법 제639조에 따르면, 임대차기간이 끝났는데도 당사자 사이에 계약해지 의사표시가 없는 경우 임대차 관계가 지속한다.

   민법 제639조(묵시의 갱신) ① 임대차기간이 만료한 후 임차인이 임차물의 사용, 수익을 계속하는 경우에 임대인이 상당한 기간내에 이의를 하지 아니한 때에는 전임대차와 **동일한 조건으로 다시 임대차한 것으로 본다.** …

2. 민법이 위 조항을 강행규정이라 명시하고 있지는 않다. 그러나 규정 취지상 강행규정으로 해석한다.

   71누8: 민법 제639조[는] … 기간을 정한 임대차계약인 이상 당사자 간에 그 계약갱신에 관한 특약의 유무를 불문하고 … 일반적으로 적용되는 **강행규정이라고 해석**하여야 [한다.] … 이 사건 임야에 관한 임대차계약[에] … 계약갱신에 관한 **특약이 규정되어 있다 하더라도 민법 제639조가 적용**된[다. 즉, 위 특약은 민법 제639조[를] 위반하는 한도에서 무효다.]

단순단속규정과 효력규정의 구별

문제점

공법상 행정단속을 위해, 어떠어떠한 행위를 하면 안 되고, 위반 시 어떠어떠한 제재를 받게 된다는 법 규정이 있다.

1. 이것은 단순단속규정인가? 즉, 당사자의 행위는 위법하더라도 유효한가?
2. 아니면 효력규정인가? 즉, 당사자의 행위는 위법, 무효인가?

구별기준

2016다259677: 법률행위가 일정한 행위를 금지하는 구체적 법규정[을] 위반하여 행하여진 경우[를] 보자. 그 경우 **법률행위가 무효인가** … 여부는 … 다른 경우에서와 같이 **법규정의 해석**에 의하여 정하여진다.

1. 규정 스스로 "위반행위 효력에는 영향이 없다(유효하다)." 식으로 명시하면, 그 규정은 단순단속규정이다.
2. 규정 스스로 "위반행위는 효력이 없다(무효다)." 식으로 명시하면, 그 규정은 효력규정이다.

2017다228236: 계약 등 법률행위의 당사자에게 일정한 의무를 부과하거나 일정한 행위를 금지하는 법규에서 이를 위반한 법률행위의 **효력을 명시적으로 정하[는] 경우에는 그 규정에 따라** 법률행위의 유·무효를 판단하면 된다. 법률에서 해당 규정을 위반한 법률행위를 무효라고 정하고 있거나 해당 규정이 효력규정이나 강행규정이라고 명시하고 있으면 그러한 규정을 위반한 법률행위는 무효이다.

3. 규정 스스로 이 점을 명시하지 않은 경우, 단순단속규정일 수도 있고 효력규정일 수도 있다. 그 판단은 해석(interpretation)에 맡겨져 있다.

2016다259677: [금지규정 위반 효력에 관해] **정함이 없는 때에는** 종국적으로 금지규정의 목적과 의미에 비추어 그에 반하는 법률행위의 무효 기타 효력 제한이 [필요한]지를 **검토하여** 정[해야 한다.]

2008다75119: 특히 금지규정이 이른바 공법에 속하는 것인 경우 [다음을 유념해야 한다. 즉, 이미] 법이 빈번하게 명문으로 규정하는 **형벌이나 행정적 불이익 등 공법적 제재에 의하여 그러한 행위를 금압하[고 있다. 그런데 이]것을 넘어서** 그 금지규정이 그러한 입법자의 침묵 또는 법흠결 [상태에서도] 사법의 영역에까지 그 효력을 미쳐서 당해 **법률행위의 효과에도 영향이 있다고 할 것인[가**? 이 점은] 신중하게 판단하여야 한다.

그 판단[을 할 때는, (i)] 당해 금지규정의 배경이 되는 사회경제적·윤리적 상황과 그 추이, [(ii)] 금지규정으로 보호되는 당사자 또는 이익, [(iii)] 그리고 반대로 그 규정에 의하여 활동이 제약되는 당사자 또는 이익이 전형적으로 어떠한 성질을 가지는지 [(iv)] 또 그 이익 등이 일반적으로 어떠한 법적 평가를 받는지, [(v)] 금지되는 행위 또는 그에 기[초]한 재화나 경제적 이익의 변동 등이 어느 만큼 반사회적인지, [(vi)] 금지행위…와 관련하여 일어나는 재화 또는 경제적 이익의 변동 등이 당사자 또는 제3자에게 가지는 의미 또는 그들에게 미치는 영향, [(vii)] 당해 금지행위와 유사하거나 밀접한 관련이 있는 행위에 대한 법의 태도 [(viii)] 기타 관계 법상황 등[을] 종합적으로 고려[해야] 한다.

사례 1: 명시한 효력규정

1. 부동산 실소유자가 등기 명의만 다른 사람 앞으로 해 두는 것을 부동산명의신탁이라 한다. 부동산실명법 제3조 제1항에 따르면, 부동산명의신탁은 금지된다. 위반 시 처벌도 받는다.

   부동산실명법 제3조(실권리자 명의 등기의무 등) ① 누구든지 부동산에 관한 물권을 **명의신탁약정에 따라 명의수탁자의 명의로 등기하여서는 아니 된다.**

   부동산실명법 제7조(벌칙) ① 다음 각호의 어느 하나에 해당하는 자는 5년 이하의 징역 또는 2억 원 이하의 벌금에 처한다.
   1. 제3조 제1항을 위반한 명의신탁자

2. 이 규정은 효력규정이다. 즉, 부동산명의신탁 계약(약정)은 무효다.

   부동산실명법 제4조(명의신탁약정의 효력) ① [**부동산**]**명의신탁약정은 무효**로 한다.

사례 2: 해석상 단순단속규정

1. 공인중개사법 제33조에 따르면, 개업공인중개사가 중개의뢰인과 직접 거래하는 행위는 금지된다. 위반 시 처벌도 받는다.

   공인중개사법 제33조(금지행위) ① 개업**공인중개사**등은 다음 각호의 행위를 **하여서는 아니 된다.**
   6. **중개의뢰인과 직접 거래**를 하거나 거래당사자 쌍방을 대리하는 행위

공인중개사법 제48조(벌칙) 다음 각호의 어느 하나에 해당하는 자는 3년 이하의 징역 또는 3천만 원 이하의 벌금에 처한다.
   3. 제33조 제1항 제5호부터 제9호까지의 규정을 위반한 자

2016다259677: 개업공인중개사 등이 중개의뢰인과 직접 거래를 하는 행위를 금지하는 공인중개사법... 규정 취지는 [무엇일까?] 개업공인중개사 등이 거래상 알게 된 정보 등을 자신의 이익을 꾀하는데 이용하여 중개의뢰인의 이익을 해하는 경우가 있게 될 것이[다. 그러]므로 이를 방지하여 중개의뢰인을 보호하고자 함에 있[다.]

2. 이 규정 스스로 단순단속규정이라 명시하고 있지는 않다. 그러나 규정 취지상 단순단속규정으로 해석한다.

2016다259677: 위 규정[을] 위반하여 한 거래행위[효력은 어떤가? 그 행위] 자체가 그 사법상의 효력까지도 부인하지 않으면 안 될 정도로 현저히 반사회성, 반도덕성을 지닌 것이라고 할 수 없[다. 그]뿐만 아니라 그 행위의 사법상의 **효력을 부인하여야만 비로소 입법 목적을 달성할 수 있다고 볼 수 없[다.**]

[만약] 위 규정을 효력규정으로 보아 이에 위반[된] 거래행위를 일률적으로 무효라고 할 경우 중개의뢰인이 직접 거래임을 알면서도 자신의 이익을 위해 한 거래 등도 단지 직접 거래라는 이유로 그 효력이 부인되어 거래의 안전을 해칠 우려가 있[다. 따라서 **위반행위는 유효**하다.]

사례 3: 해석상 효력규정

1. 농지법 제23조에 따르면, 농지 임대 행위는 금지된다. 위반 시 처벌도 받는다.

   농지법 제23조(농지의 임대차 또는 사용대차) ① 다음 각호의 어느 하나에 해당하는 경우 외에는 **농지를 임대**...**할 수 없다.**

   농지법 제61조(벌칙) 다음 각호의 어느 하나에 해당하는 자는 2천만 원 이하의 벌금에 처한다.
      2. 제23조 제1항을 위반하여 소유 농지를 임대...한 자

   2013다79887: 구 농지법이 농지임대를 원칙적으로 금지하는 취지는 [무엇일까? 첫째,] 농지는 농민이 경작 목적으로 이용함으로써 농지로 보전될 수 있도록 [하는 데에 있다. 둘째,] 외부자본이 투기 등 목적으로 농지를 취득할 유인을 제거하여 지가를 안정시킴으로써 농민이 농지를 취득하는 것을 용이하게 하여 궁극적으로 경자유전의 원칙을 실현하려는 데에 있다.

2. 이 규정 스스로 효력규정이라 명시하고 있지는 않다. 그러나 규정 취지상 효력규정으로 해석한다.

   2013다79887: 그와 같은 **입법 취지를 달성하기 위해**서는 [어떻게 보아야 할까?] 위반행위에 대하여 형사 처벌을 하는 것과 별도로 농지임대차**계약의 효력 자체를 부정**[해야]한다. 그렇게] 하여 계약 내용에 따른 경제적 이익을 실현하지는 못하도록 [해야 한다.]

증여형 계약
Gift Contract

*굶주린 야만인은 나무에서 과일을 따서 그것을 먹는다.
개화된 사회에서는 배고픈 시민은 나무에서 과일을 딴 사람에게서
그것을 산 사람에게서 그것을 산 또 다른 사람에게서 그것을 산다.*
- Kahlil Gibran

증여

개념

증여(gift)란, 쉽게 말해 물건을 주는 계약이다. 돈, 부동산, 동산 등은 물론, 저작권 같은 재산도 증여할 수 있다.

> **민법 제554조(증여의 의의)** 증여는 당사자일방[증여자]이 <u>무상으로 재산을 상대방[수증자]에 수여</u>하는 의사를 표시하고 상대방[수증자]이 이를 승낙함으로써 그 효력이 생긴다.

1. 증여자(donor): 주는 사람
2. 수증자(donee): 받는 사람
3. 목적물(object): 증여 대상(target). 비올라 증여계약이라면, 그 비올라

사례

K는 안 쓰는 비올라 1대를 갖고 있다. K의 친구 E는 그 비올라가 갖고 싶다.

1. E는 K에게, 그 비올라의 새 주인이 되고 싶다면서 달라고 했다.
2. K는 E에게, 이를 승낙했다.

목적물 인도 없이 말만으로도 비올라 증여계약이 유효하게 성립한다.

효과

1. 증여자(K)는, 수증자(E)에게 목적물(위 비올라) 소유권을 이전할 의무를 부담한다.
2. 수증자(E)는, 증여자(K)로부터 목적물(위 비올라) 소유권을 이전받을 권리를 취득한다.

위 1.과 2.는 같은 명제다.

증여와 소유권

증여계약 순간 곧바로 목적물 소유권이 이전되는 것은 아니다.

1. 증여계약은 소유권을 "이전하기로(넘기기로)" 하는 합의일 뿐이다.
2. 증여계약은 소유권을 "이전하는(넘기는)" 것 자체가 아니다.

물론 증여계약을 체결한 자리에서 목적물을 바로 건네줄 수도 있다. 그러나 그 때도 법적으로는 증여 합의가 먼저 있고(계약), 그 계약에 따라 물건을 건네주는 것이다(처분). 즉, 2단계 과정이 한꺼번에 일어날 뿐이다.

특징

1. 편무계약: 채무자는 증여자(K)뿐이다.
2. 무상계약: 법적인 대가가 없다. 즉, 증여자(K)는 공짜로 준다.
3. 일시적 계약: 1회의 체결과 이행으로 종료한다.

매매

개념

매매(sale and purchase)란, 물건을 사고파는 계약이다. 돈을 내기로 한 것 빼고는, 증여와 같다.

> **민법 제563조(매매의 의의)** 매매는 당사자일방[매도인]이 **재산권을 상대방[매수인]에 게 이전할 것**을 약정하고 상대방[매수인]이 그 대금을 지급할 것을 약정함으로써 그 효력이 생긴다.

1. 매도인(seller): 파는 사람
2. 매수인(buyer): 사는 사람
3. 목적물(object): 매매 대상(target). 바이올린 매매 계약이라면 그 바이올린
4. 매매대금(price of purchase and sale; sale price): 매매의 대가인 돈

사례

K는 아끼는 바이올린 1대가 있다. K의 친구 B는 그 바이올린이 갖고 싶다.

1. B는 K에게, 그 바이올린의 주인이 되고 싶다면서 1,200만 원에 사겠다 했다.
2. K는 B에게, 이를 승낙했다.

목적물 인도 없이 말만으로도 바이올린 매매계약이 유효하게 성립한다.

2023다227500: 매매계약은 매도인이 재산권을 이전하는 것과 매수인이 대가로서 대금을 지급하는 것에 관하여 쌍방 당사자의 **합의가 이루어짐으로써 성립**[한다.]

효과(목적물에 관하여)
1. 매도인(K)은, 매수인(B)에게 목적물(위 바이올린) 소유권을 이전할 의무를 부담한다.
2. 매수인(B)은, 매도인(K)으로부터 목적물(위 바이올린) 소유권을 이전받을 권리를 취득한다.

민법 제568조(매매의 효력) ① 매도인[K]은 매수인[B]에 대하여 매매의 목적이 된 권리[바이올린 소유권]를 이전하여야 [한다.]

위 1.과 2.는 같은 명제다.

효과(매매대금에 관하여)
1. 매도인(K)은, 매수인(B)으로부터 매매대금(1,200만 원)을 지급받을 권리를 취득한다.
2. 매수인(B)은, 매도인(K)에게 매매대금(1,200만 원)을 지급할 의무를 부담한다.

민법 제568조(매매의 효력) ① ... 매수인은 매도인에게 그 대금[매매대금]을 지급하여야 한다.

위 1.과 2.는 같은 명제다.

매매와 소유권

매매계약 순간 곧바로 목적물 소유권이 이전되는 것은 아니다.

1. 매매계약은 소유권을 "이전하기로(넘기기로)" 하는 합의일 뿐이다.
2. 매매계약은 소유권을 "이전하는(넘기는)" 것 자체가 아니다.

마찬가지로 매매계약을 하는 순간 매매대금이 지급되는 것은 아니다.

1. 매매계약은 매매대금을 "지급하기로" 하는 합의일 뿐이다.
2. 매매계약은 매매대금을 "지급하는" 것 자체가 아니다.

역시 즉석에서 매매대금과 목적물을 서로 바로 건네줄 수도 있다. 그러나 그때도 법적으로는 계약과 처분, 즉 2단계 과정이 한꺼번에 일어날 뿐이다.

특징

1. 쌍무계약: 목적물(위 바이올린)에 관해서는 매도인(K)이 채무자다. 매매대금에 관해서는 매수인(B)이 채무자다. 서로 대가관계에 있다.

   민법 제568조(매매의 효력) ②전항의 쌍방의무[매도인(K)의 소유권이전의무와 매수인(B)의 대금지급의무]는 특별한 약정이나 관습이 없으면 동시에 이행하여야 한다.

2. 유상계약: 매도인(K)은 매매대금 취득 대가로 목적물(위 바이올린)을 잃는다. 매수인(B)은 목적물(위 바이올린) 취득 대가로 매매대금을 지출한다. 즉, 공짜로 주는 것이 아니다.
3. 일시적 계약: 1회의 체결과 이행으로 종료한다.

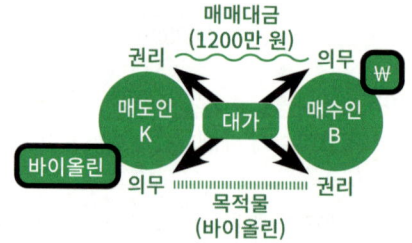

교환

개념 및 사례

교환(contract of exchange)이란, 쉽게 말해 물물교환 계약이다. 대가를 돈이 아니라 상대방 물건으로 받는 것 빼고는, 매매와 같다.

민법 제596조(교환의 의의) 교환은 당사자 쌍방이 금전 이외의 **재산권[비올라 소유권, 노트북컴퓨터 소유권]을 상호 이전할 것**을 약정함으로써 그 효력이 생긴다.

K는 안 쓰는 비올라 1대가 있다. K의 친구 Y는 그 비올라를 갖고 싶다. Y는 안 쓰는 노트북컴퓨터 1대가 있다. K는 그 노트북컴퓨터를 갖고 싶다.

1. Y는 K에게, 그 비올라의 새 주인이 되고 싶다면서 대신 자신의 노트북컴퓨터를 가지라 했다.
2. K는 Y에게, 이를 승낙했다.

목적물 인도 없이 말만으로도 비올라-노트북컴퓨터 교환계약이 유효하게 성립한다. K 기준에서,

1. 일방(one party): 위 비올라를 넘기는 사람, 즉 K
2. 상대방(opposite party): 위 비올라를 받는 사람, 즉 Y
3. 목적물(objects): 교환 대상(target), 즉 위 비올라
4. 교환대가(cost): 교환의 대가, 즉 위 노트북컴퓨터

효과(목적물에 관하여)

1. 일방(K)은, 상대방(Y)에게 목적물(위 비올라) 소유권을 이전할 의무를 부담한다.
2. 상대방(Y)은, 일방(K)으로부터 목적물(위 비올라) 소유권을 이전받을 권리를 취득한다.

위 1.과 2.는 같은 명제다.

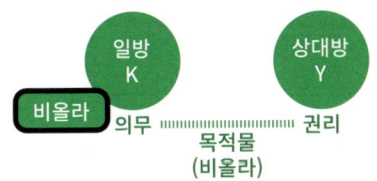

효과(교환대가에 관하여)

1. 일방(K)은, 상대방(Y)으로부터 교환대가(위 노트북컴퓨터)를 지급받을 권리를 취득한다.
2. 상대방(Y)은, 일방(K)에게 교환대가(위 노트북컴퓨터)를 지급할 의무를 부담한다.

위 1.과 2.는 같은 명제다.

특징

1. 쌍무계약: 목적물(위 비올라)에 관해서는 일방(K)이 채무자다. 교환대가(위 노트북컴퓨터)에 관해서는 상대방(Y)이 채무자다. 서로 대가관계에 있다.
2. 유상계약: 일방(K)은 교환대가(위 노트북컴퓨터) 취득 대가로 목적물(위 비올라)을 잃는다. 상대방(Y)은 목적물(위 비올라) 취득 대가로 교환대가(위 노트북컴퓨터)를 잃는다. 즉, 공짜로 주는 것이 아니다.
3. 일시적 계약: 1회의 체결과 이행으로 종료한다.

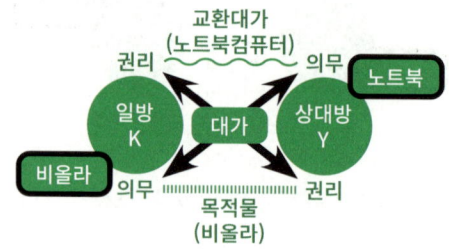

정리

증여형 계약

증여계약, 매매계약, 교환계약처럼, 일회적으로 목적물 소유권을 이전하는 형태의 계약을 "증여형 계약"이라 한다.

매매형 계약

증여형 계약 중 매매계약, 교환계약처럼, 대가를 주고받는 형태의 계약을 "매매형 계약"이라 부른다. 즉, 증여형 계약 중 유상계약이다.

	유상계약	무상계약
기본형	-	증여
매매형(금전)	매매	-
매매형(물물)	교환	-

대차형 계약
Loan Contract

너를 만나고, 내 것은 아니나, 내 것이라 여기던 것들이 있었다.
- 임재건

사용대차

개념

사용대차(loan for use)란, 쉽게 말해 공짜로 물건을 빌려주는 계약이다. 즉, 빌려주고 어느 시점에 반환하기로 하는 계약이며, 무상인 계약이다.

무상계약이므로, 차임(임대료)은 요소가 아니다. 즉, 차임(임대료)은 없다.

> 민법 제609조(사용대차의 의의) 사용대차는 당사자일방[대주]이 상대방[차주]에게 **무상으로 사용, 수익하게** 하기 위하여 목적물[자동차]을 인도할 것을 약정하고 상대방[차주]은 이를 사용, 수익한 후 그 물건[자동차]을 반환할 것을 약정함으로써 그 효력이 생긴다.

1. 대주(lender): 빌려주는 사람
2. 차주(borrower): 빌리는 사람
3. 목적물(object): 사용대차 대상(target)

"사용대차"는 대주 입장에서는 사용대, 차주 입장에서는 사용차다.

사례

K는 자동차 1대를 보유하고 있다. K의 친구 W는 그 자동차를 며칠 동안 사용하고 싶다.

1. W는 K에게, 그 자동차를 며칠 동안 사용하고 싶으니 빌려 달라 했다.
2. K는 W에게, 이를 승낙했다.

목적물 인도 없이 말만으로도 자동차 사용대차계약이 유효하게 성립한다.

효과(기간 만료 전 목적물에 관하여)

1. 대주(K)는, 차주(W)에게 목적물(위 자동차)을 인도해 사용할 수 있도록 할 의무를 부담한다.
2. 차주(W)는, 대주(K)로부터 목적물(위 자동차)을 인도받아 사용할 권리를 취득한다.

> 민법 제610조(차주의 사용, 수익권) ① 차주[W]는 계약 또는 그 목적물[자동차]의 성질에 의하여 정하여진 용법으로 이를 사용, 수익하여야 한다.

제2강 계약법 기초   243

위 1.과 2.는 같은 명제다.

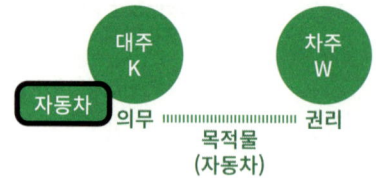

효과(기간 만료 후 목적물에 관하여)
1. 대주(K)는, 차주(W)로부터 목적물(위 자동차)을 반환받을 권리가 있다.
2. 차주(W)는, 대주(K)에게 목적물(위 자동차)을 반환할 의무가 있다.

> 민법 제613조(차용물의 반환시기) ① 차주[W]는 약정시기에 차용물[자동차]을 반환하여야 한다.

위 1.과 2.는 같은 명제다.

사용대차와 소유권
사용대차는 주는 것이 아니라 빌려주는 것이다. 소유권은 여전히 대주에게 있다.

특징
1. 편무계약: 목적물(위 자동차)을 인도, 사용하게 할 의무자는 대주(K)뿐이다.
2. 무상계약: 대주(K)는 빌려주는 것에 대가를 받지 않는다.
3. 계속적 계약: 사용대차 기간(term)은 계약의 필수요소다. 목적물을 빌려주자마자 바로 반환받는다는 것은 무의미하기 때문이다.

기간은 당사자들이 정할 수도 있고, 정하지 않을 수도 있다. 당사자들이 정한 기간을 약정기간(set period)이라 한다. 그러나 당사자들이 기간을 정하지 않더라도, 사용대차가 계속적 계약인 이상 기간 요소는 당연히 존재한다.

> 민법 제613조(차용물의 반환시기) ② **시기의 약정이 없는 경우에는** 차주[W]는 계약 또는 목적물[자동차]의 성질에 의한 사용, 수익이 종료한 때에 반환하여야 한다. ...

임대차

개념

임대차(lease)란, 쉽게 말해 돈 받고 물건을 빌려주는 계약이다. 즉, 빌려주고 어느 시점에 반환하기로 하는 계약이며, 유상인 계약이다. 유상이라는 점 빼고는, 사용대차와 같다.

> **민법 제618조(임대차의 의의)** 임대차는 당사자일방이 상대방에게 **목적물을 사용, 수익하게 할 것**을 약정하고 상대방이 이에 대하여 차임을 지급할 것을 약정함으로써 그 효력이 생긴다.

1. 임대인(lessor): 빌려주는 사람
2. 임차인(lessee): 빌리는 사람
3. 목적물(object): 임대차 대상(target). 주택 임대차 계약이라면 그 주택
4. 차임(rental fee; rent): 임대차의 대가인 돈. 예를 들어, 월 임대료

"임대차"는 임대인 입장에서는 임대, 임차인 입장에서는 임차다.

사례

K는 주택 1채를 보유하고 있다. Z는 그 주택을 몇 년 동안 사용하고 싶다.

1. Z는 K에게, 그 주택을 몇 년 동안 사용하고 싶으니 얼마에 빌려 달라 했다.
2. K는 Z에게, 이를 승낙했다.

목적물 인도 없이 말만으로도 주택 임대차계약이 유효하게 성립한다.

부동산을 빌리는 것만 임대차가 아니다. 자동차, 책 등도 목적물이 될 수 있다.

차임

여기서 "얼마"에 해당하는 돈이 바로 차임(rent)이다. 차임 지급 방식은 다양하다. 즉, 목적물을 빌리면서 금전적 대가를 지급하는 방식에는 제한이 없다.

1. 정기적으로 고정금을 지급할 수도 있다(periodical fixed rent).

예: 매월 300만 원

2. 정기적으로 변동금을 지급할 수도 있다(periodical floating rent).

예: 매월 매출액의 15%

3. 일시금으로 지급할 수도 있다(lump sum).

예: 2년 임차 대가로 6,000만 원

4. 이자만큼의 이익을 귀속시키는 방식도 가능하다. 이것이 바로 보증금 방식이다(security deposit). 차임 액수는 보증금 자체가 아니라, 보증금을 이자 없이 사용하는 이익(= 이자 상당액)이 된다.

예: 3억 원을 주었다가 2년 후 3억 원 그대로 돌려받기. 이때 차임은, 보증금 3억 원에 대한 2년 동안의 이자 상당액이다.

5. 위 방법들을 적절히 혼합할 수도 있다.

예: (i) 1억 원을 주었다가 2년 후 그대로 돌려받고, 추가로 (ii) 매월 매출액의 15%를 지급하되, (iii) 만약 월 매출액의 15%가 150만 원보다 적은 달이 있으면 그달은 고정금 150만 원을 지급하기

효과(기간 만료 전 목적물에 관하여)
1. 임대인(K)은, 임차인(Z)에게 목적물(위 주택)을 인도해 사용할 수 있도록 할 의무를 부담한다.
2. 임차인(Z)은, 임대인(K)로부터 목적물(위 주택)을 인도받아 사용할 권리를 취득한다.

위 1.과 2.는 같은 명제다.

효과(기간 만료 전 차임에 관하여)
1. 임대인(K)은, 임차인(Z)으로부터 차임(임대료)을 지급받을 권리를 취득한다.
2. 임차인(Z)은, 임대인(K)에게 차임(임대료)을 지급할 의무를 부담한다.

위 1.과 2.는 같은 명제다.

효과(기간 만료 후 목적물에 관하여)
1. 임대인(K)은, 임차인(Z)으로부터 목적물(위 주택)을 반환받을 권리가 있다.
2. 임차인(Z)은, 임대인(K)에게 목적물(위 주택)을 반환할 의무가 있다.

위 1.과 2.는 같은 명제다.

임대차보증금

임대차계약은 계속적 계약이므로, 임대차 계약을 체결할 때 임대인(K)은 다음이 불안하다.

1. 임차인(Z)이 과연 차임을 제대로 낼 것인가? 특히 월 임대료처럼 정기적으로 차임을 지급하는 방식에서는, 임대인(K)은 항상 이 점이 걱정이다.
2. 임차인(Z)이 과연 목적물을 소중히 다룰 것인가? 혹시라도 임차인(Z)이 목적물을 훼손하면 어쩌나?
3. 임차인(Z)이 과연 기간 만료 후 목적물을 제때 반환할 것인가?

물론, 임대인(K)은 임차인(Z)이 차임을 연체하면 차임지급을 청구할 수 있고, 목적물을 훼손하면 손해배상을 청구할 수 있으며, 목적물을 반환하지 않으면 목적물의 인도를 청구할 수 있다. 그러나 소송절차나 강제집행절차는 시간이 걸리고, 불확실하며, 번거롭다.

그래서 임대인(K)은 기간 개시 시점에 미리 임차인(Z)으로부터 거액의 돈, 즉 보증금(security deposit)을 받기도 한다. 무사히 임대차가 종료하면, 임대인(K)은 임차인(Z)에게 보증금을 그대로 반환하면 된다.

문제 발생 시 임대차보증금 처리

만약 무언가 문제가 생긴 채 임대차가 종료하면, 다음과 같이 처리한다.

1. 임차인(Z)이 차임을 연체했다면, 임대인(K)이 반환할 보증금 액수는 연체액 수만큼 줄인다.
2. 임차인(Z)이 목적물을 훼손했다면, 임대인(K)이 반환할 보증금 액수는 손해배상 받을 액수만큼 줄인다.

위 1.과 2.처럼 보증금 반환 금액이 줄어드는 것을 공제(deduction)라 한다.

2016다277880: 임대차보증금은 임대차계약 종료 후 목적물을 임대인[K]에게 인도할 때까지 **임대차에 따라 발생하는 임차인[Z]의 모든 채무[차임지급채무, 목적물 훼손에 따른 손해배상채무 등]를 담보**[한다. 그러]므로, 그 피담보채무 상당액은 임대차 관계 종료 후 목적물이 반환될 때 **별도의 의사표시 없이** 임대차보증금에서 **당연히 공제**되는 것이 원칙이다.

3. 임차인(Z)이 목적물을 반환하지 않으면, 이에 대응해 임대인(K)도 보증금을 반환하지 않아도 된다. 임차인(Z)은 거액의 보증금을 어서 반환받고 싶기 때문에, 임대인(K)에게 목적물을 신속히 반환할 것이다.

임차인(Z)의 목적물반환 의무와 임대인(K)의 보증금반환 의무가 서로 대가관계에 있지는 않다. 동시이행 관계라는 규정도 없다. 그러나 해석(interpretation)을 통해 동시이행 관계를 인정한다. 왜? 그래야 공평(equitable)하기 때문이다.

2016다244224: 임대차가 종료함에 따라 발생한 임차인[Z]의 목적물 반환의무와 임대인[K]의 보증금 반환의무는 **동시이행관계**에 있다.

임대차와 소유권

사용대차와 마찬가지로, 임대차도 주는 것이 아니라 빌려주는 것이다. 목적물(위 주택) 소유권은 여전히 임대인(K)에게 있다. 그렇다면, 차임인 돈 소유권은 어떤가? 차임을 실제로 지급하면 그 돈은 임대인(K) 소유가 된다. 그렇지만,

1. 임대차계약은 차임을 "지급하기로" 하는 합의일 뿐이다.
2. 임대차계약은 차임을 "지급하는" 것 자체가 아니다.

2004다69741: 임대차는 당사자 일방[임대인 K]이 상대방[임차인 Z]에게 목적물[주택]을 사용·수익하게 할 것을 약정하고 상대방[임차인 Z]이 이에 대하여 차임을 지급할 것을 약정함으로써 그 효력이 발생하는 **채권계약**[이다.]

물론, 즉석에서 차임이나 목적물을 건네줄 수도 있다. 그러나 그때도 법적으로는 계약과 처분, 즉 2단계 과정이 한꺼번에 일어날 뿐이다.

특징

1. 쌍무계약: 목적물(위 주택)을 인도, 사용하게 할 임대인(K)의 채무가 있다. 차임(임대료)을 지급할 임차인(Z)의 채무가 있다. 서로 대가관계에 있다.
2. 유상계약: 임대인(K)은 차임 취득 대가로 일정기간 목적물(위 주택)을 스스로 사용, 수익할 수 없다. 임차인(Z)은 일정기간 목적물(위 주택) 사용, 수익 대가로 차임을 지출한다. 즉, 공짜로 빌리는 것이 아니다.
3. 계속적 계약: 사용대차와 마찬가지로, 임대차 기간(term)은 필수요소다.

민법 제623조(임대인의 의무) 임대인은 목적물을 임차인에게 인도하고 **계약존속중** 그 사용, 수익에 필요한 상태를 유지하게 할 의무를 부담한다.

민법 제635조(기간의 약정없는 임대차의 해지통고) ① 임대차**기간의 약정이 없는 때에는** 당사자는 언제든지 계약해지의 통고를 할 수 있다.

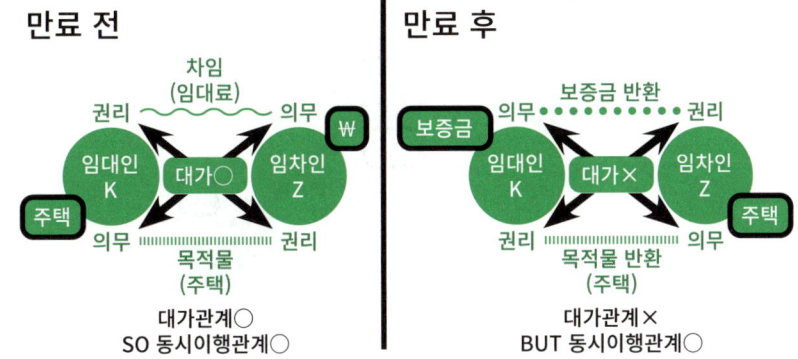

임차인 보호

1. 법적으로 계약은 양 당사자가 대등한 지위에서 체결한다.
2. 그러나 실제로는 임대차계약에서 임차인이 취약한 지위에 놓인 경우가 많다.
3. 그래서 임차인을 보호하기 위한 장치들이 많이 있다.

> **주택임대차법 제2조(적용 범위)** 이 법은 ... 주택...의 임대차에 관하여 적용한다. ...
>
> **주택임대차법 제3조(대항력 등)** ① 임대차는 ... 임차인(賃借人)[Z]이 주택의 인도(引渡)와 주민등록을 마친 때에는 그다음 날부터 제삼자에 대하여 효력이 생긴다. 이 경우 전입신고를 한 때에 주민등록이 된 것으로 본다.
>
> **주택임대차법 제3조의2(보증금의 회수)** ② 제3조 제1항...의 대항요건(對抗要件)과 임대차계약증서...상의 확정일자(確定日字)를 갖춘 임차인[Z]은 「민사집행법」에 따른 경매...를 할 때에 임차주택(대지를 포함한다)의 환가대금(換價代金)에서 ... 우선하여 보증금을 변제(辨濟)받을 권리가 있다.
>
> **주택임대차법 제10조(강행규정)** 이 법에 위반된 약정(約定)으로서 임차인에게 불리한 것은 그 효력이 없다.

지금 단계에서는 100% 이해할 수 없다. 이런 것이 있다는 것을 아는 정도만으로도 의미가 있다. 상세히는 곧 배운다.

임차권 양도와 전대차

1. 임차권 양도: 임차인(Z)이 임차권이라는 권리(채권)를 제3자에게 양도

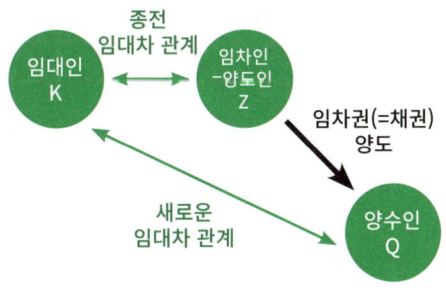

2. 전대차: 임차인(Z)이 목적물(위 주택)을 제3자(S)에게 임대

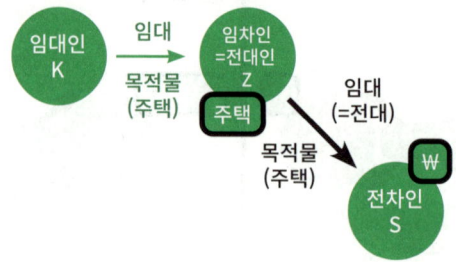

임차권 양도나 전대차가 있으면 임대인(K)은 당황할 수 있다. 그래서 임대인(K) 동의가 필요하도록 했다.

민법 제629조(임차권의 양도, 전대의 제한) ① 임차인[Z]은 **임대인[K]의 동의** 없이 그 권리[임차권]를 양도하거나 임차물을 전대하지 못한다.

연습문제

2019년도 변호사시험 민사법 선택형

[문 61.] 임대차에 관한 설명 중 옳지 않은 것은? (다툼이 있는 경우 판례에 의함)

① 임대차계약상의 차임채권이 양도된 경우, 임대차계약 당사자 사이에 별도의 특약이 없는 한 임차인은 임대차계약이 종료되어 목적물을 반환할 때까지 연체된 차임상당액을 보증금에서 공제할 것을 주장할 수 없다.

② [주택임대차법] 제3조 제1항의 대항요건을 갖춘 임차인의 임대차보증금반환채권에 대한 압류 및 전부명령이 확정되어 임차인의 임대차보증금반환채권이 집행채권자에게 이전된 후 소유자인 임대인이 당해 주택을 제3자에게 매도한 경우 임대인은 전부금 지급의무를 부담하지 않는다.

③ [주택임대차법] 제3조 제1항의 대항요건과 임대차계약증서상의 확정일자를 갖춘 임차인은「민사집행법」에 따른 경매를 할 때 임차주택의 환가대금에서 후순위권리자나 그 밖의 채권자보다 우선하여 보증금을 변제받을 권리가 있다.

④ 건물의 소유를 목적으로 하는 토지임대차계약에서 지상물매수청구권의 행사로 인하여 임대인과 임차인 사이에 지상물에 관한 매매가 성립하게 되며, 임대인은 그 매수를 거절하지 못한다.

⑤ 건물의 소유를 목적으로 하는 토지임대차계약 종료 시 토지 임대인이 토지 임차인을 상대로 하여 토지 임차인이 그의 비용으로 그 토지 지상에 신축한 건물 철거와 그 부지 인도 청구를 하고, 이에 대하여 토지 임차인은 지상물매수청구권을 행사하는 경우에는 토지 임대인의 청구에 해당 건물 매수대금 지급과 동시에 건물명도를 구하는 청구가 포함되[었]다고 볼 수 없다.

소비대차

개념

소비대차(loan for consumption)도 물건을 주었다가 돌려받기로 하는 계약 중 하나다. 다만, 주었던 물건 그 자체가 아니라, 같은 종류의 다른 물건을 같은 양으로 돌려받는다. 대체물을 소비 후 어느 시점에 반환하기로 하는 계약이다.

대체물(fungible property)이란, 돈, 쌀, 술과 같이 물건의 개성이 중요하지 않고, 같은 종류, 품질, 수량인 이상 다른 물건으로 바꾸어도 상관없는 물건이다. 반대말은 부대체물(non-fungible property)이다.

> 민법 제598조(소비대차의 의의) 소비대차는 당사자일방[대주]이 금전 기타 대체물[목적물]의 소유권을 상대방[차주]에게 이전할 것을 약정하고 상대방[차주]은 그와 **같은 종류, 품질 및 수량으로 반환할 것**을 약정함으로써 그 효력이 생긴다.

1. 대주(lender): 빌려주는 사람
2. 차주(borrower): 빌리는 사람
3. 목적물(object) 또는 원본(principal): 소비대차 대상(target). 예를 들어, 3,000만 원 금전 소비대차 계약이라면 3,000만 원.

어차피 소비할 대상이라 물건 자체보다 액수에 초점이 있다.

4. 이자(interest): 소비대차의 대가인 돈. 예를 들어, 소비대차 기간 매월 30만 원을 지급하기로 할 수 있다.

이자는 있을 수도 있고 없을 수도 있다.

사례

K는 돈이 많다. F는 돈이 필요하다.
1. F는 K에게, 3,000만 원을 2개월 동안 사용하고 싶으니 빌려 달라 했다.
2. K는 F에게, 이를 승낙했다.

목적물 인도 없이 말만으로도 3,000만 원 소비대차계약이 유효하게 성립한다.

종류

이자(interest)란, 소비대차 목적물의 사용 대가다. 금전 소비대차라면, 이자란 돈을 사용한 대가다. 소비대차는 이자가 붙는지에 따라 다음과 같이 구별한다.

1. 유상소비대차(interest-bearing loan for consumption): 이자(interest) 있는 소비대차. 소비대차 기간 차주(F)가 대주(K)에게 이자로 매월 30만 원 (= 원본 3,000만 원에 대한 1%)씩 지급하기로 한 경우를 생각하자.

쌀 10말(원본)을 빌려주고 1년 후 쌀 1말(이자)을 붙여 쌀 11말(원본+이자)을 돌려주기로 한 것도 유상소비대차에 해당한다. 이자를 반드시 기간과 원본 액수에 비례하도록 정할 필요도 없다.

2. 무상소비대차(interest-free loan for consumption): 이자 없는 소비대차

효과(기간 만료 전 목적물에 관하여)
1. 대주(K)는, 차주(F)에게 목적물(3,000만 원)을 줄 의무를 부담한다.
2. 차주(F)는, 대주(K)로부터 목적물(3,000만 원)을 받을 권리를 취득한다.

위 1.과 2.는 같은 명제다.

효과(이자 있는 소비대차 경우 기간 만료 전 이자에 관하여)
1. 대주(K)는, 차주(F)로부터 이자를 지급받을 권리를 취득한다.
2. 차주(F)는, 대주(K)에게 이자를 지급할 의무를 부담한다.

위 1.과 2.는 같은 명제다.

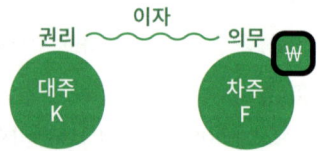

효과(기간 만료 후 목적물에 관하여)
1. 대주(K)는, 차주(F)로부터 목적물(3,000만 원)을 반환받을 권리가 있다.
2. 차주(F)는, 대주(K)에게 목적물(3,000만 원)을 반환할 의무가 있다.

> **민법 제603조(반환시기)** ① 차주[F]는 약정시기에 차용물과 같은 종류, 품질 및 수량의 물건[3,000만 원]을 반환하여야 한다.

위 1.과 2.는 같은 명제다.

소비대차와 소유권

1. 편의상 소비대차를 "빌려준다"고 말한다. 그러나 목적물은 대체물이므로, 차주(F)가 받는 순간 차주(F)에게 소유권(ownership)이 넘어간다.
2. 즉, 3,000만 원을 받은 차주(F)는 그 돈 소유자다. 차주(F)는 그 돈을 소비(consumption)해도 된다.
3. 약속한 때가 되어 차주(F)가 대주(K)에게 반환하는 돈은 처음에 빌렸던 그 3,000만 원이 아니다. 액수는 같지만, 물리적으로 다르다.

헤라클레토스는 "누구도 같은 물에 두 번 발을 담글 수 없다(You cannot step twice into the same stream)"고 했다.

무상소비대차(이자 없는 소비대차)의 특징

1. 편무계약: 목적물(3,000만 원) 소유권을 넘겨 소비할 수 있도록 할 의무자는 대주(K)뿐이다.
2. 무상계약: 대주(K)는 빌려주는 것에 대가를 받지 않는다.
3. 계속적 계약: 사용대차, 임대차와 마찬가지로, 소비대차 기간(term)은 필수요소다.

> **민법 제603조(반환시기)** ① 차주[F]는 **약정시기에** 차용물과 같은 종류, 품질 및 수량의 물건[3,000만 원]을 반환하여야 한다.
> ② **반환시기의 약정이 없는 때**에는 대주[K]는 상당한 기간을 정하여 반환을 최고하여야 한다. 그러나 차주[F]는 언제든지 반환할 수 있다.

유상소비대차(이자 있는 소비대차)의 특징

1. **쌍무계약**: 목적물(3,000만 원) 소유권을 넘겨 소비할 수 있도록 할 대주(K)의 채무가 있다. 이자(월 30만 원씩)를 지급할 차주(F)의 채무가 있다. 서로 대가관계에 있다.

> **민법 제600조(이자계산의 시기)** 이자있는 소비대차는 차주[F]가 목적물[3,000만 원]의 인도를 받은 때로부터 이자를 계산하여야 ... 한다.

2. **유상계약**: 대주(K)는 이자 취득 대가로 일정기간 목적물(3,000만 원)만큼 재산을 상실한다. 차주(F)는 일정기간 목적물(3,000만 원)을 소비할 수 있는 대가로 이자를 지출한다. 즉, 공짜로 빌리는 것이 아니다.

3. **계속적 계약**: 사용대자, 임대차, 무상소비대차와 마찬가지로, 유상소비대차 기간(term)은 필수요소다.

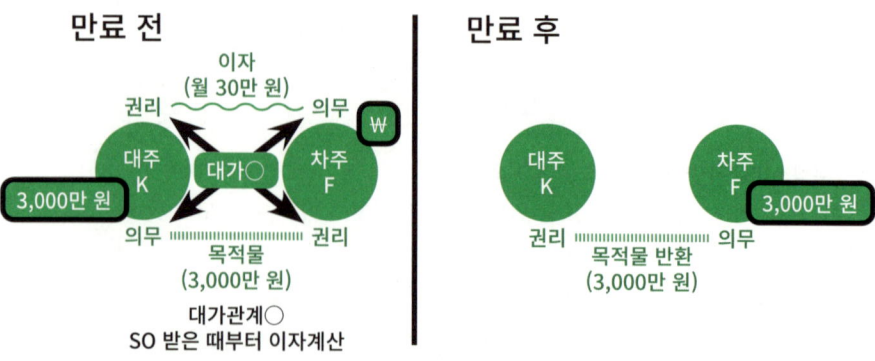

	본질	기간 만료 전	기간 만료 후
사용대차	대차형(사용형) 무상계약	목적물 사용권: 차주	목적물 반환 청구권: 대주
임대차	대차형(사용형) 유상계약	목적물 사용권: 임차인 차임 청구권: 임대인	목적물 반환 청구권: 임대인 보증금 반환 청구권: 임차인
이자 없는 소비대차	대차형(소비형) 무상계약	목적물 사용권: 차주	목적물 반환 청구권: 대주
이자 있는 소비대차	대차형(소비형) 유상계약	목적물 사용권: 차주 이자 청구권: 대주	목적물 반환 청구권: 대주

차주 보호

1. 법적으로 계약은 양 당사자가 대등한 지위에서 체결한다.
2. 그러나 실제로는 소비대차계약에서 차주가 취약한 지위에 놓인 경우가 많다.
3. 그래서 차주를 보호하기 위한 장치들이 많이 있다.

민법 제607조(대물반환의 예약) 차용물의 반환에 관하여 차주[F]가 차용물[을] 갈음하여 다른 재산권을 이전할 것을 예약한 경우에는 그 재산의 예약당시의 가액이 차용액[3,000만 원] 및 이에 붙인 이자[60만 원 = 30만 원 × 2개월]의 합산액을 넘지 못한다.

민법 제608조(차주에 불이익한 약정의 금지) 전 2조의 규정[을] 위반한 당사자[K 및 F]의 약정으로서 차주[F]에 불리한 것은 … 여하한 명목이라도 그 효력이 없다.

역시 지금 단계에서는 100% 이해할 수 없다. 이런 것이 있다는 것을 아는 정도만으로도 의미가 있다. 상세히는 곧 배운다.

정리

대차형 계약

사용대차계약, 임대차계약, 소비대차계약처럼, 일정 기간 계속적으로 물건이나 가치를 이용하게 하는 형태의 계약을 "대차형 계약"이라 한다.

사용형과 소비형

1. 대차형 계약 중 사용대차, 임대차는 "사용형"이다.
2. 대차형 계약 중 소비대차는 "소비형"이다.

	유상계약	무상계약
부대체물 (사용형)	임대차	사용대차
대체물 (소비형)	이자 있는 소비대차	이자 없는 소비대차

임차인 보호
Protecting the Lessee

현상은 복잡하지만, 본질은 단순하다.
- Aristotle

머리에

공통 사실관계

1. Z는 어떤 물건을 점유, 사용하고 있다.
2. 그런데 어느 날 물건(목적물) 소유자가 점유자(Z)를 상대로, "왜 내 물건을 점유, 사용하고 있냐?"고 따진다.
3. 결국, 소유자가 점유자(Z)를 상대로, 목적물반환(인도)청구의 소를 제기했다.

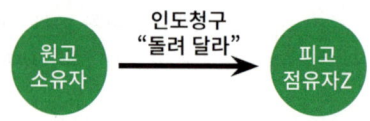

공통 전제사실

1. 소송에서 당사자들의 주장사실은 모두 법관에게 확신을 줄 만큼 증명되었다.
2. 명시적으로 제시한 사유 외에는 달리 특별한 사정은 없다.

문제점

1. 소유자는 반환을 요구할 수 있는가? 즉, 점유자(Z)는 반환 의무가 있는가?
2. 판단의 법적 근거는?

제1강 민사구조론 중 "공격방어방법"를 머릿속으로 잠시 되새겨 보라.

점유자와 무관한 사람이 원고(소유자)일 경우

개별 사실관계

소유자(P)는 점유자(Z)와 아무런 관계도 없던 사람이다.

소유자(P)의 청구원인

원고(P)는 다음과 같이 주장한다: "원고(P) 소유 물건을 피고(Z)가 점유하고 있다. 따라서 피고(Z)는 원고(P)에게 목적물을 반환해야 한다."

> 민법 제213조(소유물반환청구권) <u>소유자[P]는</u> 그 소유에 속한 물건[주택]을 <u>점유한 자[Z]에 대하여</u> 반환을 청구할 수 있다. ...

1. 요건사실: 원고(P)의 목적물 소유 + 피고(Z)의 목적물 점유

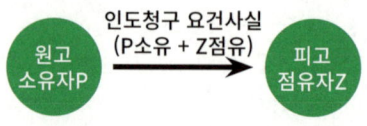

이러한 청구원인을 "소유권에 근거한 반환 청구"라 한다. 제4강 물권법 기초에서 볼 것이다.

2. 위 요건사실만 인정되어도 원칙적으로 원고(P)의 청구는 인용될 수 있다. 원래 물건 소유자는 그 자체로 물건 점유자를 상대로 물건 반환(인도)을 구할 수 있기 때문이다.

3. 소결: 원고(P) 주장은 이유 있다.

결론: 피고(점유자)는 대항 불가

점유자(Z)는, 소유자(P)에 대한 관계에서, 특별히 대항할 사유가 없다.

1. 원고(P) 청구 인용

2. 즉, 피고(Z)는 원고(P)에게 목적물을 반환(인도)해야 한다.

점유자에게 목적물을 임대한 사람이 원고(소유자)일 경우

개별 사실관계

1. 소유자(K)는 점유자(Z)에게 목적물을 임대한 사람이다.
2. 임대차 관계는 변론 종결 시까지도 계속 존속 중이다. 즉, 임대차 기간 중이다.

소유자(K)의 청구원인

원고(K)는 다음과 같이 주장한다: "원고(K) 소유 물건을 피고(Z)가 점유하고 있다. 따라서 피고(Z)는 원고(K)에게 목적물을 반환해야 한다."

민법 제213조(소유물반환청구권) **소유자[K]는** 그 소유에 속한 물건[주택]을 **점유한 자 [Z]에 대하여** 반환을 청구할 수 있다. ...

---

1. 요건사실: 원고(K)의 목적물 소유 + 피고(Z)의 목적물 점유

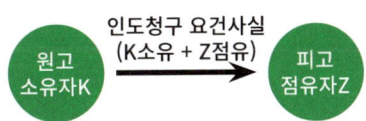

2. 소결: "원칙적으로" 원고(K) 주장은 이유 있다.

점유자(Z)의 항변

피고(Z)는 다음과 같이 항변한다: "그건 맞다. 그러나 피고(Z)는 원고(K)와 임대차계약을 체결한 임차권자라서, 정당한 점유권원이 있다. 따라서 피고(Z)는 원고(K)에게 목적물을 반환할 의무가 없다."

민법 제213조(소유물반환청구권) ... 그러나 점유자[Z]가 그 물건[주택]을 **점유할 권리가 있는 때에는 반환을 거부할 수 있다.**

1. 요건사실: 피고(Z)와 원고(K) 간 임대차계약 체결

이러한 항변을 넓게 "정당점유권원 존재 항변", 좁게 "임차권 항변"이라 한다.

2. 원고(K)의 청구원인 사실은 증명 필요 없이 인정된다. 왜냐하면, 항변은 청구원인 사실에 대한 자백을 포함하기 때문이다.
3. 피고(Z)와 원고(K) 간 임대차계약의 존재는 유효한 항변사유가 된다. 임차권은 목적물을 점유, 사용하는 것을 내용으로 하는 권리기 때문이다. 즉, 임차권은 반환을 거부할 수 있는 정당점유권원이 된다.
4. 항변사실의 증명책임은 피고(Z)에게 있다. 즉, 임대차계약 체결 사실은 피고(Z)가 본증으로 증명해야 한다. 그런데 증명은 이루어졌다.
5. 소결: 결국, 피고(Z) 항변은 이유 있다. 즉, 원고(K) 주장은 이유 없다.

결론

임차인(Z)은, 임대인(K)에 대한 관계에서, 임차권을 주장할 수 있다. 즉, 임차권으로 대항할 수 있다.

1. 원고(K) 청구 기각

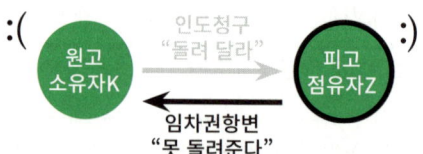

2. 즉, 피고(Z)는 원고(K)에게 목적물을 반환(인도)할 의무가 없다.

임대인으로부터 목적물을 매수한 사람이 원고(소유자)일 경우

개별 사실관계

1. 임대인(K)이 점유자(Z)에게 목적물을 임대했다.
2. 소유자(N)는 임대인(K)으로부터 목적물을 매수해 소유권이전등기를 마치면서 소유권을 취득한 사람이다.
3. 그와 별개로, 임대인(K)과 점유자(Z) 간 임대차 관계는 변론 종결 시까지도 계속 존속 중이다. 즉, 임대차 기간 중이다.

소유자(N)의 청구원인

원고(N)는 다음과 같이 주장한다: "원고(N) 소유 물건을 피고(Z)가 점유하고 있다. 따라서 피고(Z)는 원고(N)에게 목적물을 반환해야 한다."

> **민법 제213조(소유물반환청구권)** **소유자[N]는** 그 소유에 속한 물건[주택]을 **점유한 자 [Z]에 대하여** 반환을 청구할 수 있다. ...

1. 요건사실: 원고(N)의 목적물 소유 + 피고(Z)의 목적물 점유

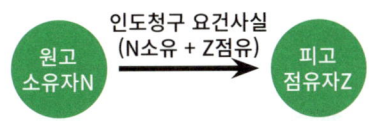

2. 소결: "원칙적으로" 원고(N) 주장은 이유 있다.

점유자(Z)의 주장

피고(Z)는 다음과 같이 주장한다: "그건 맞다. 그러나 피고(Z)는 임대인(K)과 임대차계약을 체결한 임차권자라서, 정당한 점유권원이 있다. 따라서 피고(Z)는 원고(N)에게 목적물을 반환할 의무가 없다."

> **민법 제213조(소유물반환청구권)** ... 그러나 점유자[Z]가 그 물건[주택]을 **점유할 권리 가 있는 때에는 반환을 거부할 수 있다.**

1. 피고(Z)의 위 주장은 주장 자체로 유효한 항변이 될 수 없다.

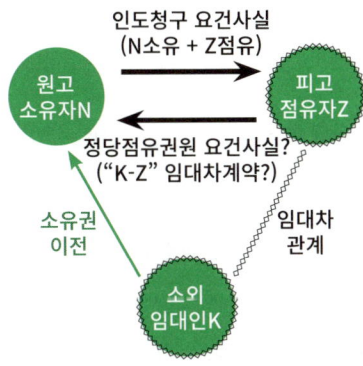

2. 왜냐하면, 피고(Z)가 임대인(K)과 임대차계약을 체결한 것은, 원고(N)와는 아무 관계가 없는 일이기 때문이다. 피고(Z)는 자신의 임차권을 오직 임대인 (K)에게만 주장할 수 있을 뿐, 원고(N)에게는 주장할 수 없다.

임차권은 "채권", 즉 사람(임대인 K)에 대한 권리(*in personam*; against a person)라는 점을 잊지 말자. 채권은 원래 대세효가 없다.

> **2004다69741**: ...임대차[는]... **채권계약**[인 것이] 기본적인 성질[이다.]

3. 피고(Z)가 원고(N)와는 직접 임대차계약을 체결한 적도 없다.
4. 어느 모로 보나, 앞서 본 "점유자(Z)와 무관한 사람이 원고(소유자)"인 상황과 똑같다.
5. 소결: 결국, 피고(Z) 주장은 이유 없다.

결론

임차인(Z)은, 새 소유자(N)에 대한 관계에서는, 임차권을 주장할 수 없다. 즉, 임차권으로 대항할 수 없다.

1. 원고(N) 청구 인용

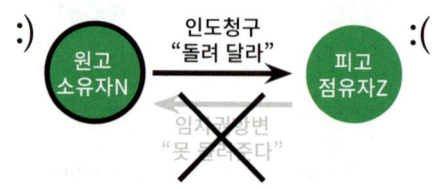

2. 즉, 피고(Z)는 원고(N)에게 목적물을 반환(인도)해야 한다.

임대인(K)이 소유자인 시절 임차인(Z)은 임차권으로 대항할 수 있었다. 그러다가 임대인(K)이 목적물을 매도한 결과, 임차인(Z)이 더는 임차권으로 대항할 수 없게 되었다. 이러한 원리를 "매매는 임대차를 깨뜨린다(*emptio tollit locatum*; the purchase removes the lease)"고 표현한다.

임차인 보호

문제점

1. 위와 같은 법원리를 언제나 예외 없이 적용하면, 임차인 입장에서 부당한 경우가 생길 수 있다.
2. 반대로, 위와 같은 법원리를 무시하면서 임차인만 보호하면, 오히려 목적물의 새 소유자와 같은 이해관계인이 예상하지 못한 손해를 입게 될 수 있다.

대책

그래서 법은 임차인 보호 규정을 두되, 일정 요건들을 충족해야 임차인을 보호해 주는 식으로 절충하고 있다. 예를 들어,

1. 목적물에 임차권등기 시, 민법상 부동산임차인(real property lessee) 보호
2. 지상 건물에 소유권등기 시, 민법상 토지임차인(land lessee) 보호
3. 인도 및 전입신고시, 주택임대차법의 주택임차인(housing lessee) 보호

이러한 예외를 "매매가 임대차를 깨뜨리지 못한다(*emptio non tollit locatum*; the purchase does not remove the lease)"라 표현한다.

분석

공통적으로 등기, 전입신고와 같이 제3자에 대한 공시(public notice)를 요구한다. 외부에서도 임대차의 존재를 알 수 있게 되었다면, 그 후 목적물과 관련해 이해관계를 맺게 된 자를 보호할 필요는 상대적으로 낮다는 취지다. 살펴보자.

민법상 부동산임차인 보호 규정: 목적물에 임차권등기

개요

민법은 부동산임차인(real property lessee)을 보호하는 규정을 두었다.
부동산이란, 쉽게 말해 건물(building) 또는 토지(land)다.

1. 임대차목적물(부동산) 자체에 임차권등기가 이루어지면,
2. 임차인은 제3자에 대한 대항력을 취득한다.

부동산 임차권등기

장무자(J)가 임자희(L)에게 건물을 임대했다.

1. 부동산등기부에는 부동산임차권을 등기(registration)할 수 있다. 이렇게 설정한 부동산등기를 임차권등기(lease registration)라 한다.

> **부동산등기법 제3조(등기할 수 있는 권리 등)** 등기는 **부동산**의 표시(表示)와 다음 각호의 어느 하나에 해당하는 권리의 보존, 이전, 설정, 변경, 처분의 제한 또는 소멸에 대하여 한다.
> 1. 소유권(所有權)
> 5. 저당권(抵當權)
> 8. **임차권**(賃借權)

> **부동산등기법 제74조(임차권 등의 등기사항)** 등기관이 임차권 설정 또는 임차물 전대(轉貸)의 등기를 할 때에는 ... 다음 각호의 사항을 기록하여야 한다. ...
> 1. 차임(借賃)
> 4. 존속기간 ...
> 5. 임차보증금

등기사항전부증명서(말소사항 포함)
- 건물 -

등기고유번호 1101-2018-123456

[건물] 서울특별시 관악구 신림동 99-8

【 표 제 부 】	(건물의 표시)		
표시번호	접 수	소재지번 및 건물번호	건물내역	등기원인 및 기타사항
1	2018년4월19일	서울특별시 관악구 신림동 99-8 [도로명주소] 서울특별시 관악구 노루로 231-2	시멘트블럭조 시멘트기와지붕 단층주택 85㎡	

【 갑 구 】 (소유권에 관한 사항)				
순위번호	등 기 목 적	접 수	등 기 원 인	권 리 자 및 기 타 사 항
1	소유권보존	2018년4월19일 제549호		소유자 장무자 810129-******* 서울특별시 관악구 노루로 231-2(신림동)

【 을 구 】 (소유권 이외의 권리에 관한 사항)				
순위번호	등 기 목 적	접 수	등 기 원 인	권 리 자 및 기 타 사 항
3	주택임차권설정	2022년7월6일 제891호	2022년6월28일 설정계약	임차보증금 금50,000,000원 차 임 월 금2,000,000원 차임지급시기 매월 말일 범 위 주택 중 도면표시 ㄱ, ㄴ, ㄷ, ㄹ, ㄱ을 순차적으로 연결한 동쪽 (가)부분 28㎡ 전부(102호) 존속기간 2022년 7월 6일부터 2024년 7월 5일까지 주민등록일자 2022년 7월 3일 점유개시일자 2022년 6월 29일 확정일자 2022년 7월 3일 임차권자 임자희 901020-******* 서울특별시 관악구 노루로 231-2, 102호(신림동) 도면 제2022-999호

-- 이 하 여 백 --

2. 임차권등기를 하려면, 부동산임차인(L)과 부동산임대인(J)이 등기소에 공동으로 신청하면 된다. 이때, 부동산임대인(J)은 아무리 싫더라도, 부동산임차인(L)이 원하면 등기절차에 협력해야 한다. 이것은 법적 의무다.

부동산등기법 제23조(등기신청인) ① 등기는 법률에 다른 규정이 없는 경우에는 등기권리자(登記權利者)[L]와 등기의무자(登記義務者)[J]가 공동으로 신청한다.

민법 제621조(임대차의 등기) ① 부동산임차인[L]은 당사자간에 반대약정이 없으면 임대인[J]에 대하여 그 임대차등기절차에 협력할 것을 청구할 수 있다.

J가 L에 대해 등기절차에 협력할 법적 의무가 있다는 것은 어떤 뜻인가? L이 J를 상대로 등기절차의 이행을 구하는 민사소송 소를 제기할 수 있고, L이 승소 확정판결을 받은 후에는 단독으로 등기를 신청할 수 있다는 뜻이다. 제1강 민사구조론 중 "민사소송과 강제집행을 통한 권리실현"에서 보았다.

3. 임차권등기가 되면, 이제 누구나 부동산에 임차인이 있다는 것을 알 수 있다.

임차권등기를 한 임차인 보호
이렇게 미리 임차권등기를 마쳐 두면, 부동산임차인(L)은 안심이다.

1. 임차권등기 후 목적물(부동산) 소유자가 바뀌더라도, 부동산임차인(L)은 새 소유자(N)에게도 임차권을 주장할 수 있다.

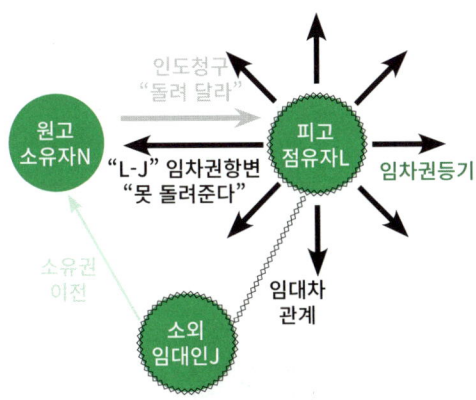

2. 점유자인 임차인(L)은 새 소유자(N)에 대한 관계에서도 "부동산을 점유할 권리"가 있다.

민법 제621조(임대차의 등기) ② 부동산**임대차를 등기**한 때에는 그때부터 제삼자[N 등]에 대하여 효력이 생긴다.

새 소유자(N)는 부동산등기부를 보면 부동산임차인(L)이 있다는 사실을 충분히 알 수 있었다. 따라서 새 소유자(N)가 부동산임차인(L) 때문에 부동산을 사용하지 못해도, 불공평하지 않다.

결론
목적물에 임차권등기를 마친 임차인(L)은, 새 소유자(N)에 대한 관계에서도, 임차권을 주장할 수 있다. 즉, 임차권으로 대항할 수 있다.

1. 원고(N) 청구 기각

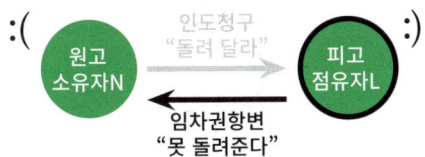

2. 즉, 피고(L)는 원고(N)에게 목적물을 반환(인도)할 의무가 없다.

민법 제213조(소유물반환청구권) ... 그러나 점유자[임차인 L]가 그 물건[주택]을 **점유할 권리가 있는 때에는 반환을 거부할 수 있다**.

민법상 토지임차인 보호 규정: 지상 건물에 소유권등기

개요
민법은 토지임차인(land lessee)을 보호하는 규정을 두었다.

토지임차권을 "토지를 임차할 권리"라 하여 차지권이라고도 한다.

1. 토지임차인이 지상에 건물을 소유하고,
2. 건물소유권 등기를 마치면,
3. 토지임차인은 제3자에 대한 대항력을 취득한다.

임대차목적물(토지) 자체에 등기하는 것이 아니다. 또한, 임차권등기를 하는 것도 아니다. "건물"에 "소유"권 등기하는 것이다. 이 점을 주의하라.

기초개념: 건물과 토지 관계

1. "건물 소유자"는 그 지상 토지를 점유한다.

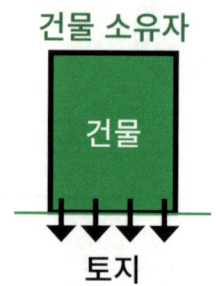

2023다249876: 건물은 일반적으로 그 대지를 떠나서는 존재할 수 없[다. 그러므로] **건물의 소유자는** 건물의 소유를 위하여 그 대지인 **토지를 점유하고 있다**고 볼 수 있[다]. 이는 건물의 소유자가 현실적으로 건물이나 그 대지를 점유하지 않더라도 마찬가지[다. 그렇지만] 그가 건물의 소유권을 상실한 경우에는 특별한 사정이 없는 한 그 대지에 대한 점유도 함께 상실한[다.]

"건물 점유자"가 토지를 점유하는 것이 아니다.

2002다57935: 특별한 사정이 없는 한 건물의 소유명의자가 아닌 자로서는 실제로 그 건물을 점유하고 있다고 하더라도 그 건물의 부지를 점유하는 자로는 볼 수 없다.

2. 건물 소유자와 토지 소유자가 다르면, 원래 토지 소유자는 건물 소유자(= 토지 점유자)를 상대로 건물 철거 및 토지 인도를 구할 수 있다.

민법 제213조(소유물반환청구권) 소유자는 그 소유에 속한 물건을 점유한 자에 대하여 반환을 청구할 수 있다. ...

민법 제214조(소유물방해제거...) 소유자는 소유권을 방해하는 자에 대하여 방해의 제거를 청구할 수 ... 있다.

지상 건물 소유권등기

토지왕(T)은 차지인(Ch)에게 토지를 임대했다. 차지인(Ch)은 임차 토지 위에 있는 건물을 소유하고 있다. 차지인(Ch)이 건물 소유자로 등기되면 어떻게 될까?

1. 임대차목적물(토지) 등기부에는 변화가 없다. 즉, "토지 등기부" 자체에는 임대차가 공시되지 않는다. 토지 등기부에는 토지 소유자(T)만 공시되어 있다.

등기사항전부증명서(말소사항 포함)
- 토지 -

등기고유번호 1111-1994-987654

[토지] 서울특별시 마포구 냉우동 109-5

【 표 제 부 】		(토지의 표시)			
표시번호	접 수	소재지번	지목	면 적	등기원인 및 기타사항
1	1994년8월20일	서울특별시 마포구 냉우동 109-8	대	550.5㎡	

【 갑 구 】			(소유권에 관한 사항)	
순위번호	등 기 목 적	접 수	등 기 원 인	권 리 자 및 기 타 사 항
1	소유권이전	1984년3월2일 제1234호	1984년1월28일 재산상속	소유자 토지왕 641130-******* 서울특별시 성북구 고로 31(안암동)

【 을 구 】			(소유권 이외의 권리에 관한 사항)	
순위번호	등 기 목 적	접 수	등 기 원 인	권 리 자 및 기 타 사 항
			기록사항 없음	

-- 이 하 여 백 --

---

2. 그러나 누구나 그 토지에 가 보면 건물이 있다는 점은 알 수 있다. 또, 그 "건물 등기부"까지 보면 토지와 건물 소유자가 서로 다르다는 것도 알 수 있다.

등기사항전부증명서(말소사항 포함)
- 건물 -

등기고유번호 1101-2015-888777

[건물] 서울특별시 마포구 냉우동 109-5

【 표 제 부 】 (건물의 표시)					
표시번호	접 수	소재지번 및 건물번호		건 물 내 역	등기원인 및 기타사항
1	2015년4월10일	서울특별시 마포구 냉우동 109-8 [도로명주소] 서울특별시 마포구 뽀로로 33		철근콘크리트구조 철근콘크리트평스라브지 붕 5층 업무시설, 제1,2종근린생활시설 1층 230.21㎡ 2층 190.55㎡ 3층 190.55㎡ 4층 190.55㎡ 5층 130.14㎡	

【 갑 구 】 (소유권에 관한 사항)					
순위번호	등 기 목 적	접 수	등 기 원 인	권 리 자 및 기 타 사 항	
1	소유권보존	2015년4월10일 제9999호		소유자 차지인 750803-******* 서울특별시 서대문구 미래로 5(신촌동)	

【 을 구 】 (소유권 이외의 권리에 관한 사항)					
순위번호	등 기 목 적	접 수	등 기 원 인	권 리 자 및 기 타 사 항	
기록사항 없음					

3. 결과적으로, 누구나 그 토지에 관해 건물소유목적 토지임대차가 있을 수도 있다고 예상할 수 있다.

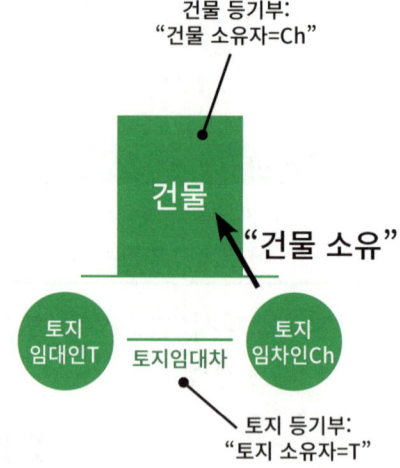

지상 건물 소유권등기한 토지임차인 보호
이렇게 건물소유등기를 마친 토지임차인(Ch)은 안심이다.

1. 건물소유권 등기 후 임대차목적물(토지) 소유자가 바뀌더라도, 토지임차인 (Ch)은 새 토지 소유자(N)에게도 토지임차권을 주장할 수 있다.

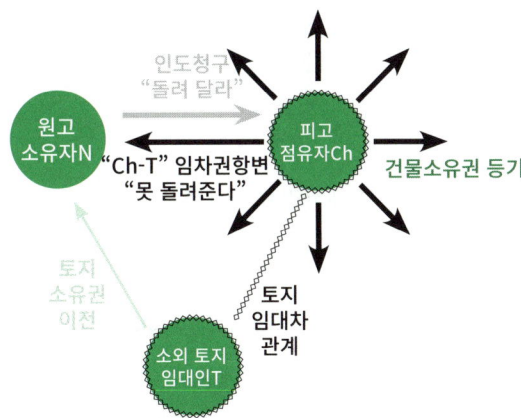

2. 토지 점유자인 토지임차인(Ch)은 새 토지 소유자(N)에 대한 관계에서도 "토지를 점유할 권리"가 있다.

민법 제622조(건물 등기 있는 차지권의 대항력) ① 건물의 소유를 목적으로 한 토지임대차는 이를 등기하지 아니한 경우에도 [토지]임차인[Ch]이 그 지상 건물을 등기한 때에는 제삼자[N 등]에 대하여 임대차의 효력이 생긴다.

새 소유자(N)는 토지 등기부와 건물 등기부를 보면 토지임차인(Ch)이 있다는 사실을 충분히 알 수 있었다. 따라서 새 소유자(N)가 토지임차인(Ch) 때문에 부동산을 사용하지 못해도, 불공평하지 않다.

결론

지상 건물에 소유권등기를 마친 토지임차인(Ch)은, 새 토지 소유자(N)에 대한 관계에서도, 토지임차권을 주장할 수 있다. 즉, 임차권으로 대항할 수 있다.

1. 원고(N) 청구 기각

2. 즉, 피고(Ch)는 원고(N)에게 목직물을 반환(인도)힐 의무가 없다.

민법 제213조(소유물반환청구권) ... 그러나 점유자[토지임차인 Ch]가 그 물건[토지]을 **점유할 권리가 있는 때에는 반환을 거부할 수 있다.**

주택임대차법상 주택임차인 보호 규정

개요

만약 "주택임차인"이라면, 더욱 보호를 받는다. 즉, 특별법인 주택임대차법은 주택임차인(house lessee)을 보호하는 규정을 두었다.

1. 주택임차인이 주택을 인도받아 점유하고,
2. 그 주택 주소로 주민등록을 마치면,
3. 주택임차인은 제3자에 대한 대항력을 취득한다.

기초개념: 주민등록과 전입신고

1. 주민등록(resident registration)

> 주민등록법 제1조(목적) 이 법은 지방자치단체의 주민을 등록하게 함으로써 주민의 거주관계 등 인구의 동태(動態)를 항상 명확하게 파악…하는 것을 목적으로 한다.
>
> 주민등록법 제7조(주민등록표 등의 작성) ① 시장·군수 또는 구청장은 … 주민등록정보시스템…으로 …주민등록표…를 작성하고 기록·관리·보존하여야 한다.
>
> 주민등록법 제8조(등록의 신고주의 원칙) 주민의 등록 또는 그 등록사항의 정정, 말소 또는 거주불명 등록은 주민의 신고에 따라 한다. …

2. 전입신고(moving-in report)

> 주민등록법 제16조(거주지의 이동) ① 하나의 **세대**에 속하는 자의 전원 또는 그 일부가 **거주지를 이동**하면 … 신고의무자가 신거주지에 전입한 날부터 14일 이내에 신거주지의 시장·군수 또는 구청장에게 전입신고(轉入申告)를 하여야 한다.

3. 주민등록표 열람 및 초본 발급

> 주민등록법 제29조(열람 또는 등·초본의 교부) ② … 주민등록표의 열람이나 등·초본의 교부신청은 본인이나 세대원이 할 수 있다. 다만, 본인이나 세대원의 위임이 있거나 다음 각호의 어느 하나에 해당하면 그러하지 아니하다.
>   6. 채권·채무관계 등 대통령령으로 정하는 정당한 이해관계가 있는 사람이 신청하는 경우(주민등록표 초본에 한정한다)
>
> 주민등록법 시행령 제47조(주민등록표의 열람 또는 등·초본의 교부) ④ 법 제29조 제2항 제6호에 따른 … 정당한 이해관계가 있는 자의 범위는 별표 2와 같[다.] …
>
> 주민등록법 시행령 [별표 2] 채권·채무관계 등 정당한 이해관계가 있는 자의 범위
>   2. 부동산 또는 이에 준하는 것에 관한 권리의 설정·변경·소멸에 관계되는 자
>   4. 개인 및 법인 등의 채권·채무와 관계되는 자….

큰 흐름을 이해하면 충분하다. 위 내용을 암기할 필요는 없다.

주택임차인의 주민등록(전입신고)

주대인(J)은 탁임인(T)에게 주택을 임대했다. 탁임인(T)은 임차 주택으로 이사했다. 탁임인(T)이 새 주소로 주민등록(전입신고)을 하면 어떨까?

1. "건물(주택) 등기부"를 보면 건물 소유자는 주대인(J)으로 되어 있다. 즉, 주택 소유자(J)가 공시되어 있다.

등기사항전부증명서(말소사항 포함)
- 건물 -

등기고유번호 1101-2014-999999

[건물] 서울특별시 은평구 포동 23

【 표 제 부 】 (건물의 표시)

표시번호	접 수	소재지번 및 건물번호	건 물 내 역	등기원인 및 기타사항
1	2014년12월11일	서울특별시 은평구 포동 23 [도로명주소] 서울특별시 은평구 해일로 11	철근콘크리트구조 (철근)콘크리트지붕 3층 업무시설, 제2종근린생활시설 1층 150.11㎡ 2층 115.54㎡ 3층 115.54㎡	

【 갑 구 】 (소유권에 관한 사항)

순위번호	등 기 목 적	접 수	등 기 원 인	권 리 자 및 기 타 사 항
1	소유권보존	2014년12월11일 제1111호		소유자 주대인 670707-******* 서울특별시 강남구 가로 5(도곡동)

【 을 구 】 (소유권 이외의 권리에 관한 사항)

순위번호	등 기 목 적	접 수	등 기 원 인	권 리 자 및 기 타 사 항
			기록사항 없음	

-- 이 하 여 백 --

2. 그런데, 주민등록표 초본을 발급받아 확인해 보면, 그 주택에는 탁임인(T)이 거주하고 있다. 즉, 주택 소유자와 주택 점유자가 서로 다르다는 것을 알 수 있다.

발급확인번호 : 1234-123456-1234-12

주 민 등 록 표
(초 본)

이 초본은 개인별 주민등록표의 원본 내용과 틀림없음을 증명합니다.
담 당 자: 전화: 02-351-1234
신 청 인: 나매수 (생년월일: 1978-09-12)
용도 및 목적:
                                    2023년 2월 11일

서울특별시 은평구청장   직인

성 명(한자)	탁임인 (託任人)	주민등록번호	881211-1234567

인 적 사 항 변 경 내 용			
== 공 란 ==			
"주민등록번호 정정내역 없음"			
번호 주 소	발 생 일 / 신 고 일 변 동 사 유		세대주 및 관계 등 록 상 태
1 서울특별시 광진구 강호동 23-8	1988-08-02	1988-08-02 전입	
2 서울특별시 광진구 강호동 44	2002-06-11	2002-06-14 전입	
3 서울특별시 은평구 고동 5-2	2008-12-09	2008-12-13 전입	
4 법률9774호(09.12.10) 도로명주소법, 공법관계의 주소변경]			
5 서울특별시 은평구 가상로 123	-----	2011-10-31	
6 서울특별시 은평구 해일로 11	2016-01-05	2016-01-10 전입	탁임인 의본인
== 이 하 여 백 ==			

3. 결과적으로, 누구나 그 주택에 관해 주택임대차가 있다고 예상할 수 있다.

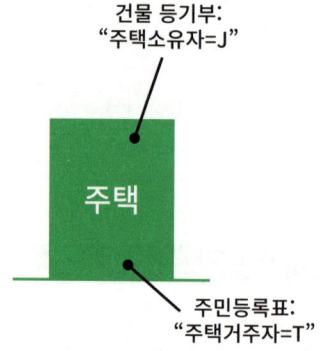

건물 등기부:
"주택소유자=J"

주택

주민등록표:
"주택거주자=T"

주민등록(전입신고)을 한 임차인 보호

이렇게 인도를 받고 주민등록까지 한 주택임차인(T)은 안심이다.

1. 인도 및 주민등록 후 목적물(주택) 소유자가 바뀌더라도, 주택임차인(T)은 새 소유자(N)에게도 임차권을 주장할 수 있다.

주택임대차법 제1조(목적) 이 법은 **주거용** 건물의 임대차(賃貸借)에 관하여 「민법」에 대한 특례를 규정함으로써 국민 주거생활의 안정을 보장함을 목적으로 한다.

주택임대차법 제3조(대항력 등) ① 임대차는 그 등기(登記)가 없는 경우에도 임차인(賃借人)[T]이 주택의 **인도**(引渡)와 **주민등록**을 마친 때에는 그다음 날부터 제삼자[N 등]에 대하여 효력이 생긴다. 이 경우 전입신고를 한 때에 주민등록이 된 것으로 본다.

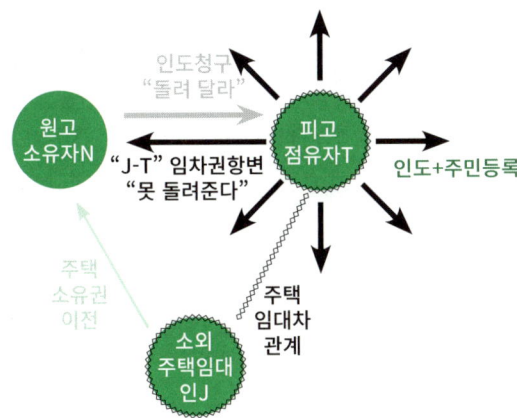

2. 주택점유자인 주택임차인(T)은 새 주택소유자(N)에 대한 관계에서도 "주택을 점유할 권리"가 있다.

새 소유자(N)는 건물 등기부와 주민등록표를 보면 주택임차인(T)이 있다는 사실을 충분히 알 수 있었다. 따라서 새 소유자(N)가 주택임차인(T) 때문에 부동산을 사용하지 못해도, 불공평하지 않다.

인도 요건 판단 기준

2017다212194: 여기에서 '주택의 인도'는 임차목적물인 주택에 대한 <u>**점유의 이전**</u>을 말한다.

이때 점유는 사회통념상 어떤 사람의 사실적 지배에 있다고 할 수 있는 객관적 관계를 가리[킨다.] 사실상의 지배가 있다고 하기 위해서는 반드시 물건을 물리적·현실적으로 지배할 필요는 없[다.] 물건과 사람의 시간적·공간적 관계, 본권관계, 타인의 간섭가능성 등을 고려해서 사회통념에 따라 합목적적으로 판단하여야 한다.

임대주택을 인도하는 경우에는 임대인이 임차인에게 현관이나 대문의 열쇠를 넘겨주었는지, 자동문 비밀번호를 알려주었는지, 이사를 할 수 있는지 등도 고려하여야 한다.

주민등록 요건 판단 기준

구체적인 사실관계에 따라 사안마다 개별적으로 판단한다.

2018다44879: [주택임대차법] 제3조 제1항에서 주택의 인도와 더불어 대항력의 요건으로 규정하[는] 주민등록은 거래의 안전을 위하여 임차권의 존재를 제3자가 명백히 인식할 수 있게 하는 공시방법으로 마련된 것이다.

수민능록이 어떤 임대차를 공시하는 효력이 있는지는 <u>**주민등록으로 제3자가 임차권의 존재를 인식할 수 있는지**</u>에 따라 결정된다. 주민등록이 대항력의 요건을 충족할 수 있는 공시방법이 되려면 [어때야 하는가?] 단순히 형식적으로 주민등록이 [된] 것만으로 부족하[다.] 주민등록에 따라 표상되는 점유관계가 임차권을 매개로 하는 점유임을 제3자가 인식할 수 있는 정도는 되어야 한다.

1. 요건을 충족했다고 본 사례

2002다59351: 부동산등기부상 건물의 표제부에 '에이(A)동'이라고 기재[된] 연립주택의 임차인이 전입신고를 [했다. 이때] 주소지를 '가동'으로 신고하였[다. 그런데] 주소지 대지 위에는 2개 동의 연립주택 외에는 다른 건물이 전혀 없[다. 그리고] 그 2개 동도 층당 세대수가 한 동은 4세대씩, 다른 동은 6세대씩으로서 크기가 달라서 **외관상 혼동의 여지가 없[다**. 또한,] 실제 건물 외벽에는 '가동', '나동'으로 표기되어 사회생활상 그렇게 호칭되어 [왔다.]

사회통념상 '가동', '나동', '에이동', '비동'은 표시 순서에 따라 각각 같은 건물을 의미하는 것이라고 인식될 여지가 있[다.] 더욱이 경매기록에서 경매목적물의 표시가 '에이동'과 '가동'으로 병기되어 있었[다. 그렇다면] 경매가 진행되면서 낙찰인을 포함하여 입찰에 참가하고자 한 사람들로서도 위 임대차를 대항력 있는 임대차로 인식하는 데에 아무런 어려움이 없었[다.]

[그러므로] 임차인의 [위] 주민등록이 임대차의 **공시방법으로 유효**하[다.]

2. 요건을 충족하지 못했다고 본 사례

2001다80204: 하나의 대지 위에 단독주택과 다세대 주택이 함께 건립되어 있[다.] **등기부상**으로 단독주택과 다세대 주택의 각 구분소유 부분에 대하여 **지번은 동일하나 그 동·호수가 달리 표시**되어 있[다.]

[위] 경우라면, 위 단독주택의 임차인은 그 지번 외에 등기부…의 동·호수까지 전입신고를 마쳐야만 [한다.]

원고가 이 사건 주택을 임차하여 인도받고 주민등록 전입신고를 한 지번 및 동·호수는 이 사건 주택의 지번과는 일치[한다. 그러나] 등기부…의 위 주택 동·호수와는 다르[다. 그러]므로 원고의 위 주민등록은 위 임대차의 **공시방법으로서 효력이 없[다.]**

지금 단계에서는 위 사실관계를 암기할 필요가 없다. 구분소유 개념을 이해할 수 없어도 괜찮다. 전체적인 취지를 이해하면 충분하다.

계속적 구비 필요

97다43468: 주택의 인도 및 주민등록이라는 대항요건은 그 대항력 취득시에만 구비하면 족한 것이 아니[다.] 그 대항력을 **유지하기 위하여서도 계속 존속하고 있어야** 한다.

주택의 임차인이 그 주택의 소재지로 전입신고를 마치고 그 주택에 입주함으로써 일단 임차권의 대항력을 취득[했다. 그러나 그] 후 어떤 이유에서든지 그 가족과 함께 일시적이나마 다른 곳으로 주민등록을 이전하였[다. 그렇다]면 이는 전체적으로나 종국적으로 주민등록의 이탈이라고 볼 수 있으므로 그 대항력은 그 전출 당시 이미 대항요건의 상실로 소멸[된다.]

결론

주택 인도를 받고 주민등록(전입신고)을 한 주택임차인(T)은, 새 주택소유자(N)에 대한 관계에서도, 주택임차권을 주장할 수 있다. 즉, 임차권으로 대항할 수 있다.

1. 원고(N) 청구 기각

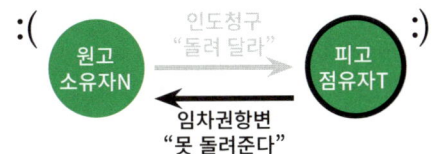

2. 즉, 피고(T)는 원고(N)에게 목적물을 반환(인도)할 의무가 없다.

민법 제213조(소유물반환청구권) ... 그러나 점유자[주택임차인 T]가 그 물건[주택]을 **점유할 권리가 있는 때에는 반환을 거부할 수 있다**.

정리

일정한 임차권에 물권에 버금가는 효력 부여

1. 법은 등기임차인이나 주택임차인 등 일정한 요건을 갖춘 임차인을 보호한다.

	임대차목적물	대항력 요건
일반 임차권	물건	-
임차권등기한 임차권	부동산	목적물에 임차권등기
건물소유목적 토지임차권	토지	건물에 소유명의등기
주택임차권	주택	인도 + 주민등록

2. 요건을 갖춘 임차인은, 임대인뿐만 아니라 제3자에 대해서도 임차권을 주장할 수 있다.
3. 즉, 대항력 있는 임차권이 마치 물권처럼 대세효를 가진다.

97다43468: [주택임대차법]이 제3조 제1항에서 주택임차인에게 주택의 인도와 주민등록을 요건으로 명시하여 등기된 **물권에 버금가는 강력한 대항력**을 부여[한다.]

기본적으로 채권계약

그러나 어디까지나,

1. 임대차는 계약이다.
2. 임대차계약에 따른 권리는 채권이다.

2004다69741: 주택임차인이 [주택임대차법] 제3조 제1항의 대항요건을 갖추거나 민법 제621조의 규정에 의한 **주택임대차** 등기를 마치더라도 [**임대차가] 채권계약이라는 기본적인 성질**에 변함이 없다.

차주 보호
Protecting the Borrower

> 돈을 기한 내로 갚지 못하면 내 살들 중 심장에 가까운 살 1파운드를 제공하겠다.
> - William Shakespeare, "베니스의 상인" 중

기초개념: 담보 관련 조치

대물변제

대물변제(accord and satisfaction; payment in substitutes)란, 변제를 다른 물건으로 하는 방식이다. 예를 들어, 50만 원 지급 채무가 있는데, 돈 대신 어떤 노트북컴퓨터 1대를 주면서 채무를 소멸시키는 것이다.

> 민법 제466조(대물변제) 채무자가 채권자의 승낙을 얻어 **본래의 채무이행[을] 갈음하여 다른 급여**를 한 때에는 변제와 같은 효력이 있다.

> 86다카1755: 대물변제는 본래의 채무[를] 갈음하여 다른 급여를 현실적으로 하는 때에 성립되는 요물계약이[다.]

대물변제 순간, 50만 원 채무는 소멸한다. 대물변제는 기존 채무의 지급을 갈음하는 것이다.

대물변제예약

대물변제예약(promise to return by substitutes)이란, 미리 대물변제를 합의하는 방식이다. 예를 들어, 50만 원 지급 채무가 있는데, "만약 돈을 못 갚으면 돈 대신 어떤 노트북컴퓨터 1대를 주고 채무를 소멸시키기"로 미리 합의해 두는 것이다.

1. 돈을 갚으면, 물건을 지급 안 해도 된다. 즉, 대물변제는 이루어지지 않는다.
2. 돈을 못 갚으면, 물건을 지급하게 될 수 있다. 즉, 대물변제가 이루어질 수 있다. 대물변제를 선택하는 것을 대물변제예약의 완결이라 한다.

> 97다12488: 대물변제예약 완결의 의사표시는 특별한 방식을 요하는 것이 아니[다.]

대물변제예약(대물반환예약)을 해도, 50만 원 채무는 존속할 수 있다. 정하기 나름이다. 존속할 경우 대물변제예약은 기존 채무의 담보를 위한 것이다.

> 2018다28273: 채권자에 대하여 금전채무를 부담하는 채무자가 채권자에게 그 금전채무와 관련하여 다른 급부를 하기로 약정한 경우, 그 약정을 언제나 기존 금전채무를 소멸시키고 다른 채무를 성립시키는 약정이라고 단정할 수는 없다. **기존 금전채무를 존속시키면서** … 기존 급부와 다른 급부를 하거나 요구할 수 있는 권능을 부여하는 등 그 약정이 기존 금전채무의 존속을 전제로 하는 약정일 가능성도 배제하기 어렵다.

원고가 대여금의 반환을 청구[한다. 이에] 대하여 피고는 대여금 미변제 시 이 사건 토지를 대물변제하기로 합의하였으므로 대여금반환의무가 없다고 항변[한다. 이] 사안에서, … 위 합의만으로 기존 금전채무가 소멸되었다고 [볼 수 없다.]

양도담보

양도담보란, 담보 조로 채권자 앞으로 담보물 소유권 자체를 이전하는 방식이다. 예를 들어, 50만 원 지급 채무에 대한 담보로, 노트북컴퓨터 1대 소유권을 채권자 앞으로 지금 이전시켜 두는 것이다.

1. 돈을 갚으면, 물건을 반환받을 수 있다.
2. 돈을 못 갚으면, 물건을 반환받을 수 없다.

양도담보를 해도, 50만 원 채무는 존속한다. 양도담보는 기존 채무의 담보를 위한 것이다.

약한 양도담보(= 정산형 양도담보 = 청산형 양도담보)

약한 양도담보란, 양도담보 중에서도 정산을 예정하는 양도담보다.

1. 돈을 갚으면, 물건을 반환받을 수 있다.
2. 돈을 못 갚으면, 물건은 잃어도 정산은 받을 수 있다. 노트북컴퓨터가 80만 원이라면, 차액 30만 원(= 80만 원 - 50만 원)을 보상받을 수 있다.

강한 양도담보(= 비정산형 양도담보 = 유담보형 양도담보)

강한 양도담보란, 양도담보 중에서도 정산을 배제한 양도담보다.

1. 돈을 갚으면, 물건을 반환받을 수 있다.
2. 돈을 못 갚으면, 정산도 못 받고 물건을 잃는다.

정산을 배제하는 것을 유담보 약정(foreclosure agreement)이라 한다. 저당권에서 정산을 배제하는 것을 유저당, 질권(곧 배울 것이다)에서 정산을 배제하는 것을 유질이라 한다.

주의
1. 이론상 위와 같이 구별할 수 있다.
2. 그러나 실제로는 구별이 모호한 경우가 많다.

> **2000다15661**: 채권의 담보목적으로 재산권을 채권자에게 이전한 경우 그것이 어떠한 형태의 담보계약인지는 **개개의 사건마다 구체적으로** 당사자의 의사에 의하여 확정되어야 할 문제[다.]

기초개념: 가등기

머리에
가등기(provisional registration)는 다음 2종류로 나뉜다.
1. 보전 가등기(provisional registration for preservation): 원래 목적대로 마치는 가등기
2. 담보 가등기(provisional registration of security): 담보목적 가등기

보전 가등기
어떤 등기를 받을 권리가 있다고 하자. 그런데 등기를 하는 데 필요한 요건이 아직 다 구비되지 않았다. 이때,
1. 등기의 순위(order)를 보전하기 위해,
2. 미리 임시로 하는 등기가 있다.

등기사항전부증명서(말소사항 포함)
- 토지 -

등기고유번호 1111-1994-987654

[토지] 서울특별시 마포구 냉우동 109-5

【 표 제 부 】	(토지의 표시)			
표시번호	접 수	소재지번	지 목	면 적	등기원인 및 기타사항
1	1994년8월20일	서울특별시 마포구 냉우동 109-8	대	550.5㎡	

【 갑 구 】	(소유권에 관한 사항)			
순위번호	등 기 목 적	접 수	등 기 원 인	권 리 자 및 기 타 사 항
1	소유권이전	1984년3월2일 제1234호	1984년1월28일 재산상속	소유자 토지왕 641130-******* 서울특별시 성북구 고로 31(안암동)
2	소유권이전청구권가등기	2023년4월3일 제4321호	2023년3월31일 매매예약	가등기권자 가득남 750901-******* 서울특별시 강서구 호로 123(등촌동)

【 을 구 】	(소유권 이외의 권리에 관한 사항)		
순위번호	등 기 목 적	접 수	등 기 원 인	권 리 자 및 기 타 사 항
기록사항 없음			

-- 이 하 여 백 --
수수료 1,200원 영수함   관할등기소 서울서부지방법원 등기과 / 발행등기소 서울서부지방법원 등기과

이것이 보전 가등기다. 등기청구권 보전을 위한 가등기라는 뜻이다. 가등기 제도는 원래 이런 목적으로 두었다.

> **부동산등기법 제88조(가등기의 대상)** 가등기는 제3조[등기할 수 있는 권리: 소유권, 저당권 등] 각호의 어느 하나에 해당하는 권리의 설정, 이전, 변경 또는 소멸의 청구권(請求權)을 보전(保全)하려는 때에 한다. …
>
> **부동산등기법 제91조(가등기에 의한 본등기의 순위)** 가등기에 의한 본등기(本登記)를 한 경우 **본등기의 순위는 가등기의 순위에 따른다**.

나중에 가등기에 근거한 본등기를 마치면, 가등기보다 후순위인 다른 등기들은 말소된다. 따로 말소신청을 하지 않더라도, 등기소에서 직권으로 말소한다.

【 갑 구 】	(소유권에 관한 사항)			
순위번호	등 기 목 적	접 수	등 기 원 인	권 리 자 및 기 타 사 항
1	소유권이전	1984년3월2일 제1234호	1984년1월28일 재산상속	소유자 토지왕 641130-******* 서울특별시 성북구 고로 31(안암동)
2	소유권이전청구권가등기	2023년4월3일 제4321호	2023년3월31일 매매예약	가등기권자 가득남 750901-******* 서울특별시 강서구 호로 123(등촌동)
	소유권이전	2023년12월5일 제21098호	2023년12월4일 매매	소유자 가득남 750901-******* 서울특별시 강서구 호로 123(등촌동)
3	~~소유권이전~~	~~2023년5월2일 제6666호~~	~~2023년5월1일 매매~~	~~소유자 이중매 870606-*******~~ ~~서울특별시 중구 해로 281(정동)~~
4	3번소유권이전등기말소			2번 가등기의 본등기로 인하여 2019년12월5일 등기

담보 가등기

그런데 사람들이 가등기를 담보목적으로 이용하기도 한다. 즉, 돈을 빌려주면서 채권자 앞으로 일단 가등기만 마친다. 안 갚으면 본등기를 받는다. 즉,

1. 대물변제예약(promise to return by substitutes)을 하면서,
2. 담보목적으로 하는 가등기가 있다.

【 갑 　 구 】		（ 소유권에 관한 사항 ）		
순위번호	등 기 목 적	접 수	등 기 원 인	권 리 자 　 및 　 기 타 사 항
1	소유권이전	1984년3월2일 제1234호	1984년1월28일 재산상속	소유자　토지왕　641130-******* 　　　　서울특별시 성북구 고로 31(안암동)
2	소유권이전담보 가등기	2022년12월30일 제8877호	2022년12월29일 대물반환예약	가등기권자　가득남　750901-******* 　　　　서울특별시 강서구 호로 123(등촌동)

이것이 담보 가등기다. 담보목적의 가등기라는 뜻이다.

가등기담보법 제2조(정의) 이 법에서 사용하는 용어의 뜻은 다음과 같다.
　3. "담보 가등기(擔保假登記)"란 채권담보의 목적으로 마친 가등기를 말한다.
　4. "강제경매등"이란 강제경매(强制競賣)와 담보권의 실행 등을 위한 경매를 말한다.

가등기담보법 제13조(우선변제청구권) 담보 가등기를 마친 부동산에 대하여 강제경매 등이 개시된 경우에 ... 순위에 관하여는 그 <u>담보 가등기 권리를 저당권으로 보고</u>, 그 담보 가등기를 마친 때에 그 저당권의 설정등기(設定登記)가 행하여진 것으로 본다.

처음에 담보 가등기는 편법이었지만, 지금은 제도권 안에 들어왔다.

문제 상황

사실관계

대주 L은 차주 B에게 다음과 같은 내용으로 대출했다.

1. 원금: 1억 원
2. 기간: 2018. 1. 1.부터 2018. 12. 31.까지(1년)
3. 이자: 월 3%의 비율로 계산

연 36%를 의미한다. 엄밀하게는, 시작일과 끝일 기간에 따라 월 3%와 연 36% 계산 결과가 서로 다를 수 있다. 그러나 여기서는 일단 그 차이는 무시하겠다. 사례를 볼 때 항상 월 단위인지 연 단위인지 확인하라.

4. 특약: "만약 차주 B가 돈을 갚지 못하면, 돈 대신 차주 B가 가진 P재산을 대주 L에게 주겠다."

그런데 결국 차주 B는 약속한 날에 돈을 갚지 못했다.

문제점

1. 계약은 유효한가?
2. 대주 L은 P재산에 관해 어떤 권리를 갖는가?
3. 판단의 법적 근거는?

이자 약정 효력

원칙

원칙적으로, 이자 약정은 유효하다.

계약자유 원칙(내용 자유) 때문이다.

예외

예외적으로, 일정 기준을 넘는 이자 약정은 무효다.

> **이자제한법 제2조(이자의 최고한도)** ① 금전대차에 관한 계약상의 최고이자율은 연 25[%]를 초과하지 아니하는 범위 안에서 대통령령으로 정한다.
> ③ 계약상의 이자로서 제1항에서 정한 **최고이자율을 초과하는 부분은 무효**로 한다.

> **이자제한법 제2조 제1항의 최고이자율에 관한 규정** 「이자제한법」 제2조 제1항에 따른 금전대차에 관한 계약상의 최고이자율은 <u>연 20[%]</u>로 한다.

계약자유 원칙에 대한 법률상 제한이다.

이자 약정이 무효일 경우 효과

1. 일반적으로는, 계약 내용 일부가 무효면, 계약 전부가 무효로 된다.

> **민법 제137조(법률행위의 일부무효)** 법률행[위] 일부분이 무효[일] 때에는 그 전부를 무효로 한다. ...

2. 그러나 이 경우 실제로는 기준 초과 부분에 한해 무효다. 이자제한법이 그렇게 정했기 때문이다.

> **이자제한법 제2조(이자의 최고한도)** ③ 계약상의 이자로서 제1항에서 정한 최고이자율을 **초과하는 부분**은 무효로 한다.

사안 경우

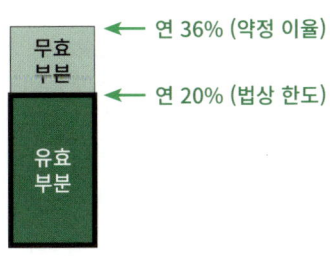

← 연 36% (약정 이율)
← 연 20% (법상 한도)

1. 이율 연 36%(= 월 3%)는 이자제한법상 최고한도 기준을 초과한다.
2. 이율 연 20%를 초과하는 부분(연 16% 부분)은 무효다.
3. 결국 이율은 연 20%에 따르면 된다.

특약 효력

문제점
차주 B가 특약을 한 이유는, 돈이 필요해 어쩔 수 없었기 때문이다. 그런데 만약,
1. P재산을 그대로 대주 L이 취득하고,
2. 대주 L이 차주 B에게 아무런 보상(정산)을 안 해 주면 어떻게 될까?

특히, P재산이 빌린 돈과 이자보다도 훨씬 비싼 5억 원 상당이면 문제가 크다.
1. 차주 B는 1억 원만 빌렸는데 5억 원어치 낭패를 보고,
2. 대주 L이 1억 원만 빌려주고 5억 원어치 횡재를 얻기 때문이다.

편의상 P재산의 시가변동은 없다고 가정한다.

정산배제 합의를 했을 경우(강한 양도담보일 경우): 위법, 무효
특약의 구체적인 내용과 의미가 다음과 같다고 하자.
1. "차주 B가 돈을 갚지 못하면, P재산은 확정적으로 대주 L에게 귀속한다."
2. "정산은 없는 것으로 한다."

이것이 바로 정산배제 합의(특약)다. 소비대차 사안에서, 정산배제 합의는 무효다. 즉, 이때 강한 양도담보는 무효다.

> **민법 제607조(대물반환의 예약)** 차용물의 반환에 관하여 차주[B]가 차용물[1억 원][을] 갈음하여 다른 재산권[P재산]을 이전할 것을 예약한 경우에는 그 재산[P재산]의 **예약당시의 가액[5억 원]**이 **차용액**[1억 원] 및 이에 붙인 **이자**[2,400만 원(= 1억 × 월 2% × 12개월)]의 **합산액[1억 2,400만 원]을 넘지 못한다**.

> **민법 제608조(차주에 불이익한 약정의 금지)** 전 2조의 규정[을] 위반한 당사자의 약정으로서 차주[B]에 불리한 것은 ... 여하한 명목이라도 그 **효력이 없다**.

그러나 이 조항은 소비대차에 따른 채무에 적용하는 점을 주의하라. 예를 들어, 매매에 따른 채무(매매대금), 도급에 따른 채무(공사대금) 등에는 이 조항을 적용할 수 없다.

91다1356: **매매**계약은 **소비대차**계약관계에서 생긴 채무담보를 위한 대물변제예약이라고 볼 수 없어 민법 제607조, 제608조의 규정이 적용될 여지가 없[다.]

정산을 예정한 경우(약한 양도담보일 경우): 적법, 유효

계약 당시 다음과 같이 정산을 예정했다고 하자.

1. "차주 B가 돈을 갚지 못하면, P재산을 대주 L이 갖는 건 좋다."
2. "그러나 대주 L은 차액은 정산해 주어야 한다. 즉, 3억 7,600만 원(= P재산 가액 5억 원 - 미지급 원리금 1억 2,400만 원)은 차주 B에게 돌려놔야 한다."

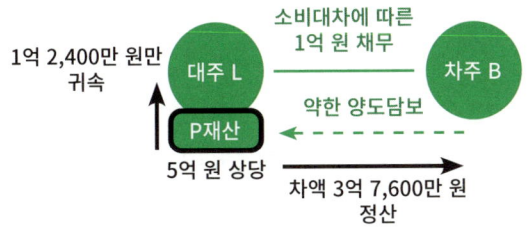

특별히 문제될 것이 없다. 즉, 약한 양도담보는 유효다.

66다981: 당사자간에 특히 변제기에 채무변제를 하지 아니 하면 채권채무관계는 소멸되고 부동산의 소유권이 확정적으로 채권자에게 귀속된다는 명시의 특약[**정산배제 특약**]**이 없는 이상** 대물변제의 예약이 있었다고 인정할수 없[다. 이 사안에서] ... 대물반환계약이 있었다고 인정되지 아니한[다.] **민법 제607조를 적용할 수 없[다.]**

정산 합의 여부가 불명확한 경우: 정산형 양도담보(약한 양도담보)로 추정

계약 당시 당사자들이 정산배제 합의를 했는지 불명확하다고 하자. 이 경우,

1. 정산절차는 거치기로 합의했을 것으로 추정한다.
2. 즉, 대주 L은 차액을 정산해 수어야 한나.

2000다15661: 채권의 담보목적으로 재산권[P재산]을 채권자에게 이전한 경우 그것이 어떠한 형태의 담보계약인지는 개개의 사건마다 구체적으로 당사자의 의사에 의하여 확정되어야 할 문제[긴 하다.]

[그러]나 다른 특약이 인정되지 아니하는 경우에는 당사자 사이에 **정산절차를 요하는 약한 의미의 양도담보로 추정**[된다.] ... 살펴보면 [이 사건에서] ... 정산배제특약이 있었음을 인정할 수 없[다.]

소결

시가가 소비대차 원리금을 초과하는 P재산에 관한,

1. 강한 양도담보 약정은, 무효다.

계약자유 원칙에 대한 법률상 제한이다.

2. 불분명하면, 약한 양도담보로 추정한다. 즉, 정산이 필요하다.

계약자유 원칙에 대한 해석상 보충이다. 실질적으로는 제한이다.

담보 가등기 경우

문제점

만약 P재산에 관해 담보 가등기를 했더라면, 어떻게 되는가?

가등기든 본등기든, 부동산등기는 기본적으로 부동산에 관한 권리에 설정한다. 따라서 P재산이 부동산이라는 점을 전제한다.

가등기담보법의 적용

일정 요건 아래 가등기담보법을 적용한다. 이 법이 적용되어야, 아래에서 볼 대주의 권리실현 방법 검토가 의미 있다.

> **가등기담보법 제1조(목적)** 이 법은 차용물(借用物)[1억 원]의 반환에 관하여 차주(借主)[B]가 차용물[1억 원]을 갈음하여 다른 재산권[P재산]을 이전할 것을 예약할 때 그 재산[P재산]의 **예약 당시 가액(價額)[5억 원]이 차용액(借用額)과 이에 붙인 이자를 합산한 액수[1억 2,400만 원]를 초과**하는 경우에 이에 따른 담보계약(擔保契約)과 그 담보의 목적으로 **마친** 가등기(假登記)[등]...의 효력을 정함을 목적으로 한다.

위 요건을 어느 하나라도 충족하지 못하면, 가등기담보법을 적용하지 않는다. 예를 들어, 민법 제607조, 제608조와 마찬가지로, 매매에 따른 채무(매매대금), 도급에 따른 채무(공사대금) 등에는 가등기담보법을 적용할 수 없다.

> **2015다63138:** 가등기담보법...은 **차용**물의 반환에 관하여 다른 재산권을 이전할 것을 예약한 경우에 적용[된다. 그러]므로, **매매**대금 채무를 담보하기 위하여 가등기를 한 경우에는 가등기담보법이 적용되지 아니한다.

정산 합의 여부가 불명확한 경우: 정산형 양도담보(약한 양도담보)로 추정

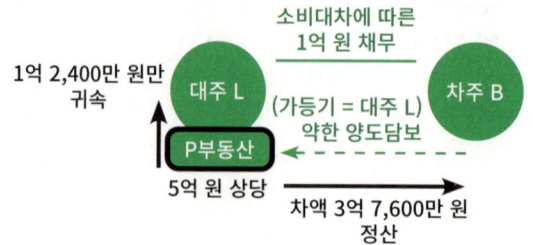

2015다63138: 당사자 사이에 매매대금 채무를 담보하기 위하여 부동산에 관하여 가등기를 마치고 채무를 변제하지 아니하면 가등기에 기[초]한 본등기를 마치기로 약정 [했다.]

[그렇다면,] 변제기에 채무를 변제하지 아니하면 채권채무관계가 소멸하고 부동산의 소유권이 확정적으로 채권자에게 귀속된다는 명시의 특약이 없는 이상 대물변제의 약정이 있었다고 인정할 수 없[다.] 단지 채무에 대한 담보권 실행을 위한 방편으로 소유권이 전등기를 하는 약정, 이른바 **정산절차를 예정하[는] '약한 의미의 양도담보' 계약이라고 [보아야** 한다.]

대주의 권리실현 방법(1): 귀속정산형 사적 실행(소유권 취득 방식)

대주 L이 P재산 소유자가 되는 방법이다. 물론, 정산(청산)은 해 줘야 한다. 이것을 귀속정산이라 한다. 귀속정산도 담보권을 실행하는 방법이다. 절차는 다음과 같다.

1. 실행통지: 대주 L은 차주 B에게 귀속청산을 하겠다고 통지한다. 이 통지에는 "청산금은 얼마다."라는 평가를 포함해야 한다.

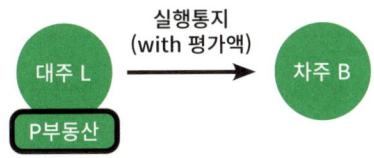

> **가등기담보법 제3조(담보권 실행의 통지와 청산기간)** ① 채권자[L]가 담보계약에 따른 담보권을 실행하여 그 담보목적부동산[P재산]의 소유권을 취득하기 위하여는 그 채권(債權)의 변제기(辨濟期) 후에 제4조의 청산금(淸算金)의 평가액을 채무자[B]등에게 통지[한다.] … 이 경우 청산금이 없다고 인정되는 경우에는 그 뜻을 통지하여야 한다.

2. 청산기간 경과: 2개월이 지나야 한다. 이 기간 내에 차주 B는 돈을 갚아서 대주 L의 실행을 막을 수 있다. 쉽게 말해, 차주 B에게 기회를 준 셈이다.

> **가등기담보법 제3조(담보권 실행의 통지와 청산기간)** ① … [그리고] 그 통지가 채무자[B]등에게 도달한 날부터 2개월(이하 "청산기간"이라 한다)이 지나야 한다. …

> **가등기담보법 제4조(청산금의 지급과 소유권의 취득)** ② 채권자[L]는… 담보 가등기를 마친 경우에는 청산기간이 지나야 그 가등기에 따른 본등기(本登記)를 청구할 수 있다.

3. 청산금 지급: 대주 L은 통지했던 대로 차주 B에게 청산금을 지급하고, P재산 소유권을 확정적으로 취득한다.

가등기담보법 제4조(청산금의 지급과 소유권의 취득) ① 채권자[L]는 제3조 제1항에 따른 통지 당시의 담보목적부동산[P재산]의 가액[5억 원]에서 그 채권액[미지급 원리금 1억 2,400만 원]을 뺀 금액(이하 "청산금"이라 한다)[3억 7,600만 원]을 채무자[B]등에게 지급하여야 한다. …

위 절차를 위반해 본등기를 마치면, 원칙적으로 본등기는 무효다.

가등기담보법 제4조(청산금의 지급과 소유권의 취득) ④ 제1항부터 제3항까지의 규정에 어긋나는 특약(特約)으로서 채무자등에게 불리한 것은 그 효력이 없다. …

2007다49595: 가등기담보법 제3조, 제4조의 각 규정에 비추어 볼 때 위 각 규정을 **위반**하여 담보 가등기에 기[초]한 본등기가 이루어진 경우에는 그 **본등기는 무효**[다.]

[만약] 그와 같은 본등기가 가등기권리자와 채무자 사이에 이루어진 특약에 의하여 이루어졌다 하[면 어떨까? 그렇]더라도 만일 그 특약이 채무자에게 불리한 것으로서 무효라고 한다면 그 본등기는 여전히 무효[다.]

대주의 권리실현 방법(2): 처분정산형 공적 실행(담보권실행경매 방식)

1. 대주 L은 마치 저당권자처럼, P재산(부동산) 경매를 신청할 수 있다.

가등기담보법 제12조(경매의 청구) ① 담보 가등기 권리자는 … 담보목적 부동산의 경매를 청구할 수 있다. 이 경우 경매에 관하여는 **담보 가등기 권리를 저당권으로 본다**.

2. 다른 채권자나 다른 저당권자가 이미 P재산(부동산) 경매를 신청한 경우에도, 대주 L은 마치 저당권자처럼 경매대금을 배당받을 수 있다.

가등기담보법 제13조(우선변제청구권) 담보 가등기를 마친 부동산에 대하여 강제경매[또는 담보권실행경매]이 개시된 경우에 … 순위에 관하여는 그 **담보 가등기 권리를 저당권으로 보고**, 그 담보 가등기를 마친 때에 그 저당권의 설정등기(設定登記)가 행하여진 것으로 본다.

담보 가등기 권리자는 저당권자는 아니지만, 경매 관련해서는 저당권자로 간주한다.

소결

시가가 소비대차 원리금을 초과하는 P재산(부동산)에 관한 담보 가등기는, 약한 양도담보로 추정한다. 즉, 정산이 필요하다.

계약자유 원칙에 대한 해석상 보충이다. 실질적으로는 제한이다.

만약 차주 B가 돈을 안 갚으면 대주 L은,

1. "처분정산형 공적(public) 실행"을 선택할 수 있다. 즉, 민사집행법상 경매절차를 통해, 대주 L은 저당권자처럼 원리금에 관해 만족할 수 있다.

2. "귀속정산형 사적(private) 실행"을 선택할 수도 있다. 즉, 가등기담보법상 청산절차를 거쳐, 대주 L은 P재산 소유권을 취득할 수 있다.

> **가등기담보법 제12조(경매의 청구)** ① 담보 가등기 권리자는 그 선택에 따라 [ii] 제3조에 따른 담보권을 실행[→ 귀속정산]하거나 [i] 담보목적부동산의 경매를 청구[→ 처분정산]할 수 있다.
>
> **2017다266177:** 담보권의 실행이란 목적물의 교환가치로부터 채무를 변제받음으로써 채권의 만족을 실현하는 것이다. [i] 담보목적물을 **매각해 현금화하여 채무의 변제를 받는 것**[→ **처분정산**]이 담보권의 전형적인 실행방법이[다. 그리고] [ii] 담보권의 성격이나 합의에 따라 담보물 가액에서 **피담보채권액 등을 빼고 남은 금액을 채무자에게 지급함으로써 담보물의 소유권을 넘겨받는 방식**[→ **귀속정산**]도 가능하다. 채권자가 어떤 방법을 선택하든지 목적물의 교환가치를 파악하여 피담보채권의 만족을 도모하는 것이 담보권 실행의 본질이[다]. 담보물의 소유권 변동은 그에 뒤따른 결과일 뿐이다.
>
> 귀속정산에 의한 가등기담보권 실행[은] 민사집행법에 따라 담보물을 매각하지 않[기는 한다. 그러나] 담보로 파악한 교환가치만큼을 채권자에게 이전한다는 점에서[는] 경매에 의한 실행과 **본질이 같[다.]**

3. "처분정산형 사적(private) 실행"은 금지한다. 즉, 앞서 허용한 방식이 아니면 금지한다. 민사집행법상 경매절차가 아닌 개인적 경매절차를 통해서는 처분정산을 해서는 안 된다.

> **2002다42001:** [가등기담보법은] 제3조와 제4조에서 가등기담보권의 사적 실행방법으로 귀속정산의 원칙을 규정[한다. 그와] 동시에 제12조와 제13조에서 그 공적 실행방법으로 경매의 청구 및 우선변제청구권 등 처분정산을 별도로 규정하고 있[다]. 위 제4조가 제1항[부터] 제3항[까지]에서 채권자의 청산금 지급의무, 청산기간 경과와 본등기청구… 등을 순차로 규정한 다음, 제4항에서 제1항[부터] 제3항[까지]에 반하는 특약으로서 채무자 등에게 불리한 것은 그 효력이 없다…고 규정하고 있[다].
>
> 종합하여 보면, 가등기담보권의 사적 실행에[서] 채권자가 청산금의 지급 이전에 본등기와 담보목적물의 인도를 받을 수 있다거나 청산기간이나 동시이행관계를 인정하지 아니하는 '처분정산'형의 담보권실행은 … 허용되지 아니한다.

계약자유 원칙에 대한 법률상 제한이다.

노무형 계약
Employment Contract

*문제를 해결하는 힘은 새로운 정보를 얻는 데서 오는 것이 아니라
이미 오래전부터 알고 있던 것을 체계적으로 정리하는 데서 온다.*
- Ludwig Josef Johann Wittgenstein

고용(근로)

개념

> **민법 제655조(고용의 의의)** 고용은 당사자일방[노무자]이 상대방에 대하여 노무를 제공할 것을 약정하고 상대방[사용자]이 이에 대하여 보수를 지급할 것을 약정함으로써 그 효력이 생긴다.

> **근로기준법 제2조(정의)** ① 이 법에서 사용하는 용어의 뜻은 다음과 같다.
> 4. "**근로계약**"이란 **근로자가 사용자에게 근로를 제공**하고 사용자는 이에 대하여 임금을 지급하는 것을 목적으로 체결된 계약을 말한다.

> **2013다25194:** 근로계약은 … 기본적으로 그 법적 성질이 사법상 계약이[다.]

고용(employment)과 근로(labor)는 실질적으로 거의 같다 보아도 무방하다.

1. 근로자(worker), 노무자, 또는 피용자(employee): 근로하는 사람
2. 사용자(employer): 근로를 제공받는 사람
3. 근로(work): 근로자가 사용자에게 제공하는 노동
4. 임금(wage): 근로의 대가. 쉽게 말해 월급

> **근로기준법 제2조(정의)** ① 이 법에서 사용하는 용어의 뜻은 다음과 같다.
> 1. "근로자"란 직업의 종류와 관계없이 임금을 목적으로 사업이나 사업장에 근로를 제공하는 자를 말한다.
> 2. "사용자"란 사업주 또는 사업 경영 담당자, 그 밖에 근로자에 관한 사항에 대하여 사업주를 위하여 행위하는 자를 말한다.
> 3. "근로"란 정신노동과 육체노동을 말한다.
> 5. "임금"이란 사용자가 근로의 대가로 근로자에게 임금, 봉급, 그 밖에 어떠한 명칭으로든지 지급하는 일체의 금품을 말한다.

사례

K는 머리와 힘을 쓸 수 있고, 돈이 필요하다. R은 커피전문점을 운영하는 데 일손이 필요하고, 돈이 있다.

1. K는 R에게, 월급 250만 원을 받으며 고용되어 일하고 싶다고 했다.
2. R은 K에게, 이를 승낙했다.

근로제공 없이 말만으로도 근로계약이 유효하게 성립한다.

효과(근로에 관하여)

1. 근로자(K)는, 사용자(R)에게 근로를 제공할 의무를 부담한다.
2. 사용자(R)는, 근로자(K)로부터 근로를 제공받을 권리를 취득한다.

위 1.과 2.는 같은 명제다.

효과(임금에 관하여)

1. 근로자(K)는, 사용자(R)로부터 임금을 지급받을 권리를 취득한다.
2. 사용자(R)는, 근로자(K)에게 임금을 지급할 의무를 부담한다.

> **근로기준법 제43조(임금 지급)** ① 임금은 통화(通貨)로 직접 근로자에게 그 전액을 지급하여야 한다. …
>
> **근로기준법 제15조(이 법을 위반한 근로계약)** ① 이 법에서 정하는 기준에 미치지 못하는 근로조건을 정한 근로계약은 그 부분에 한정하여 무효로 한다.

위 1.과 2.는 같은 명제다.

특징

1. 유상계약

임금은 근로계약의 본질적 요소기 때문이다.

> **근로기준법 제2조(정의)** ① 이 법에서 사용하는 용어의 뜻은 다음과 같다.
> 4. "근로계약"이란 근로자가 사용자에게 근로를 제공하고 사용자는 이에 대하여 **임금을 지급하는 것을 목적**으로 체결된 계약을 말한다.
>
> **근로기준법 제15조(이 법을 위반한 근로계약)** ① 이 법에서 정하는 기준에 미치지 못하는 근로조건을 정한 근로계약은 그 부분에 한하여 무효로 한다.

2. 쌍무계약
3. 계속적 계약

근로자 보호

1. 법적으로 계약은 양 당사자가 대등한 지위에서 체결한다.
2. 그러나 실제로는 근로계약에서 근로자가 취약한 지위에 놓인 경우가 많다.
3. 그래서 근로자를 보호하기 위한 장치들이 많이 있다.
4. 근로기준법은 근로자 보호를 위한 규정을 두었다. 예를 들어, 사용자는 근로자에게 야간근로수당을 주어야 하고, 그것도 50% 이상을 가산해 주어야 한다. 이것은 강행규정이다. 당사자들이 특별한 이유 없이 "야간근로수당은 없다"고 명백히 합의하더라도, 계약한 내용 그대로 효과가 발생하지는 않는다.

> **대한민국헌법 제32조** ③ 근로조건의 기준은 인간의 존엄성을 보장하도록 법률로 정한다.
>
> **근로기준법 제37조(미지급 임금에 대한 지연이자)** ① 사용자는 ... 임[금] 전부 또는 일부를 그 지급 사유가 발생한 날부터 14일 이내에 지급하지 아니한 경우 그다음 날부터 지급하는 날까지의 지연 일수에 대하여 ... 대통령령으로 정하는 이율[(연 20%)]에 따른 지연이자를 지급하여야 한다.
>
> **근로기준법 제56조(연장·야간 및 휴일 근로)** ③ 사용자는 야간근로(오후 10시부터 다음 날 오전 6시 사이의 근로를 말한다)에 대하여는 통상임금의 100분의 50 이상을 가산하여 근로자에게 지급하여야 한다.

다만, 근로기준법을 적용하지 않는 경우도 있다. 예를 들어, 상시 5명 미만의 근로자를 사용하는 사업(장).

> **근로기준법 제11조(적용 범위)** ① 이 법은 상시 5명 이상의 근로자를 사용하는 모든 사업 또는 사업장에 적용한다. ...

5. 명문 규정이 없더라도, 해석을 통해 근로자를 두텁게 보호하기도 한다.

> **99다56734:** 사용자는 근로계약에 수반되는 신의칙상의 부수적 의무[를 진다. 즉, 사용자는] 피용자가 노무를 제공하는 과정에서 **생명, 신체, 건강을 해치는 일이 없도록 인적·물적 환경을 정비**하는 등 필요한 조치를 강구[할] **보호의무를 부담**[한다. 그리고 사용자가] 이러한 보호의무를 위반함으로써 피용자가 손해를 입은 경우 이를 배상할 책임이 있다.

신의칙 개념은 제10강 민법총칙의 기본에서 배운다. 지금 단계에서 신의칙을 배우면, 원칙보다 예외를 먼저 배우는 셈이어서 효과적이지 않다.

도급

개념

앞서 본 근로계약은 근로의 제공 그 자체를 목적으로 한다. 이에 비교해 도급 (contract for work)은 어떤 일을 완성하기로 하는 계약이다. 도급의 핵심은 일의 수행이 아니라 일의 완성(completion)이다.

> **민법 제664조(도급의 의의)** 도급은 당사자일방이 **어느 일을 완성할 것**을 약정하고 상대방이 그 일의 결과에 대하여 보수를 지급할 것을 약정함으로써 그 효력이 생긴다.

도급을 일본식 용어로는 "청부"라고 한다.

1. 도급인(person who ordered work): 도급을 시키는 사람
2. 수급인(contractor): 도급을 맡은 사람
3. 일(certain job): 도급의 대상(목적)
4. 보수(remuneration): 일의 완성 대가

사례

K는 건축업자고, 돈이 필요하다. O는 신축건물이 필요하고, 돈이 있다.
1. K는 O에게, 어떠어떠한 건물을 20억 원에 신축해 주겠다고 했다.
2. O는 K에게, 이를 승낙했다.

공사 착수 없이 말만으로도 공사도급계약이 유효하게 성립한다.

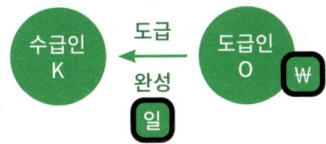

택시기사에게 "나를 어디까지 태워 달라" 하는 것도 도급에 해당한다.

효과(일의 완성에 관하여)

1. 수급인(K)은, 도급인(O)에게 일을 완성할 의무를 부담한다.
2. 도급인(O)은, 수급인(K)에게 일의 완성을 요구할 권리를 취득한다.

위 1.과 2.는 같은 명제다.

효과(보수에 관하여)

1. 수급인(K)은, 도급인(O)으로부터 보수를 지급받을 권리를 취득한다.

> **민법 제665조(보수의 지급시기)** ① 보수는 그 **완성된 목적물의 인도와 동시**에 지급하여야 한다. 그러나 목적물의 인도를 요하지 아니하는 경우에는 그 **일을 완성한 후 지체없이** 지급하여야 한다.

2. 도급인(O)은, 수급인(K)에게 보수를 지급할 의무를 부담한다.

위 1.과 2.는 같은 명제다.

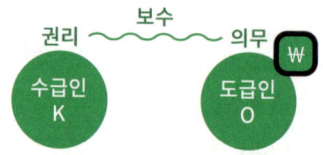

특징

1. 유상계약
2. 쌍무계약
3. 계속적 계약일 수도 있다(건축도급). 일시적 계약일 수도 있다(택시운송).

결과채무

도급 결과 꼭 목적을 달성해야 한다. 즉, 수급인(K)의 채무는 결과채무(obligation of result)다.

1. 일을 성실히 했더라도, 완성이 안 되면 의무를 이행하지 않은 것이다.
2. 일을 성실히 했더라도, 완성이 안 되면 대가를 받을 수 없다.

예를 들어,

1. 건축업자가 신축공사를 성실히 했더라도, 완공이 안 되면 의무를 이행하지 않은 것이다. 따라서 대가(공사대금)를 청구할 수 없다.
2. 택시기사가 운전을 성실히 했더라도, 목적지까지 도착하지 않으면 의무를 이행하지 않은 것이다. 따라서 대가(택시요금)를 청구할 수 없다.

나중에 볼 위임 경우는 꼭 목적을 달성할 필요는 없다. 즉, 수임인의 채무는 수단채무(obligation of means)다.

하도급

하도급(subcontract)이란, 연쇄적 도급을 말한다. 즉, 수급인(K)이 제3자(S)에게 다시 도급하는 것이다.

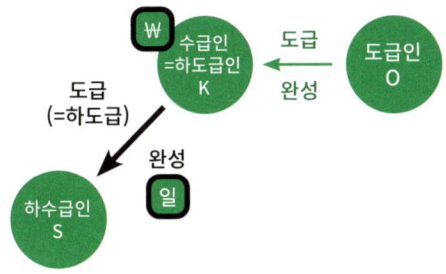

하수급인 보호

1. 법적으로 계약은 양 당사자가 대등한 지위에서 체결한다.
2. 그러나 실제로는 건설공사 하도급계약에서 하수급인(하청업체)이 취약한 지위에 놓인 경우가 많다.
3. 그래서 건설공사 하수급인을 보호하기 위한 장치들이 많이 있다.
4. 건설산업기본법은 일정한 경우 하수급인(S)이 도급인(O)에게 직접 하도급대금을 받을 수도 있게 했다.

계약법 원칙대로라면, 원래 하수급인(S)은 계약 상대방도 아닌 도급인(O)에게 대금을 청구할 수가 없다. 그러나 법이 예외를 인정한 것이다.

> **하도급법 제14조(하도급대금의 직접 지급)** ① **발주자[O]는** 다음 각호의 어느 하나에 해당하는 사유가 발생한 때에는 수급사업자[S]가 제조·수리·시공 또는 용역수행을 한 부분에 상당하는 **하도급대금을 그 수급사업자[S]에게 직접 지급**하여야 한다.
> 1. 원사업자[K]의 ... 파산 ... [등으로] 원사업자[K]가 하도급대금을 지급할 수 없게 된 경우로서 수급사업자[S]가 하도급대금의 직접 지급을 요청한 때

2017다242300: 하도급법은 발주자[O]에게 ... 수급사업자[S]가 시공한 부분에 상당한 하도급내금채무에 대한 직접지급의무를 부담하게 [했다. 이로]써 수급사업자[S]를 원사업자[K] 및 그 일반채권자에 우선하여 보호[한다.]

위임

개념

위임(mandate)이란, 쉽게 말해 사무를 맡기는 계약이다.

> **민법 제680조(위임의 의의)** 위임은 당사자 일방이 상대방에 대하여 **사무의 처리를 위탁**하고 상대방이 이를 승낙함으로써 그 효력이 생긴다.

1. 위임인(mandator): 위임을 한 사람
2. 수임인(mandatary): 위임을 받은 사람
3. 사무처리(management of affairs): 수임인이 위임인으로부터 위탁받은 것
4. 보수(remuneration): 사무처리의 대가

사례

K는 변호사고, 돈이 필요하다. M은 민사소송 사건에 휘말려 소송대리인이 필요하고, 돈이 있다.

1. K는 M에게, 변호사보수 1,000만 원에 소송대리를 하겠다고 했다.
2. M은 K에게, 이를 승낙했다.

말만으로도 소송위임계약이 유효하게 성립한다.

의사에게 "나를 치료해 달라"는 것도 위임에 해당한다.

종류

위임은 보수가 있는지에 따라 다음과 같이 구별한다.

1. 유상위임(onerous mandate): 보수 있는 위임. 사안은 1,000만 원의 보수 약정을 했으므로, 유상위임이다.
2. 무상위임(gratuitous mandate): 보수 없는 위임.

원래 위임은 무상이 원칙(the rule of gratuitous mandate)이다. 유상위임으로 인정되려면, 보수 약정을 해야 한다. 보수 약정이 없다면, 무상위임이다.

민법 제686조(수임인의 보수청구권) ① 수임인[K]은 특별한 약정이 없으면 위임인[M]에 대하여 보수를 청구하지 못한다.

단, 변호사에게 소송위임을 했다면, 상식적으로 보수 약정도 했을 것으로 본다.

93다36882: 변호사에게 계쟁사건의 처리를 위임[할 때] 그 보수지급 및 수액에 관하여 명시적인 약정을 아니하였다. 그렇다고] 하여도, 무보수로 한다는 등 특별한 사정이 없는 한 응분의 보수를 지급할 묵시의 약정이 있는 것으로 [보아야 한다.]

효과(사무처리에 관하여)

1. 수임인(K)은, 위임인(M)에게 사무를 처리할 의무를 부담한다.
2. 위임인(M)은, 수임인(K)에게 사무처리를 요구할 권리를 취득한다.

위 1.과 2.는 같은 명제다.

효과(유상위임인 경우 보수에 관하여)

당사자들 사이에 보수 약정을 했다는 전제 아래,

1. 수임인(K)은, 위임인(M)으로부터 보수를 지급받을 권리를 취득한다.
2. 위임인(M)은, 수임인(K)에게 보수를 지급할 의무를 부담한다.

> **민법 제686조(수임인의 보수청구권)** ② 수임인이 보수를 받을 경우에는 위임사무를 완료한 후가 아니면 이를 청구하지 못한다. 그러나 기간으로 보수를 정한 때에는 그 기간이 [지난] 후에 이를 청구할 수 있다.

> **2016다35833전합:** 변호사의 소송위임 사무처리 보수에 관하여 변호사[K]와 의뢰인[M] 사이에 약정이 있[다. 이] 경우 위임사무를 완료한 변호사[K]는 원칙적으로 약정 보수액 전부를 청구할 수 있다.

위 1.과 2.는 같은 명제다.

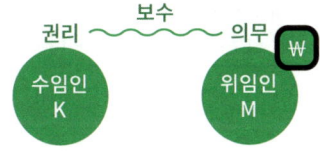

수단채무

위임 결과 꼭 목적을 달성할 필요는 없다. 즉, 수임인(K)의 채무는 수단채무(obligation of means)다.

1. 사무처리를 성실히 했다면, 설령 결과가 좋지 않아도 의무를 이행한 것으로 본다.
2. 사무처리를 성실히 했다면, 설령 결과가 좋지 않아도 보수를 받을 수 있다.

예를 들어,

1. 변호사가 소송대리를 성실히 했다면, 설령 소송에서 졌어도 의무를 이행한 것으로 본다. 따라서 보수(수임료)를 청구할 수 있다.
2. 의사가 진료를 성실히 했다면, 설령 치료가 실패했어도 의무를 이행한 것으로 본다. 따라서 보수(진료비)를 청구할 수 있다.

> **92다15031:** 의사가 환자에게 부담하는 진료채무는 질병의 치료와 같은 결과를 반드시 달성해야 할 **결과채무가 아니[다.** 오히려] 환자의 치유를 위하여 선량한 관리자의 주의의무를 가지고 현재의 의학 수준에 비추어 필요하고 적절한 진료조치를 다해야 할 채무 즉 **수단채무**라고 보아야 [한다.]

[그러]므로, 위와 같은 주의의무를 다하였는데도 그 진료 결과 질병이 **치료되지 아니하였[더라도] 치료비를 청구할 수 있[다.]**

도급 경우는 꼭 목적을 달성(= 일의 완성)해야 한다. 즉, 수급인의 채무는 결과채무(obligation of result)다.

선관의무 여부

1. 수임인(K)이 사무처리에 관해 부담하는 주의의무 기준은 상당히 높다. 선관의무(*diligentia boni patris familias*; due diligence with good faith; duty of cares)라 부른다.

> **민법 제681조(수임인의 선관의무)** 수임인[K]은 위임의 본지에 따라 **선량한 관리자의 주의**로써 위임사무를 처리하여야 한다.

> **2004다7354:** 수임인[K]은 위임의 내용에 따라 선량한 관리자의 주의의무를 다하여야 [한다.] 특히 소송대리를 위임받은 변호사[K]는 그 수임사무를 수행[할 때] 전문적인 법률지식과 경험에 기초하여 성실하게 의뢰인[M]의 권리를 옹호할 의무가 있[다.]

수임인은 "남의 사무처리"에 요구하는 주의 기준에 따른다.

2. 무상위임 경우라도 수임인은 여전히 선관의무를 부담한다.

> **2001다71484:** 민법상... 무상위임의 경우에도 수임인[K]이 수임사무의 처리에 관하여 선량한 관리자의 주의를 기울일 의무가 면제되지 않는[다.]

유상위임 경우 특징

1. 유상계약
2. 쌍무계약
3. 계속적 계약

유상 수임인(K1)은 선관의무를 부담한다.

무상위임 경우 특징

1. 무상계약
2. 편무계약
3. 계속적 계약

무상 수임인(K2)도 선관의무를 부담한다.

	본질	기간 만료 전
고용(근로)	노무형 유상계약	근로제공 요구권: 사용자 임금 청구권: 근로자
도급	노무형 유상계약	일의 완성 요구권: 도급인 보수 청구권: 수급인
무상위임	노무형 무상계약	사무처리 요구권: 위임인
유상위임	노무형 유상계약	사무처리 요구권: 위임인 보수 청구권: 수임인

임치

개념

임치(bailment)란, 쉽게 말해 물건을 맡기는 계약이다.

> **민법 제693조(임치의 의의)** 임치는 당사자 일방이 상대방에 대하여 금전이나 유가증권 기타 **물건의 보관을 위탁**하고 상대방이 이를 승낙함으로써 효력이 생긴다.

1. 임치인(bailor): 맡긴 사람
2. 수치인(bailee): 맡은 사람
3. 목적물(object): 임치 대상(target). 건고추 임치 계약이라면 그 건고추
4. 보수(remuneration): 임치의 대가인 돈. 예를 들어, 보관료

"임치"는 임치인 입장에서는 임치, 수치인 입장에서는 수치다.

사례

K는 집에 악기보관실이 있다. 더블베이스 연주자 G는 2년간 현역병으로 입대하게 되었는데, 커다란 더블베이스를 보관할 곳이 마땅치 않다.

1. K는 G에게, 자기가 무상으로 더블베이스를 2년 동안 보관해 주겠다 했다.
2. G는 K에게, 이를 승낙했다.

목적물 인도 없이 말만으로도 물건임치계약이 유효하게 성립한다.

종류

임치는 보수가 있는지에 따라 다음과 같이 구별한다.

1. 유상임치(onerous bailment): 보수 있는 임치.
2. 무상임치(gratuitous bailment): 보수 없는 임치.

원래 임치는 무상이 원칙(the rule of gratuitous bailment)이다. 유상임치로 인정되려면, 보수 약정을 해야 한다. 보수 약정이 없다면, 무상임치다.

> 민법 제701조(준용규정) ... 제684조[부터] 제687조[까지]...의 규정은 임치에 준용한다.

> 민법 제686조(수임인의 보수청구권) ① 수임인[K]은 특별한 약정이 없으면 위임인[M]에 대하여 보수를 청구하지 못한다.

효과(물건보관에 관하여)

1. 수치인(K)은, 임치인(G)에게 물건을 보관해 줄 의무를 부담한다.
2. 임치인(G)은, 수치인(K)에게 물건보관을 요구할 권리를 취득한다.

위 1.과 2.는 같은 명제다.

효과(유상임치인 경우 보수에 관하여)

당사자들 사이에 보수 약정을 했다는 전제 아래,

1. 수치인(K)은, 임치인(G)으로부터 보수를 지급받을 권리를 취득한다.
2. 임치인(G)은, 수치인(K)에게 보수를 지급할 의무를 부담한다.

> 민법 제701조(준용규정) ... 제684조[부터] 제687조[까지]...의 규정은 임치에 준용한다.

> 민법 제686조(수임인의 보수청구권) ② 수임인이 보수를 받을 경우에는 위임사무를 완료한 후가 아니면 이를 청구하지 못한다. 그러나 기간으로 보수를 정한 때에는 그 기간이 [지난] 후에 이를 청구할 수 있다.

위 1.과 2.는 같은 명제다.

선관의무 여부

1. 유상임치 경우, 수치인(K1)은 선관의무를 부담한다. 즉, 부담하는 주의의무 기준이 높다.

민법 제374조(특정물인도채무자의 선관의무) 특정물의 인도가 채권의 목적인 때에는 채무자[K]는 그 물건을 인도하기까지 **선량한 관리자의 주의**로 보존하여야 한다.

유상 수치인(K1)은 "남의 물건" 보관에 요구하는 주의 기준에 따른다.

2. 무상임치 경우, 수치인(K2)은 선관의무를 부담하지 않는다. 그렇다고 아예 주의의무가 없다는 것은 아니고, 기준이 높지 않다는 취지다.

민법 제695조(무상수치인의 주의의무) 보수없이 임치를 받은 자는 임치물을 **자기재산과 동일한 주의**로 보관하여야 한다.

무상 수치인(K2)은 "내 물건" 보관에 요구하는 정도로 낮은 주의 기준에 따른다.

3. 예외적으로, 무상임치라도, 수치인이 선관의무를 부담하기도 한다.

상법 제1조(상사적용법규) 상사에 관하여 본법[상법]에 규정이 없으면 상관습법에 의하고 상관습법이 없으면 민법의 규정에 의한다. [즉, 민법보다 상법을 우선 적용한다.]

상법 제62조(임치를 받은 상인의 책임) **상인**이 그 영업범위[에서] 물건의 임치를 받은 경우에는 보수를 받지 아니하는 때에도 **선량한 관리자의 주의**를 하여야 한다.

유상임치 경우 특징

1. 유상계약
2. 쌍무계약
3. 계속적 계약

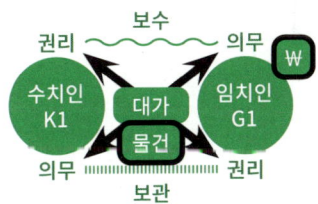

유상 수치인(K1)은 선관의무를 부담한다.

무상위임 경우 특징

1. 무상계약
2. 편무계약
3. 계속적 계약

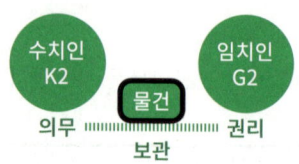

무상 수치인(K2)은 선관의무를 부담하지 않는다.

정리

노무형 계약

근로계약, 도급계약, 위임계약, 임치계약처럼, 노동력을 이용한 일을 맡기는 형태의 계약을 "노무형 계약"이라 한다.

구별

다른 경우도 그렇지만, 특히 노무형 계약은 형식보다는 실질을 기준으로 구별할 필요가 있다.

> **2015다59146:** 근로기준법상 근로자에 해당하는지는 [어떻게 판단하는가?] 계약의 **형식**이 고용계약인지 도급계약인지 위임계약인지[로 판단하는 것이 아니다. 그]보다 근로제공 관계의 **실질**이 근로제공자가 사업 또는 사업장에 임금을 목적으로 종속적인 관계에서 사용자에게 근로를 제공하였는지 여부에 따라 판단하여야 한다.

	유상계약	무상계약
근로	근로	-
도급	도급	-
위임	유상위임	무상위임(원칙)
임치	유상임치	무상임치(원칙)

보장형 계약
Contract of Guarantee

사람은 피할 수 없는 불확실성에 대비하여
언제나 자신의 가족에게 안심을 심어주도록 노력해야 한다.
- Benjamin Franklin

저당권설정

저당권 제도

어떤 채무자가 채권자에게 돈을 갚지 않을 경우, 이 채무에 부동산 저당을 설정한 자가 있으면 그 부동산이 현금화되어 채권자를 만족하게 한다.

> **민법 제356조(저당권의 내용)** 저당권자는 채무자 또는 제삼자가 점유를 이전하지 아니하고 채무의 담보로 제공한 부동산에 대하여 다른 채권자보다 자기채권의 우선변제를 받을 권리가 있다.

부동산으로 채권을 담보하는 의미가 있다. 물적 담보(security on property)라 한다. 제1강 민사구조론에서 공부한 내용의 복습이다.

저당권설정에 필요한 요건

저당권이 설정되기 위해서는, 다음이 필요하다.

1. 저당권설정의 합의
2. 저당권설정등기

저당권설정계약 개념

위 "합의"가 바로 저당권설정계약이다.

1. 저당권자(mortgagee): 저당권설정을 받은 채권자(M)
2. 저당권설정자(mortgagor): 저당권설정을 하는 채무자(K)
3. 피담보채무(secured claim): 저당권자가 저당권으로 담보를 확보하는 채권

효과

1. 저당권설정자(K)는, 저당권자(M)에게 저당권설정등기절차를 이행할 의무를 부담한다.
2. 저당권자(M)는, 저당권설정자(K)에게 저당권설정등기절차를 이행하라고 요구할 권리를 취득한다.

위 1.과 2.는 같은 명제다.

저당권 취득 시기

저당권설정계약만으로는 저당권자(M)가 저당권을 취득하지 못한다. 등기소가 저당권설정등기 접수를 해야 비로소 저당권자(M)가 저당권을 취득한다.

> **민법 제186조(부동산물권변동의 효력)** 부동산에 관한 법률행위로 인한 물권의 득실변경은 **등기하여야 그 효력**이 생긴다.

등기 접수는 어떻게 이루어지는가?

1. 저당권설정자(K)와 저당권자(M)가 공동으로 등기소에 저당권설정등기 신청을 하면 된다.

> **부동산등기법 제23조(등기신청인)** ① 등기는 법률에 다른 규정이 없는 경우에는 등기권리자(登記權利者)와 등기의무자(登記義務者)가 **공동으로 신청**한다.

2. 만약 저당권설정자(K)가 협력을 거부하면, 저당권자(M)는 저당권설정자(K)를 상대로 "공동으로 저당권설정등기 신청 의사를 진술하라"는 취지로 소제기를 할 수 있다. 바로 저당권설정등기청구 소송이다. 청구인용 판결이 확정되면, 저당권자(M)는 단독으로 등기소에 저당권설정등기 신청을 할 수 있다.

> **부동산등기법 제23조(등기신청인)** ④ 등기절차의 이행...[을] 명하는 판결에 의한 등기는 **승소한** 등기권리자 또는 등기의무자가 **단독으로 신청**[한다.]

제1강 민사구조론에서 보았던 소유권이전등기 절차와 같은 맥락이다.

보증

보증 제도

어떤 채무자가 채권자에게 돈을 갚지 않을 경우, 이 채무를 보증(suretyship, guaranty)한 자가 있으면 그가 대신 돈을 갚아야 한다.

보증은 보증인의 재산으로 채권을 담보하는 의미가 있다. 인적 담보(security on person)라 한다.

> **민법 제428조(보증채무의 내용)** ① 보증인은 주채무자가 이행하지 아니하는 채무를 이행할 의무가 있다.

보증성립에 필요한 요건

보증이 성립하기 위해서는, 다음 하나만으로 충분하다.

1. 보증의 합의

보증계약 개념

위 "합의"가 바로 보증계약이다. 즉, 보증계약(suretyship contract, guaranty contract)이란, "주채무자가 돈을 갚지 않으면 보증인이 대신 갚는다"라는 채권자와 보증인 사이의 합의다.

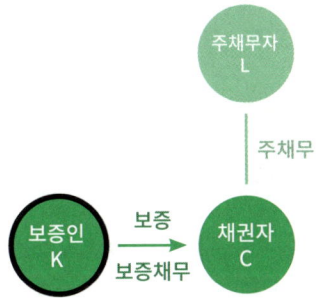

1. 주채무자(principal obligor): 원래의 채무자(L)
2. 보증인(surety, guarantor): 보증한 사람(K)
3. 주채무(principal obligation): 채권자(C), 주채무자(L) 사이의 채무관계
4. 보증채무(surety obligation): 채권자(C), 보증인(K) 사이의 채무관계

보증계약의 당사자는 채권자(C)와 보증인(K)이다. 주채무자(L)는 보증계약 당사자가 아니다. 형식적으로는 3명이 하나의 계약서를 작성하더라도, 내용상으로는 보증계약은 채권자(C)와 보증인(K) 간 관계일 뿐이다. 이 점을 반드시 기억하라.

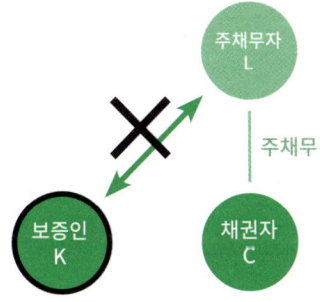

보증인 보호

1. 법적으로 계약은 양 당사자가 대등한 지위에서 체결한다.
2. 그러나 실제로는 보증계약에서 보증인이 취약한 지위에 놓인 경우가 많다.
3. 그래서 보증인을 보호하기 위한 장치들이 많이 있다.
4. 민법은 보증인 보호를 위한 규정을 두었다.

민법 제428조의2(보증의 방식) ① 보증은 그 의사가 보증인의 기명날인 또는 서명이 있는 **서면으로 표시되어야 효력**이 발생한다. 다만, 보증의 의사가 전자적 형태로 표시된 경우에는 효력이 없다.

민법 제436조의2(채권자의 정보제공의무와 통지의무 등) ① 채권자는 보증계약을 체결할 때 보증계약의 체결 여부 또는 그 내용에 영향을 미칠 수 있는 **주채무자의 채무 관련 신용정보를 보유하고 있거나 알고 있는 경우에는 보증인에게 그 정보를 알려야** 한다. ...

② 채권자는 보증계약을 체결한 후에 다음 각호의 어느 하나에 해당하는 사유가 있는 경우에는 **지체 없이 보증인에게 그 사실을 알려야** 한다.
  1. 주채무자가 ... 채무를 3개월 이상 이행하지 아니하는 경우
  2. 주채무자가 이행기에 이행할 수 없음을 미리 안 경우
  3. 주채무자의 채무 관련 신용정보에 중대한 변화가 생겼음을 알게 된 경우

④ 채권자가 제1항부터 제3항까지의 규정에 따른 의무를 위반하여 보증인에게 손해를 입힌 경우에는 법원은 그 내용과 정도 등을 고려하여 **보증채무를 감경하거나 면제할 수 있다.**

5. 특별법도 보증인 보호장치를 두었다. 아무런 대가 없이 호의(favor)로 이루어지는 보증이라면, 특별법으로 보증인을 더욱 보호한다.

보증인보호법 제1조(목적) 이 법은 보증에 관하여 「민법」에 대한 특례를 규정함으로써 **아무런 대가 없이 호의(好意)**로 이루어지는 보증으로 인한 보증인의 경제적·정신적 피해를 방지...함을 목적으로 한다.

보증인보호법 제7조(보증기간 등) ① 보증기간의 **약정이 없는 때**에는 그 기간을 **3년**으로 본다.

2018다42231: 보증인보호법 제7조 제1항의 취지는 보증채무의 범위를 특정하여 보증인을 보호하는 것이다. 따라서 이 규정에서 정한 '보증기간'은 특별한 사정이 없는 한 보증인이 보증책임을 부담하는 주채무의 발생기간이라고 해석[해야 한다. 즉,] 보증채무의 존속기간을 의미한다고 볼 수 없다.

보증인의 목을 조르더라도, 목숨을 빼앗으면 안 된다(*Bürgen muß man würgen, aber nicht an den Leib sprechen*; You may strangle the guarantor, but may not take his body).

보험

보험 제도

어떤 사고가 나면, 이 사고를 보험(insurance)한 자가 있다면 그가 보험금을 지급해야 한다. 보험에 가입한 사람은 안심하고 사회, 경제활동을 할 수 있다.

상법 제638조(보험계약의 의의) 보험계약은 당사자 일방이 약정한 보험료를 지급하고 재산 또는 생명이나 신체에 불확정한 사고가 발생할 경우에 상대방이 일정한 보험금이나 그 밖의 급여를 지급할 것을 약정함으로써 효력이 생긴다.

보험 종류는 관행과 개별 법령에 따라 명칭과 체계가 조금씩 다르다. 아래에서는 상법을 기준으로 설명한다.

보험 종류

1. 손해보험(indemnity insurance): 재산상 손해(losses against property)를 보상하는 보험. 손해가 얼마나 발생할지 모르기 때문에, 계약 당시에 보험금 액수를 확정할 수 없다.

따라서 손해보험은 실손보험(actual loss insurance)이다.

> **상법 제665조(손해보험자의 책임)** 손해보험계약의 보험자는 보험사고로 인하여 **생길** 피보험자의 **재산상의 손해**를 보상할 책임이 있다.

2. 인보험(personal insurance): 사람이 다치거나 죽으면 이를 보상하는 보험. 사고 후 신체와 생명에 값을 매겨서 보상할 수는 없기 때문에, 처음부터 계약 당시 그냥 보험금 액수를 정해둔다.

따라서 인보험은 정액보험(fixed return insurance)이다. 만약 정액보험이 아니라면? 사고가 났을 때 신체와 생명의 가격이 얼마인지 두고 보험회사와 보험수익자가 다퉈야 하는 눈물 나는 상황이 발생한다. 그래서 정액보험으로 했다.

> **상법 제727조(인보험자의 책임)** ① 인보험계약의 보험자는 피보험자의 생명이나 신체에 관하여 보험사고가 발생할 경우에 보험**계약으로 정하는 바에 따라 보험금**이나 그 밖의 급여를 지급할 책임이 있다.

특징

1. 유상계약
2. 쌍무계약
3. 계속적 계약

> **2019다267020:** 보험계약은 장기간의 보험기간[에] 존속하는 계속적 계약[이다.]

정리

보장형 계약

저당권설정계약, 보증계약, 보험계약처럼, 어떤 사건을 대비해 다양한 방식으로 담보 기능을 하는 형태의 계속적 계약을 "보장형 계약"이라 한다.

저당권설정계약

1. 설정자는 부동산의 교환가치를 통해 책임(liability)을 부담한다.
2. 채권자(저당권자)는 부동산에 저당권실행경매를 신청하고 현금화해 배당받을 수 있다.

설정자는 설정자 지위에서는 책임을 부담한다.

보증계약

1. 보증인은 보증채무(surety obligation), 즉 채무(obligation)를 부담한다.
2. 보증인도 채무자이므로, 채권자가 보증인 상대로도 금전지급청구의 소를 제기할 수 있다. 승소한 채권자는 보증인의 재산(동산, 부동산, 채권 등)에 강제집행할 수도 있다. 따라서 보증인은 책임도 부담한다.

보증인은 보증인 지위에서 채무와 책임 모두 부담한다.

보험계약

1. 보험자는 보험금 지급 채무를 부담한다.
2. 보험금을 받을 사람은 보험자 상대로 금전지급청구의 소를 제기할 수 있다. 보험자는 책임을 부담한다.

보험자는 보험계약에 따라 보험금을 지급할 채무와 책임을 모두 부담한다.

	유상계약	무상계약
물적 담보	저당권설정	-
인적 담보	보증	-
보험	보험	-

그 밖의 계약들
Other Types of Contracts

법률가에게는 언젠가 한번은 풍부한 색채의 세계를
일곱 가지 기본색 속으로 던져 버리지 않으면 안 된다는 것을 의식할 때가 올 것이다.
- Gustav Radbruch

여행

개념

여행계약(travel contract)은, 여행 관련 용역(service)을 유상으로 제공하기로 하는 계약이다.

> **민법 제674조의2(여행계약의 의의)** 여행계약은 당사자 한쪽이 상대방에게 운송, 숙박, 관광 또는 그 밖의 **여행 관련 용역을 결합하여 제공**하기로 약정하고 상대방이 그 **대금**을 지급하기로 약정함으로써 효력이 생긴다.

1. 여행주최자(travel organizer): 여행 용역을 제공하는 자
2. 여행자(traveler): 여행 용역을 제공받는 자
3. 대금(price): 여행 용역의 대가

사례

K는 여행사를 운영하고, 돈이 필요하다. T는 여행을 가고 싶고, 돈이 있다.

1. K는 T에게, 어떠어떠한 관광지에 관해 운송, 숙박, 관광 등 여행 패키지 상품을 20억 원에 제공해 주겠다고 했다.
2. T는 K에게, 이를 승낙했다.

말만으로도 여행계약이 유효하게 성립한다.

효과(여행 용역에 관하여)

1. 여행주최자(K)는, 여행자(T)에게 여행 용역을 제공할 의무를 부담한다.
2. 여행자(T)는, 여행주최자(K)에게 여행 용역을 요구할 권리를 취득한다.

위 1.과 2.는 같은 녀석이다.

효과(대금에 관하여)

1. 여행주최자(K)는, 여행자(T)로부터 대금을 지급받을 권리를 취득한다.

> **민법 제674조의5(대금의 지급시기)** 여행자는 약정한 시기에 대금을 지급하여야 [한다.] 그 시기의 약정이 없으면 관습에 따르고, 관습이 없으면 여행의 종료 후 지체 없이 지급하여야 한다.

2. 여행자(T)는, 여행주최자(K)에게 대금을 지급할 의무를 부담한다.

위 1.과 2.는 같은 명제다.

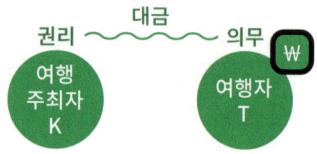

특징

1. 유상계약
2. 쌍무계약
3. 계속적 계약

나름 민법에서 정한 전형계약(typical contract)에 해당한다.

여행자 보호

1. 법적으로 계약은 양 당사자가 대등한 지위에서 체결한다.
2. 그러나 실제로는 여행계약에서 여행자가 취약한 지위에 놓인 경우가 많다.
3. 그래서 여행자를 보호하기 위한 장치들이 많이 있다.
4. 민법은 여행자를 보호하기 위한 규정들을 두었다.

> **민법 제674조의4(부득이한 사유로 인한 계약 해지)** ② 제1항에 따라 계약이 <u>해지된 경우에도</u> 계약상 귀환운송(歸還運送) 의무가 있는 여행주최자는 여행자를 <u>귀환운송할 의무가 있다</u>.

5. 특별법도 여행자 보호장치를 두었다. 여행주최자(K)가 영업(business)으로 진행할 경우에는, 여행자를 더욱 보호한다.

> **관광진흥법 제14조(여행계약 등)** ① 여행업자는 여행자와 계약을 체결할 때에는 여행자를 보호하기 위하여 … 해당 여행지에 대한 안전정보를 서면으로 제공하여야 한다. …

6. 비록 명문 규정이 없더라도, 해석을 통해 여행자를 두텁게 보호하기도 한다.

> **2016다6293:** 기획여행업자는 통상 여행 일반은 물론 목적지의 자연적·사회적 조건에 관하여 전문적 지식을 가진 자로서 우월적 지위에서 행선지나 여행시설의 이용 등에 관한 계약 내용을 일방적으로 결정[한다.] 반면, 여행자는 그 안전성을 신뢰하고 기획여행업자가 제시하는 조건에 따라 여행계약을 체결하는 것이 일반적이다.
>
> 이러한 점을 [고려]할 때 기획여행업자가 여행자와 여행계약을 체결할 경우에는 다음과 같은 내용의 안전배려의무를 부담한[다.] … 기획여행업자는 여행을 시작하기 전 또는 그 이후라도 여행자가 부딪칠지 모르는 위험을 예견할 수 있을 경우에는 여행자에게 그 뜻을 알려 여행자 스스로 그 위험을 수용할지를 **선택할 기회를 주어야** [한다. 그리고] 그 여행계약 내용의 실시 도중에 그러한 위험 발생의 우려가 있을 때는 **미리 그 위험을 제거**할 수단을 마련하는 등의 합리적 조치를 하여야 한다.

조합

개념

조합(partnership)이란, 쉽게 말해 공동으로 사업을 경영하기 위한 모임이다. 그러한 모임을 만드는 계약이 조합계약이다.

> **민법 제703조(조합의 의의)** ① 조합은 2인 이상이 **상호출자하여 공동사업을 경영할 것**을 약정함으로써 그 효력이 생긴다.

1. 출자(contribution): 사업에 필요한 자본 등을 제공하는 것
2. 분배(sharing): 경영을 통해 얻은 영업이익을 나누는 것
3. 조합원(partner): 조합계약의 당사자로서, 조합을 구성하는 자

사례

K와 P는 음식점 사업을 하고 싶다.

1. K는 노무를 제공하고, 사업 이익금을 51% 취득하기로 했다.
2. P는 현금을 제공하고, 사업 이익금을 49% 취득하기로 했다.

이 동업계약이 조합계약, 동업체가 조합이다.

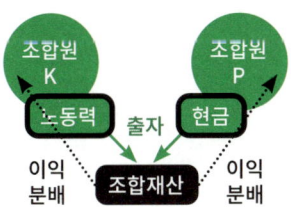

효과(출자에 관하여)

1. 조합원 K는, 조합을 위해 노무를 제공할 의무를 부담한다.
2. 조합원 P는 조합원 K에게, 조합을 위한 노무 제공을 요구할 권리를 취득한다.

위 1.과 2.는 같은 명제다.

3. 조합원 P는, 조합을 위해 현금을 출자할 의무를 부담한다.
4. 조합원 K는 조합원 P에게, 조합을 위한 현금출자를 요구할 권리를 취득한다.

위 3.과 4.는 같은 명제다.

효과(이익분배에 관하여)

1. 조합원 K는 조합원 P에게, 조합사업 이익 49%를 분배할 의무를 부담한다.
2. 조합원 P는 조합원 K에게, 조합사업 이익 49%의 분배를 요구할 권리를 취득한다.

위 1.과 2.는 같은 명제다.

3. 조합원 P는 조합원 K에게, 조합사업 이익 51%를 분배할 의무를 부담한다.
4. 조합원 K는 조합원 P에게, 조합사업 이익 51%의 분배를 요구할 권리를 취득한다.

위 3.과 4.는 같은 명제다.

특징

1. 유상계약
2. 쌍무계약
3. 계속적 계약

화해

소송상 화해와 재판외 화해

화해에는 두 가지가 있다.

1. 소송상 화해(재판상 화해; compromise in court)

제1강 민사구조론 중 "화해와 조정"에서 보았다.

2. 재판외 화해(extrajudicial compromise)

지금 보려는 화해계약(compromise contract)이다.

화해계약(재판외 화해) 개념

> **민법 제731조(화해의 의의)** 화해는 당사자가 **상호양보하여 당사자간의 분쟁을 종지할 것**을 약정함으로써 그 효력이 생긴다.

사례

K는 C로부터 폭행을 당해 손해를 입었다. 피해자 K는 200만 원 손해를 입었다고 생각한다. 가해자 C는 피해자 K가 100만 원 손해를 입었다고 생각한다.

실제 정확한 손해는 190만 원이라 하자.

1. K는 조금 양보하여, 손해배상을 즉시 150만 원만 받고 더는 민, 형사상 책임을 묻지 않고 그 밖의 어떠한 이의도 제기하지 아니하겠다고 했다.
2. C도 조금 양보하여, K에게 이를 승낙했다.

이렇게 하여 분쟁이 끝날 수 있었다. 이 합의가 화해계약이다.

효과

> **민법 제732조(화해의 창설적효력)** 화해계약은 당사자 일방[K]이 양보한 권리[40만 원 (= 190만 원 - 150만 원)]가 소멸되고 상대방[C]이 화해로 인하여 그 권리를 취득하는 효력이 있다.

> **2020다22752:** 화해계약이 성립하면 특별한 사정이 없는 한 그 창설적 효력에 따라 종전의 법률관계를 바탕으로 한 권리의무관계[190만 원의 채권채무관계]는 소멸[하다.] 계약 **당사자[K, C] 사이에 종전의 법률관계가 어떠하였는지를 묻지 않고** 화해계약에 따라 새로운 법률관계[150만 원의 채권채무관계]가 생긴다.

특징

1. 유상계약
2. 쌍무계약
3. 일시적 계약

화해계약이 성립한 순간 법률관계가 변동(190만 원 채권채무관계 → 150만 원 채권채무관계)한다. 그 후 150만 원을 지급하는 것은 화해계약의 결과일 뿐, 화해계약 자체의 이행이 아니다.

> **김천지원2011가단3639:** 화해계약은 신채권을 성립시키고 구채권을 소멸시키는 처분행위[다.] 신채권이 성립되면 그 효과는 완결되고 화해계약 자체의 이행의 문제는 발생할 여지가 없[다.]

신용카드

신용카드 제도

1. 백화점, 레스토랑 등 가맹점에서 신용카드(credit card)를 제시한다.
2. 그러면 회원의 신용을 믿고 카드회사(신용카드업자)가 대신 입금을 해 준다 (결제대행).
3. 회원이 일정한 결제일에 그 금액을 카드회사에 납입한다.

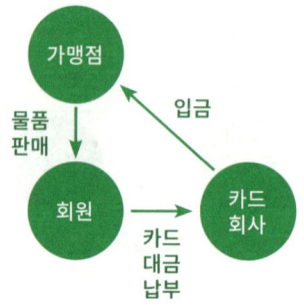

> **여신전문금융업법 제2조(정의)** 이 법에서 사용하는 용어의 뜻은 다음과 같다.
> 3. "신용카드"란 이를 제시함으로써 반복하여 신용카드가맹점에서 ... 결제할 수 있는 증표(證票)로서 신용카드업자...가 발행한 것을 말한다.
> 4. "신용카드회원"이란 신용카드업자와의 계약에 따라 그로부터 신용카드를 발급받은 자를 말한다.
> 5. "신용카드가맹점"이란 다음 각 목의 자를 말한다.
>   가. 신용카드업자와의 계약에 따라 ...신용카드회원등...에게 ...신용카드등...[을] 사용한 거래에 의하여 물품의 판매 또는 용역의 제공 등을 하는 자
>   나. ...결제대행업체...

신용카드계약 개념

신용카드계약이란, 카드회원이 신용카드업자(카드회사)로부터 위와 같이 신용카드를 발급받는 계약이다.

사례

K는 신용카드회사를 운영하고, 신용카드 회원이 필요하다. M은 신용카드를 발급받아 사용하고 싶다.

1. K는 M에게, 어떠어떠한 혜택이 있는 "○○좋은카드"를 연회비 없이 발급해주겠다고 했다.
2. M은 K에게, 이를 승낙했다.

말만으로도 신용카드계약이 유효하게 성립한다.

효과(결제대행에 관하여)

1. 카드회사(K)는, 카드회원(M)에게 결제대행을 할 의무를 부담한다.
2. 카드회원(M)은, 카드회사(K)에게 결제대행을 요구할 권리를 취득한다.

위 1.과 2.는 같은 명제다.

효과(카드 대금에 관하여)

1. 카드회사(K)는, 카드회원(M)으로부터 카드대금을 지급받을 권리를 취득한다.
2. 카드회원(M)은, 카드회사(K)에게 카드대금을 지급할 의무를 부담한다.

위 1.과 2.는 같은 명제다.

계약 성립
Formation of Contract

언약이란 여러 사람의 같은 대상에 관한 합치다.
- Gnaeus Domitius Annius Ulpianus

머리에

계약 성립의 요소
1. 계약(contract)은,
2. 청약(offer)과 승낙(acceptance)의,
3. 합치(mutual assent)로,
4. 성립(formation)한다.

의사표시
1. 청약과 승낙 모두 의사표시(declaration of intention)에 해당한다.
2. 즉, 당사자의 대립하는 의사표시의 합치로 계약이 성립한다.

> **2017다242867**: 계약이 성립하기 위해서는 당사자 사이에 의사의 합치가 [필요하다.]

청약과 승낙

청약(offer)
당사자 일방이 상대방의 승낙에 따라 계약을 성립시킬 것을 기대하고 하는 의사표시

예: "내가 쓰던 컴퓨터 2022년형 Apple MacBook Pro를 50만 원에 팔겠다."

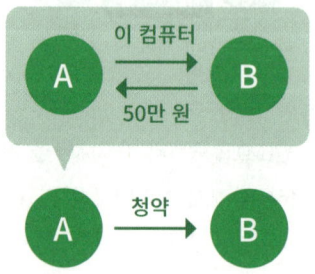

1. 청약에는 계약 내용을 결정지을 수 있을 만한 사항을 포함해야 한다. 가령, 매매계약의 청약에는 목적물, 가격 등을 포함해야 한다.

> **2001다53059**: 계약이 성립하기 위한 법률요건인 청약은 그에 응하는 승낙만 있으면 곧 계약이 성립하는 **구체적, 확정적 의사표시**여야 [한다. 그러]므로, 청약은 계약의 내용을 결정할 수 있을 정도의 사항을 포함시키는 것이 필요하다.

그러한 정도의 의사의 합치나 합의가 이루어지지 아니한 경우에는 특별한 사정이 없는 한 계약은 성립하지 아니한[다.]

가격을 반드시 정액으로 정하지 않더라도, 객관적으로 정할 수 있는 기준만 포함되었으면 상관없다.

> **2017다242867:** 이러한 의사의 합치는 당해 계약의 내용을 이루는 모든 사항에 관하여 있어야 하는 것은 아니다. 그렇지만 그 본질적 사항이나 중요 사항에 관하여는 구체적으로 의사의 합치가 있거나 적어도 장래 구체적으로 **특정할 수 있는 기준과 방법** 등에 관한 합의는 있어야 [한다.]

2. 묵시적(implied)으로도 가능하다.

예 1: 손님을 찾아 돌아다니는 택시도, 불특정 다수인에게 청약을 하는 것이다.

예 2: 가격이 붙은 음료수가 들어 있는 자동판매기를 설치하는 것도 청약이다.

3. 청약만 있는 단계에서는 아직 계약이 성립하지는 않는다. 승낙이 있어야만 비로소 계약이 성립한다.

승낙(acceptance)

어떤 청약에 대해 계약 성립을 목적으로 하는 의사표시

예: "네가 팔겠다는 그 컴퓨터를 그 가격에 사겠다."

1. 만약 승낙을 하면 계약이 성립한다.

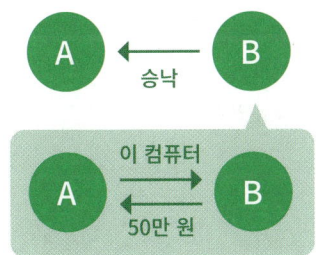

2. 만약 거절(rejection)을 하면 계약이 불성립한다.
3. 계약 내용을 결정하는 청약 사항 전부를 동의해야만 승낙으로 인정받는다.

목적물에 대해서는 동의하는데 가격에 대해서는 동의하지 않는 식의 부분승낙(partial acceptance)은 승낙이 아니라 거절로 본다.

4. 청약과 마찬가지로, 묵시적으로도 승낙할 수 있다.

예 1: 자동판매기에 동전을 넣고 버튼을 누르는 것도 법적으로는 승낙 의사표시가 있는 것이다.

예 2: 청약에 응해 주문품을 보내주는 것도 묵시의 승낙이다.

계약 성립요건

의사표시 합치

이처럼 두 의사표시가 합치하면 계약이 성립한다. 즉,

1. "계약 성립요건(requirement for formation)"이란,
2. 양 의사표시(declaration of intention)의 합치(agreement)다.

구체적 사례

1. 청약자가 한 청약 의사표시 내용과,
2. 승낙자가 한 승낙 의사표시 내용이,

모두 "50만 원에 K노트북을 판매(구매)하는 것"이라야 합치가 인정돼 계약이 성립한다.

청약유인

청약유인(invitation of offer)

말 그대로, 상대방에게 청약을 하도록 유인하는 것. 일종의 계약 준비행위다.

사례

"내가 쓰던 컴퓨터인 2022년형 Apple MacBook Pro를 팔겠다. 한 번 가격을 협상해 보자."라고 제안하는 것은,

1. 매매대금이 특정되지 않은 제안이다. 상대방이 응하더라도, 이 상태로는 계약을 바로 성립시킬 수가 없다. 이 제안은 청약이 되지 못한다.
2. 청약 자체가 아니고, 청약유인이다.

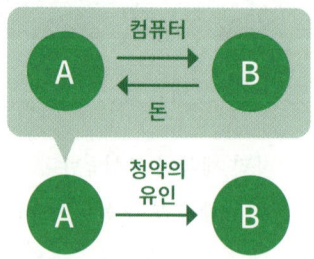

청약과 청약유인의 구별

청약과 청약유인은 계약 내용을 결정지을 수 있는 사항(매매대금, 목적물 등)이 포함되었는지로 구별한다.

> 2001다53059: 청약은 계약의 내용을 결정할 수 있을 정도의 사항을 포함시키는 것이 필요하다.

1. 제안에 계약 내용 결정 요소가 누락되어 있다면, 청약유인에 불과하다. 대체로, 광고는 청약유인이다.

예: 막연히 "내가 쓰던 물건들을 팔겠다.", "셋방 있음" 광고, "하숙 구함" 광고

2017다275447: 광고는 일반적으로 청약의 유인에 불과하[다.]

2. 제안에 계약 내용 결정 요소가 모두 포함되었다면, 청약이다.

다만, 경우에 따라 광고라도 청약으로 해석될 수도 있다.

2017다275447: 내용이 **명확하고 확정적**이며 광고주가 광고의 내용대로 계약에 구속되려는 의사가 명백한 경우에는 이를 **청약으로 볼 수 있다**. 나아가 광고가 청약의 유인에 불과하더라도 이후의 거래과정에서 상대방이 광고의 내용을 전제로 청약을 하고 광고주가 이를 승낙하여 계약이 체결된 경우에는 광고의 내용이 계약의 내용으로 된다.

교차청약

교차청약(crossed offer)

양 당사자가 서로 청약을 했는데, 마침 그 내용이 일치하는 경우

교차청약 효과

1. 원래 청약에 대해서는 승낙(acceptance)이 있어야 계약이 성립한다.
2. 그런데, 교차청약이 있는 경우는 승낙이라는 의사표시가 없더라도 쌍방 합의가 존재하는 셈이다.
3. 그래서 청약만으로도 계약이 성립한다.

민법 제533조(교차청약) 당사자간에 동일한 내용의 청약이 상호교차된 경우에는 양청약이 상대방에게 도달한 때에 계약이 성립한다.

사례

1. A가 2023. 5. 6. 친구 B에게 "내가 쓰던 컴퓨터인 2022년형 Apple MacBook Pro를 50만 원에 팔겠다"라는 이메일을 보냈다.

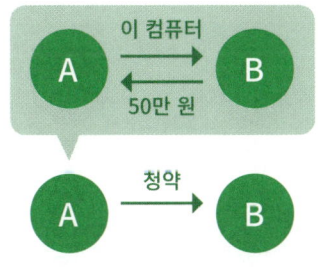

2. 마침 A가 요즘 컴퓨터를 팔고자 한다는 소문을 들은 B는 2023. 5. 7. 위 이메일이 온 것도 모르고 A에게 "네가 쓰던 노트북컴퓨터인 2022년형 Apple MacBook Pro를 50만 원에 팔아라"라고 문자를 보냈다.

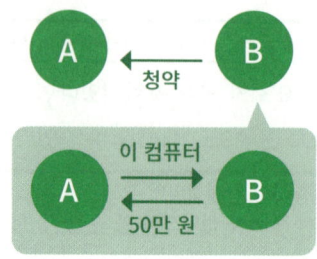

3. 교차청약에 해당한다.
4. 위 노트북에 관해 50만 원을 매매대금으로 하는 매매계약이 성립한다.

변경을 가한 승낙

변경을 가한 승낙(acceptance with modification)

청약에 대해 그대로 승낙한 것이 아니라, 다른 내용으로 승낙하는 것

1. 법적으로는 거절(rejection)에 해당한다.
2. 동시에 새로운 청약(new offer)으로 간주한다.

> **민법 제534조(변경을 가한 승낙)** 승낙자가 청약에 대하여 조건을 붙이거나 변경을 가하여 승낙한 때에는 그 청약의 거절과 동시에 새로 청약한 것으로 본다.

사례

1. 50만 원에 팔겠다는 A의 청약에 대해,

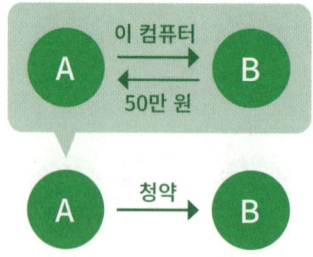

2. B가 40만 원에 사겠다고 승낙했다.

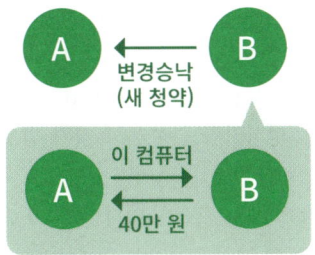

3. 변경을 가한 승낙에 해당한다.
4. 50만 원 청약을 거절하면서, 새롭게 40만 원 청약을 한 것이다.

효과
1. 변경을 가한 승낙시에는 계약이 아직 불성립한다. 거절이기 때문이다.
2. 처음 청약을 했던 쪽에서 새로운 승낙(변경을 가한 승낙)을 승낙해야 그때 비로소 계약이 성립한다.

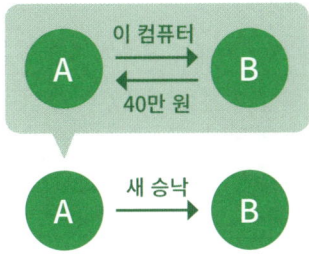

계약 성립과 의사표시 부존재

의사표시 부존재 개념
말 그대로 청약이나 승낙 같은 의사표시 자체가 없는 상황이다.

계약 성립과 의사표시 부존재의 구별
1. 계약 성립, 불성립 여부는 어떤 의사표시가 있을 때 문제된다. 최소한 의사표시가 2개 이상 "있어야", 그 둘이 "합치하는지 아닌지"를 따질 수 있다.
2. 애당초 의사표시가 없다면, 원칙적으로 계약 문제는 아니다.

물론, 경우에 따라 다른 문제(불법행위 등등)는 있을 수 있다.

계약 성립과 계약 효력발생

효력발생 요건(requirement for effect)
말 그대로, 계약 효력이 발생하기 위한 요건을 의미한다.

1. 계약이 성립하면, 대부분은 효력이 있다. 원칙적으로, 당사자가 원하는 효과가 발생한다. 즉, 원칙적으로, 성립한 계약은 유효하다.

예: 바이올린 매매계약이 성립하면, 원칙적으로 그 계약은 유효하다.

2. 그러나 예외적으로, 계약이 성립했음에도 무효인 경우가 있다. 즉, 예외적으로, 계약이 성립했지만, 당사자가 원하는 효과가 발생하지 않는다.

예: 처음부터 완전히 불타 없어진 바이올린을 매매하는 계약은 무효다. 아무도 불가능한 것에 대해서는 의무를 질 수 없다(*Nemo potest ad impossibile obligari*; No one is bound to do the impossible).

2007다65665: 원시적 불능인 급[여]를 목적으로 하는 ... 매매계약은 채권계약으로서도 무효[다.]

효력 발생에 관한 증명책임

계약이 성립(formation)했다고 전제할 때, "원칙적으로" 효력이 발생하므로,

1. 효력 발생 사유를 주장하는 쪽에서 특별한 사유를 증명할 책임이 없다.

예: 계약이 유효하다고 주장하는 쪽에서, "바이올린이 완전히 불타 없어지지 않았다"고 증명할 필요가 없다.

2. 효력 장애 사유를 주장하는 쪽에서 특별한 사유를 증명할 책임이 있다.

예: 계약이 무효라고 주장하는 쪽에서, "(처음부터) 바이올린이 완전히 불타 없어진 상태였다."고 증명해야 한다.

소송에서 이 특별한 사유를 주장하는 것이 바로 항변(defense)이다. 이렇게 항변하는 자에게 증명책임이 있다.

96다42130: 원고가 피고로부터 금전을 지급받기로 하는 약정이 있다고 주장하고 그러한 약정의 존재를 [증명했다. 이] 경우, ... 그 약정에 따른 채무가 **불발생한다거나 소멸하였다는 주장은 피고의 항변사항**에 속한다.

원래 특별한 사유가 "있다"고 주장하는 사람이 증명해야 한다. 악마가 존재한다는 것을 증명한다는 것은 쉽지만, 악마가 없다는 것을 증명할 수는 없기 때문이다(*probatio diabolica*; devil's proof).

계약 성립과 계약 효력발생의 구별

1. 계약 성립을 전제로, 계약 효력이 있느냐 없느냐를 논한다.
2. 계약이 불성립했다면, 유효, 무효 문제가 생기지 않는다.

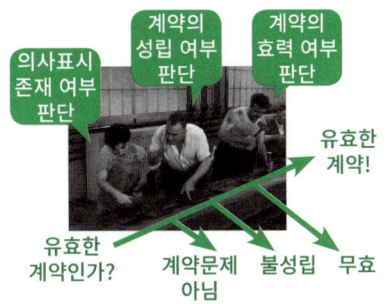

위 두 경우는 분명히 구별해야 한다. 예를 들어,

1. 만약 계약이 성립했으나 처음부터 계약이 무효인 사안이라면, 민법 제535조를 적용할 수 있다.

> **민법 제535조(계약체결상의 과실)** ① **목적이 불능한 계약을 체결**할 때에 그 불능을 알았거나 알 수 있었을 자는 상대방이 그 계약의 유효를 믿었음으로 인하여 받은 손해를 배상하여야 한다. …
>
> **2016다212524**: 계약 당시에 이미 채무의 이행이 불가능했다면 특별한 사정이 없는 한 채권자가 그 이행을 구하는 것은 허용되지 않[는다. **이때는**] 민법 **제535조**에서 정한 계약체결상의 과실책임을 추궁하는 등으로 권리를 구제받을 수밖에 없다.

2. 그러나 만약 계약이 불성립한 사안이라면, 민법 제535조를 적용할 수 없다.

> **2015다10929**: 계약이 의사의 불합치로 **성립하지 아니한 경우** [어떻게 되는가?] … 상대방이 계약이 성립되지 아니할 수 있다는 것을 알았거나 알 수 있었음을 이유로 **민법 제535조를 유추적용… 할 수는 없다**.
>
> 중고차를 매도하려는 반소피고[A]와 이를 매수하려는 반소원고[B]가 있다. 그런데 성명불상자[C]가 양 당사자[A, B]를 모두 기망[했다. 이로써] 반소피고[A]와 반소원고[B] 사이에 매매대금에 관한 의사기 합치되지 아니하여 매매계약이 성립하지 않[았다. 이 경우] 반소피고[A]에게 과실이 있음을 들어 불법행위책임[(민법 제760조)]을 지우는 것은 별론으로 하[자. 그럴더라도] 민법 제535조를 유추적용하여 계약체결상의 과실로 인한 손해배상청구를 할 수는 없[다.]

즉, "성립했지만 무효"인 경우와 "불성립"한 경우를 서로 구별할 실익이 있다.

> **2019다226135**: 법률의 유추적용은 법률의 흠결을 보충하는 것으로 법적 규율이 없는 사안에 대하여 그와 유사한 사안에 관한 법규범을 적용하는 것이다. 이러한 유추를 위해서는 법적 규율이 없는 사안과 법적 규율이 있는 사안 사이에 공통점 또는 유사점이 있어야 한다. 그러나 이것만으로 유추적용을 긍정할 수는 없다. 법규범의 체계, 입법의 도와 목적 등에 비추어 유추적용이 정당하다고 평가되는 경우에 비로소 유추적용을 인정할 수 있다.

계약 효력
Effectiveness of Contract

모든 경제활동은 개인의 이기심에서 비롯된다.
그러나 이기심은 사회의 도덕적 한계 내에서만 허용된다. - Adam Smith

머리에

배경사례

1. 청약유인(invitation of offer): Z는 이번에 바이올린을 처음 배우려고 한다. Z는 K 집에 바이올린 몇 대가 있다는 이야기를 듣고, K에게 전화를 걸어 "바이올린 한 대를 사고 싶으니 한 번 만나서 이야기를 하자"고 했다.
2. 청약(offer): 약속장소에서 K는 "자기 바이올린 중에 장인 R이 수제로 만든 것이 있는데, 3,000만 원에 사라"고 했다.
3. 변경을 가한 승낙(acceptance with modification): Z는 "너무 비싸게 부르는 것 아니냐며, 2,000만 원에 사겠다"고 했다.

이것은 K의 청약을 거절한 동시에, Z가 새로운 청약을 한 것으로 볼 수 있다.

4. 승낙: K는 "알겠다. 그렇게 팔겠다"고 했다.

이로써 2,000만 원에 바이올린을 사고파는 매매계약이 성립(formation)했다.

문제 발생

일단 성립한 계약이라도, 유효성이 문제될 수 있다. 예를 들어,

1. Z는 초등학생 연습용 바이올린도 그 정도 가격이 되는 줄로 알고 있어서 매우 경솔하게 계약을 한 것이었다. K도 Z의 그런 무경험을 이용해 폭리를 취한 경우다.

불공정한 법률행위다. 결론부터 말하면, 이 계약은 무효다. 차차 살펴보자.

2. 또는, 원래는 수제가 아니라 공장에서 찍어낸 30만 원짜리 대량생산 바이올린인데, K가 거짓말을 해서 계약을 체결한 경우다.

사기에 따른 법률행위다. 결론부터 말하면, 이 계약은 일단은 유효하지만, Z가 원하면 이 계약을 무효로 만들 수 있다. 역시 차차 살펴보자.

복습: 계약의 유효

개념

유효(valid)란, 어떤 법률행위(계약)가 "효력이 있다"는 뜻이다. 즉, "무효가 아니다"라는 뜻이다.

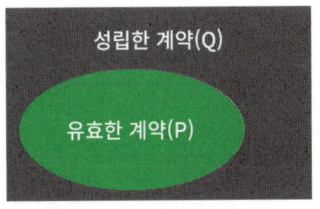

1. 계약이 성립했다고 해서 모두 다 유효한 계약은 아니다.
2. 그러나 계약이 유효하기 위해서는, 그 전제로 계약이 성립해야 한다.

복습: 계약자유 원칙

개념
1. 계약자유 원칙(freedom of contract)이 곧 법률행위 자유 원칙이다.
2. 즉, 개인이 자기 의사에 따라 다른 사람과 자유롭게 법률관계를 형성할 수 있고, 그러한 개인이 원하는 대로 효과 발생을 인정하는 원칙을 말한다.

사례
1. 컴퓨터를 중고로 팔 때 30만 원에 팔든, 300만 원에 팔든 자기 자유다.
2. 사는 사람도 살지 말지를 자유롭게 결정할 수 있다.

결과
1. 법률행위 자유 원칙 때문에, 어떠한 법률행위든 원칙적으로 유효하다.
   "원칙적으로" = "특별한 사정(사유)이 없는 한"
2. 법률행위가 무효로 되려면, 무언가 특별한 사정이 필요하다.
3. 이제 그 특별한 사정을 살펴보자. 즉, 예외를 살펴보자.

계약의 무효

개념
무효(nullity)란, 어떤 법률행위(계약)가 법적으로 "효력이 없다"는 뜻이다. 즉, 그 법률행위로부터 당사자가 원하는 법률상 효과가 생기지 않는다는 뜻이다.

법률행위 자유 원칙에 대한 제한
법률행위 자유 원칙을 무제한 인정해 버리면 어떤 문제가 있는가? 경우에 따라 불법이 조장되거나 사회적으로 불평등이 심화될 수 있다. 그래서 법은 어떤 법률행위를 무효라고 정했다. 이것이 앞서 본 효력규정이다. 예를 들어,

1. 마약을 500만 원에 팔았다고 해도, 서로 돈과 물건을 달라고 할 권리가 없다. 계약(법률행위)이 무효기 때문이다.

민법 제103조(반사회질서의 법률행위) 선량한 풍속 기타 사회질서에 위반[될] 사항을 내용으로 하는 법률행위는 무효로 한다.

좋은 풍속을 거슬러 맹세한 것은 지킬 의무가 없다(*Non est obligatorium contra bonos mores praestitum iuramentum*; An oath against good morals does not bind).

2. 상대방의 궁박을 이용해 심한 폭리행위를 하는 경우도 불공정한 계약(법률행위)으로 무효일 수 있다.

민법 제104조(불공정한 법률행위) 당사자의 궁박, 경솔 또는 무경험으로 인하여 현저하게 공정을 잃은 법률행위는 무효로 한다.

3. 야간근로에 대해서는 시급을 50%를 인상해 지급해야 한다. 근로자가 계약을 체결할 때 "야간근로도 무급으로 하겠다"고 동의했고, 당사자들이 그렇게 합의했더라도 마찬가지다. 무급으로 하겠다는 부분은 무효기 때문이다.

근로기준법 제15조(이 법을 위반한 근로계약) ① 이 법에서 정하는 기준에 미치지 못하는 근로조건을 정한 근로계약은 그 부분에 한정하여 **무효**로 한다.

근로기준법 제56조(연장·야간 및 휴일 근로) ③ 사용자는 야간근로(오후 10시부터 다음 날 오전 6시 사이의 근로를 말한다)에 대하여는 통상임금의 100분의 50 이상을 가산하여 근로자에게 지급하여야 한다.

4. 고리대금 경우도 마찬가지다. 이자를 연 50%로 돈을 빌렸다고 하자. 당사자들이 아무리 그렇게 합의해도, 연 20%를 넘는 이자 약정 부분은 무효다.

이자제한법 제2조(이자의 최고한도) ① 금전대차에 관한 계약상의 최고이자율은 연 25[%]를 초과하지 아니하는 범위 안에서 대통령령[연 20%]으로 정한다.
③ 계약상의 이자로서 제1항에서 정한 최고이자율을 초과하는 부분은 **무효**로 한다.

소결

1. 법률행위 자유 원칙에는 제한이 따른다. 그 결과, 예외적으로 몇몇 법률행위는 무효가 된다.
2. 당사자들이 아무리 계약 내용대로 하자고 합의했더라도 마찬가지다. 효력규정은, "합의하더라도" 효력을 인정하지 않겠다는 취지다.

이것을 이해해야 노동법도 이해할 수 있다.

3. 앞서 본 사례들은 계약할 때부터 무효인 것들이다. 처음부터 효력이 없다.

처음부터 무효인 것을 "당연무효(void *ab initio*; nullity from the outset)"라 한다.

계약의 후발적 무효

개념

1. 처음에는 일단 유효했던 법률행위가 있다.

2. 그 법률행위가, 후에 발생한 어떤 사유 때문에 무효로 되기도 한다.

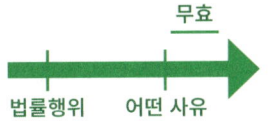

이를 후발적 무효라고 한다. 후발적 무효는 다시 다음과 같이 나눈다.

1. 장래적(future) 무효
2. 소급적(retroactivity) 무효

장래적 무효 개념

그 어떤 사유가 있은 이후 부분만 무효로 되는 경우다. 이를 장래적 무효라 한다.

1. 즉, 그 사유가 있기 전 부분은 여전히 유효하다.
2. 이처럼 어떤 사유가 그 사유가 있기 이전의 상태에 영향을 미치지 못하는 것을 장래적(future)이라 한다.

장래적 무효의 사례

"생활비를 매달 지급하되, 네가 취직을 하면 그만 주겠다"라고 계약했다고 하자. 이처럼 원래 유효했던 법률행위가 어떤 조건 성취로 무효로 될 수 있다. 이때의 조건을 "해제조건"이라 한다.

미리 이야기하면, "해제(rescission)"와 "해제조건(condition subsequent)"은 다른 개념이다. 서로 혼동해서는 안 된다.

1. 해제조건이 붙어 있어도, 처음부터 계약이 유효하다.
2. 그러다가 취직이란 조건이 성취되면, 생활비 지급계약은 "그때부터" 무효다.

민법 제147조(조건성취의 효과) ② 해제조건 있는 법률행위는 <u>조건이 성취한 때로부터</u> 그 효력을 잃는다.

3. 조건 성취 이전 부분은 여전히 유효하다. 그러므로 그때까지 이미 받았던 돈을 돌려줄 필요는 없다.

> **92다5584:** 해제조건부증여...[에서] 그 해제조건이 성취되[었다.] ... 이 경우 당사자간에 별단의 의사표시가 없는 한 그 조건성취의 효과는 소급하지 아니[한다.]

소급적 무효 개념

그 어떤 사유가 있으면, 법률행위가 처음부터 무효였던 것으로 간주하기도 한다. 이를 소급적 무효라고 한다.

1. 즉, 그 사유가 있기 전 부분까지도 무효로 된다.
2. 이처럼 어떤 사유가 그 사유가 있기 이전의 상태에 영향을 미치는 것을 소급적(retroactivity)이라 한다.

과거로 돌아가는 타임머신은 존재하지 않는다. 그러므로 자연에서는 현재가 과거에 영향을 줄 수 없다. 그러나 법에서는 그럴 수 있다.

소급적 무효 사례

착오로 어떤 매매계약을 한 경우를 보자. 착오로 한 계약(법률행위)은 취소할 수 있다.

> **민법 제109조(착오로 인한 의사표시)** ① 의사표시는 법률행위의 내용의 중요부분에 착오가 있는 때에는 취소할 수 있다....

1. 착오로 계약을 해도, 처음에는 계약이 유효하다.
2. 그러다가 취소권을 행사하면, 그 순간 계약(법률행위)은 처음부터 무효였던 것으로 간주(legal fiction)한다. 즉, 취소에는 소급효가 있다.

> **민법 제141조(취소의 효과)** 취소한 법률행위는 **처음부터 무효인 것으로 본다**. ...

3. 취소 결과, 취소 이전 부분까지도 무효로 된다. 따라서 만약 취소 이전에 이미 받은 물건이나 돈이 있다면 서로 돌려줘야 한다.

돌려줘야 하는 법적 근거는 부당이득이다.

> **민법 제741조(부당이득의 내용)** 법률상 원인 없이 타인의 재산 또는 노무로 인하여 이익을 얻고 이로 인하여 타인에게 손해를 가한 자는 그 이익을 **반환하여야** 한다.

> **92다56087:** 영업양도계약이 사기로 인한 것으로서 취소되었다면 양수인이 양수한 물건들은 반환되어야 [한다. 즉,] 법률행위가 사기에 의한 것으로서 취소되는 경우에 ... 취소의 효과로 생기는 부당이득반환청구권[이 있다.]

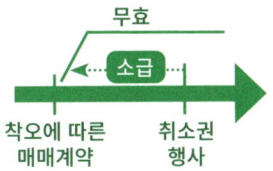

주의: 취소가 의무는 아니다. 즉, 취소를 하지 않아도 된다. 착오로 계약을 하더라도, 계약을 유지하는 것이 결과적으로 모두에게 유익한 경우가 얼마든지 있다. 예를 들어, 착오로 계약했지만, 계약조건(가격조건 등)이 좋을 수 있다.

계약의 후발적 유효

개념

1. 처음에 일단 무효인 법률행위가 있다.

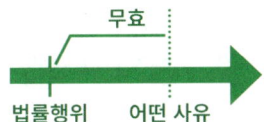

2. 그 법률행위가, 후에 발생한 어떤 사유 때문에 유효로 되기도 한다.

이를 후발적 유효라고 한다. 후발적 유효는 다시 다음과 같이 나눈다.

1. 장래적 유효
2. 소급적 유효

장래적 유효 개념

그 어떤 사유가 있은 이후 부분만 유효로 되는 경우다. 이를 장래적 유효라 한다.

1. 즉, 그 사유가 있기 전 부분은 여전히 무효다.
2. 그 사유 발생에는 장래효만 있다.

장래적 유효의 사례

"네가 변호사시험에 합격하면 1억 원을 주겠다"라고 계약했다고 하자. 이처럼 원래 효력이 없던 법률행위가, 어떤 조건의 성취로 유효로 될 수 있다. 이때의 조건을 "정지조건"이라 한다.

미리 이야기하면, "정지(suspension)"와 "정지조건(condition precedent)"은 다른 개념이다.

1. 정지조건이 붙어 있어서, 처음에는 계약이 무효다. 즉, 계약은 성립했지만, 효력은 없다.
2. 그러다가 합격이란 조건이 성취되면, 1억 원 지급계약은 "그때부터" 효력이 발생한다.

> 민법 제147조(조건성취의 효과) ① 정지조건있는 법률행위는 **조건이 성취한 때로부터** 그 효력이 생긴다.

3. 조건 성취 이전 부분은 여전히 무효다. 그러므로 수험 기간의 연체이자까지 줄 필요는 없다. 즉, 합격한 날 연체이자 없이 1억 원을 주면 충분하다.

소급적 유효 개념

어떤 사유가 있으면, 법률행위가 처음부터 유효했던 것으로 간주하기도 한다. 이를 소급적 유효라고 한다.

1. 즉, 그 사유가 있기 전 부분까지도 유효로 된다.
2. 그 사유 발생에는 소급효가 있다.

소급적 유효 사례

토지거래허가구역 안에 있는 토지에 관해 매매계약을 체결했다. 원래는, 부동산 거래를 할 때 허가를 받지 않아도 되고, 허가를 받지 않아도 매매계약은 유효하다. 그런데 꼭 허가를 받아야만 하는 경우가 있다. 바로 토지거래허가구역 안에 있는 토지를 거래할 경우다.

> **부동산거래신고법 제10조(토지거래허가구역의 지정)** ① 국토교통부장관 또는 시·도지사는 ... 토지의 투기적인 거래가 성행하거나 지가(地價)가 급격히 상승하는 지역...에 대해서는 ... 5년 이내의 기간을 정하여 제11조 제1항에 따른 **토지거래계약에 관한 허가구역**(이하 "허가구역"이라 한다)으로 **지정**할 수 있다. ...
>
> **부동산거래신고법 제11조(허가구역 내 토지거래에 대한 허가)** ① 허가구역에 있는 토지에 관한 소유권...을 이전...하는 계약...을 체결하려는 당사자는 공동으로 ... 시장·군수 또는 구청장의 **허가를 받아야** 한다. ...

1. 허가 없이 계약을 체결했기 때문에, 처음부터 계약이 무효다.

> **부동산거래신고법 제11조(허가구역 내 토지거래에 대한 허가)** ⑥ 제1항에 따른 허가를 받지 아니하고 체결한 토지거래계약은 그 **효력이 발생하지 아니한다**.
>
> **2016두53050**: 토지거래허가구역 내의 토지에 관한 거래계약은 관할 행정청으로부터 허가받기 전까지는 채권적 효력도 발생하지 않아 무효[다. 따라서] 권리의 이전 또는 설정에 관한 어떠한 내용의 이행청구도 할 수 없다.

2. 그러다가 허가를 받으면, 그 순간 계약(법률행위)은 처음부터 유효했던 것으로 간주(legal fiction)한다. 즉, 토지거래허가에는 소급효가 있다.

> **90다12243전합**: 국토이용관리법[현행 부동산거래신고법]...상의 **규제구역** 내의 "**토지 등의 거래계약**"허가에 관한 관계 규정의 내용과 그 입법 취지에 비추어 볼 때 [다음과 같이 보아야 한다.]
>
> 토지의 소유권 등 권리를 이전...하는 내용의 거래계약은 ... 허가를 받기 전에는 물권적 효력은 물론 채권적 효력도 발생하지 아니하여 무효[다.]
>
> 다만 ... 허가받을 것을 전제로 한 거래계약...일 경우 ... **허가를 받으면 그 계약은 소급하여 유효**한 계약이 [된다.] 이와 달리 불허가가 된 때에는 무효로 확정[된다. 그러므로] 이런 계약은[**허가를 받기까지는 유동적 무효**의 상태에 있[다.]

유동성

유동적 유효

취소할 수 있는 법률행위를 다시 보사.

1. 일단은 유효하다.
2. 앞으로 취소권을 행사하는지 여부에 따라 최종적 유효, 무효 운명이 갈린다.

이런 것들을 "유동적 유효(fluid validity) 상태에 있다"고 말한다.

유동적 무효

토지거래허가구역 내 허가 없는 계약을 다시 보자.

1. 일단은 무효다.
2. 앞으로 허가를 받는지 여부에 따라 최종적 유효, 무효 운명이 갈린다.

이런 것들을 "유동적 무효(fluid nullity) 상태에 있다"고 말한다.

	후발적 무효	후발적 유효
장래적	해제조건 성취 등	정지조건 성취 등
소급적	유동적유효 상태에서 취소권 행사 등	유동적무효 상태에서 토지거래허가 등

계약 취소와 해소
Voidance and Termination of Contract

계약 해제는 이혼과 마찬가지다. 관계를 종결짓겠다는 의미다.
- 조우성 변호사

개념

계약 취소

취소(voidance): 계약 체결 당시 어떤 문제가 있어서, 계약을 무효로 하는 것

1. (일반적인) 취소(voidance): 계약 체결 당시 어떤 문제가 있어서, 계약을 소급해 무효로 하는 것
2. 소급효 없는 취소(장래적 취소; voidance for future): 계약 체결 당시 어떤 문제가 있어서, 계약을 장래로 무효로 하는 것

계약 해소

해소(termination): 계약 체결 이후 어떤 문제가 발생하여, 계약을 무효로 하는 것

1. (일반적인) 해제(retroactive termination; rescission): 계약 체결 이후 어떤 문제가 발생하여, 계약을 소급해 무효로 하는 것
2. 해지(termination for future; rescission for future): 계약 체결 이후 어떤 문제가 발생하여, 계약을 장래로 무효로 하는 것

한, 중, 일 3국에서 취소, 해제의 공식 영문 표기 방식은 다르다. 일본은 "취소"를 rescission, "해제"를 cancellation이라 표기한다. 중국은 "취소"라는 용어 없이 "해제"를 termination이라 표기한다. 한편, "해소(termination)"는 영미법상 용어로, 원래 한국 민법에는 없는 용어다.

> **2014다233176:** 영국 계약법에서는 ... 계약이 성립한 후 이행기 전에 당사자 일방이 부당하게 이행거절(repudiation)의 의사를 표시하고 상대방이 이를 받아들이면, 상대방은 즉시 장래의 이행의무에서 벗어나 계약을 해소(termination, 이는 우리 민법상 해제와 해지를 포괄하는 개념이다)하고 계약위반을 이유로 손해배상을 청구할 수 있[다.]

취소와 해제의 비교

머리에

1. 취소(voidance)와 해제(rescission)는 다른 개념이다.
2. 그러나 서로 비교하면 이해하기 좋다.

취소

계약 "체결 당시" 어떤 문제(예: 착오, 사기, 강박)가 있었다고 하자.

1. 일정 요건 아래 취소권자가 계약을 일방적으로 취소(voidance)할 수 있다.

> **민법 제109조(착오로 인한 의사표시)** ① 의사표시는 법률행위의 내용의 중요부분에 착오가 있는 때에는 **취소할 수 있다**. ...

2. 취소권을 행사하기 전에는 계약이 유효하다.
3. 취소권을 행사해야 계약이 소급적으로 무효가 된다.

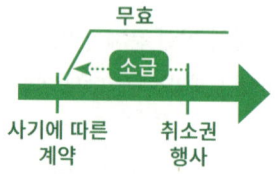

> **민법 제141조(취소의 효과)** 취소된 법률행위는 **처음부터 무효**인 것으로 본다. ...
>
> **95다38240**: 취소한 법률행위는 처음부터 무효인 것으로 간주[한다.]

다만, 법 조항(민법 제141조)이 있더라도, 해석으로 취소의 소급효를 부정하는 경우가 있다. 즉, 예외가 있다. 장래적 취소(voidance for future)라 한다.

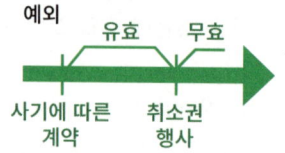

4. 취소권자는 취소권을 행사할 수도 있고 안 할 수도 있다.
5. 취소할 수 있는 법률행위는, 취소권 행사라는 후발적 사유로 무효가 된다.

해제

계약 체결 당시 문제가 아니라, "체결 이후" 어떤 문제(예: 상대방이 의무를 다하지 않는 경우)가 발생했다고 하자.

1. 일정 요건 아래 해제권자가 계약을 일방적으로 해제(rescission)할 수 있다.

> **민법 제544조(이행지체와 해제)** 당사자 일방이 그 채무를 이행하지 아니하는 때에는 상대방은 상당한 기간을 정하여 그 이행을 최고하고 그 기간내에 이행하지 아니한 때에는 계약을 **해제할 수 있다**. ...

2. 해제권을 행사하기 전에는 계약이 유효하다.
3. 해제권을 행사해야 계약이 소급적으로 무효가 된다.

민법 제548조(해제의 효과, 원상회복의무) ① 당사자 일방이 계약을 해제한 때에는 각 당사자는 그 상대방에 대하여 원상회복의 의무가 있다. ...

2005다6341: 계약**해제** 시 계약은 **소급하여 소멸**하게 되어 해약당사자는 각 원상회복의 의무를 부담하게 [된다.]

이에 비교해, 앞서 본 해제조건의 성취는 장래효만 있다. 반복하면, 해제와 해제조건은 다른 개념이다. 이 점을 주의하라.

4. 해제권자는 해제권을 행사할 수도 있고 안 할 수도 있다.
5. 해제할 수 있는 법률행위는, 해제권 행사라는 후발적 사유로 무효가 된다.

취소와 해제의 공통점
1. 취소권(해지권)을 행사하기 전에는 계약이 유효하다.
2. 취소권(해제권)을 행사해야 계약이 무효가 된다.
3. 취소권자(해제권자)는 취소권(해제권)을 행사할 수도 있고 안 할 수도 있다.
4. 취소권(해제권) 행사라는 후발적 사유로 무효가 된다.
5. 취소(해제) 효과로, 계약이 소급적으로 무효로 된다.

취소와 해제의 차이점
1. 취소(voidance): 계약 "체결 당시" 어떤 문제(예: 착오, 사기, 강박)가 있었던 경우 적용한다.

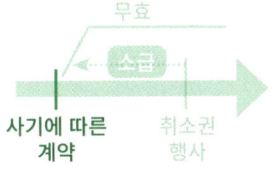

민법 제109조(착오로 인한 의사표시) ① 의사표시는 **법률행위의 내용의 중요부분에 착오**가 있는 때에는 취소할 수 있다. ...

2. 해제(rescission): 계약 "체결 이후" 어떤 문제(예: 상대방이 의무를 다하지 않는 경우)가 발생한 경우 적용한다.

민법 제544조(이행지체와 해제) 당사자 일방이 그 채무를 **이행하지 아니하는 때** ... 계약을 **해제할 수 있다**. ...

해제와 해지의 비교

머리에

1. 해제(rescission)와 해지(rescission for future)는 유사한 개념이다.
2. 서로 비교하면 이해하기 좋다.

해제와 해지의 공통점

1. 해제권(해지권)을 행사하기 전에는 계약이 유효하다.
2. 해제권(해지권)을 행사해야 계약이 무효가 된다.
3. 해제권자(해지권자)는 해제권(해지권)을 행사할 수도 있고 안 할 수도 있다.
4. 해제권(해지권) 행사라는 후발적 사유로 무효가 된다.
5. 계약 체결 당시 문제가 아니라, 체결 이후 어떤 문제(예: 상대방이 의무를 다하지 않는 경우)가 발생한 경우 적용한다.

해제와 해지의 차이점

1. 해지(rescission for future): 해지권을 행사하면, 계약이 "장래적으로" 무효로 된다. 즉, 해지 이전은 유효하다.

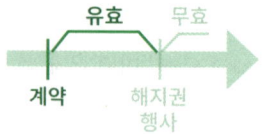

> **민법 제550조(해지의 효과)** 당사자 일방이 계약을 해지한 때에는 계약은 **장래에 대하여** 그 효력을 잃는다.

2. 해제(rescission): 해제권을 행사하면, 계약이 "소급적으로" 무효로 된다. 즉, 해제 이전도 무효다.

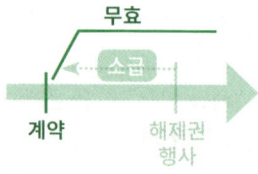

> **민법 제548조(해제의 효과, 원상회복의무)** ① 당사자 일방이 계약을 해제한 때에는 각 당사자는 그 상대방에 대하여 원상회복의 의무가 있다. ...

> **2005다6341:** 계약해제 시 계약은 **소급하여** 소멸하게 되어 해약당사자는 각 원상회복의 의무를 부담하게 [된다.]

다만, 법 조항(민법 제548조)이 있더라도, 해석으로 해제의 소급효를 부정하는 경우가 있다. 즉, 예외가 있다. 장래적 해제라 한다. 사실상, 해지와 비슷하다.

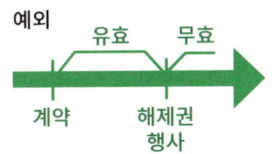

사례

(일반적인) 취소

1. 개업공인중개사 K가 U에게 시세를 크게 속여 U로부터 부동산을 매수했다.

> **97다36118:** [K는] 토지의 공유자로서 그 토지를 현지에서 관리하기로 한 부동산 소개업자[다. K는] 그 토지를 평당 금 1,000,000원에 매도하는 내용의 매매계약을 제3자와 체결[한 상태. 그런데, K는] 다른 공유자인 [U]의 소유 지분을 저렴한 가격에 취득하여 제3자에게 이전함으로써 그 전매차익을 취[하려고 했다. 그래서 K는 U]에게 위 계약 사실을 **숨기고** 오히려 그 시가가 평당 금 700,000원 정도에 불과하다고 **사실과 다른 말을 [했다.** 그 결과 K는] 자신이 매도한 가격보다 현저히 저렴한 가격에 이를 매수[했다.]

2. 그렇다면, U는 K의 사기(fraud)를 이유로 매매계약을 취소"할 수 있다".

> **민법 제110조(사기, 강박에 의한 의사표시)** ① 사기나 강박에 의한 의사표시는 취소할 수 있다.

> **97다36118:** [K]의 위와 같은 행위는 적극적으로 [U를] 기망한 것으로서 위법성이 있[다.] 한편 위 가격의 차이가 평당 금 280,000원으로 매도단가에 비[교]하여 적지 않은 금액이[다. 그리고 U]의 소유 지분의 가격차액 총액이 금 279,720,000여 원에 이른다. 이러한] 사정에 비추어 보면 만약 그와 같은 사정을 [U가] 알았더라면 위 매매계약을 체결하지 않았을 것이[다. 따라서 K]의 사기를 이유로 [U가] 위 매매계약을 취소할 수 있[다.]

3. 취소"하면", 매매계약은 처음부터 무효인 것으로 간주한다.

> **민법 제141조(취소의 효과)** 취소된 법률행위는 **처음부터 무효**인 것으로 본다. ...

소급효 없는 취소(장래적 취소)

1. N이 경력을 크게 속여 G회사와 근로계약을 체결했다.

> **2013다25194:** [G] 주식회사가 [N]에게서 백화점 의류 판매점 매니저로 근무한 경력이 포함된 이력서를 제출받아 그 경력을 보고 [G] 회사가 운영하는 백화점 매장에서 [N]이 판매 매니저로 근무하는 내용의 근로계약을 체결하였다. 그러나 **이력서의 기재와 달리 [N]의 일부 백화점 근무 경력은 허위**이고, 실제 근무한 경력 역시 근무기간은 1개월에 불과함에도 그 기간을 과장한 것이었[다.]

제2강 계약법 기초 333

2. 그렇다면, G는 N의 사기(fraud)를 이유로 근로계약을 취소"할 수 있다".

> **민법 제110조(사기, 강박에 의한 의사표시)** ① 사기나 강박에 의한 의사표시는 취소할 수 있다.

> **2013다25194:** 백화점에서 의류 판매점을 운영하면서 매장의 매니저를 고용하려는 [G] 회사로서는 고용하고자 하는 근로자의 백화점 매장 매니저 근무경력이 노사 간의 신뢰관계를 설정하거나 [G] 회사의 내부질서를 유지하는 데 직접적인 영향을 미치는 중요한 부분에 해당[한다.] 사전에 [N]의 경력이 허위임을 알았더라면 [N]을 고용하지 않았거나 적어도 같은 조건으로 계약을 체결하지 아니하였을 것이[다.]

> [G] 회사가 위 근로계약은 [N]이 이력서를 허위 기재함으로써 [G] 회사를 기망하여 체결된 것이라는 이유로 이를 취소한다는 의사표시를 [했다.] ... [N]의 기망으로 체결된 위 근로계약은 ... [G] 회사의 취소의 의사표시로써 적법하게 취소되었[다.]

3. 취소"하면", 근로계약은 무효가 된다. 그런데, 이 경우는 취소한 때부터 장래적으로만 무효다.

취소 시점부터 근로를 할 의무도 없고(근로를 요구할 권리도 없고), 임금을 지급 받을 권리도 없다(임금을 지급할 의무도 없다). 그러나 취소 시점 전까지 기간에 해당하는 임금 지급은 면제되지 않는다. 장래효 때문이다.

> **2013다25194:** 근로계약의 ... 취소를 주장할 수 있다 하더라도 근로계약에 따라 그동안 행하여진 근로자의 노무 제공의 효과를 소급하여 부정하는 것은 타당하지 않[다. 그러]므로 이미 제공된 근로자의 노무를 기초로 형성된 취소 이전의 법률관계까지 효력을 잃는다고 보아서는 아니 [된다.] 취소의 소급효가 제한되어 위 근로계약은 취소의 의사표시 이후의 **장래에 관하여만 효력이 소멸**할 뿐 이전의 법률관계는 여전히 유효하[다.]

법 조항(민법 제141조)이 있더라도, 해석으로 소급효를 부정하는 것이다. 즉, 예외다. 그동안 근로한 것, 월급 받은 것을 모두 무효로 보면 부당하기 때문이다.

(일반적인) 해제

1. S가 B에게 토지를 매도하는 매매계약을 체결했다.
2. S는 소유권이전등기에 필요한 서류를 제공했는데, B는 대금을 지급하지 않는다. S가 기간을 정해 이행촉구를 했는데도 B는 여전하다.

> **79다1135:** [S]는 [B]에게 이 사건 토지의 소유권이전등기 소요서류를 이행 제공하여 동 [B]의 중도금 및 잔대금 채무이행을 최고하였으나 [B가] 이를 이행하지 아니하자 [S]는 다시 1977. 9. 28[.] [B]에게 중도금 및 잔대금의 지급을 최고하...였[다.]

3. 그렇다면, S는 B의 이행지체(delay of performance)를 이유로 매매계약을 해제"할 수 있다".

> **민법 제544조(이행지체와 해제)** 당사자 일방이 그 채무를 이행하지 아니하는 때에는 상대방은 상당한 기간을 정하여 그 이행을 최고하고 그 기간내에 이행하지 아니한 때에는 계약을 **해제할 수 있다**. ...

> **79다1135**: [S]는 [1977. 9. 30.]까지 이행하지 아니하면 계약을 해제하겠다는 의사를 표시하였[다.] 그렇다면 [S]와 [B] 사이의 이 사건 토지 매매계약[은] 1977. 9. 30.이 경과하[면서] 적법히 해제되었[다.]

4. "해제"하면, 매매계약은 처음부터 무효인 것으로 간주한다.

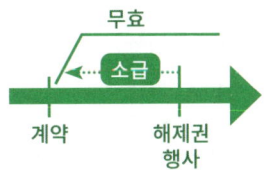

> **민법 제548조(해제의 효과, 원상회복의무)** ① 당사자 일방이 계약을 해제한 때에는 각 당사자는 그 상대방에 대하여 원상회복의 의무가 있다. ...

> **2005다6341**: 계약해제 시 계약은 **소급하여** 소멸하게 되어 해약당사자는 각 원상회복의 의무를 부담하게 [된다.]

소급효 없는 해제(장래적 해제)

1. O가 C에게 건설공사를 도급하는 도급계약을 체결했다.

> **85다카1751**: [O와 C] 사이에 1979. 9. 21. [O는] 토지 319평을 신축건물 부지로 제공하고 [C]는 그 지상에 광주시로부터 얻은 건축허가서에 의하여 성결기독회관을 총공사비 금 1,940,000,000원을 들여 건립하...는 내용의 회관건축 도급계약이 체결[되었다.]

2. C는 공사를 도중에 중단했다. O가 C에게 공사를 이행하라고 촉구했는데도 C는 여전하다.

> **85다카1751**: [C]는 [O와]의 위 계약에 따라 위 회관을 건축하기 위하여 ... 15개 업체와 하도급계약을 체결하[였다. C는] 1979. 9.말경에 착공하여 1981. 5. 12.까지 합계 금 1,472,448,486원을 투입하여 지상 15층, 지하 2층 규모의 회관공사를 공정 90[%] 정도 진척하였[다. 그런데, C]는 1981. 5. 12.에 이르러 ... 자금사정의 악화로 부득이 회관공사를 중단[했다.] 위와 같이 공사가 중단되자 [O는] 공사의 속행을 촉구[했다.]

3. 그렇다면, O는 C의 이행지체(delay of performance)를 이유로 도급계약을 해제"할 수 있다".

> **민법 제544조(이행지체와 해제)** 당사자 일방이 그 채무를 이행하지 아니하는 때에는 상대방은 상당한 기간을 정하여 그 이행을 최고하고 그 기간내에 이행하지 아니한 때에는 계약을 **해제할 수 있다**. ...

85다카1751: [O는 1981. 5. C가 공사]를 이행하지 아니할 때에는 계약을 해약할 뜻을 예고[했다.] 그럼에도 [C가] 공사의 속행을 [지체]하자 그해 7. 26. [C]에 대하여 위 계약을 해약한다는 의사표시를 [했다.]

4. 해제"하면", 도급계약은 무효가 된다. 그런데, 이 경우는 해제한 때부터 장래적으로만 무효다.

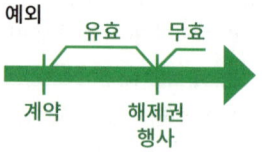

해제 시점부터 공사를 할 의무도 없고(공사를 요구할 권리도 없고), 공사대금을 지급받을 권리도 없다(공사대금을 지급할 의무도 없다). 그러나 해제 시점 전까지 기간에 해당하는 보수지급은 면제되지 않는다. 장래효 때문이다.

85다카1751: [O]의 ...해제권 행사로 인하여 이 사건 계약이 해제되었[다.] ... 계약해제의 일반원칙[에 따르면,] 그 계약의 해제로 인하여 계약의 효력은 소급적으로 소멸되어 상호 원상회복의무를 부담하게 [된다. 그리고 원래는] 도급계약[에서] 수급인은 일이 완성되었을 때에만 보수를 청구할 수 있는 것이[다.]

[그렇지만,] 건축도급계약[에서] 미완성부분이 있는 경우라도 공사가 상당한 정도로 진척되어 그 원상회복이 중대한 사회적, 경제적 손실을 초래하게 되고 완성된 부분이 도급인에게 이익이 되는 경우에는 위와는 달리 다루어야 [한다.] 다시 말하자면 수급인의 채무불이행을 이유로 도급인이 그 도급계약을 해제한 경우 미완성부분에 대하여서만 도급계약이 실효된다고 보아야 [한다.]

따라서 이 [같은] 경우에는 수급인은 해제한 때의 상태 그대로 그 건물을 도급인에게 인도하고 도급인은 그 건물의 완성도 등을 참작하여 인도받은 건물에 상당한 보수를 지급하여야 할 의무가 있[다.]

법 조항(민법 제548조 제1항)이 있더라도, 해석으로 소급효를 부정하는 것이다. 즉, 예외다. 그동안 건축 공사한 것을 모두 무효로 보면 부당하기 때문이다.

해지

1. W가 P에게 토지를 임대하는 임대차계약을 체결했다.

2005다19415: [W]는 2002. 5. 16. [P]에게 이 사건 토지에 관하여 다음과 같이 정하여 임대...하였다. ... 보증금은 3,000만 원, 임료는 월 300만 원으로 하여 매월 30일 지급하기로 하되, ... 월세를 4개월 동안 연체할 경우 건물 전체를 비워준다.

2. P는 월세를 4개월 이상 연체했다.

2005다19415: [P]가 2002. 5. 16.부터 [2002. 10.경까지] 이 사건 임대차계약상의 차임을 연체하고 있[다.]

3. 그렇다면, W는 P의 차임연체를 이유로 임대차계약을 해지"할 수 있다".

2005다19415: [W]는 2002. 10. 4. [P]에게 ... 위 계약일 이후의 임료를 4개월 이상 지급하지 아니하였다는 이유로 법에 따라 조치를 취하겠다고 통지[했다. 그리고 W는] 위 임대차계약을 해지하겠다는 의사표시를 하였다. [이 의사표시는 2003. 1. 24. P에게 도달했다.]

4. 해지"하면", 위 임대차계약은 무효가 된다. 다만, 해지한 때부터 장래적으로만 무효다.

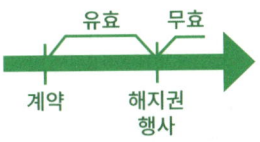

민법 제550조(해지의 효과) 당사자 일방이 계약을 해지한 때에는 계약은 장래에 대하여 그 효력을 잃는다.

해지 시점부터 차임을 지급할 의무도 없고(차임을 지급받을 권리도 없고), 토지를 사용할 권리도 없다(토지를 사용하게 할 의무도 없다). 그러나 해지 시점 전까지 기간에 해당하는 차임은 면제되지 않는다. 장래효 때문이다.

2005다19415: 이 사건 임대차계약이 2003. 1. 24. 적법하게 해지된 사실을 인정할 수 있[다. 그러므로 P]에게 2002. 5. 16.부터 **2003. 1. 24.까지** 월 300만 원의 비율에 의한 약정 **연체차임의 지급을 명[해야** 한다.]

	적용대상	행위당시	발생사유	행사결과	근거
취소	불문	유효	계약 당시 사정	소급적 무효	민141
장래적 취소	계속적 계약	유효	계약 당시 사정	장래적 무효	해석
해제	불문	유효	계약 이후의 사정	소급적 무효	민548①
장래적 해제	계속적 계약	유효	계약 이후의 사정	장래적 무효	해석
해지	계속적 계약	유효	계약 이후의 사정	장래적 무효	민550

부당이득
Unjust Enrichment

부당한 이득을 얻지 말라, 그것은 손해와 같은 것이다. - Hēsíodos

부당이득 제도

부당이득 개념
1. 누군가 법률상 원인 없는 이익을 얻고,
2. 그 때문에 남에게 손해를 가한 경우,
3. 그 이익을 부당이득(unjust enrichment)이라 한다.

부당이득 반환 의무 개념
1. 요건: 어떤 이득이 부당이득에 해당한다면,
2. 효과: 이득자는 부당이득을 손실자에게 반환할 의무가 있다.
3. 위 반환 의무를 부당이득 반환 의무라고 한다.

> **민법 제741조(부당이득의 내용)** 법률상 원인 없이 타인의 재산 또는 노무로 인하여 이익을 얻고 이로 인하여 타인에게 손해를 가한 자는 <u>그 이익을 반환하여야</u> 한다.

"부당이득을 청구한다", "부당이득 의무가 있다"는 표현은 모두 잘못된 것이다. "부당이득 반환을 청구한다", "부당이득 반환 의무가 있다"고 해야 한다. 굳이 줄여 쓴다면? "반환을 구한다", "반환 의무가 있다"고 쓰면 된다.

취지

> **2016다242273:** 부당이득제도는 이득자의 재산상 이득이 법률상 원인을 갖지 못한 경우에 **공평·정의의 이념에 근거하여** 이득자에게 그 반환의무를 부담시키는 것[이다.]

부당이득의 본질: 법률요건○, 법률행위✕
부당이득은 법률요건이긴 하다. 그러나 법률행위는 아니다. 즉, 부당이득 반환 채권은 법정채권(claim by statute)이다.

1. 당사자들이 부당이득 반환이라는 채권채무관계를 만들려 한 결과 채권채무 관계가 생긴 것이 아니다. 약속이나 합의로 부당이득 반환 채권(채무)을 만든 것이 아니다. 즉, 의사표시(declaration of intention)가 없다.
2. "부당이득에 해당하면, 채권채무관계(반환관계)가 생긴다"고 민법이 정해 놓았기 때문이다. 약속이나 합의는 없었지만, 부당이득이라는 사건이 부당이득 반환 채권(채무)을 만들었다.

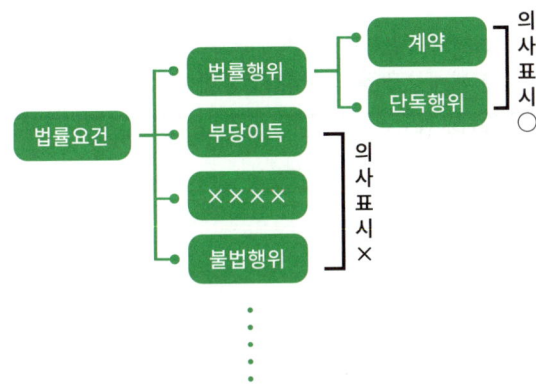

부당이득 반환 기준

결론

부당이득 반환 액수는 어떻게 정하는가? 다음 중 작은 값을 기준으로 한다.

1. 이득자의 이익
2. 손실자의 손해

이유

법률이 손해와 이익 모두 요구하기 때문이다.

> **민법 제741조(부당이득의 내용)** 법률상 원인 없이 타인의 재산 또는 노무로 인하여 <u>이익</u>을 얻고 이로 인하여 타인에게 <u>손해</u>를 가한 자는 그 이익을 반환하여야 한다.

1. 반환 범위는 손실자의 손해 범위를 초과할 수 없다.

> **2005다34711:** 부당이득반환의 경우 수익자가 반환해야 할 이득의 범위는 손실자가 입은 <u>손해</u>의 범위에 한정[된다.]

예: 손실자가 손해 입은 것이 전혀 없다면, 이득자가 100만 원의 이익을 봤더라도 부당이득 반환 범위는 0원이다. 즉, 부당이득 반환 의무(채무)가 없다.

2. 반환 범위는 이득자의 이익 범위를 초과할 수도 없다.

> **2010다37325:** 이득자에게 실질적으로 **이득**이 귀속된 바 없다면 그 반환의무를 부담시킬 수 없다.

예: 이득자가 이익을 본 것이 전혀 없다면, 손실자가 100만 원 손해를 입었더라도 부당이득 반환 범위는 0원이다. 즉, 부당이득 반환 의무(채무)가 없다.

비교
불법행위(tort)는, 피해자의 손해만이 손해배상 기준이 된다. 즉, 가해자가 이익 본 것이 없더라도, 손해배상을 해야 한다. 법률이 손해만을 요구하기 때문이다.

> **민법 제750조(불법행위의 내용)** 고의 또는 과실로 인한 위법행위로 타인에게 **손해**를 가한 자는 그 손해를 배상할 책임이 있다.

예: 가해자가 폭행으로 이익을 본 것이 전혀 없더라도, 피해자가 100만 원 손해를 입었다면 손해배상 범위는 100만 원이다. 즉, 손해배상 의무(채무)가 있다.

부당이득 성립요건

개요
부당이득(unjust enrichment)이 성립하려면, 다음 요건이 모두 필요하다.

1. 부당(unjust): 법률상 원인 없음
2. 이득(profit): 이득자의 이익 취득
3. 손실(loss): 손실자의 손해 발생
4. 인과관계(causation): 이득과 손실 사이의 인과관계

> **민법 제741조(부당이득의 내용) 법률상 원인 없이** 타인의 재산 또는 노무로 인하여 **이익**을 얻고 이로 **인하여** 타인에게 **손해**를 가한 자는 그 이익을 반환하여야 한다.

> **2014다206983전합:** ① **이득**의 취득과 이로 **인한 손해**의 발생, ② 이득에 대한 **법률상 원인의 결여**라는 요건을 충족하면 부당이득이 성립한다.

부당
단순히 이익이 "부당"해 보인다고 해서 모두 부당이득인 것이 아니다. 부당이득으로 인정되려면, 이득자가 어떤 이익을 보유할 법률상 원인(legal ground)이 없어야 한다. 예를 들어,

1. Z가 B에게 매도한 적이 없는데, B가 Z로부터 매수했다고 거짓말하며 물건을 점유, 사용, 수익하고 있다고 하자. B는 물건을 보유할 법률상 원인이 없다. 따라서 부당이득이 성립한다.
2. Z가 B에게 물건을 매도했는데, B는 시가가 100만 원인데도 60만 원에 살 수 있었다고 하자. 그렇더라도, B는 물건을 보유할 수 있다. "매매계약"이라는 법률상 원인이 있기 때문이다. 따라서 부당이득이 성립하지 않는다.

이득

부당이득에서 "이익(이득)"은,

1. 이득자가 얻은 실질적인(substantial) 이익을 말한다.

85다422: 부당이득반환[에서] 이득이[란] **실질적인 이익**을 가리키는 것이[다. 그리]므로 법률상 원인 없이 건물을 점유하고 있다고 하여도 이를 사용수익하지 못하였다면 실질적인 이익을 얻었다고 할 수 없다.

건물을 점유했다면, 대체로 "건물"을 사용, 수익한 것이다. 그러나 항상 그런 것은 아니다. 즉, 실질적인 이익이 없을 수도 있다. "점유"와 "사용, 수익"은 다른 개념이기 때문이다.

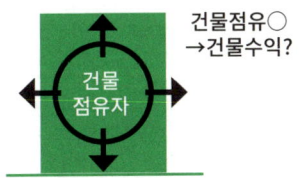

2011다74949: 물건의 **점유와 그 사용은 엄연히 구별**되어야 하는 법개념[이다. 물론] 많은 경우에 물건의 점유와 사용이 동시에 일어나기는 [한다. 그렇]지만, ... 사용 없는 점유[도 있을 수 있다. 반대로] ... 타인의 토지 위를 통행하는 경우와 같이 점유 없는 사용도 얼마든지 있을 수 있다.

85다422: [N이] 전기료를 납부하지 아니하여 [M은] 1984. 6. 20. 단전되어 공장가동을 중단하고 미싱기계등을 하청공장으로 옮기고 공장을 폐쇄하였[다. 그 무렵] 한전과의 전기공급계약마저 해지된 상태[였다.] 따라서 [M은] **점유에 따른 아무런 이익도 얻은바 없다고 [볼 여지가 있다.]**

2. 그러나 실질적 이익에 해당하는 한, 별다른 제한 없이 부당이득에서 말하는 "이득"으로 인정할 수 있다.

2021다285090: 이러한 부당이득이 성립하기 위한 요건인 '이익'을 얻은 방법에는 제한이 없다. 가령 채무를 면하는 경우와 같이 어떠한 사실의 발생으로 당연히 발생하였든 **손실을 보지 않는 것도 이익**에 해당[한다.] 채권도 물권과 같이 재산의 하나이므로 [**채권] 취득도 당연히 이득**이 되고 수익이 된[다.]

건물을 소유했다면, 반드시 "토지"를 사용수익한 것이다. 건물이 철거되지 않는 것 자체가 실질적인 이익이기 때문이다.

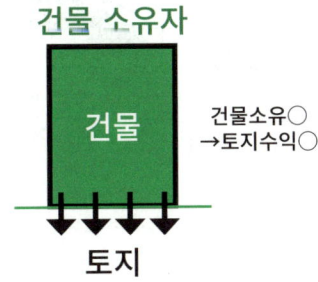

2002다57935: 사회통념상 건물은 그 부지를 떠나서는 존재할 수 없[다.]

2009다76522: 타인 소유의 **토지 위에 권한 없이 건물을 소유**하는 자는 **그 자체[로]** 건물 부지가 된 토지를 점유하[는] 것이[다. 그러]므로 특별한 사정이 없는 한 법률상 원인 없이 타인의 재산으로 인하여 토지의 차임에 상당하는 **이익을 얻고 [있다.]**

손해

부당이득에서 "손해(손실)"는, 손실자가 입은 실질적인 손해를 말한다.

2011다76402전합: 부당이득반환의 경우 ... 손실자의 손해는 사회통념상 손실자가 당해 재산으로부터 통상 수익할 수 있을 것으로 예상되는 이익 상당액이다.

2005다34711: 매매계약이 무효인 [사안이다.] 매도인[은] 매매대금으로 받은 금전[을] 반환해야 한다. 이때 금전[이] 정기예금에 예치하여 얻은 이자가 반환해야 할 부당이익의 범위에 포함[되는가?]

정기예금에 예치함에는 예치자의 특별한 노력이나 비용, 수완 등을 필요로 하지 않[는다. 또한,] ... 위 매매대금과 같은 거액의 금전을 장기간 예금하는 경우에는 보통예금보다는 정기예금에 예치하는 것이 일반적이[다. 그렇다면,] ... 위 정기예금이자 상당액은 사회통념상 피고의 행위가 개입되지 아니하였더라도 위 매매대금으로부터 원고가 통상 취득하였으리라고 생각되는 범위[의] 이익[이다.] 피고가 반환해야 할 이득의 범위에 포함[된다.]

인과관계

부당이득에서 "인과관계"란, 법적(legal) 또는 사회적(social) 인과관계를 말한다. 물리적 인과관계가 아니다. 예를 들어,

1. A가 B에게 토지를 매도하면서 매매대금(1)을 지급받고,
2. B가 다시 C에게 토지를 매도하면서 매매대금(2)을 지급받았다고 하자.

96다43799: 이 사건 토지에 관하여 1989. 5. 15. [A]로부터 [B] 앞으로, [B]로부터 [C] 앞으로 순차로 소유권이전등기가 마쳐졌[다. C는 B를] 진정한 소유자로 믿고 이 사건 토지를 취득하기 위[해 매매대금(2)만큼 지출했다.]

만약 A와 B 사이의 매매계약이 무효라면, 어떻게 될까?

1. B는 토지 소유권을 취득할 수 없다. 근거 계약이 무효기 때문이다. 그 결과,
2. C도 토지 소유권을 취득할 수 없다. 매도인이 소유자가 아니기 때문이다.

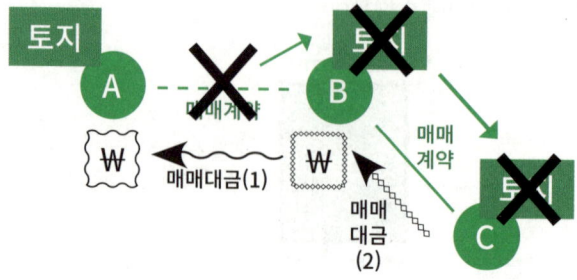

96다43799: [A]와 [B] 사이의 1974. 9. 30. [자] ... 매매계약이 무효라면 [어떻게 되는가?] 이 사건 토지에 관하여 [B] 앞으로 [마친] 소유권이전등기는 원인무효[가 된다. 그리고] 이에 터 잡아 [마친] [C] 앞으로의 소유권이전등기 또한 원인무효[다.]

3. 따라서 토지 소유권은 법적으로는 여전히 최초 매도인 A에게 남아 있다.

그렇다면, 최종 매수인 C가 최초 매도인 A를 상대로 부당이득 반환을 구할 수 있는가?

1. A의 "이득" 요건은 충족한다. 즉, A는 B로부터 지급받은 매매대금(1)만큼은 이득을 얻게 된다. 토지 소유권을 계속 보유하면서 대금만 받은 상태기 때문이다.
2. C의 "손실" 요건도 충족한다. 즉, C는 B에게 지급한 매매대금(2)만큼은 손실을 보게 된다. 토지 소유권을 취득 못 하는데도 대금을 낸 상태기 때문이다.
3. 그러나 이득과 손실 사이의 "인과관계" 요건은 충족하지 않는다. 즉, 최초 매도인 A의 이득과 최종 매수인 C의 손실 사이에 법적, 사회적으로는 인과관계가 없다.

96다43799: 이 경우에 [C]로서는 그[가] 이 사건 토지를 취득하기 위하여 [매매대금(2)] 상당의 손실을 입게 [된다. 한편, A]로서는 [B]로부터 지급받은 매매대금[(1)] 상당액의 이득을 얻게 [된다. 이 점은] 명백하[다.]

[그러나 A]는 [C]의 위와 같은 [매매대금(2) 지출]과는 **관계없이** [B]로부터 ... 매매대금[(1)을 지급받았을 뿐이]다. 그러므로 [i] 이로 인하여 [A]가 얻은 이득과 [ii] 그 후 [C가 B]에게 이 사건 토지에 대한 매매대금[(2)]을 지급함으로써 입은 손실 사이에는 **사회관념상 인과관계가 있다고 보기는 어렵[다.]**

따라서 [C가 A]에 대하여 ... 부당이득반환청구권을 갖고 있다고 볼 수는 없다.

급여부당이득

급여

급여(giving): 계약 내용대로 상대방에게 무언가를 지급하는 것

계약에 따른 급여

1. 급여를 받은 사람은 이익을 얻는다.
2. 급여를 주는 사람은 그만큼 손실을 보게 되었다.
3. 그래도 자발적인 계약에 따라 준 것이므로, 문제가 없다. 반환할 것도 없다.

일본 민법은 "급부(給付)"라는 용어를 사용한다. 우리 민법에는 "급부"라는 말이 없고, "급여(給與)"라는 용어를 사용한다. 그러나 실무와 학계에서는 아직 "급여"보다는 일본식 용어인 "급부"를 더 널리 사용하고 있다.

민법 제451조(승낙, 통지의 효과) ① ... 양도인에게 **급여**한 것이 있으면 ...

민법 제466조(대물변제) ... 본래의 채무이행[을] 갈음하여 다른 **급여**를 한 때에는 ...

민법 제478조(부족변제의 충당) 1개의 채무에 수개의 **급여**를 요할 경우에 변제자가 그 채무전부를 소멸하게 하지 못한 **급여**를 한 때에는 ...

민법 제479조(비용, 이자, 원본에 대한 변제충당의 순서) ① ... 변제자가 그 전부를 소멸하게 하지 못한 **급여**를 한 때에는 ...

민법 제560조(정기증여와 사망으로 인한 실효) 정기의 **급여**를 목적으로 한 증여는 ...

민법 제746조(불법원인급여) 불법의 원인으로 인하여 재산을 **급여**하거나 노무를 제공한 때에는 ...

급여의 법률상 원인

급여가 있다면, 일반적으로는 그 원인이 있을 것이다. 그러나 예외적으로, 법률상 원인 없는(without any legal ground) 급여일 수도 있다. 다음 경우다.

1. 급여의 원인 계약이 처음부터 부존재(non-existence)
2. 급여의 원인 계약이 무효(nullity)
3. 급여의 원인 계약이 취소(voidance)되었음
4. 급여의 원인 계약이 해제(rescission)되었음

급여부당이득 개념

법률상 원인 없는 급여를 받은 사람은, 급여를 준 사람에게, 이미 받은 급여를 도로 돌려주어야 한다.

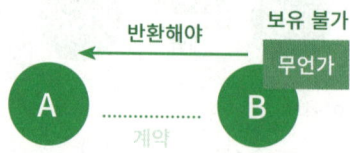

1. 이득자(profiteer): 급여를 받은 사람
2. 손실자(loser): 급여를 준 사람
3. 급여부당이득(unjust enrichment by giving): 법률상 원인 없는 급여(이득자가 급여를 보유할 법률상 원인이 없는 상태)

4. 급여부당이득(unjust enrichment by giving) 반환(restitution): 이득자가 손실자에게 급여부당이득을 돌려주는 것

민법 제741조(부당이득의 내용) 법률상 원인 없이 타인의 재산 또는 노무로 인하여 이익을 얻고 이로 인하여 타인에게 손해를 가한 자는 그 이익을 반환하여야 한다.

2017다213838: 계약상 채무의 이행으로 당사자가 상대방에게 급부를 행하였는데 계약이 무효이거나 취소되는 등으로 효력을 가지지 못하는 경우에 [어떻게 처리하나?] 당사자들은 각기 상대방에 대하여 **계약이 없었던 상태의 회복**으로 자신이 [한] **급[여]의 반환을 청구**할 수 있[다.]

급여부당이득 제도 취지

2017다213838: 이러한 경우의 **원상회복의무를 법적으로 뒷받침**하는 것이 민법 제741조 이하에서 정하는 부당이득법이 수행하는 핵심적인 기능의 하나이다. 이러한 부당이득제도는 이득자의 재산상 이득이 법률상 원인을 갖지 못한 경우에 **공평·정의의 이념에 근거**하여 이득자에게 반환의무를 부담시키는 것이[다.]

채무가 없음에도 착오로 변제한 경우, 변제물 그 자체 또는 그 액수 반환을 구할 수 있다(*Quod indebitum per errorem solvitur, aut ipsum aut tantundem repetitur*; Where money which is not due is paid through mistake, suit may be brought for the recovery of the same money, or of an equal amount).

급여부당이득의 증명책임

손실자(급여를 준 사람), 즉 반환 청구자에게 증명책임이 있다. 손실자는 이득자의 이익 보유가 법률상 원인이 "없음", 즉 부당함을 증명해야 한다.

2017다37324: **급부부당이득**의 경우에는 법률상 원인이 없다는 점에 대한 증명책임은 부당이득반환을 주장하는 사람에게 있다.

이 경우 부당이득의 **반환을 구하는 자**는 급부행위의 원인이 된 사실의 존재와 함께 그 사유가 **무효, 취소, 해제 등으로 소멸되어 법률상 원인이 없게 되었음을 주장·증명**하여야 [한다.] 급부행위의 원인이 될 만한 사유가 처음부터 없었음을 이유로 하는 이른바 착오 송금과 같은 경우에는 착오로 송금하였다는 점 등을 주장·증명하여야 한다.

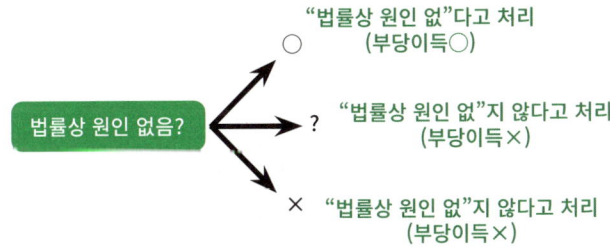

1. 법관이 "이득자의 이익 보유가 부당하다"고 확신하면, 급여부당이득 반환 청구를 인용한다.
2. 법관이 "이득자의 이익 보유가 정당하다"고 확신하면, 급여부당이득 반환 청구를 기각한다.
3. 법관이 "이득자의 이익 보유가 부당한지 정당한지" 확신이 서지 않으면, 위 2.와 마찬가지로 급여부당이득 반환 청구를 기각한다.

줬다 빼앗을 경우, 줬던 사람이 증명하라는 취지다. 증명 실패 시 줬던 사람에게 불이익하게 처리해야 합리적이다.

침해부당이득

침해

침해(infringement): 남의 것을 권한 없이 사용, 처분하는 것

1. 침해를 가한 사람은 이익을 얻는다.
2. 침해를 당한 사람은 그만큼 손실을 보게 되었다.
3. 문제가 있고, 무언가 반환해야 한다는 생각이 든다.

침해부당이득 개념

이 경우 침해를 가한 사람은, 침해를 당한 사람에게, 이익을 반환해야 한다.

1. 이득자(profiteer): 침해를 가한 사람
2. 손실자(loser): 침해를 당한 사람
3. 침해부당이득(unjust enrichment by infringement): 법률상 원인 없는 이익(이득자가 이익을 보유할 법률상 원인이 없는 상태)
4. 침해부당이득(unjust enrichment by infringement) 반환(restitution): 이득자가 손실자에게 침해부당이득을 돌려주는 것

민법 제741조(부당이득의 내용) 법률상 원인 없이 타인의 재산 또는 노무로 인하여 이익을 얻고 이로 인하여 타인에게 손해를 가한 자는 그 이익을 반환하여야 한다.

2017다37324: 타인의 재산권 등을 침해하여 이익을 얻었음을 이유로 부당이득반환을 구하는 [것을] 이른바 침해부당이득[이라 한다.]

침해부당이득 사례

A의 토지를 B가 권한 없이 점유, 사용하고 있다고 하자. 이 경우,

1. A는 손실자,
2. B는 이득자,
3. 권한 없이 사용하는 이익은 침해부당이득이 된다.

2009다53673: 법률상 원인이 없이 행하여진 급부의 반환을 구하는 경우 등에서와는 [다르다.] 이 사건에[서 소유자 A는] 상대방[B]이 자신[A]이 가지는 소유권 기타의 배타적 권리를 적법한 권원 없이 침해함으로써 이익을 얻었음을 이유로 그 반환을 구하[고 있다.]

이때「가액」의 여하는 [B]가 얻은 이익의 구체적 내용에 대응하여 정하여[진다.] … 이 사건 부당이득액을 산정하는 단계에서 "통상의 경우 부동산의 점유사용으로 인한 **이득액은 그 부동산의 월 차임 상당액**이라고 할 것"이라고 판단하[였다.]

일반적으로, 부동산 점유사용에 따른 (i) 손실자의 손해액과 (ii) 이득자의 이익액 모두, 차임 상당액을 기준으로 정한다.

1. 그러나 "액수"가 차임 상당액이라는 의미일 뿐,
2. 반환금의 "법적 의미"가 차임(임대차의 대가)이라는 의미가 아니다.

2017다220744전합: 일반적으로 부동산의 무단점유·사용에 대하여 차임 상당액을 부당이득으로 반환해야 한다고 보는 이유는 [무엇인가?] 해당 부동산의 점유·사용으로 인한 이익을 객관적으로 평가할 때 그 부동산 사용에 관한 권리가 당사자 간의 합의로 설정된다고 가정하였을 경우 약정되었을 대가로 산정하는 것이 합리적이기 때문이[다. 즉,] 해당 부동산이 임대가능한 부동산일 것을 요건으로 하기 때문이 아니다.

이렇듯 '차임 상당액'은 부동산의 무단점유·사용으로 얻은 **부당이득을 금전적으로 평가**하는 데 필요한 **기준일 뿐**이다.

침해부당이득 제도 취지

2017다220744전합: 침해부당이득에 관한 부당이득반환제도의 목적은[?] 현실적으로 발생한 사실관계를 바탕으로 법률상 원인 없이 타인[A]의 재산으로 인하여 이익을 얻고 타인[A]에게 손해를 가한 자[B]가 있다고 하자. 그(B)로부터 이득의 원천이 된 재산의 권리자[A]에게 그 이익을 귀속시[킨다.] 이로써 **부당한 재산적 가치의 이동을 조정**하는 [취지다.]

다음 사례를 생각해 보자. A의 토지를 B가 임차한 뒤 임대차기간이 종료했다. B가 임대차보증금을 돌려받지 못해 토지를 계속 점유사용하고 있다. 그러면, A는 토지를 사용하지 못해 손해를 입게 된다.

1. 불법행위 제도만으로는 피해자(손실자) A의 구제가 불충분하다. 즉, A는 B를 상대로 불법행위에 기초한 손해배상청구를 할 수 없다.

임대차보증금 반환과 임대차목적물 반환은 서로 동시이행 관계라서, B 점유가 "불법점유"는 아니기 때문이다.

2. 이때 침해부당이득 제도를 통해 피해자(손실자) A가 구제될 수 있다. 즉, A는 B를 상대로 침해부당이득 반환을 구할 수는 있다.

임대차계약 종료 후 B는 이제는 임차권자가 아니므로, B가 "권한 없는" 점유사용을 하는 것은 분명하기 때문이다.

> **87다카2114:** 임대차종료후 임차인의 임차목적물[인]도의무와 임대인의 … 임대차보증금반환채무와는 동시이행의 관계에 있다. 그러]므로 임차인이 동시이행의 항변권에 기[초]하여 임차목적물을 점유하고 사용수익한 경우 그 점유는 **불법점유라 할 수 없어** 그로 인한 손해배상책임은 지지 아니[한다.] 다만 [임차인은] 사용수익으로 인하여 실질적으로 얻은 이익이 있으면 **부당이득으로서 반환하여야** 한다.

침해부당이득의 증명책임

이득자(침해를 준 사람), 즉 반환 청구의 상대방에게 증명책임이 있다. 이득자는 자신의 이익 보유가 법률상 원인이 "있음", 즉 정당함을 증명해야 한다.

> **2017다37324:** 이는 타인의 재산권 등을 침해하여 이익을 얻었음을 이유로 부당이득 반환을 구하는 이른바 침해부당이득의 경우[다. 이때]에는 부당이득반환 청구의 상대방이 이익을 보유할 정당한 권원이 있다는 점을 증명할 책임이 있[다.]

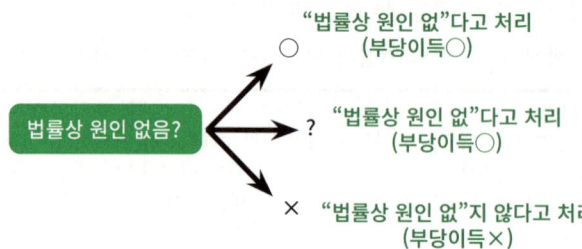

1. 법관이 "이득자의 이익 보유가 부당하다"고 확신하면, 급여부당이득 반환 청구를 인용한다.
2. 법관이 "이득자의 이익 보유가 정당하다"고 확신하면, 급여부당이득 반환 청구를 기각한다.
3. 법관이 "이득자의 이익 보유가 부당한지 정당한지" 확신이 서지 않으면, 위 1.과 마찬가지로 급여부당이득 반환 청구를 인용한다.

그냥 빼앗을 경우, 빼앗은 사람이 증명하라는 취지다. 증명 실패 시 빼앗은 사람에게 불이익하게 처리해야 합리적이다.

> **2018다278320:** 건물 소유자는 부지인 토지를 점유·사용할 수 있는 권원이 있음을 주장·**증명하지 못하는 경우** 토지의 차임에 해당하는 이익을 얻고 토지 소유자에게 같은 금액의 손해를 입혔다고 볼 수 있[다. 따라서] 토지 소유자에게 부당이득**반환의무를 부담**한다.

급여부당이득
Unjust Enrichment by Giving

네게서 나간 것은 너에게로 되돌아오는 법. - 曾子

무효인 계약

문제점
만약 급여의 원인이 된 계약(법률행위)이 무효라고 하자. 어떻게 처리하나?

예를 들어, 처음부터 이행할 수 없는 계약은 무효다. 태평양 한가운데 빠진 다이아몬드 반지 매매계약은 무효다.

급여부당이득
1. 비록 계약이 성립했지만, 그 계약은 말 그대로 효력이 없다.

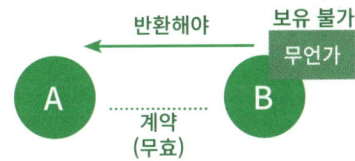

2. 급여가 있다면, 그 급여는 법률상 원인이 없다.

누구든지 타인의 권리 침해나 손해로 부유하게 되지 말아야 한다(*Locupletari non debet aliquis cum alterius iniuria vel iactura*; No one should profit from the injury or failure of another one).

3. 급여부당이득(unjust enrichment by giving) 반환 문제가 있다.

아직 급여하지 않은 경우
1. 계약만 하고 실제로는 애당초 급여한 것이 없었다면,
2. 돌려줄 것도 없다. 계약이 무효니까 그냥 급여를 안 하면 된다.

반환해야 할 것을 청구하는 자는 사기 치는 셈이다(*Dolo facit qui petit quod restituere oportet eumdem*; To ask for what must be restituted is to act by deceit).

3. 급여부당이득(unjust enrichment by giving) 반환 문제가 없다.

정리
1. 이미 급여한 것에 대해서는 부당이득 반환 의무가 있다.
2. 아직 급여하지 않은 것은 급여의무가 없다.

> **2016다9643**: 계약 당시에 이미 채무의 이행이 불가능했다면 특별한 사정이 없는 한 [i] 채권자가 <u>이행을 구하는 것은 허용되지 않</u>[는다. 그리고] [ii] <u>이미 이행한 급부는 법률상 원인 없는 급부가 되어 부당이득의 법리에 따라 반환</u>청구할 수 있[다].

취소할 수 있는 계약

문제점
만약 A가 사기꾼 B로부터 사기를 당해 700만 원을 사기꾼 B에게 증여하는 계약을 체결했다고 하자.

1. 400만 원은 이미 줬고,
2. 300만 원은 앞으로 줄 금액이다.

어떻게 처리하나?

취소를 하기 전
취소를 하기 전이라면 법적으로는 계약(법률행위)이 유효한 상태다.

1. 이미 급여한 400만 원 부분: 감정적으로는 사기꾼 B가 급여를 보유하는 것이 부당하다고 느껴질 수도 있다. 그러나 이것을 부당이득이라 볼 수는 없다. 유효한 계약에 근거해서 받은 것이기 때문이다. 즉, 법률상 원인이 "있다." 비록 B가 사기꾼이라도, 반환할 것이 없다.

2. 아직 급여하지 않은 300만 원 부분: B는 사기꾼이라도, 유효한 채권자다. A도 유효한 채무자다. 사기꾼 B는 A에게 300만 원을 달라고 청구할 수 있다.

심지어 사기꾼 B가 A를 상대로 300만 원 달라는 소송도 제기할 수 있다.

민법 제389조(강제이행) ① 채무자[A]가 임의로 채무를 이행하지 아니한 때에는 채권자[B]는 그 강제이행을 법원에 청구할 수 있다. …

취소권 행사

그것이 싫으면? A는 취소하면 된다. 계약을 취소하면, 이제 700만 원의 증여계약은 처음부터 무효인 것으로 간주된다.

민법 제110조(사기, 강박에 의한 의사표시) ① 사기나 강박에 의한 의사표시는 취소할 수 있다.

민법 제141조(취소의 효과) 취소한 법률행위는 처음부터 무효인 것으로 본다. …

1. 이미 급여한 400만 원 부분: 사기꾼 B가 보유한 400만 원은 이제 법률상 원인이 "없다." 사기꾼 B가 400만 원 급여를 보유할 근거는 원래 증여계약이었다. 그런데 그 증여계약이 무효로 되었기 때문이다. 보유 근거가 처음부터 없었던 것으로 간주한다. 400만 원은 부당이득으로 반환해야 한다.

민법 제741조(부당이득의 내용) 법률상 원인 없이 타인[A]의 재산…[으]로 인하여 이익을 얻고 이로 인하여 타인[A]에게 손해를 가한 자[B]는 그 이익을 반환하여야 한다.

2. 아직 급여하지 않은 300만 원 부분: 증여계약은 처음부터 무효로 간주된다. 따라서 사기꾼 B가 A에게 300만 원을 달라고 청구할 법적인 근거가 없다.

해제할 수 있는 계약

문제점

만약 A가 B에게 증여하는 계약을 체결했다고 하자. 이때 수증자 B가 증여자 A의 자식을 돌봐 주기로 하고 증여했다고 하자.

수증자가 증여를 받는 동시에 일정한 부담(채무 등)을 갖게 되는 경우를, 부담부 증여라 한다.

1. 400만 원은 이미 줬고,
2. 300만 원은 앞으로 줄 금액이다.

그런데 B가 400만 원을 받더니, 갑자기 약속을 전혀 지키지 않는다. 어떻게 처리하나?

해제를 하기 전

해제를 하기 전이라면 법적으로는 계약(법률행위)이 유효한 상태다.

1. 이미 급여한 400만 원 부분: 부당이득이 아니다. 유효한 계약에 근거한 급여기 때문이다. 배신자 B가 반환할 필요가 없다.

2. 아직 급여하지 않은 300만 원 부분: A는 배신자 B에게 지급을 해야 한다. 유효한 계약이 존재하기 때문이다.

해제권 행사

그것이 싫으면? A는 해제하면 된다. 부담부증여의 수증자가 부담을 이행하지 않으면, 증여자는 계약을 해제할 수 있다. 계약을 해제하면, 이제 700만 원의 증여계약은 처음부터 무효인 것으로 간주된다.

> **민법 제561조(부담부증여)** 상대부담있는 증여에 대하여는 본 절[증여]의 규정외에 쌍무계약에 관한 규정을 적용한다.

> **민법 제544조(이행지체와 해제)** 당사자 일방이 그 채무를 이행하지 아니하는 때에는 상대방은 ... 계약을 해제할 수 있다. ...

> **97다2177:** 상대부담 있는 증여에 대하여는 ... 부담의무 있는 상대방이 자신의 의무를 이행하지 아니할 때에는 비록 증여계약이 이미 이행되어 있다 하더라도 증여자는 그 계약을 해제할 수 있[다.]

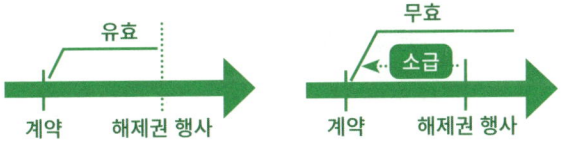

1. 이미 급여한 400만 원 부분: 배신자 B가 보유한 400만 원은 이제 법률상 원인이 "없다." 400만 원은 부당이득으로 반환해야 한다.

부당이득 반환 중에서도 계약해제시의 부당이득 반환을 원상회복(recovery)이라 부르면서 특별히 취급한다. 지금 단계에서는, "원상회복도 부당이득 반환에 해당한다. 그러나 조금 특별히 취급한다"는 정도로 기억해도 충분하다.

> **민법 제548조(해제의 효과, 원상회복의무)** ① 당사자일방이 계약을 **해제한 때에는** 각 당사자는 그 상대방에 대하여 원상회복의 의무가 있다. ...

2015다222722: 계약을 해제한 때에는 … 반환할 금전에는 받은 날부터 이자를 가산하여 지급하여야 한다. 여기서 가산되는 이자는 **원상회복**의 범위에 속하는 것으로서 <u>일종의 **부당이득반환**</u>의 성질을 가지는 것이[다.]

2013다14675: 계약해제의 효과로서 **원상회복**의무를 규정한 민법 제548조는 **부당이득**[민법 제741조]에 관한 <u>**특별 규정**</u>의 성격을 가진 것이[다.]

2. 아직 급여하지 않은 300만 원 부분: 배신자 B가 A에게 300만 원을 달라고 청구할 법적인 근거가 없다.

A는 이 부분은 그저 급여를 하지 않으면 된다. 원래는 급여를 해야 했지만, 계약이 해제되면서 이제 급여를 하지 않아도 된다. 이러한 효과를 계약해제의 해방효라 부른다.

급여부당이득 반환 범위

문제점

급여부당이득을 반환한다고 하자. 그러면 항상 반환 범위에 다툼이 생긴다. 과연 얼마나 반환해야 하는가? 쉽게 말해, 이자도 반환할 것인가?

분류

크게 다음과 같이 두 경우로 나누어 정하고 있다.

근거조항이 어디에 있는지 기억하자(Know-Where). 정확히 200조 간격을 둔 조항이어서 기억하기도 쉽다.

1. 일반적인 부당이득 반환: 계약이 당연무효거나, 취소된 경우, 민법 제748조를 적용한다.

   96다54997: 매매계약이 무효[일] 때의 매도인의 매매대금 반환 의무는 성질상 부당이득 반환 의무로서 그 반환 범위에 관하여는 민법 <u>제748조</u>가 적용된[다.]

   민법 제3편 채권 제4장 <u>부당이득</u>[제741조~제749조]

2. 원상회복: 계약이 해제된 경우, 민법 제548조를 적용한다.

   물론, 계약이 해제되면 그 계약은 "무효"로 된다. 그래서 민법 제741조가 적용될 것만 같다. 그럼에도, 실제로는 민법 제741조가 아니라 계약해제에 관한 민법 제548조를 우선 적용한다.

   2013다14675: 계약해제의 효과로서 원상회복의무를 규정한 민법 <u>**제548조**</u>는 부당이득[민법 제741조]에 관한 특별 규정의 성격을 가진 것이[다.]

> **96다54997:** [악의의 수익자 반환범위를 민법 제748조가 규정하고 있지만, 해제 경우 그]에 관한 특칙[으로] 민법 제548조 제2항[이 있으므로, 민법 제548조 제2항을 우선 적용해야 한다.]

민법 제3편 채권 제2장 계약 제3관 계약의 해지, 해제[제543조~제553조]

일반적인 부당이득 반환(당연무효, 취소)

머리에

일반적인 부당이득 반환 범위는 민법 제748조에 따른다. 다시 경우를 나누어야 한다.

수익자가 선의인 경우

수익자가 계약이 무효라는 것을 모르고 급여를 받았다고 하자.

어떤 사실을 모르는 것을 법에서는 "선의(*bona fide*; good faith)"라 한다. "착하다", "좋다", "돕겠다"라는 의미가 아니다. 그저 "몰랐다"는 의미다.

1. 그러면, 수익자는 자신에게 이익이 현재 남아 있는 한도에서만 반환하면 충분하다.

민법 제3편 채권 제4장 부당이득[제741조~제749조]

> **민법 제748조(수익자의 반환범위)** ① <u>선의의 수익자는 그 받은 이익이 현존한 한도</u>에서 전조의 책임이 있다.

2. 예를 들어, 수익자가 받은 돈 일부를 도박으로 날린 경우, 남은 돈만 반환하면 된다.

수익자가 악의인 경우

수익자가 계약이 무효라는 것을 알고서도 급여를 받았다고 하자.

어떤 사실을 알고 있는 것을 법에서는 "악의(*mala fide*; bad faith)"라 한다. "나쁘다", "싫다", "해치겠다"라는 의미가 아니다. 그저 "알았다"는 의미다.

> **2017다229536:** 부당이득의 수익자가 악의라는 점에 대하여는 이를 주장하는 측에서 증명책임을 진다. 여기서 '악의'는, ... 자신의 이익 보유가 법률상 <u>원인 없는 것임을 인식</u>하는 것을 말[한다.]

1. 그러면, 수익자가 현재 돈을 남겨 놨든 탕진했든 간에, 받았던 이득액 전액을 반환해야 한다.
2. 그뿐만 아니라 이자까지 붙여 반환해야 한다.
3. 그리고 상대방에게 손해배상까지도 해야 한다.

> **민법 제748조(수익자의 반환범위)** ② 악의의 수익자는 그 받은 이익에 이자를 붙여 반환하고 손해가 있으면 이를 배상하여야 한다.

4. 예를 들어, 수익자가 받은 돈 일부를 도박으로 날렸더라도, 받았던 전액에 이자를 붙여 반환해야 하고, 추가로 손실자의 손해까지 배상해야 한다.

원상회복(해제)

머리에
계약해제에 따른 원상회복 범위는 민법 제548조에 따른다. 수익자가 무효임을 알고 받았는지 모르고 받았는지 구별할 필요가 없다. 즉, 선악 불문한다.

이자?
받은 날부터의 이자를 붙여야 한다. 수익자는,
1. 선악을 불문하고,
2. 이자를 붙여 반환해야 한다.

> **민법 제548조(해제의 효과, 원상회복의무)** ① 당사자일방이 계약을 해제한 때에는 각 당사자는 그 상대방에 대하여 원상회복의 의무가 있다. ...
> ② 전항의 경우에 반환할 금전에는 그 **받은 날로부터 이자를 가하여야** 한다.

손해배상?
1. 수익자는, 선악을 불문하고,
2. 계약위반 등 잘못을 한 자는, 상대방에게 손해까지 배상해야 한다.

> **민법 제551조(해지, 해제와 손해배상)** 계약의 해지 또는 해제는 손해배상의 청구에 영향을 미치지 아니한다.

수익자의 선악은 단지 받을 때 "무효(법률상 원인 없음)"를 알았냐 하는 문제일 뿐이다. 한편, 손해배상은 손해 발생에 "잘못(고의, 과실)"이 있는 사람이 배상해 주는 문제다. 서로 별개라서, 수익에 관해 선의자라고 꼭 손해배상 의무가 없다고 단정할 수도 없고, 악의자라고 손해배상 의무가 있다고 단정할 수도 없다.

미성년자 등 경우

머리에
계약이 당연무효거나 취소된 경우, 이미 급여한 것이 있다면, 일반적으로,
1. 민법 제741조에 따라 부당이득 반환관계가 생긴다고 했다.
2. 그 반환 범위는 민법 제748조에 따른다고 했다.

그중 위 2. 반환 범위에 관해 예외가 있다. 대표적으로, 미성년자 등이 체결한 계약이 무효로 되는 경우다.

미성년자 법률행위 취소 제도

1. 미성년자가 혼자 법률행위를 하면, 그 법률행위를 취소할 수 있다. 미성년자를 보호하는 취지다.

   민법 제4조(성년) 사람은 19세로 성년에 이르게 된다.

   민법 제5조(미성년자의 능력) ① 미성년자가 법률행위를 함에는 법정대리인의 동의를 얻어야 한다. ...
   ② 전항의 규정[을] 위반한 행위는 취소할 수 있다.

2. 취소 효과는 소급적 무효다. 따라서 앞서 본 부당이득 반환관계가 생긴다.

   민법 제741조(부당이득의 내용) 법률상 원인 없이 타인의 재산 또는 노무로 인하여 이익을 얻고 이로 인하여 타인에게 손해를 가한 자는 그 이익을 반환하여야 한다.

취소에 따른 미성년자 반환 범위

1. 미성년자를 보호하는 제도인데, 취소 결과 미성년자가 무조건 이득액 전액을 반환해야 하고, 이자까지 붙이고, 손해배상까지도 해야 한다면, 부당하다.
2. 그래서 민법 제141조에 특별규정을 두었다.

   민법 제141조(취소의 효과) 취소된 법률행위는 처음부터 무효인 것으로 본다. 다만, 제한능력자[**미성년자 등**]는 그 행위로 인하여 받은 **이익이 현존하는 한도**에서 상환(償還)할 책임이 있다.

3. 미성년자는 받은 이익이 현재 남아 있는 한도에서만 반환하면 된다. 계약이 무효로 될 것을 미성년자가 알았든 몰랐든 상관없다. 즉, 선악 불문한다.

	당연무효	취소권행사		해제권행사
사유(예)	사회질서 위반	착오/사기/강박	미성년자	이행지체
효과	당연무효	후발적 소급적 무효		
근거	일반 부당이득 반환			원상회복
반환 범위		현존이익 한도 반환 (선의)	현존이익 한도 반환	반환+이자 +손해배상
		반환+이자+손해배상 (악의)		
미급여 부분	급여할 의무 없음			

제3강

불법행위법 기초
Basic Tort Law

Pascal Dagnan-Bouveret, *Un accident (An Accident)*, 1879, Oil on canvas, 91×131cm

잘못을 저질러 남에게 손해를 입혔을 때의 법률관계에 관하여

— 법률관계가 변하는 이유는 다양하다. 본인 **의사와 무관**하게, "어떤 일이 발생하면, 무슨 권리 의무가 생긴다."는 식으로 법이 정해 놓기도 한다. 대표적인 것이 **불법행위**다.

  1. 불법행위가 발생하면, 가해자는 손해배상을 할 의무를 부담한다.
  2. 불법행위가 발생하면, 피해자는 손해배상을 받을 권리를 취득한다.

— 강의목표는 다음을 이해하는 것이다.

  1. 불법행위가 언제 어떤 **요건**에서 성립하는가?
  2. 그때 배상액은 어떻게 **산정**하고 **조정**하는가?

들어가며
Introduction

> 일을 빨리하려 하지 말고 작은 이익을 돌보지 말아라.
> 빨리하려고 들면 일이 잘 이루어지지 않고,
> 작은 이익을 돌보면 큰 일이 이루어지지 않는다. - 공자

머리에

기본사례
K의 J에 대한 5,000만 원 청구를 떠올려 보자.

청구 병합
K는 다음 2가지 청구를 함께 한 것이다.

1. 대여금 4,000만 원 반환 청구 부분
2. 바이올린 파손에 따른 손해 1,000만 원 배상청구 부분

이처럼 같은 피고(J)를 상대로 1개의 소제기로 여러 청구를 하는 경우를 "청구의 병합(consolidation of claims)" 또는 객관적 병합이라 한다. 두 청구 모두 민사소송절차에 따르기 때문에, 병합청구를 할 수 있다.

> **민사소송법 제253조(소의 객관적 병합)** 여러 개의 청구는 같은 종류의 소송절차에 따르는 경우에만 하나의 소로 제기할 수 있다.

소결
병합된 두 청구 중 2. 손해 1,000만 원 배상청구 부분을 중심으로 보겠다.

청구 근거

두 청구의 근본적 차이

1. 대여금 4,000만 원 청구의 근거는 당사자들 의사표시(declaration of intention)에 있다.
2. 그러나 손해배상 1,000만 원 청구의 근거는 그렇지 않다.

법률요건으로서의 불법행위

1. 잘못을 저질러 남에게 손해를 입히는 것을 불법행위(tort)라 한다. J가 K의 바이올린을 파손한 건 불법행위다.

2. 이처럼 불법행위라는 사건 때문에, K가 1,000만 원 받을 채권이 생기고, J는 1,000만 원 줄 채무가 생긴다. 즉, 불법행위 때문에 법률관계(권리의무관계)가 발생했다. 그래서 불법행위는 법률요건(legal prerequisite)이다.

> **민법 제750조(불법행위의 내용)** 고의 또는 과실로 인한 위법행위로 타인에게 손해를 가한 자는 그 손해를 배상할 책임이 있다.

불법행위 본질

법률행위가 아님

법률요건이긴 하지만, 법률행위는 아니다. 즉, 계약이나 단독행위가 아니다. 의사표시와 무관하기 때문이다.

1. 당사자들이 채권채무관계를 만들려 한 결과 채권채무관계가 생긴 것이 아니다. 즉, 약속이나 합의로 채권을 만든 것이 아니다.
2. "불법행위를 하면 배상할 채권채무관계가 생긴다"고 민법이 정해 놓았기 때문이다. 약속이나 합의는 없었지만, 불법행위라는 사건이 채권을 만들었다.

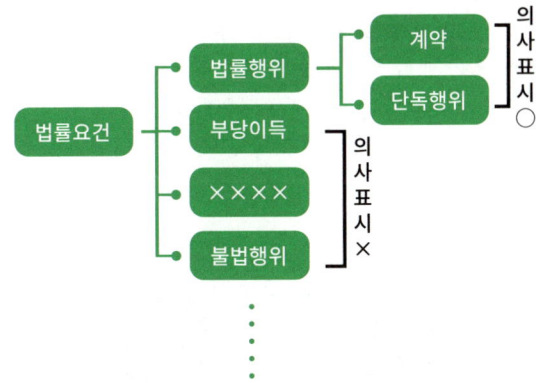

소결

K의 J에 대한 1,000만 원 손해배상 채권은

1. 약정채권(claim by agreement)이 아니다.
2. 법정채권(claim by statute)이다.

만약 여기까지 내용 중 이해가 되지 않는 부분이 있다면, 제2강 계약법 기초를 다시 공부하기 바란다. 그것이 결국은 더 빠른 방법이다.

불법행위 책임 종류
Classification of Tort

이러한 분류는 단지 분류 그 자체를 위하여 사고의 서랍을 만들어 놓는 데 그치는 것이 아니라, 그렇게 할 일정한 실익이 있기 때문에 행하여지는 것이다.
- 양창수, "민법입문"

일반불법행위

개념

고의나 과실로 손해를 가하면 불법행위가 성립한다. 여기에 해당하면, 일단 일반불법행위(general tort)로 묶을 수 있다. 말 그대로 일반적인 불법행위이다.

> 민법 제750조(불법행위의 내용) 고의 또는 과실로 인한 위법행위로 타인에게 손해를 가한 자는 그 손해를 배상할 책임이 있다.

1. 가해자(offender)는 손해배상 책임을 진다. 손해배상 채무가 발생한다.
2. 피해자(victim)는 손해배상 청구를 할 수 있다. 손해배상 채권이 발생한다.

고의에 따른 일반불법행위

O는 화가 나 주먹으로 V의 얼굴을 때려 약 3주간 치료가 필요한 타박상을 입게 했다. 치료비, 정신적 손해 등 V의 모든 손해를 합쳤더니 300만 원이라 하자.

1. O는 가해자(offender)로서, 손해배상 책임을 진다. O는 V에 300만 원을 지급할 의무가 있다.
2. V는 피해자(victim)로서, 손해배상 청구를 할 수 있다. V는 O에 300만 원 지급을 요구할 권리가 있다.

과실에 따른 일반불법행위

O는 V의 첼로를 실수로 파손하여 300만 원 손해를 입혔다.

1. O는 가해자(offender)로서, 손해배상 책임을 진다. O는 V에 300만 원을 지급할 의무가 있다.

2. V는 피해자(victim)로서, 손해배상 청구를 할 수 있다. V는 O에 300만 원 지급을 요구할 권리가 있다.

소결

일반불법행위 효과로, 가해자(offender)가 피해자(victim)에게 손해배상 책임을 진다.

공동불법행위

개념

여럿이 함께 불법행위를 한 것을 공동불법행위(joint tort)라 한다. O1, O2, O3의 공동불법행위로 피해자 V에 300만 원 손해가 발생했다고 하자.

> **민법 제760조(공동불법행위자의 책임)** ① <u>수인[O1, O2, O3]이 공동의</u> 불법행위로 타인[V]에게 손해를 가한 때에는 연대하여 그 손해를 배상할 책임이 있다.

1. 가해자들(offenders)은 함께 손해배상 책임을 진다. 가해자들은 공동하여 V에 300만 원을 지급할 의무가 있다.
2. 피해자(victim)는 가해자들 모두에게 손해배상 청구를 할 수 있다. 피해자 V는 가해자들에게 공동하여 300만 원 지급을 요구할 권리가 있다.

> **2017다16747:** 공동불법행위책임은 가해자[O1, O2, O3] 각 개인의 행위에 대하여 개별적으로 그로 인한 손해를 구하는 것이 아니[다.] 그 가해자들[O1, O2, O3]이 공동으로 가한 불법행위에 대하여 그 책임을 추궁하는 것[이다.]

"공동하여 지급할 의무가 있다"는 것의 의미?

예를 들어, O1, O2, O3가 공동하여 V에 300만 원을 지급할 의무가 있다고 하자. 이것이 어떤 뜻인가?

1. V는 O1, O2, O3 누구에게든 300만 원 전액 배상을 청구할 수 있다. 예를 들어, V가 임의로 O1만을 선택해 O1을 상대로 300만 원 전액 배상을 청구해도 된다. O1은 손해의 1/3인 100만 원만 배상하겠다고 거절할 수가 없다.

이러한 O1, O2, O3 관계를 부진정연대채무(untrue joint and several debt; quasi-joint and several debt) 관계라 한다. 차차 배우자.

2012다74236전합: 부진정연대채무란 수인의 채무자[O1, O2, O3]가 동일한 내용의 급부[300만 원 지급]에 대하여 **각자 독립하여 전부[300만 원]**를 급부할 의무를 부담하는 다수당사자의 법률관계를 말한다.

부진정연대채무자[O1]에게 생긴 사유 중 ... 변제 등과 같은 사유 이외에는 다른 채무자[O2, O3]에게 그 효력을 미치지 않는다. 이로 인하여 **채권자[V]는 채무 전액[300만 원]의 지급을 확실히 확보**할 수 있게 [된다.]

부진정연대채무의 대외적 관계로서 채권자[V]는 채무자들[O1, O2, O3] 가운데 누구에게라도 그 책임범[위][300만 원]에서 우선적으로 변제를 청구할 수 있다.

2. 그렇다고 해서, V가 총 900만 원을 받게 된다는 뜻도 아니다. 예를 들어, O1이 250만 원을 배상했다고 하자. 그러면, 이제 V는 O1, O2, O3 누구에게든 50만 원(= 300만 원 - 250만 원) 배상을 청구할 수 있게 된다.

부진정연대채무 관계에 있는 O1, O2, O3를 부진정연대채무자라 한다. 이들을 전부(全部)의무자라고도 한다. "전부명령" 할 때의 전부(轉付)가 아니다.

2017다208423: 여럿[O1, O2, O3]이 각각 전부[300만 원] 이행을 해야 하는 의무[부진정연대채무]를 지는 경우 그중 1인[O1]의 변제는 다른 전부 이행을 할 의무를 지는 자[O2, O3](이하 '전부의무자'라 한다)에 대해서도 절대적 효력이 있[다. 그러]므로 채권자[V]는 자신의 채권 중 변제[250만 원] 등으로 소멸된 나머지 채권[50만 원]에 대해서만 다른 전부의무자[O2, O3]에게 청구할 수 있다.

고의에 따른 공동불법행위

O1, O2, O3는 정당한 이유 없이 행인인 V를 폭행했다.

1. O1, O2, O3 모두 가해자들(offenders)로, 공동하여 손해배상 책임을 진다. O1, O2, O3는 공동하여 V에 300만 원을 지급할 의무가 있다.
2. V는 피해자(victim)로, 가해자들 세 사람 모두에게 손해배상 청구를 할 수 있다. 피해자 V는 O1, O2, O3에 300만 원 지급을 요구할 권리가 있다.

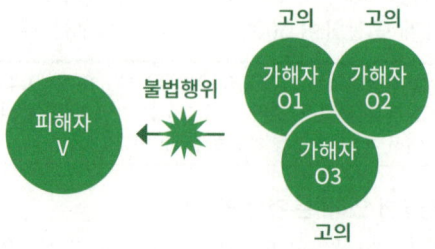

97다18448: [O1]는 1995. 4. 29. 22:10경 부산 영도구 동삼 3동 소재 유성노래연습장에서 ... [V]와 ... 서로 상대방의 뺨을 수회씩 때[렸다. 그러자] 같이 있던 [O2, O3]는 O1에게 가세하여 발과 주먹으로 [V]의 얼굴과 가슴, 다리 등을 수회 구타[했다. 그리하여 V]에게 우안 맥락막 파열상 등의 상해를 입히고 이로 인하여 [V]의 우안이 실명되게 [했다. 이 경우, O1]와 [O2, O3는 **공동하여**] 그들의 공동폭행행위로 인하여 [V]가 입은 손해를 **배상할 책임**이 있[다.]

여기서 O1, O2, O3의 불법행위 책임은 고의에 따른(intentional) 것이다.

고의(intention; willfulness)란, 가해행위를 의도적으로 했다는 뜻이다. 법률관계(손해배상 채권채무관계)를 만들려는 의사(의도)가 있다는 뜻은 아니다.

2001다46440: 불법행위에[서] 고의는 일정한 결과가 발생하리라는 것을 알면서 감히 이를 [하]는 심리상태[다.] 객관적으로 위법이라고 평가되는 일정한 결과의 발생이라는 사실의 인식만 있으면 [된다.]

과실에 따른 공동불법행위

O1, O2, O3는 같은 병원 의사들이다. V가 입원해서 위 의사들에게 수술을 받았다. 그런데, 수술 과정 잘못으로 V의 얼굴에 큰 상처가 생겼다.

1. O1, O2, O3 모두 가해자들(offenders)로, 공동하여 손해배상 책임을 진다. O1, O2, O3는 공동하여 V에 300만 원을 지급할 의무가 있다.
2. V는 피해자(victim)로, 가해자들 세 사람 모두에게 손해배상 청구를 할 수 있다. 피해자 V는 O1, O2, O3에 300만 원 지급을 요구할 권리가 있다.

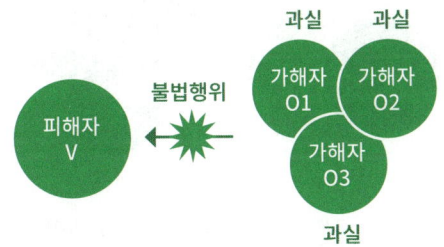

2009다82275: [사안에서, 의사 O1]의 행위와 [의료진 O2, O3]의 행위는 각기 독립하여 불법행위의 요건을 갖추고 있[다. 동시에,] 객관적으로 관련되고 공동하여 위법하게 을에게 손해를 가한 것이[다. 그렇다면,] 공동불법행위 관계에 있[다. 따라서 O1]에게 [V]의 ... **손해 전부에 대한 손해배상책임**을 인정[할 수 있다.]

여기서 O1, O2, O3의 불법행위 책임은 과실에 따른(negligent) 것이다.

고의와 과실에 따른 공동불법행위

V는 시행사 O1으로부터 다락이 딸린 아파트 꼭대기 층을 분양 받았다. 시공사는 O2, O3다. 분양 안내 책자에는 책상과 의자가 설치된 다락 사진과 "수납공간 및 개인 취미생활 공간을 활용할 수 있는 다락방"이란 문구까지 있었다. 그런데 실제 입주해 보니, 천장 높이가 대략 1m로 일상생활을 할 수 없는 정도였다. 알고 보니 시행사 O1이 일부러 분양자들을 속인 일이었다.

분양 및 광고는 시행사(developer)가 하고, 공사는 시공사(constructor)가 한다. 위 분양 과정에서, 시행사 O1과 시공사 O2, O3가 정기적으로 회의도 하고, 시공사 O2, O3가 안내 책자를 사전에 검토해 승인하기도 했다고 가정하자.

1. O1, O2, O3 모두 가해자들(offenders)로, 공동하여 손해배상 책임을 진다. O1, O2, O3는 공동하여 V에 300만 원을 지급할 의무가 있다.
2. V는 피해자(victim)로, 가해자들 세 사람 모두에게 손해배상 청구를 할 수 있다. 피해자 V는 O1, O2, O3에 300만 원 지급을 요구할 권리가 있다.

> **2009다1313**: [O1이] 이 사건 아파트 최상층 분양[에서] 중요한 사항인 다락의 형상에 관하여 [V]에게 한 이 사건 분양광고는 … 허위·과장된 내용이 존재[한다. 사실관계를 종합하면, 이는] 불법행위를 구성한[다. 또한, O2, O3]는 위 불법행위에 관하여 [O1과] 공모하거나 적어도 방조함으로써 **공동불법행위자로서의 책임**을 부담한[다.]

여기서 O1, O2, O3의 불법행위 책임은 고의에 따른 것인가 과실에 따른 것인가?

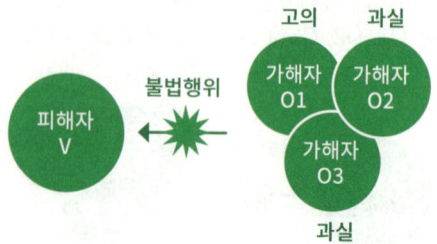

1. 시행사 O1은 가해자로, 고의에 따른(intentional) 불법행위 책임을 진다.
2. 시공사 O2, O3도 가해자들로, 과실에 따른(negligent) 공동불법행위 책임을 진다. 시공사 O2, O3에 고의가 없더라도, 잘못은 했고, 또 그 때문에 손해 입은 사람이 있기 때문이다.

소결

공동불법행위 효과로, 가해자들(offenders)이 피해자(victim)에게 손해배상 책임을 진다.

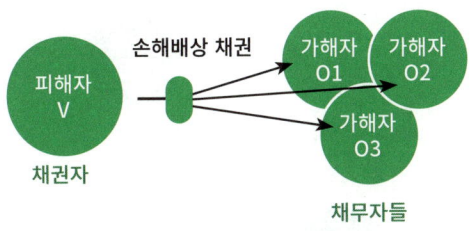

특수불법행위

문제점

1. 직접 불법행위를 가한 사람이 책임을 지지 않거나, 돈이 없을 수도 있다.
2. 물건 때문에 피해를 보았다고 해서, 물건을 상대로 책임을 추궁할 수도 없다.

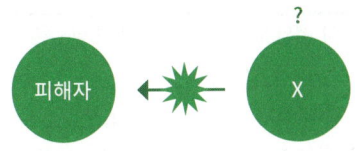

특수불법행위 개념

경우에 따라, 누군가 대신 책임(vicarious liability)을 져야 한다. 이것도 불법행위 책임이다. 특수불법행위(special tort)라 한다.

1. 직접 가해자 또는 물건이 손해배상 책임을 지는지 문제와 별개로,
2. 가해자를 감독(supervise)하는 누군가, 물건을 관리(manage)하는 누군가가 손해배상 책임을 진다.
3. 피해자(victim)는 그 누군가에게 손해배상 청구를 할 수 있다.

특수불법행위 종류

1. 감독자책임(supervisor's liability): 책임 없는 사람 대신 감독자가 책임
2. 사용자책임(employer's liability): 피용자 대신 사용자가 책임
3. 공작물책임(liability for structures): 물건 대신 관리자가 책임(관리자가 책임 없으면 소유자가 책임)
4. 동물관리자책임(liability of possessor of animal): 동물 대신 관리자가 책임

감독자책임

사례

O는 미친 사람이다. S가 O를 감독(supervise)할 법률상 의무가 있다고 하자. O가 지나가는 V를 도끼로 찍어 중상을 입혔다.

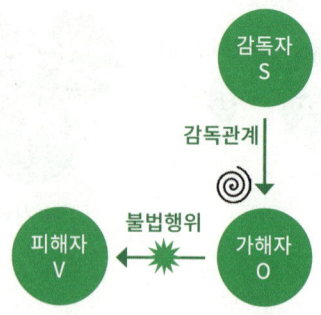

책임부담자

1. O는 직접 가해자(offender)이지만, 심신상실자(*non compos mentis*; mentally defective person)라면 책임을 지지 않는다.

> **민법 제754조(심신상실자의 책임능력)** 심신상실 중에 타인[V]에게 손해를 가한 자[O]는 배상의 **책임이 없다**. ...

2. 대신, S는 O의 법정 감독의무자(person who is under a legal duty to supervise), 즉 감독자(supervisor)로서 감독자책임을 진다.

피해자의 권리구제

V는 피해자(victim)로서, S를 상대로 손해배상 청구를 할 수 있다.

> **민법 제755조(감독자의 책임)** ① 다른 자[V]에게 손해를 가한 사람[O]이 ... 제754조에 따라 책임이 없는 경우에는 그[O]를 **감독할 법정의무가 있는 자[S]가 그 손해를 배상**할 책임이 있다. ...
>
> **2018다228486:** 정신질환자[O]가 심신상실 중에 타인[V]에게 손해를 가하여 배상의 책임이 없는 경우에는 민법 제755조 제1항에 따라 그[O]를 감독할 법정의무 있는 자[S]가 그 손해를 배상할 책임이 있다.
>
> **93다13605:** 민법 제750조에 대한 특별규정인 민법 제755조 제1항에 의하여 책임능력 없는 [O]를 감독할 법정의 의무 있는 자[S]가 지는 손해배상책임은 [무엇인가? O]에게 책임이 없음을 전제로 하여 이를 보충하는 책임이[다.]
> 그 경우에 감독의무자[S] 자신이 감독의무를 해태하지 아니하였음을 [증명]하지 아니하는 한 책임을 면할 수 없[다.]

만약 가해자가 심신상실자가 아닐 경우

만약 가해자 O가 심신상실자가 아니라면?

1. 가해자 O는 배상 책임을 질 수 있다.

> **민법 제754조(심신상실자의 책임능력)** **심신상실 중에** 타인에게 손해를 가한 자는 배상의 책임이 없다. ...
>
> **민법 제750조(불법행위의 내용)** 고의 또는 과실로 인한 위법행위로 타인[V]에게 손해를 **가한 자[O]**는 그 손해를 배상할 책임이 있다.

2. 감독자 S는 감독자책임 조항으로는 배상 책임을 지지 않는다.

> **민법 제755조(감독자의 책임)** ① 다른 자에게 손해를 가한 사람이 … 제754조에 따라 **책임이 없는 경우에는** 그를 감독할 법정의무가 있는 자가 그 손해를 배상할 책임이 있다. …

3. 감독자 S는 일반 불법행위책임 조항으로 배상 책임을 질 수는 있다.

> **민법 제750조(불법행위의 내용)** 고의 또는 과실로 인한 위법행위로 타인[V]에게 손해를 **가한 자[S]**는 그 손해를 배상할 책임이 있다.

> **2018다228486:** 정신질환자[O]가 책임능력이 있는 경우에도 그 손해가 감독의무자[S]의 감독의무 위반과 인과관계가 있으면 감독의무자[S]는 **일반불법행위자로서 민법 제750조에 따라** 그 손해를 배상할 책임이 있다.

사용자책임

사례

E는 가게에 아르바이트생 O를 고용(employment)했다. 그런데 O는 손님인 V와 시비가 붙었다. O는 V의 배를 발로 강하게 차 V가 심하게 다쳤다.

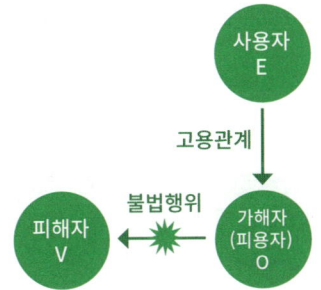

책임부담자

1. O는 피용자(employee)이고 가해자(offender)로, 일반불법행위 책임을 진다.

> **민법 제750조(불법행위의 내용)** 고의 또는 과실로 인한 위법행위로 타인[V]에게 손해를 가한 자[O]는 그 손해를 배상할 책임이 있다.

2. E도 사용자(employer)로서 사용자책임을 진다.

> **민법 제756조(사용자의 배상책임)** ① 타인[O]을 사용하여 어느 사무에 종사하게 한 자[E]는 피용자[O]가 그 **사무집행에 관하여** 제삼자[V]에게 가한 손해를 배상할 책임이 있다. …

> **90다8763:** 민법 제756조[에서 정한] "사무집행에 관하여"[란 어떤 뜻인가?] 피용자[O]의 행위가 객관적으로 사용자[E]의 사업활동 내지 사무집행행위 또는 그와 관련된 것이라고 보[일] 때에는 [다음과 같이 처리한다는 뜻이다. 즉,] **행위자[O]의 주관적 사정을 고려함이 없이** 이를 사무집행에 관하여 한 행위로 본[다.]

피해자의 권리구제

V는 피해자(victim)로서,

1. 가해자 O에 대해,
2. 사용자 E에 대해,

즉, 위 모두에게 손해배상 청구를 할 수 있다.

> **91다33070전합:** 사용자[E]의 손해배상책임은 피용자[O]의 배상책임에 대한 대체적 책임이[다. 그래]서 사용자[E]도 ... 부진정연대관계에 있[다.]

가해자 O도, 사용자 E도 책임을 지게 한 취지는 피해자 V 보호다. 가해자 O가 돈이 없는 경우가 많다는 점을 고려한 결과다.

공작물책임

사례

P는 가게를 하나 내면서, 공간을 아끼려고 계단을 비정상적으로 높고 좁게 만들었다. 어느 날 V가 가게에 방문했다가 계단 구조 때문에 넘어져 크게 다쳤다.

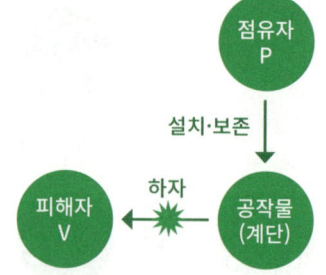

책임부담자

1. 계단은 직접적인 가해물(assailing material)이다. 그러나 계단 자체가 권리, 의무를 가질 수는 없다.
2. 그래서 P가 공작물 점유자(possessor)로서 손해배상 책임을 진다.

> **민법 제758조(공작물등의 점유자, 소유자의 책임)** ① 공작물[계단]의 설치 또는 보존의 하자로 인하여 타인[V]에게 손해를 가한 때에는 공작물점유자[P]가 손해를 배상할 책임이 있다. ...

> **2017다227103:** 민법 제758조 제1항에서 말하는 공작물의 설치·보존상의 **하자**는 공작물이 그 **용도에 따라 통상 갖추어야 할 안전성이 없는 것**을 말한다. 여기에서 본래 갖추어야 할 안전성은 공작물 자체만의 용도에 한정된 안전성만이 아니라 공작물이 현실적으로 설치되어 사용되고 있는 상황에서 [필요한] 안전성을 뜻한다.

3. 점유자가 면책되면? 이때는 소유자라도 책임을 진다.

민법 제758조(공작물등의 점유자, 소유자의 책임) ① … 공작물점유자가 손해를 배상할 책임이 있다. 그러나 점유자가 손해의 방지에 필요한 주의를 해태하지 아니한 때에는 그 소유자가 손해를 배상할 책임이 있다.

피해자의 권리구제

V는 피해자(victim)로서,

1. 제1 순위(주위적)로는 공작물점유자책임에 근거한 청구(민법 제758조 본문)를,
2. 제2 순위(예비적)로는 공작물소유자책임에 근거한 청구(같은 조 단서)를 각각 할 수 있다.

2017다14895: 민법 제758조 제1항의 입법 취지는[?] 공작물의 관리자는 **위험의 방지에 필요한 주의를 다하여야** 하고, 만일에 위험이 현실화하여 손해가 발생한 경우에는 그들에게 **배상책임을 부담시키는 것이 공평**하다는 데 있다.

소송 방법

위 주위적, 예비적 책임은 서로 양립할 수 없다. 이 경우,

1. 이때 1개의 소제기로, "같은 피고(P)"를 상대로, 위 청구들을 순위를 붙여 병합할 수도 있다(주위적 청구: P가 점유자임을 전제, 예비적 청구: P가 소유자임을 전제).

   이것도 병합청구(객관적 병합)다. 그중에서도 순위를 붙여 병합청구하는 것이라서, "예비적 병합청구(예비적 객관적 병합)"라 한다.

   98다22253전합: 청구의 예비적 병합이란 병합된 수개의 청구 중 주위적 청구(제1차 청구)가 인용되지 않을 것에 대비하여 … 예비적 청구(제2차 청구)에 관하여 심판을 구하는 병합형태[다].

   이와 같은 예비적 병합의 경우에는 [법원은] 원고가 붙인 순위에 따라 심판하여야 [한다.] 주위적 청구를 배척할 때에는 예비적 청구에 대하여 심판하여야 [한다. 그러]나 주위적 청구를 인용할 때에는 다음 순위인 예비적 청구에 대하여 심판할 필요가 없[다.]

   서울고법2016나2030355: 원고 [V는] 당초 [피고 P]에 대한 청구원인으로 공작물 소유자로서의 손해배상책임만을 주장하였다. 원고 V는 그러다가, [항소심] 법원에 이르러 공작물 점유자로서의 손해배상책임을 추가하였으며 … 위 각 **청구가 성질상 양립 불가능**하다는 점에 비추어 예비적 병합관계라고 [보아야 한다.]

2. 이때 1개의 소제기로, 순위를 붙인 "여러 피고들(P, Q)"을 상대로 한, 공동소송도 가능하다(주위적 피고 P: P가 점유자임을 전제, 예비적 피고 Q: Q가 소유자임을 전제).

이것은 병합청구가 아니고, 공동소송(주관적 병합)이다. 그중에서도 피고들 사이에 순위를 붙인 공동소송이라서, "예비적 공동소송"이라 한다.

민사소송법 제70조(예비적·선택적 공동소송에 대한 특별규정) ① ... **공동소송인 가운데 일부**[점유자 P]에 대한 청구가 **다른 공동소송인**[소유자 Q]에 대한 청구와 **법률상 양립할 수 없는 경우**에는 ...

② 제1항의 소송에서는 모든 공동소송인[점유자 P, 소유자 Q]에 관한 청구에 대하여 판결을 하여야 한다.

연습문제

2019년도 변호사시험 민사법 선택형

[문 30.] 甲과 乙은 2018. 1.경 甲 소유의 건물을 신축하기로 하는 공사도급계약을 체결하여 乙은 공사를 완료한 후 건물을 甲에게 인도하였고, 甲은 그 건물에 관한 소유권보존등기를 마쳤다. 한편 丙은 위 도급계약 시 甲의 乙에 대한 공사대금채무에 대하여 乙과 보증계약을 체결하였다. 이에 관한 설명 중 옳지 않은 것은? (각 지문은 독립적이며, 다툼이 있는 경우 판례에 의함)

① 乙과 丙의 보증계약이 丙의 기명날인 또는 서명이 있는 서면으로 체결되지 않았다면 그 보증계약은 효력이 없다.

② 乙이 공사대금채권을 피보전채권으로 하여 건물에 대하여 가압류한 경우, 그 가압류 사실을 丙에게 통지하지 않았더라도, 丙의 보증채무는 소멸시효가 중단된다.

③ 乙의 甲에 대한 공사대금채권의 소멸시효가 완성된 후 丙이 스스로 보증채무를 이행하였다면 다른 특별한 사정이 없는 한 丙은 乙의 공사대금채권의 소멸시효 완성의 효과를 주장할 수 없다.

④ 건물신축공사 과정에서 乙의 피용자 丁의 과실로 행인인 제3자 戊가 상해를 입은 경우, 甲이 구체적인 공사의 시공 자체를 관리하는 형태로는 관여하지 않았고, 다만 공사가 설계도대로 시행되고 있는지 확인하는 정도로만 관여하였다면, 甲은 원칙적으로 사용자책임을 지지 않는다.

⑤ 甲이 건물을 인도받아 점유하던 중 건물의 보존상의 하자로 인하여 행인인 제3자 戊가 상해를 입은 경우 甲은 자신의 과실이 없는 경우에도 불법행위로 인한 손해배상책임을 진다.

동물관리자책임

사례

P는 개를 키우고 있는데 제대로 관리를 하지 않았다. 그 결과, 개가 V를 물어 V가 크게 다쳤다.

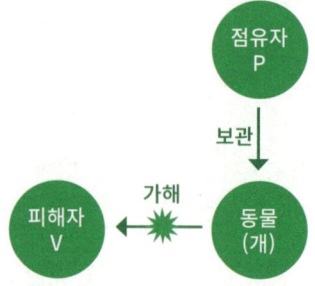

책임부담자

1. 미친개는 직접 가해 동물(animal)이다. 개 자체가 권리를 갖거나 의무를 질 수는 없다.

   > 2012다118594: 법률에 동물에 대하여 권리능력을 인정하는 규정이 없[다.] 이를 인정하는 관습법도 존재하지 아니[하다.] … 이는 그 동물이 애완견 등 이른바 반려동물이라고 하더라도 달리 볼 수 없다.

2. P는 동물 점유자(possessor)로서 손해배상 책임을 진다.

   > 민법 제759조(동물의 점유자의 책임) ① 동물의 점유자[P]는 그 동물[개]이 타인[V]에게 가한 손해를 배상할 책임이 있다. …

피해자의 권리구제

V는 피해자(victim)로서, P를 상대로 손해배상 청구를 할 수 있다.

결론

일반불법행위

기본적 불법행위

공동불법행위

여러 가해자가 가담한 불법행위

특수불법행위

대신 책임지는 불법행위

1. 누군가 피해자(victim)에게 손해배상 책임을 진다.
2. 여기서 "누군가"란, 감독자(supervisor), 사용자(employer), 또는 점유자(possessor)를 의미한다.

특별법상 불법행위 책임
Special Acts on Tort Liability

일반법은 특별법에 따라 개정된다.
- Pope Boniface VIII, "De Regulis Juris"

기초개념: 특별법 우선 원칙

개념
1. 동일한 사안에 A법과 B법이 모두 적용될 수 있다고 하자.
2. 만약 A법이 일반법, B법이 특별법이라면, B법을 우선해 적용한다.
3. 즉, 특별법(special)은 일반법(general)에 우선한다.

일반법은 특별법에 따라 개정된다(*Generi per speciem derogatur*; The particular takes precedence over the general).

사례
O는 칼을 들고 V를 협박해서 강제로 V와 성교를 했다.
1. 일단, 형법 제297조에 있는 강간죄에 해당한다.

> **형법 제297조(강간)** 폭행 또는 협박으로 사람을 강간한 자는 3년 이상의 유기징역에 처한다.

2. 동시에, 성폭력처벌법 제4조 제1항의 특수강간에도 해당한다.

> **성폭력처벌법 제4조(특수강간 등)** ① 흉기나 그 밖의 위험한 물건을 지닌 채 또는 2명 이상이 합동**하여**「형법」**제297조(강간)의 죄를 범한 사람**은 무기징역 또는 7년 이상의 징역에 처한다.

그러나 강간에 관해서는,
1. 위 특례법(B법)이 형법(A법)에 비교해 특별법이므로,
2. 위 특례법(B법)을 우선하여 적용한다.

따라서, 한 번의 행위로,
1. 두 범죄가 모두 성립하는 것이 아니라,
2. 성폭력처벌법위반(특수강간)죄만 성립한다.

국가배상책임

개념

국가(대한민국)도 손해배상책임을 질 수 있다. 국가배상(state compensation)이라고 부른다. 공무원이 잘못하거나 국가가 설치한 시설에 어떤 문제가 있는 경우, 민법보다 특별법인 국가배상법을 우선 적용한다.

> **국가배상법 제8조(다른 법률과의 관계)** 국가나 지방자치단체의 손해배상 책임에 관하여는 **이 법에 규정된 사항 외에는 「민법」**에 따른다. ...

1. 공무원(public officer) 또는 영조물(public structures) 자체가 손해배상 책임을 지는지 문제와 별개로,
2. 국가(state), 즉 대한민국은 손해배상 책임을 진다.
3. 피해자(victim)는 손해배상을 청구할 수 있다.

헌법이 보장하는 재산권 중에서도 특별히 보장하는 권리다.

> **대한민국헌법 제23조** ① 모든 국민의 **재산권**은 보장된다. ...

> **대한민국헌법 제29조** ① 공무원의 직무상 불법행위로 손해를 받은 국민은 법률[에서] 정하는 바에 의하여 **국가 또는 공공단체에 정당한 배상을 청구**할 수 있다. ...

> **2019헌가17:** 헌법은 제23조 제1항에서 일반적 재산권을 규정하고 있으나, 제29조 제1항에서 국가배상청구권을 별도로 규정[했다. 이]로써, 공무원의 직무상 불법행위로 손해를 받은 경우 국민이 국가에 대해 재산적·정신적 손해에 대한 정당한 배상을 청구할 수 있는 권리를 **특별히 보장**하고 있다.

종류

국가배상책임 효과로, 국가가 피해자에게 손해배상 책임을 진다.

1. 공무원 불법행위에 따른 국가배상책임(public officer's liability): 국가의 사용자책임

   > **민법 제756조(사용자의 배상책임)** ① 타인을 사용하여 어느 사무에 종사하게 한 자는 피용자가 그 사무집행에 관하여 제삼자에게 가한 손해를 배상할 책임이 있다. ...

   > **국가배상법 제2조(배상책임)** ① 국가나 지방자치단체는 공무원...이 직무를 집행하면서 고의 또는 과실로 법령을 위반하여 타인에게 손해를 입[힌] 때에는 ... 이 법에 따라 그 손해를 배상하여야 한다. ...

2. 영조물 하자에 따른 국가배상책임, 즉, 영조물책임(liability for public structures): 국가의 공작물책임

   > **민법 제758조(공작물등의 점유자...의 책임)** ① 공작물의 설치 또는 보존의 하자로 인하여 타인에게 손해를 가한 때에는 공작물점유자가 손해를 배상할 책임이 있다. ...

   > **국가배상법 제5조(공공시설 등의 하자로 인한 책임)** ① 도로·하천, 그 밖의 공공의 영조물(營造物)의 설치나 관리에 하자(瑕疵)가 있기 때문에 타인에게 손해를 발생하게 하였을 때에는 국가...는 그 손해를 배상하여야 한다. ...

공무원의 불법행위에 따른 국가배상책임

사례
경찰 O는 시민 V에 물고문, 전기고문을 했다.

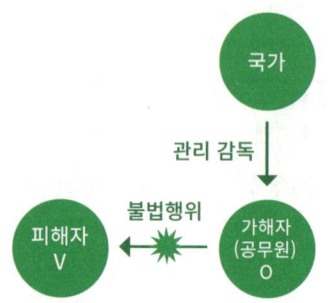

책임부담자: 국가(대한민국)
대한민국은 국가배상책임(public officer's liabilty)을 진다.

> **국가배상법 제2조(배상책임)** ① 국가...는 **공무원[O]**...이 **직무를 집행**하면서 **고의 또는 과실**로 **법령을 위반**하여 타인[V]에게 **손해**를 입[힌 때에는] ... 이 법에 따라 그 손해를 배상하여야 한다. ...

> **2010다108494:** [대한민국] 소속 보안부대 수사관들[O]은 영장 없이 체포 이유를 고지함도 없이 [V]을 불법 체포하였[다. 게다가 V에게] 변호인의 조력을 받을 권리를 보장하지 않았[다. 그리고 V를] 고문하여 허위 자백을 받아[냈다. 또,] 참고인들을 협박하여 허위의 진술을 하게 [했다. 이렇게] 증거를 조작함으로써 [V]가 추후 구속 기소되어 징역 7년의 유죄판결을 받고 그 형집행을 당하도록 하는 등[으로] 불법행위를 저질렀다.

> [그렇다면, **대한민국은**] 위와 같은 불법행위로 [V가] 입은 일체의 비재산적 손해에 대하여 **국가배상법에 따른** 위자료**배상책임**이 있다.

책임부담자: 공무원 개인?
공무원 O는 어떤 책임을 지는가? 경우를 나누어 보아야 한다.

1. 공무원에게 고의, 중과실이 있었을 경우: 공무원 개인도 불법행위 책임(배상책임)을 진다. 즉, 국가와 공무원 개인 모두 책임을 진다.
2. 공무원에게 경과실만 있었을 경우: 공무원 개인은 불법행위 책임(배상책임)을 지지 않는다. 즉, 국가만 책임을 지고, 공무원 개인은 책임을 지지 않는다.

> **민법 제750조(불법행위의 내용)** 고의 또는 과실로 인한 위법행위로 타인[V]에게 손해를 가한 자[O]는 그 손해를 배상할 책임이 있다.

> **95다38677전합:** 공무원[O]이 직무수행 중 불법행위로 타인[V]에게 손해를 입[혔다.] ... 공무원 개인[O]도 **고의 또는 중과실**이 있는 경우에는 불법행위로 인한 손해배상책임을 진[다. 그렇]지만 공무원[O]에게 **경과실뿐**인 경우에는 공무원 개인[O]은 손해배상책임을 부담하지 아니한[다.]

사안에서, 고문을 가한 공무원 O는 고의가 당연히 있다. 공무원 O 개인도 불법행위 책임(배상책임)을 진다.

피해자의 권리구제

시민 V는 피해자(victim)로서,

1. 공무원 O에 대해,
2. 대한민국에 대해,

즉, 위 모두에게 손해배상 청구를 할 수 있다.

영조물책임

사례

국가가 관리하는 도로에 심하게 움푹 파인 곳이 있어 지나가던 V의 자동차가 파손되었다. 장마 때 생긴 구멍인데, 몇 달이 지나도록 전혀 관리가 안 되었다 하자.

영조물?

"영조물"이란, 국가가 관리하는 도로, 하천, 공공시설 같은 것으로 생각하면 충분하다.

> **80다2478:** 국가배상법 제5조[에서 정한] 공공의 **영조물이란** [무엇인가?] 공유나 사유임을 불문하고 행정주체에 의하여 특정**공공의 목적에 [제공]**된 유체물 또는 물적 설비를 의미[한다.]

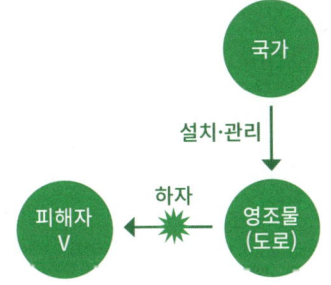

책임부담자

대한민국은 도로 관리자(supervisor)로 손해배상 책임을 진다.

> **국가배상법 제5조(공공시설 등의 하자로 인한 책임)** ① 도로·하천, 그 밖의 공공의 **영조물**(營造物)의 **설치나 관리**에 **하자**(瑕疵)가 있기 **때문에** 타인[V]에게 **손해를 발생**하게 하였을 때에는 국가…는 그 손해를 배상하여야 한다. …
>
> **2017다223538:** 국가배상법 제5조 제1항에서 정한 '영조물의 설치 또는 관리의 **하자**'는 영조물이 그 **용도에 따라 통상 갖추어야 할 안전성을 갖추지 못한 상태**에 있음을 의미한다.

도로를 설치한 후 제3자의 행위로 그 본래의 목적인 통행상의 안전에 결함이 발생한 경우에는 [어떻게 판단해야 하나?] 그 도로의 구조, 장소적 환경과 이용상황 등 제반 사정을 종합하여 그와 같은 결함을 제거하여 원상으로 **복구할 수 있는데도 이를 방치한 것인지** 여부를 개별적·구체적으로 살펴서 하자의 유무를 판단하여야 한다.

이 사건 도로에 사고 전날부터 사고 당시까지 자갈더미가 적치되어 있었고 그것이 사고 발생의 한 원인이 되었[다. 그러므로] 이 사건 도로는 그 용도에 따라 통상 갖추어야 할 안전성을 갖추지 못한 상태에 있었다고 보아야 한다. … 따라서 영조물인 이 사건 도로의 설치나 관리에 하자가 있었다고 보아야 한다.

피해자의 권리구제

V는 피해자(victim)로서, 대한민국을 상대로 손해배상 청구를 할 수 있다.

현대형 불법행위책임
문제점

1. 불법행위가 성립하려면 기본적으로 가해자에게 고의, 과실이 있어야 한다. 이것을 과실책임(liability with fault) 원칙이라 한다.

과실 없으면 책임 없다.

2. 그러나 과실책임 원칙을 너무 엄격하게 요구하면, 불공평한 경우가 생긴다.

교통사고, 제품 독성, 환경오염을 생각해 보라. 사고는 났고 누군가 치명적 손해를 입었는데, 과실이 증명이 안 되었다며 아무도 책임을 지지 않는다면?

무과실책임의 등장

대책으로, 일정한 경우 일정한 자에게 무과실책임(liability without fault)을 부담시키는 제도를 도입했다. 과실 유무가 불확실하더라도 가해사실이 있다면 책임지게 하는 것이다. 이론적 근거는 다음과 같다.

1. 보상책임 원리: 사회의 희생을 토대로 이익을 얻는 자에게 책임을 부담시키는 것이 공평하다.

이익 있는 곳에 책임(위험) 있다(*Cuius commodum, eius et periculum*; The one who took the profit must also take the risk).

2. 위험책임 원리: 위험물 소유, 관리자에게 위험물에 관한 책임을 부담시키는 것이 공평하다.

위험 있는 곳에 책임 있다.

사례

1. 운행자책임(operator's liability): 자동차로 이익 보는 자(운행자)가 교통사고 책임 부담

96헌가4: 자유시장 경제질서를 기본으로 하면서도 사회국가원리를 수용하[는] 우리 헌법의 이념에 비추어 [보자.] 일반불법행위책임에 관하여는 과실책임의 원리를 기본원칙으로 하면서 이 사건 법률조항과 같은 특수한 불법행위책임에 관하여 **위험책임의 원리를 수용**하는 것은 입법정책에 관한 사항[이다. 이것은] **입법자의 재량**에 속한[다.]

[그러므로 자동차손배법]이 위험책임의 원리에 기[초]하여 무과실책임을 지운 것만으로 자유시장 경제질서에 위반된다고 할 수 없다.

2. 제조물책임(product liability): 상품의 제조, 판매로 이익 보는 자(제조업자)가 사고 책임 부담

수원지법2008가합27878: [제조물 책임법은] 제조물의 결함으로 인하여 발생한 손해에 대한 제조업자 등의 손해배상책임을 규정함으로써 피해자의 보호를 도모하고 국민생활의 안전향상과 국민경제의 건전한 발전에 기여함을 목적으로 제정[됐다.]

[제조물책임은] 제조물의 결함으로 인해 피해를 [본] 자가 계약상 **직접적 거래관계가 없는 자에게도** 그 제조업자의 **고의, 과실에 대한 [증)명] 없이도** 손해배상책임을 추궁할 수 있도록 하기 위하여 **특별히 도입된 입법원리**이다.

3. 원인자책임(causer's liability): 환경오염 원인을 발생시킨 자(원인자)가 환경오염 책임 부담

2013헌가19: 환경오염에 대하여 책임을 부담하는 오염원인자의 구체적인 범위 및 그 책임 내용은 [어떻게 정하는가?]

환경보호 및 피해자의 구제라는 공익을 효과적으로 달성하기 위해 당해 법률이 추구하는 목적, 해당 환경오염의 특성, 귀책의 근거를 종합적으로 고려하여 입법자에 의하여 정해진다. 즉, **입법자**에게는 오염원인자의 범위와 그 책임 내용을 결정[할 때] 일정한 **형성의 자유**가 인정된다.

2016다35802: 방사능에 오염된 고철은 원자력안전법 등의 법령에 따라 처리되어야 하고 유통되어서는 안 된다. 사업 활동 등을 하던 중 고철을 방사능에 오염시킨 자는 원인자로서 관련 법령에 따라 고철을 처리함으로써 오염된 환경을 회복·복원할 책임을 진다. 이러한 조치를 취하지 않고 방사능에 오염된 고철을 타인에게 매도하는 등으로 유통시킴으로써 거래 상대방이나 전전 취득한 자가 방사능오염으로 피해를 [보]게 되면 [어떻게 처리하나?] 그 **원인자는 방사능오염 사실을 모르고 유통시켰더라도** 환경정책기본법 제44조 제1항에 따라 피해자에게 피해를 **배상할 의무**가 있다.

운행자책임

특별법인 자동차손배법

과실로 교통사고를 내도 불법행위다. 다만, 특별히 취급한다. 즉, 민법보다 특별법인 자동차손배법을 적용한다.

자동차손배법 제4조(「민법」의 적용) 자기를 위하여 자동차를 운행하는 자의 손해배상책임에 대하여는 제3조[자동차손배책임]에 따른 경우 외에는 「민법」에 따른다.

> **67다1695**: [자동차손배법] 제3조는 불법행위에 관한 민법 규정의 특별 규정이[다. 따라서] 자동차 사고로 인하여 손해를 입은 자가 [자동차손배법]에 의하여 손해배상을 주장하지 않았다고 하더라도 법원은 **민법에 우선하여 [자동차손배법]을 적용**하여야 한다.

운행자?

1. 운전자(driver)는 말 그대로 운전을 한 사람이다.
2. 운행자(operator)는 자동차를 사용, 관리하는 자다. 보통은 자동차 소유자(차주)를 운행자로 본다.

> **자동차손배법 제2조(정의)** 이 법에서 사용하는 용어의 뜻은 다음과 같다.
> 2. "<u>운행</u>"이란 사람 또는 물건의 운송 여부와 관계없이 **자동차를 그 용법에 따라 사용하거나 관리**하는 것을 말한다.

> **2017다222665**: 자동차의 소유자는 [어떤 책임을 부담하나?] 제3자가 무단히 그 자동차를 운전하다가 사고를 내었다고 하[자. 그렇]더라도 그 운행[에] 소유자의 운행지배와 운행이익이 완전히 상실되었다고 볼 특별한 사정이 없는 경우에는 [<u>소유자가</u>] 그 사고에 대하여 [자동차손배법] 제3조[에서 정한] <u>운행자로서의 책임을 부담</u>[한다.]

> 그 운행지배와 운행이익의 상실 여부는 [어떻게 판단하는가? 다음을 종합해 평가해 판단한다. 즉,] 평소의 자동차나 그 열쇠의 보관 및 관리상태, 소유자의 의사와 관계없이 운행이 가능하게 된 경위, 소유자와 운전자의 인적 관계, 운전자의 차량 반환의사의 유무, 무단운행 후 소유자의 사후승낙 가능성, 무단운전에 대한 피해자의 인식 유무 등 객관적이고 외형적인 여러 사정을 사회통념에 따라 [평가해야 한다.]

사례

Op는 친구 O에게 자동차를 빌려줬다. 그런데 O가 그 차를 몰다가 실수로 행인 V를 쳐 V가 크게 다쳤다.

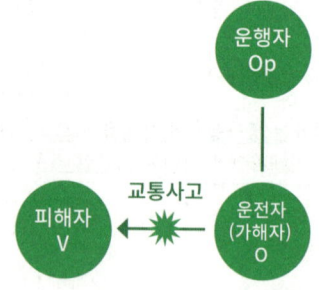

책임부담자

1. 운전자 O는 가해자(offender)로, 일정 요건에 따라 불법행위 책임을 진다.

> **민법 제750조(불법행위의 내용)** 고의 또는 과실로 인한 위법행위로 타인[V]에게 손해를 가한 자[O]는 그 손해를 배상할 책임이 있다.

2. 차주 Op는 운행자(operator)로, 운행자 지위 자체에서 운행자책임을 진다.

> **자동차손배법 제3조(자동차손해배상책임)** <u>자기를 위하여 자동차를 운행</u>하는 자[Op]는 그 운행으로 다른 사람[V]을 사망하게 하거나 부상하게 한 경우에는 그 손해를 배상할 책임을 진다. ...

피해자의 권리구제

> **자동차손배법 제1조(목적)** 이 법은 자동차의 운행으로 사람이 사망 또는 부상하거나 재물이 멸실 또는 훼손된 경우에 손해배상을 보장하는 제도를 확립하여 피해자를 보호하고, 자동차사고로 인한 사회적 손실을 방지함으로써 자동차운송의 건전한 발전을 촉진함을 목적으로 한다.
>
> **94다23876:** [이 법 취지는,] 자동차의 운행이[라는] 사회적 위험성이 큰 요소로 인하여 발생하는 손해의 배상책임을 그 운행자에게 용이하게 귀속시[키려는 것이다.]

행인 V는 피해자(victim)로서,

1. 운전자 O에 대해,
2. 운행자 Op에 대해,

즉, 위 모두에게 손해배상 청구를 할 수 있다.

제조물책임

개념

제조물(product) 결함으로 생명, 신체, 재산이 침해되는 경우다. 이것도 불법행위다. 다만, 특별히 취급한다. 민법보다 특별법인 제조물 책임법을 적용한다.

> **제조물 책임법 제8조(「민법」의 적용)** 제조물의 결함으로 인한 손해배상책임에 관하여 <u>이 법에 규정된 것을 제외하고는</u> 「민법」에 따른다.

제조물의 결함?

> **제조물 책임법 제2조(정의)** 이 법에서 사용하는 용어의 뜻은 다음과 같다.
> 1. "**제조물**"이란 제조되거나 가공된 동산...을 말한다.
> 2. "**결함**"이란 해당 제조물에 ... 제조상·설계상 또는 표시상의 결함이 있거나 그 밖에 통상적으로 기대할 수 있는 **안전성이 결여**[된] 것을 말한다. ...
>
> **제조물 책임법 제3조의2(결함 등의 추정)** 피해자가 다음 각호의 사실을 증명한 경우에는 제조물을 공급할 당시 해당 제조물에 결함이 있었고 그 제조물의 결함으로 인하여 손해가 발생한 것으로 추정한다. ...
> 1. 해당 제조물이 정상적으로 사용되는 상태에서 피해자의 손해가 발생하였다는 사실
> 2. 제1호의 손해가 제조업자의 실질적인 지배영역에 속한 원인으로부터 초래되었다는 사실
> 3. 제1호의 손해가 해당 제조물의 결함 없이는 통상적으로 발생하지 아니한다는 사실

사례

소비자 V는 P사 제품 TV 1대를 주문했다. 그런데 시청 중 그 TV가 폭발해 V는 얼굴에 화상을 입었다.

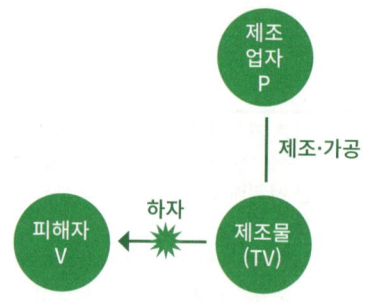

책임부담자

1. TV 자체가 권리를 갖거나 의무를 질 수는 없다.
2. P사는 제조업자(producer)로, 손해배상 책임을 진다.

> **제조물 책임법 제3조(제조물 책임)** ① 제조업자[P]는 <u>제조물의 결함으로 생명·신체 또는 재산에 손해(그 제조물에 대하여만 발생한 손해는 제외</u>한다)를 입은 자[V]에게 그 손해를 배상하여야 한다.

> **98다15934:** 무릇 물품을 제조·판매하는 제조업자[P] 등은 그 제품의 구조, 품질, 성능 등[에서] 그 유통 당시의 기술 수준과 경제성에 비추어 기대 가능한 범[위]의 안전성과 내구성을 갖춘 제품을 제조·판매하여야 할 책임이 있[다.] 이러한 안전성과 내구성을 갖추지 못한 결함으로 인하여 소비자[V]에게 손해가 발생한 경우에는 [제조업자 P 등은] 불법행위로 인한 손해배상의무를 부담한다.

> 텔레비전이 … 그 정상적인 이용상황[에]서 폭발한 [사안이다.] … 제조업자[V]는 내구연한이 다소 경과된 이후에도 제품의 안전성을 확보할 주의의무가 있[다. 따라서] 제조상의 결함을 인정[할 수 있다.]

3. 제조업자를 알 수 없으면? 이때는 판매업자 Q라도 책임을 진다.

> **제조물 책임법 제3조(제조물 책임)** ③ 피해자[V]가 제조물의 <u>제조업자를 알 수 없는 경우</u>에 그 제조물을 영리 목적으로 판매·대여 등의 방법으로 공급한 자[Q]는 제1항에 따른 손해를 배상하여야 한다. …

피해자의 권리구제

> **제조물 책임법 제1조(목적)** 이 법은 제조물의 결함으로 발생한 손해에 대한 제조업자 등의 손해배상책임을 규정함으로써 피해자 보호를 도모하고 국민 생활의 안전 향상과 국민경제의 건전한 발전에 이바지함을 목적으로 한다.

V는 피해자(victim)로서,

1. 제1 순위(주위적)로 제조업자책임에 근거한 청구(제조물 책임법 제3조 제1항)를,
2. 제2 순위(예비적)로 판매업자책임에 근거한 청구(같은 조 제3항)를, 각각 할 수 있다.

다만, 양 책임은 서로 양립할 수 없다.

소송 방법
1. 예비적 청구(객관적 예비적 병합): P를 상대로, (i) 주위적으로는 P가 제조업자, (ii) 예비적으로는 P가 판매업자임을 근거로 청구
2. 예비적 공동소송(주관적 예비적 병합): 주위적 피고 P, 예비적 피고 Q를 상대로, (i) 주위적으로는 P가 제조업자, (ii) 예비적으로는 Q가 판매업자임을 근거로 청구

원인자책임

개념
환경오염으로 피해가 발생할 수 있다. 역시 특별히 취급한다. 민법보다 환경정책기본법을 우선 적용한다.

> 2016다35802: 환경정책기본법 제44조 제1항은 민법의 불법행위 규정에 대한 특별 규정[이다. 이 규정은] 환경오염 또는 환경훼손의 피해자가 그 원인을 발생시킨 자(이하 '원인자'라 한다)에게 손해배상을 청구할 수 있는 근거 규정이다.

> 2006다50338: 환경오염으로 인하여 손해를 입은 자가 환경정책기본법에 의하여 손해배상을 주장하지 않았다고 하[자. 그럴]더라도 법원은 민법에 우선하여 환경정책기본법을 적용하여야 [한다.]

환경오염?

> **환경정책기본법 제3조(정의)** 이 법에서 사용하는 용어의 뜻은 다음과 같다.
> 4. "**환경오염**"이란 사업활동 및 그 밖의 사람의 활동에 의하여 발생하는 대기오염, 수질오염, 토양오염, 해양오염, 방사능오염, 소음·진동, 악취, 일조 방해 등으로서 사람의 건강이나 환경에 피해를 주는 상태를 말한다.
> 5. "**환경훼손**"이란 야생동식물의 남획(濫獲) 및 그 서식지의 파괴, 생태계질서의 교란, 자연경관의 훼손, 표토(表土)의 유실 등으로 자연환경의 본래적 기능에 중대한 손상을 주는 상태를 말한다.

사례

농부 V는 최근 공장폐수 때문에 심각한 재산 손실을 보고 있다. 공장폐수는 P사에서 발생된 것이라 한다.

책임부담자

P사는 원인자(causer)로, 손해배상 책임을 진다.

> **환경정책기본법 제44조(환경오염의 피해에 대한 무과실책임)** ① 환경오염 또는 환경훼손으로 피해가 발생한 경우에는 해당 환경오염 또는 환경훼손의 <u>**원인자가 그 피해를 배상**</u>하여야 한다.

피해자의 권리구제

> **2019다292026:** 환경오염 또는 환경훼손으로 피해가 발생한 때에는 그 원인자는 환경정책기본법 제44조 제1항에 따라 귀책사유가 없더라도 피해를 배상하여야 한다.
>
> **2009다66549전합:** [이 법은] 환경오염의 피해에 대하여 **무과실책임**을 지우고 있[다.]

농부 V는 피해자(victim)로서, P사를 상대로 손해배상 청구를 할 수 있다.

불법행위 성립
Formation of Tort

"네 이웃을 사랑해야 한다"는 규칙이 법이라면, "네 이웃을 다치게 하지 말아야 한다"가 된다. 그때 법률가의 질문은 바로 "그러면 누가 이웃인가?"이다. - Lord Atkin

머리에

불법행위 성립 요건

> 민법 제750조(불법행위의 내용) <u>고의 또는 과실</u>로 인한 <u>위법</u>행위로 타인에게 <u>손해</u>를 가한 자는 그 손해를 배상할 책임이 있다.

1. 고의 또는 과실에 따른,
2. 위법행위를 해서,
3. 그 때문에,
4. 다른 사람에게 손해를 가하고,
5. 가해자에게 책임능력이 있을 것

사례

옥상에서 돌을 던져 누군가 맞아 다쳤다. 불법행위가 성립하는가?

고의

개념

> 2001다46440: 불법행위에[서] 고의는 일정한 결과가 발생하리라는 것을 <u>알면서 감히 이를 [하]는 심리</u>상태[이다].

다음 두 가지가 모두 있어야 고의(willfulness)를 인정한다.

1. 결과 발생 인식
2. 결과 발생 의사

사례

옥상에서 친구들과 돌을 갖고 놀다가 실수로 던진 경우, 고의가 없다. 즉, "고의에 따른" 불법행위는 성립하지 않는다.

결과 발생 인식

결과 발생을 예상해야 한다. 예를 들어, 사람이 돌에 맞을 줄 예상했어야 고의를 인정할 수 있다.

인식의 대상은 "결과 발생"이다. 즉, 자신의 행위가 불법(illegality)이라고 인식할 필요까지는 없다. 예를 들어, 돌을 던져 사람을 맞추는 게 법에 위반된다는 걸 몰랐다고 하자. 그렇더라도, 고의는 얼마든지 인정된다.

2001다46440: [고의가 인정되려면] 객관적으로 위법이라고 평가되는 일정한 결과의 발생이라는 사실의 인식만 있으면 [된다.] 그 외에 그것이 위법한 것으로 평가된다는 것까지 인식하는 것을 필요로 하는 것은 아니다.

결과 발생 의사

결과 발생을 의도해야 한다. 예를 들어, 사람을 맞춘다는 의사가 있어야 고의를 인정할 수 있다.

결과가 발생할지도 모른다고 인식하면서도, 이를 무릅쓰고 하는 경우가 있다. 이를 미필적 고의(*dolus eventualis*; willful negligence)라고 한다. 예를 들어, 지나가던 누구라도 맞아도 상관없다고 생각하고 던졌다고 하자. 이것도 결과 발생을 의도한 것으로 본다. "사람을 맞춘다"는 의사, 즉 고의가 있다.

90다16771: 불법행위 법리에[서]는 **미필적 고의도 고의**의 한 태양으로 [본다.]

과실

개념

2000다12532: 불법행위의 성립요건으로서의 과실은 ... **사회평균인으로서의 주의의 무를 위반**한 경우를 가리[킨다.]

과실(negligence)이란 쉽게 말해 부주의다. 다음 두 가지 모두 있어야 과실을 인정한다.

1. 결과 발생 인식 가능
2. 결과 발생 회피 가능

결과 발생 인식 가능
결과 발생 회피 가능 과실

사례

1. 사람이 전혀 지나다닐 리 없는 바다를 향해 사람이 없는 것을 확인하고 돌을 던졌다.

2. 그런데, 우연히 웬 사람이 낙하산을 타고 내려오다 돌에 맞아 다쳤다.
3. 그렇다면 과실이 없다. 과실에 따른 불법행위도 성립하지 않는다.

결과 발생 인식 가능(예견가능성)

결과 발생을 예상했거나 예상할 수 있었어야 한다. 예를 들어, 바다에 사람이 있다는 걸 예상할 수 있어야 과실을 인정할 수 있다.

> **2005다16034**: 집단따돌림으로 인하여 피해 학생이 자살한 경우, **자살의 결과**에 대하여 학교의 교장이나 교사의 보호감독의무 위반의 [과실]책임을 묻기 위하여는 피해 학생이 자살에 이른 상황을 객관적으로 보아 **교사 등이 예견하였거나 예견할 수 있었음이 인정되어야** 한다.
>
> 중학교 3학년 여학생이 급우들 사이의 집단따돌림으로 인하여 자살한 사안[이다.] ... 담임교사에게 피해 학생의 자살에 대한 예견가능성이 있었다고 인정하지 아니하여 자살의 결과에 대한 손해배상책임은 부정[한다.] 다만 학생들 사이의 갈등에 대한 대처를 소홀히 한 과실을 인정하여 [그 부분에 대하여는] 손해배상책임을 긍정[한다.]

결과 발생 회피 가능(회피가능성)

결과 발생을 피할 수 있었는데도 그렇게 하지 않았어야 한다. 예를 들어, 돌을 굳이 안 던져도 되는 상황인데도 던졌다면 과실이 인정된다.

> **2020다217533**: 의사가 진찰, 치료 등의 의료행위를 하는 경우 사람의 생명, 신체, 건강을 관리하는 업무의 성질에 비추어 환자의 구체적인 증상이나 상황에 따라 위험을 방지하기 위하여 [필요한] 최선의 조치를 행하여야 할 주의의무가 있다.
>
> 진단상의 과실 유무를 판단[하는 방법은 어떨까?] 완전무결한 임상진단의 실시는 불가능[하다. 그러나 그렇다]할지라도 적어도 임상의학 분야에서 실천되고 있는 진단 수준의 범위 안에서 전문직업인으로서 [필요한] 의료상의 윤리와 의학지식 및 경험에 기초하여 신중히 환자를 진찰하고 정확히 진단[해야] 한다. 즉, 해당 의사가 이렇게 해서] 위험한 **결과 발생을** 예견하고 이를 **회피하는 데에 필요한 최선의 주의의무를 다하였는지** 여부를 따져 보아야 한[다.]
>
> **2011다26964**: 내시경 검사 후 식도천공이 진단되었다는 ... 사정만으로는 ... [의사 A가] 내시경 검사 도중 내시경 검사기구를 잘못 사용하여 식도천공을 만들었[다고] 인정하기 부족하[다.]
>
> **2018도2844**: [의사 B는] 피해자가 수술 후 보인 증상을 통상적인 통증으로 안일하게 판단하여 피해자에게 지연성 천공 등 예상되는 합병증에 대한 위험을 제대로 고지·설명하지 않았고, 퇴원 조건을 갖추지 못한 피해자에 대한 퇴원을 허락하였다. 나아가 [의사 B는] 피해자가 재차 병원을 방문하였을 때에도 복막염이 아니라고 속단한 채 피해자에게 **필요한 적절한 검사나 치료를 하지 않고,** 피해자가 마지막으로 병원에 온 이후에도 허혈성 심실환으로만 의심하여 이에 대한 조치만 취하였을 뿐이다. 그 결과 ... 피해자로 하여금 제때에 필요한 조치를 받지 못하게 한 과실이 있다.

주의의무 정도 판단 기준(추상적 사회평균인)

주의의무 정도는 추상적으로(abstractly) 판단한다.

1. 원래 사람은 다양하다. 어떤 사람은 주의 깊고, 어떤 사람은 부주의하다. 평소 주의 깊은 사람 기준에서는 과실이지만, 평소 부주의한 사람 기준에서는 그 정도면 과실이 아닐 수도 있다. 이처럼 기준이 제각각이면 판사가 재판할 수 없다.
2. 그래서 사회평균인의 주의 정도를 기준으로 삼는다.

2000다12532: 불법행위의 성립요건으로서의 과실은 이른바 **추상적 과실만이 문제**[된]다. 그리고 이러한 과실은 **사회평균인으로서의 주의의무를 위반**한 경우를 가리키는 것이[다.]

사실관계 판단 기준(구체적 사안)

사실관계(사안)는 구체적으로(concretely) 판단한다.

1. 돌은 던진 때가 언제였냐, 명동 거리에서 돌을 던졌냐 무인도에서 돌을 던졌냐, 인기척이 있었냐 등등 개별 상황을 구체적으로 확인해야 한다.
2. 그러한 특정 상황에서 보통 사람이라면 어떻게 했을 것인가를 검토한다.

2000다12532: 여기[서 말하는] "사회평균인"이라고 하는 것은 추상적인 일반인을 말하는 것이 아니라 그때 그때의 **구체적인 사례에[서의] 보통인**을 말하는 것이다.

66다1938: 일반적 보통인이[란] ... 그와 같은 업무와 직무에 종사하는 보통인을 말하는 것이[다. 그러]므로 그와 같은 직업과 직무에 종사하는 사람으로서는 보통 누구나 할 수 있는 주의의 정도를 표준으로 하여 그 과실유무를 논[한다.]

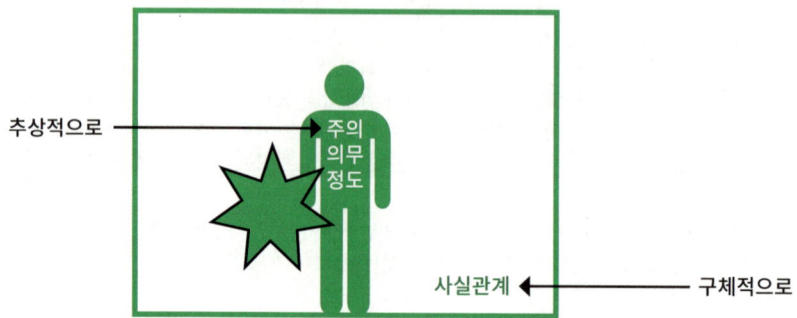

고의와 과실 관계

형법에서

1. 고의인지 과실인지 구별은 매우 중요하다.
2. 원칙적으로 고의범만 처벌하기 때문이다. 일부러 저지른 것(죄의 성립요소인 사실을 인식한 것)이 아니면, 원칙적으로 처벌 못 한다.
3. "가해자를" 처벌할 것인지 문제이므로, 가해자의 심리상태가 중요한 것이다.

악행은 결과보다 의사가 중요하다(*In maleficiis voluntas spectatur, non exitus*; In criminal acts, the intention is to be sought or examined rather than the result).

형법 제13조(고의) 죄의 성립요소인 <u>사실을 인식하지 못한 행위는 벌하지 아니한다</u>. 다만, 법률에 특별한 규정이 있는 경우에는 예외로 한다.

형법 제14조(과실) 정상적으로 기울여야 할 주의(注意)를 게을리하여 죄의 성립요소인 사실을 인식하지 못한 행위는 법률에 특별한 규정이 있는 경우에만 처벌한다.

2009도9807: '명문 규정이 있거나 해석상 과실범도 벌할 뜻이 명확한 경우'를 제외하고는 <u>형법의 원칙에 따라 '고의'가 있어야 벌할 수 있다</u>.

민법에서

손해배상에 관해, 고의와 과실 구별이 크게 중요하진 않다.

1. 고의에 따른 것이든 과실에 따른 것이든, 손해를 발생시켰으면 배상해야 하기 때문이다. 일부러 저지른 것이 아니라고 해서, 배상책임이 면제되지 않는다.
2. "피해자의" 손해를 배상하는 문제이므로, 가해자의 심리상태가 중요하지 않은 것이다.

민법 제390조(채무불이행과 손해배상) 채무자가 채무의 내용에 좇은 이행을 하지 아니한 때에는 채권자는 손해배상을 청구할 수 있다. 그러나 채무자의 <u>고의나 과실</u> 없이 이행할 수 없게 된 때에는 그러하지 아니하다.

민법 제750조(불법행위의 내용) <u>고의 또는 과실로</u> 인한 위법행위로 타인에게 손해를 가한 자는 그 손해를 배상할 책임이 있다.

2009다1313: 형법과 달리 손해의 전보를 목적으로 하여 <u>과실을 원칙적으로 고의와 동일시하는 민법의 해석</u>으로서는 과실에 의한 방조도 가능하[다].

물론, 손해배상(damages)에서 대제로 그렇다는 의미다. 민법에서 고의와 과실을 구별할 필요가 전혀 없다는 뜻은 아니다.

결론

1. 확정적 고의("사람을 맞춰야겠다"): 배상의무 ○
2. 미필적 고의("사람이 맞더라도 괜찮다"): 배상의무 ○
3. 과실(방심하여 "사람이 맞을 리는 없겠지"): 배상의무 ○
4. 무과실(사고 발생을 전혀 예상할 수 없는 상황에서 "사람이 맞을 리는 없겠지"): 배상의무 ×

위법성

개념

위법행위여야 불법행위로 인정된다. 즉, 위법성이 있어야 한다.

> 민법 제750조(**불법행위의 내용**) 고의 또는 과실로 인한 <u>**위법**</u>행위로 타인에게 손해를 가한 자는 그 손해를 배상할 책임이 있다.

1. 위법성(illegality)이란, 쉽게 말해 법에 위반된다는 것이다. 정확히는, 가해행위가 법질서에 반하여 사회생활상 허용되지 않는 성질이다.

> **2019다268061**: 위법행위는 불법행위의 핵심적인 성립 요건[이다. 이는] 법률을 위반한 경우에 한정되지 않고 <u>**전체 법질서의 관점에서 사회통념상**</u> 위법하다고 판단되는 경우도 포함할 수 있는 탄력적인 개념이다.

2. 따라서 만약 가해행위에 정당한 사유가 있다면, 위법성이 없다. 정당한 사유가 위법성을 깨뜨리는 것인데, 이를 위법성 조각이라 한다. 이때 정당한 사유를 위법성 조각사유(justification)라 부른다.

사례

떼강도들이 나를 죽이려고 하기에 어쩔 수 없이 돌을 던져 방어한 것이라면, 가해행위에 위법성이 없다. 불법행위가 성립하지 않는다.

정당방위

다른 사람의 불법행위에 대항해 방어 목적으로 하는 가해행위를 정당방위(self-defense)라 한다. 이 경우 위법성이 없다.

1. 예를 들어, 위 떼강도 사건에서 돌을 던진 건 정당방위이므로 위법성이 없다.
2. 방어 목적이 아니라면 정당방위가 아니다. 가령 시비가 붙어 서로 싸운 것은 정당방위가 아니므로, 여전히 위법하다.

> 민법 제761조(**정당방위**, 긴급피난) ① 타인의 불법행위에 대하여 자기 또는 제삼자의 이익을 **방위하기 위하여 부득이** 타인에게 손해를 가한 자는 배상할 책임이 없다. ...

> **83도3090**: 언쟁중 흥분끝에 싸우다가 상해를 입힌 행위는 서로 상대방의 상해행위를 유발한 것이어서 정당방위는 성립하지 아니한다.

긴급피난

급박한 위난을 피하는 것을 목적으로 하는 가해행위를 긴급피난(necessity)이라 한다. 역시 이 경우 위법성이 없다.

1. 예를 들어, 집에 불이 나 밖으로 도망 나가기 위해 어쩔 수 없이 돌을 던져 창문을 깬 것이라면, 긴급피난이므로 위법성이 없다.

> 절실한 상황은 법률을 모른다(*Necessitas non habet legem*; Necessity has no laws).

2. 피난 목적이 아니라면 긴급피난이 아니다. 임차 주택에 불이 나자 평소 악감정을 갖고 있던 집주인에게 분풀이로 창문에 돌을 던진 뒤, 대문으로 유유히 빠져 나왔다고 하자. 긴급피난이 아니므로 여전히 위법하다.

> **민법 제761조(정당방위, 긴급피난)** ② 전항[정당방위]의 규정은 **급박한 위난을 피하기 위하여 부득이** 타인에게 손해를 가한 경우에 준용한다.

> **90도870**: [어떤 행위가] 급박한 현재의 위난을 피하기 위한 부득이한 것이었다고 볼 수는 없[다. 그래]므로 …긴급피난에 해당하지 아니하다

위법성 판단 기준

사안마다 개별적으로 판단한다. 결국 종합적으로 판단해야 한다. 다만, 몇 가지 유형별로 기준을 제시할 수 있다.

> **2019다268061**: 불법행위의 성립 요건으로서 위법성은 관련 행위 전체를 일체로 보아 판단하여 결정해야만 하는 것은 아니[다.] 문제가 되는 **행위마다 개별적, 상대적으로 판단**하여야 한[다.]

특별히 문제되는 몇 가지 예를 들어 보자.

1. 생활방해(nuisance)

> **99다55434**: 불법행위 성립요건으로서의 위법성은 관련 행위 전체를 일체로만 판단하여 결정하여야 하는 것은 아니[다.] 문제가 되는 행위마다 개별적·상대적으로 판단하여야 [한다. 그래]므로 어느 시설을 **적법하게 가동…하는 경우에도** 그로부터 발생하는 … 제3자가 손해를 입은 경우에는 그 **위법성을 별도로 판단[해야** 한다.]

> **2014다57846**: 도로에서 발생하는 소음으로 말미암아 생활에 고통을 받는 경우에 이웃 거주자에게 인용의무가 있는지 여부는 일반적으로 사회통념에 비추어 도로소음이 참아내야 할 정도(이하 '**참을 한도**'라고 한다)**를 넘는지 여부에 따라 결정**하여야 한다.

> 도로소음을 규제하는 행정법규는 인근 주민을 소음으로부터 보호하는 데 주요한 목적이 있기 때문에 도로소음이 이 기준을 넘는지 여부는 참을 한도를 정하는 데 중요하게 고려해야 한다.

> 그러나 도로변 지역의 소음에 관한 환경정책기본법의 소음환경기준을 넘는 도로소음이 있다고 하여 바로 참을 한도를 넘는 위법한 침해행위가 있어 민사책임이 성립한다고 단정할 수 없다.

행정 규제기준을 준수했는데도 민사 불법행위가 성립할 수 있다. 반대로, 행정 규제기준을 위반했는데도 민사 불법행위가 불성립할 수 있다.

2. 명예훼손(defamation)

> **2010다108579:** 민사상으로 타인의 명예를 훼손하는 행위를 한 경[우 어떨까?] 그것이 공공의 이해에 관한 사항으로서 목적이 오로지 **공공의 이익**을 위한 것인 때에는 진실한 사실이라는 증명이 있으면 그 행위에 위법성이 없[다.] 또한 증명이 없더라도 행위자가 그것을 **진실이라고 믿을 만한 [타]당한 이유**가 있는 경우에는 **위법성이 없[다.]**

> 다만 인터넷에서 무료로 취득한 공개 정보는 누구나 손쉽게 복사·가공하여 게시·전송할 수 있는 것[이다. 따라서] 그 내용의 진위가 불명확함은 물론 궁극적 출처도 특정하기 어렵다.

> 인터넷상 가상공동체(cyber community)의 자료실이나 게시판 등에 게시·저장된 자료를 보고 그에 터 잡아 달리 사실관계의 조사나 확인을 하지 않고 다른 사람의 사회적 평판을 저하할 만한 사실을 적시한 기고문을 게재하였다[고 하자. 그렇다면] 설령 행위자가 그 내용이 진실이라 믿었다 한들, 그렇게 믿을 만한 [타]당한 이유가 있다고 보기 어렵다.

3. 채권 침해(infringement of claims)

> **2016다10827:** 일반적으로 채권에 대해서는 배타적 효력이 부인되고 채권자 상호 간 및 채권자와 제3자 사이에 자유경쟁이 허용[된다. 그러]므로 제3자에 의하여 채권이 침해되었다는 사실만으로 바로 불법행위가 성립하지는 않는다.

> 그러나 거래에서 자유경쟁 원칙은 법질서가 허용하는 범위에서 공정하고 건전한 경쟁을 전제로 [한다. 그러므로] 제3자가 채권자를 **해친다는 사정을 알면서도 법규를 위반**하거나 선량한 풍속 그 밖의 **사회질서를 위반하는 등 위법한 행위**를 하여 채권의 실현을 방해하는 등으로 채권자의 이익을 침해하였다면 불법행위가 성립한다.

> **채권침해의 위법성**은 침해되는 채권 내용, 침해행위의 양태, 침해자의 고의나 해의 등 주관적 사정 등을 참작하여 **구체적, 개별적으로 판단**[한다. 다만,] 거래자유 보장의 필요성, 경제, 사회정책적 요인을 포함한 공공의 이익, 당사자 사이의 이익 균형 등을 종합적으로 고려하여야 한[다.]

4. 권리행사(exercise of rights)

> **2011도2412:** 채권자가 채권추심을 위하여 독촉 등 권리행사에 필요한 행위를 할 수 있기는 [하다. 그렇]지만, **법률상 허용되는 정당한 절차에 의한 것이어야** [한다.] 또한 채무자의 자발적 이행을 촉구하기 위해 **필요한 범위 안에서 [적절]한 방법**으로 그 권리가 행사[돼야 한다.]

> 사채업자인 피고인은 피해자에게, 채무를 변제하지 않으면 피해자가 숨기고 싶어 하는 과거의 행적과 사채를 쓴 사실 등을 남편과 시댁에 알리겠다는 등의 문자메시지를 발송하였[다.] ... 정당한 절차와 방법을 통해 그 권리를 행사하지 아니하고 피해자에게 위와 같이 해악을 고지한 것이 ... 사회통념에 비추어 용인할 수 있는 정도의 것이라고 볼 수는 없다. ... 정당행위에 해당한다는 피고인의 주장을 배척한 것은 정당하[다.]

관건: 법률상 보호가치 있는 이익을 위법하게 침해하는가?

2019다268061: 소유권을 비롯한 절대권을 침해한 경우뿐만 아니라 **법률상 보호할 가치가 있는 이익**을 침해하는 경우에도 침해행위의 양태, 피침해이익의 성질과 그 **정도에 비추어 그 위법성이 인정**되면 불법행위가 성립할 수 있다.

연습문제

2020년도 변호사시험 공법 선택형

[문 34.] 행정법의 해석과 적용에 관한 설명 중 옳지 않은 것은? (다툼이 있는 경우 판례에 의함)

① 산업통상자원부장관이 「석유 및 석유대체연료 사업법」[에서] 정한 바에 따라 석유 수급과 석유가격의 안정을 위하여 부과금을 징수하였다가 환급 사유가 발생하여 그 일부를 환급하는 경우, 석유환급금 부과·환급의 실질에 비추어 보면 환급금의 산정기준에 관한 규정을 해석할 때 조세나 부담금에 관한 법률의 해석에 관한 법리가 적용된다.

② 건축물이 건축 관계법에 따라 적법하게 축조되었다면, 이 건축물로 인해 인근 토지에 있는 건축물 소유자의 일조이익이나 조망이익이 침해되었다고 해도 사법(私法)상 불법행위를 구성하지는 않는다.

③ 손실보상액 산정의 기준이나 방법에 관하여 구체적인 법령의 규정이 없는 경우에는, 그 성질상 유사한 물건 또는 권리 등에 대한 관련법령상의 손실보상액 산정의 기준이나 방법에 관한 규정을 유추적용할 수 있으므로, 하천수 사용권에 대한 '물의 사용에 관한 권리'로서의 정당한 보상금액은 어업권이 취소되거나 어업면허의 유효기간 연장이 허가되지 않은 경우의 손실보상액 산정 방법과 기준을 유추적용하여 산정할 수 있다.

④ 행정재산에 대하여 사용허가처분을 하였을 경우에 인정되는 사용료 부과처분과 같은 침익적 행정처분의 근거가 되는 행정법규는 엄격하게 해석·적용되어야 하므로, 행정재산이 용도폐지로 일반재산이 된 경우 용도폐지되기 이전의 행정재산에 대하여 한 사용허가는 소멸되며 더 이상 사용료 부과처분을 할 수 없다.

⑤ 「광업법」에는 기간의 계산에 관하여 특별한 규정을 두고 있지 않으므로, 「광업법」상 출원제한기간을 계산할 때에는 기간 계산에 관한 「민법」의 규정이 그대로 적용된다.

손해

개념

손해가 인정되어야 불법행위가 성립한다.

민법 제750조(불법행위의 내용) 고의 또는 과실로 인한 위법행위로 타인에게 **손해**를 가한 자는 그 손해를 배상할 책임이 있다.

1. 불법행위(tort)에 따른 손해(damages)란, 불법행위 때문에 피해자(victim)가 입은 손실을 말한다.
2. 옥상에서 돌을 던져 10만 원짜리 꽃병 1개가 완전히 깨져 전혀 못쓰게 되었다고 하자. 이 경우 10만 원 손해가 발생한다.

손해는 불법행위 말고도 채무불이행에서도 문제된다. "채무불이행"에 관해서는 차차 배우자. 일단, 불법행위에 따른 손해를 본다.

> **2020다282513**: 불법행위로 인한 재산상 손해는 [무엇인가?] 위법한 가해행위로 인하여 발생한 재산상 불이익, 즉 그 위법행위가 없었더라면 존재하였을 재산 상태와 그 위법행위가 가해진 현재의 **재산 상태의 차이**를 말한[다.]

사례
옥상에서 돌을 던졌는데 아무도 없는 곳에 살포시 떨어져 누구도 전혀 놀라지 않았다. 손해가 없으므로, 불법행위가 성립하지 않는다.

의의
1. 불법행위가 있다고 무조건 손해배상을 해야 하는 것은 아니다. 손해가 없으면 손해배상청구를 할 수 없다. 당연하다.
2. 따라서 손해 발생은 손해배상청구의 요건 중 하나다. 즉, 요건사실이다.
3. 소송에서 배상받으려는 사람이 손해 증명을 못 하면, 배상을 받지 못한다.

> **2010다95185**: [사안에서] 소유자인 [R]로서는 특별한 사정이 없는 한 [M]의 처분행위로 인하여 **어떠한 손해도 입은 바가 없[다.**] ... [M이] 위 각 부동산을 임의로 처분하더라도 [R]로서는 특별한 사정이 없는 한 [M을] 상대로 **불법행위로 인한 손해배상청구를 할 수 없다.**

인과관계

개념
인과관계가 인정되어야 불법행위가 성립한다.

> **민법 제750조(불법행위의 내용)** 고의 또는 과실로 인한 위법행위**로** 타인에게 손해를 가한 자는 그 손해를 배상할 책임이 있다.

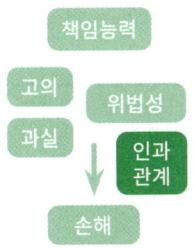

1. 즉, 가해행위와 손해 사이의 인과관계(causation)가 필요하다.
2. "만약 가해행위가 없었다면 그 손해가 발생하지 않았을 것이다"는 관계에 있어야 한다. 이를 조건적 관계(conditional relation)라 한다.

> **2003다9742**: 법규[를] 위반한 행위로 손해를 발생시킨 가해자가 ... 적법행위에 의했더라도 피해자에게 동일한 손[해] 전부 또는 일부를 발생시킬 수 있었던 사정[즉, 인과관계가 없다는 점]을 이유로 가해자가 면책을 주장할 수 있는 [경우도 있다.]

사례

옥상에서 돌을 던졌는데, 누군가 손을 다쳤다며 찾아와 배상을 요구한다. 그런데 알고 보니 엉뚱한 곳에서 일하다 망치에 손을 다친 것이지, 돌과는 아무 상관 없었다. 인과관계가 없으므로, 불법행위가 성립하지 않는다.

판단 기준

인과관계는 원래 자연현상이다. 그러나 법학에서는 법적으로 평가할 수밖에 없다. 경험상(experiential) 어떤 행위로 그러한 결과가 생기는 것이 보통일 때 법적 인과관계가 있다고 한다. 상당인과관계(proximate causation)라고도 한다.

1. 가령 내가 태어나지 않았다면 돌도 던지지 않았을 것이다. 그러므로 부모님이 나를 낳아준 것과 돌 맞은 사람의 피해 사이에 자연적 인과관계는 있다.
2. 하지만 법학에서 이런 것까지 인과관계가 있다고 하지는 않는다. 아이를 낳는 것이 경험상 상해라는 결과로 이어지지는 않는다. 즉, 법적 인과관계가 없다.

> **2010다15363**: 불법행위로 인한 손해배상의 범위를 정[할 때] 불법행위와 손해아이 사이에 **자연적 또는 사실적 인과관계가 존재하는 것만으로는 부족**하[다. 즉,] 이념적 또는 **법률적 인과관계 즉 상당인과관계가 있어야** [한다.]

> 그런데 [우리나라 법제는] 변호사강제주의를 택하지 않고 있[다. 따라서] 손해배상청구의 원인[이 된] 불법행위 자체와 변호사 비용 사이에 상당인과관계가 [없다. 그러]므로 변호사 비용을 그 불법행위 자체로 인한 손해배상채권에 포함시킬 수는 없다.

참고로, 변호사비용 등 소송비용에 관해서는 별도로 소송비용확정 절차가 있다. 승소한 자는 이 절차를 통해 변호사비용 일부를 보전받으면 된다.

> **민사소송법 제110조(소송비용액의 확정결정)** ① 소송비용의 부담을 정하는 재판에서 그 액수가 정하여지지 아니한 경우에 제1심법원은 그 재판이 확정...된 후에 당사자의 신청을 받아 결정으로 그 소송비용액을 확정한다.

3. 법률적 인과관계, 즉 상당인과관계는 어떻게 판단할까? 결국 구체적, 개별적, 종합적으로 판단할 수밖에 없다.

> **2010다102755:** 상당인과관계의 유무는 결과발생의 개연성, 위법행위의 태양 및 [침해를 당하는 이익]의 성질 등을 **종합적으로 고려**하여 판단하여야 한[다].

책임능력

개념

자기의 행위로 타인에게 손해를 끼치게 되리라는 것을 판단할 수 있는 능력을 책임능력(capacity in tort)이라 한다. 불법행위 책임을 질 수 있는 능력이라 해서 불법행위능력(capacity to commit an unlawful act)이라고도 한다.

사례

6살짜리 꼬마가 옥상에서 돌을 던져 지나던 사람이 돌에 맞아 크게 다쳤다.

1. 가해자(꼬마)의 고의나 과실은 얼마든지 인정된다.
2. 위법하기도 하다.
3. 그러나 가해자(꼬마)는 책임능력이 없으므로, 배상책임이 없다.

미성년자의 책임능력

이처럼, 나이가 어려서 책임능력이 없는 경우가 있다. 책임능력 없는 미성년자(minor)는 배상책임이 없다.

> **민법 제4조(성년)** 사람은 19세로 성년에 이르게 된다.

> **민법 제753조(미성년자의 책임능력)** 미성년자가 타인에게 손해를 가한 경우에 그 행위의 **책임을 변식할 지능이 없는 때**에는 배상의 책임이 없다.

1. 모든 미성년자(19세 미만)가 책임능력이 없는 것은 아니다. "미성년자 중에서도" 판단능력(책임을 변식할 지능)이 없을 정도가 돼야만 책임능력이 없다.

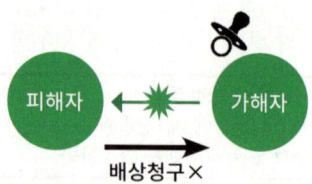

78다729: 13세 5[개]월이 된 중학생이 전쟁놀이 중 장난감이라고 할 수 없는 위험한 물건인 고무총으로 땅콩 크기의 돌을 발사하여 같이 놀던 아이의 좌안을 실명하게 [하였다. 이러한 행위]는 불법행위의 책임을 변식할 수 있는 지능을 가진 사람의 행위라고 단정하기는 어렵다. [즉, 책임능력을 부정한 사례]

2. 즉, 미성년자(19세 미만)라도 책임을 변식할 지능이 있는 경우는 책임능력을 인정한다.

2003다5061: 미성년자가 책임능력이 있어 그 스스로 불법행위책임을 지는 경우[도 있을 수 있다.]

재수생으로서 학원에 다니며 수학능력평가시험을 준비하던 책임능력 있는 미성년자가 타인을 폭행한 사안[이다.]

심신상실자의 책임능력

정신이상으로 책임능력이 없는 경우도 있다. 앞서 본 심신상실(*non compos mentis*; insanity)이다. 책임능력 없는 심신상실자는 배상책임이 없다. 심신상실이란, 가해자가 정신이상 때문에 판단능력, 제어능력이 없는 상태다.

> 민법 제754조(심신상실자의 책임능력) <u>심신상실 중</u>에 타인에게 손해를 가한 자는 배상의 책임이 없다. ...

정신이상 때문에 판단능력, 제어능력이 "없으면" 심신상실(insanity), "낮으면" 심신미약(feeble-mindedness)이라 한다. 심신상실과 심신미약을 통칭해 심신장애(mental disorder)라 한다. 민법은 심신미약 경우는 따로 정하지 않았다.

책임능력 판단 기준

어떤 경우 미성년자 또는 심신상실자에 해당하는가? "책임을 분별해 일 수 있는 상태" 여부가 관건이다.

1. 미성년자 경우: 일률적으로 판단할 수는 없다.

77다354: 불법행위로 인한 책임을 변식할 지능의 유무는 연령 교육기관의 <u>학년도에 의하여 획일적으로 결정할 수 없[나</u>.] 각자의 지능 발육정도 환경 지위신분 평소 행동 등에 의하여 개별적으로 결정하여야 한다.

다만, 실무상 초등학교 졸업 연령이나 중학교 저학년 이상이면 웬만해서는 책임능력을 인정하는 경향(tendency)이 있다.

2. 심신상실자 경우: 역시 일률적으로 판단할 수는 없다.

다만, 실무상 심한 정도의 정신질환이 있는지를 참고한다.

가해자가 책임능력 없는 미성년자 또는 심신상실자일 경우, 피해자의 권리구제

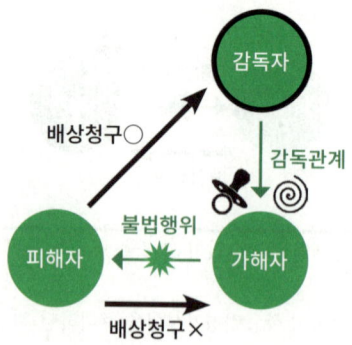

1. 가해자 상대로는 손해배상을 청구할 수 없다(근거: 민법 제753조, 제754조).

> **민법 제753조(미성년자의 책임능력)** 미성년자가 타인에게 손해를 가한 경우에 그 행위의 책임을 변식할 지능이 없는 때에는 **배상의 책임이 없다.**
>
> **민법 제754조(심신상실자의 책임능력)** 심신상실 중에 타인에게 손해를 가한 자는 **배상의 책임이 없다.** ...

2. 감독자 상대로 손해배상을 청구하면 된다(근거: 민법 제755조).

> **민법 제755조(감독자의 책임)** ① 다른 자에게 손해를 가한 사람이 제753조[미성년자] 또는 제754조[심신상실]에 따라 책임이 **없는** 경우에는 그를 **감독할 법정의무가 있는 자가 그 손해를 배상할 책임이 있다.** ...

가해자가 책임능력 있는 미성년자일 경우, 피해자의 권리구제

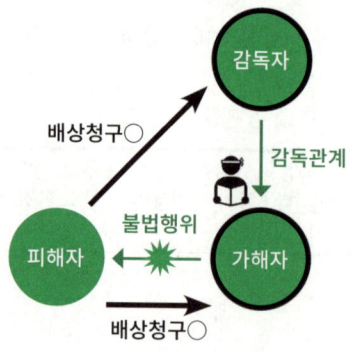

1. 가해자 상대로도 손해배상을 청구할 수 있다(근거: 민법 제750조).

   민법 제750조(불법행위의 내용) 고의 또는 과실로 인한 위법행위로 타인에게 손해를 <u>**가한 자**[가해자]</u>는 그 손해를 **배상할 책임이 있다**.

2. 감독자 상대로도 손해배상을 청구할 수도 있다(근거: 민법 제750조).

   민법 제750조(불법행위의 내용) 고의 또는 과실로 인한 위법행위로 타인에게 손해를 <u>**가한 자**[감독자]</u>는 그 손해를 **배상할 책임이 있다**.

   96다15374: 책임능력 <u>**있는**</u> 미성년자의 불법행위로 인하여 손해가 발생[했다.] 그 손해가 미성년자의 감독의무자의 의무위반과 상당인과관계가 있는 경우 감독의무자는 **일반불법행위자로서** 손해배상의무가 있다.

   사고 당시 18세 남짓한 미성년자가 운전면허가 없음에도 가끔 숙부 소유의 화물차를 운전한 [사안이다.] 부모로서는 미성년의 아들이 무면허운전을 하지 못하도록 보호감독하여야 할 주의의무가 있음에도 이를 게을리하여 화물차를 운전하도록 방치한 과실이 있[다.] 부모의 보호감독상의 과실이 사고 발생의 원인이 되었[다. 그러]므로, 부모들이 피해자가 입은 손해를 배상할 책임이 있[다.]

3. 위 두 책임은 부진정연대 관계에 있다.

   가해자 자체는 돈이 없는 경우가 많다. 감독자 상대로도 청구할 수 있어야 실질적인 피해 구제가 이루어질 수 있다.

참고: 형사 책임능력과 비교

형법에도 책임능력(criminal competency) 개념이 있다. 쉽게 말해, 시비를 가릴 수 있는 능력이다. 형사에도 미성년자와 심신장애가 있다.

1. 형사미성년자(criminal minor): 형사는 19세가 아니라 14세가 기준이다. 민법과 다르다. 형사에서는, 14세 미만이면 일률적으로 형사 책임능력이 없다고 간주한다. 어떤 단서도 없다. 그저 무죄다.

   형법 제9조(형사미성년자) 14세 되지 아니한 자의 행위는 벌하지 아니한다.

	민사	형사
미성년자 기준	19세	14세
적용기준	개별적	획일적
책임능력	불법행위능력 ×	범죄능력 ×
결과	손해배상책임 ×	무죄

2. 형사 심신상실자(criminal insanity): 쉽게 말해, 완전히 미친 사람이다. 무죄다. 그러나 심신상실이라 해서 무조건 그렇다는 것은 아니고, 심신상실 때문에 책임변식 지능이 없는 경우야 한다.

   형법 제10조(심신장애인) ① 심신장애로 인하여 사물을 변별할 능력이 **없거나** 의사를 결정할 능력이 없는 자의 행위는 벌하지 아니한다.

68도400: 사물을 판별할 능력 또는 의사를 결정할 능력은 자유의사를 전제로 한 의사결정의 능력에 관한 것[이다.] 그 능력의 유무와 정도는 감정사항에 속하는 사실문제[다. 그러나 그렇다고] 할지라도 그 능력[에] 관한 확정된 사실이 심신상실 또는 심신미약에 해당하는 여부는 법률문제에 속[한다.]

	민사	형사
심신상실자 기준	책임분별능력 ×	책임분별능력 ×
적용기준	개별적	개별적
책임능력	불법행위능력 ×	범죄능력 ×
결과	손해배상책임 ×	무죄

3. 형사 심신미약자(criminal feeble-mindedness): 쉽게 말해, 조금 미친 사람이다. 유죄지만 형을 감경한다. 심신미약 때문에 책임변식 지능이 낮은 경우야 한다.

형법 제10조(심신장애인) ② 심신장애로 인하여 전항의 능력이 **미약**한 자의 행위는 형을 감경할 수 있다.

83도3007: 형법 제10조[에서 정한] 심신장애로 인하여 사물을 변별할 능력이 없거나 의사를 결정할 능력이 없는 자[(심신상실자)] 및 이와 같은 능력이 미약한 자[(심신미약자)][란] 어느 것이나 심신장애의 상태에 있는 사람을 말[한다.] 이 양자는 단순히 그 **장애 정도의 강약의 차이가 있을 뿐**[이다.]

	민사	형사
심신미약자 기준	-	책임분별능력 △
적용기준	-	개별적
책임능력	-	범죄능력 ○
결과	-	유죄 BUT 감경

책임능력, 미성년자, 심신장애 등은 용어 면에서 겹친다. 그러나 민사 책임능력(= 불법행위능력)과 형사 책임능력(= 범죄능력)은 다르므로, 잘 구별해야 한다.

연습문제

2021년도 변호사시험 민사법 선택형

[문 29.] 불법행위에 관한 설명 중 옳지 않은 것은? (다툼이 있는 경우 판례에 의함)

① 미성년자에게 책임능력이 있어 스스로 불법행위책임을 지는 경우에도, 그 손해가 미성년자에 대한 감독의무자의 의무위반과 상당인과관계가 있으면 감독의무자는 「민법」 제750조에 의하여 일반불법행위자로서 손해배상의무를 진다.

② 유효한 고용관계는 없지만 사실상 어떤 사람이 다른 사람을 위하여 그 지휘·감독 아래 그 의사에 따라 사업을 집행하는 관계에 있을 때에도, 사용자책임이 성립하기 위한 사용자와 피용자의 관계가 인정될 수 있다.

③ 도급인이 수급인의 일의 진행 및 방법에 관하여 구체적으로 지휘·감독을 하는 경우에는, 수급인이 일의 진행을 위하여 고용한 제3자의 불법행위로 인한 손해에 대하여도 도급인이 「민법」 제756조에 의한 사용자책임을 부담한다.

④ 제3자의 행위 또는 피해자의 행위와 경합하여 피해자에게 손해가 발생한 경우, 공작물의 설치·보존상의 하자가 공동원인의 하나가 되는 이상 그 손해는 공작물의 설치·보존상의 하자에 의하여 발생한 것이라고 보아야 한다.

⑤ 실질적으로 부부공동생활이 파탄되어 회복할 수 없을 정도의 상태이지만 재판상 이혼이 청구되지 않았다면, 제3자가 부부의 일방과 부정행위를 한 경우 상대방 배우자에 대한 불법행위가 성립한다.

증명책임

원칙

1. 변론주의 원칙에 따라, 원고(피해자)는 불법행위에 기초한 손해배상청구의 요건사실을 모두 증명할 책임이 있다.

   91다29972: 불법행위로 인하여 손해배상을 청구하는 경우에는 가해자에게 **고의나 과실이 있었다는 점에 관한 [증명]책임**은 피해자에게 있다.

   93다57100: 불법행위를 원인으로 한 손해배상청구소송[에서] 그 **손해액의 범위에 관한 [증명]책임**은 피해자인 원고에게 있[다.]

   2000다65666: 일반적으로 불법행위로 인한 손해배상청구사건[에서] 가해행위와 손해발생 간의 **인과관계의 [증명]책임**은 청구자인 피해자가 부담[한다.]

   책임이 인정되기 위해서 위법성도 필요하다. 그러나 위법성은 "사실"이 아니라 어떤 행위에 대한 "판단(평가)" 대상일 뿐이다. 즉, 위법성 자체는 증명대상인 주요사실이 아니다. 많은 경우 고의나 과실로 손해를 입히면 위법한 행위로 추정되기 때문에, 오히려 상대방 쪽에서 위법성을 깰 사유를 증명해야 한다.

   2005다55510: 개인의 명예를 훼손하는 행위를 한 경우[를 보자.] 그것이 공공의 이해에 관한 사항으로서 그 목적이 오로지 공공의 이익을 위한 것일 때에는 적시된 사실이 진실이라는 증명이 있거나 그 증명이 없다 하더라도 행위자가 그것을 진실이라고 믿었고 또 그렇게 믿을 [타당한 이유가 있으면 위법성이 없다. 그러나] 그에 대한 [증명]책임은 어디까지나 명예훼손행위를 한 신문, 잡지 등 언론매체에 있다.

2. 자유심증주의에 따라, 법원은 원고가 주장하는 주요사실(손해 발생 여부, 손해액 등)의 진실 여부를 판단한다.

   민사소송법 제202조(자유심증주의) 법원은 변론 전체의 취지와 증거조사의 결과를 참작하여 자유로운 심증으로 사회정의와 형평의 이념에 입각하여 논리와 경험의 법칙에 따라 사실주장이 진실한지 아닌지를 판단한다.

3. 법관이 진실 여부에 확신을 갖지 못하면 원고(피해자)에게 불이익하게 판단해야 한다.

증명책임 부담의 완화

그러나 증명책임 원칙은 피해자에게 너무 가혹할 수 있다. 예를 들어, 의료소송, 환경소송, 산업재해소송 등 현대형 불법행위 소송에서, 피해자가 손해액과 인과관계를 완벽히 증명하기는 어렵다. 이를 어느 정도 완화할 필요도 있다.

1. 손해 액수 증명책임의 완화

> **민사소송법 제202조의2(손해배상 액수의 산정)** 손해가 **발생한 사실은 인정되나** 구체적인 손해의 **액수**를 증명하는 것이 사안의 성질상 매우 어려운 경우에 법원은 변론 전체의 취지와 증거조사의 결과에 의하여 인정되는 모든 사정을 종합하여 [타]당하다고 인정되는 금액을 손해배상 액수로 정할 수 있다.

> **2018다301336:** 이 규정은 특별한 정함이 없는 한 채무불이행이나 불법행위로 인한 손해배상뿐만 아니라 **특별법에 의한 손해배상에도 적용**되는 일반적 성격의 규정이다.

> 손해가 발생한 사실이 인정되나 구체적인 손해의 액수를 증명하는 것이 매우 어려운 경우에는 법원은 손해배상청구를 쉽사리 배척해서는 안 [된다. 이 경우 법원은] 적극적으로 석명권을 행사하여 증명을 촉구하는 등으로 구체적인 손해액에 관하여 심리하여야 한다. 그 후에도 구체적인 손해액을 알 수 없다면[?] 손해액 산정의 근거가 되는 간접사실을 종합하여 손해액을 인정할 수 있다.

2. 인과관계 증명책임의 완화(1): 일반 상식(common knowledge)에 따른 인과관계 추정

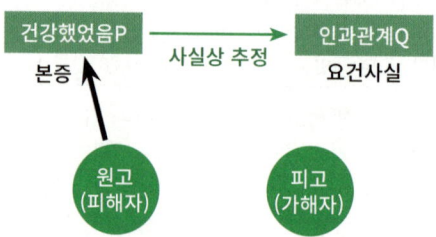

원고가 의료소송에서 요건사실Q(인과관계)를 직접 증명하기는 어렵다. 그래서 원고로서는, 전제사실P(의료행위 전에는 건강했음)만 증명해 사실상 추정을 이용하는 편이 낫다.

> **2004다52576:** **의료**행위[는] 고도의 전문적 지식을 필요로 하는 분야[다. 그리]고 그 의료의 과정은 대개의 경우 환자 본인이 그 일부를 알 수 있는 외에 의사만이 알 수 있을 뿐이[다. 또한] 치료의 결과를 달성하기 위한 의료기법은 의사의 재량에 달려있[다. 그렇기] 때문에, 손해발생의 직접적인 원인이 의료상의 과실로 말미암은 것인지 여부는 전문가인 의사가 아닌 보통인으로서는 도저히 밝혀낼 수 없는 특수성이 있[다. 즉,] 환자측이 의사의 의료행위상의 주의의무위반과 손해발생과 사이의 인과관계를 의학적으로 완벽하게 [증명]한다는 것은 극히 어려운 일이[다.]

의료사고가 발생한 경우 피해자측에서 ... 의료상의 과실이 있는 행위를 [증명]하고 그 결과와 사이에 일련의 의료행위 외에 다른 원인이 개재될 수 없다는 점, 이를테면 환자에게 **의료행위 이전에 그러한 결과의 원인이 될 만한 건강상의 결함이 없었다는 사정 [P]을 증명**[했다 하자.] 의료행위를 한 측이 그 결과가 의료상의 과실로 인한 것이 아니라 전혀 다른 원인에 의한 것이라는 [증명]을 하지 아니하는 이상, **의료상 과실과 결과 사이의 인과관계[Q]를 추정**하여 손해배상책임을 지울 수 있도록 [증명]책임을 완화[해야 한다. 이]것이 손해의 공평·타당한 부담을 그 지도원리로 하는 손해배상제도의 이상에 맞는다.

그러나 막연한 추정은 안 된다.

> **2020다244511:** 그 경우에도 의사의 과실로 인한 결과 발생을 추정할 수 있을 정도의 개연성이 담보되지 않는 사정들을 가지고 **막연하게** [무거운] 결과에서 의사의 **과실과 인과관계를 추정**[할 수는 없다.]

3. 인과관계 증명책임의 완화(2): 개연성(probability)에 따른, 과실로부터 인과관계 추정

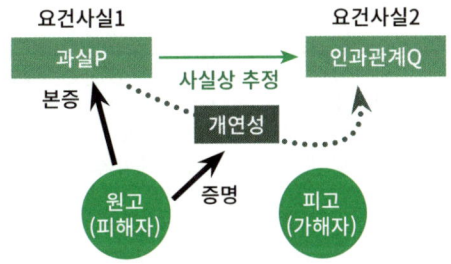

원고가 의료소송에서 요건사실Q(인과관계)를 직접 증명하기는 어렵다. 그래서 원고로서는, 전제사실P(의료 과실)와 개연성만 증명해 사실상 추정을 이용하는 편이 낫다.

> **2022다219427:** 증명의 어려움을 고려하면, [다음과 같다.] 환자 측이 의료행위 당시 임상의학 분야에서 실천되고 있는 의료수준에서 통상의 의료인에게 [필요한] 주의의무의 위반 즉 진료상 **과실로 평가되는 행위[P]의 존재를 증명**하고, 그 과실이 환자 측에 **손해를 발생시킬 개연성이 있다는 점을 증명**한 경우에는, 진료상 **과실과 손해 사이의 인과관계[Q]를 추정**하여 인과관계 증명책임을 완화하는 것이 타당하다.
>
> 여기서 손해 발생의 개연성은 자연과학적, 의학적 측면에서 의심이 없을 정도[→ **확실한 정도**]로 증명될 필요는 없[다.]

그러나 역시 막연한 추정은 안 된다.

> **2022다219427:** 해당 과실과 손해 사이의 인과관계를 인정하는 것이 의학적 원리 등에 부합하지 않거나 해당 과실이 손해를 발생시킬 **막연한 가능성**이 있는 정도에 그치는 경우에는 **[개연성이] 증명되었다고 볼 수 없다.**

확실성(certainty) > 개연성(probability) > 가능성(possibility).

4. 위자료 액수의 재량: 정신적 손해를 수치로 증명하는 것은 어렵다. 그 액수 결정에 법원의 재량이 비교적 크다.

2017다228083: 불법행위로 입은 정신적 고통에 대한 위자료 액수에 관하여는 사실심 법원이 제반 사정을 참작하여 그 직권에 속하는 **재량**에 의하여 이를 확정할 수 있다.

정신적(emotional) 손해를 배상하는 돈을 "위자료(consolation money)"라 부른다. 정신적 손해뿐만 아니라 모든 비재산적(non-pecuniary) 손해를 배상하는 돈을 "위자료"라 부르는 사람도 있다.

민법 제751조(재산 이외의 손해의 배상) ① 타인의 신체, 자유 또는 명예를 해하거나 기타 **정신상고통**을 가한 자는 재산 이외의 손해에 대하여도 배상할 책임이 있다.

2017다51603: 재산 이외의 손해는 정신상의 고통만을 의미하는 것이 아니[다.] 그 외에 수량적으로 산정할 수 없으나 사회통념상 금전평가가 가능한 무형의 손해도 포함된다.

인과관계 추정과 소송상 공격방어

머리에

2000다65666: 대기오염이나 수질오염에 의한 **공해로 인한 손해배상**을 청구하는 소송[을 보자.] 기업이 배출한 원인물질이 물을 매체로 하여 간접적으로 손해를 끼치는 수가 많고 공해문제에 관하여는 현재의 과학수준으로도 해명할 수 없는 분야가 있다. 그렇]기 때문에 가해행위와 손해의 발생 사이의 인과관계를 구성하는 하나하나의 고리를 자연과학적으로 증명한다는 것은 극히 곤란하거나 불가능한 경우가 대부분이[다. 그러]므로, 이러한 공해소송에[서] 피해자에게 사실적인 인과관계의 존재에 관하여 과학적으로 엄밀한 증명을 요구한다는 것은 공해로 인한 사법적 구제를 사실상 거부하는 결과가 될 우려가 있[다.] 반면에, 가해기업은 기술적·경제적으로 피해자보다 훨씬 원인조사가 용이한 경우가 많을 뿐만 아니라, 그 원인을 은폐할 염려가 있[다.]

[따라서] 가해기업이 어떠한 유해한 **원인물질을 배출**하고 그것이 피해물건에 **도달하여 손해가 발생**하였다면 가해자측에서 그것이 무해하다는 것을 [증명]하지 못하는 한 책임을 면할 수 없다고 보는 것이 사회형평의 관념에 적합하다.

소송상 공격

인과관계가 추정될 수도 있는 구조라면, 피해자(원고)는 공격을 위해 어떤 증명 작업이 필요한가?

1. 인과관계에 대한 본증(active proof): 인과관계를 본증으로 증명해도 된다.

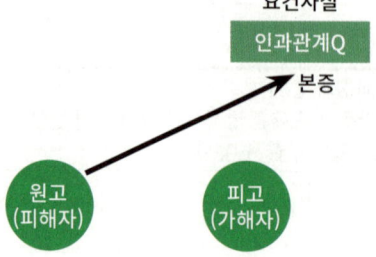

2016다233538: 일반적으로 불법행위로 인한 손해배상청구사건에서 가해자의 가해행위, 피해자의 손해발생[Q2], 가해행위와 피해자의 손해발생 사이의 인과관계[Q]에 관한 증명책임은 청구자인 피해자가 부담한다.

2. 배출 및 도달에 대한 본증(active proof): 배출 및 도달을 본증으로 증명해도 된다. 그러면 인과관계가 있다는 추정이 작동한다.

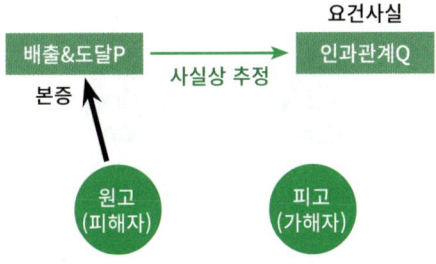

2016다233538: 이 사건 과수원에 식재된 과수나무 중 고속도로에 접한 1열과 2열에 식재된 과수나무의 생장과 결실은 다른 곳에 식재된 과수나무들에 비[교]하여 현격하게 부진하다. ... 2009년도부터 [가해자]의 제설제 사용이 급격하게 증가한 이후에 [피해자]가 과수 피해를 호소하기 시작하였다[P]. ... 달리 이 사건 과수원의 과수 중 고속도로에 접한 곳에 식재된 과수에만 피해를 주는 뚜렷한 원인이 없다.

이 사건 ... 수확량이 감소되는 피해가 발생한 [이유는? 가해자]가 관리하는 고속도로에서 발생하는 자동차 매연과 [가해자]가 사용한 제설제의 비산(飛散)에 의한 것[Q]이라고 [보는 것이 타당]하다.

주의: 증명책임 전환(shift)이 아니라 완화(mitigation)다. 전제사실과 요건사실 모두 여전히 피해자(원고)의 본증 대상이다.

2016다233538: 그러나 이 경우[도] 적어도 가해자가 어떤 유해한 원인물질을 배출한 사실, ... 그것이 피해물건에 도달한 사실[P], 그 후 피해자에게 손해가 발생한 사실[Q2]에 관한 **증명책임은 피해자가 여전히 부담**한[다.]

소송상 방어

인과관계가 추정될 수도 있는 구조라면, 가해자(피고)는 방어를 위해 어떤 증빙작업이 필요한가?

1. 배출 및 도달에 대한 반증(passive proof): 배출 및 도달을 반증으로 배척해도 된다. 그러면 인과관계 추정도 작동하지도 않는다.

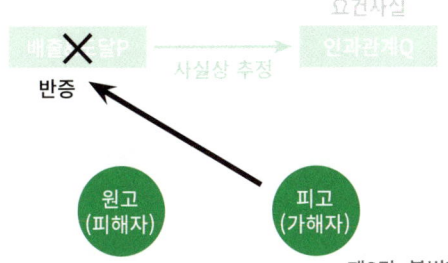

2. 인과관계에 대한 반증(passive proof): 인과관계를 반증으로 배척해도 된다. 이것은 인과관계를 다투는 것이다.

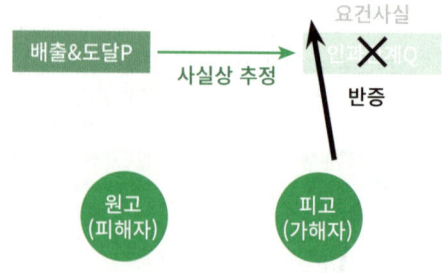

3. 간접반증(indirect passive proof): 가해자(피고)는 인과관계에 직접 반증을 제출할 필요 없이, 사실상 추정을 깨뜨리기만 해도 된다. 이를 위해 배출 및 도달과 양립 가능한 별개의 사실(무해성)을 "본증"으로 증명할 수 있다.

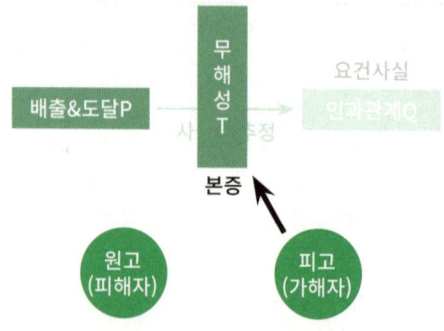

2016다233538: 가해자가 어떤 유해한 원인물질을 배출하고 그것이 피해물건에 도달[P]하여 손해가 발생하였다면[?] 가해자 측에서 그것이 무해하다는 것[T]을 증명하지 못하는 한 가해행위와 피해자의 손해발생 사이의 인과관계[Q]를 인정할 수 있다[→ 가해자가 <u>무해성(T)을 증명하면, 인과관계(Q) 추정은 깨질 수 있다</u>].

	Plan A: 배출&도달P에 대한 반증	Plan B: 인과관계Q에 대한 반증	Plan C: 간접반증
배출&도달P에 대해	반증	-	-
인과관계Q에 대해	-	반증	(반증)
무해성T에 대해	-	-	본증

결론

불법행위의 요건

1. 고의 또는 과실에 따른,
2. 위법행위로,
3. 다른 사람에 손해를 가하고,
4. 가해행위와 손해 사이에 인과관계가 있으며,
5. 가해자에게 책임능력이 있다면, 불법행위가 성립한다.

불법행위 효과
가해자는 피해자에게 손해를 배상할 책임이 있다.

손해 분류
Classification of Damages

법학은, 미학과 마찬가지로, 개념을 만들어서 법에 대한 이해를 돕는다.
- F. Colonna d'Istria

머리에

논의 체계
1. 손해 분류: 손해란 무엇인가 하는 개념(concept) 문제
2. 손해배상 방법: 어떻게 배상해야 하는지 하는 방법(method) 문제
3. 손해배상 범위: 얼마나 배상해야 하는지 하는 범위(scope) 문제
4. 손해 산정: 손해액을 어떻게 도출하는지 하는 산정(assessment) 문제

소결
이제 손해 분류를 논의하자. 즉, 손해 개념을 보자.

대상에 따른 분류

재산적 손해
재산적 손해(economic damages): 재산에 관하여 생긴 손해

비재산적 손해
비재산적 손해(noneconomic damages): 그 밖의 손해. 대표적으로, 정신적 손해(emotional damages)

예: 생명, 자유, 명예, 신용 등에 관하여 생긴 손해

> 96다36159: 일반적으로 타인의 불법행위로 인하여 ... 재산상의 손해 이외에 명예나 신용의 훼손 등으로 재산적 손해의 배상만으로는 회복할 수 없는 정신적 손해가 있는 경우[가 있다. 이때]는 그로 인한 정신적 고통에 대하여 위자료를 지급하여야 한다.

소결

> 88다카29269: **재산적 손해**로 인한 배상청구와 **정신적 손해**로 인한 배상청구는 각각 <u>소송물을 달리하는 별개</u>의 청구[다.]
>
> [그러]므로 소송당사자로서는 그 금액을 특정하여 청구하여야 [한다.] 법원으로서도 그 내역을 밝혀 각 청구의 당부에 관하여 판단하여야 한다.

구조에 따른 분류

적극적 손해
적극적 손해(active damages): 기존 상태가 침해되어 재산이 감소하는 손해

예: 부서진 물건값, 치료비

소극적 손해

소극적 손해(passive damages): 앞으로 이익을 얻는 것이 방해돼 받는 손해
예: 다쳐서 일하지 못해 벌지 못한 돈. 일실손해(lost earnings)라고도 한다.

소결

> 2002다34581: 생명 또는 신체에 대한 불법행위로 인하여 입게 된 **적극적 손해와 소극적 손해 및 정신적 손해는 서로 소송물을 달리**[한다. 그러므로] 그 손해배상의무의 존부나 범위에 관하여 [다투는 것이 타당한지]의 여부는 **각 손해마다 따로 판단**하여야 한다.

> 2019헌가17: 불법행위로 인한 손해배상청구의 소송물은 일반적으로 적극적·소극적·정신적 손해에 대한 배상청구로 분류된다.

침해이익에 따른 분류

이행손해

이행손해(expectation damages): 이행이익과 관련된 손해

> 2001다75295: [어떠한] 계약이행으로 인하여 채권자가 얻을 이익[이] 이행이익[이다.]

신뢰손해

신뢰손해(reliance damages): 신뢰이익과 관련된 손해

> 2001다53059: 신뢰손해란 예컨대, 그 계약의 성립을 기대하고 지출한 계약준비비용과 같이 그러한 신뢰가 없었더라면 통상 지출하지 아니하였을 비용상당의 손해[다.]

일단은 이행손해와 신뢰손해라는 개념이 있다는 정도만 알면 충분하다. 불법행위법보나는 계약법 문제다. 자세한 내용은 차차 배우자.

손해 범위에 따른 분류

통상손해

통상손해(direct damages): 어떤 사건이 있으면 보통 발생한다고 볼 수 있는 손해

> 2009다24842: 민법 제393조 제1항의 통상손해는 [무엇인가?] 특별한 사정이 없는 한 **그 종류의 [행위가] 있으면** 사회일반의 거래관념 또는 **경험칙에 비추어 통상 발생**하는 것으로 생각되는 범위의 손해를 말[한다.]

1. A가 B의 컴퓨터 하드디스크를 고장 냈다. 멀쩡하게 고치긴 했는데 수리비가 10만 원 들었다. 그러면 10만 원이 피해자 B의 통상손해다.

   2016다248806: 불법행위로 인하여 물건이 훼손되었을 때 통상의 손해액은 [어떻게 되는가? (i)] 수리가 가능한 경우에는 그 수리비[다.]

2. A가 B의 물 펌프 1대를 완전히 부쉈다. 수리할 수 없을 정도다. 물 펌프가 망가져서 시가도 1,000만 원만큼 하락해 버렸다. 그러면 1,000만 원이 피해자 B의 통상손해다.

   2016다248806: [(ii)] 수리가 불가능한 경우에는 교환가치의 감소액이 [된다.]

3. A가 실수로 B의 전기시설 1대를 크게 부숴 버렸다. 수리비 10만 원을 들여 고치긴 했는데, 워낙 큰 손상인 관계로 완전히는 고쳐지지 않았다. 그 결과 전기시설의 시가도 40만 원만큼 하락해 버렸다. 그러면 50만 원(= 10만 원 + 40만 원)이 피해자 B의 통상손해다.

   2016다248806: [그리고 (iii)] 수리를 한 후에도 일부 수리가 불가능한 부분이 남아있는 경우에는 수리비 외에 수리불능으로 인한 교환가치의 감소액도 통상의 손해에 해당한[다.]

특별손해

특별손해(indirect damages; consequential damages): 통상손해를 뛰어넘는 손해

2016다248806: 통상손해[와 같은] 정도까지 예상되는 것이 아니라면 특별손해[다.]

2020다298198: [민법 제393조] 제2항의 특별한 사정으로 인한 손해는 **당사자들의 개별적, 구체적 사정에 따른** 손해를 말한[다.]

1. 위 사례에서 사실 B의 컴퓨터 하드디스크 안에 1,000만 원 상당의 중요 자료가 들어 있었다고 하자. 그러면 피해자 B의 통상손해는 10만 원이고 특별손해는 1,000만 원이다.

2. 위 사례에서, 마침 B는 물 펌프를 C에게 1,400만 원에 팔기로 계약을 해 놓은 상태였다고 하자. 그러면 피해자 B의 통상손해는 1,000만 원이고, 특별손해는 400만 원이다.

   67다2158: [A]의 [행]위가 [B]에 대한 관계에서 불법행위가 [된다.] ... 현[재 시]가 상당액은 **물가[상승]**이라는 **특별사정**으로 인한 손해액이[다.]

3. 위 사례에서 B의 수족관에 전기공급이 끊겨 전어가 모두 죽어서 5,000만 원의 재산손해가 났다고 하자. 그러면 피해자 B의 통상손해는 50만 원이고, 특별손해는 5,000만 원이다.

   94다5472: 불법행위의 직접적 대상에 대한 손해가 아닌 간접적 손해는 특별한 사정으로 인한 손해[다.]

가해자가 공장지대에 [있는] 전신주를 충격하여 전선이 절단[됐다.] 그 전선을 통하여 전기를 공급받아 공장을 가동하던 [B]가 전력공급의 중단으로 [손해를 입었다.]

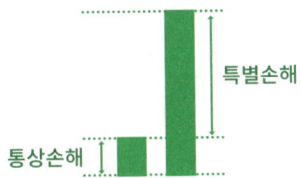

통상손해와 특별손해의 구별

1. 무엇이 통상손해인지는 사안마다 개별적으로 판단할 수밖에 없다.

   2001다82507전합: 불법행위로 **영업용 물건이 멸실**된 경우, 이를 대체할 다른 물건을 마련하기 위하여 필요한 합리적인 [기간] 그 물건을 이용하여 영업을 계속하였더라면 얻을 수 있었던 이익[을 휴업손해라고 한다.]

   휴업손해는 그에 대한 증명이 가능한 한 **통상의 손해**로서 그 교환가치와는 별도로 배상하여야 [한다. 그리고] 이는 영업용 물건이 일부 손괴된 경우, 수리를 위하여 필요한 합리적인 [기간]의 휴업손해와 마찬가지라고 보아야 [한다.]

2. "통상손해, 특별손해" 구별과 "적극적 손해, 소극적 손해, 정신적 손해" 구별은 별개다.

   94다5472: 전선을 통하여 전기를 공급받아 공장을 가동하던 피해자가 전력공급의 중단으로 공장의 가동이 상당한 기간 중지[되었다.] 영업상의 손실[이 발생했다고 하자. 이것은 **소극적 손해면서도 특별손해**다.]

   그 전신주를 통하여 전력을 공급받고 있는 인근 피해자의 공장에서 예고 없는 불시의 전력공급의 중단으로 인하여 갑자기 공장의 가동이 중단되는 바람에 당시 공장 내 가동 중이던 기계에 고장이 발생[할 수 있다. 또는] 작업 중인 자료가 못쓰게 [될 수도 있다. 이것은 **적극적 손해면서도 특별손해**다.]

   (i) 영업용 물건을 직접 파손한 경우와 (ii) 다른 물건을 파손해 간접적으로 영업용 물건을 침해한 경우를 구별하라.

3. 다만, "통상손해, 특별손해"와 "적극적 손해, 소극적 손해, 정신석 손해"가 서로 관련되기도 한다.

   2002다53865: 계약상 채무불이행으로 인하여 **재산적 손해가 발생한 경우**, 그로 인하여 계약 당사자가 받은 정신적인 고통은 재산적 손해에 대한 배상이 이루어짐으로써 회복된[다. 이 경우] 재산적 손해의 배상만으로는 회복될 수 없는 **정신적 고통[은 특별손해**다.]

   2016다244491: 진료계약상 주의의무 위반으로 환자의 **생명이나 신체 등의 법익이 침해된 경우** 그로 인하여 환자가 입는 **정신적 고통은 통상손해**[다.]

   [위 두 판례에는 어떤 차이가 있는가?] 2002다53865 판결…은 … 침해된 법익이 생명·신체 기타 인격적 법익이 아닌 재산적 법익인 사안에 대한 것이다. 즉, 위 2002다53865 판결은] 생명·신체 등의 법익이 침해된 사안에 적용할 선례가 아니다.

손해배상 방법
Method of Damages

일단 생긴 손해를 제거하는 것은 불가능하다.
손해는 오직 전보, 즉 메워질 수 있을 뿐이다.
- 곽윤직 교수

머리에

논의 체계

1. 손해 분류: 손해란 무엇인가 하는 개념(concept) 문제

(i) 대상에 따라 재산적/정신적, (ii) 구조에 따라 적극적/소극적, (iii) 침해이익에 따라 이행/신뢰, (iv) 손해 범위에 따라 통상/특별 손해

2. 손해배상 방법: 어떻게 배상해야 하는지 하는 방법(method) 문제

3. 손해배상 범위: 얼마나 배상해야 하는지 하는 범위(scope) 문제

4. 손해 산정: 손해액을 어떻게 도출하는지 하는 산정(assessment) 문제

소결

이제 손해배상 방법을 논의하자.

배상 방식 유형

금전배상 방식

금전배상(compensation) 방식: 손해를 돈으로 계산해서 그 돈으로 지급하는 방식. 예를 들어,

1. 물건을 부쉈는데 수리할 수 있다면, 수리비를 준다.
2. 물건을 부쉈는데 수리할 수 없을 정도라면, 물건의 시가 상당액을 준다.
3. 사람을 다치게 했다면, 치료비와 위자료 등을 준다.

원상회복 방식

원상회복(restoration) 방식: 손해의 원인이 없었던 원래 상태로 돌이키는 방식. 예를 들어,

1. 물건을 부쉈는데 수리할 수 있다면, 물건을 수리해 준다.
2. 물건을 부쉈는데 수리할 수 없을 정도라면, 같은 종류의 다른 물건을 준다.
3. 사람을 다치게 했다면, 다친 사람을 치료해 준다.

금전배상 방식의 채택

원상회복 방식의 문제점

원상회복 방식에는 여러 문제점이 있다.

1. 회복해야 할 원래의 상태가 과연 무엇인지 불분명한 경우가 많다.
2. 이를 알더라도, 과연 어떤 방법으로 회복해야 할지가 불분명해, 방법을 두고 또 분쟁이 일어날 수 있다.
3. 회복 자체가 될 수 없는 경우도 많다.
4. 강제집행이 곤란한 경우가 많고, 가능하더라도 지연될 수 있다.

금전배상 원칙

1. 민법은 금전배상 방식을 원칙으로 한다.

예를 들어, 돌을 던져 10만 원짜리 화분이 깨졌다면, 화분 자체가 아니라 화분 시가 상당액인 10만 원을 준다.

> **민법 제763조(준용규정)** ...제394조...의 규정은 불법행위로 인한 손해배상에 준용한다.
>
> **민법 제394조(손해배상의 방법)** 다른 의사표시가 없으면 **손해는 금전으로 배상**한다.
>
> **96다10638:** 법률에 다른 규정이 있거나 당사자가 다른 의사표시를 하는 등 특별한 사정이 없는 이상 불법행위자에 대하여 **원상회복청구는 할 수 없다**.

2. 예외적으로, 특별한 사정이 있다면, 피해자가 가해자를 상대로 금지나 예방을 구할 수도 있다.

> **2008마1541:** 甲 회사가 인터넷 사이트를 이용한 광고시스템 프로그램을 제공[했다.] 이를 설치한 인터넷 사용자들이 乙 회사가 운영하는 인터넷 포털사이트에 방문하면 그 화면에 乙 회사가 제공하는 광고 대신 甲 회사의 광고가 대체 혹은 삽입된 형태로 나타나게 [했다.] 甲 회사의 위와 같은 광고행위는 부정한 경쟁행위로서 민법상 불법행위에 해당[한다.]
>
> 甲 회사의 위와 같은 광고행위가 일회적인 것이 아니라 계속적으로 반복[된다.] 甲 회사에게 금전배상을 명하는 것만으로는 乙 회사 구제의 실효성을 기대하기 어렵[다.] 甲 회사의 위와 같은 광고행위를 금지함으로써 보호되는 乙 회사의 이익이 그로 인한 甲 회사의 영업의 자유에 대한 손실보다 더 크[다.]
>
> [그러]므로, 乙 회사는 甲 회사에 대하여 위 인터넷 포털사이트에 접속한 인터넷 사용자들의 모니터에서 위 프로그램을 이용한 광고행위를 하는 것의 금지 또는 예방을 청구할 [수 있다.]

그러나 실제로 금전배상 원칙에 대한 예외가 인정되기는 어렵다.

금전의 의미

> **96다48688:** 위 법조[에서 정한] **금전이[란] 우리나라의 통화**를 가리[킨다.] 채무불이행으로 인한 손해배상을 구하는 채권은 당사자가 외국통화로 지급하기로 약정하였다는 등의 특별한 사정이 없는 한 채권액이 외국통화로 지정된 외화채권이라고 할 수 없다.

일시금 배상과 정기금 배상

개념

1. 일시금(lump sum) 배상 방식: 1회의 지급으로 끝나는 배상 방식

예: "1,000만 원을 지급"

2. 정기금(periodical) 배상 방식: 정기적으로 지급하는 방식

예: "2014. 1. 2.부터 A부동산에 대한 피고의 점유 상실일까지 매달 4만 5,697원씩 지급"

2015다244432: [이 사건] 제1심판결의 주문...은 "**2014. 1. 2.부터 원고...의 ... 소유권 상실일 또는 피고의 점유 상실일 중 먼저 도래하는 날까지 각 월 45,697원**의 비율[로 계산한 돈]을 지급하라."라는 것이다.

그러나 [위 기재 중] '**원고의 소유권 상실일까지**'라는 기재는 이행판결의 주문 표시로서 바람직하지 않다. ... [이러한] 기재는 ... 수소법원이 판단해야 할 사항인 소유권 변동 여부를 수소법원이 아닌 다른 기관의 판단에 맡기는 형태의 주문이다. ... [또한, 이러한] 기재는 확정된 이행판결의 집행력에 영향을 미칠 수 없는 **무의미한 기재**이다.

[**반면,**] "**피고의 점유 상실일**"은 부당이득반환의무를 부담하는 피고의 임의의 이행과 관련되는 의무자 측의 사정으로서, 장래의 부당이득금의 지급을 명하는 판결의 주문에 그 의무의 종료 시점으로 **기재할 수 있는 최소한의 표현**에 해당한[다.] ... 이 점은 ... 장래이행판결의 주문에 흔히 사용되는 '인도 완료일'도 마찬가지[다.]

원칙: 선택의 자유

일장일단이 있기 때문에 어느 방식이 좋다고 단정할 수는 없다. 만약 두 방식 모두 가능한 상황이라면, 손해배상 청구권자가 선택할 수 있다.

96다21591: 불법행위로 입은 상해의 후유장애로 인하여 장래에 계속적으로 치료비나 개호비 등을 지출하여야 할 손해를 입은 피해자가 [있다. 그 피해자가] 그 손해배상을 정기금지급과 일시금지급 중 어느 방식에 의하여 청구할 것인지는 원칙적으로 **손해배상 청구권자 자신이 임의로 선택**할 수 있는 것[이다.]

예외: 선택의 제한

1. 일시금 배상 청구를 할 수 있는 상황에서, 아무런 이유 없이 절차만 번잡하게 하는 정기금 배상 청구는 안 된다.

예: 물건 파손으로 100만 원 손해를 본 사람이 하루에 100원씩 1만 일 동안 배상할 것을 구하는 것은 부적절하다.

2. 거꾸로 정기금 배상 청구를 할 수 있는 상황에서 일시금 배상을 구하는 것이 부적절한 경우도 있다.

> 96다21591: 식물인간 등의 경우와 같이 그 후유장애의 계속기간이나 잔존여명이 단축된 정도 등을 확정하기 곤란하여 **일시금지급방식에 의한 손해배상이 사회정의와 형평이념에 비추어 현저하게 불합리**한 결과를 초래할 우려가 있다고 인정[된다고 하자. 그] 때에는, 손해배상청구권자가 일시금지급을 청구하였더라도 법원이 재량에 따라 정기금지급을 명하는 판결을 할 수 있다.

결론

금전배상과 원상회복

1. 불법행위가 발생하면, 가해자는 피해자에게 손해를 돈(money)으로 배상할 의무가 있다.
2. 가해자가 피해자에게 손해를 돈 지급 이외 방법으로 배상하려면, 무언가 특별한 사정이 필요하다.

일시금 배상과 정기금 배상

원칙적으로는, 피해자가 선택할 수 있는 문제다.

손해배상 범위
Scope of Damages

*꿀 같지도 않은 제안을 하러 오기 전에 당신 척추의 가격부터 따져봐요, 워커 씨...
아울러 당신 자궁의 값어치도요, 산체스 양.
그다음 계산기로 거기다 100을 곱하세요. 그 이하면 나타날 생각도 말아요.*
- Steven Soderbergh, "Erin Brockovich" 중

머리에

논의 체계

1. 손해 분류: 손해란 무엇인가 하는 개념(concept) 문제

(i) 대상에 따라 재산적/정신적, (ii) 구조에 따라 적극적/소극적, (iii) 침해이익에 따라 이행/신뢰, (iv) 손해 범위에 따라 통상/특별 손해

2. 손해배상 방법: 어떻게 배상해야 하는지 하는 방법(method) 문제

(i) 금전성에 따라 금전배상/원상회복, (ii) 일시성에 따라 일시금 배상/정기금 배상

3. 손해배상 범위: 얼마나 배상해야 하는지 하는 범위(scope) 문제

4. 손해 산정: 손해액을 어떻게 도출하는지 하는 산정(assessment) 문제

소결

이제 손해배상 범위를 논의하자.

배상 범위 유형

전보적 손해배상

전보적 손해배상(compensatory damages): 실제(actual) 손해를 끼친 만큼만 배상하게 하는 방식. 실손해액 배상이라고도 한다.

징벌적 손해배상

징벌적 손해배상(punitive damages): 실제 손해를 끼친 것 이상으로 배상하게 하는 방식. 어떤 취지인가?

1. 손해를 발생하게 한 사람을 벌한다.
2. 손해의 재발을 막는다.

전보적 손해배상의 채택

개념

2017다278446: 불법행위를 이유로 배상하여야 할 손해는 **현실로 입은 확실한 손해**에 한[한다.]

통상손해

원칙적으로, 통상손해(direct damages)까지 배상해야 한다.

> **민법 제763조(준용규정)** 제393조…의 규정은 불법행위로 인한 손해배상에 준용한다.

> **민법 제393조(손해배상의 범위)** ① 채무불이행으로 인한 손해배상은 **통상의 손해를** 그 한도로 한다.

특별손해

예외적으로, 다음 두 경우 특별손해(indirect damages; consequential damages)까지도 배상해야 한다.

> **민법 제393조(손해배상의 범위)** ② 특별한 사정으로 인한 손해는 채무자가 그 사정을 알았거나 알 수 있었을 때에 한하여 배상의 책임이 있다.

1. 악의(예견한 경우): 배상의무자가 특별한 사정을 안 경우
2. 과실(예견가능성이 있는 경우): 배상의무자가 특별한 사정을 몰랐지만, 알 수 있었을 경우. 즉, 합리적 예견가능성(reasonable foreseeability)이 있는 경우

> **92다52726:** 불법행위로 인하여 건물이 훼손된 경우 그 수리가 가능하다면 그 손해는 [어떠한가?] 원칙적으로 불법행위 당시의 수리비를 통상의 손해라고 보아 그때의 건설물가에 의하여 손해액을 산정하여야 [한다. 그러나] 사고 후에 건설물가의 등귀로 증대된 수리비는 **특별 사정에 의한 손해**[이므로] 그 **예견가능성이 있었던 경우에 한하여** 배상책임이 있다.

소송에서 다툼이 있다면, 특별손해를 주장하는 사람이 악의나 과실을 증명해야 한다. 증명하지 못하면, 통상손해까지만 배상받는다.

사례 1

돌을 던져 50만 원 상당의 전기시설을 완전히 부숴 버렸다. 전기공급이 끊겨 피해자에게 5,000만 원의 재산손해가 났다.

1. 만약 가해자가 가해 당시 전기공급 중단에 따른 손해 발생을 알았거나 알 수 있었다면? 통상손해는 물론 특별손해 5,000만 원까지 배상해야 한다.
2. 만약 가해자가 가해 당시 위 사정을 알 수 없었다면? 통상손해 50만 원만 배상하면 된다.

전기공급 중단에 따른 5,000만 원은 간접적 손해로, 특별손해(indirect damages; consequential damages)나. 그래서 경우를 나눠 보는 것이다.

> **94다5472:** 불법행위의 직접적 대상에 대한 손해가 아닌 **간접적 손해는 특별한 사정으로 인한 손해**[다. 따라서] 가해자가 그 사정을 알았거나 알 수 있었을 것이라고 인정되는 경우에만 배상책임이 있[다.]

예: 특별손해로서, 가해자가 가해 당시 특별손해를 예견할 수 없어서, 배상책임을 부정한 부분

94다5472: 이 사건에서 [가해자가] 공장지대에 [있는] 전신주를 충격하여 전선이 절단[되었다]. 이로써 그 전선을 통하여 전기를 공급받아 공장을 가동하던 [피해자]가 전력공급의 중단으로 공장의 가동이 상당한 기간 중지되어 **영업상의 손실**을 입[었을 수는 있다.]

[그러나] 이 사건 전주 충격사고 당시 [가해자] 이와 같은 소극적인 영업상 손실이 발생할 것이라는 것을 알거나 알 수 있었다고 보기 어렵[다.]

예: 특별손해로서, 가해자가 가해 당시 특별손해를 예견할 수 있어서, 배상책임을 인정한 부분

[한편,] 공장지대에 [있는] 위 전주 충격사고로 전선이 절단되는 경우 [어떻게 되는가?] 위 전신주를 통하여 전력을 공급받고 있는 인근 [피해자]의 공장에서 예고 없는 불시의 전력공급의 중단으로 인하여 갑자기 공장의 가동이 중단[된다.] 그 바람에 당시 공장 내 가동 중이던 기계에 고장이 발생한다든지, 작업 중인 자료가 못쓰게 되는 것과 같은 등의 **적극적인 손해**가 발생[한다.]

[이러한] 사정은 [가해자가] 이를 알거나 알 수 있었[다고 보아야 한다.]

사례 2

운전 중 앞을 제대로 보지 않아 앞 차량을 충격했다. 그런데 앞차의 트렁크에 1억 원짜리 악기가 들어 있어서, 악기까지 완전히 파손됐다.

편의상 가해자 과실이 100%이고, 피해자에게 다른 손해는 없으며, 배상액 공제나 감액 사유는 없다고 가정한다.

1. 만약 가해자가 가해 당시 앞차에 비싼 악기가 들어 있다는 사정을 알았거나 알 수 있었다면? 1억 원 전부 배상해야 한다.
2. 만약 가해자가 가해 당시 위 사정을 알 수 없었다면? 그 경우에도 1억 원 전부 배상해야 한다.

악기 파손에 따른 1억 원은 직접적 손해로, 통상손해(direct damages)다. 악기 값이 비싸더라도 마찬가지다. 그래서 경우를 나눌 것 없이 결론이 같은 것이다.

예: 통상손해로서, 배상책임을 인정한 부분

서울중앙지법2015가단5029247: [사고] 당시 ... 차량의 뒷좌석에 [피해자] 소유의 기타 2대를 각각의 하드케이스에 보관하여 싣고 있었다. 이 사건 교통사고 인해 ... [위] 기타 2대 중 1대가 뒷좌석 바닥으로 떨어졌[다.] 그로 인하여 비전문가는 발견하기 어려운, 원상복구가 불가능한 넥 부분의 파손이 발생하였다. 위 파손된 기타는 1968년 스페인 마드리드에서 제작된 빈티지 기타로서 현재 세기의 명기목록에 등재되어 있고 ... 최고급 명품 기타이다.

물품의 가액을 불문하고 차량에 개인적인 물품을 함께 소지 내지 운반하여 다니는 것이 오히려 일반적이[다. 그리고] 차량 사고가 발생할 경우 그 물품이 함께 파손될 수 있음은 일반인이 통상의 주의로서 충분히 예상할 수 있[다.] 이 사건 교통사고로 인한 이 사건 기타의 파손 손해를 특별손해라고 볼 수 없다. [즉, **통상손해다**.] ... 따라서 [가해자]는 [피해자]에게 이 사건 기타의 파손으로 인한 손해를 배상할 의무가 있다.

사례 3

아파트를 분양받았는데, 장기간 소유권이전등기를 받지 못했다. 그래서 수분양자가 재산권을 완전히 행사하지 못해서 3,000만 원 손해를 입었다.

> **2017다230963**: 분양받은 아파트에 관하여 소유권이전등기절차의 이행이 장기간 지연되었다면 수분양자에게는 재산권을 완전히 행사하지 못하는 손해가 발생하였다고 볼 수 있다.

1. 일정 요건 아래, 통상손해에 해당한다. 따라서 분양회사는 3,000만 원 전부 배상해야 한다.
2. 설령 특별손해라 하더라도, 만약 분양회사가 등기절차 지연으로 수분양자가 위와 같은 손해를 입을 것이라는 사정을 알았거나 알 수 있었다면 3,000만 원 전부 배상해야 한다.

통상손해로 보든, 예견가능성 있는 특별손해로 보든, 전부 배상해야 한다.

> **2017다230963**: 주위 부동산들의 거래상황 등에 비추어 볼 때 등기절차가 이행되지 않아 수분양자 등이 활용기회의 상실 등의 손해를 입었을 개연성이 인정된다[고 하자. 그렇다]면, 등기절차 지연으로 인한 **통상손해**가 발생하였[다. 설령] 이 손해가 **특별한 사정으로 인한 손해라고 하더라도 예견가능성이 있다**고 보아야 한[다.]

평가

1. 통상손해든 특별손해든, 어디까지나 실제 손해 범위에 있다.

예를 들어, 사례 1에서 50만 원이든, 5,000만 원이든, 모두 피해자가 실제로 입은 손해다.

2. 민법은 손해배상 범위를 통상손해 또는 특별손해로 한다.
3. 따라서 민법은 징벌적 손해배상은 인정하지 않고, 전보적 손해배상만 인정하고 있다.

2017다56455: 불법행위를 이유로 배상하여야 할 손해는 현실로 입은 확실한 손해에 한[한다.]

2015다207747: [이 사건에서 원고가 주장하는] 손해항목들은 모두 **원고가 실제로 입은 손해 내지 실제로 지출한 비용**의 범위[의] 것[이다. 즉,] 징벌적 손해배상 등 전보배상을 초과하는 손해액이 포함되[지 않았다.]

예견가능성 기준 시기

기준
불법행위(가해) 당시를 기준으로 판단한다.

가해 당시 예견가능성이 있었던 경우
불법행위 당시 가해자가 특별손해를 예견할 수 있었음에도 감히 불법행위를 했다면? 예견가능성이 있으므로, 특별손해까지 배상해야 한다.

가해 당시 예견가능성이 없었던 경우
불법행위 당시에는 가해자가 특별손해를 예견할 수 없었다면? 설령 사고 후 그러한 사정을 알게 되었다 하더라도, 통상손해까지만 배상하면 된다.

예: 전기시설을 파손할 때 수족관이나 공장의 존재를 전혀 예상할 수 없었다면, 나중에 그 존재를 알게 되더라도 통상손해까지만 배상하면 된다.

연습문제

2023년도 변호사시험 민사법 선택형

[문 29.] 손해배상의 범위에 관한 설명 중 옳지 않은 것은? (다툼이 있는 경우 판례에 의함)

① 불법행위로 영업용 물건이 멸실된 경우, 휴업손해는 그에 대한 증명이 가능한 한 통상의 손해로서 불법행위자가 그 교환가치와는 별도로 배상하여야 한다.

② 채무불이행[에서] 특별한 사정으로 인한 손해는 당사자들의 개별적, 구체적 사정에 따른 손해를 말한다.

③ 수급인이 제공한 하자 있는 목적물을 도급인이 사용함에 따라 발생하는 도급인의 정신적 고통으로 인한 손해는 수급인이 그러한 사정을 알았을 경우 특별손해로서 도급인이 배상받을 수 있다.

④ 불법행위로 인하여 건물이 훼손되었으나 수리가 가능한 경우에는 그 수리비가 통상의 손해이므로, 수리비가 교환가치를 초과한다고 하더라도 수리비 전액이 손해배상액이 된다.

⑤ 매매계약의 이행불능으로 인한 전보배상책임의 범위는 이행불능 당시의 매매목적물의 시가에 의하여야 하고 그와 같은 시가 상당액이 곧 통상의 손해라 할 것이다.

재산상 손해 산정
Assessment of Economic Damages

*계산이란 과정은 그저 직관을 일깨운다.
계산은 실험이 아니다.
- Ludwig Wittgenstein*

머리에

논의 체계

1. 손해 분류: 손해란 무엇인가 하는 개념(concept) 문제

(i) 대상에 따라 재산적/정신적, (ii) 구조에 따라 적극적/소극적, (iii) 침해이익에 따라 이행/신뢰, (iv) 손해 범위에 따라 통상/특별 손해

2. 손해배상 방법: 어떻게 배상해야 하는지 하는 방법(method) 문제

(i) 금전성에 따라 금전배상/원상회복, (ii) 일시성에 따라 일시금 배상/정기금 배상

3. 손해배상 범위: 얼마나 배상해야 하는지 하는 범위(scope) 문제

원칙적으로 통상손해, 예외적으로 예견가능성 있을 때 특별손해

4. 손해 산정: 손해액을 어떻게 도출하는지 하는 산정(assessment) 문제

소결

이제 손해 산정을 논의하자. 앞서 본 손해 개념(concept)에 기초해서, 이제는 얼마인지를 찾아내는 과정이다.

> **2011다25695**: 불법행위로 인한 재산상의 손해는 위법한 가해행위로 인하여 발생한 재산상의 불이익[을 뜻한다.] 즉 불법행위가 없었더라면 존재하였을 재산상태와 불법행위가 가해진 이후의 **재산상태의 차이**를 말[한다.]

산정의 표준시

문제점

1. 예를 들어 부동산 가격은 시시각각 변한다. 따라서 배상액수가 얼마인지 계산할 때 표준시(standard time)가 필요하다.
2. 산정의 표준시는 통상손해, 특별손해 모두에 공통인 문제다.
3. 이것은 특별사정을 알았거나 알 수 있었는지(예견가능성)의 판단 기준시와는 다른 문제다.

표준시: 불법행위 시

> **2009다91828**: 불법행위로 인한 재산상 ... 손해액은 원칙적으로 **불법행위 시를 기준**으로 산정하여야 한다.

매수인이 매도인의 기망행위[사기]로 인하여 부동산을 고가에 매수하게 됨으로써 입게 된 손해는 부동산의 매수 당시 시가와 매수가격과의 차액이[다. 그리고] 그 후 ... 부동산 시가가 상승하여 매수가격을 상회하게 되었다고 하여 매수인에게 손해가 발생하지 않았다고 할 수 없다.

사례
돌을 던져 화분이 완전히 파손되었다. 당시 화분 시가가 10만 원이었다. 그런데, 그 직후 우연히 꽃축제가 열리면서 화분 가격이 갑자기 올라 20만 원이 되었다.

1. 만약 불법행위 시를 기준으로 하면 10만 원이 된다.
2. 만약 재판 시를 기준으로 하면 20만 원이 된다.

이 경우, 불법행위 시를 기준으로 10만 원을 손해로 인정한다.

적극적 손해 산정

개념
쉽게 말해, 사고 때문에 지출하게 된 돈이다.

물적 손해
1. 수리를 할 수 있는 경우: 수리비
2. 수리를 할 수 없는 경우: 교환가치 감소액
3. 수리 후 일부 수리를 할 수 없는 부분이 남은 경우: 수리비 + 교환가치 감소액
4. 완전히 부순 경우: 시가 상당액

> **2016다248806**: 불법행위로 인하여 물건이 훼손되었을 때 통상의 손해액은 [다음과 같다. (i)] 수리가 가능한 경우에는 그 수리비[가 된다. (ii)] 수리가 불가능한 경우에는 교환가치의 감소액이 [된다. 그리고 (iii)] 수리를 한 후에도 일부 수리가 불가능한 부분이 남아있는 경우에는 수리비 외에 수리불능으로 인한 교환가치의 감소액도 통상의 손해에 해당한다.

인적 손해
1. 기왕 치료비: 원칙적으로, 실제 지출한 전액
2. 향후 치료비: 원칙적으로, 향후 실제 치료가 필요한 전액

다만, 미래의 지출이기 때문에 산정방법이 특수하다.

> **2000다11317**: 향후 치료비와 개호비 손해를 산정[할 때] 피해자의 여명 예측이 불확실한 경우에는 [어떻게 하는가?] 피해자가 확실히 생존하고 있으리라고 인정되는 [기간]의 손해는 일시금의 지급을 명[한다. 그리]고 그 이후의 기간은 피해자의 생존을 조건으로 정기금의 지급을 명[한다. 이렇게] 할 수밖에 없[다.]

소극적 손해 산정

개념
쉽게 말해, 사고 때문에 벌지 못하게 된 돈이다. 일실손해(lost earnings)라고도 한다.

노동능력상실률 개념
사고 전 노동능력(ability to work)이 100%였는데, 사고로 70%가 됐다면? 즉, 원래 하루에 10만 원 벌던 사람이, 하루 7만 원밖에 못 벌게 됐다면?

> **2015다8902**: 노동능력상실률은 **단순한 의학적 신체기능장애율이 아니[다**.] 피해자의 연령, 교육정도, 종전 직업의 성질, 경력, 기능 숙련 정도, 신체기능장애 정도, 유사 직종이나 다른 직종으로 전업할 가능성과 확률 그 밖의 사회적·경제적 조건을 모두 참작하여 경험칙에 따라 정한 **수익상실률[이다**. 이는] 합리적이고 객관성이 있어야 한다.

1. 영구장해(permanent disability)가 생긴 경우: 사고일부터 평생 몇 %의 노동능력상실을 인정한다.
2. 한시장해(temporary disability)가 생긴 경우: 사고일부터 한시적으로(가령 3년, 5년, 10년) 몇 %의 노동능력상실을 인정한다. 그 기간을 장해기간이라 한다.
3. 입원(hospitalization)한 경우: 입원기간만큼은 100%의 노동능력상실이 있다고 간주한다.

> **2005다16904**: 일반적으로 사고로 인하여 입원치료를 받는 경우[는 어떠한가?] ... 특별한 사정이 없는 한, 사고로 인한 **입원기간...에는 노동능력을 전부 상실**하였다고 보아야 한다.

"치료가 필요한 기간(전치주수)", "입원기간", "장해기간"은 모두 다른 개념이다.

기준소득 개념
"사고 전에 원래 얼마만큼 벌 수 있었던 사람인가"를 알아야 한다. 그것이 바로 기준소득이다. 보통은 월 소득(monthly earnings)을 말한다.

1. 실제 소득이 나타나 있다면, 실제 소득(real income)으로 평가한다.

> **2003다39927**: 피해자가 사고 당시 직장에서 근무하면서 일정한 수입을 얻고 있었던 경우[는?] 피해자에 대한 사고 당시의 실제 수입을 확정할 수 있는 객관적인 자료가 현출되어 있고 그에 기[초]하여 합리적이고 객관성 있는 기대수입을 산정할 수 있다[고 하자, 이 경우] 사고 당시의 **실제 수입을 기초로** 하여 일실수입을 산정하여야 [한다.]

2. 실제 소득을 알 수 없다면, 추정 소득(estimated income)으로 평가한다.

> **2008다91180**: 피해자가 일정한 수입을 얻고 있었던 경우 신빙성 있는 실제 수입에 대한 증거가 현출되지 아니하는 경우에는 피해자가 종사하였던 직종과 **유사한 직종에 종사하는 자들에 대한 통계소득에 의하여** 피해자의 일실수입을 산정하여야 한[다.]

3. 실제 소득이 아예 없는 사람이라도, 최소한의 기준소득(minimum income)은 보장한다. 피해자가 가정주부나 무직자라도 이만큼은 보장한다.

2001다32472: 피해자가 사고 당시 일정한 직업상 소득이 없는 사람이라면 그 수입상실액은 보통사람이면 **누구나 종사하여 얻을 수 있는 일반노동임금을 기준**으로 [한다.]

3가지 평가 방법 모두 가능하다.

88다카4093: 불법행위로 인한 피해자의 일실이익은 사고 당시 피해자의 소득[→ 실제 소득]을 기준으로 하여 산정할 수도 있고 추정소득에 의하여 평가할 수도 있는 것이[다.] 이와 같은 일실이익의 산정은 불확정한 미래사실의 예측이므로 당해 사건에 현출된 구체적 사정을 기초로 하여 합리적이고 객관성 있는 기대수익을 산정할 수 있으면 족하고 반드시 어느 한쪽만을 정당한 산정방법이라고 할 수 없다.

추정소득, 최소한의 기준소득 산정 사례

월 소득(monthly earnings)은 "1일 노임 × 1개월당 가동일수"로 산정할 수 있다.

1. 1일 노임(daily wage): 실무상, 건설업 임금실태 조사 보고서(시중노임단가)의 노임단가를 추정 소득 기준인 1일 노임으로 삼는다. 그중에서도 "보통인부" 노임단가를 최소한의 기준 소득 기준인 1일 노임으로 삼는다.

대한건설협회가 위 보고서를 작성해, 매년 2회(1월, 9월) 공표한다. 예를 들어, 2022. 9. 기준 노임단가를 2023. 1. 1.에 공표하고, 2023. 5. 기준 노임단가를 2023. 9. 1.에 공표한다.

95다35517: 통계청의 승인을 받아 대한건설협회가 조사한 노임단가는 객관성과 보편성이 있[다.] 이를 일실수입 산정의 기초로 되는 일용노임단가로 삼기에 충분하다.

III. 개별직종노임단가

(단위: 원)

번호	직종명	공표일 2023.9.1	2023.1.1	2022.9.1	2022.1.1
1001	작업반장	204,626	197,546	191,344	189,313
1002	보통인부	161,858	157,068	153,671	148,510
1003	특별인부	208,527	197,450	192,375	187,435
1004	조력공	171,630	165,635	162,577	160,048

2. 1개월당 가동일수(workdays per month): 실무상, 도시일용근로자(urban daily worker)는 22일, 농촌일용근로자(rural daily worker)는 25일로 인정하는 경우가 많다.

항상 22일이나 25일인 것은 아니다. 사안별로(case by case) 살펴야 한다.

> **2012다60602**: 근로조건이 산업환경에 따라 해마다 변동하는 기능공의 일실수입을 ... 1일 노임에 관한 통계사실에 기초하여 평가하는 경우[를 보자.] 그 가동일수에 관하여도 법원에 현저한 사실을 포함한 각종 통계자료 등에 나타난 월평균 근로일수와 직종별 근로조건 등 여러 사정들을 [고려]하고 그 밖의 적절한 자료들을 보태어 합리적인 사실인정을 하여야 한다.

가동연한 개념

1. 실제 소득이든 추정 소득이든 간에, 현실적으로 월 소득 정도만 알 수 있을 뿐이다. 즉, 앞으로 몇십 년간 벌 총금액 자체를 알 수는 없다.
2. 그래서 벌 수 있는 남은 기간이 몇 개월인지 계산해서, 기준소득(월 소득)과 곱한다. 그 값이 바로 일실손해(lost earnings)다.
3. 여기서 일할 수 있을 때까지, 즉 정년이 바로 가동연한(age limit)이다. 가동연한까지만 돈을 벌 수 있었을 것으로 간주한다.

> **2009다100920**: [(i)] 가동연한을 인정할 때에는 국민의 **평균여명**, 경제수준, 고용조건 등 사회적, 경제적 여건 외에 연령별 근로자 인구수, 취업률 또는 근로참가율 및 직종별 근로조건과 정년 제한 <u>등 제반 사정을 조사</u>하여 이로부터 경험칙상 추정되는 가동연한을 도출[해야 한다.] 아니면, (ii) 당해 피해자의 연령, <u>직업</u>, 경력, 건강상태 <u>등 구체적인 사정을 고려</u>하여 가동연한을 인정할 수 있[다.]

직업과 사안마다 다르지만, 육체노동의 가동연한은 65세 정도로 볼 수 있다.

> **민사소송법 제288조(불요증사실)** 법원에서 당사자가 <u>자백한 사실과 현저한 사실</u>은 증명을 필요로 하지 아니한다. ...

> **2018다248909**: 일반육체노동을 하는 사람 또는 육체노동을 주로 생계활동으로 하는 사람(이하 '육체노동'이라 한다)의 가동연한[은 어떠한가?] ... 이제는 특별한 사정이 없는 한 ... **만 65세**까지도 가동할 수 있다고 보는 것이 경험칙에 합당하다.

주의: 기대여명(life expectancy)은 가동연한(age limit)과 다른 개념이다. 가동연한은 "일할 수 있는 예상시한", 기대여명은 "살아 있을 예상시한"이다.

> **민사소송법 제288조(불요증사실)** 법원에서 당사자가 <u>자백한 사실과 현저한 사실</u>은 증명을 필요로 하지 아니한다. ...

> **99다41886**: 통계청이 정기적으로 조사·작성하는 한국인의 생명표에 의한 남녀별 각 연령별 **기대여명은 법원에 현저한 사실**이[다]. 그러[므로] 불법행위로 인한 피해자의 일실수입 등 손해액을 산정[할 때] 기초가 되는 피해자의 기대여명은 당사자가 제출한 증거에 구애됨이 없이 그 손해 발생 시점과 가장 가까운 때에 작성된 생명표에 의하여 확정할 수 있[다].

> **2016다41869**: 인신사고로 인한 손해배상 사건에서 손해배상액을 산정하는 기초가 되는 피해자의 **기대여명은 변론주의가 적용되는 주요사실로서 재판상 자백의 대상**이 된다.

중간이자 공제

예를 들어, 미래의 어떤 달에 받을 300만 원을 미리 불법행위일에 지급한다면, 300만 원보다 적게(예: 280만 원) 지급하는 것이 맞다.

1. 장래에 발생할 수입을 미리 받게 되는 셈이므로, 중간이자(intermediary interest)를 공제해야 한다. 그렇지 않으면 실질적으로 과잉배상이 된다.
2. 이 과정을 통해, 미래의 300만 원을 "불법행위일 현재의" 금액으로 환원해야 한다. 환원한 금액(280만 원)을 현가액(present value)이라 한다. 환원하기 전 금액(300만 원)을 명목(nominal) 소득액이라 한다.

중간이자 계산, 즉 현가 방식은 (i) 단리(simple interest)의 호프만식(Hoffman method)과 (ii) 복리(compound interest)의 라이프니츠식(Leibniz method)으로 나뉜다. 미래의 액면액을 A, 현재와 미래 사이의 기간을 n, 중간이율을 r이라 할 때, 현가액은 다음과 같이 산정한다.

$$X = \frac{A}{1+nr} \quad \bigg| \quad X = \frac{A}{(1+r)^n}$$

호프만식 (단리) | **라이프니츠식 (복리)**

법원 실무는 대체로 호프만식에 따른다. 복리는 어려워!

77다2455: 타인의 불법행위로 인하여 장래 얻을 수 있는 수입을 잃게 ... 됨을 이유로 하여 그 손해금을 일시에 청구하는 [사안이다. 이때] 호프만식 단리계산법에 의하여 중간이자를 공제하여도 좋[다.] ... 라이프니츠 계산법에 의하여 복리계산을 하지 아니하였다 하여 잘못이라 할 수 없다.

83다191: 일실수익의 현가산정에[서] 기초 사실인 수입, 가동연한, 공제할 생활비 등은 사실상의 주장이[다. 이에 비교해] 현가 산정방식에 관한 주장(호프만식에 의할 것이냐 또는 라이프니[츠]식에 의할 것이냐에 관한 주장)은 당사자의 평가에 지나지 않는 것이[다. 그러]므로 당사[자]의 주장에 [구속되지 않고] **법원은 [현가 방식을] 자유로운 판단에 따라** 채용할 수 있[다.] 이를 변론주의에 반한 것이라 할 수 없다.

대법원 전자소송 홈페이지(https://ecfs.scourt.go.kr)에 가 보자. "손해배상등 계산프로그램"을 이용할 수 있다. 변제상계충당액, 상속분, 이자도 편리하게 계산할 수 있다.

사례(1)

매우 건강한 1991. 11. 1.생 남성 피해자가 2022. 11. 1. 아무 잘못도 없이 돌에 맞아 손과 발을 심하게 다쳤다. 사고에 관한 피해자의 기초정보는 다음과 같다.

1. 사고일부터 한 달 동안 입원
2. 노동능력상실률: 사고일부터 3년간은 50%, 그 후부터는 20%
3. 실제 소득: 월 500만 원(회사원)

이 경우,

1. 가동연한을 65세로 인정하면, 명목소득액은 약 4억 6,450만 원이다.

	입원기간	한시장해	정년까지
기간	2022. 11. 1. ~ 2022. 11. 30.	2022. 12. 1. ~ 2025. 10. 31.	2025. 11. 1. ~ 2056. 10. 31.
노동능력상실률	100%	50%	20%
기준소득(월)	500만 원	500만 원	500만 원
명목소득액	500만 원 [= 기준소득(월) × 1개월 × 100%]	8,750만 원 [= 기준소득(월) × 35개월 × 50%]	3억 7,200만 원 [= 기준소득(월) × 372개월 × 20%]
명목소득액 합계	4억 6,450만 원		

2. 명목소득액 → 현가액 계산에 계산 프로그램을 사용하면(호프만식), 불법행위일 현재를 기준으로 일실손해는 약 2억 9,077만 원이다.

	입원기간	한시장해	정년까지
명목소득액	500만 원	8,750만 원	3억 7,200만 원
현가액	약 497만 원	약 8,120만 원	약 2억 458만 원
현가액 합계	약 2억 9,077만 원		

불법행위일 기준 현가액에 대해, 불법행위일부터 지연손해금이 붙는다. 지연손해금 개념은 제8강 해제와 손해배상에서 배운다.

> **2016다41869:** 원래 불법행위로 인한 손해배상채권은 불법행위 시에 발생하고 그 이행기가 도래하므로 장래 발생할 소극적, 적극적 손해의 경우 불법행위 시가 현가산정의 기준시기가 된다.
>
> 그리고 이때부터 장래의 손해발생 시점까지의 중간이자를 공제하는 금액에 대해 다시 불법행위 시부터의 지연손해금을 부가하여 지급하는 것이 원칙이다.

사례(2)

매우 건강한 1991. 11. 1.생 남성 피해자가 2022. 11. 1. 아무 잘못도 없이 돌에 맞아 손과 발을 심하게 다쳤다. 사고에 관한 피해자의 기초정보는 다음과 같다.

1. 사고일부터 한 달 동안 입원

2. 노동능력상실률: 사고일부터 3년간은 50%, 그 후부터는 20%

3. 실제 소득: 없음(무직)

이 경우,

1. 1개월당 가동일수를 22일로 인정하면, 최소한의 기준소득인 월 소득은 다음과 같다. 2023. 4. 30.까지는 약 346만 원(= 2023. 1. 1. 공표 보통인부 노임단가 15만 7,068원 × 22일)이다. 2023. 5. 1.부터는 약 356만 원(= 2023. 9. 1. 공표 보통인부 노임단가 16만 1,858원 × 22일)이다.

III. 개별직종노임단가 (단위: 원)

번호	직종명	공표일 2023.9.1	2023.1.1	2022.9.1	2022.1.1
1001	작업반장	204,626	197,546	191,344	189,313
1002	보통인부	161,858	157,068	153,671	148,510

2. 나아가, 가동연한을 65세로 인정하면, 명목소득액은 약 3억 3,044만 원이다.

	입원기간	한시장해	정년까지
기간	2022. 11. 1. ~ 2022. 11. 30.	2022. 12. 1. ~ 2025. 10. 31.	2025. 11. 1. ~ 2056. 10. 31.
노동능력상실률	100%	50%	20%
기준소득(월)	약 346만 원	약 346만 원 or 약 356만 원	약 356만 원
명목소득액	약 346만 원 [= 기준소득(월) × 1개월 × 100%]	약 6,205만 원 [= 기준소득(월) × 35개월 × 50%]	약 2억 6,493만 원 [= 기준소득(월) × 372개월 × 20%]
명목소득액 합계	약 3억 3,044만 원		

3. 명목소득액 → 현가액 계산에 계산 프로그램을 사용하면(호프만식), 불법행위일 현재를 기준으로 일실손해는 약 2억 672만 원이다.

	입원기간	한시장해	정년까지
명목소득액	약 346만 원	약 6,205만 원	약 2억 6,493만 원
현가액	약 344만 원	약 5,757만 원	약 1억 4,570만 원
현가액 합계	약 2억 672만 원		

역시 불법행위일부터 지연손해금이 붙는다.

재산상 배상액 조정
Adjustment of Economic Damages

권(權)이란 이익과 손해를 치우침 없이 고려하는 것이다. - "경설"

머리에

문제점

지금까지 손해 산정 방법을 공부했다. 그런데 언제나 손해 전부 그대로 배상해야 하는 건 아니다. "손해액"과 "배상액"은 다를 수 있다.

1. 피해자에게도 손해 발생에 과실이 있다면, 그만큼 배상액이 감액될 수 있다. 이것이 과실상계(comparative negligence)다.
2. 피해자가 손해 발생으로 이익을 봤다면, 그만큼 배상액에서 공제해야 한다. 이것이 손익상계(offset of profits and losses)다.

과실상계

개념

1. 피해자에게도 손해 발생 또는 확대에 관하여 과실이 있다고 하자.

손해보험협회 홈페이지(http://accident.knia.or.kr)에 가 보자. 자동차사고 과실비율 인정기준이 잘 정리되어 있다.

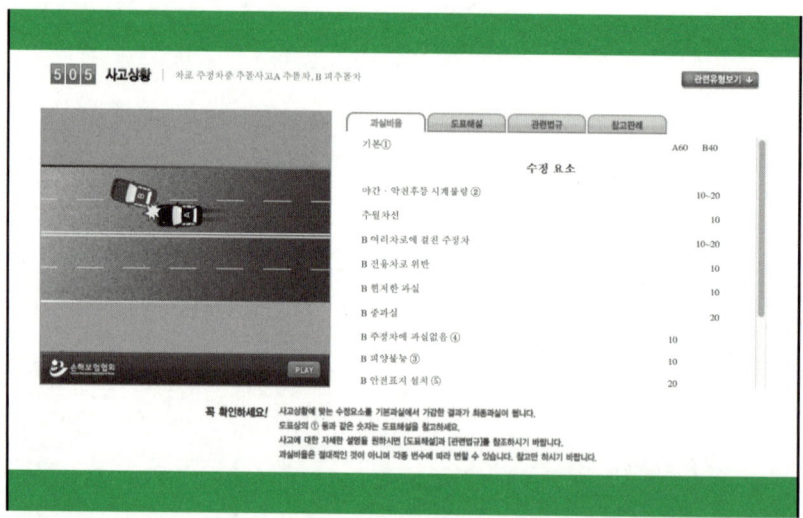

2. 그러면 피해자의 과실을 참작해서, 배상액이 줄어든다. 이를 과실상계(comparative negligence)라고 한다.

사례

1. 피해자 V는 가해자 O가 옥상에서 돌을 밑에 떨어뜨릴 뻔하며 계속 위험하게 작업하는 것을 봤다.

2. 그럼에도, 피해자 V는 굳이 그 바로 밑에서 휴대전화기로 게임을 하며 계속 앉아 있었다.
3. 그러다 피해자 V가 돌에 맞아 다쳤다.

이 경우, 피해자 V도 손해 발생에 과실이 있다고 볼 수 있다.

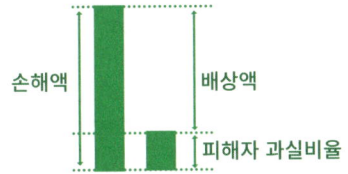

1. 손해액이 200만 원이라 하자.
2. 피해자 V의 과실비율을 10%라 하자.
3. 그러면 배상액은 180만 원[= 200만 원 × (100-10)%]이다.

취지
손해를 공평하게 분배하기 위한 제도다.

주의사항
다음 두 개념은 비슷하지만, 엄밀히는 서로 다르다. 주의하라.
1. 불법행위 성립요건으로서 가해자의 "과실"
2. 과실상계 사유로서 피해자의 "과실"

> 2000다29028: 불법행위에[서 (i)] 피해자의 과실을 따지는 **과실상계에서의 과실은 [(ii) 가해자의 과실과 [다르다.** [(i)] 과실상계에서의 과실은] 사회통념이나 신의성실의 원칙에 따라 공동생활에[서 필요한] **약한 의미**의 부주의를 가리[킨다.]

요건
1. 피해자에게도 과실(negligence)이 있어야 한다. 예를 들어, 가해자 O가 돌을 가지고 옥상에서 놀고 있는 걸 피해자 V가 전혀 알 수가 없었다고 하자. 그러면 피해자 V는 과실이 없으므로, 과실상계를 하지 않는다.
2. 그 과실과 손해 사이에도 인과관계(causation)가 있어야 한다. 예를 들어, 피해자 V가 건물 밑으로 굳이 가지 않더라도 어차피 돌에 맞을 상황이었다고 하자. 그러면 피해자 V의 과실과 손해 발생 사이에는 인과관계가 없기 때문에, 과실상계를 하지 않는다.

효과

1. 배상액 = 손해액 × (100% - 피해자의 과실비율)

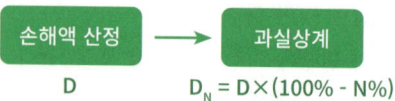

2. 과실상계를 해야 할 사안이라면, 소송에서 당사자들이 과실상계를 주장하지 않더라도, 법원이 과실상계를 한다.

> **67다2367:** 법원은 불법행위의 원인에 피해자의 과실이 경합되었다고 인정되는 경우에는 [어떻게 하는가?] 법원은 과실상계에 관한 **항변의 유무를 불문**하고 그 과실을 그 불법행위로 인한 손해배상의 책임 및 손해액을 정[할 때] 이를 **참작하여야** 한다.

과실상계 제도 적용 범위

결론

과실상계는 "손해배상(compensation; damages)"에 적용한다.

> **99다48801:** 과실상계는 원칙적으로 … 손해배상책임에 대하여 인정되는 것이[다.]

유형별 판단

1. 채무불이행에 따른 "손해배상청구": 과실상계 적용 가능하다. 즉, 돈 받을 사람(채권자)에게도 과실이 있다면, 그 과실을 참작해 "배상액을" 줄인다.

예: "약속을 안 지켰으니 돈으로 배상하라"는 사안에 과실상계 적용 가능하다.

> **민법 제390조(채무불이행과 손해배상)** 채무자가 채무의 내용에 좇은 이행을 하지 아니한 때에는 채권자는 **손해배상**을 청구할 수 있다. …
>
> **민법 제396조(과실상계)** 채무불이행에 관하여 채권자에게 과실이 있는 때에는 법원은 **손해배상**의 책임 및 그 금액**을 정함에** 이를 참작하여야 한다.

2. 불법행위에 따른 "손해배상청구": 과실상계 적용 가능하다. 즉, 돈 받을 사람(피해자)에게도 과실이 있다면, 그 과실을 참작해 "배상액을" 줄인다.

예: "불법행위 했으니 돈으로 배상하라"는 사안에 과실상계 적용 가능하다.

> **민법 제750조(불법행위의 내용)** 고의 또는 과실로 인한 위법행위로 타인에게 손해를 가한 자는 그 **손해를 배상**할 책임이 있다.
>
> **민법 제763조(준용규정)** …제396조…의 규정은 불법행위로 인한 **손해배상에** 준용한다.

3. 채무불이행에 대한 "이행청구": 과실상계 적용 불가능하다. 즉, 돈 받을 사람(채권자)에게 과실이 있더라도, 이행해야 할 채무를 줄일 수 없다. 손해배상청구가 아니기 때문이다.

예: "약속한 대로 ...를 이행하라"는 사안에 과실상계를 적용할 수가 없다.

민법 제389조(강제이행) ① 채무자가 임의로 채무를 이행하지 아니한 때에는 채권자는 그 강제이행을 법원에 청구할 수 있다. ...

99다48801: 과실상계는 원칙적으로 ... 손해배상책임에 대하여 인정되는 것이[다. 즉,] 채무내용에 따른 본래 급부의 이행[즉, **계약한 내용의 이행**]**을 구하는 경우에 적용될 것은 아니[다.**]

예금주가 인장관리를 다소 소홀히 하였거나 입·출금 내역을 조회하여 보지 않음으로써 금융기관 직원의 불법행위가 용이하게 된 사정이 있다고 [하자. 그렇다고] 할지라도 정기예탁금 계약에 기[초]한 정기예탁금 반환청구사건에[서는] 그러한 사정을 들어 금융기관의 채무액을 감경하거나 **과실상계할 수 없다**.

연습문제

2022년도 변호사시험 민사법 선택형

[문 46.] 대리에 관한 설명 중 옳은 것은? (다툼이 있는 경우 판례에 의함)

① 표현대리가 성립하여 본인이 이행책임을 부담하는 경우, 상대방에게 과실이 있으면 과실상계의 법리가 적용된다.

② 「민법」상 조합[에서] 조합원들의 대리인인 업무집행조합원이 조합을 위한 것임을 표시하지 않고 조합을 위하여 상행위를 한 경우, 상대방이 조합을 위한 행위임을 과실 없이 몰랐다면 그 행위는 다른 조합원들에게 효력이 미치지 않는다.

③ 부부간의 일상의 가사에 관한 대리권은 법정대리권이므로 그 제한은 선의의 제3자에게도 대항할 수 있다.

④ 부분적 포괄대리권을 가진 상업사용인이 위임받은 특정 영업 또는 사항 이외의 거래행위를 한 경우, 그 행위의 상대방이 그 상업사용인에게 그 권한이 있다고 믿을 만한 정당한 이유가 있으면 영업주는 그 행위에 대하여 책임이 있다.

⑤ 주주의 대리인이 의결권 행사의 대리권을 증명하는 서면을 주주총회에 제출한다면 회사는 그 총회의 개최가 방해될 염려가 있는 등의 특별한 사정이 있어도 그 대리행사를 거절할 수 없다.

채무불이행에 따른 손해배상 청구(과실상계○)

사안

1. K는 개업공인중개사 S의 중개로 부동산에 관한 계약을 체결했다. 그런데 당시 부동산 소유자가 누구인지 명백하지 않았다. 또한, 매도인의 대리인을 자처하는 X가 실제 매도인의 대리인인지도 매우 의심스러웠다. 그럼에도, K는 오로지 개업공인중개사 S 말만 믿고 X에게 돈을 모두 지급했다.

2. 돈을 모두 날린 K는 개업공인중개사 S를 상대로 손해배상을 받고 싶다.

수임인(채무자) S의 손해배상책임 발생

1. 수임인 S는 개업공인중개사인데도, 조사, 확인의무를 다하지 않았다.
2. 그 바람에 위임인 K가 손해를 입었다.
3. 따라서 수임인 S는 위임계약상 채무를 불이행했다. 손해배상책임을 진다.

> **2012다69654**: [개업공인중개사 S]와 중개의뢰인[K]의 법률관계[는] **민법상의 위임관계**와 유사[하다.] 중개의뢰를 받은 [S]는 선량한 관리자의 주의로 의뢰받은 중개업무를 처리할 의무가 있[다.] … 법[은] 중개의뢰를 받은 [개업공인중개사 S]는 중개대상물의 권리관계 등을 확인하여 중개의뢰인[K]에게 설명할 의무가 있음을 명시하고 있[다.]
>
> [S]는 [K로부터의] 위임취지에 따라 중개대상물의 권리관계를 조사·확인할 의무가 있[다. **S가**] **그 주의의무를 위반할 경우 그로 인한 손해를 배상**할 책임을 부담[한다.]

과실상계 적용 가능성○

채무불이행에 따른 "손해배상"청구이므로, 과실상계를 적용할 수 있다.

> **민법 제396조(과실상계)** 채무불이행에 관하여 채권자에게 과실이 있는 때에는 법원은 **손해배상**의 책임 및 그 금액을 정함에 이를 참작하여야 한다.

소결: 채권자 K의 과실을 참작한 과실상계○

1. 위임인 K도 권리관계를 제대로 확인하지 않은 과실이 있다.
2. 따라서 수임인 S의 배상책임을 감경해야 한다.

> **2012다69654**: 이 사건 주택에 관한 등기[사항전부증명서]상 이 사건 주택의 소유자는 1910년생인 [F]로 기재되어 있었는데 임대차계약은 … [F]의 장남인 소외 [H] 명의로 체결[되었다. 그리고] 계약체결은 [H]의 대리인이라고 칭하는 [X]과 사이에 이루어졌[다. 또한,] 임대차보증금 역시 [X]에게 지급[되었다. 특히,] 임대차계약의 특약사항으로 잔금 지급일에 [H]를 대면하기로 하였음에도 [K는 X]의 말만 믿고 이러한 절차를 거치지 아니한 채 임대차보증금 잔금을 지급[했다.]
>
> [이처럼,] 임대차계약 및 잔금지급 과정에서 이 사건 주택의 소유자가 명백하지 아니[했다. 그리고 X]의 대리권 유무 역시 명확하지 아니[했다. 그러므로] 거래당사자인 원고로서는 이를 확인할 필요성이 있었[다. 그런]데도, [K는] 공인중개사인 [S]만을 믿은 채 제적등본 등의 상속관계서류나 등기권리증 또는 위임장, 인감증명서 등 이 사건 주택의 소유자 확인 및 대리권 유무에 대한 확인을 소홀히 [했다.] … 이러한 **[K]의 과실 역시 이 사건 손해 발생 또는 확대의 한 원인이 되었[다.]**
>
> [그렇다면,] 중개의뢰인[K]에게 발생한 손해에 대한 배상의 범위[는 어떻게 되는가?] 중개의뢰인[K]에게 거래관계를 조사·확인할 책임을 게을리한 부주의가 인정[된다. 그리]고 그것이 손해 발생 및 확대의 원인이 되었[다. 그렇다]면, **피해자인 중개의뢰인[K]에게 [도] 과실이 있는 것으로 보아 과실상계를 할 수 있[다.]** 이것이 손해의 공평부담이라는 손해배상제도의 기본원리에 비추어 볼 때에도 타당하다.

불법행위에 따른 손해배상 청구(과실상계○)

사안
1. K가 자동차 뒷좌석에 타고 있었다. 자동차는 교차로에서 신호대기를 위해 정지했다. 그런데 뒤따르던 P가 졸음운전을 하다 K가 탄 자동차를 치고 말았다. K는 이 사고로 크게 다쳤다. 그런데, 사고 당시 K는 귀찮아서 안전띠를 매고 있지 않았다고 한다.
2. 크게 다친 K는 가해자 P를 상대로 손해배상을 받고 싶다.

가해자 P의 손해배상책임 발생
가해자 P는 피해자 K에 대해 운행자책임을 진다. 즉, 손해배상책임을 진다.

> **자동차손배법 제3조(자동차손해배상책임)** 자기를 위하여 자동차를 운행하는 자는 그 운행으로 다른 사람을 ... 부상하게 한 경우에는 그 **손해를 배상**할 책임을 진다. ...

과실상계 적용 가능성○
불법행위에 따른 "손해배상"청구이므로, 과실상계를 적용할 수 있다.

운행자책임도 불법행위책임의 일종이다.

> **95다29390:** [자동차손배법] 제3조는 불법행위에 관한 민법 규정의 특별 규정이[다.]
>
> **민법 제763조(준용규정)** ...제396조...의 규정은 불법행위로 인한 **손해배상**에 준용한다.
>
> **민법 제396조(과실상계)** 채무불이행에 관하여 채권자에게 과실이 있는 때에는 법원은 손해배상의 책임 및 그 금액을 정함에 이를 참작하여야 한다.

소결: 피해자 K의 과실을 참작한 과실상계○
1. 피해자 K도 안전띠를 매지 않은 과실이 있다.
2. 따라서 가해자 P의 배상책임을 감경해야 한다.

> **2008다91180:** 안전띠가 설치되어 있음에도 이를 착용하지 않고 있다가 사고가 발생하게 되었[다. 그리]고 **안전띠를 착용하였더라면 그로 인한 피해를 줄일 수 있었[다.** 그렇다면] 안전띠 미착용의 점은 그 사고장소가 시내인지 또는 시외인지 등을 가릴 것 없이 **과실상계의 사유가 된다.**

사례: 채무이행 청구(과실상계×)
1. K는 R에게 10억 원에 물품을 매도하고 물품을 모두 매수인 R 앞으로 인도해 주었다. 매수인 R은 매도인 K에게 매매대금을 전혀 지급하지 않고 있다. 매도인 K는 매매대금을 받지 못해 사업에 심각한 타격을 입었다. 그런데, 알고 보니 매도인 K는 당시 얼마든지 10억 원 이상 은행대출을 받아 사업 유지를 할 수 있었는데도, 대출 받는 시도조차 하지 않았다고 한다.
2. 매매대금을 지급받지 못한 K는 채무자 R을 상대로 대금 지급을 받고 싶다.

채무자 R의 매매대금 지급채무 발생

1. 매매계약 체결 효과로,
2. 채무자(매수인) R은 채권자(매도인) K에 대해 10억 원 대금 지급채무를 진다.

> 민법 제568조(매매의 효력) ① 매도인[K]은 매수인[R]에 대하여 매매의 목적이 된 권리[물품 소유권]를 이전하여야 하며 매수인[R]은 매도인[K]에게 그 **대금[10억 원]을 지급하여야** 한다.

과실상계 적용 가능성 ×

"손해배상"청구가 아니라, "계약을 이행하라"는 청구일 뿐이다. 따라서 과실상계를 적용할 수 없다.

> 99다53742: 과실상계는 채무불이행 내지 불법행위로 인한 손해배상책임에 대하여 인정[된다. 이에 비교해] 채무 내용에 따른 본래의 급부의 이행[**계약한 내용의 이행**]을 구하는 경우에 적용될 것은 아니[다.]
>
> [K]는 ... [R과]의 이 사건 물품공급계약에 따른 물품대금청구를 [하고 있다.] ... [법원이 K]의 과실상계항변에 관하여 판단하지 않았다고 하여 ... 위법...이라고 할 수 없[다.]

소결: 채권자 K의 과실을 참작한 과실상계 ×

1. 채권자 K의 과실과 상관없이,
2. 채무자 R의 계약이행책임(10억 원의 매매대금지급채무)을 감경할 수 없다.

만약 채권자 K가 매매"대금 지급"을 요구하는 것이 아니라, 매매대금 지급채무의 불이행을 이유로 "손해배상"을 구하는 것이라면, 과실상계 여지가 있다.

	채무불이행 손해배상	불법행위 손해배상	채무이행 청구
청구의 근거	제390조	제750조	계약(의사)
행사의 목적	손해배상		이행청구
과실상계 제도	○		×
과실상계 근거	제396조	제763조, 제396조	(해당 없음)

일부청구 경우

문제점

과실상계를 해야 할 사안인데, 애당초 손해 중 일부만 청구해 온 경우는 어떨까? 손해는 100만 원이고, 과실상계 비율은 40%라 하자.

처리

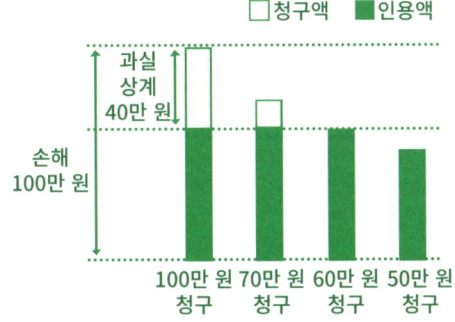

1. 만약 100만 원을 청구하면 60만 원을 인용한다.
2. 만약 90만 원을 청구하면 60만 원을 인용한다.
3. 만약 80만 원을 청구하면 60만 원을 인용한다.
4. 만약 70만 원을 청구하면 60만 원을 인용한다.
5. 만약 60만 원을 청구하면 60만 원을 인용한다.
6. 만약 50만 원을 청구하면 50만 원을 인용한다.
7. 만약 40만 원을 청구하면 40만 원을 인용한다.
8. 만약 30만 원을 청구하면 30만 원을 인용한다.
9. 만약 20만 원을 청구하면 20만 원을 인용한다.
10. 만약 10만 원을 청구하면 10만 원을 인용한다.

이유

처분권주의 때문이다. 청구하는 금액보다 더 많은 액수를 인용할 수는 없다.

> **민사소송법 제203조(처분권주의)** 법원은 당사자가 신청하지 아니한 사항에 대하여는 판결하지 못한다.

> **75다819:** 일개의 손해배상청구권 중 일부가 소송상 청구[된] 경우에 과실상계를 [할 때는] 손해의 전액에서 과실비율에 의한 감액을 [한다.] 그 잔액이 청구액을 초과하지 않을 경우에는 그 잔액을 인용[한다.] 잔액이 청구액을 초과할 경우에는 청구의 전액을 인용[한다. 이렇게] 풀이하는 것이 일부청구를 하는 당사자의 통상적 의사[이다.]

과실상계 주장의 금지

분쟁 모습

실제 분쟁이 생기면, 대체로 가해자는 피해자에게도 과실이 있다고 주장하면서 배상액을 최대한 줄이려 한다.

피해자의 부주의를 이용한 고의 불법행위 경우

1. 그러나 피해자의 "부주의를 이용해 고의로" 불법행위를 저지른 경우라면,
2. 가해자의 과실상계 주장을 금지한다.

함정을 파고 기다리는 개미귀신 같은 가해자에게 혜택을 줄 필요가 없다.

> **2006다16758**: 피해자의 부주의를 이용하여 고의로 불법행위를 저지른 자가 바로 그 피해자의 부주의를 이유로 자신의 책임을 감하여 달라고 주장하는 것[은] 허용되지 [않는다.]
>
> [그 이유는] 그와 같은 고의적 불법행위가 영득행위에 해당하는 경우 과실상계와 같은 책임의 제한을 인정하게 되면 가해자로 하여금 불법행위로 인한 이익을 최종적으로 보유하게 하여 **공평의 이념이나 신의칙**에 반하는 결과를 가져오기 때문이[다.]

고의 불법행위 경우

1. 그러나 피해자의 부주의를 이용한 것이 아니라, 단지 "고의의" 불법행위를 저지른 경우라면,
2. 가해자의 과실상계 주장은 허용한다.

> **2006다16758**: 고의에 의한 불법행위의 경우에도 [공평의 이념이나 신의칙에 반하는] 결과가 초래되지 않는 경우에는 과실상계나 공평의 원칙에 기[초]한 책임의 제한은 얼마든지 가능하다.

신의칙이 무엇인지는, 제10강 민법총칙 중 "신의성실 원칙"에서 배운다. 지금 단계에서는, 신의칙 위반이란 "너무한 것" 정도로 이해해도 충분하다.

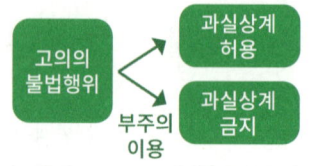

손익상계

개념

손해 발생 때문에 이익을 보는 경우도 있다. 불법행위 때문에 채권자에게 손해와 동시에 이익도 있는 경우, 손해배상액 산정에는 그 이익을 공제해야 한다. 이를 손익상계(offset of profits and losses)라고 한다.

손익공제, 이득공제라고도 한다.

사례

1. 사안: 옥상에서 돌을 던져 지나가던 피해자가 맞고 즉사했다. 피해자 V의 상속인들이 불법행위에 따른 손해배상 청구를 할 수 있다.
2. 손해: 피해자 V가 만약 살았더라면 앞으로 직장에서 받을 월급 등 총 수입액이 3억 원이라고 하자. 피해자 V는 사망으로 그 수입을 얻지 못하게 되었다.
3. 이익: 한편, 피해자 V가 만약 살아 있었더라면 앞으로 지출할 식사비, 교통비 등 총 생활비가 1억 원이라고 하자. 피해자 V는 사망으로 그 지출을 면하게 되었다.
4. 배상액: 불법행위 때문에 피해자 V는 3억 원 손해(소극적 손해)를 보지만 1억 원의 이득을 보았다. 그러면 배상액은 2억 원(= 3억 원 - 1억 원)이 된다.

편의상, 위자료는 논외로 하자.

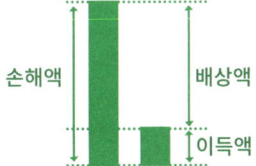

취지

만약 손익상계를 하지 않은 채 그대로 배상을 받게 한다면, 오히려 손해를 보기 전보다 더 이득을 보는 결과가 된다. 이것은 부당하다. 손해배상은 실손보상(전보배상)을 위한 것이기 때문이다.

요건

2006다19603: 손해배상액의 산정에[서] 손익상계가 허용되기 위해서는 [어때야 하는가?] 손해배상책임의 원인이 되는 행위로 인하여 피해자가 **새로운 이득**을 얻었[어야 한다. 또,] 그 이득과 손해배상책임의 원인인 행위 사이에 **상당인과관계**가 있어야 한다.

1. 피해자에게 새로운 이득(profits)이 있어야 한다. 예를 들어, 돌을 던져 10만 원짜리 화분이 파손되어, 그 가치가 1만 원으로 떨어졌다. 여기서 1만 원은 "이득"이 아니다. 따라서 손익상계할 것이 없다.

손해배상액은 9만 원이다. 1만 원의 "이득(profits)"이 생겨서 9만 원인 것이 아니다. 처음부터 "손해(losses)" 자체가 9만 원뿐이기 때문이다.

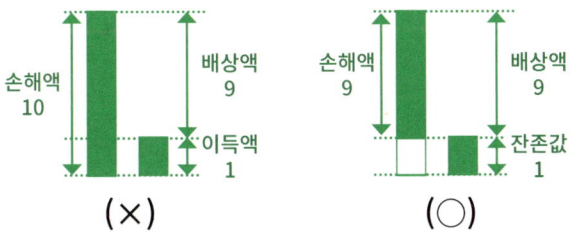

> **91다17894:** 불법행위로 인하여 물건이 훼손된 경우, ... **피해자가 훼손된 물건을 처분하여 잔존물의 가격에 상당하는 금액을 회수**하였다[면 어떨까?]
>
> [그렇다고 하더라도] 그 물건의 불법행위 당시의 시가에 상당하는 금액에서 그 잔존물의 가격에 상당하는 금액을 공제한 금액만큼의 손해를 입게 되었다고 [본다. 그렇지 않고] 그 물건의 불법행위 당시의 시가에 상당하는 금액만큼의 손해를 입게 될 것이고 다만 불법행위로 인하여 잔존물의 가격에 상당하는 금액만큼의 **이익을 얻게 되었다고 볼 것은 아니다.**

2. 그 이득과 손해 원인 사이에 인과관계(causation)가 있어야 한다. 아무리 이득이 있더라도, 그 이득이 손해 원인 때문에 발생한 게 아니라면, 손익상계를 하지 않는다.

> **92다31361:** 교통사고의 피해자가 사고로 상해를 입은 후에도 계속하여 종전과 같이 직장에 근무하여 종전과 같은 보수를 지급받고 있[다. 그래도] 그와 같은 보수가 사고와 **상당인과관계가 있는 이익이라고 볼 수 없[다.** 그러]므로 이를 손해배상액에서 공제할 수 없다.

3. 사회통념상, 이익이 손해에 대응(correspond)하는 성질이어야 한다. 이득이 손해에 대응하는 게 아니라면, 손익상계를 하지 않는다.

> **75다1088:** 장례에[서] 조객으로부터 받는 부의금은 **손실을 전보하는 성질의 것이 아니[다.** 그러]므로 이를 재산적 손해액산정에서 참작할 것이 아니다.

위 제2, 3요건은 넓게 보면 같은 요건이다.

효과

1. 배상액 = 손해액 - 이득액

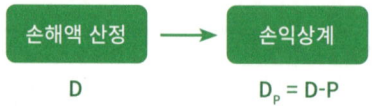

2. 손익상계를 해야 할 사안이라면, 소송에서 당사자들이 손익상계를 주장하지 않더라도, 법원이 손익상계를 할 수 있다.

> **2010다93790:** 불법행위 등이 채권자 또는 피해자에게 손해를 생기게 하는 동시에 이익을 가져다 준 경우에는 [어떤가?] 공평의 관념상 그 이익은 당사자의 **주장을 기다리지 아니하고** 손해를 산정할 때에 **공제하여야** [한다.]

산정의 순서

사실관계

1. 피해자의 손해: 100만 원

2. 피해자의 과실: 30%

3. 피해자의 이익: 30만 원

과실상계를 먼저 할 경우

배상액은 40만 원이 된다.

1. 과실상계를 하면 일단 70만 원[= 100만 원 × (100% - 30%)]
2. 거기에 손익상계하면 40만 원(= 70만 원 - 30만 원)

손익상계를 먼저 할 경우

배상액은 49만 원이 된다.

1. 손익상계를 하면, 일단 70만 원(= 100만 원 - 30만 원)
2. 거기에 과실상계하면 49만 원[= 70만 원 × (100% - 30%)]

정당한 순서

> **2007다37721:** 불법행위[에 관해] 채권자의 과실이 있고 채권자가 그로 인하여 이익을 받은 경[우 어떻게 처리하나?] 손해배상액을 산정[할 때] **과실상계를 한 다음 손익상계**를 하여야 [한다.]

ㄱ → ㅅ

결론

영역

재산상(regarding property) 손해 배상액(amount of compensation)에 관한 계산이다.

계산 순서

1. 재산상(regarding property) 손해액(amount of damages)을 산정한다.
2. 과실상계(comparative negligence)를 한다.
3. 손익상계(offset of profits and losses)를 한다.

정신적 손해 산정
Assessment of Emotional Damages

명예는 많은 재산보다 소중하고, 존경받는 것은 금은보다 값지다. - "탈무드"

머리에

재산적 손해와 정신적 손해의 구별
1. 과실상계와 손익상계는 재산상 손해배상액을 조절하는 것이다. 정신적 손해배상에는 원칙적으로 과실상계나 손익상계를 하지 않는다.
2. 불법행위에 따른 손해배상 청구의 소를 제기할 때도, 재산상 손해와 재산 이외 손해액을 합산해 청구한다.

공부할 내용
1. 방금까지 재산적 손해배상 부분을 보았다.
2. 이제 정신적 손해배상(emotional damages)을 공부하자.

정신적 손해 발생 시 법률관계
1. 불법행위가 성립하여,
2. 재산 이외 손해가 발생했을 때,
3. 그 손해를 돈, 즉 위자료(consolation money)로라도 메워 줘야 한다.

> 민법 제751조(재산 이외의 손해의 배상) ① 타인의 신체, 자유 또는 명예를 해하거나 기타 정신상고통을 가한 자는 **재산 이외의 손해에 대하여도 배상할 책임**이 있다.

사례

사실관계
옥상에서 던진 돌에 맞아 약 4주의 치료가 필요한 타박상을 입었다. 치료비는 전액 보험 처리가 되었고, 파손된 물건도 전혀 없다.

정신적 손해 배상
가해자는 피해자에게 손해배상을 하지 않아도 될까? 물론 아니다.
1. 돌을 맞을 때 깜짝 놀라고 아팠을 것이므로, 정신적 고통이 있다.
2. 정신적 손해를 위자료로라도 메워 줘야 한다.

재산 이외 손해 개념

정신적 고통
재산 이외 손해로는, 정신적 고통이 대표적이다.

실무상 "재산 이외 손해"와 "정신적 손해"를 거의 같은 의미로 쓰곤 한다.

대구가법2012드단22442: 피고들[B, C]이 통상적인 보험모집인과 고객 사이라고는 볼 수 없을 정도로 일정[기간] 상당한 횟수의 전화통화나 문자메시지를 주고받아[왔다.] ... 피고 B가 아무런 조건이나 담보도 없이 자신이 직접 대출까지 해서 피고 C에게 합계 [1700여만 원]을 빌려주기도 [했다. 그리고] 고가의 의류를 여러 차례 선물하기도 [했다. 이러한 점] 등에 비춰보면, 비록 피고들이 간통을 했다는 직접적인 증거는 없지만 피고들이 부부의 정조의무에 충실하지 않는 정도로 교제했다고 [보아야 한다. 그리고] 피고 B의 이같은 행위는 부부간의 정조의무를 져버린 부정행위에 해당한[다.]

피고 B의 이같은 잘못으로 인해 혼인생활이 파탄됨으로써 원고가 심한 정신적 고통을 받았을 것[은] 경험칙상 명백하[다. 그러]므로, 피고 B는 그 **정신적 고통을 금전으로나마 위자해 줄 의무가 있[다.]**

위자료 액수에 관해 보[자.] 원고와 피고 B의 혼인기간, 혼인이 파탄에 이르게 된 경위, 피고들의 부정행위 기간, 부정행위가 발각된 이후 피고들의 태도, 그 밖에 변론에 나타난 여러 사정을 고려[해야 한다. 그러면] 피고 B가 배상해야 할 위자료의 액수는 [2000만 원], 피고 C가 배상해야 할 위자료의 액수는 [1000만 원]으로 정함이 [타]당하다.

기타

그러나 법적으로는, "재산 이외 손해"를 정신적 고통에 한정하지는 않는다.

2006다53146: 재산 이외의 손해는 정신상 고통만을 의미하는 것이 아니라 그 외에 수량적으로 산정할 수 없으나 사회통념상 **금전평가가 가능한 무형의 손해도 포함**[한다. 그러]므로, 법인의 명예나 신용을 훼손한 자는 그 법인에게 재산 이외의 손해에 대하여도 **배상할 책임이 있다.**

법인의 명예나 신용을 훼손하는 행위[는] ... 고급 이미지의 의류로서 명성과 신용을 얻고 있는 타인의 의류와 유사한 디자인의 의류를 제조하여 이를 저가로 유통시키는 방법 등으로 타인인 법인[**회사의 신용을 훼손**하는 행위도 포함[한]다.

재산손해와의 관계

재산권 침해에 따른 위자료

1. 원칙

96다36159: 일반적으로 타인의 불법행위로 인하여 재산권이 침해된 경우에는 그 재산적 손해의 배상에 의하여 정신적 고통도 회복된다고 보아야 [한다. 원칙적으로 **재산권 침해를 이유로는 위자료를 청구할 수 없다.**]

2. 예외

96다36159: [하지만] 재산상의 손해 이외에 명예나 신용의 훼손 등으로 재산적 손해의 배상만으로는 회복할 수 없는 정신적 손해가 있는 경우에는 [예외적으로] 그로 인한 정신적 고통에 대하여 위자료를 지급하여야 한다.

재산권 침해 배상을 보완하는 위자료
1. 재산 손해액 증명이 어려울 경우, 위자료가 증액되기도 한다.

2002다53865: 재산적 손해의 발생이 인정되는데도 [증명]곤란 등의 이유로 그 손해액의 확정이 불가능하여 그 배상을 받을 수 없는 경우에 이러한 사정을 위자료의 증액사유로 참작할 수는 있[다.] 이러한 위자료의 보완적 기능은 **재산적 손해의 발생이 인정되는데도 손해액의 확정이 불가능**[한]... 경우에 이를 **참작하여 위자료액을 증액**함으로써 손해 전보의 불균형을 어느 정도 보완하고자 하는 것이[다.]

2. 그러나 이런 기능을 남용해서는 안 된다.

2002다53865: [다만,] 그 재산적 손해액의 주장·[증명] 및 분류·확정이 가능한 ... 손해를 심리·확정[할 때]까지 함부로 그 보완적 기능을 확장[할 수는 없다. 즉,] 편의한 방법으로 위자료의 명목 아래 다수의 계약 당사자들에 대하여 획일적으로 일정 금액의 지급을 명함으로써 사실상 재산적 손해의 전보를 꾀하는 것과 같은 일은 허용될 수 없다.

생명침해에 따른 위자료청구권
기초개념: 친족
친족이란, 혈족(blood relative) + 배우자(spouse) + 인척(relative by marriage)을 말한다.

민법 제767조(친족의 정의) 배우자, 혈족 및 인척을 친족으로 한다.

1. 혈족(피가 섞임) = 직계혈족(lineal blood relative) + 방계혈족(collateral blood relative)
2. 인척(혼인으로 맺어짐) = 직계인척(lineal relative by marriage) + 방계인척(collateral relative by marriage)

법적으로는, 남계(부계), 여계(모계) 차별이 없다.

96다5421: [1990년] 민법 개정 시 친족의 범위에서 부계와 모계의 차별을 없애고, 상속의 순위나 상속분에 관하여도 남녀 간 또는 부계와 모계 간의 차별을 없앴[었다.]

기초개념: 혈족
혈족(blood relative)이란, 피가 섞인 관계다.

민법 제768조(혈족의 정의) 자기의 직계존속과 직계비속을 **직계혈족**이라 하고 자기의 형제자매와 형제자매의 직계비속, 직계존속의 형제자매 및 그 형제자매의 직계비속을 **방계혈족**이라 한다.

1. 직계혈족(피가 섞인, 수직관계) = 직계존속(부모 이상) + 직계비속(자녀 이하)

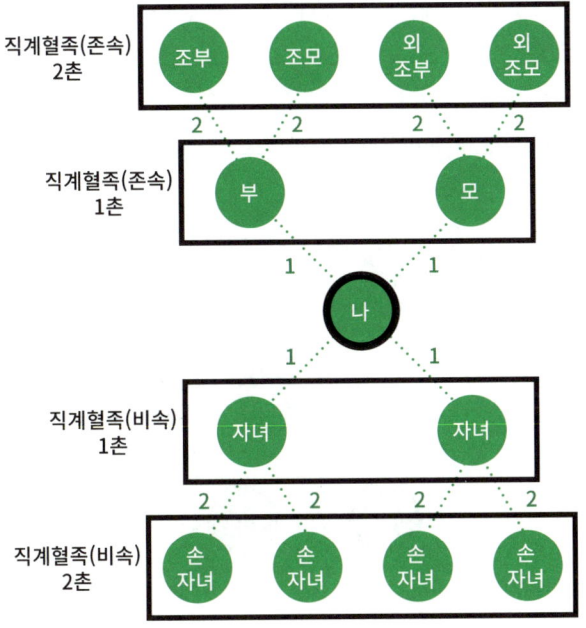

민법 제770조(혈족의 촌수의 계산) ① 직계혈족은 자기로부터 직계존속에 이르고 자기로부터 직계비속에 이르러 그 세수를 정한다.

2. 방계혈족(피가 섞인, 수직 아닌 관계)

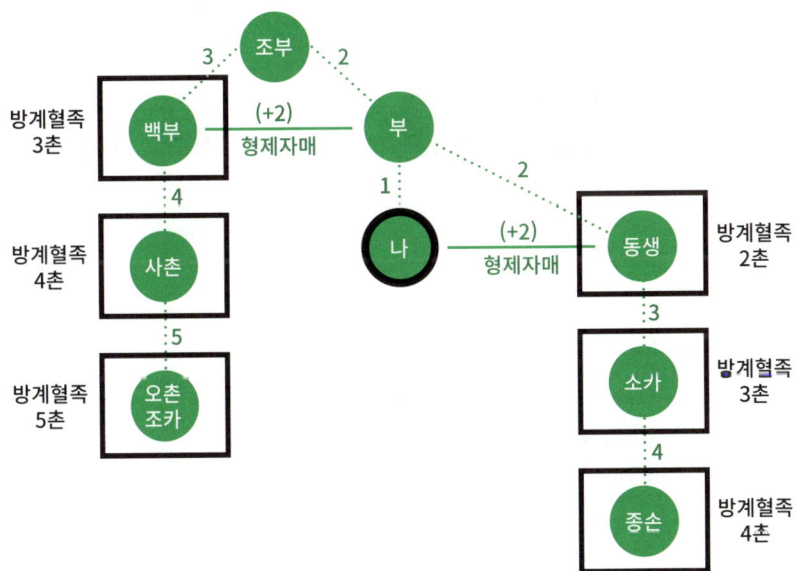

민법 제770조(혈족의 촌수의 계산) ② 방계혈족은 자기로부터 동원의 직계존속에 이르는 세수와 그 동원의 직계존속으로부터 그 직계비속에 이르는 세수를 통산하여 그 촌수를 정한다.

기초개념: 인척

인척(relative by marriage)이란, 혼인으로 맺어진 관계다.

1. 직계인척(혼인으로 맺어진, 수직관계)

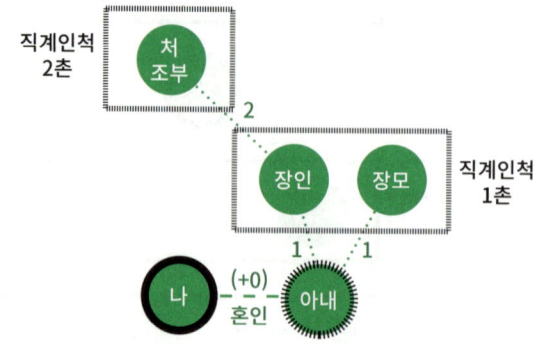

2. 방계인척(혼인으로 맺어진, 수직 아닌 관계)

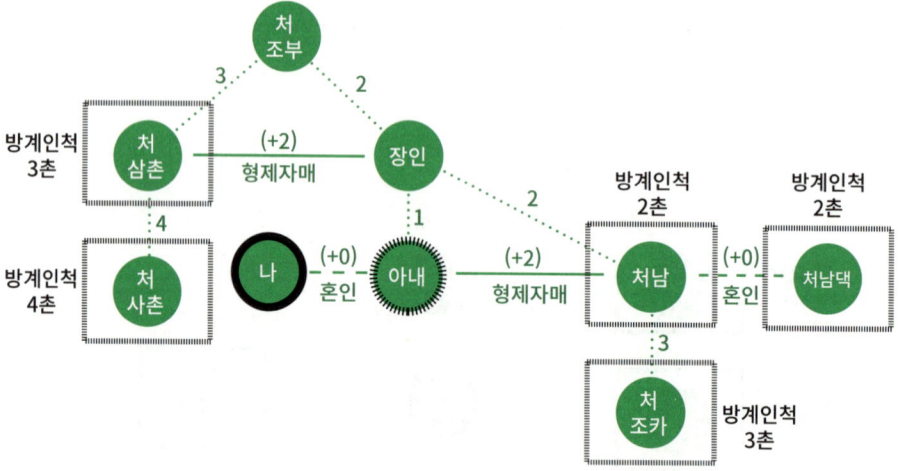

민법 제769조(인척의 계원) 혈족의 배우자, 배우자의 혈족, 배우자의 혈족의 배우자를 인척으로 한다.

민법 제771조(인척의 촌수의 계산) 인척은 배우자의 혈족에 대하여는 배우자의 그 혈족에 대한 촌수에 따르고, 혈족의 배우자에 대하여는 그 혈족에 대한 촌수에 따른다.

다만, 법이 규율하는 친족 범위가 무한정인 것은 아니다.

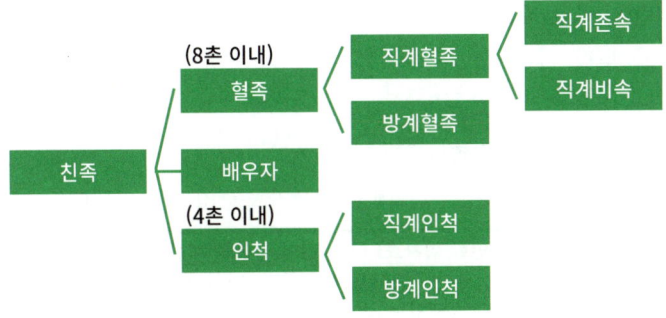

민법 제777조(친족의 범위) 친족관계로 인한 법률상 효력은 이 법 또는 다른 법률에 특별한 규정이 없는 한 다음 각호에 해당하는 자에 미친다.
1. **8촌 이내**의 혈족
2. **4촌 이내**의 인척
3. 배우자

생명침해에 따른 위자료청구권 개념

민법 제752조(생명침해로 인한 위자료) 타인[V]의 **생명을 해한 자[O]는** 피해자[V]의 직계존속, 직계비속 및 배우자[즉, 긴밀한 친족 W]에 대하여는 재산상의 손해없는 경우에도 **손해배상의 책임**이 있다.

V와 W는 친족이다. V가 죽으면 W가 슬프다. W의 슬픔을 돈으로라도 메워 주어야 한다.

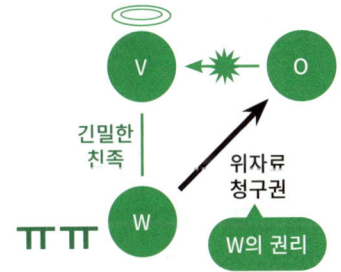

1. 즉, 이 위자료청구권은 사망자(V)의 친족(W)이 갖는 자기 고유의 권리다.
2. 정신적 고통을 입은 피해자는 친족(W)이다.

생명침해(사망) 사안에서, 긴밀한 친족 경우
사망자(V)에게 다음과 같이 긴밀한 친족(W)이 있다고 하자.

1. 직계존속: 아버지, 어머니, 할머니, 할아버지
2. 직계비속: 아들, 딸, 손자, 손녀
3. 배우자: 남편, 아내

이들(W)은 어떤 권리가 있는가?

1. 사망자(V)의 긴밀한 친족이므로,
2. 민법 제752조에 따라 생명침해에 따른 위자료를 청구할 수 있다.

> **민법 제752조(생명침해로 인한 위자료)** 타인[V]의 <u>생명을 해한 자[O]는 피해자[V]의 직계존속[부모, 조부모], 직계비속[아들, 딸, 손자, 손녀] 및 배우자[즉, 긴밀한 친족 W]</u>에 대하여는 재산상의 손해없는 경우에도 손해배상의 책임이 있다.

생명침해(사망) 사안에서, 나머지 친족 경우

사망자(V)에게 다음과 같이 나머지 친족(Y)이 있다고 하자.

1. 방계존속: 큰아버지, 작은아버지, 삼촌, 이모 등
2. 방계비속: 조카, 조카손자 등
3. 형제자매
4. 인척(결혼으로 생긴 친족): 장인, 장모, 시아버지, 시어머니, 며느리, 사위 등

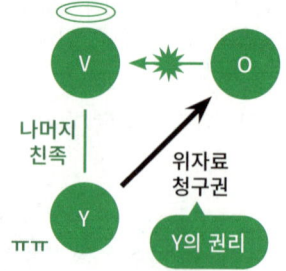

이들(Y)은 어떤 권리가 있는가?

1. 사망자(V)의 긴밀한 친족이 아니므로, 민법 제752조 적용대상은 아니다.

> **민법 제752조(생명침해로 인한 위자료)** 타인의 생명을 해한 자[O]는 피해자[V]의 <u>직계존속, 직계비속 및 배우자[즉, 긴밀한 친족 W]</u>에 대하여는 재산상의 손해없는 경우에도 손해배상의 책임이 있다.

2. 그러나 사망자(V)의 나머지 친족(Y)도, 민법 제751조에 따라 생명침해에 따른 위자료를 청구할 수는 있다. 이들(Y)도 가해자(O) 때문에 정신적 고통을 받았을 수 있기 때문이다.

> **민법 제751조(재산 이외의 손해의 배상)** ① 타인[Y에게] ... 정신상고통을 가한 자[O]는 재산 이외의 손해에 대하여도 배상할 책임이 있다.

78다1545: [민법 제752조]에 규정된 친족[W] **이외의 친족[Y]이라고 하더라도** 그 정신적 고통에 대한 [증명]만 있다면 일반원칙인 [민법] 제750조, [**제751조]의 규정에 따라** 위자료를 청구할 수 있다.

신체침해(부상) 사안

만약 사안을 바꾸어 피해자(V)가 사망하지 않고, 다치기만 했다면? 부상자(V)의 친족(긴밀한 친족 W, 나머지 친족 Y)은 어떤 권리가 있는가?

1. 생명침해가 없으므로, 민법 제752조 적용대상은 아니다.

   민법 제752조(생명침해로 인한 위자료) 타인의 **생명을 해한** 자는 피해자의 직계존속, 직계비속 및 배우자에 대하여는 재산상의 손해없는 경우에도 손해배상의 책임이 있다.

2. 그러나 부상자(V)의 친족(W, Y)도, 민법 제751조에 따라 신체침해에 따른 위자료를 청구할 수 있다. 이들(W, Y)도 가해자(O) 때문에 정신적 고통을 받았을 수 있기 때문이다.

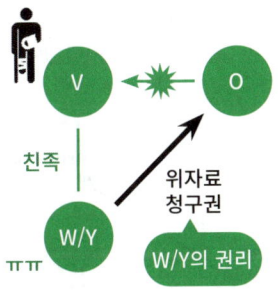

민법 제751조(재산 이외의 손해의 배상) ① 타인[W/Y에게] ... 정신상고통을 가한 자 [O]는 재산 이외의 손해에 대하여도 배상할 책임이 있다.

98다41377: 민법 제752조는 생명침해의 경우[에서]의 위자료 청구권자를 열거 규정하고 있[다. 그러]나 이는 예시적 열거 규정이[다. 그러]므로 **생명침해 아닌 불법행위의 경우에도** 불법행위 피해자[V]의 부모는 그 정신적 고통에 관한 [증명]을 함으로써 일반 원칙인 [민]법 제750조, **제751조에 의하여** 위자료를 청구할 수 있[다.]

차이점?

결국 민법 제752조를 적용하든 민법 제751조를 적용하든, 친족은 위자료를 받을 수 있지 않은가? 그렇다면, 위 3가지 경우에 어떤 차이가 있는가? 바로, 정신적 고통 존부 증명책임(burden of proof)에 차이가 있다.

78다1545: [민법] 제752조는 생명침해의 경우에[서의] 위자료청구권자를 규정하고 있[다. 그러나] 이러한 위자료청구권자의 규정은 제한적인 규정이 아니라 다만 **[제752조]에 규정된 자들은 그 정신적 고통에 관한 [증명]책임을 경감한다는 취지**에 불과하[다.]

1. 사망자의 긴밀한 친족: 사망자(V)의 생명침해 사실 자체만으로, 긴밀한 친족(W)의 정신적 고통을 추정(presume)한다. 즉, 증명책임은 친족(W)이 정신적 고통을 받지 않았다고 주장하는 자(가해자 O)가 부담한다. 긴밀한 친족(W) 스스로 정신적 고통을 받았다고 증명할 필요가 없다.

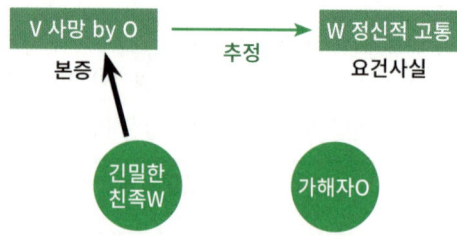

민법 제752조(생명침해로 인한 위자료) ... 재산상의 손해없는 경우에도 손해**배상의 책임이 있다**.

2. 사망자의 나머지 친족: 나머지 친족(Y)의 정신적 고통은 추정되지 않는다. 즉, 증명책임은 친족(Y)이 정신적 고통을 받았다고 주장하는 자(친족 Y) 스스로 부담한다. 친족(Y)이 그 증명을 못 하면 배상을 받지 못한다.

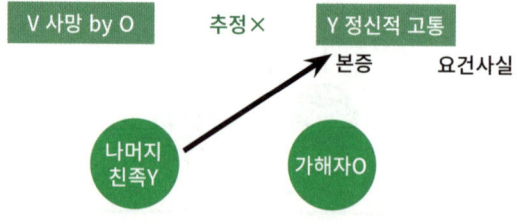

민법 제751조(재산 이외의 손해의 배상) ① ... <u>정신상고통을 가한</u> 자는 재산 이외의 손해에 대하여도 **배상할 책임이 있다**.

3. 부상자의 친족: 친족(W, Y)의 정신적 고통은 추정되지 않는다. 즉, 증명책임은 친족(W, Y)이 정신적 고통을 받았다고 주장하는 자(친족 W, Y) 스스로 부담한다. 친족(W, Y)이 그 증명을 못 하면 배상을 받지 못한다.

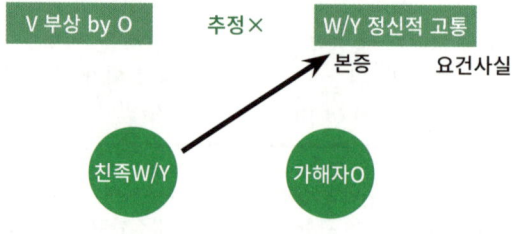

민법 제751조(재산 이외의 손해의 배상) ① ... <u>정신상고통을 가한</u> 자는 재산 이외의 손해에 대하여도 **배상할 책임이 있다**.

상속받는 위자료청구권

사망자 본인의 위자료청구권

1. V는 죽을 때 실제로 매우 아팠을 것이다.
2. 그렇지 않더라도, V가 정신적 손해를 입었다고 간주해야 한다.

그러므로 V의 고통을 돈으로라도 메워 줘야 한다. 사망한 본인(V)도 그 순간 위자료청구권을 갖는다.

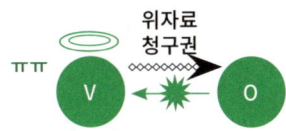

> **70다3031:** 피해자가 **즉사한 경우라 하더라도** 치명상을 받을 때와 사망과의 사이에는 이론상 시간적 간격이 인정될 수 있[다. 그리고] 그 치명상을 받은 그 시간에 심신상실상태에 있었다 하여도 그 상실된 정신적 이익을 비재산손해의 내용으로 할 수 있[다.]

> **69다268:** 감각적인 고통에 대한 것뿐만 아니라 피해자가 불법행위로 인하여 상실한 정신적 이익을 비재산 손해의 내용으로 할 수 있[다. 따라서] ... 피해자가 즉사한 경우라 하여도 ... **피해자[에게] 위자료 청구권[이 발생**한다.]

위자료청구권의 상속

> **민법 제997조(상속개시의 원인)** 상속은 사망으로 인하여 개시된다.

> **민법 제1005조(상속과 포괄적 권리의무의 승계)** 상속인은 상속개시된 때로부터 피상속인의 재산에 관한 포괄적 권리의무를 승계한다. ...

상속받는 위자료청구권 개념

1. 사망자(V)의 친족(W)이 사망자(V)의 위자료청구권을 상속한다. 위자료청구권은 채권인데, 물건처럼 채권도 상속재산이 될 수 있다.
2. 위 청구권은 상속받은 권리일 뿐, 친족(W) 자신의 고유한 권리는 아니다.
3. 즉, 정신적 고통을 입은 피해자는 바로 사망자(V) 본인이다.

공존 관계

다음 두 권리는 별개로 각각 모두 존재할 수 있다.

1. 생명침해에 따른 위자료청구권(친족 W의 고유 권리)
2. 상속받는 위자료청구권(사망자 V의 고유 권리 = 친족 W의 상속재산)

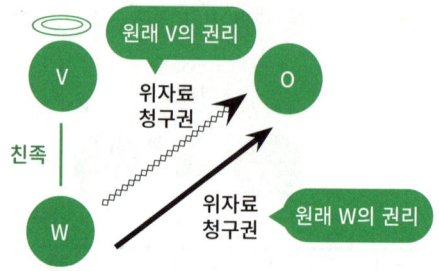

70다2242: 타인의 불법행위로 인하여 이를 이유로 보유하게 되었던 **[사망자 V의] 위자료청구권은 그 상속인[W]에게 상속**[된다. 그리고] 그 피상속인[V]의 사망으로 인하여 생긴 **상속인[W] 자신의 정신적 손해의 배상도 따[로]** 청구할 수 있다.

위자료 산정

원칙

2004다66001: 불법행위로 입은 정신적 고통에 대한 위자료 액수에 관하여는 사실심 법원이 제반 사정을 참작하여 그 **직권**에 속하는 **재량**에 의하여 이를 확정할 수 있다.

실무 사례

법령으로 정해진 기준은 없다. 다만, 실무상 위자료 인정 사례를 제시하면 다음과 같다.

1. 교통사고 사망 시 약 1억 원(유족들의 몫 합계)
2. 교통사고 중상해 시 약 1억 원 × 노동능력상실률
3. 영리적 불법행위에 따른 소비자 사망 시 3억 원
4. 폭행 시 전치 1주당 약 70만 원
5. 이혼 시 약 3,000만 원
6. 명예훼손 시 약 100만 원부터 약 2억 원까지

최종 배상액 결정
Adjustment of Compensation
하나의 불행을 다른 불행으로 치유하여서는 안 된다. - Hoffmann

머리에

배운 것
지금까지 재산상 손해액과 위자료를 살펴보았다.

배울 것
그렇다면 이를 합산한 다음 어떻게 처리해야 하는지를 보자. 즉, 불법행위 손해배상청구 소송에서, 피고가 원고에게 지급할 돈을 계산해 보자.

지연손해금 가산

지연손해금 개념
지연손해금(damages for delay): 돈을 줘야 할 사람이 날짜를 넘긴 경우 추가로 배상해야 할 돈

1. 이자는 아니다. 그러나 이자와 비슷한 모습이다. 그래서 "지연이자(interest for delay)"라고도 부른다.
2. 돈을 받을 사람으로서는 늦게 받는 자체로 그만큼 손해가 생긴다. 이 부분을 배상해 주는 취지다.
3. 만약 지연손해금이란 게 없다면, 돈을 줘야 할 사람으로서는 배 째라 식으로 나올 수도 있다. 그래서 지연손해금 제도는 절실하다.

불법행위와 지연손해금
지연손해금 계산을 어떻게 하는가? 언제부터 어떤 비율로 계산해야 하나?

1. 기산점(starting point): 불법행위가 있으면 불법행위 날 바로 손해배상 의무가 있다고 간주한다. 불법행위 날 당일부터 지연손해금이 바로 붙는다.

   > 2011다38325: 불법행위로 인한 손해배상채무에 대하여는 별도의 이행 최고가 없더라도 **채무성립과 동시에 지연손해금이 발생**하는 것이 원칙이다.

   예외가 있다.

   > 2011다38325: 불법행위 시와 변론 종결 시 사이에 장기간의 세월이 경과[한 경우가 있다.] 위자료 산정의 기준뇌는 변론 종실 시의 국민소득수준이나 통화가치 등의 시정이 불법행위 시에 비[교]하여 상당한 정도로 변동[한 사안이다. 그] 결과 그에 따라 이를 반영하는 위자료 액수 또한 현저한 증액이 불가피한 경우[가 생긴다. 그 경우] **예외적**으로 불법행위로 인한 위자료 배상채무의 지연손해금은 위자료 산정의 기준시인 사실심 변론 종결 당일부터 발생한다고 보아야 한다.

2. 지연손해금률: 연 5%

사례

가해자 O가 2019. 1. 1. 돌을 던져 피해자 V에 100만 원의 피해가 발생했다. 가해자 O는 피해자 V에 다음 합계액을 지급할 의무가 있다.

1. 원본 100만 원
2. 이에 대한 2019. 1. 1.부터 다 갚는 날까지 연 5% 비율로 계산한 지연손해금

사례 연구

사안

매우 건강한 1964. 1. 1.생 피해자가 2019. 1. 1. 돌에 맞아 손과 발을 다쳤다. 들고 있던 화분도 완전히 깨져 못 쓰게 되었다. 사고에 관한 피해자의 기초정보는 다음과 같다.

1. 화분값: 10만 원
2. 기왕 치료비로 총 150만 원이 들었고, 향후 치료비로 총 30만 원이 들 예정 논의의 편의상, 모든 치료비는 보험처리가 되지 않아 본인 부담이라 가정한다.
3. 사고일부터 한 달 동안 입원
4. 노동능력상실률: 사고일부터 3년간은 15%, 그 후부터는 10%
5. 실제 소득: 없음(무직)
6. 위자료: 돌에 맞으면서 깜짝 놀라고 너무 아파, 위자료는 500만 원이라 하자.
7. 피해자 본인 과실: 20%

가해자는 얼마를 배상할 의무가 있는가?

적극적 손해

1. 물적 손해 10만 원
2. 인적 손해 180만 원(= 기왕 치료비 150만 원 + 향후 치료비 30만 원)

> **87다카349**: 불법행위로 인한 손해 가운데 사실심의 변론 종결 후에 지급하여야 할 향후치료비는 그 치료가 오랜 기간에 걸쳐 계속적이고도 정기적으로 필요한 경우가 아닌 한 당연히 중간이자가 공제되어야 하는 것은 아니다.

3. 소결: 190만 원(= 10만 원 + 180만 원)

소극적 손해

1. 직업이 없더라도, 기준소득을 인정할 수 있다. 보통인부의 시중 노임단가에 22(일)을 곱한 값으로 산정한다.
2. 사고일의 현가액을 구하면 약 4,005만 원이다.

	입원기간	한시장해	정년까지
기간	2019. 1. 1. ~ 2019. 1. 31.	2019. 2. 1. ~ 2021. 12. 31.	2022. 1. 1. ~ 2028. 12. 31.
노동능력상실률	100%	15%	10%
기준소득(월)	각 해당 기간 보통인부 노임단가 × 22일		
명목소득액	1개월 동안 기준소득(월) × 100%	35개월 동안 기준소득(월) × 15%	84개월 동안 기준소득(월) × 10%
현가액	약 275만 원	약 1,486만 원	약 2,244만 원
현가액 합계	약 4,005만 원		

배상액 조정

1. 재산상 손해액: 약 4,195만 원(= 적극적 손해 190만 원 + 소극적 손해 약 4,005만 원)
2. 과실상계 후: 약 3,356만 원[= 약 4,195만 원 × (100 - 20)%]

위자료

500만 원

소결

1. 배상액 원본: 약 3,856만 원(= 조정 후 재산상 손해배상액 약 3,356만 원 + 위자료 500만 원)
2. 따라서 가해자는 피해자에게 약 3,856만 원 및 이에 대하여 불법행위일인 2019. 1. 1.부터 다 갚는 날까지 연 5%의 비율로 계산한 지연손해금을 지급할 의무가 있다.

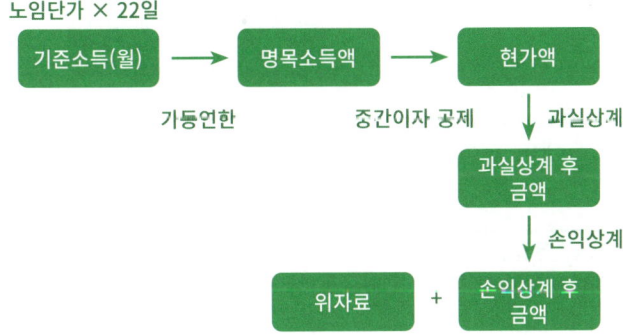

공동불법행위
Joint Tort

> 더는 질문을 받지 않을 테니까 잘 들어주기 바란다. 두 아이는 함께 똑같은 굴뚝을 청소했다. 따라서 한 아이의 얼굴이 깨끗한데 다른 한 아이의 얼굴은 더럽다는 일은 있을 수가 없다. - 조세희, "뫼비우스의 띠"

머리에

공동불법행위란?
여러 사람이 불법행위에 가담한 경우다.

종류
넓은 의미의 공동불법행위(joint tort)에는 다음 3종류가 있다.

> **민법 제760조(공동불법행위자의 책임)** ① 수인이 공동의 불법행위로 타인에게 손해를 가한 때에는 연대하여 그 손해를 배상할 책임이 있다.
> ② 공동 아닌 수인의 행위중 어느 자의 행위가 그 손해를 가한 것인지를 알 수 없는 때에도 전항과 같다.
> ③ 교사자나 방조자는 공동행위자로 본다.

1. 공동으로 한 행위(제1항 공동불법행위): 함께 손해를 가한 경우
2. 가해자 불명의 행위(제2항 공동불법행위): 함께는 아니지만, 누구 때문에 손해가 발생했는지 알 수 없는 경우
3. 교사, 방조(제3항 공동불법행위): 가해하게 시키거나, 가해자를 도운 경우

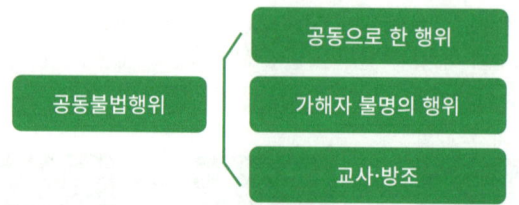

공동으로 한 행위(제1항의 공동불법행위)

개념

> **민법 제760조(공동불법행위자의 책임)** ① <u>수인이 공동의 불법행위로</u> 타인에게 손해를 가한 때에는 연대하여 그 손해를 배상할 책임이 있다.

제1항의 공동불법행위를 "좁은 의미의 공동불법행위"라고도 한다.

사례
O1, O2, O3 세 사람이 함께 무거운 돌을 들어 던져 V가 맞아 크게 다쳤다. 제1항의 공동불법행위다.

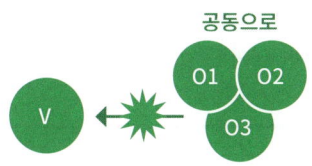

취지

2017다16747: 공동불법행위책임은 가해자[O1, O2, O3] 각 개인의 행위에 대하여 **개별적으로 그로 인한 손해를 구하는 것이 아니[다**.] 그 가해자들[O1, O2, O3]이 공동으로 가한 불법행위에 대하여 그 책임을 추궁하는 것[이다.]

의의

가해자들의 행위(action)가 공동이라면, 민법 제760조 제1항을 적용한다.

1. 공동인지 공동이 아닌지는 객관적으로(objectively) 판단한다. 가해자들끼리 어떤 결과를 발생시키자고 공모할 필요까진 없다. 객관적으로 행위들이 관련되어만 있다면 "공동으로" 가해한 것으로 인정할 수 있다.

2013다31137: 민법상 공동불법행위는 **객관적으로 관련공동성**이 있는 수인의 **행위**로 타인에게 손해를 가하면 성립[한다.] 행위자 상호 간에 공모는 물론 의사의 공통이나 공동의 인식을 필요로 하는 것이 아니다.

2. 따라서 과실에 따른 공동불법행위도 가능하다.

98다32045: 교통사고로 인하여 상해를 입은 피해자가 치료를 받던 중 치료를 하던 의사의 과실로 인한 의료사고로 증상이 악화되거나 새로운 증상이 생겨 손해가 확대[됐다.] 특별한 사정이 없는 한 확대된 손해와 교통사고 사이에도 상당인과관계가 있[다. 그리고] 이 경우 **교통사고와 의료사고**가 각기 독립하여 불법행위의 요건을 갖추고 있[다. 그러면서] **객관적으로 관련**되고 공동하여 위법하게 피해자에게 손해를 가한 것으로 인정[된다. 그렇다면] 민법 제760조 제1항에 따른 공동불법행위가 성립한다.

3. 또한 고의의 불법행위자에 과실로 가담한 경우도 공동불법행위로 인정할 수 있다. 예를 들어, 시행사의 아파트 분양사기와 관련해, 시공사는 고의가 없더라도 과실에 따른 공동불법행위자가 될 수 있다.

2009다1313: 아파트 최상층 분양[에서] 중요한 사항인 다락의 형상에 관하여 신의성실의 의무에 비추어 비난받을 정도로 허위·과장한 내용의 분양광고를 한 사안[이다.] ... [이 사건] 분양자(시행사) 뿐만 아니라 **시공사도 공동불법행위로 인한 손해배상책임을 부담한[다.]**

형사 공동정범과 비교

형사법에서, 범인들의 행위(action)가 공동이라면 공동정범이라 한다. 형법 제30조를 적용한다.

형법 제30조(공동정범) 2인 이상이 **공동하여** 죄를 범한 때에는 각자를 그 죄의 정범으로 처벌한다.

1. 공동정범에서도, 공동인지 공동이 아닌지 역시 객관적으로(objectively) 판단한다. 범인들끼리 어떤 결과를 발생시키자고 공모할 필요까지는 없다. 객관적으로 행위들이 관련되어 있다면 "공동으로" 가해한 것이다.

> **61도598**: 공동정범의 주관적 요건인 공동의 의사도 고의를 공동으로 가질 의사임을 필요로 하지 않[는다. 즉,] 고의 행위이고 과실 행위이고 간에 그 **행위를 공동**으로 할 의사이면 족하[다.]

2. 따라서 과실범의 공동정범도 가능하다.

> **97도1740**: 이 사건 성수대교와 같은 교량이 그 수명을 유지하기 위하여는 건설업자의 완벽한 시공, 감독공무원들의 철저한 제작시공상의 감독 및 유지·관리를 담당하[는] 공무원들의 철저한 유지·관리라는 조건이 합치되어야 [한다.] ... 위 각 단계에서의 과실 그것만으로 붕괴원인이 되지 못한다고 하더라도, 그것이 합쳐지면 교량이 붕괴될 수 있다는 점은 쉽게 예상할 수 있[다.] 따라서 위 각 단계에 관여한 자는 전혀 과실이 없다거나 과실이 있다고 하여도 ... [원칙적으로] 붕괴에 대한 공동책임을 면할 수 없[다.]
> 피고인들 사이에는 이 사건 업무상**과실치사상**등죄에 대하여 형법 제30조[에서 정한] **공동정범의 관계**가 성립된[다.]

가해자 불명 여러 행위(제2항의 공동불법행위)

개념

> **민법 제760조(공동불법행위자의 책임)** ② **공동 아닌** 수인의 행위중 어느 자의 행위가 그 손해를 가한 것인지를 **알 수 없는 때**에도 전항[제1항의 공동불법행위 책임]과 같다.

사례

건물 위 O1, O2, O3가 각각 돌을 던졌다. V가 돌에 맞아 크게 다쳤다. 당시 그 건물에 있던 사람은 위 3명뿐이다. 그런데, 그중 누가 던진 돌에 맞았는지는 알 수 없다. 그래도 제2항의 공동불법행위에 해당해, 손해배상 책임이 발생한다.

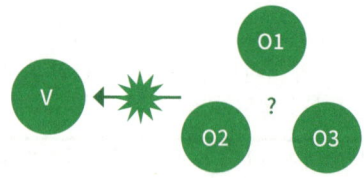

취지

> **2011다88108**: 위 제2항은 손해의 원인으로 볼 수 있는 여러 개의 행위가 존재하지만 그 사이에 **객관적 행위관련성이 없어 제1항의 공동불법행위가 성립되지는 않는** 반면 어느 행위가 손해의 원인이 되었는지가 불명인 경우[에 관한 것이다.]
> [즉, 이때] 인과관계에 관한 피해자의 증명책임을 덜어줌으로써 피해자를 보호하고자 하는 정책적 고려에서 각각의 행위와 손해 사이의 **인과관계를 법률상 추정**한 것이다.

전제

적어도 손해의 원인이 되었을 개연성(probability)은 있어야 한다. 객관적 공동성도 없고 심지어 아무 개연성조차도 없다면, 공동불법행위라고 할 수 없다.

2011다88108: 민법 제760조 제2항을 적용하기 위해서는 우선 피해자가 입은 손해의 **원인이 되었을 개연성이 있는 [여러] 제3자의 행위가 존재**할 것이 전제되어야 한다.

의의

가해자들의 행위가 객관적 공동 관계에 있지 않으면, 민법 제760조 제2항을 적용할 수 있다.

1. 가해자들의 개별 인과관계가 추정(presume)된다.
2. 가해자(offender) 스스로 인과관계가 없다는 걸 증명(prove)해야 한다. 가해자가 그 증명에 실패하면 제2항의 공동불법행위에 따른 책임을 진다.

2004다52576: 다수의 의사가 의료행위에 관여[했지만 객관적 공동성이 없다고 하자. 그렇더라도] 그중 누구의 과실에 의하여 의료사고가 발생한 것인지 분명하게 특정할 수 없는 때에는 일련의 의료행위에 관여한 의사들 **모두에 대하여** 민법 제760조 **제2항**에 따라 공동불법행위책임을 물을 수 있[다.]

3. 어떤 가해자 스스로 자신과는 관계가 없다는 것을 증명(prove)했다면? 그 가해자는 면책된다.

2007다76306: [제2항의 공동불법행위에서] 개별 행위자가 자기의 행위와 손해 발생 사이에 인과관계가 존재하지 아니함을 **증명하면 면책**[된다.]

차량 등의 3중 충돌사고로 사망한 피해자가 그중 어느 충돌사고로 사망하였는지 정확히 알 수 없는 경우[다.] ... 위 충돌사고 관련자들의 각각의 행위와 위 손해 발생 사이의 상당인과관계가 법률상 추정[된다.] 그러므로, 그중 1인이 위 법조항에 따른 공동불법행위자로서의 책임을 면하려면 자기의 행위와 위 손해 발생 사이에 상당인과관계가 존재하지 아니함을 적극적으로 주장·[증명]하여야 한[다.]

형사 동시범과 비교

형사법에서, 범인들의 행위가 객관적으로 공동이 아니라면 동시범(concurrent crime)이라 한다. 형법 제19조를 적용한다.

형법 제19조(독립행위의 경합) 동시 또는 이시의 독립행위가 경합한 경우에 그 결과발생의 원인[이 된] 행위가 **판명되지 아니한 때에는 각 행위를 미수범**으로 처벌한다.

1. 범인들의 개별 인과관계가 추정되지 않는다. 이 점이 민법에서 제2항의 공동불법행위와 다르다.
2. 검사(prosecutor)가 개별 범인들의 행위와 결과 사이에 인과관계가 있다는 걸 증명(prove)해야 한다. 검사가 그 증명에 실패하면 미수로 처리한다.

미수범은 원칙적으로 무죄이며 처벌할 수 없다.

형법 제29조(미수범의 처벌) 미수범을 처벌할 죄는 각 본조에 정한다.

2013도3950: 피고인이 이 사건 폐가의 내부와 외부에 쓰레기를 모아놓고 태워 그 불길이 이 사건 폐가 주변 수목 4~5그루를 태우고 폐가의 벽을 일부 그을리게 [했다. 이] 정도만으로는 방화죄의 기수에 이르렀다고 보기 어[렵다. 그런데,] 이 사건 폐가는 ... 형법 제166조의 건조물이 아닌 형법 제167조의 물건에 해당[한다.] ... **일반물건방화죄에 관하여는 미수범의 처벌 규정이 없[다. 그러므로] ... 피고인에게 무죄**를 선고[해야 한다.]

3. 범인 스스로 "자신과는 관계가 없다"고 증명할 필요가 없다.

97도1740: [(i) 단독범:] 2인 이상이 상호의사의 연락이 없이 동시에 범죄구성요건에 해당하는 행위를 하였을 때에는 원칙적으로 각인에 대하여 그 죄를 논하여야 [한다.]
[(ii) 동시범: 그러나] 그 결과발생의 원인이 된 행위가 분명하지 아니한 때에는 각 행위자를 미수범으로 처벌[한다(독립행위의 경합).]
[(iii) 공동정범: 그리고] 상호의사의 연락이 있어 공동정범이 성립한다면, 독립행위 경합 등의 문제는 아예 제기될 여지가 없다.

정리하면 다음과 같다.

	민사	형사
객관적 행위 공동 ○	제1항의 공동불법행위 = 전부 책임	공동정범 = 전부 책임
객관적 행위 공동 × & 관련성 ○	제2항의 공동불법행위 = 전부 책임 (원칙)	동시범 = 제 몫만 책임 (원칙)
객관적 행위 공동 × & 관련성 ×	공동불법행위 아님 = 제 몫만 책임	단독범 = 제 몫만 책임

교사, 방조(제3항의 공동불법행위)

개념

민법 제760조(공동불법행위자의 책임) ③ 교사자나 방조자는 공동행위자로 본다.

사례

O가 옥상에서 돌을 던져 V가 맞아 다쳤다.

1. S가 O를 꼬드겨 O가 돌을 던진 일이다.
2. 한편, O는 돌을 던지기 전에 F에게 "어떻게 하면 돌을 던진 뒤 잘 숨을 수 있냐?"고 물어보았고, F는 O에게 방법을 알려줬다.
3. S는 교사자, F는 방조자로서, 제3항의 공동불법행위 책임을 진다.

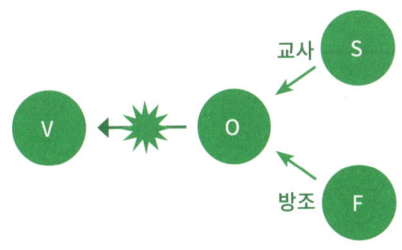

취지

2006다78336: 민법 제760조 제3항은 교사자나 방조자는 공동행위자로 본다고 규정하여 교사자나 방조자에게 공동불법행위자로서 책임을 부담시키고 있[다.]

교사

교사(solicitation): 불법행위를 할 마음을 생기게 하는 것

다음 판례는 형사 교사범에 관한 것이다. 그러나 취지는 참고할 수 있다.

91도542: 교사범이란 타인…으로 하여금 범죄를 결의하게 하여 그 죄를 범하게 한 때에 성립[한다.]

피교사자는 교사범의 교사에 의하여 범죄실행을 결의하여야 [한다.] 피교사자가 이미 범죄의 결의를 가지고 있을 때에는 교사범이 성립할 여지가 없[다.]

[그러나] 교사의 수단방법에 제한이 없[다. 따라서] 교사가 정범이 그 죄를 범한 유일한 조건일 필요도 없다.

방조

방조(facilitation): 불법행위를 돕는 것

2006다78336: 방조[란] 불법행위를 용이하게 하는 직접, 간접의 모든 행위를 [말한다.] 형법과 달리 손해의 전보를 목적으로 하여 과실을 원칙적으로 고의와 동일시하는 민법의 해석으로서는 과실에 의한 불법행위의 방조도 가능하[다.] 이 경우의 과실의 내용은 불법행위에 도움을 주지 않아야 할 주의의무가 있음을 전제로 하여 이 의무[를] 위반하는 것을 말[한다. 그리고] 방조자에게 공동불법행위자로서의 책임을 지우기 위해서는 방조행위와 피방조자의 불법행위 사이에 상당인과관계가 있어야 한[다.]

효과

공동하여 전액 책임

1. 가해자들 모두가 연대해(joint) 책임을 진다.

민법 제760조(공동불법행위자의 책임) ① 수인이 공동의 불법행위로 타인에게 손해를 가한 때에는 **연대하여** 그 손해를 배상할 책임이 있다.

2. 가해자들이 공동하여 그 금액 전부 책임을 진다는 뜻이다.

> **98다31691**: 공동불법행위로 인한 손해배상책임의 범위는 피해자에 대한 관계에서 가해자들 전원의 행위를 <u>전체적으로 함께 평가</u>하여 정하여야 [한다. 그리고] 그 손해배상액에 대하여는 가해자 <u>각자가 그 금[액] 전부에 대한 책임</u>을 부담[한다.] 가해자의 1인이 다른 가해자에 비[교]하여 불법행위에 가공한 정도가 경미하다고 하더라도 피해자에 대한 관계에서 그 가해자의 책임 범위를 위와 같이 정하여진 손해배상[액] 일부로 제한하여 인정할 수 없다.

앞서 언급했듯, 여기서 "연대"는 진정한 의미의 연대가 아니다. "부진정연대"다.

> **2012다74236전합**: **부진정연대채무**란 수인의 채무자가 **동일한 내용의 급부**에 대하여 **각자 독립하여 전부를 급부할 의무**를 부담하는 다수당사자의 법률관계를 말한다.
>
> 부진정연대채무자에게 생긴 사유 중 채권의 목적을 달성시키는 변제 등과 같은 사유 이외에는 다른 채무자에게 그 효력을 미치지 않는다. 이로 인하여 채권자는 채무 전액의 지급을 확실히 확보할 수 있게 [된다.] 이러한 점에서 부진정연대채무는 연대채무와 비교하여 채권자의 지위를 강화하는 의미[가 있다.]
>
> 부진정연대채무의 대외적 관계로서 채권자는 채무자들 가운데 **누구에게라도** 그 책임범위[에]서 우선적으로 변제를 청구할 수 있다.

사례

O1, O2, O3가 함께 돌을 던져 V가 다쳐 100만 원 손해가 발생했다. 제1항의 공동불법행위가 성립하는 이상, O1, O2, O3 모두 공동하여 100만 원 전액 지급 책임이 있다. 누가 어떻게 던졌고 누구의 돌이 맞았는지는 상관없다.

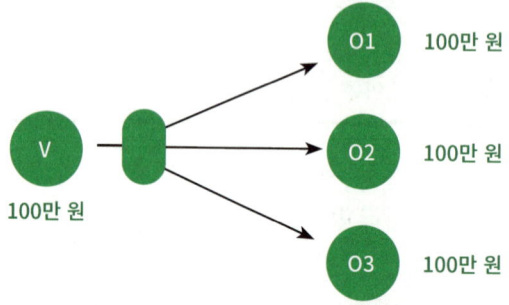

의미

"O1, O2, O3 공동하여 100만 원을 지급할 의무가 있다"는 뜻은 무엇인가?

1. O1은 100만 원을 지급할 의무(채무)가 있다.
2. O2도 100만 원을 지급할 의무(채무)가 있다.
3. O3도 100만 원을 지급할 의무(채무)가 있다.
4. 그렇다고 해서 피해자 V가 300만 원을 받는 건 아니다. 피해자 V는 O1, O2, O3 누구로부터든 합계 100만 원까지만 받을 권리(채권)가 있다.

가해자 1인의 일부변제

피해자 V가 O2로부터 60만 원을 받았다고 하자. 그러면,

1. O1이든 O2든 O3든 남은 채무는 공동하여 40만 원이 된다.
2. 피해자 V의 남은 채권도 40만 원이 된다.

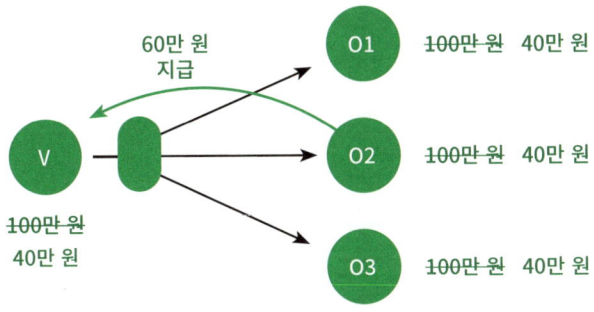

구상권

구상권 개념

구상이란, 쉽게 말해, 다른 사람 대신 돈을 낸 다음, 그 다른 사람에게 돈을 돌려받는 것이다. 즉, 구상권(right to demand reimbursement)은 다른 사람을 위하여 지출한 자가 그 다른 사람에 대해서 가지는 상환청구권을 의미한다. 예를 들어,

1. 보증인이 주채무자 대신 돈을 갚으면, 보증인은 주채무자를 상대로 돈을 달라고 할 수 있다.

> **민법 제441조(수탁보증인의 구상권)** ① 주채무자의 부탁으로 보증인이 된 자가 과실 없이 변제 기타의 출재로 주채무를 소멸하게 한 때에는 주채무자에 대하여 <u>**구상권**</u>이 있다.

2. 직원 잘못으로 회사가 손해를 배상하면, 회사가 그 직원을 상대로 돈을 달라고 할 수 있다.

> **민법 제756조(사용자의 배상책임)** ① 타인을 사용하여 어느 사무에 종사하게 한 자는 피용자가 그 사무집행에 관하여 제삼자에게 가한 손해를 배상할 책임이 있다. ...
> ③ [제1항, 제2항]의 경우에 사용자...는 피용자에 대하여 <u>**구상권**</u>을 행사할 수 있다.

공동불법행위와 구상권

> **2000다38275:** [공동불법행위자 중] 일방이 <u>**자기의 부담 부분을 초과하여 변제**</u>함으로써 공동의 면책을 얻게 하였을 때에는 다른 [공동불법행위자]에 대하여 [<u>**그 공동불법행위자**</u>]<u>**의 부담 부분에 상당하는 금액을 구상**</u>할 수 있[다].

내부적 부담부분 개념

1. O1, O2, O3가 공동하여 100만 원 배상책임이 있다고 하자.
2. 이 경우, O1, O2, O3 사이에는 내부적으로 더 부담할 사람, 덜 부담할 사람이 있을 수 있다. 각자 불법행위에 가담한 정도가 다를 수 있기 때문이다.
3. 예를 들어, O1, O2, O3 내부적으로, O1은 70만 원, O2는 10만 원, O3는 20만 원만큼 책임지게 될 수도 있다.

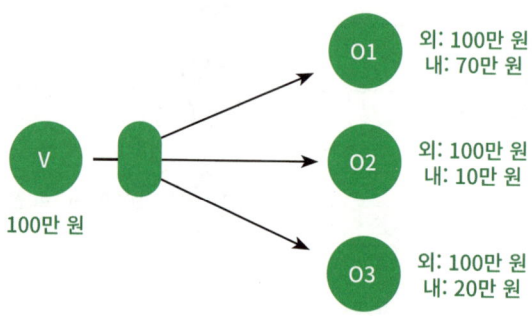

> **2000다29028:** 공동불법행위자는 채권자에 대한 관계에서 연대책임(부진정연대채무)을 지되 **공동불법행위자들 내부관계에서는 일정한 부담 부분**이 있[다.]

4. 내부적(internal) 부담부분을 정하는 기준은? 불법행위 성립요건으로서의 "가해자의 과실"이다. 즉, "그 가해자는 피해자에게 얼마나 과실이 있는가?"를 따진다.

> **2000다29028:** 이 부담 부분은 공동불법행위자의 채권자에 대한 **가해자로서의 과실 정도에 따라** 정하여지는 것[이다.]

구상 사례

O1, O2, O3 내부적 부담부분이 70만 원, 10만 원, 20만 원이라 하자. 그 상황에서 O2가 피해자 V를 만나, 100만 원 전액을 손해배상 조로 지급했다.

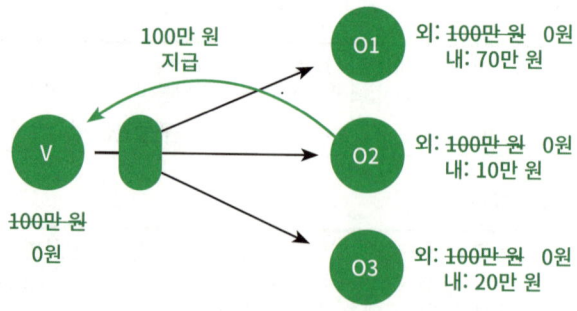

1. O2는 자기의 부담부분보다 90만 원(= 100만 원 - 10만 원)을 초과해 지출했다. 이제 O1, O2, O3 세 명이 내부적으로 정리해야 한다.

2. O2는 O1에게 70만 원을 상환해 달라고 요구할 수 있다. 그러나 70만 원보다 더 달라고 요구할 수는 없다.
3. O2는 O3에게 20만 원을 상환해 달라고 요구할 수 있다. 그러나 20만 원보다 더 달라고 요구할 수는 없다.

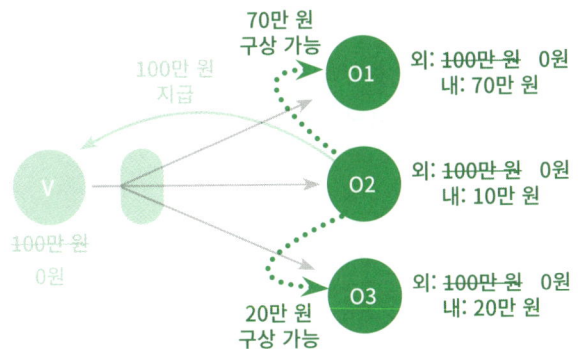

만약 O2가 O1에게는 70만 원 상환을 받았는데, O3가 돈이 없어서 O3에게는 전혀 상환을 받지 못했다면? 그렇다고 해서, O2가 O1에게 "네가 O3 대신 돈을 달라"고 요구할 수는 없다.

> **2002다15917: 공동불법행위자 중 1인[O2]에 대하여 구상의무를 부담하는 다른 공동불법행위자가 수인**인 경우[를 보자.] 특별한 사정이 없는 이상 그들[O1, O3]의 구상권자[O2]에 대한 채무[즉, **구상채무]는** ... 각자의 **부담 부분에 따른 분할채무**로 봄이 [타]당하다. ... [O1, O3의 구상채무까지] 부진정연대채무로 보아야 할 근거는 없[다.]

한 마디로, O3가 돈이 없으면 구상권자 O2는 불안하다.

연습문제

2020년도 변호사시험 민사법 선택형

[문 23.] 다수당사자의 채권관계에 관한 설명 중 옳지 않은 것은? (다툼이 있는 경우 판례에 의함)

① 급부의 내용이 가분인 금전채무가 공동상속된 경우, 이는 상속개시와 동시에 당연히 법정상속분에 따라 공동상속인에게 분할되어 귀속된다.

② 공동불법행위자 전원에게 과실이 있는 경우, 그중 1인이 자기의 부담부분 이상을 변제하여 공동의 면책을 얻게 하였을 때에는, 그에게 구상의무를 부담하는 다른 공동불법행위자가 수인이라면 이들의 구상권자에 대한 채무는 특별한 사정이 없는 한 부진정연대채무이다.

③ 불가분채권자 중의 1인과 채무자 간에 경개나 면제가 있는 경우에 채무 전부의 이행을 받은 다른 채권자는 그 1인이 권리를 잃지 아니하였으면 그에게 분급할 이익을 채무자에게 상환하여야 한다.

④ 여러 사람이 공동으로 법률상 원인 없이 타인의 재산을 사용한 경우의 부당이득 반환채무는 특별한 사정이 없는 한 불가분채무이므로 각 채무자가 채무 전부를 이행할 의무가 있고, 1인의 채무이행으로 다른 채무자도 그 의무를 면하게 된다.

⑤ 하나의 계약으로 수인에게 연대채무가 발생한 경우 어느 연대채무자에 대한 법률행위의 무효나 취소의 원인은 다른 연대채무자의 채무에 영향을 미치지 아니한다.

배상과 구상 관계

개념

1. 배상(compensation): 피해자에 대한 외부관계(external) 문제
2. 구상(demanding reimbursement): 다른 공동불법행위자들과의 내부관계(internal) 문제

사례

사례를 조금만 바꿔 보자. O2가 손안에 현금이 60만 원밖에 없어서 손해배상조로 60만 원만 지급했다. 피해자 V는 아직 40만 원 손해가 남아 있다. 이때 피해자 V가 O2에게 나머지 40만 원도 배상하라 요구할 수 있는가?

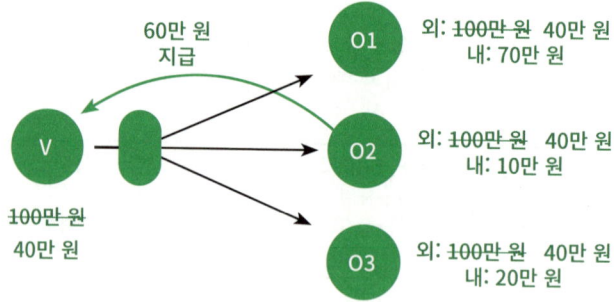

1. O2는 자기는 이미 부담부분을 초과해 지급했다는 이유로 거부할 수 없다. 즉, 나머지 40만 원에 대해서도 피해자가 달라면 줘야 한다.
2. O2의 자기 부담부분이란, 말 그대로 내부(internal) 부담비율일 뿐이기 때문이다. 내부관계를 피해자 V에게 주장할 수 없다.

만약 피해자 V가 O2에게는 60만 원 배상을 받았는데, O3가 돈이 없어서 O3에게는 전혀 배상을 받지 못했다면? 방금 본 것처럼, 피해자 V는 O2에게(또는 O1에게) 나머지 40만 원을 달라고 하면 된다.

2003다24147: 공동불법행위로 인한 손해배상책임의 범위는 피해자[V]에 대한 관계에서 가해자들 전원[O1, O2, O3]의 행위를 전체적으로 함께 평가하여 정하여야 [한다.] 그 손해배상액에 대하여는 가해자 각자[즉, O1, O2, O3 누구든지]가 그 금[액] 전부에 대한 책임을 부담[한다.]

[그러므로, 다음과 같이 보아야 한다.] 가해자의 1인[O2]이 다른 가해자[O1, O3]에 비[교]하여 불법행위에 가공한 정도가 경미하다고 하[자. 그렇]더라도 **피해자[V]에 대한 관계에서** 그 가해자[O2]의 책임 범위를 위와 같이 정하여진 손해배상[액] 일부로 제한하여 인정할 수 없다.

O3가 돈이 없어도, 피해자 V는 안심할 수 있다.

사용자책임
Employer's Liability

지위가 높으면 책임도 크다. - Lucius Annaeus Seneca

개념

사용자책임?

1. 피용자의 불법행위 때문에,
2. 사용자가 지게 되는,
3. 불법행위 책임이다.

> **민법 제756조(사용자의 배상책임)** ① 타인을 사용하여 어느 사무에 종사하게 한 자는 피용자가 그 사무집행에 관하여 제삼자에게 가한 손해를 배상할 책임이 있다. ...

의의
특수불법행위책임에 해당한다.

사례

사실관계

O가 옥상에서 돌을 떨어뜨려 V가 맞고 다쳤다. O는 개인공사업자 E에게 고용된 석공으로, 일하던 중에 실수로 떨어뜨린 것이다. E가 O에게 안전교육을 제대로 하지도 않았다.

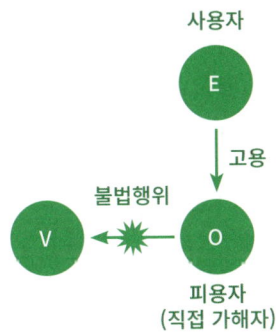

1. O는 직접 가해자(offender)로, 일반불법행위책임을 진다.
2. E는 사용자(employer)로, 사용자책임(employer's liability)을 진다.

취지

피해자 보호

피용자(employee)가 법적으로는 배상책임을 지더라도,

1. 현실적으로 피용자는 재산이 없어 사실상 배상할 수 없는 경우가 많다.
2. 주소 등 인적사항을 알기도 어려워 집행도 어렵다.

피해자 보호를 위해 사용자(employer)에게도 책임을 물을 수 있게 해야 한다.

> **2012다74236전합:** 사용자책임은 **피해자가 충분한 보상을 받을 수 있도록** 하려는 목적에서 인정된 것[이다.]

공평

그래야 공평하기 때문이다.

> **84다카979:** 민법이 불법행위로 인한 손해배상으로서 특히 사용자의 책임을 규정한 것은 [어떤 의미인가?] 많은 사람을 고용하여 스스[로] 활동영역을 확장하고 그에 상응하는 많은 이익을 추구하는 사람은 많은 사람을 하나의 조직으로 형성하고 각 피용자로 하여금 그 조직 내에서 자기의 담당하는 직무를 그 조직의 내부적 규율에 따라 집행하게 하는 것이[다. 그러나] 그 많은 피용자의 행위가 타인에게 손해를 가하게 하는 경우도 상대적으로 많아질 것이[다. 그리]므로 이러한 **손해를 이익귀속자인 사용자로 하여금 부담케 하는 것이 공평**의 이상에 합치된다는 보상책임의 원리에 입각한 것이[다.]
>
> [그러]므로 사용자의 책임과 그 면책 및 그 책임의 한도 등을 가[리]려면 이와 같은 원리에 따라 구체적 사안마다 그 구성요건을 따져 가려야 [한다.]

성립요건

개요

사용자책임이 성립하여 사용자에게도 배상책임을 지우려면,

1. 피용자의 행위가 불법행위(tort)여야 하고,
2. 피용자와 사용자 사이에 사용관계(employment)가 있어야 하며,
3. 피용자의 행위가 직무와 관련(duty relevant)되어야 한다.

피용자의 불법행위

피용자 O의 가해행위가 불법행위 성립요건을 모두 충족해야 한다.

예: 피용자 O가 적법한 행위를 했다거나, 피용자 O의 행위와 피해자 V의 손해 사이에 아무런 인과관계가 없다면? 피용자 O는 불법행위를 저지른 것이 아니다. 그 결과, 사용자 E가 사용자책임을 질 이유가 없다.

> **민법 제756조(사용자의 배상책임)** ① 타인[O]을 사용하여 어느 사무에 종사하게 한 자[E]는 **피용자[O]가** 그 사무집행에 관하여 **제삼자[V]에게 가한 손해**를 배상할 책임이 있다. ...
>
> **81다298:** [피용자 O의] 고의 또는 과실이 인정됨으로써 별도로 **불법행위의 일반 요건을 충족한 때에만** 위 [피용자 O의] 사용자[E]는 민법 제756조의 사용자책임을 [진]다.

1. 왜냐하면, 사용자책임은 피용자 O의 책임을 대체하는 의미가 있기 때문이다.

> **2004다63019**: 민법 제756조에 의한 사용자[E]의 손해배상책임은 피용자[O]의 배상책임에 대한 **대체적 책임**이[다.]

2. 사용자책임이 성립하려면, 기본적으로 대체를 할 "대상"이 있어야 한다. 즉, 피용자 O가 불법행위를 저질러야 한다.

사용관계의 존재

사용자 E와 피용자 O 사이에 지휘 감독 관계가 있어야 한다.

예: O가 이미 퇴직한 다음에 임의로 옥상에서 돌을 떨어뜨린 것이라면? O와 E는 사용관계(employment relationship)가 없다. 그 경우 E는 사용자책임이 없다.

> **민법 제756조(사용자의 배상책임)** ① 타인[O]을 <u>사용하여 어느 사무에 종사하게 한 자</u>[E]는 피용자[O]가 그 사무집행에 관하여 제삼자[V]에게 가한 손해를 배상할 책임이 있다. ...

> **98다62671**: 사용자책임이 성립하려면 사용자[E]와 불법행위자[O] 사이에 사용관계, 즉 사용자[E]가 불법행위자[O]를 <u>실질적으로 지휘·감독하는 관계</u>에 있어야 한다.

1. 이것은 지휘, 감독을 했는지(have done) 문제가 아니다. 지휘, 감독을 해야 했는지(should have done)가 문제다.

> **2021다283834**: 민법 제756조의 사용관계에[서] 실질적인 지휘, 감독 관계는 **실제로** 지휘, 감독**하고 있느냐**의 여부에 의하여 결정되는 것이 아니라 **객관적으로** 지휘, 감독을 **하여야 할 관계에 있느냐**의 여부에 따라 결정된[다.]

> **2001다3658**: 민간보육시설 설치신고자 명의를 대여한 자[E]에게 보육교사[O]의 과실로 3세의 위탁아[V]가 열차에 치[여] 사망한 사고에 대하여 사용자책임을 인정한 사례.

2. 반드시 "유효한" 고용관계가 있을 필요도 없다.

> **96다30182**: 민법 제756조의 사용자[E]와 피용자[O]의 관계는 반드시 유효한 고용관계가 있는 경우에 한하는 것이 아니[다.] **사실상** 어떤 사람[O]이 다른 사람[E]을 위하여 그 **지휘·감독 아래** 그 의사에 따라 사업을 집행하는 관계에 있을 때에도 그 두 사람[E, O] 사이에 사용자, 피용자의 관계가 있다.

> 이삿짐센터와 고용관계에 있지는 않았으나, 오랫동안 그 이삿짐센터의 이삿짐 운반에 종사해 온 작업원들[O]을 사용자[E]의 손해배상책임[에서] 피용자[O]라고 본 사례.

직무관련성

피용자의 가해행위가 직무와 관련성이 있어야 한다.

예: 식당 종업원인 O가 주인 E로부터 욕을 듣고 화가 나 집으로 돌아간 다음 옥상에 올라가 아무에게나 돌을 던졌다면? 이 경우 O의 가해행위는 직무관련성(duty relevance)이 없다. 그러므로, E는 사용자책임이 없다.

민법 제756조(사용자의 배상책임) ① 타인[O]을 사용하여 어느 사무에 종사하게 한 자 [E]는 피용자[O]가 그 **사무집행에 관하여** 제삼자[V]에게 가한 손해를 배상할 책임이 있다. ...

1. 직무관련성이 있는지 없는지는, 겉보기로 판단한다. 객관적으로 판단하면 충분하다. O의 속마음은 상관없다.

96다30182: 피용자[O]의 불법행위가 **외형상 객관적**으로 사용자[E]의 사업활동 내지 사무집행 행위 또는 그와 관련된 것이라고 보여질 때에는 [**피용자O의] 주관적 사정을 고려함이 없이** 이를 사무집행에 관하여 한 행위로 본[다].

여기에서 외형상 객관적으로 사용자[E]의 사무집행에 관련된 것인지 여부는 [어떻게 판단하나?] 피용자[O]의 본래 직무와 불법행위와의 관련 정도 및 사용자[E]에게 손해발생에 대한 위험 창출과 방지조치 결여의 책임이 어느 정도 있는지를 고려하여 판단...한다.

2. 특정한 직무 그 자체뿐만 아니라, 직무와 연관된 행위도 포함한다.

65다825: 사용자의 배상책임에 관한 규정인 본조 제1항의 "피용자가 그 사무집행에 관하여"[란] 사용자의 사무집행자체 또는 집행에 필요한 행위뿐 아니라 이와 적당한 견련관계에 있는 행위도 포함[된다].

3. 심지어 피용자 O가 직무권한을 남용한 경우도 사용자책임이 성립할 수 있다.

65다825: 피용자[O]가 사용자[E]의 이익을 도모할 의사없이 자기[O] 또는 제3자의 이익을 위하여 그 권한을 남용하여 한 행위[다]. 그렇더]라도 그 행위의 **외형상** 피용자[O]의 직무의 범위내에 속한다고 볼 수 있는 경우에는 이에 포함된[다].

90다8954: 택시회사[E]의 운전수[O]가 택시의 승객[V]을 태우고 운행중 차속에서 부녀[V]를 강간한 경우 위 회사[E]는 사용자로서 손해배상책임이 있다.

사용자의 면책

개요

이상 성립요건을 모두 충족하더라도, 결국 사용자가 배상책임을 지지 않는 경우가 있다. 사용자의 면책(exemption) 사유는 다음과 같다.

1. 피용자의 행위에 직무관련성이 없다는 사실을 피해자도 알았거나, 몰랐더라도 모른 데 중대한 과실이 있는 경우
2. 사용자가 상당한 감독을 한 경우

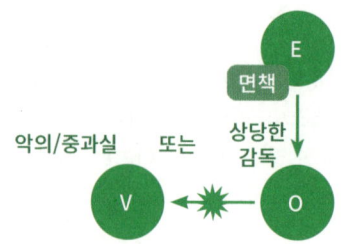

피해자의 악의 또는 중과실

겉보기에는 직무관련성이 있지만 실제로는 직무관련성이 없는 경우가 많다. 피해자 V가 직무관련성이 없다는 걸 알면서도, 가해자 O와 거래를 해서 그 결과 손해를 입었다면 피해자 V를 굳이 보호할 필요가 없다. 그 경우, 사용자 E는 배상책임이 없다.

> **2011다41529**: 피용자[O]의 불법행위가 **외관상** 사무집행의 범위[에] 속하는 것으로 보[였다. 그러나 그 경우]에도 피용자[O]의 행위가 사용자[E의] 사무집행행위에 해당하지 않음을 **피해자[V] 자신이 알았거[나] 중대한 과실로 알지 못한 때**에는 사용자[E에게] 사용자책임을 물을 수 없[다.]

1. 악의: 피해자 V가 그 사정을 알고 있었던 경우
2. 중과실(gross negligence): 피해자 V가 그 사정을 중대한 과실로 모른 경우

> **2011다41529**: **중대한 과실**[이란 무엇인가? 다음과 같은 상태를 말한다.] 거래의 상대방[V]이 조금만 주의를 기울였더라면 피용자[O]의 행위가 그 직무권한 내에서 적법하게 행하여진 것이 아니라는 사정을 알 수 있었[다. 그럼]에도, 만연히 [피해자 V가] 이를 직무권한 내의 행위라고 믿[었다. 이로써 피해자 V가] 일반인에게 [필요한] 주의의무에 **현저히** 위반[했다. 즉, 피해자 V가] **거의 고의에 가까운 정도**[로] 주의를 결여[했다. 결국,] 공평의 관점에서 상대방[V]을 구태여 보호할 필요가 없[다.]

비정상적 금융거래로 고객[V]이 손해를 본 경우, 고객[V]에게 악의나 중과실을 인정할 가능성이 있다.

> **2011다41529**: [피해자V가 E은행 지점 고객상담실에서 부지점장 [O]에게 거액의 자기앞수표를 교부[했다. 이때] 현금보관증만을 교부받았을 뿐 예금증서를 교부받거나 이를 요구하지도 않는 등 **비정상적**인 방식으로 금융거래를 하였[다. 그러다]가, [피용자 O가] 수표금을 개인적으로 소비함에 따라 [피해자 V가] 손해를 입[은 사안이다. **피해자인 [V]에게 고의나 중과실이 있[다. 그래서] 사용자인 [E]은행의 사용자책임이 없다**.]

사용자의 상당한 감독

> **민법 제756조(사용자의 배상책임)** ① 타인[O]을 사용하여 어느 사무에 종사하게 한 자[E]는 ... 손해를 배상할 책임이 있다. <u>그러나</u> 사용자[E]가 피용자[O]의 선임 및 그 사무감독에 상당한 주의를 한 때 또는 상당한 주의를 하여도 손해가 있을 경우에는 그러하지 아니하다.

1. 상당한 주의를 한 경우 사용자는 면책된다.

예: 사장 E가 직원 O의 돌발행동을 막기 위해 사전에 교육을 제대로 하고 근무 중에도 수시로 적절한 예방조치를 취했다. 그럼에도 O가 돌을 던졌다면, 이 경우에는 E가 면책될 수도 있다.

2. 또는, 상당한 주의를 해도 어차피 손해가 발생했을 경우 사용자는 면책된다.

예: 직원 O는 E에게 고용되기 전부터 어차피 돌을 던질 계획을 하고 있었고 어떻게 해도 이를 막을 수도 없었다고 하자. 그 경우, E가 실제로 교육이나 예방조치를 하지 않았더라도 E가 면책될 수도 있다.

3. 하지만 이런 사정은 예외적이라서, 사용자 E 스스로 증명해야 한다.

> **97다58538:** [민법 제756조 제1항 단서에 관한 사정]은 **사용자[E가] 주장 및 [증명]**을 하여야 한다.

사실상 증명이 어렵기 때문에, 실무상 이렇게 면책되는 사례는 찾기 힘들다.

효과

각자 전액 책임

1. 피용자 O도 전액 책임을 진다.

> **민법 제750조(불법행위의 내용)** 고의 또는 과실로 인한 위법행위로 타인에게 **손해를 가한 자[O]**는 그 손해를 배상할 책임이 있다.

2. 사용자 E도 전액 책임을 진다.

> **민법 제756조(사용자의 배상책임)** ① 타인[O]을 **사용**하여 어느 사무에 종사하게 **한 자 [E]는** ... 손해를 배상할 책임이 있다. ...

모두 공동하여 전액 책임을 진다. 이것도 부진정연대채무 관계에 있다.

> **75다1193:** 피용자의 사무집행중의 불법행위로 인한 [(i) **사용자[E]의 민법 제756조의 규정에 의한 배상책임**과 [(ii) **피용자[O] 자신의 민법 제750조의 규정에 의한 [일반] 불법행위 책임**은 전혀 별개의 것이[다.] 다만 피해자[V]가 어느편으로부터 배상에 의하여 일부 또는 전부의 만족을 얻었을 때에는 그 범위[에서] 타방의 배상책임이 소멸한[다.] 이러한 [(ii) 피용자의 업무집행중의 불법행위 책임과 (i) 사용자 배상책임이 강학상 **부진정연대채무**의 부류에 속한[다.]

사례

O가 돌을 던져 V가 다쳐 100만 원 손해가 발생했다. E는 O의 사용자다. 사용자 책임이 성립하는 이상, O, E 모두 각자 100만 원 전액 지급 책임이 있다.

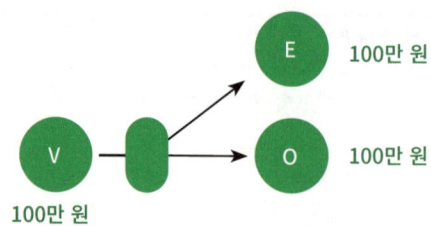

구상권

사용자책임과 구상권

> **민법 제756조(사용자의 배상책임)** ③ 전 2항의 경우에 **사용자[E]**...는 피용자[O]에 대하여 **구상**권을 행사할 수 있다.

내부적 부담부분

피용자 O, 사용자 E가 각자 100만 원 배상책임이 있다. 피용자 O와 사용자 E 사이에 내부적(internal)으로는 원칙적으로 O가 그 전액을 부담해야 한다.

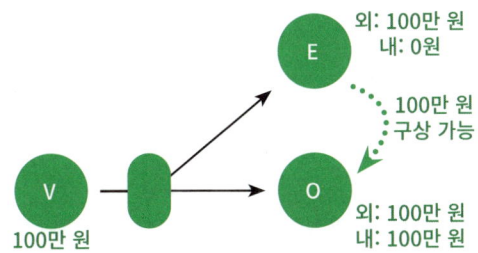

1. 불법행위 가담 정도는 피용자 O가 100%이고, 사용자 E는 0%라는 취지다.
2. 피용자 O, 사용자 E 내부적으로는, 피용자 O는 100만 원, 사용자 E는 0원만큼 책임지게 된다.

구상 사례

피용자 O와 사용자 E의 내부적 부담부분이 100만 원, 0원이라 하자. E가 피해자 V를 만나자, 일단 손에 있던 돈 전액인 60만 원을 손해배상 조로 지급했다.

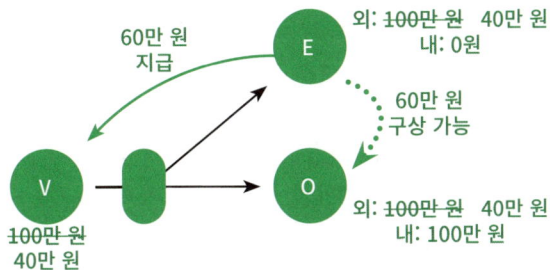

1. 사용자 E는 자기의 부담부분보다 60만 원(= 60만 원 - 0원) 초과 지출했다.
2. 사용자 E는 피용자 O에게 60만 원 전액을 상환해 달라고 요구할 수 있다.

한편, 피해자 V는 사용자 E에게 60만 원을 받았지만, 아직 40만 원 손해가 남았다. 사용자 E는 그 40만 원에 대해서도 피해자 V가 청구하면 지급해야 한다.

구상의 제한

하지만 여러 이유로 사용자의 피용자에 대한 구상을 제한하기도 한다.

> 91다7255: 그 사업의 성격과 규모, 시설의 현황, 피용자의 업무내용, 근로조건이나 근무태도, 가해행위의 상황, 가해행위의 예방이나 손실의 분산에 관한 사용자의 배려정도, 기타 제반 사정에 비추어 [보자.] 손해의 공평한 분산이라는 견지에서 **신의칙상 [타]당하다고 인정되는 한도 내에서만** [사용자E는] 피용자[O]에 대하여 ... 그 구상권을 행사할 수 있[다.]

예외는 차차 배우자. 지금은 원칙을 이해하는 것이 시급하다.

여러 책임자와 과실상계
Several Compensators & Comparative Negligence
사람의 가치는 타인과의 관계로서만 측정될 수 있다. - Friedrich Nietzsche

머리에
배운 것
공동불법행위든 사용자책임이든, 불법행위 책임자가 여럿인 경우를 보았다.

문제점
손해배상에서, 피해자에게도 과실이 있다면 과실상계를 한다.

1. 이때 불법행위 책임자가 1명이면 간단하다.
2. 그러나 여럿이면 복잡하다. 이렇게 여러 손해배상 책임자가 있다면, 과실상계는 구체적으로 어떻게 해야 하나?

공동불법행위에서: 전체적 평가
전체적 평가(원칙)
피해자 측 과실을 전체적으로(collectively) 평가한다(원칙).

1. 즉, 과실상계 비율을 가해자별로 달리 정하는 것이 아니다.
2. 그 결과, 가해자들의 피해자에 대한 배상책임, 즉 외부적(external) 책임은 동일하다.

> 2017다16747: 공동불법행위책임은 가해자[O1, O2, O3] 각 개인의 행위에 대하여 **개별적으로 그로 인한 손해를 구하는 것이 아니[다.]** 그 가해자들[O1, O2, O3]이 공동으로 가한 불법행위에 대하여 그 책임을 추궁하는 것[이다.]
>
> 법원이 피해자[V]의 과실을 들어 과실상계를 [할 때]는 [어떻게 해야 하는가?] 피해자[V]의 공동불법행위자[O1, O2, O3] 각인에 대한 과실비율이 서로 다르더라도 피해자[V]의 과실을 공동불법행위자[O1, O2, O3] 각인에 대한 과실로 개별적으로 평가하지 않[는 것이 원칙이다. 즉,] 그들[O1, O2, O3] **전원에 대한 과실로 전체적으로 평가하는 것이 원칙**이[다.]

사례
O1, O2, O3가 함께 돌을 던져 100만 원 손해가 발생했다. 그런데 피해자 V에게도 과실이 있다고 하자. 구체적으로,

1. 피해자 V와 가해자 O1 사이에서는 피해자 V도 20%만큼 과실이 있고,
2. 피해자 V와 가해자 O2 사이에서는 피해자 V도 5%만큼 과실이 있고,
3. 피해자 V와 가해자 O3 사이에서는 피해자 V도 5%만큼 과실이 있다.

이 경우에도 가해자 전원(O1, O2, O3)에 대한 피해자 과실비율을 1가지 기준으로 정한다. 예를 들어, 10%를 적용한다. 그 경우, O1, O2, O3 모두 공동하여 90만 원[= 100만 원 × (100-10)%] 배상 의무가 있다.

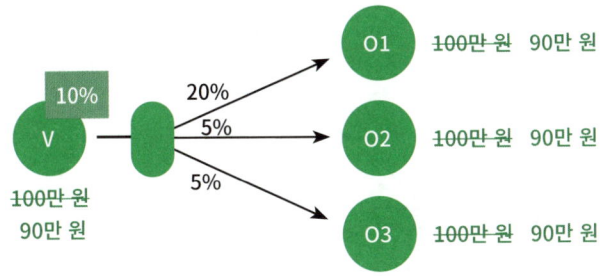

그 밖의 부진정연대채무 관계에서: 개별적 판단

개별적 평가

피해자 측 과실을 개별적으로(individually) 평가할 수 있다.

1. 즉, 과실상계 비율을 가해자별로 달리 정할 수도 있다.
2. 그 결과, 가해자들의 피해자에 대한 배상책임, 즉 외부적(external) 책임은 다를 수 있다.

사례

E는 O에게 건물 철거 작업을 시켰다. 그런데 O는 우연히 원수 V를 보자, 낙석 위험이 큰 철거 중인 건물로 V를 유인해서 돌에 맞게 했다. V는 다쳐서 100만 원 손해가 발생했다.

1. 피해자 V에게도 10% 과실이 있다고 하자.
2. 그래도 가해자 O는 과실상계를 주장할 수 없고, 100만 원 전액을 배상해야 한다.

개미귀신처럼 함정을 판 가해자 O를 제재한다고 생각해도 좋다.

2010다48561: 피해자[V]의 부주의를 이용하여 고의로 불법행위를 저지른 자[O]가 바로 그 피해자[V]의 부주의를 이유로 자신의 책임을 감하여 달라고 주장하는 것은 허용될 수 없[다.] 이는 그러한 사유가 있는 자에게 과실상계의 주장을 허용하는 것이 신의칙에 반하기 때문[이다.]

3. 가해자 O 아닌 사용자 E는 어떤가? E가 사용자책임을 질 경우, E는 얼마는지 과실상계 주장을 할 수 있다. 90만 원[= 100만 원 × (100-10)%]만 배상하면 충분하다.

사용자 E가 함정을 판 것이 아니기 때문이다.

2010다48561: 불법행위자 [중] 일부[O]에게 그러한 사유가 있[더라도] 그러한 사유가 없는 다른 불법행위자[E는] 과실상계의 주장을 할 수 [있다.]

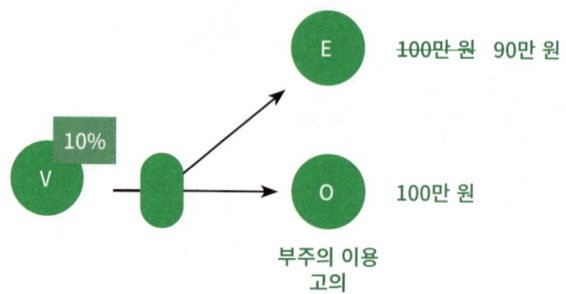

일부 지급 효과

문제점

부진정연대 책임을 지는 여러 사람 각자 배상 범위가 다른 상황이다. 이때 책임자 중 한 명이 일부 배상하면, 각자의 남는 배상 책임은 어떻게 될까?

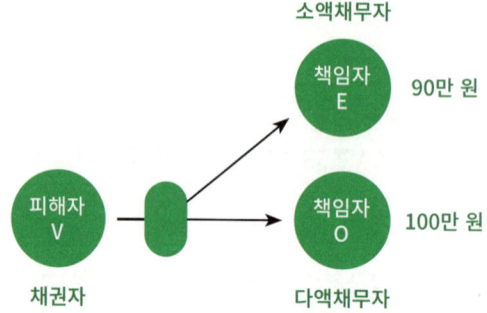

소액채무자가 배상하는 경우

2009다72094: 부진정연대채무자 중 소액 채무자[E]가 자신의 채무 중 일부를 변제한 경우[다.]

90만 원 부분은 어차피 공동으로 부담하는 책임이다. 소액채무자 E가 배상한 만큼, 각자의 책임은 그대로 다 같이 소멸하기 시작한다. 예를 들어,

1. 1만 원 배상하면: E는 89만 원, O는 99만 원 남는다.
2. 2만 원 배상하면: E는 88만 원, O는 98만 원 남는다.
3. 10만 원 배상하면: E는 80만 원, O는 90만 원 남는다.
4. 20만 원 배상하면: E는 70만 원, O는 80만 원 남는다.

5. 90만 원 배상하면: E는 책임 없고, O는 10만 원 남는다.

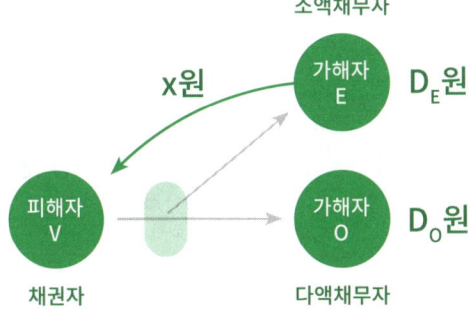

2009다72094: 변제된 금액은 소액 채무자[E]가 다액 채무자[O]와 **공동으로 부담하는 부분**에 관하여 ... **충당**[된다.] 이로써 공동 부담 부분의 채무...가 변제로 소멸하게 된다.

그리고 부진정연대채무자[E, O] 상호 간에 채권의 목적을 달성시키는 변제와 같은 사유는 채무자 전원[E, O]에게 절대적 효력이 있[다. 그러]므로, 이로써 **다액 채무자[O]의 채무도 ... 같은 범위에서 소멸**하게 된다.

최초 책임(damages) D, 남는 책임(balance) B, 일부 지급액 x일 때,

$$B_E = D_E - x$$

$$B_O = D_O - x$$

다액채무자가 배상하는 경우

2012다74236전합: 쟁점은 [다액채무자 O가] 변제한 [돈]이 [(i) 다액채무자 O가] 단독으로 채무를 부담하는 부분부터 소멸[→ 외측설]시키는지 아니면 [(ii) 소액채무자 E]의 과실비율에 상응하는 금액만큼 [소액채무자 E]와 공동으로 채무를 부담하는 부분도 소멸[→ 과실비율설]시키는지 여부이다.

다액채무자 O가 단독으로 부담하는 10만 원 부분부터 소멸한다. 그 후에 비로소 공동으로 부담하는 90만 원 부분이 소멸하기 시작한다. 예를 들어,

1. 1만 원 배상하면: O는 99만 원, E는 90만 원 남는다.
2. 2만 원 배상하면: O는 98만 원, E는 90만 원 남는다.
3. 10만 원 배상하면: O는 90만 원, E는 90만 원 남는다.
4. 20만 원 배상하면: O는 80만 원, E는 80만 원 남는다.
5. 90만 원 배상하면: O는 10만 원, E는 10만 원 남는다.
6. 100만 원 배상하면: O는 책임 없고, E도 책임 없다.

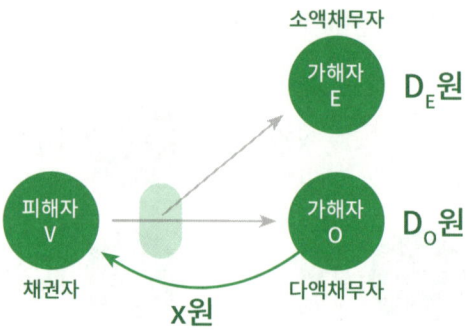

2012다74236전합: 금액이 다른 채무가 서로 부진정연대 관계에 있을 때 다액채무자[O]가 일부 변제를 하는 경우 그 변제로 인하여 **먼저 소멸하는 부분**은 [어떻게 될까?]

당사자의 의사와 채무 전액의 지급을 확실히 확보하려는 부진정연대채무 제도의 취지에 비추어 볼 때 [(i)] 다액채무자[O]가 **단독으로 채무를 부담하는 부분**으로 보아야 한다. [즉, 외측설이 타당하다.]

이러한 법리는 사용자[E]의 손해배상액이 피해자[V]의 과실을 참작하여 과실상계를 한 결과 타인[V]에게 직접 손해를 가한 피용자[O] 자신의 손해배상액과 달라졌는데 다액채무자인 피용자[O]가 손해배상[액] 일부[x]를 변제한 경우에 적용[된다.]

[그리고] 공동불법행위자들[O, E]의 피해자[V]에 대한 과실비율이 달라 손해배상액이 달라졌는데 다액채무자인 공동불법행위자[O]가 손해배상[액] 일부[x]를 변제한 경우에도 적용된다.

최초 책임(damages) D, 남는 책임(balance) B, 일부 지급액 x일 때,

$$B_O = D_O - x$$

if $x \leq D_O - D_E$ $\quad B_E = D_E$

if $x > D_O - D_E$ $\quad B_E = D_E - \{x - (D_O - D_E)\} = D_O - x = B_O$

연습문제

연습문제1

2019년도 변호사시험 민사법 선택형

[문 14.] 甲은 공인중개사인 乙의 중개보조원으로 일하면서 고객인 丙의 인감증명서와 도장을 업무상 자신이 보유하고 있음을 기화로 허위의 임대차계약을 체결하였고, 이를 통해 6,000만 원을 취득하여 丙에게 동액 상당의 손해를 입혔는데, 乙은 甲의 불법행위에 가담하지 않았다. 丙은 甲과 乙에 대해서 각각 일반불법행위책임과 사용자책임을 근거로 6,000만 원의 손해배상을 청구하였다. 이에 대하여 피해자 丙에게도 주의의무를 다하지 않은 과실이 인정되었고 과실비율은 50%였다. 이에 관한 설명 중 옳은 것은? (다툼이 있는 경우 판례에 의함)

① 甲은 丙의 손해배상청구에 대하여 과실상계를 주장할 수 있다.
② 乙은 丙의 손해배상청구에 대하여 과실상계를 주장할 수 없다.
③ 丙이 乙의 손해배상채무 전부를 면제한 경우 甲은 丙에 대하여 3,000만 원의 손해배상책임을 부담한다.
④ 乙은 丙에 대하여 가지는 별도의 물품대금채권 2,000만 원으로 丙의 위 손해배상채권을 상계할 수 있다.
⑤ 甲이 丙에 대하여 2,000만 원을 변제한 경우 乙은 丙에 대하여 3,000만 원의 손해배상책임을 부담한다.

연습문제2

2019년도 변호사시험 민사법 선택형

[문 24.] 공동불법행위책임에 관한 설명으로 옳은 것을 모두 고른 것은? (다툼이 있는 경우 판례에 의함)

ㄱ. 법원이 피해자의 과실을 들어 과실상계를 [할 때] 피해자의 공동불법행위자 각인에 대한 과실비율이 서로 다르다면 피해자의 과실을 공동불법행위자 각인에 대한 과실로 개별적으로 평가하여야 한다.

ㄴ. 공동불법행위자 중 1인이 피해자에게 전부 변제하여 면책된 경우 그 공동불법행위자에게 과실이 없다면, 그에 대한 다른 공동불법행위자들의 구상의무는 부진정연대관계에 있다.

ㄷ. 환자가 수혈로 인하여 에이즈에 감염된 경우 대한적십자사의 혈액관리상의 주의의무위반으로 인한 에이즈 감염행위와 의사의 수혈 시 설명의무위반으로 인한 환자의 자기결정권침해행위는 공동불법행위를 구성한다.

ㄹ. 피해자가 공동불법행위자들 중 일부를 상대로 한 전소에서 승소한 금액을 전부 지급받았다고 하더라도 그 금액이 나머지 공동불법행위자에 대한 후소에서 산정된 손해액에 미치지 못한다면 후소의 피고는 그 차액을 피해자에게 지급할 의무가 있다.

연습문제3

2020년도 변호사시험 민사법 선택형

[문 26.] 甲과 乙이 丙의 부주의를 이용하여 고의로 공동불법행위를 저질러 丙에게 1억 원의 손해를 입혔다. 이 손해에 丙이 기여한 과실이 20%이며, 이에 가담하지 않은 丁이 甲의 사용자로서 사용자책임을 진다. 이에 관한 설명 중 옳지 않은 것을 모두 고른 것은? (다툼이 있는 경우 판례에 의함)

ㄱ. 甲과 乙은 丙의 과실을 이유로 과실상계를 주장할 수 없고, 丁 역시 甲의 사용자로서 과실상계를 주장할 수 없다.

ㄴ. 丁이 丙에 대하여 대여금채권을 [가진] 경우, 丁은 불법행위에 가담하지 않았음을 이유로 고의의 불법행위채권을 수동채권으로 하는 상계 금지 규정인 「민법」제496조의 적용을 배제하고 위 대여금채권을 자동채권으로 하여 丙의 丁에 대한 손해배상채권을 상계할 수 있다.

ㄷ. 丙의 甲에 대한 손해배상채권만 시효로 소멸한 후 乙이 丙에게 손해를 전부 배상하였다면, 乙은 甲을 상대로 구상권을 행사할 수 있다.

ㄹ. 丙이 甲을 상대로 손해배상청구의 소를 제기한 경우, 丙의 乙에 대한 손해배상채권도 소멸시효가 중단된다.

제4강

물권법 기초
Basic Property Law

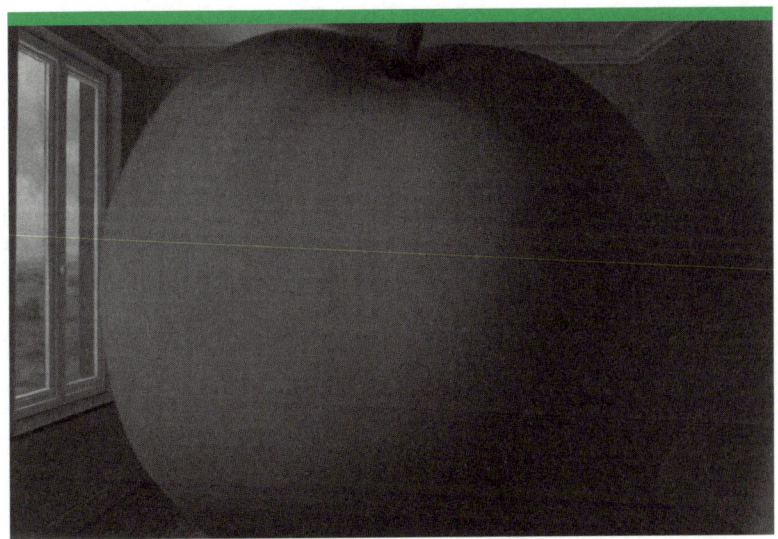

René Magritte, *The Listening Room (La chambre d'écoute)*, 1952, Oil on canvas, 45×55cm

물건에 대한 권리가 변동하는 원리에 관하여

— 쉽게 말하면, 물건에 대한 권리를 물권, 사람에 대한 권리를 채권이라 한다. **소유권**, 점유권, 지상권, 유치권, **저당권** 같은 것들이 바로 물권이다. 물권은 채권과 다른 독특한 성질이 있다. 강의목표는 다음을 이해하는 것이다.

1. 전형적 물권의 개념과 사례
2. 물권의 특성
3. **물권 변동 원리**

— 이를 위해, 제1강에서 소개한 **저당권실행**을 조금 더 구체석으로 이해해야 한다. 생소하고 까다로울 수 있다. 그러나 자신이 당사자로서 이해관계인이라 생각하고 차분히 보면, 곧 원리를 깨달을 것이다.

들어가며
Introduction

손안의 새 한 마리가 숲속 새 두 마리만큼 값지다. - 영국 속담

머리에

K의 매수

1. 주택 매매: K는 X주택을 2억 원에 A로부터 매수한다.
2. 자동차 매매: K는 Y자동차를 중고로 1,500만 원에 B로부터 매수한다.
3. 바이올린 매매: K는 Z바이올린을 5,000만 원에 C로부터 매수한다.

복습

모두 지난 강의에서 보았던 매매계약(sale and purchase agreement) 사례다. "당신으로부터 얼마에 무엇을 사겠다"는 의사표시와 "당신에게 얼마에 무엇을 팔겠다"는 의사표시가 합치했다. 즉 청약(offer)과 승낙(acceptance)으로 매매계약이 성립했다.

매매계약 성립 효과

법률관계 변동: ○

쌍무계약인 매매계약이 성립하면,

1. 매도인에게는 물건을 넘길 의무가 생긴다.
2. 그 대가로 매수인에게는 돈을 지급할 의무가 생긴다.

즉, 계약이라는 법률요건에 따라 권리의무관계, 즉 법률관계(legal relationship)가 변동한다.

소유권 변동: ✕

매매계약이 성립한 그 순간 바로 소유권이 넘어가는 것이 아니다. 매매계약이 성립하면,

1. "권리의무(rights and duties)"가 변동하는 것일 뿐,
2. "소유권(ownership)" 자체가 변동하는 것은 아니다.

즉, "물건을 넘길 의무"가 발생할 뿐, 그 자체로 "물건이 넘어가는 것"은 아니다.

사례

1. K와 C 사이에 매매계약이 성립하고, 그 계약이 유효하며, 매매대금 5,000만 원도 모두 지급했다고 하자.
2. 그런데 C가 바이올린을 넘기지 않고 자기가 집에 가지고 있다.
3. 그렇다면 아직 그 바이올린 소유권은 C에게 남아 있다.

물론, 이것은 계약위반(breach of contract)이 될 수는 있다. 그러나 그렇다고 해서 넘기지도 않은 바이올린이 당연히 K 소유로 되는 건 아니다.

소결

1. 계약(contract)이 성립(established)하더라도,
2. 실제로 소유권(ownership)이 변동하기 위해서는,
3. 무언가 더 필요하다.

각 사례 경우

주택 매매

주택 소유권이 넘어가기 위해서는 "등기(registration)"를 해야 한다.

> 민법 제186조(부동산물권변동의 효력) 부동산에 관한 법률행위로 인한 물권의 득실변경은 <u>등기하여야 그 효력</u>이 생긴다.

1. 부동산등기(부)란, "어느 부동산에 대한 권리가 누구에게 있다"는 것을 공개적으로 기록하는 장부다.
2. K와 A가 함께 매매계약서 등 서류를 들고 관할 등기소에 간다. 등기부에 "X 주택 소유권을 A로부터 K에게 넘긴다"는 취지의 기재를 해 달라고 공동으로 신청한다.
3. 이렇게 해서 등기부에 입력이 되어야(접수되어야), 그때 비로소 소유권이 이전된다.

```
등기사항전부증명서(말소사항 포함)
          - 건물 -

                         등기고유번호 1234-2018-292929
```

[건물] 서울특별시 관악구 신림동 99-9

【 표 제 부 】		(건물의 표시)		
표시번호	접 수	소재지번 및 건물번호	건 물 내 역	등기원인 및 기타사항
1	2018년8월14일	서울특별시 관악구 신림동 99-9 [도로명주소] 서울특별시 관악구 노루로 232	시멘트블럭조 시멘트기와지붕 단층주택 80.55㎡	

【 갑 구 】			(소유권에 관한 사항)	
순위번호	등 기 목 적	접 수	등 기 원 인	권 리 자 및 기 타 사 항
1	소유권보존	2018년8월14일 제5861호		소유자 안매도 780304-******* 부산광역시 해운대구 화로 5(송정동)
2	소유권이전	2023년1월30일 제112호	2023년1월29일 매매	소유자 김권자 850330-******* 서울특별시 서초구 이대로 15(서초동)

【 을 구 】			(소유권 이외의 권리에 관한 사항)	
순위번호	등 기 목 적	접 수	등 기 원 인	권 리 자 및 기 타 사 항
			기록사항 없음	

-- 이 하 여 백 --

수수료 1,200원 영수함   관할등기소 서울중앙지방법원 등기국 / 발행등기소 서울중앙지방법원 등기국

이 증명서는 등기기록의 내용과 틀림없음을 증명합니다.

서기 2023년 2월 5일

법원행정처 등기정보중앙관리소   전산운영책임관 (인)

* 실선으로 그어진 부분은 말소사항을 표시함.   *기록사항 없는 갑구, 을구는 '기록사항 없음' 으로 표시함.

문서 하단의 바코드를 스캐너로 확인하거나, 인터넷등기소(http://www.iros.go.kr)의 발급확인 메뉴에서 발급확인번호를 입력하여 위·변조 여부를 확인할 수 있습니다. 발급확인번호를 통한 확인은 발행일로부터 3개월까지 5회에 한하여 가능합니다.
발행번호 987656789A123456789B123456789C123456789D123456789   발급확인번호 ABCD-5555-ABCD   발행일 2023/02/05

자동차 매매

자동차 매매도 비슷하다. "**등록(registration)**"을 해야 자동차 소유권이 넘어간다.

"등기", "등록" 모두 registration으로 번역할 수 있다.

자동차관리법 제6조(자동차 소유권 변동의 효력) 자동차 소유권의 득실변경(得失變更)은 **등록**을 하여야 그 **효력**이 생긴다.

1. 자동차등록원부라 해서 "어느 자동차 소유권이 누구에게 있다"는 것을 공개적으로 기록하는 장부가 있다. 소유권 변동 내역도 기재한다.
2. K와 B가 함께 서류를 들고 관할 행정청(예: 서초구청장)에 간다. 등록원부에 "자동차 소유권을 B로부터 K에게 넘긴다"는 취지의 기재를 해 달라고 공동으로 신청한다.
3. 이렇게 해서 등록원부에 입력이 되어야(접수되어야), 그때 비로소 소유권이 이전된다.

자동차등록원부(갑) 등본

제 0029191 호　　　　　　　　　　　　　　　총 4 면 중 제 1 면

자동차등록번호	88주1234	제원관리번호	1-01257-0001-0041	말소등록일	
차 명	그루즈 3.0 디젤			차 종	승용 준중형
차대번호	F0A4K3ENO1234567	원동기형식	Z20D1	용 도	자가용
모델연도	2015	색 상	검정	출처구분	전입차
최초등록일	2015-09-22	세부유형	(해당 없음)	제작연월일	2015-09-18
최종소유자	김권자			주민(법인)등록번호	830202-1313113
사용본거지 (차고지)	서울 서초구 이대로 15(서초동)				
검사유효기간	2015-09-22 ~ 2018-09-21, 주행거리: 62,123km			등록사항 확인일	
				폐쇄일	

순위번호		사 항 란	주민(법인)등록번호	등록일	접수번호
주등록	부기등록				
1	-1	신규등록(신조차) 성명(상호): 이태백(상품용) 주소: 서울 용산구 바오로 91	770415-1918877	2015-09-22	54321
1	-2	명의이전등록 성명(상호): 배차팔 　　　　(매매업자거래이전) 주소: 수원시 권선구 명왕로 21	830202-1313113	2015-12-24	123456
1	-3	명의이전등록 성명(상호): 김권자 　　　　(매매업자거래이전) 주소: 서울 서초구 이대로 15(서초동)	850330-1234567	2022-02-04	13131

이 등본은 자동차등록원부(갑)의 기재사항과 틀림없음을 증명합니다.

2023년 3월 6일

서울특별시 서초구청장　　직인

바이올린 매매

바이올린에 관해서는 등기부나 등록원부 같은 것이 없다. 바이올린은 "인도(delivery)"를 해야 소유권이 넘어간다.

> **민법 제188조(동산물권양도의 효력, 간이인도)** ① 동산에 관한 물권의 양도는 그 동산을 **인도**하여야 **효력**이 생긴다.

1. 인도: 건네주고 건네받는 것
2. 매매계약 후 대금을 모두 지급한 매수인 K는 매도인 C에게 물건을 인도해 달라고 계속 독촉했다. 이때도 아직 소유권은 K에게 남아 있다.
3. C는 드디어 집에 있는 Z바이올린을 가져와 K에게 인도했다. 이렇게 물건을 인도한 때 비로소 Z바이올린 소유권이 K에게 이전된다.

결론

계약과 소유권 변동?

계약(contract; agreement)만으로는 소유권(ownership)이 변동하지 않는다.

소유권 변동(이전) 요건

1. 부동산: 등기부에 등기(registration)되어야 비로소 소유권이 이전한다.

> **93헌바67:** 우리 민법이 제정되면서 물권변동[에]서 의사주의를 버리고 형식주의를 채택[하였다. 즉,] **부동산**의 경우 당사자 사이의 **의사표시 외에도 등기라는 요건이 필요**하게 [되었다.] ... [이제는] 등기가 물권변동의 요건으로 되어 **등기를 하지 않으면 물권변동의 효력이 발생하지 않게** 되었[다.]

2. 자동차: 등록원부에 등록(registration)되어야 비로소 소유권이 이전한다.

> **2016다205373:** 현대사회에서 자동차의 경제적 효용과 재산적 가치가 크[다. 그러]므로 민법상 불완전한 공시방법인 **'인도'가 아니라** 공적 장부에 의한 체계적인 공시방법인 **'등록'에 의하여 소유권 변동을 공시**[한다.] 이로써 자동차 소유권과 이에 관한 거래의 안전을 한층 더 보호[한다.] 따라서 자동차관리법이 적용되는 자동차의 소유권을 취득함에는 민법상 공시방법인 '인도'에 의할 수 없[다.]

3. 일반 동산: 인도(delivery)해야 비로소 소유권이 이전한다.

> **66다1554:** 동산에 관한 물권의 변동은 그 동산을 인도하여야 효력이 생[긴다.]

물건
Property

적을 알고 나를 알면 백번 싸워도 위태로울 것 없으나,
나를 알고 적을 모르면 승과 패를 각각 주고 받을 것이며,
적을 모르는 상황에서 나조차도 모르면 싸움에서 반드시 패배한다. - 손자

개념

물건

물건(property): 다음 두 개념을 통칭

1. 유체물; 그리고
2. 관리 가능한 자연력

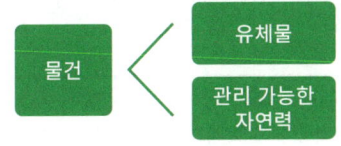

> 민법 제98조(물건의 정의) 본법에서 물건이[란] **유체물** 및 전기 기타 **관리할 수 있는 자연력**을 말한다.

유체물

다음은 모두 "유체물(corporeal)"이다. 따라서 물건이다.

1. X주택
2. Y자동차
3. Z바이올린
4. W토지

관리 가능한 자연력

다음은 유체물은 이니다. 그러나 "관리 가능한 자연력(natural force)"은 될 수 있다. 따라서 물건이다.

1. 전기
2. 가스
3. 농력

부동산

개념

부동산(immovable property; real property; real estate)은 말 그대로 움직이지 않는 재산이다. 법적으로는, 다음 두 가지를 말한다.

제4강 물권법 기초   489

1. 토지
2. 토지의 정착물(대표적으로, 건물)

<u>**민법 제99조(부동산, 동산)** ① **토지** 및 그 **정착물**은 부동산이다.</u>

토지

땅(토지)은 이동할 수 없으므로 부동산이다.

예: "부산 해운대구 우리동 388-2 대 410.5m²"

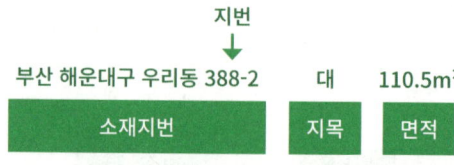

<u>**공간정보관리법 제2조(정의)** 이 법에서 사용하는 용어의 뜻은 다음과 같다.
  20. "**토지의 표시**"란 지적공부에 토지의 **소재**·**지번**(地番)·**지목**(地目)·**면적**…[을] 등록한 것을 말한다[예: 부산 해운대구 우리동 388-2 대 410.5m²].
  22. "지번"이란 필지에 부여하여 지적공부에 등록한 번호를 말한다[예: 388-2].
  24. "지목"이란 토지의 주된 용도에 따라 토지의 종류를 구분하여 지적공부에 등록한 것을 말한다[예: 대].
  27. "면적"이란 지적공부에 등록한 필지의 수평면상 넓이를 말한다[예: 410.5m²].</u>

<u>**공간정보관리법 시행령 제56조(지번의 구성 및 부여방법 등)** ① 지번(地番)은 아라비아 숫자로 표기하되[예: 388], 임야대장 및 임야도에 등록하는 토지의 지번은 숫자 앞에 "산"자를 붙인다.
② 지번은 본번(本番)[예: 388]과 부번(副番)[예: 2]으로 구성하되, 본번과 부번 사이에 "-" 표시로 연결한다[예: 388-2]. 이 경우 "-" 표시는 "의"라고 읽는다[예: 388의 2].</u>

<u>**공간정보관리법 제67조(지목의 종류)** ① 지목은 전·답·과수원·목장용지·임야·광천지·염전·**대(垈)**·공장용지·학교용지·주차장·주유소용지·창고용지·도로·철도용지·제방(堤防)·하천·구거(溝渠)·유지(溜池)·양어장·수도용지·공원·체육용지·유원지·종교용지·사적지·묘지·잡종지로 구분하여 정한다.</u>

<u>**공간정보관리법 시행령 제58조(지목의 구분)** 법 제67조 제1항에 따른 지목의 구분은 다음 각호의 기준에 따른다.
  8. **대**
    가. 영구적 건축물 중 **주거**·**사무실**·**점포**와 박물관·극장·미술관 등 문화시설과 이에 접속된 … 부속시설물<u>의 부지</u></u>

<u>**재판서 양식에 관한 예규 제10조(주소 등의 표시)** ① 특별시, 광역시, 도는 "서울", "부산", "경기", "강원" 등으로 표시하고, 시는 도 표시를 하지 아니한다.
② 읍, 면에는 소속 시, 군을 기재한다.
③ 번지에는 "번지"를 생략하고, 가지번호는 " - (하이폰)"로 표시한다.</u>

토지의 정착물(건물 등)

토지의 정착물이란, 토지에 고정된 물건이다. 이동할 수 없으므로, 부동산이다. 앞서 본 토지 지상에 있는 3층짜리 P건물은 건물로서 정착물이고, 부동산이다.

건물 주소 표기와 특정

1. 건물 주소 표기: 도로명주소 방식에 따른다.

예: "부산 해운대구 돼지로7길 2-3(우리동)"

부산 해운대구	돼지로7길	2-3	(해당 없음)	(우리동)
지역	도로명	건물번호	상세주소	참고항목

도로명주소법 제2조(정의) 이 법에서 사용하는 용어의 뜻은 다음과 같다.

7. "도로명주소"란 **도로명, 건물번호** 및 상세주소(상세주소가 있는 경우만 해당한다)로 표기하는 주소를 말한다.

도로명주소법 시행령 제6조(도로명주소의 구성 및 표기 방법) ① 도로명주소는 다음 각호의 사항을 같은 호의 순서에 따라 구성 및 표기한다.

1. 특별시·광역시…(이하 "시·도"라 한다)의 이름[예: 부산]
2. 시…·군·구의 이름[예: 해운대구]
3. 행정구(자치구가 아닌 구를 말한다)·읍·면의 이름[예: (해당 없음)]
4. 도로명[예: 돼지로7길]
5. 건물번호[예: 2-3]
7. 참고항목: 도로명주소의 끝부분에 괄호를 하고 그 괄호 안에 다음 각 목의 구분에 따른 사항을 표기할 수 있다.
    가. … 동(洞) 지역에 있는 건물등으로서 공동주택이 아닌 건물등: 법정동(法定洞)의 이름[예: 우리동]

도로명주소법 시행규칙 제21조(건물번호 및 상세주소의 표기 방법) ① 건물번호는 숫자로 표기하며[예: 2-3], 건물등이 지하에 있는 경우에는 건물번호 앞에 '지하'를 붙여서 표기한다.

② 건물번호는 '번'으로 읽되, 필요하면 가지번호를 붙일 수 있고, 주된 번호와 가지번호 사이는 '-' 표시로 연결한다. 가지번호를 붙이면 '-' 표시는 '의'로 읽고, 가지번호 뒤에 '번'을 붙여 읽는다.

도로명주소는 건물에 부여하는 개념이다. 토지에는 도로명주소가 없다. 토지는 여전히 지번에 따른 주소, 즉 지번주소로 표시한다. 그 이유는, 꼭 토지 1개(= 1필지) 지상마다 건물 1개로 대응되지 않기 때문이다. 또, 토지 중에는 도로명주소로는 표시할 수 없는 것(예: 길이 연결되지 않은 토지)도 있기 때문이다.

2. 건물 특정: 향후 집행이나 등기할 때 범위를 두고 분쟁이 생기지 않도록, 명확하고 구체적으로 특정해야 한다.

예: "부산 해운대구 우리동 388-2 지상 철근콘크리트조 슬래브지붕 3층 근린생활시설 1층 160.2m², 2층 130.8m², 3층 120.1m²"

부산 해운대구 우리동 388-2	지상	철근콘크리트조 슬래브지붕 3층 근린생활시설 1층 160.2m², 2층 130.8m², 3층 120.1m²
소재지번	지상/지하	건물내역

부동산등기법 제40조(등기사항) ① 등기관은 건물 등기기록의 표제부에 다음 각호의 사항을 기록하여야 한다.
   3. 소재[예: 부산 해운대구 우리동], 지번[예: 388-2] 및 건물번호. 다만, 같은 지번 위에 1개의 건물만 있는 경우에는 건물번호는 기록하지 아니한다.
   4. 건물의 종류[예: 근린생활시설], 구조[예: 철근콘크리트조 슬래브지붕 3층]와 면적[예: 1층 160.2m², 2층 130.8m², 3층 120.1m²]. 부속건물이 있는 경우에는 부속건물의 종류, 구조와 면적도 함께 기록한다.

3. 도로명주소를 함께 표시하면서 특정할 수도 있다.

예: "부산 해운대구 우리동 388-2(돼지로7길 2-3) 지상 철근콘크리트조 슬래브지붕 3층 근린생활시설 1층 160.2m², 2층 130.8m², 3층 120.1m²".

건물과 토지 관계

1. 완공된 건물은 그 토지와 별개의 부동산이다. 즉, 하나의 토지 위에 하나의 건물이 있다면? 부동산의 개수는 토지 1개, 건물 1개, 즉 총 2개다.

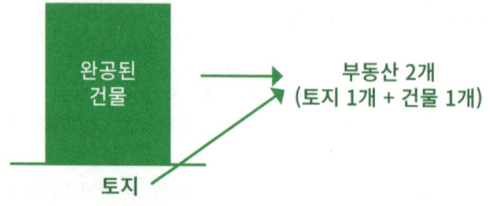

61다1103: [민법은] 건물과 토지를 분리하여 독립된 하나의 부동산으로서 인정[한다.]

2. 다만, 아직 외벽이나 지붕을 만들지 못한 공사 중인 건물이라면 아직은 하나의 독립한 건물이라 할 수 없다. 즉, 법적으로는 아직 건물은 토지 일부분(부합물)일 뿐이다. 이때 부동산의 개수는 토지 1개, 건물 0개, 즉 총 1개다.

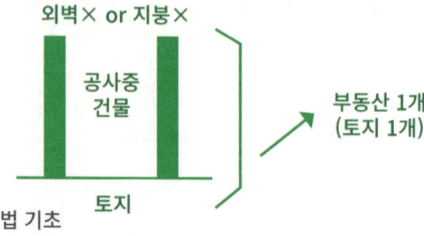

지상물은 토지에 속한다(***Superficies solo cedit***; Anything that is attached to the land becomes part of the land).

2002다21592: 독립된 부동산으로서의 건물이라고 하기 위하여는 최소한의 기둥과 지붕 그리고 주벽이 이루어지면 된다.

2007마98: 건물의 신축공사를 도급받은 수급인이 사회통념상 **독립한 건물이라고 볼 수 없는 정착물**을 토지에 설치한 상태에서 공사가 중단[됐다. 이 경우] 위 정착물은 **토지의 부합물에 불과**하[다.]

건물 내부가 기둥, 지붕, 둘레 벽으로 둘러싸여야 그때 독립한 건물이 된다.

2004다67691: 건축허가를 받아 건축공사를 진행하던 중에 건축주의 사정으로 공사가 중단되었[다.] 그와 같이 중단될 당시까지 이미 일부 층의 **기둥과 지붕 그리고 둘레 벽이 완성**되[었다. 그 결과] 그 구조물을 **토지의 부합물로 볼 수 없는 상태**에 이르렀[다.]

집합건물

집합건물(구분소유) 제도

1. 원칙적으로, 건물 1개는 1개의 부동산(물건)이다.

301	302	303
201	202	203
101	102	103

예: 위 P건물이 101호, 102호, 103호, 201호, 202호, 203호, 301호, 302호, 303호로 총 9개 호실로 나뉘어 있다고 하더라도, 어디까지나 P건물 전체가 1개의 부동산(물건)이다.

2. 예외적으로, 건물 1개가 여러 개의 부동산(물건)이 될 수 있다. 1개의 건물을 여러 개의 부동산으로 나누는 것을 구분(sectioning)이라 한다. 구분 후 각 부분은 각각 별개의 부동산(물건)이 된다.

301	302	303
201	202	203
101	102	103

예: 위 P건물을 (i) 101호, (ii) 102호, (iii) 103호, (iv) 201~202호, (v) 203호, (vi) 301~303호로 총 6개로 "구분"할 경우, 각 부분이 하나씩 부동산이 된다. 즉, 6개의 부동산(물건)으로 된다.

집합건물도 도로명주소를 사용해 표시할 수 있다.

예: "부산 해운대구 돼지로7길 2-3, 1동 103호(우리동, 누법빌딩)"

부산 해운대구	돼지로7길	2-3	,	1동 103호	(우리동, 누법빌딩)
지역	도로명	건물번호		상세주소	참고항목

도로명주소법 제2조(정의) 이 법에서 사용하는 용어의 뜻은 다음과 같다.
   6. "**상세주소**"란 건물등 ... **동(棟)번호, 층수 또는 호(號)수**를 말한다[예: 1동 103호].

도로명주소법 시행령 제6조(도로명주소의 구성 및 표기 방법) ① 도로명주소는 다음 각호의 사항을 같은 호의 순서에 따라 구성 및 표기한다.
   6. 상세주소(상세주소가 있는 경우에만 표기한다)[예: 1동 103호].
   7. 참고항목: 도로명주소의 끝부분에 괄호를 하고 그 괄호 안에 다음 각 목의 구분에 따른 사항을 표기할 수 있다.
      가. ... 동 지역에 있는 공동주택: 법정동의 이름과 건축물대장에 적혀 있는 공동주택의 이름. 이 경우 법정동의 이름과 공동주택의 이름 사이에는 쉼표를 넣어 표기한다[예: (우리동, 누법빌딩)].

도로명주소법 시행규칙 제25조(상세주소 부여·변경의 세부기준) ④ 상세주소를 부여·변경하거나 표기하는 경우 다음 각호의 구분에 따라 그 일부를 생략할 수 있다.
   2. 호수에 층수의 의미가 포함된 경우: 층수[예: 1동 1층 103호 → 1동 103호]

도로명주소법 시행규칙 제21조(건물번호 및 상세주소의 표기 방법) ④ 제25조 제4항에 따라 상세주소에서 층수를 생략하는 경우에는 '동', '호'의 표기를 생략하고 동번호와 호수 사이를 '-'로 연결하여 표기할 수 있다[예: 1-103]. 이 경우 '-'를 읽지 않고 '동'과 '호'가 표기된 것으로 보고 읽는다.
⑤ 건물번호와 상세주소를 구분하기 위하여 건물번호와 상세주소 사이에 쉼표를 넣어 표기한다[예: ... 2-3, 1동 103호].

위와 같은 규칙을 암기할 필요는 없다. 개념을 이해하고 익숙해질 필요는 있다.

관련 개념

1. 집합건물(condominium building): 여러 개의 부동산으로 나뉜 전체 건물(예: P건물)
2. 구분소유건물(sectional building): 나뉜 각 건물(예: 103호)

집합건물법 제1조(건물의 구분소유) 1동의 건물[집합건물(P건물)] 중 **구조상 구분**된 여러 개의 부분이 **독립한 건물**로서 사용될 수 있을 때에는 그 각 부분[구분소유건물(예: 103호)]은 이 법에서 정하는 바에 따라 각각 소유권의 목적으로 할 수 있다.

2017다204247: 집합건물은 건물 내부를 (구조상·이용상 독립성을 갖춘) 여러 개의 부분으로 구분하여 독립된 소유권의 객체로 하는 것일 뿐[이다. 즉,] 1동의 건물 자체는 일체로서 건축되어 전체 건물이 존립과 유지[를 할 때] 불가분의 일체를 이[룬다.]

3. **구분소유자(sectional owner):** 각 건물 소유자(예: 103호 소유자)

> **집합건물법 제2조(정의)** 이 법에서 사용하는 용어의 뜻은 다음과 같다.
> 2. "구분소유자"란 구분소유권을 가지는 자[예: 103호 소유자]를 말한다.

4. **구분소유권(sectional ownership; strata title):** 구분소유자의 구분소유 건물에 대한 독점적 소유권(예: 103호에 대한 독점적 소유권)

> **집합건물법 제2조(정의)** 이 법에서 사용하는 용어의 뜻은 다음과 같다.
> 1. "구분소유권"이란 제1조...에 규정된 건물부분[...공용부분(共用部分)으로 된 것은 제외한다]을 목적으로 하는 소유권[예: 103호 독점적 소유권]을 말한다.

5. **전유부분(section for exclusive use):** 구분소유자가 독점적으로 소유하는 구분소유건물(예: 103호 중 독점적 소유를 할 수 있는 부분)

> **집합건물법 제2조(정의)** 이 법에서 사용하는 용어의 뜻은 다음과 같다.
> 3. "전유부분(專有部分)이란 구분소유권의 목적인 건물부분[예: 103호 중 독점적 소유가 가능한 부분]을 말한다.

6. **공용부분(section for common use):** 전유부분 아닌 부분(예: 복도, 계단, 엘리베이터, 전기 배관, 소방설비)

공용부분 면적 = 집합건물 전체 면적 - Σ전유부분 면적

> **집합건물법 제2조(정의)** 이 법에서 사용하는 용어의 뜻은 다음과 같다.
> 4. "공용부분"이란 전유부분 외의 건물부분, 전유부분에 속하지 아니하는 건물의 부속물 및 ... 공용부분으로 된 부속의 건물[예: 복도, 계단, 엘리베이터, 전기 배관, 소방설비]을 말한다.

94다50234: 집합건물[에서] 건물의 안전이나 외관을 유지하기 위하여 필요한 지주, 지붕, 외벽, 기초공작물 등은 [어떤가?] 구조상 구분소유자...의 공용에 제공되는 부분으로서 구분소유권의 목적이 되지 않는[다.]

2006다56565: 집합건물의 어느 부분이 전유부분인지 공용부분인지의 여부는 구분소유가 성립한 시점...을 기준으로 판단하여야 [한다.] 그 후의 건물 개조나 이용상황의 변화 등은 전유부분인지 공용부분인지 여부에 영향을 미칠 수 없[다.] 집합건물의 **어느 부분이 구분소유자의 ... 공용**에 제공되는지의 여부는 소유자들 간에 특단의 합의가 없는 한 그 건물의 구조에 따른 **객관적인 용도에 의하여 결정**되어야 한[다.]

7. **건물 대지(site for building):** 집합건물이 서 있는 땅(예: 부산 해운대구 우리동 388-2 대 410.5m²)

> **집합건물법 제2조(정의)** 이 법에서 사용하는 용어의 뜻은 다음과 같다.
> 5. "건물의 대지"란 전유부분이 속하는 1동의 건물이 있는 토지[예: 부산 해운대구 우리동 388-2 대 410.5m²]...를 말한다.

8. 대지사용권(right to use site): 구분"소유"를 위한 대지"사용"권한(예: 41050분의 4561만큼 소유권대지권).

대지사용권에는 (i) 대지 소유권("소유권대지권"), (ii) 대지 임차권("임차권대지권"), (iii) 대지 전세권("전세권대지권"), (iv) 대지 지상권("지상권대지권")이 있다. 전세권, 지상권 개념은 차차 배우자.

집합건물법 제2조(정의) 이 법에서 사용하는 용어의 뜻은 다음과 같다.
　6. "대지사용권"이란 구분소유자가 **전유부분을 소유하기 위하여** 건물의 대지에 대하여 가지는 권리[예: 41050분의 4561만큼 소유권대지권]를 말한다.

집합건물법 제20조(전유부분과 대지사용권의 일체성) ① 구분소유자의 대지사용권은 그가 가지는 전유부분의 처분에 따른다.
② 구분소유자는 그가 가지는 **전유부분과 분리하여 대지사용권을 처분할 수 없다.** ...

98다45652전합: [집합건물법 제20조]의 취지는 집합건물의 전유부분과 대지사용권이 분리되는 것을 최대한 억제하여 대지사용권 없는 구분소유권의 발생을 방지[하는 데 있다. 이]로써 집합건물에 관한 법률관계의 안정과 합리적 규율을 도모하려는 [취지다.]

부동산등기법 제61조(구분건물의 등기기록에 대지권등기가 [된] 경우) ① 대지권을 등기한 후에 한 **건물의 권리에 관한 등기는 대지권에 대하여 동일한 등기로서 효력**이 있다. ...
③ 대지권이 등기된 구분건물의 등기기록에는 건물만에 관한 소유권이전등기 또는 저당권설정등기...를 할 수 없다.

등기사항전부증명서(말소사항 포함)
- 집합건물 -

등기고유번호 9876-2018-998889

[집합건물] 부산광역시 해운대구 우리동 388-2 누법빌딩 제1층 제103호

【 표　제　부 】		(1동의 건물의 표시)		
표시번호	접　수	소재지번, 건물명칭 및 번호	건 물 내 역	등기원인 및 기타사항
1	2018년8월16일	부산광역시 해운대구 우리동 388-2 누법빌딩 [도로명주소] 부산광역시 해운대구 돼지로7길 2-3	철근콘크리트조 슬래브지붕 3층 근린생활시설 1층 160.2㎡ 2층 130.8㎡ 3층 120.1㎡	도면편철장 제3책 제8면
(대지권의 목적인 토지의 표시)				
표시번호	소　재　지　번		지　목　　　면　　적	등기원인 및 기타사항
1	1. 부산광역시 해운대구 우리동 388-2		대　　　　　410.5㎡	2018년8월16일
(전유부분의 건물의 표시)				
표시번호	접　수	건물번호	건 물 내 역	등기원인 및 기타사항
1	2018년8월16일	제1층 제103호	철근콘크리트조 51.1㎡	도면편철장 제3책 제8면
(대지권의 표시)				
표시번호	대지권종류		대지권비율	등기원인 및 기타사항
1	1 소유권대지권		41050분의 4561	2018년8월8일 대지권 2018년8월16일

【 갑　　구 】			(소유권에 관한 사항)		
순위번호	등 기 목 적	접　수	등 기 원 인	권 리 자 　및　 기 타 사 항	
1	소유권보존	2018년8월16일 제6116호		소유자 주식회사일등건설 110111-8012345 서울특별시 서초구 캐로로 5(서초동)	
2	소유권이전	2023년1월23일 제112호	2023년1월22일 매매	소유자 나백삼 721120-******* 부산광역시 돼지로3길 1(우리동)	

【 을　　구 】			(소유권 이외의 권리에 관한 사항)	
순위번호	등 기 목 적	접　수	등 기 원 인	권 리 자 　및　 기 타 사 항
		기록사항 없음		

집합건물(구분건물) 성립요건

언제 일반건물이 집합건물로 되는가? 즉, 구분이 되려면 어떤 요건이 필요한가?

2017다286485: 1동의 건물에 대하여 구분소유가 성립하기 위해서는 … 구분된 건물부분이 **구조상·이용상 독립성**을 갖추어야 [한다. 그뿐만 아니라,] 1동의 건물 중 물리적으로 구획된 건물부분을 각각 구분소유권의 객체로 하려는 **구분행위**가 있어야 한다.

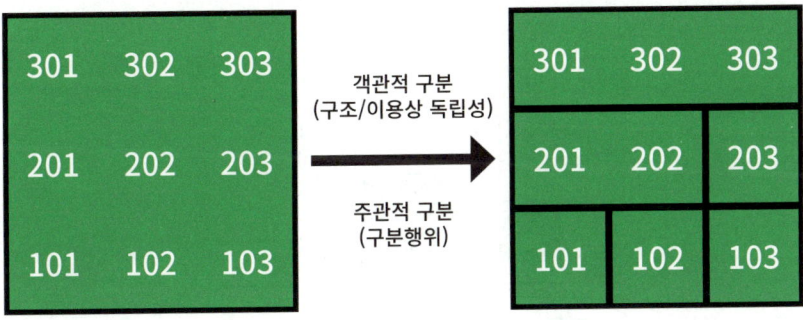

1. 객관적 구분(= 구조상, 이용상 독립성): "어떤 상태"를 요소로 하는 법률요건이다. 즉, 법률행위가 아니다.

   2017다225398: 여기서 이용상 독립성이란 구분소유권의 대상이 되는 해당 건물부분이 **그 자체만으로 독립하여 하나의 건물로서의 기능과 효용**을 갖춘 것을 말한다. 이와 같은 의미의 이용상 독립성이 인정되는지 여부는 해당 부분의 효용가치, 외부로 직접 통행할 수 있는지 여부 등을 고려하여 판단하여야 한다.

2. 주관적 구분(= 구분행위): "의사표시"를 요소로 하는 법률요건이다. 즉, 법률행위다. 이때 위 의사표시를 "**구분의사(표시)**"라 한다.

   2010다71578전합: 여기서 구분행위는 건물의 물리적 형질에 변경을 가함이 없이 법률관념상 건물의 특정 부분을 구분하여 별개의 소유권의 객체로 **하려는 일종의 법률행위**[다. 구분행위의] 시기나 방식에 특별한 제한이 있는 것은 아니[다. 단지] 처분권자의 구분의사가 객관적으로 외부에 표시되면 [구분행위는] 인정된다.

따라서 구분건물이 물리적으로 완성되기 전에도 건축허가신청이나 분양계약 등을 통하여 장래 신축되는 건물을 구분건물로 하겠다는 구분의사가 객관적으로 표시되면 구분행위의 존재를 인정할 수 있[다.]

동산

개념

동산(movable property; personal property; personal estate)은, 말 그대로 움직일 수 있는 재산이다. 법적으로는, 다음을 의미한다.

1. 물건 중에서,
2. 부동산이 아닌 나머지 모든 것들

> **민법 제99조(부동산, 동산)** ② 부동산 이외의 물건은 동산이다.

사례

1. Y자동차
2. Z바이올린
3. R노트북컴퓨터

물건의 체계

정리

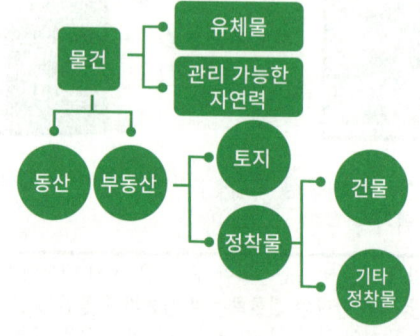

주의사항

1. 토지도 물건이고, 건물도 물건이고, 동산도 물건이다.

> **민법 제98조(물건의 정의)** 본법에서 물건이[란] **유체물** 및 전기 기타 관리할 수 있는 자연력을 말한다.

2. 민법상 용어가 그렇다는 취지다. 다른 법에서는 다르게 정의할 수도 있다.

민사집행법 제2편 강제집행
　제2장 금전채권에 기초한 강제집행
　　제4절 <u>동산</u>에 대한 강제집행
　　　제2관 <u>유체동산</u>에 대한 강제집행
　　　제3관 <u>채권</u>과 그 밖의 재산권에 대한 강제집행

물건의 첨부

첨부 개념

첨부(accretion)란,

1. 2개 이상 물건이 결합해서 1개 물건이 되거나,
2. 물건이 가공되어 새로운 물건이 생기는 경우를 뜻한다.

첨부 종류

1. 부합(attachment)
2. 혼화(mixture)
3. 가공(specification)

부합

개념

부합(attachment): 물건과 물건이 결합하여, 이제 분리하면 반드시 물건을 훼손하게 되는 경우

부합 종류

1. 강한 부합(absolute attachment): 물리적으로 분리할 수 없거나, 분리하면 경제적 가치가 거의 없게 되는 경우

결합한 물건이 다른 물선의 구성 부분이 된다. 그 결과, 결합한 물건은 이제 거래상 독립한 물건이 되지 않는다.

2. 약한 부합(relative attachment): 물리적으로 분리를 할 수는 있고, 분리해도 경제적 가치가 조금은 있는 경우

결합한 물건도 거래상 독립한 물건이 될 수는 있다.

부합 여부를 일률적으로 말할 수는 없다. 사안별로 개별적으로 판단해야 한다. 아래 사안들 역시 하나의 사례(example)에 불과하다.

> 2006다39270: 분리하[였을 때] ... 경제적 가치의 판단은 부속시킨 물건에 대한 일반 사회통념상의 경제적 효용의 독립성 유무를 그 기준으로 하여야 한다.

부동산에의 약한 부합 사례

상가건물(부동산)에 유리 출입문, 창틀(sash)이 결합했다고 하자. 부동산에 약한 부합이 된 사례다.

> 95다12927: 위 유리 출입문과 새시의 설치상태, 용도, 이 사건 점포가 있는 위 상가건물의 구조, 주변환경 등에 비추어 [보자.]

> 위 유리 출입문과 새시는 이 사건 점포의 사용에 객관적인 편익을 가져오게 하는 물건[이긴 하다. 즉, 부합 사안이다.]

> [그렇지만,] 이 사건 점포의 구성 부분이 되었다고 보이지는 아니[한다. 즉, 약한 부합 사안이다.]

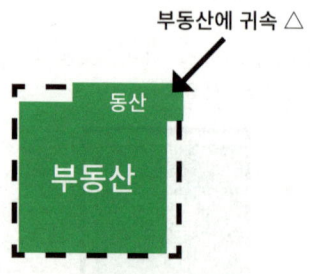

1. 원칙적으로, "부합"이 이루어진다. 즉, 법적으로 이제 전체를 1개의 부동산으로 취급한다. 부합된 물건 소유권은 이제 부동산 소유자에게 귀속한다.

예를 들어, 무단으로 상가건물에 유리 출입문과 창틀을 설치했다면? 부합 결과, 결합한 물건은 상가건물과 일체가 되어 상가건물 소유자에게 귀속한다.

> 민법 제256조(부동산에의 부합) 부동산의 소유자는 그 부동산에 부합한 물건의 소유권을 취득한다. ...

2. 예외적으로, 만약 물건 소유자가 권원을 가지고 결합했다면, "부합"이 이루어지지 않는다. 즉, 결합한 물건과 부동산은 법적으로 별개의 부동산으로 취급한다. 결합한 물건 소유권은 여전히 원래 소유자에게 남아 있다.

예를 들어, 적법한 임차인이 상가건물에 유리 출입문과 창틀을 설치했다면? 부합이 이루어지지 않는다. 부속물은 여전히 임차인 소유다.

> **민법 제256조(부동산에의 부합)** ... 그러나 타인의 권원에 의하여 부속된 것은 그러하지 아니하다.

> **2015다69907**: 위 조항 단서에서 말하는 '권원'이[란] 지상권, 전세권, **임차권** 등과 같이 타인의 부동산에 자기의 동산을 부속[하여] 부동산을 이용할 수 있는 권리를 뜻[한다.]

> **2009다76546**: 갑이 임차권에 기초하여 유류저장조를 매설[했다. 이 경우] 위 유류저장조는 민법 제256조 단서에 의하여 설치자인 갑의 소유에 속한[다.]

부동산에의 강한 부합 사례

아파트(부동산)의 가스공급시설은 부동산에 강한 부합이 된 사례다.

> **2006다39270**: 이 사건 가스공급시설은 이 사건 아파트에 설치되었을 때 그 대지와 일체를 이루는 구성 부분으로 부합[되었다. 즉, 강한 부합 사안이다. 이로써 그 대지에 대한 지분권을 양수한 이 사건 아파트 ...소유자들의 소유로 되었다.

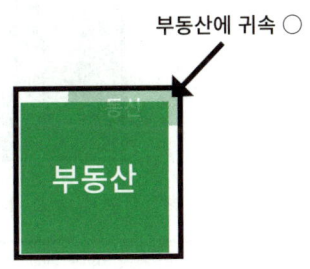

1. "부합"이 이루어진다. 법적으로 이제 전체를 1개의 부동산으로 취급한다. 부합된 물건 소유권은 이제 부동산 소유자에게 귀속한다.
2. 결합 시 권원이 있었는지는 상관없다.

즉, 강한 부합에는 민법 제256조 단서를 적용하지 않는다.

> **2006다39270**: 부합물에 관한 소유권 귀속의 예외를 규정한 민법 제256조 단서의 규정은 타인이 그 권원에 의하여 부속시킨 물건이라 할지라도 그 부속된 물건이 분리하여 경제적 가치가 있는 경우[즉, 약한 부합]에 한하여 부속시킨 타인의 권리에 영향이 없다는 취지[다.]

> [만약] 분리하여도 경제적 가치가 없는 경우[즉, 강한 부합 경우]에는 [민법 제256조 단서가 있더라도] 원래의 부동산 소유자의 소유에 귀속되는 것이[다.]

부동산 + 동산		강한 부합	약한 부합	별개 물건
권원 ○	물건 수	1개	2개	2개
	소유권귀속	부동산 소유자	각자	각자
권원 ×	물건 수	1개	1개	2개
	소유권	부동산 소유자	부동산 소유자	각자

동산과 동산의 부합 사례

선박(동산)에 화물 펌프(동산)가 장착되었다. 동산 간 부합 사례다. 동산끼리는 약한 부합이든 강한 부합이든, 결합한 동산 간 "부합"이 이루어진다. 법적으로 이제 전체를 1개의 동산으로 취급한다.

> 2012다19659: 일흥조선이 이 사건 각 선박에 장착하기 위하여 노르웨이의 '프라모 시스템'으로부터 수입한 [화물] 펌프 4기…는 이 사건 각 선박에 장착[되었다. 이]로써 이 사건 각 선[박] 일부가 되어 훼손하지 않으면 분리할 수 없게 되었[다. 그리]므로 … 민법 제257조의 규정에 따른 부합[에 해당한다.]

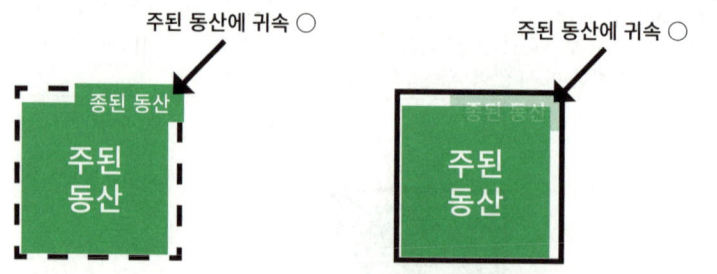

1. 원칙적으로, 이제 합성물 소유권은 주된 동산 소유자에게 귀속한다.

> 민법 제257조(동산간의 부합) 동산과 동산이 부합하여 훼손하지 아니하면 분리할 수 없거나 그 분리에 과다한 비용을 요할 경우에는 그 합성물의 소유권은 주된 동산의 소유자에게 속한다. …

결합한 화물 펌프는 선박과 일체가 되어 선박 소유자에 귀속한다.

2. 다만, 만약 주종을 구별할 수 없다면, 합성물을 공유한다.

> 민법 제257조(동산간의 부합) … 부합한 동산의 주종을 구별할 수 없는 때에는 동산의 소유자는 부합당시의 가액의 비율로 합성물을 공유한다.

동산 + 동산		강한 부합	약한 부합	별개 물건
주종 ○	물건 수	1개	1개	2개
	소유권귀속	주된 동산 소유자	주된 동산 소유자	각자
주종 ×	물건 수	1개	1개	2개
	소유권	공유	공유	각자

혼화와 가공

혼화

혼화(mixture): 쉽게 말해, 물건들이 구별할 수 없을 정도로 섞인 것

> 민법 제258조(혼화) 전조[동산 간의 부합]의 규정은 동산과 동산이 혼화하여 식별할 수 없는 경우에 준용한다.

가공

가공(specification): 다른 사람 동산에 노력을 가해 새 물건을 만들어 내는 것

> 민법 제259조(가공) ① 타인의 동산에 가공한 때에는 그 물건의 소유권은 원재료의 소유자에게 속한다. 그러나 가공으로 인한 가액의 증가가 원재료의 가액보다 현저히 다액인 때에는 가공자의 소유로 한다.
> ② 가공자가 재[료] 일부를 제공하였을 때에는 그 가액은 전항의 증가액에 가산한다.

이런 조문이 있다는 정도만 기억해도 충분하다.

첨부 제도에 대한 분석

첨부 제도 취지

1. 물건이 첨부된 경우 원상으로 회복하는 것은 지나치게 비효율적이다.
2. 그래서 첨부 상태를 보고, 그에 따라 소유권을 정하도록 한 취지다.

소유권을 잃은 자의 구제

1. 첨부 때문에 소유권을 잃은 자(손실자)는,
2. 소유권을 얻은 자(이득자)를 상대로,
3. 보상을 청구(구상)할 수 있다.

> 민법 제261조(첨부로 인한 구상권) 전 5조[부동산에의 부합, 동산 간 부합 등]의 경우에 손해를 받은 자는 부당이득에 관한 규정[제741조]에 의하여 보상을 청구할 수 있다.

> 민법 제741조(부당이득의 내용) 법률상 원인 없이 타인의 재산 또는 노무로 인하여 이익을 얻고 이로 인하여 타인에게 손해를 가한 자는 그 이익을 반환하여야 한다.

무조건 구상할 수 있지는 않다. 부당이득 요건을 모두 갖추어야 할 수 있다.

> 2017다282391: 이러한 보상청구가 인정되기 위해서는 민법 제261조 자체의 요건[만 갖추면 되나? 그렇지 않다. 위 요건]뿐만 아니라, 부당이득 법리에 따른 판단에 의하여 부당이득의 요건이 모두 충족되었다고 인정되어야 한다.

주물과 종물

개념

1. 주가 되는 물건을 주물(principal)이라고 한다.
2. 주물에 종속된 물건을 종물(accessory)이라고 한다.

앞서 부합 제도에서 언급한 "주된 동산", "종된 동산"과는 별개의 구분이다.

주물과 종물 관계
1. 주물과 종물은 "별개 물건" 사이 관계다. 각각 "독립한" 2개 물건이다.
2. 그러나 종물이 없다면 주물은 제 "기능"을 다할 수 없다.

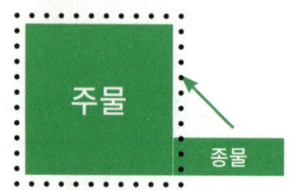

사례
음료수병을 주물이라고 했을 때, 병뚜껑은 종물이 된다.
1. 여기서 병뚜껑과 음료수병은 각자 독립한 물건이다.
2. 그러나 병뚜껑이 없다면 음료수병은 음료를 보관하는 의미가 없다.

이런 의미에서 병뚜껑은 음료수병의 부속품으로 종물이다.

종물의 요건

> **민법 제100조(주물, 종물)** ① 물건의 소유자가 그 물건의 **상용에 공하기 위하여** 자기소유인 **다른 물건**을 이에 **부속**하게 한 때에는 그 부속물은 종물이다.

1. 그 물건의 정상적인 사용(ordinary use)에 이바지하기 위하여: 계속해서 주물의 효용에 도움을 주는 물건이어야 한다.

   > **97다3750**: 주물의 상용에 이바지한다[란 무슨 뜻인가?] **주물 그 자체의 경제적 효용을 다하게 하는 것**을 말하는 것[이다. 즉,] 주물의 소유자나 이용자의 상용에 공여되고 있더라도 주물 그 자체의 효용과 직접 관계가 없는 물건은 종물이 아니[다.]

   신, 구폐수처리시설이 그 기능면에서는 전체적으로 결합하여 유기적으로 작용함으로써 하나의 폐수처리장을 형성하고 있[다. 그렇]지만, 신폐수처리시설이 구폐수처리시설 그 자체의 경제적 효용을 다하게 하는 시설이라고 할 수 없[다. 그러]므로 종물이 아니[다.]

2. 자기 소유인: 원칙적으로 주물과 종물이 같은 사람 소유여야 한다.

   > **2007다36933**: 종물은 물건의 **소유자가 그 물건의** 상용에 공하기 위하여 자기 소유인 다른 물건을 이에 부속하게 한 것을 말[한다](민법 제100조 제1항). [그러므로] 주물과 다른 사람의 소유에 속하는 물건은 종물이 될 수 없다.

3. 다른 물건: 종물은 주물로부터 독립한 물건이어야 한다. 즉, 부합된 경우는 종물이 아니다.

   > **93다42399**: 이 사건 정화조가 ... 건물 화장실의 오수처리를 위하여 위 건물옆 지하에 바로 부속하여 설치되어 있[다. 사실관계상, 이 사건 정화조]는 독립된 물건으로서 **종물이라기보다는** 위 ... 건물의 **구성 부분**으로 보아야 [한다.]

4. 부속: 장소가 밀접한 관계에 있어야 한다.

> **92다43142**: 백화점 건물의 지하 2층 기계실에 설치[된] 전화교환설비[는] ... 위 건물의 상용에 제공된 종물이[다. 그 이유는 다음과 같다.]
>
> [이 사건에서 위 설비는] 건물의 원소유자가 설치한 부속시설이[다.] 위 건물은 당초부터 그러한 시설을 수용하는 구조로 건축되었[다.]
>
> [그리고] 위 시설들은 볼트와 전선 등으로 위 건물에 고정되어 각 층, 각 방실까지 이어지는 전선 등에 연결되어 있을 뿐이[다. 그래]서 과다한 비용을 들이지 않고도 분리할 수 있고, 분리하더라도 독립한 동산으로서 가치를 지니며, 그 자리에 다른 것으로 대체할 수 있는 것이[다.]
>
> 위 전화교환설비는 독립한 물건이기는 하[다. 그러나] 그 용도, **설치된 위치와 그 위치에 해당하는 건물의 용도**, 건물의 형태, 목적, 용도에 대한 관계를 종합하여 [봐야 한다. 위 설비는] 위 건물에 연결되거나 부착하는 방법으로 설치되어 위 건물인 10층 백화점의 효용과 기능을 다하기에 필요불가결한 시설들[이다.]

주물 처분 효과

종물은 주물 처분에 따른다.

> 종속된 것은 주된 것의 본성에 따르는 것이 합당하다(*Accessorium naturam sequi congruit principalis*; The accessory follows the nature of the principal).

1. 음료수병(주물)을 처분하면,
2. 병뚜껑(종물)도 같이 처분된다.

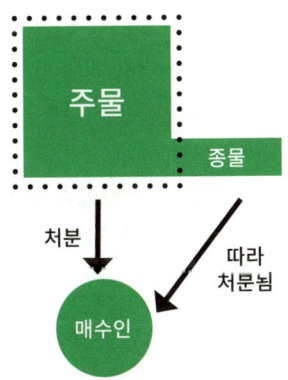

민법 제100조(주물, 종물) ② 종물은 주물의 처분에 따른다.

그러나 계약 당사자 사이에 특약으로 달리 정해도 된다.

> **2009다76546**: 종물은 주물의 처분에 수반된다는 민법 제100조 제2항은 임의규정이[다. 그리]므로, 당사자는 주물을 처분할 때에 특약으로 종물을 제외할 수 있고 종물만을 별도로 처분할 수도 있다.

물건 분류

물건의 객관적 성질에 따른 분류

1. 대체물(fungible property): 개성이 중요하지 않은 물건. 즉, 같은 종류, 같은 품질, 같은 수량의 다른 물건으로 바꾸어도 거래에 영향을 주지 않는다.

예: 쌀, 기름, 금전

2. 부대체물(non-fungible property): 개성이 중요한 물건. 즉, 같은 종류, 같은 품질, 같은 수량이라도 다른 물건과 바꿀 수 없다.

예: 강아지, 골동품, 토지

거래 당사자의 주관적 의사에 따른 분류

1. 특정물(specified property): 거래 당사자가 "이것으로 하겠다"고 특정한 물건

예: 이 강아지, 이 쌀, 이 자동차

2. 불특정물(unspecified property): 특정물이 아닌 물건

예: 강아지 10마리, 쌀 1가마, 자동차 300대

물건 가치

가치 개념

물건 가치(value)란, 그 물건을 소유하고 싶게끔 만드는 원천이다.

가치 종류

1. 사용가치(use value): 내가 어떤 물건을 직접 소비하거나 사용해서 효용을 얻을 수 있기 때문에 생기는 가치

목적으로서의 가치라고도 한다.

2. 교환가치(exchange value): 어떤 물건으로부터 직접 효용을 얻는다기보다, 사용가치가 있는 다른 물건과 교환할 수 있기에 생기는 가치

수단으로서의 가치라고도 한다.

사용가치와 교환가치 관계

물건은 사용가치와 교환가치를 동시에 가진다. 하지만 경제적인 맥락에 따라 어떤 물건은 사용가치의 비율이 높고, 어떤 물건은 교환가치의 비율이 높다.

1. 짜장면은 사용가치가 있다. 그러나 짜장면을 들고 가서 음료수, 책, 담배 등으로 교환해 달라고 하면 잘 안 해준다. 즉, 교환가치는 낮다.
2. 반대로 지폐는 그 자체로는 사용가치를 생각하기 어렵다. 그러나 교환가치는 크다. 지폐를 갖고 다니는 것은 효용을 누릴 물건으로 바꾸기 위한 것이지, 지폐 자체에서 효용을 누리려는 건 아니다.

물론, 상대적이다.

물권
Property Right

옛날, 제나라 사람으로 금을 탐낸 자가 있었다. 아침에 옷을 입고 시장에 갔다.
금장사 옆에 가, 대뜸 금을 훔쳐 달아나다가 포졸에게 붙잡혔다.
사람 많은데서 겁도 없이 무슨 짓이냐고 포졸이 묻자 도둑은 말하되,
"금이 탐나 사람은 안 보고 금만 보았소"라 하였다. - "열자"

물권 개념

물권
물권(property right): 물건에 대한 권리. 즉, 특정한 물건을 직접 지배해서 이익을 얻는 배타적인 권리

물권법
물권법(property law): 물권과 그 지배 관계를 정하는 법. 즉, 각종의 재화에 대한 사람의 지배 관계를 규율하는 법이다.

물권의 성질
물권은 직접성, 배타성, 절대성을 가진다. 이 점에서 채권과 다르다.

어떤 의미인지 곧 배운다.

물권법정주의

개념
법률에 규정이 있는 물권만 인정한다. 법률규정도 없이 물권을 인정할 수 없다. 이를 물권법정주의(numerus clausus of property rights)라 한다.

> 민법 제185조(물권의 종류) 물권은 법률 또는 관습법에 의하는 외에는 임의로 창설하지 못한다.

물권 임의창설 금지
법에 없는 물권을 당사자가 자유롭게 만들어 낼 수가 없다.

> 2017다211528: 소유자가 소유권의 핵심적 권능에 속하는 사용·수익의 권능을 대세적으로 포기하는 것은 특별한 사정이 없는 한 허용되지 않는다. 이를 허용하면 결국 처분권능만이 남는 새로운 유형의 소유권을 창출하는 것이어서 민법[에서] 정한 물권법정주의에 반하기 때문이다.

채권법(obligation law)에서 계약자유 원칙(freedom of contract)이 인정되는 것과 대조적이다.

물권 종류 한정
민법에서 정한 물권은 다음과 같다. 물권법정주의 때문에, "그 이외의 물권은 허용되지 않는다"는 한정적(limiting) 의미가 있다.

2016다24284전합: 물권에 관하여는 물권법정주의에 따라 법이 규정하는 바에 의하여 물권의 종류와 내용이 정해[진다.]

2022다273018: 물권법의 강행법규성에 따라 법률과 관습법이 인정하지 않는 새로운 종류나 내용의 물권을 창설하는 것은 허용되지 않는[다.]

1. 점유권(possessory right)
2. 소유권(ownership)
3. 지상권(superficies)
4. 지역권(servitude)
5. 전세권(*chonsegwon*; right to registered lease on deposit basis)

전세권은 우리 고유의 제도다.

6. 유치권(right of retention; lien)
7. 질권(pledge)
8. 저당권(mortgage)

채권과 비교

채권법이 규정하는 매매, 증여, 임대차 등은 계약의 예시(examples)일 뿐이다. 법에 규정이 없는 계약(비전형계약; 무명계약)도 당사자 의사 합치만 있으면 만들 수 있다.

2016다24284전합: 채권관계에서는 사적 자치와 계약자유의 원칙이 적용되어 계약당사자는 원칙적으로 합의에 따라 계약 내용을 자유롭게 결정할 수 있다.

직접성

개념

물권이 있으면 물건을 직접 지배한다. 이를 직접성이라 한다.

사례

물건 소유권자(물권자)는 타인의 행위 없이도 직접 바로 물건으로부터 이익을 얻는다. 즉, 물건을 직접 사용·수익할 수 있다.

> **2009다228**: 객체에 대한 전면적 지배권인 소유권을 핵심으로 하여 구축된 물권법의 체계[를 고려해야 한다.]

채권과 비교

물건의 수증자는 증여계약에 따라 목적물 소유권 이전을 내용으로 하는 채권을 가질 뿐이다. 수증자(채권자)는 증여자의 행위가 없으면 채권 내용을 실현할 수 없다. 이를 채권의 간접성이라 한다.

배타성

개념

하나의 물건에 어떤 사람의 지배가 성립하면, 다른 사람은 같은 물건에 관해 같은 지배를 할 수 없다. 이처럼 양립할 수 없다는 물권의 성질을 물권의 배타성이라 한다.

사례

1. 1개 물건 위에 2개 소유권이 성립할 수는 없다. 즉, A 소유이기도 하면서 동시에 B 소유일 수가 없다.

> **2009다105215**: 소유권은 물건을 배타적으로 지배하는 권리[다.]

61마675전합: [A의] 가등기후에 제3자[B]에게 소유권이전...등기가 된 [사안이다. 그 후] 가등기 권자[A]가 본등기를 취득한 경우에는 같은 부동산에 소유권자가 두사람[A, B] 경합되는 형식이 [된다.]

[그러나] 가등기후에 [이전등기를 마친 B]는 가등기권자[A]의 본등기 취득으로 등기순위와 **물권의 배타성에 [따라]** 실질적으로 등기의 효력을 상실[한다. 그러]므로 이 [같은] 경우에는 등기공무원은 부동산등기법...에 의하여 가등기후에 한 제3자[B]의 ...등기를 직권말소[한다. 이로써] 등기부상의 소유권자의 형식[상] 중복을 피할 수 있[다.]

부동산등기규칙 제147조(본등기와 직권말소) ① 등기관이 소유권이전등기청구권보전 가등기에 의하여 소유권이전의 본등기를 한 경우에는 ... 가등기 후 본등기 전에 마쳐진 등기...는 [원칙적으로] 모두 직권으로 말소한다.

	【 갑 구 】	(소유권에 관한 사항)		
순위번호	등 기 목 적	접 수	등 기 원 인	권 리 자 및 기 타 사 항
1	소유권이전	1984년3월2일 제1234호	1984년1월28일 재산상속	소유자 토지왕 641130-******* 서울특별시 성북구 고로 31(안암동)
2	소유권이전청구권가등기	2023년4월3일 제4321호	2023년3월31일 매매예약	가등기권자 가득남 750901-******* 서울특별시 강서구 호로 123(등촌동)
	소유권이전	2023년12월5일 제21098호	2023년12월4일 매매	소유자 가득남 750901-******* 서울특별시 강서구 호로 123(등촌동)
3	~~소유권이전~~	~~2023년5월2일 제6666호~~	~~2023년5월1일 매매~~	~~소유자 이중매 870606-******* 서울특별시 중구 해로 281(정동)~~
4	3번소유권이전등기말소			2번 가등기의 본등기로 인하여 2019년12월5일 등기

2. 1개 토지 위에 2개 지상권(남의 땅 위에 건물을 소유하기 위해 그 땅에 관해 갖는 물권)이 성립할 수도 없다.

2012다97871: 이 사건 [A]지상권[은 T시점에] 그 목적을 잃어 ... 소멸하였[다. 따라서] ... 이 사건 [B]지상권이 성립[할 때,] 이 사건 [A]지상권...[의 존재는] 방해가 되지 아니한[다. (**만약** 이 사건 A지상권이 계속 존속하고 있었다면, 이 사건 B지상권이 성립할 수 없었을 것이다.)]

하나의 고양이가 살아 있으면서 동시에 죽어 있을 수 없다.

일물일권주의

물권의 배타성에 따라, 일물일권주의(principle of a single property right per property) 원칙을 적용한다.

2000다39582: 일물일권주의(一物一權主義)의 원칙상, **물건의 일부분, 구성 부분에는 물권이 성립할 수 없[다.]** 구분...절차를 거치지 아니한 채 하나의 부동산 중 일부분만에 관하여 따로 소유권보존등기를 [마치는 것은 허용되지 않는다. 마찬가지로,] 하나의 부동산에 관하여 [마친] 소유권보존등기 중 일부분에 관한 등기만을 따로 말소하는 것은 허용되지 아니한다.

채권과 비교

1개 물건에 같은 내용의 매매계약들이 공존할 수 있다. 채권은 양립 가능하다.

하나의 고양이에 대해 살리려는 사람과 죽이려는 사람이 모두 있을 수 있다.

어떤 사람이 같은 물건을 A에게도 매도하고, B에게도 매도하는 것을 이중매매라 한다. 원칙적으로 두 매매계약 모두 유효하다. 즉,

1. 제1 매매도 유효하다.

> **92도1223:** 부동산의 이중매매에[서] 매도인의 선매수인에 대한 [제1] 매매계약이 특별한 사정에 의하여 선매수인에 대하여 사기죄를 구성하는 [사안이다. 이 경우]에도 [제1] 매매계약에 무효의 사유가 있거나 취소되지 않는 한 매도인의 선매수인에 대한 소유권이전의무가 존재하지 아니하거나 소멸할 리가 없다.

2. 제2 매매도 유효하다.

> **2013다52622:** 어떠한 부동산에 관하여 소유자가 양도의 원인이 되는 [제1] 매매...계약을 하여 일단 소유권 양도의 의무를 짐에도 다시 제3자에게 매도[(제2 매매계약)]하는 등으로 같은 부동산에 관하여 소유권 양도의 의무를 이중으로 부담[했다. 이 경우에도] ... 소유자의 그러한 제2의 소유권양도의무를 발생시키는 원인이 되는 매매...계약[(제2 매매계약)]이 ... 무효라고 할 것이 아[니다.]

주의사항

비록 물권에 배타성이 있다고 해도,

1. 저당권 경우, 1개 물건 위에 제1번 저당권, 제2번 저당권 식으로 순위(priority)를 달리해 2개 이상 저당권이 성립할 수 있다.

> **부동산등기법 제4조(권리의 순위)** ① 같은 부동산에 관하여 등기한 권리의 순위는 법률에 다른 규정이 없으면 등기한 순서에 따른다.

그러나 지상권 경우, 하나의 부동산에 순위를 달리하더라도 2개 이상의 지상권이 성립할 수 없다.

2. 1개 물건을, 누구는 몇 %, 누구는 몇 % 시분(portion)을 갖는 식으로 여럿이 함께 소유할 수도 있다. 바로 공유(co-ownership)다.

> **민법 제262조(물건의 공유)** ① 물건이 지분에 의하여 수인의 소유로 된 때에는 공유로 한다.

3. 1개 건물이라도, 구분 요건을 갖출 경우 집합건물이 되어 여럿이 구분소유할 수 있다.

> **집합건물법 제1조(건물의 구분소유)** 1동의 건물 중 **구조상 구분**된 여러 개의 부분이 **독립한 건물**로서 사용될 수 있을 때에는 그 각 부분은 이 법에서 정하는 바에 따라 각각 소유권의 목적으로 할 수 있다.

이런 것들은 같은 물건에 관해 각자 "다른 지배"를 해서 가능하다.

절대성(대세효)

개념

물권은 원래 특정한 상대방이라는 것이 없다. 누구에게나 그 물권을 주장할 수 있다. 그리고 그 효력은 절대적이다.

사례

R이 어떤 물건 소유권자라면, R은 그 소유권을 누구에게나 주장할 수 있다.

> **2009다105215:** 소유권은 물건을 배타적으로 지배하는 권리로서 **대세적 효력**이 있[다. 그러]므로, 그에 관한 법률관계는 이해관계인들이 이를 쉽사리 인식할 수 있도록 명확하게 정하여져야 한다.

1. R의 소유권은 누구로부터든 침해될 가능성이 있다.
2. 침해한 사람은 누구든지 R로부터 손해배상청구 등을 당하게 된다.

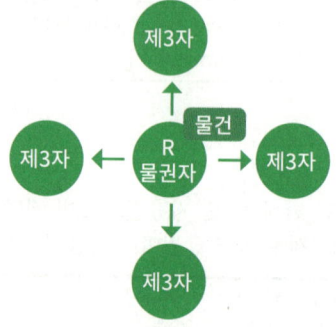

채권과 비교

C가 D에게 채권을 갖고 있다고 하자. 채권자 C는 채무자 D에 대해서만 채권을 주장할 수 있고, 제3자에 대해서는 채권을 주장할 수 없다.

1. 채무자 D가 채무를 이행하지 않으면 결과적으로 채권자 C의 채권이 침해되는 셈이다.
2. 원칙적으로, 채무자 D만 위 채권을 침해할 수 있다.

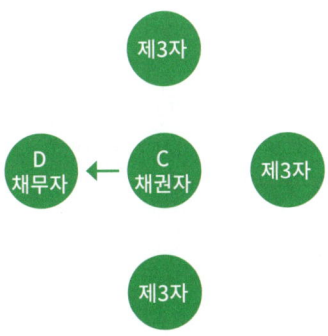

예외적으로, 제3자 X가 위 채권을 침해할 수도 있다.

2005다25021: 제3자[X]가 채무자[D]의 …재산을 감소시키는 행위를 함으로써 채권자[C]로 하여금 채권의 실행과 만족을 불가능 내지 곤란하게 한 경우 채권의 침해에 해당한다고 할 수는 있겠[다.]

[그러나] 그 제3자[X]의 행위가 채권자[C]에 대하여 불법행위를 구성한다고 하기 위하여는 단순히 채무자[D] 재산의 감소행위에 관여하였다는 것만으로는 부족하[다.]

물권 분류

완전물권

완전물권(complete real right): 사용가치(use value)와 교환가치(exchange value) 모두를 지배하는 권능을 가진 물권

결국 소유권을 의미한다.

제한물권

제한물권(restricted real right): 소유권 이외의 물권

1. 용익물권(usufruct): 사용가치(use value)를 지배하는 권능을 가진 물권

쉽게 말해, 사용하려고 갖는 물권이다. 지상권이 대표적이다. 토지에 관해 지상권을 가지면, 그 토지 지상에 건물을 세울 수 있다.

2. 담보물권(real right granted by way of security): 교환가치(exchange value)를 지배하는 권능을 가진 물권

쉽게 말해, 담보가 되는 물권이다. 저당권이 대표적이다. 부동산에 관해 저당권을 가지면, 돈을 못 받을 경우 부동산을 경매에 부칠 수 있다.

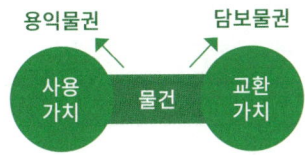

완전물권과 제한물권 관계

1. 제한물권은 사용가치 또는 교환가치가 제한된 상태의 물권이다.

제한을 받았다 해서, 제한물권(restricted real right)이라 부른다.

2. P 소유 물건에 Q의 제한물권(예: 지상권)이 있다면, P의 완전물권(소유권)은 Q의 제한물권에 따른 제한을 받는다.

제한을 한다 해서, 제한물권(restrictive real right)이라 부르는 의미도 있다.

3. 어떤 물건에 완전물권과 제한물권 모두 같은 자 R에게 귀속했다면? 제한물권은 굳이 계속 존재할 필요가 없다. 원칙적으로, 제한물권은 소멸한다.

> **민법 제191조(혼동으로 인한 물권의 소멸)** ① 동일한 물건에 대한 소유권과 다른 물권이 동일한 사람에게 귀속한 때에는 다른 물권은 소멸한다. ...

담보물권의 특유한 개념

피담보채권

모든 담보는 그 담보를 통해 확보하려는 채권(claim)이 있다. 그 채권을 피담보채권(secured claim)이라 한다.

채권자 입장에서는 피담보채권, 채무자 입장에서는 피담보채무일 뿐, 그 둘은 서로 같은 개념이다.

1. 담보물권에는 피담보채권(피담보채무)이 있다.

예를 들어, 저당권에는 피담보채권(피담보채무)이 있다.

> **68다2334:** 저당권은 ... 피담보채권을 물적으로 보증하기 위하여 설정하는 것이[다.]

2. 그러나 용익물권에는 피담보채권(피담보채무)이 없다.

예를 들어, 지상권에는 피담보채권(피담보채무)이 없다.

> **2015다65042:** 지상권은 용익물권으로서 담보물권이 아니므로 피담보채무라는 것이 존재할 수 없다.

담보물권의 부종성

담보물권은 피담보채권을 위한 것이라서, 피담보채권과 운명을 같이 한다. 부종성(appendant nature)이라 한다.

1. 성립상(based on establishment) 부종성: 원칙적으로, 피담보채권이 성립해야 담보물권도 따라 성립한다.

만약 피담보채권이 무효라면? 담보물권도 무효다.

> **68다2334:** 피담보채권이 존재하지 아니한 때에는 그 저당권설정등기는 원인무효[다.]

2. 존속상(based on subsisting) 부종성: 원칙적으로, 피담보채권과 담보물권을 분리할 수 없다. 즉, 피담보채권을 처분하면, 담보물권도 따라 처분된다. 이것을 수반성이라 부른다.

만약 A를 위한 담보물권이 있는 상황에서 피담보채권만 분리해 B에게 넘기면? 담보물권은 소멸한다.

> **민법 제361조(저당권의 처분제한)** 저당권은 그 담보한 채권과 분리하여 타인에게 양도하거나 다른 채권의 담보로 하지 못한다.

> **2003다61542:** 담보권의 **수반성**이란 피담보채권의 처분이 있으면 언제나 담보권도 함께 처분된다는 것[은] 아니[다.] 채권담보라고 하는 담보권 제도의 존재 목적에 비추어 볼 때 특별한 사정이 없는 한 피담보채권의 처분에는 담보권의 처분도 **당연히 포함된다고 보는 것이 합리적**이라는 것일 뿐이[다.]

> [그러]므로, 피담보채권의 처분이 있음에[도] 담보권의 처분이 따르지 않는 **특별한 사정이 있는 경우**에는 [다음과 같이 처리한다.] [i] 채권양수인은 담보권이 없는 무담보의 채권을 양수한 것이 [된다. 그리고] [ii] 채권의 처분에 따르지 않은 담보권은 소멸한다.

3. 소멸상(based on extinction) 부종성: 원칙적으로, 피담보채권이 소멸하면 담보물권도 따라 소멸한다.

만약 피담보채무를 다 갚으면, 담보물권은 목적을 달성해 소멸한다.

> **민법 제369조(부종성)** 저당권으로 담보한 채권이 ... 소멸한 때에는 저당권도 소멸한다.

점유권
Possessory Right

자연적 점유가 선행하지 않는 한, 단순한 의사만으로는 점유를 취득할 수 없다.
- Proculus

개념

점유 개념

점유(possession): 물건을 사실상 지배하는 상태

> **2018다298799**: 물건에 대한 점유란 사회관념상 어떤 사람이 <u>사실적으로 지배</u>하[는] 객관적 상태를 말[한다.]

1. 그렇다면, 과연 언제 사실상 지배가 있고, 언제 없는 것인가?
2. 구체적, 개별적으로 판단한다. 즉, 사건마다 다르다.

> **2013다2559**: 사실상의 지배에 있다고 하기 위하여는 반드시 물건을 물리적, 현실적으로 지배하는 것만을 의미하는 것이 아[니다.] <u>물건과 사람과의 시간적, 공간적 관계</u>와 본권관계, 타인 지배의 배제 가능성 등을 고려하여 사회관념에 따라 합목적적으로 판단하여야 [한다.]

점유권 개념

점유권(possessory right): 점유를 하는 자가 누리는 법적 지위(혜택)

> **민법 제192조(점유권의 취득과 소멸)** ① 물건을 <u>사실상 지배</u>하는 자는 점유권이 있다.
> ② 점유자가 물건에 대한 사실상의 지배를 상실한 때에는 점유권이 소멸한다. ...

1. 점유가 정당하냐 아니냐를 묻지 않고, 민법은 일단 점유를 하는 사실적 지배 상태를 인정하고, 점유 자체를 보호한다.
2. 누군가 물건을 빼앗아가면 점유권자는 반환을 구할 수 있다. 소유권자가 아니라도 마찬가지다. 이것은 점유권 자체의 효력이기 때문이다.

점유를 정당화해주는 권리를 본권(right on title)이라 한다. 그렇지만, 본권이 없더라도 "점유권 자체" 효과만으로도 각종 보호를 받는다는 의미다. 다른 조건이 같다면, 점유자가 우선한다(*In pari delicto et causa potior est conditio possidentis*; All things being equal, the possessor has the stronger right).

> **68다1416**: 점유권에 의한 방해배제청구권은 물건에 대한 사실상의 지배상태(점유권)에 대한 방해행위가 있으면 성립[한다. 즉,] 점유를 정당화할 권원이 있음을 요하지 아니한다.

사례

현재 P가 가족들과 함께 어느 집에 살고 있다. 그러면 P는 집에 대한 점유권을 가진다.

1. 소유권을 본권으로 하는 점유: 소유자로 점유하고 있을 수도 있다.

> **민법 제211조(소유권의 내용)** 소유자는 법률의 범위[에서] 그 소유물을 사용, 수익, 처분할 권리가 있다.

2. 임차권을 본권으로 하는 점유: 다른 사람 소유지만 그로부터 빌려 점유하고 있을 수도 있다.

> **민법 제623조(임대인의 의무)** 임대인은 목적물을 임차인에게 인도하고 계약존속중 그 사용, 수익에 필요한 상태를 유지하게 할 의무를 부담한다.

3. 본권 없는 점유: 다른 사람 집에 방문했다거나, 장기간 비어 있는 집을 무단으로 점유하는 것일 수도 있다.

> **민법 제192조(점유권의 취득과 소멸)** ① 물건을 사실상 지배하는 자는 점유권이 있다.

점유권 보호

의미

위 3가지 사안에서, 점유의 원인을 묻지 않고 일단 점유권자로는 보호를 받는다.

1. 점유자는,
2. 점유를 침해하는 자를 상대로,
3. 점유권에 근거해,
4. 어떤 청구(점유보호 청구)를 할 수 있다.

반환 청구

제3자 T가 점유자 P로부터 몰래 동산을 가져갔다고 하자(점유의 침탈).

1. 점유자 P는 점유의 회수(recovery of possession)를 할 수 있다.

2. 즉, (i) 반환 청구 및 (ii) 손해배상 청구를 할 수 있다.

민법 제204조(점유의 회수) ① 점유자가 점유의 **침탈**을 당한 때에는 그 물건의 **반환 및 손해의 배상**을 청구할 수 있다.

방해제거 청구

P가 주택을 점유하는데, 제3자 U가 근처 공사로 극심한 소음을 내고 있다(점유의 방해).

1. 점유자 P는 점유의 보유(maintenance of possession)를 할 수도 있다.
2. 즉, (i) 방해제거 청구 및 (ii) 손해배상 청구를 할 수 있다.

민법 제205조(점유의 보유) ① 점유자가 점유의 **방해를 받은 때**에는 그 **방해의 제거 및 손해의 배상**을 청구할 수 있다.

방해예방 청구

P가 주택을 점유하는데, 그 옆에 제3자 W가 세운 담장이 쓰러져서 주택을 덮치기 일보 직전이다(점유의 방해염려).

1. 점유자 P는 점유의 보전(preservation of possession)을 할 수 있다.
2. 즉, (i) 방해예방 청구 및 (ii) 손해배상의 담보 청구를 할 수 있다.

민법 제206조(점유의 보전) ① 점유자가 점유의 **방해를 받을 염려**가 있는 때에는 그 **방해의 예방 또는 손해배상의 담보**를 청구할 수 있다.

2004다37904: 건물의 ... **점유자**가 인근의 소음으로 인하여 정온하고 쾌적한 일상생활을 영유할 수 있는 생활이익이 침해되고 그 침해가 사회통념상 [참을] 한도를 넘어[섰다. 이 경우] 건물의 ... 점유자는 그 ... **점유권에 기[초]하여** 소음피해의 제거나 예방을 위한 ...청구를 할 수 있다.

위와 같이 물권에 근거한 청구권을 물권적 청구권이라 부른다.

68다725전합: 물권적 청구권...은 [무엇인가?] 물권의 완전한 행사가 방해되거나 방해를 받을 우려있는 경우에 그 물권을 가지고 있는 자가 방해배제 또는 예방을 위하여 방해자에게 일정한 행위를 하거나 행위를 하지 아니할 것을 청구하는 권능이[다.]

자력구제

개념

자력구제(self-help): 법적인 절차에 따르지 않고, 자신의 힘으로 강제로 권리를 실현하는 것

예: 돈을 빌려줬는데 갚지 않는다며 채무자 집에 가서 강제로 금전이나 물건을 가져오는 행위

자력구제의 금지

법에서 자력구제는 원칙적으로 금지한다.

1. 점유 보호에서도 마찬가지다. 즉, 점유보호청구권이 있다는 것은 법적으로 그렇게 청구할 "권리(right)"가 있다는 의미다. 아무리 점유보호청구권을 갖고 있어도, 무조건 자력으로 강제력을 써도 된다는 의미는 아니다.
2. 즉, 상대에게 점유 보호를 요구(청구)할 수 있다는 뜻이다.
3. 만약 상대가 거부하면 소송으로 구해서(claim) 승소할 수 있다는 뜻이다.

예외적 허용

그러나 자력구제가 허용되는 예외가 있다.

내가 내 물건을 발견하는 곳에서, 나는 이것을 회수한다(*Where I find my property, there I also reclaim it*; Ubi meam rem invenio, ibi vindico).

1. 자력방위(self-defense)

   민법 제209조(자력구제) ① 점유자는 그 점유를 부정히 침탈 또는 방해하는 행위에 대하여 자력으로써 이를 방위할 수 있다.

2. 자력탈환(self-recapture): 예를 들어, 자전거를 훔치는 도둑을 즉시 현장에서 쫓아가 빼앗을 수는 있다.

   민법 제209조(자력구제) ② 점유물이 침탈되었을 경우에 부동산일 때에는 점유자는 침탈후 **직시** 가해자를 배제하여 이를 탈환할 수 있고 동산일 때에는 점유자는 현장에서 또는 추적하여 가해자로부터 이를 탈환할 수 있다.

2017도9999: 민법 제209조 제2항 전단은 ... 자력구제권 중 부동산에 관한 자력탈환권에 관하여 규정하고 있다. 여기에서 '직시(直時)'란 '객관적으로 가능한 한 신속히' 또는 '사회관념상 가해자를 배제하여 점유를 회복하는 데 필요하다고 인정되는 범위 안에서 되도록 속히'라는 뜻[이다.]

자력탈환권의 행사가 '직시'에 이루어졌는지는 [어떤 기준으로 판단해야 하나?] 물리적 시간의 장단은 물론 침탈자가 확립된 점유를 취득하여 자력탈환권의 행사를 허용하는 것이 오히려 법적 안정 내지 평화를 해하거나 자력탈환권의 남용에 이르는 것은 아닌지 함께 살펴 판단하여야 한다.

만약, 훔쳐간 자전거를 며칠 뒤 찾았다면 강제로 도둑으로부터 빼앗을 수는 없다. 민법 제209조 제2항은 "현장성" 또는 "추적"을 요건으로 하기 때문이다.

소유권
Ownership

> 자본주의 사회는 개인의 소유와 재산을 가장 중요하게 여기고, 이것이 다른 인간에 대한 소유 개념으로까지 발달했다. - D. Bhugra

머리에

소유권 개념
소유가 무엇인지는 굳이 설명하지 않더라도 다들 안다. 소유권(ownership)이란 쉽게 말해 물건 주인이 갖는 권리다.

점유권과 비교
1. 점유권이 물건에 대한 사실상의 지배라면,
2. 소유권은 물건에 대한 법률상의 지배다.

소유권 내용

소유권의 3가지 내용
1. 사용권: 물건을 사용(use)할 권리
2. 수익권: 물건으로부터 이익(profit)을 얻을 권리
3. 처분권: 물건을 처분(dispose)할 권리

> 민법 제211조(소유권의 내용) 소유자는 법률의 범위[에서] 그 소유물을 **사용, 수익, 처분할 권리**가 있다.

> 2017다220744전합: 물건의 소유자는 다른 특별한 사정이 없는 한 법률[에서] 정한 바에 따라 그 물건에 관한 모든 이익을 향유할 권리를 가진다. 소유권의 내용으로서 민법 제211조에서 정한 '사용, 수익, 처분'의 이익이 그 대표적인 예이다.

사용, 수익권
사용, 수익은 결국 물건의 사용가치(use value)를 실현하는 것이다.

> 2012다54133: 물건에 대한 배타적인 사용·수익권은 소유권의 핵심적 권능이[다].

소유권자가 소유권을 보유하면서 사용, 수익권만 영구적으로 포기할 수는 없다. 편의상 "소유권자가 사용, 수익권을 포기했다"고 표현하더라도, 이것은 단순히 "사용대차 관계가 생겼다"는 취지에 불과하다.

> 2012다54133: 소유물에 대한 사용·수익의 권능 을 포기…하는 것은 **법률에 의하지 않고 새로운 물권을 창설하는 것과 다를 바 없어 허용되지 않는다.** … 사용·수익권의 행사에 제한을 설정하는 것을 넘어 이를 대세적, 영구적으로 포기하는 것[도 같은 이유로] 허용되지 않는다.

> 2009다228: 토지의 소유권자가 그 토지에 관한 사용수익권을 점유자에 대한 관계에서 **채권적으로** '포기'하였다고 [하자. 이 경우] 그것이 점유자의 사용·수익을 일시적으로 인정하는 취지라면, 이는 **사용대차의 계약관계**에 다름아니다.

처분권
1. 사실적 처분: 물건의 소비, 개조, 파괴 등
2. 법률적 처분: 물건을 매도해 넘기거나 담보제공을 하는 경우 등. 결국 물건의 교환가치(exchange value)를 실현하는 경우가 많다.

사례

사용, 수익
1. 사용: K는 자기 소유의 책을 읽으면서, 감명을 받은 부분에 표시도 한다.
2. 수익: K가 자기 땅에 스스로 심은 나무에서 열리는 과일은 K 것이다.

처분
1. K는 자기가 입던 옷을 다른 사람에게 팔아넘기거나, 찢거나, 버릴 수 있다.
2. K는 자기 땅을 은행에 담보로 제공할 수 있다.

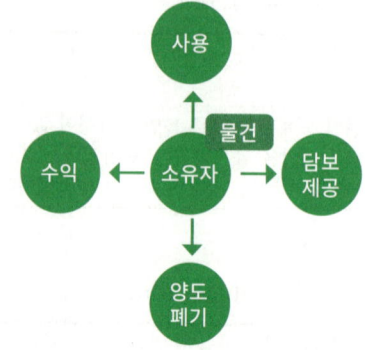

소유권 보호

머리에

점유권자도 보호를 받듯, 소유권자 역시 보호를 받는다. 소유권자는 소유권을 침해하는 사람을 상대로, 소유권에 근거해 청구를 할 수 있다.

반환 청구

어떤 물건을 소유자 K 아닌 제3자 T가 점유하고 있다고 하자.

1. 원칙적으로 소유자 K는 점유자 T 상대로 소유물반환 청구를 할 수 있다.
2. 즉, (i) 반환 청구(인도 청구) 및 (ii) 손해배상 청구를 할 수 있다. T가 응하지 않으면 법원에 소제기를 할 수 있다.

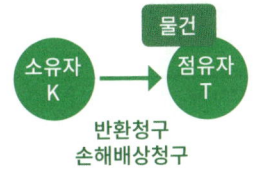

> **민법 제213조(소유물반환청구권)** 소유자는 그 소유에 속한 물건을 **점유한 자에 대하여 반환**을 청구할 수 있다. ...
>
> **민법 제750조(불법행위의 내용)** 고의 또는 과실로 인한 위법행위로 타인에게 손해를 가한 자는 그 **손해를 배상**할 책임이 있다.

반환 청구란 결국 물건의 인도 청구다. 동산 인도뿐만 아니라, 부동산 인도도 해당한다. 부동산을 부당하게 점유하는 자를 나가라 하는 것도, 넓게 보아 "반환 청구"에 속한다.

> **2011다74949:** 甲이 **자기 소유 건물에 乙이 사무실 집기 등을 비치**하여 이를 권원 없이 점유·사용하고 있다는 이유로 **건물 인도** 및 점유·사용 기간에 관한 차임 상당액의 손해배상을 구한 사안[이다.]
>
> [법원은] 乙이 건물에 사무실 집기 등 물건을 가져다 둠으로써 甲이 건물을 사용하지 못하는 손해를 입었는지, 그 손해는 금전적으로 얼마로 평가되는지 등을 심리·판단하여야 [한다.]

3. 예외적으로 점유자 T에게 점유할 정당한 권리가 있다면? K는 T 상대로 반환 청구를 할 수 없다.

> **민법 제213조(소유물반환청구권)** ... **그러나** 점유자가 그 물건을 점유할 권리가 있는 때에는 반환을 거부할 수 있다.
>
> **2020다211085:** [민법 제213조 단서에]서 반환을 거부할 수 있는 권리에는 임차권, 임치, 도급 등과 같이 점유를 수반하는 채권도 포함[된다.]

청구원인이 "내(K) 소유물을 네(T)가 점유하고 있다"인 반환 청구 사건을 보자. 만약 상대방이 "나(T)는 너(K)로부터 물건을 임차했다"고 항변하면, 그것이 사실인 이상 상대방은 당연히 반환을 거부할 수 있다. 제2강 계약법 기초 중 "임차인 보호" 부분을 떠올리자.

> **민법 제623조(임대인의 의무)** 임대인은 목적물을 임차인에게 인도하고 계약존속중 그 사용, 수익에 필요한 상태를 유지하게 할 의무를 부담한다.

방해제거 청구

K 소유 토지 위에 U가 건축물을 지어 놓았다고 하자.

1. 원칙적으로, 토지 소유자 K는 방해자 U 상대로 소유물방해제거 청구를 할 수 있다. 왜냐하면, 토지소유권은 토지 지표면뿐만 아니라, 그 위 공간에도 미치기 때문이다.

   > **민법 제212조(토지소유권의 범위)** 토지의 소유권은 정당한 이익있는 범위[에서] **토지의 상하에 미친다**.

   따라서 토지 상공에도 소유권이 미칠 수 있다. 남의 풀밭 위에 있는 거위, 오리, 닭에게는 평화가 없다(*Gänse, Enten, Hühner auf jemands Gras haben keinen Frieden*; Geese, ducks, chickens on someone's grass have no peace).

   > **2013다71098**: 민법 제212조[와 관련해] 토지의 상공으로 어느 정도까지 정당한 이익이 있는지는 구체적 사안에서 거래관념에 따라 판단하여야 한다.
   >
   > 항공기가 토지의 상공을 통과하여 비행하는 등으로 토지의 사용·수익에 대한 방해가 있음을 이유로 비행 금지 등 방해의 제거 및 예방을 청구하거나 손해배상을 청구하려면, [어떤 요건이 필요한가?] 토지소유권이 미치는 범위[의] 상공에서 방해가 있어야 할 뿐 아니라 방해가 사회통념상 일반적으로 참을 한도를 넘는 것이어야 한다.

   마찬가지로, 지하에도 소유권이 미칠 수 있다. 토지 소유자의 권리는 지상은 천국까지, 지하는 지옥까지 미친다(*Cuius est solum, eius est usque ad coelum et ad inferos*; Whoever's is the soil, it is theirs all the way to Heaven and all the way to Hell).

2. 즉, (i) 방해제거 청구 및 (ii) 손해배상 청구를 할 수 있다. 상대방이 응하지 않으면? 법원에 소제기를 할 수 있다.

> **제214조(소유물방해제거, 방해예방청구권)** 소유자는 소유권을 **방해하는 자에 대하여 방해의 제거**를 청구할 수 있[다.] ...

등기말소 청구도 소유물방해제거 청구에 해당한다. 등기말소는 "말소등기"라는 새로운 등기를 추가하면서, 기존 내용에 삭제표시가 이루어지도록 하는 방식으로 이루어진다. 편의상 "등기를 말소한다"고 표현한다.

2010다28604전합: 소유자가 자신의 소유권에 기[초]하여 실체관계에 부합하지 아니하는 등기의 명의인을 상대로 그 등기말소나 진정명의회복 등을 청구하는 경우[가 있다.] 그 권리는 물권적 청구권으로서의 방해배제청구권(민법 제214조)의 성질을 가진다.

3. 예외적으로 방해자 U에게 그러한 행위를 할 정당한 권리가 있다면, 방해제거를 할 수 없다.

방해예방 청구

K 소유 토지 위에 W가 건축물을 지을 준비를 하고 있다고 하다.

1. 원칙적으로, 토지 소유자 K는 염려자 W 상대로 소유물방해예방 청구를 할 수 있다.
2. 즉, (i) 방해예방 청구 및 (ii) 손해배상의 담보 청구를 할 수 있다. 상대방이 응하지 않으면? 법원에 소제기를 할 수 있다.

민법 제214조(소유물방해제거, 방해예방청구권) 소유자는 ... 소유권을 **방해할 염려있는 행위를 하는 자에 대하여 그 예방이나 손해배상의 담보**를 청구할 수 있다.

소유권과 점유권 관계

복습: 개념

1. 점유권: 물건을 사실상 지배하는 자, 즉 점유자가 누리는 법적 지위.
2. 소유권: 물건을 법률상 지배하는 자, 즉 소유자가 누리는 법적 지위.

소유권은 점유권의 본권이 될 수 있다.

1. 소유자가 점유할 수도 있다(소유권을 본권으로 하는 점유)
2. 소유자 아닌 자가 점유할 수도 있다(본권 없는 점유 등)

문제상황

1. A가 X물건 점유자다.
2. B가 X물건 소유자다.

소유자 B는 점유자 A가 점유하던 X물건을 빼앗았다.

1. 점유자 A는 B를 상대로 점유권에 근거해 X물건 반환 청구를 한다. 법원에 소를 제기했다(원고 A, 피고 B).

> **민법 제204조(점유의 회수)** ① 점유자[A]가 점유의 침탈을 당한 때에는 그 물건[X물건]의 반환 및 손해의 배상을 청구할 수 있다.

2. 소유자 B는 A를 상대로 소유권에 근거해 X물건 반환 청구를 한다. 법원에 반소를 제기했다(반소원고 B, 반소피고 A).

> **민법 제213조(소유물반환청구권)** 소유자[B]는 그 소유에 속한 물건[X물건]을 점유한 자[A]에 대하여 반환을 청구할 수 있다....

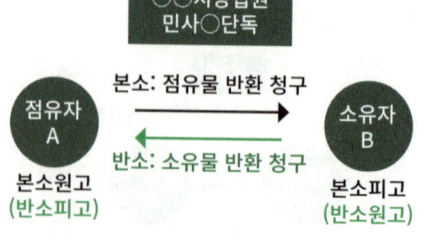

점유권에 근거한 소와 본권에 근거한 소 관계

> **민법 제208조(점유의 소와 본권의 소와의 관계)** ① 점유권에 기인한 소와 본권에 기인한 소는 **서로 영향을 미치지 아니한다**.
> ② 점유권에 기인한 소는 본권에 관한 이유로 재판하지 못한다.

> **2019다202795:** [A의] 점유회수의 청구에 대하여 점유침탈자[B]가 점유물[X물건]에 대한 본권이 있다는 주장으로 점유회수를 배척할 수 없[다.]

> [A의] 점유권에 기[초]한 본소에 대하여 본권자[B]가 본소청구 인용에 대비하여 본권에 기[초]한 예비적 반소를 제기했다. 그리고 양 청구가 모두 이유 있[다고 하자. 그] 경우, 법원은 점유권에 기[초]한 본소와 본권에 기[초]한 예비적 반소를 **모두 인용해야** [한다.] 점유권에 기[초]한 본소를 본권에 관한 이유로 배척할 수 없다.

사안 해결

> **2019다202795:** 본소청구와 예비적 반소청구가 모두 인용되어 확정되면, [그 후에는 어떻게 되나?]

> 점유자[A]가 본소 확정판결에 의하여 집행문을 부여받아 강제집행으로 물건[X물건]의 점유를 회복할 수 있다.

본권자[B]는 위 본소 집행 후 집행문을 부여받아 ... 반소 확정판결에 따른 강제집행으로 물건[X물건]의 점유를 회복할 수 있다. 이러한 과정은 애당초 본권자[B]가 허용되지 않는 자력구제로 점유를 회복한 데 따른 것으로 그 과정에서 본권자[B]가 점유 침탈 중 설치한 장애물 등이 제거될 수 있다.

소유권 의의

물권
물건(property)에 대한 권리이므로 물권(property right)이다.

소유권은 물권 중 가장 기본적이고 대표적인 권리다.

완전물권
물건의 사용가치(use value)와 교환가치(exchange value)를 모두 포괄하는 물권이다. 즉, 완전물권(complete real right)이다.

취득 사유?
소유권을 취득하게 되는 것은,

1. 물건을 매수하거나 수증 받는 등 의사표시에 따른 것일 수도 있다.
2. 의사표시와 무관하게 어떤 경우 소유권을 취득한다는 식으로 법이 정해 뒀을 수도 있다.

지상권
Superficies

관습이 법이 되려면 확신이 필요하다. - François Gény

머리에

원칙
원래 남의 땅 위에 건물을 지으면 안 된다. 짓더라도 그 건물은 철거되어야 한다.

예외
그러나 반드시 그렇지는 않다. 점유권원이 있을 수도 있기 때문이다. 예를 들어,

1. 토지임대차(lease of land) 사례: 건물 주인이 땅 주인에게 땅을 건물 부지로 쓰기 위해 빌렸을 수도 있다.
2. 지상권(superficies) 사례: 원래 땅과 건물이 한 사람 소유였다가 건물만 팔아서 땅과 건물 소유자가 서로 다르게 되었을 수도 있다.

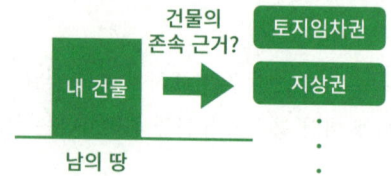

지상권

개념
지상권(superficies)이란?

1. 건물 등을 소유하기 위해,
2. 타인의 토지를 사용하는 것을 내용으로 하는,
3. 물권

즉, 남의 땅에 세운 건물도, 건물 주인에게 지상권이 있다면, 건물을 철거당하지 않아도 된다.

> 민법 제279조(지상권의 내용) 지상권자는 타인의 토지에 **건물** 기타 공작물이나 **수목을 소유하기 위하여 그 토지를 사용**하는 권리가 있다.

건물, 공작물, 수목 소유 목적이지만, 편의상 건물 소유 목적에 한정해 보자.

관련 용어
1. 지상권 설정(creation; establishment): 토지 소유자가 건물 소유자를 위해 지상권을 내어 주는 것

2. 지상권자(superficiary): 지상권을 설정받은 자. 즉 건물 소유자
3. 지상권설정자(settlor of superficies): 지상권을 설정해 준 자. 즉 토지 소유자

지상권은 건물(Y)이 아니라, 토지(X)에 설정된다. 즉, 지상권은 토지(X)에 관한 권리다. 지상권을 설정하는 목적이 건물(Y)을 소유하기 위한 것일 뿐이다. 이 점을 주의하라.

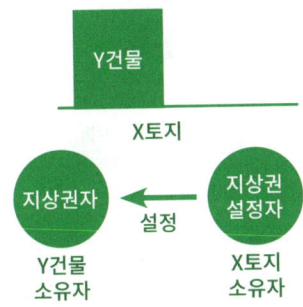

사용, 수익권자?
1. 지상권자는 지상권이 설정된 토지를 사용, 수익한다.
2. 토지 소유자는 지상권이 설정된 토지를 사용, 수익할 수 없다.

> 2015다69907: 지상권설정등기[를 마치]면 토지의 사용·수익권은 지상권자에게 있[다. 오히려] 지상권을 설정한 토지 소유자는 지상권이 존속하는 한 토지를 사용·수익할 수 없다.

토지임차권과 지상권의 비교

공통점
1. 토지임차권(차지권)이란 말 그대로 땅을 빌린 사람의 권리다.
2. 지상권자든, 토지임차권자든 모두 그 토지 위에 건물을 지어 유지할 수 있다는 점은 같다.

그러나 다음과 같이 토지임차권과 지상권은 커다란 차이가 있다.

토지임차권
토지임차권은 채권이다.
1. 따라서 토지임차인(A)은 자신의 권리를 계약 상대방인 토지임대인(B)에게만 주장할 수 있다. 채권은 물건이 아니라 사람(여기서는 B)에 대한(*in personam*; against a person) 권리이기 때문이다.

2. 만약 임대차계약 이후에 어떤 이유로든 토지 소유자가 제3자(C)로 바뀌었다면? 새로운 토지 소유자(C)는 토지임차인(A)과 아무런 채권채무관계가 없다. 이렇게 되면 토지임차인(A)은 자신의 토지임차권을 새로운 소유자(C)에게는 주장할 수가 없다. 결국 건물은 철거되어야 한다.

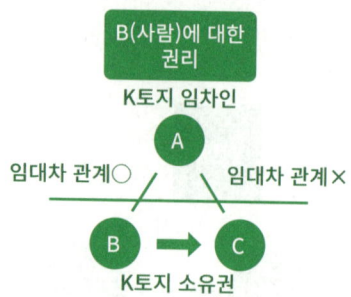

95다15087: 임대인인 [B]가 이 사건 임대차 목적물의 소유권을 [C]에게 양도[했다.] 그 소유권을 취득한 [C가] 임차인인 [A]에게 이 사건 임대차 ... 부분의 [인]도를 요구[했다.] 그래서 임차인인 A는 새 소유자 C에게 임대차 목적물을 인도[했다.]

채권관계란 본래 이렇다. 대세효가 없다. 다만, 예외는 있다(임차권등기를 한 부동산임차권, 건물소유 등기를 한 토지임차권, 대항요건을 갖춘 주택임차권 등).

지상권

지상권(superficies)은 물권이다.

1. 지상권자(A)는 자신의 권리를 누구에게나 주장할 수 있다. 물권은 사람이 아니라 물건(K)에 대한(*in rem*; against a thing) 권리기 때문이다.
2. 만약 지상권이 설정된 이후에 토지 소유자가 B에서 제3자(C)로 바뀌었다고 하자. 이 경우도 지상권자(A)는 새로운 토지 소유자(C)에게도 지상권을 내세울 수 있다. 결국 건물은 철거되지 않고 유지될 수 있다.

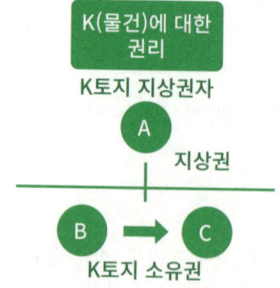

70다2526: 지상권은 물권[이다.] 그 효력에 의하여 이를 취득할 당시의 토지 소유자나 이로부터 그 토지소유권을 전득한 제3자에게 대하여도 ... 지상권을 주장할 수 있[다.]

물권관계란 본래 이렇다. 대세효가 있다.

지상권의 사례

법률행위에 따른 지상권(약정지상권)

법률행위(legal act)에 따른 지상권설정 사례가 있다. 즉, 의사표시 (declaration of intention)에 따른 지상권설정 경우다. 이러한 지상권을 약정지상권(superficies by contract)이라 한다.

1. 지상권설정계약: K는 허허벌판인 F토지를 소유하고 있다. 어느 날 Y가 K에게 찾아와 F토지 위에 건물을 하나 짓고 싶다고 말했다. 당사자들은 지료를 매년 얼마씩 주고받기로 하고 지상권을 설정하기로 합의했다. 이에 따라 K는 Y에게 지상권을 설정해 주었다. 위 합의(계약)를 "지상권설정계약"이라 한다.
2. 지상권설정등기: 그 후 K와 Y는 관할 등기소에 지상권설정등기 신청까지 했다. 이에 따라 지상권설정등기를 마쳤다.

> **부동산등기법 제3조(등기할 수 있는 권리 등)** 등기는 부동산의 표시(表示)와 다음 각호의 어느 하나에 해당하는 권리의 보존, 이전, 설정, 변경, 처분의 제한 또는 소멸에 대하여 한다.
> 2. **지상권**(地上權)

> **부동산등기법 제69조(지상권의 등기사항)** 등기관이 지상권설정의 등기를 할 때에는 제48조에서 규정한 사항 외에 다음 각호의 사항을 기록하여야 한다. 다만, 제3호부터 제5호까지는 등기원인에 그 약정이 있는 경우에만 기록한다.
> 1. 지상권설정의 목적
> 2. 범위
> 3. 존속기간
> 4. 지료와 지급시기
> 6. 지상권설정의 범위가 토[지] 일부인 경우에는 그 부분을 표시한 도면의 번호

> **부동산등기법 제48조(등기사항)** ① 등기관이 갑구 또는 을구에 권리에 관한 등기를 할 때에는 다음 각호의 사항을 기록하여야 한다.
> 1. 순위번호
> 2. 등기목적
> 3. 접수연월일 및 접수번호
> 4. 등기원인 및 그 연월일
> 5. 권리자

등기사항전부증명서(말소사항 포함)
- 토지 -

등기고유번호 1111-1994-987654

[토지] 서울특별시 마포구 냉우동 109-5

【 표 제 부 】 (토지의 표시)

표시번호	접 수	소재지번	지 목	면 적	등기원인 및 기타사항
1	1994년8월20일	서울특별시 마포구 냉우동 109-8	대	550.5㎡	

【 갑 구 】 (소유권에 관한 사항)

순위번호	등 기 목 적	접 수	등 기 원 인	권리자 및 기타사항
1	소유권이전	1984년3월2일 제1234호	1984년1월28일 재산상속	소유자 토지왕 641130-******* 서울특별시 성북구 고로 31(안암동)

【 을 구 】 (소유권 이외의 권리에 관한 사항)

순위번호	등 기 목 적	접 수	등 기 원 인	권리자 및 기 타 사 항
1	지상권설정	2022년8월17일 제3456호	2022년8월16일 설정계약	목적 견고한 건물의 소유 범위 토지 전부 존속기간 2022년 8월 17일부터 만 30년 지료 없음 지상권자 지상렬 701226-******* 인천광역시 미추홀구 하이로 313(문학동)

법률행위에 따르지 않은 지상권(법정지상권)

법률행위가 없더라도, 법에서 지상권이 설정되도록 정해 놓는 경우가 있다. 법정지상권(superficies by statute; superficies by law)이라 한다.

1. 건물의 전세권과 대지의 법정지상권

> **민법 제305조(건물의 전세권과 법정지상권)** ① 대지와 건물이 동일한 소유자에[게] 속한 경우에 건물에 전세권을 설정한 때에는 [어떠한가?] 그 대지소유권의 특별승계인은 전세권설정자에 대하여 지상권을 <u>설정한 것으로 본다</u>. …

2. 저당물 경매에 따른 법정지상권(= 민법 제366조의 법정지상권)

> **민법 제366조(법정지상권) 저당물의 경매**로 인하여 토지와 그 지상 건물이 다른 소유자에[게] 속한 경우에는 [어떠한가?] 토지 소유자는 건물 소유자에 대하여 지상권을 <u>설정한 것으로 본다</u>. …

3. 관습법상 법정지상권

> **2010다52140전합:** 동일인의 소유에 속하고 있던 토지와 그 지상 건물이 **강제경매** … 등으로 인하여 소유자가 다르게 된 경우에는 [어떠한가?] … 건물 소유자는 토지 소유자에 대하여 그 건물의 소유를 위한 관습상 법정지상권을 <u>취득한다</u>.

이처럼, 법정지상권에는 여러 종류가 있다. 따라서 "어떠어떠한 법정지상권" 식으로 특정할 필요가 있다.

등기가 필요한가?

1. 약정지상권(superficies by contract), 즉 법률행위(의사)에 따른 지상권 경우, 등기가 이루어져야 비로소 그때 지상권을 취득한다.

   민법 제186조(부동산물권변동의 효력) 부동산에 관한 법률행위로 인한 물권의 득실변경은 **등기하여야 그 효력**이 생긴다.

   2015다69907: 지상권설정**등기[를 마치]**면 [그 후] 토지의 사용·수익권은 지상권자에게 있[다.]

2. 법정지상권(superficies by statute; superficies by law) 경우, 즉 법률행위(의사)에 따르지 않은 지상권 경우, 등기 없이도, 요건을 갖춘 순간 지상권을 취득한다.

   민법 제187조(등기를 요하지 아니하는 부동산물권취득) … 법률의 규정에 의한 부동산에 관한 물권의 취득은 **등기를 요하지 아니한다.** …

   2012다73158: [저당물 경매에 따른 법정지상권의 요건을 갖추면] 건물 소유자는 건물의 소유를 위한 민법 제366조의 법정지상권을 **취득한다.**

   87다카279: [관습법상의 법정지상권은] 법률행위로 인한 물권의 취득이 아니고 관습법에 의한 부동산물권의 취득이[다. 그러]므로 등기를 필요로 하지 아니하고 지상권**취득의 효력이 발생[한다.]**

   법정지상권의 매우 중요한 특징이다. 무슨 일이 있더라도, 이 점 잊지 말자.

저당물 경매에 따른 법정지상권

개념과 취지

민법 제366조(법정지상권) 저당물의 경매로 인하여 토지와 그 지상 건물이 다른 소유자에[게] 속한 경우에는 [어떠한가?] 토지 소유자는 건물 소유자에 대하여 **지상권을 설정한 것으로 본다.** …

1. 공익 목적이 있다. 건물 철거를 방지하는 취지다.
2. 따라서 강행규정이다. 즉, 당사자들이 저당물 경매에 따른 법정지상권을 특약으로 배제할 수 없다.

87다카1564: 민법 제366조는 가치권과 이용권의 조절을 위한 **공익상의 이유로 지상권의 설정을 강제**하는 [취지다.] 저당권설정 당사자간의 특약으로 저당목적물인 토지에 대하여 법정지상권을 배제하는 약정을 하더라도 그 특약은 효력이 없다.

인정 요건

1. 토지와 건물이 존재하며, 그 토지 또는 건물에 저당권이 설정될 것

   2003다26051: 민법 제366조의 법정지상권은 저당권 설정 당시부터 저당권의 목적되는 토지 위에 건물이 존재할 경우에 한하여 인정[된다.]

2. 저당권설정 당시, 토지와 건물 소유자가 동일할 것

> **2002다9660전합**: 민법 제366조의 법정지상권은 저당권 설정 당시에 동일인의 소유에 속하는 토지와 건물이[었어야] ... 인정되는 것이[다.]
> [이 사안에서] 저당권의 설정 당시에 이미 대지와 건물이 각각 다른 사람의 소유에 속하고 있었[다. 그러]므로 법정지상권이 성립될 여지가 없다.

3. 저당권설정 후, 저당권실행경매가 진행될 것

여기서 "경매"는 저당권실행경매(임의경매)를 말한다. 즉, 강제경매는 해당 없다.

4. 경매 결과, 토지와 건물 소유자가 달라질 것

> **민법 제366조(법정지상권)** 저당물의 **경매로 인하여** 토지와 그 지상 건물이 **다른 소유자에[게] 속한** 경우 ...

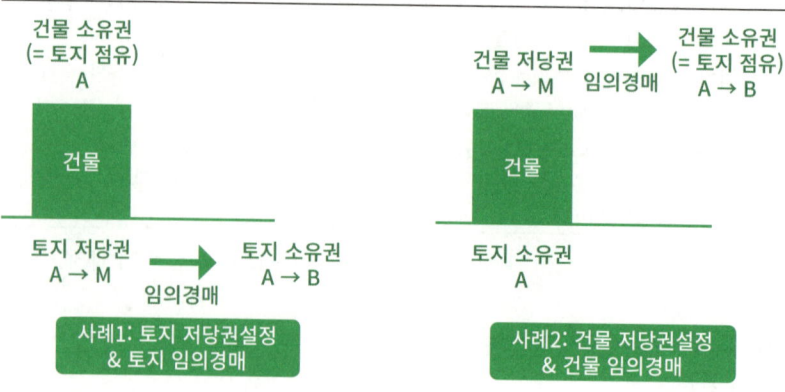

효과

1. 건물 소유자가,
2. 토지에 관한,
3. 지상권을 취득한다.

> **민법 제187조(등기를 요하지 아니하는 부동산물권취득)** ... 법률의 규정에 의한 부동산에 관한 물권의 취득은 **등기를 요하지 아니한다.** ...

> **97다10314**: 경[매]에 의하여 건물의 소유자와 그 토지의 소유자가 달라지게 되어 경매 당시의 건물의 소유자가 그 건물의 이용을 위한 법정지상권을 취득한 [사안이다.]

4. 그 결과, 건물은 비록 남의 토지에 세워져 있지만, 토지 소유자를 위해 철거하지 않아도 된다. 토지 소유자를 위해 건물을 비워줄 이유도 없다. 토지 소유자가 바뀌어도 상관없다.

> **민법 제214조(소유물방해제거...)** 소유자는 소유권을 방해하는 자에 대하여 방해의 제거를 청구할 수 ... 있다.

> **97다10314**: [민법 제366조의] 법정지상권을 취득한 [사안이다.] 토지 소유자는 건물을 점유하는 자에 대하여 그 건물로부터의 퇴거를 구할 수 없다.

관습지상권

관습법?

1. 관습(custom): 어떤 사회에서 오래 지켜 내려와 모두가 인정하는 질서, 관행

   80다3231: 사실인 관습은 사회의 관행에 의하여 발생한 사회생활규범[이다.]

2. 관습법(customary law): 관습이 굳어져 법의 효력까지 갖게 되는 경우. 즉, 국민의 법적 확신(*opinio juris*; an opinion of law)을 얻은 관습

   80다3231: 관습법이란 사회의 거듭된 관행으로 생성한 사회생활규범이 사회의 법적 확신과 인식에 의하여 법적 규범으로 승인·강행되기에 이[른] 것을 말[한다.]

3. 형사(criminal case)에서는 관습법에 근거한 처벌을 금지한다. 죄형법정주의(*nulla poena sine lege*; no penalty without a law)에서 말하는 "법"은, 국회가 만든 성문 법률(statute)을 뜻하기 때문이다.

   대한민국헌법 제12조 ① ... 누구든지 ... **법률**...에 의하지 아니하고는 처벌...을 받지 아니한다.

   대한민국헌법 제13조 ① 모든 국민은 행위 시의 **법률**에 의하여 범죄를 구성하지 아니하는 행위로 소추되지 ... 아니한다.

   2002헌가8: 죄형법정주의의 원칙은 **범죄**의 구성요건과 그에 대한 **형벌**의 내용을 국민의 대표로 구성된 **입법부가 성문의 법률로 정하도록** [한다.] 이로써 국가형벌권의 자의적인 행사로부터 개인의 자유와 권리를 보장하려는 법치국가형법의 기본원칙[이다.] 이를 통해] 형벌법규의 보장적 기능을 수행[한다.]

4. 민사(civil case)에서는 관습법의 효력을 인정한다. 즉, 관습법도 법이다.

   민법 제1조(법원) **민사**에 관하여 법률에 규정이 없으면 **관습법에 의하고** 관습법이 없으면 조리에 의한다.

   80다3231: 관습법은 바로 ... 법령과 같은 효력을 갖는 관습[이다. 관습법은] 법령에 저촉되지 않는 한 법칙으로서의 효력이 있[다.] ... 법령과 같은 효력을 갖는 관습법은 당사자의 주장 [증명]을 기다림이 없이 법원이 직권으로 이를 확정하여야 [한다.]

물론, 관습법보다 성문법이 우선한다.

민법 제1조(법원) 민사에 관하여 법률에 **규정이 없으면** 관습법에 의하고 관습법이 없으면 조리에 의한다.

80다3231: 관습법[은] 제정법에 대[해] ... **보충적** 성격[이 있다.]

개념과 취지

1. 법정지상권 중, 성문법에는 명시규정은 없지만, 관습법으로 인정하는 법정지상권이 있다. 앞서 본 "관습법상 법정지상권"이다.

줄여서 관습법상 지상권, 또는 관습지상권(superficies by custom)이라 한다.

2. 원래 토지와 건물이 같은 사람(A) 소유였는데, 건물이든 토지든 그중 어느 하나를 다른 사람에게 팔아서 소유자가 다르게 되었다면, 토지 소유자는 토지에 대해 지상권을 설정한 것으로 간주한다.
3. 만약 이렇게 보지 않으면, 건물을 철거해야 한다. 그러나 그러한 결론은, 부동산을 사고판 당사자들의 의도에 맞지 않는다.
4. 그래서 이런 경우 철거를 강요할 수 없다는 관습이 있었다. 지상권을 설정한 것으로 보는 것이 관습이고, 법적 확신을 얻어 지금은 관습법이 되었다.

당사자 의사표시 없이 설정되기에 분명히 법정지상권이다. 다만, 이러한 제도를 인정하는 "이론적 근거"가 당사자 의사라는 뜻이다.

> **61다1103**: 토지와 건물이 같은 소유자의 소유에 속하였다가 그 건물 또는 토지가 매각 또는 그 외의 원인으로 인하여 양자의 소유자가 다르게 [되었다. 이때] 특히 그 건물을 철거한다는 조건이 없는 이상 당연히 건물 소유자는 토지 소유자에게 대하여 소위 **관습에 의한 법정**(당사자의 합의에 의한 것이 아니라는 의미이다) **지상권**을 취득[한다.]

인정 요건

1. 토지와 건물이 존재하며, 그 토지 또는 건물 소유자가 바뀔 것

> **87다카2404**: 관습상의 법정지상권[에서, 처분 당시] 건물은 **건물로서의 요건**을 갖추고 있는 이상 무허가건물이거나 미등기건물이거나를 가리지 않는다.

2. 토지 또는 건물이 "처분될 당시", 토지와 건물 소유자가 동일할 것

> **2010다52140전합**: 관습상 법정지상권이 성립하려면 토지와 그 지상 건물이 애초부터 원시적으로 동일인의 소유에 속하였을 필요는 없[다. 그러나] 그 소유권이 유효하게 **변동될 당시에 동일인**이 토지와 그 지상 건물을 소유하였[어야 한다.]

"처분될 당시"란 언제를 기준으로 하는가? 복잡한 문제가 있다. 곧 배운다.

3. 소유자가 바뀐 사유가 매매, 증여, 강제경매 등일 것

> **87다카2404**: 동일인의 소유에 속하였던 토지와 건물이 **매매, 증여, 강제경매**, 국세징수법에 의한 공매 **등**으로 그 소유권자를 달리하게 [되었다. 그] 경우에 … 건물 소유자는 그 건물의 소유를 위하여 그 부지에 관하여 관습상의 법정지상권을 취득[한다.]

저당권실행경매(임의경매)는 해당 없다. 저당권실행경매 경우, 저당권 경매에 따른 법정지상권을 검토하면 된다.

4. 소유자가 바뀐 결과, 토지와 건물 소유자가 달라질 것

> **2002다9660전합**: 토지 소유자가 건물의 처분권까지 **함께 취득**한 경우에는 관습상의 법정지상권을 **인정할 까닭이 없[다.**] 미등기건물을 그 대지와 함께 매도하였다면 … 형식적으로 대지와 건물이 그 소유 명의자를 달리하게 되었다 하더라도 매도인에게 관습상의 법정지상권을 인정할 이유가 없다.

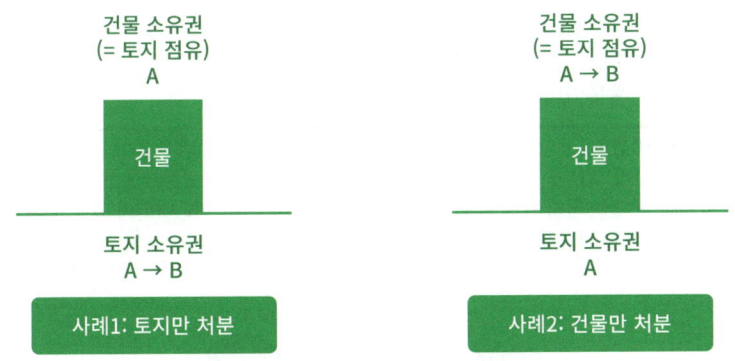

효과

1. 건물 소유자가,
2. 토지에 관한,
3. 지상권을 취득한다.

> **민법 제187조(등기를 요하지 아니하는 부동산물권취득)** ... 법률의 규정에 의한 부동산에 관한 물권의 취득은 **등기를 요하지 아니한다**. ...

> **87다카279:** 관습상의 지상권은 법률행위로 인한 물권의 취득이 아니고 관습법에 의한 부동산물권의 취득이[다. 그러]므로 **등기를 필요로 하지 아니하고 지상권취득의 효력**이 발생[한다.]

4. 그 결과, 건물은 비록 남의 토지에 세워져 있지만, 토지 소유자를 위해 철거하지 않아도 된다. 토지 소유자를 위해 건물을 비워줄 이유도 없다. 토지 소유자가 바뀌어도 상관없다.

> **민법 제214조(소유물방해제거...)** 소유자는 소유권을 방해하는 자에 대하여 방해의 제거를 청구할 수 ... 있다.

> **87다카279:** 이 관습상의 법정지상권은 물권으로서의 효력에 의하여 이를 취득할 당시의 토지 소유자나 이로부터 소유권을 전득한 제3자에게 대하여도 등기없이 위 지상권을 수상할 수 있다.

예외

지상권을 인정할 필요가 없는 경우, 관습지상권이 발생하지 않는다. 예를 들어,

1. 토지 또는 건물을 처분하면서, 당사자들이 별도로 토지 임대차계약을 체결하면? 관습지상권은 성립하지 않는다. 건물 소유자는 관습지상권을 포기했다 본다. 어차피 토지임차권 때문에 건물은 철거 안 된다. 특별한 문제가 없다.

> **91다1912:** 대지상의 건물만을 매수하면서 **대지에 관한 임대차계약을 체결하였다면** 위 건물매수로 인하여 취득하게 될 **관습상의 법정지상권을 포기**하였다고 [보아야 한다.] ... [이 경우] 관습상의 법정지상권[에 따라] 이 사건 대지를 점유, 사용할 권한이 있다는 피고의 거듭된 주장은 이유가 없[다.]

2. 토지 또는 건물을 처분하면서, 당사자들이 건물을 철거하기로 특약하면? 이 때도 관습지상권은 성립하지 않는다. 어차피 철거할 건물을 위한 지상권은 필요 없기 때문이다.

> **2010다52140전합:** 동일인의 소유에 속하고 있던 토지와 그 지상 건물이 강제경매 또는 국세징수법에 의한 공매 등으로 인하여 소유자가 다르게 된 경우에는 [어떠한가?] 그 **건물을 철거한다는 특약이 없는 한** 건물 소유자는 토지 소유자에 대하여 그 건물의 소유를 위한 관습상 법정지상권을 취득한다.

공격방어 구조

1. 원고의 청구원인: 토지 소유권에 근거한 건물 철거 청구
2. 피고의 항변: 관습지상권 성립
3. 원고의 재항변: 건물 철거 특약 존재

> **87다카279:** [관습지상권 성립요건을 갖춘 경우,] 건물을 철거하기로 하는 합의가 있었다는 등의 특별한 사정의 존재에 관한 주장[증명]책임은 그러한 사정의 존재를 주장하는 쪽에 있다.

저당물 경매에 따른 법정지상권과 비교

	저당물 경매에 따른 법정지상권	관습지상권
토지/건물 존재	설정 당시	처분 당시
토지/건물 동일인 소유	설정 당시	처분 당시
소유자가 다르게 된 사유	저당권실행경매	매매, 강제경매 등
특약으로 배제	금지 (강행규정)	허용
설정의사(계약)	필요 없음	필요 없음
근거	민법 제366조	관습법
등기?	등기 없이도 취득	등기 없이도 취득
취득자의 지위	지상권자	지상권자
대세효	○	○

연습문제

2021년도 변호사시험 공법 선택형

※ 다음 사례에 관한 아래 각 문항(문 16 ~ 문 17)에 답하시오.

> 甲은 자기 소유의 X토지 위에 Y건물을 신축하기 위하여 건축업자 乙과 공사도급계약을 체결하였다. 이 도급계약에서 건물 소유권은 甲에게 귀속되는 것으로 하고, 공사대금은 건물 완공 시 지급하기로 하였다.
>
> 乙이 위 도급계약에 따라 Y건물의 신축공사를 시작하여 건물의 기둥, 벽체와 지붕공사를 완성한 후 甲은 공사대금 확보를 위하여 A로부터 2억 원을 차용하면서 X토지에 관하여 채권최고액을 2억 2,000만 원으로 하는 A 명의의 근저당권을 설정해주었다.
>
> 甲이 A에 대하여 차용금을 갚지 못하자 A는 X토지에 대하여 담보권 실행 경매를 신청하였고 이 경매절차에서 丙이 X토지를 매수하여 대금을 납입하고 소유권이전등기를 마쳤다.
>
> 乙은 Y건물을 완공한 후 점유하면서 甲에게 공사대금을 지급하고 Y건물을 인도받을 것을 통지하였지만 甲은 공사대금을 지급하지 못하고 있다.

[문 16.] 다음 설명 중 옳은 것(○)과 옳지 않은 것(×)을 올바르게 조합한 것은? (다툼이 있는 경우 판례에 의함)

ㄱ. 甲과 A가 X토지에 관한 근저당권설정계약을 체결하면서 법정지상권의 성립을 배제하기로 하는 특약을 한 경우 甲은 丙에 대하여 법정지상권을 주장할 수 없다.

ㄴ. 甲이 법정지상권에 대하여 등기를 갖추지 않고 있던 중 丙이 丁에게 X토지를 매도하고 소유권이전등기를 마쳐준 경우 甲은 丁에 대하여 법정지상권을 주장할 수 없다.

ㄷ. Y건물에 대한 강제경매절차에서 戊가 Y건물을 매수하고 매각대금을 납입하여 소유권을 취득하면 특별한 사정이 없는 한 법정지상권도 함께 취득한다.

ㄹ. 법정지상권에 관한 지료가 결정되지 않은 경우 甲이 2년 이상 지료를 지급하지 않았더라도 丙은 지상권소멸청구를 할 수 없다.

[문 17.] (생략)

"처분 당시"의 기준시점?

분세점

관습지상권 성립요건으로, "토지 또는 건물이 처분될 당시 토지와 건물 소유자가 동일할 것"이 있다. "처분(될) 당시"란 구체적으로 언제를 의미하는가?

매매, 증여로 처분되는 경우

기준시점: 부동산 소유권 변동 시 ○

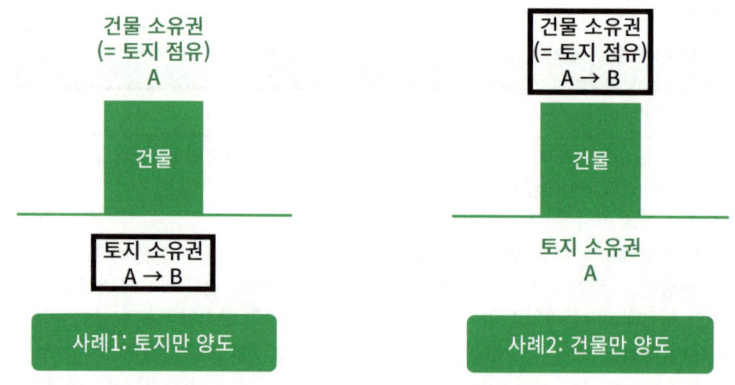

2010다52140전합: 관습상 법정지상권이 성립하려면 토지와 그 지상 건물 ... **소유권이 유효하게 변동될 당시**에 동일인[A]이 토지와 그 지상 건물을 소유하였[어야 한다.]

1. 여기서 "부동산 소유권 변동 시"란? 양수인 B 앞으로 부동산 소유권이전등기가 된 시점을 말한다.

   민법 제186조(부동산물권변동의 효력) 부동산에 관한 법률행위[매매, 증여]로 인한 물권의 득실변경은 등기[부동산 소유권**이전등기**]**하여야 그 효력**이 생긴다.

2. 특별히 문제될 것이 없다.

부동산 압류 후, 부동산 강제경매로 처분되는 경우

기준시점: 부동산 소유권 변동 시 ×, 부동산 압류 효력 발생 시 ○

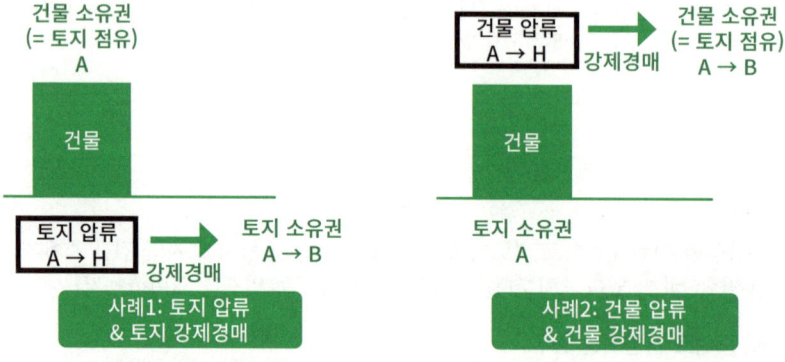

2010다52140전합: 강제경매의 목적이 된 토지 또는 그 지상 건물의 소유권이 강제경매로 인하여 그 절차상의 매수인[B]에게 이전된 경우에 건물의 소유를 위한 관습상 법정지상권이 성립하는[가?]

[이] 문제[는, **경매] 매수인[B]이 소유권을 취득하는 ...시[점이]** 아니라 **그 압류의 효력이 발생하는 때를 기준**으로 하여 토지와 그 지상 건물이 동일인에 속하였는지가 판단되어야 한다.

1. 여기서 "부동산 압류 효력 발생 시"란? 등기관이 법원의 강제경매개시결정 취지를 부동산등기부에 기입한 때를 말한다.

> **민사집행법 제94조(경매개시결정의 등기)** ① 법원이 경매개시결정을 하면 법원사무관 등은 즉시 그 사유를 등기부에 기입하도록 등기관(登記官)에게 촉탁하여야 한다.
> ② 등기관은 제1항의 촉탁에 따라 경매개시결정 사유를 기입하여야 한다.
>
> **민사집행법 제83조(경매개시결정 등)** ④ 압류는 ... 제94조의 규정에 따른 등기가 된 때에 효력이 생긴다.

등기사항전부증명서(말소사항 포함)
- 토지 -

등기고유번호 1111-1995-646464

[토지] 서울특별시 마포구 가수동 55

【 표 제 부 】 (토지의 표시)					
표시번호	접 수	소재지번	지 목	면 적	등기원인 및 기타사항
1	1995년9월21일	서울특별시 마포구 가수동 55	대	83.1㎡	

【 갑 구 】 (소유권에 관한 사항)				
순위번호	등 기 목 적	접 수	등 기 원 인	권 리 자 및 기 타 사 항
1	소유권이전	1985년4월3일 제12345호	1985년2월29일 재산상속	소유자 안소유 670131-******* 대전광역시 서구 화로 111(갈마동)
2	강제경매개시결정	2022년8월17일 제90909호	2022년8월17일 서울서부지방법원의 강제경매개시결정(2022타경28181)	채권자 홍압류 761209-******* 서울특별시 관악구 설로 64(봉천동)

【 을 구 】 (소유권 이외의 권리에 관한 사항)				
순위번호	등 기 목 적	접 수	등 기 원 인	권 리 자 및 기 타 사 항
			기록사항 없음	

2. 여기서 "부동산 소유권 변동 시"란? 부동산 강제경매 매수인 B가 매각대금을 모두 낸 때를 말한다.

> **민사집행법 제135조(소유권의 취득시기)** [부동산강제경매] 매수인[B]은 매각대금을 다 낸 때에 매각의 목적인 권리[부동산소유권]를 취득한다.

3. 왜 부동산 소유권 변동 시가 아니라, 부동산 압류 효력 발생 시를 기준으로 하는 것일까? 이 구조에서, 부동산 소유권 변동 시는 별 의미가 없기 때문이다.

2010다52140전합: [부동산압류 효력발생 시를 기준으로 하는 이유는 무엇인가?] 강제경매개시결정의 기입등기가 이루어져 압류의 효력이 발생한 후에 경매목적물의 소유권을 취득한 이른바 제3취득자[S]는 그의 권리를 경매절차상 매수인[B]에게 대항하지 못[한다. 즉,] 매각대금이 완납되면[(→ 경매 매수인 B가 소유권을 취득하게 되면) **제3취득자 S 명의 등기는**] **직권으로 그 말소[될 운명**이다.] ... 결국 [경매 매수인 B가 소유권을 취득할] 당시 소유자가 누구인지는 이 문제 맥락에서 별다른 의미[가 없다.]

【 갑 구 】		(소유권에 관한 사항)	
순위번호	등 기 목 적	접 수	등 기 원 인	권리자 및 기타사항
1	소유권이전	1985년4월3일 제12345호	1985년2월29일 재산상속	소유자 안소유 670131-******* 대전광역시 서구 화로 111(갈마동)
2	강제경매개시결정	2022년8월17일 제90909호	2022년8월17일 서울서부지방법원의 강제경매개시결정(20 22타경28181)	채권자 홍압류 761209-******* 서울특별시 관악구 설로 64(봉천동)
3	소유권이전	2022년8월23일 제90111호	2022년8월22일 매매	소유자 삼득자 740502-******* 서울특별시 성북구 올래로 6(돈암동)
4	소유권이전	2022년12월12일 제121213호	2022년12월12일 강제경매로 인한 매각	소유자 백경락 710203-******* 서울특별시 강서구 와우로 41(등촌동)
5	2번강제경매개시 결정등기, 3번소 유권이전등기말소	2022년12월12일 제121213호	2022년12월12일 강제경매로 인한 매각	

부동산 가압류 후, 부동산 강제경매로 처분되는 경우

기준시점: 부동산 가압류 효력 발생 시 ○, 부동산 본압류 효력 발생 시 ×

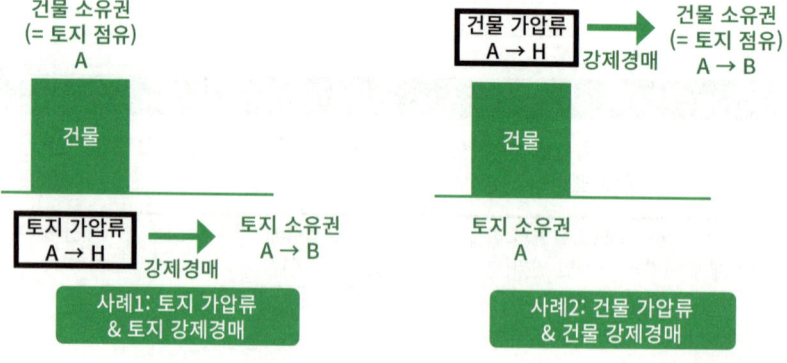

2010다52140전합: 경매의 목적이 된 부동산에 대하여 가압류가 있고 그것이 본압류로 이행되어 경매절차가 진행된 경우 [다음을 기준으로 판단한다. 즉,] **애초 가압류가 효력을 발생하는 때를 기준**으로 토지와 그 지상 건물이 동일인에 속하였는지를 판단하여야 한다.

1. 여기서 "부동산 가압류 효력 발생 시"란? 등기관이 법원의 가압류결정 취지를 부동산등기부에 기입한 때를 말한다.

민사집행법 제293조(부동산가압류집행) ① 부동산에 대한 가압류의 집행은 가압류재판에 관한 사항을 등기부에 기입하여야 한다.

민사집행법 제291조(가압류집행에 대한 본집행의 준용) 가압류의 집행에 대하여는 강제집행에 관한 규정을 준용한다. ...

민사집행법 제83조(경매개시결정 등) ④ 압류는 ... 제94조의 규정에 따른 등기가 된 때에 효력이 생긴다.

【 갑 구 】		(소유권에 관한 사항)	
순위번호	등 기 목 적	접 수	등 기 원 인	권 리 자 및 기 타 사 항
1	소유권이전	1985년4월3일 제12345호	1985년2월29일 재산상속	소유자 안소유 670131-******* 대전광역시 서구 화로 111(갈마동)
2	가압류	2021년7월5일 제31234호	2021년7월4일 서울중앙지방법원의 가압류결정(2021카단555)	청구금액 금5,000,000원 채권자 홍압류 761209-******* 서울특별시 관악구 설로 64(봉천동)
3	소유권이전	2021년7월6일 제31284호	2021년7월4일 매매	소유자 간발차 891030-******* 서울특별시 강북구 조로 21-2(미아동)
4	강제경매개시결정(2번 가압류의 본압류로의 이행)	2022년8월17일 제90909호	2022년8월17일 서울서부지방법원의 강제경매개시결정(2022타경28181)	채권자 홍압류 761209-******* 서울특별시 관악구 설로 64(봉천동)

2. 왜 부동산 (본)압류시가 아니라, 부동산 가압류시를 기준으로 하는 것일까? 이 경우 본압류는 가압류와 일체화되기 때문이다.

2010다52140전합: 강제경매개시결정 이전에 가압류가 있는 경우에는 [어떨까?] 그 가압류가 강제경매개시결정으로 인하여 본압류로 이행되어 가압류집행이 본집행에 **포섭**됨으로써 당초부터[가압류시부터] 본집행이 있었던 것과 같은 효력이 있다.

지금 단계에서 이 부분을 100% 이해하지 못해도 좋다. 가압류, 본압류는 제9강 채무자 재산 보전에서 배운다.

부동산 저당권설정 후, 부동산강제경매로 처분되는 경우

기준시점: 부동산 소유권 변동 시 ×, 부동산 저당권 설정 시 ○

저당권실행경매(임의경매)가 아니라, 강제경매 사안이다. 이 점 주의하라.

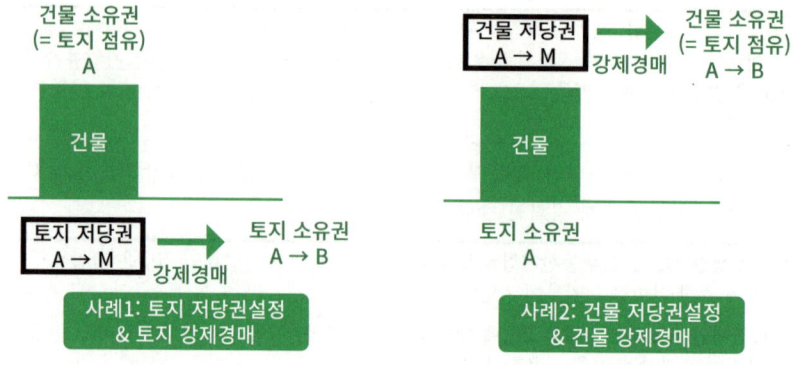

2009다62059: 강제경매의 목적이 된 토지 또는 그 지상 건물에 관하여 강제경매를 위한 압류나 그 압류에 선행한 가압류가 있기 이전에 저당권이 설정되어 있[었다. 그리]다가 강제경매로 저당권이 소멸[했다.]

[이] 경우, 건물 소유를 위한 관습상 법정지상권의 성립 요건인 '토지와 그 지상 건물이 동일인 소유에 속하였는지'를 판단하는 기준 시기[는?] **저당권 설정 당시**[다.]

1. 여기서 "저당권 설정 시"란? 저당권설정등기를 마친 때를 말한다.

   민법 제186조(부동산물권변동의 효력) 부동산에 관한 법률행위[저당권설정계약]로 인한 물권의 득실변경[저당권 취득]은 등기[저당권설정<u>등기</u>]<u>하여야 그 효력</u>이 생긴다.

2. 왜 부동산 소유권 변동 시가 아니라, 저당권 설정 시를 기준으로 하는 것일까? 저당권자를 보호하는 취지다.

2009다62059: 저당권 설정 이후의 특정 시점을 기준으로 토지와 그 지상 건물이 동일인의 소유에 속하였는지에 따라 관습상 법정지상권의 성립 여부를 판단하게 되면, [어떤 문제가 발생할까?]

[그와 같이 가정하면, 다음과 같은 문제가 발생한다.] 저당권자[M]로서는 저당권 설정 당시를 기준으로 그 토지나 지상 건물의 담보가치를 평가하였[던 사람이다. 그런데] 저당권 설정 이후에 토지나 그 지상 건물의 소유자가 변경[A → B]되었다는 외부의 우연한 사정으로 인하여 자신[M]이 당초에 파악하고 있던 것보다 부당하게 높아지거나 떨어진 가치를 가진 담보를 취득하게 [된다. 그 결과 저당권자M으로서는] 예상하지 못한 이익을 얻거나 손해를 입게 [된다.]

연습문제

2022년도 변호사시험 공법 선택형

[문 16.] 법정지상권에 관한 설명 중 옳지 않은 것은? (다툼이 있는 경우 판례에 의함)

① 토지 또는 그 지상 건물의 소유권이 강제경매로 인하여 매수인에게 이전되는 경우, 매각대금의 완납 시를 기준으로 토지와 지상건물이 동일인에게 속하였는지에 따라 관습상 법정지상권의 성립 여부를 가려야 한다.

② 건물의 소유를 위한 법정지상권을 취득한 사람으로부터 경매에 의하여 건물의 소유권을 이전받은 매수인은 특별한 사정이 없는 한 위 법정지상권을 취득한다.

③ 건물공유자 중 1인이 그 건물의 부지인 토지를 단독으로 소유하면서 그 토지에 관하여만 저당권을 설정하였다가 저당권의 실행에 의한 경매로 제3자가 토지의 소유권을 취득한 경우, 건물공유자들은 토지 전부에 관하여 법정지상권을 취득한다.

④ 미등기건물이 그 대지와 함께 매도되었는데 매수인에게 위 대지에 관하여만 소유권이전등기가 마쳐진 경우, 매도인에게 관습상 법정지상권이 인정되지 않는다.

⑤ 채권을 담보하기 위하여 나대지에 가등기가 경료된 다음 대지소유자가 그 지상에 건물을 신축하였는데, 그 후 위 가등기에 기[초]한 본등기가 마쳐진 경우, 특별한 사정이 없는 한 위 건물을 위한 관습상 법정지상권이 성립하지 않는다.

담보지상권

개념

1. 건물이 없는 토지(나대지)를 담보로 받는 사람은, 나대지 그대로의 상태가 유지되기를 바란다.

나대지는 활용 가능성이 무궁무진하다. 건물 때문에 사용을 제한받는 토지보다, 나대지의 가치가 더 높다. 만약 나대지에 누군가 건물을 세우면, 나대지의 교환가치(exchange value)가 떨어진다.

2. 그래서 담보권자는 남들이 나대지에 건물을 세우지 못하도록 지상권까지 설정받아 지상권자가 되기도 한다.

3. 이처럼 담보를 위한 지상권을 담보지상권(superficies for security)이라 부른다.

> **2015다65042:** 근저당권 등 담보권 설정의 당사자들이 담보로 제공된 토지에 추후 용익권이 설정되거나 건물 또는 공작물이 축조·설치되는 등으로 토지의 담보가치가 줄어드는 것을 막기 위하여 담보권과 아울러 설정하는 지상권을 이른바 담보지상권이라고 [한다.]

법적 성격

1. 담보지상권도 지상권이다.
2. 따라서 용익물권이다.
3. 또한, 피담보채권(피담보채무) 개념도 없다.

> **2015다65042:** 지상권은 용익물권으로서 담보물권이 아니므로 피담보채무라는 것이 존재할 수 없다. ... [담보지상권은] 당사자의 약정에 따라 담보권의 존속과 지상권의 존속이 서로 연계되어 있을 뿐이[다.] 이러한 경우에도 지상권의 피담보채무가 존재하는 것은 아니다.

지상권 의의

물권
물건(property)인 토지에 관한 권리이므로 물권(property right)이다.

제한물권
제한물권(restricted real right)이다. 지상권자는 건물을 소유하기 위해 토지를 이용할 권리를 가질 뿐이다. 물건을 포괄적으로 지배하는 소유권과 달리, 물건의 가치를 제한적으로 지배할 뿐이다.

예: 지상권자가 토지를 다른 사람에게 매도, 처분할 권리는 없다.

용익물권
용익물권(usufruct)이다. 즉, 어떤 토지의 사용가치(use value)를 지배하는 물권이다. 쉽게 말해 토지를 이용하기 위한 물권이다.

담보지상권도, 담보물권이 아니라 어디까지나 용익물권이다.

1. 약정 용익물권(usufruct by contract): 의사표시에 따라 설정되는 경우도 있다. 약정지상권이다.
2. 법정 용익물권(usufruct by statute; usufruct by law): 의사표시와 상관없이 설정되는 경우도 있다. 법정지상권이다.

분묘기지권

개념
분묘기지권(right of graveyards)이란?

1. 분묘(grave)를 소유하기 위해,
2. 타인의 토지를 사용하는 것을 내용으로 하는,
3. 관습법상, 즉 법정(by customary law)
4. 물권

즉, 남의 땅에 있는 분묘도, 분묘 주인에게 분묘기지권이 있다면, 분묘를 철거당하지 않아도 된다.

> **2013다17292전합**: 분묘기지권은 분묘를 수호하고 봉제사하는 목적을 달성하는 데 필요한 범위[에]서 타인 소유의 토지를 사용할 수 있고 토지 소유자나 제3자의 방해를 배제할 수 있는 관습상의 물권이[다].
>
> **민법 제1조(법원)** 민사에 관하여 법률에 규정이 없으면 **관습법**에 의하고 관습법이 없으면 조리에 의한다.

민법상 지상권과 비슷하나, 똑같지는 않다.

> **2013다17292전합**: 분묘기지권은 **지상권과 유사한 물권**이지만 우리 민족의 조상숭배 사상과 우리 사회에 고유한 전통과 **관습에 근거**하여 인정된 것[이다. 이에 비추어,] 그 발생이나 소멸, 변동 등에 이르기까지 권리의 내용이 **민법상 지상권과 동일하지 않다**.

관련 용어

1. 분묘기지권 설정(creation; establishment): 토지 소유자가 분묘 소유자를 위해 분묘기지권을 내어 주는 것
2. 분묘기지권자: 분묘기지권을 설정받은 자. 즉 분묘 소유자
3. 분묘기지권설정자: 분묘기지권을 설정해 준 자. 즉 토지 소유자

분묘기지권은 분묘(Y)가 아니라, 토지(X)에 설정된다. 즉, 분묘기지권은 토지(X)에 관한 권리다. 분묘기지권을 설정하는 목적이 분묘(Y)를 소유(수호, 제사)하기 위한 것일 뿐이다. 이 점을 주의하라.

취득 시 등기 필요 여부?

분묘기지권은 법정물권이므로,

1. 분묘기지권 설정이라는 법률행위(legal act), 즉 의사표시(declaration of intention) 없이,
2. 또한 등기 없이,

취득할 수 있다.

> **민법 제187조(등기를 요하지 아니하는 부동산물권취득)** … 법률의 규정에 의한 부동산에 관한 물권의 취득은 등기를 요하지 아니한다. …
>
> **2013다17292전합**: 특성상 분묘기지권은 등기 없이 성립한다.

즉, 설정행위나 등기 없이도 "분묘기지권자"가 될 수 있다.

취득 사유

다음 3가지 중 어느 하나에 해당하면 분묘 소유자는 분묘기지권을 취득한다.

1. 분묘 설치 승낙

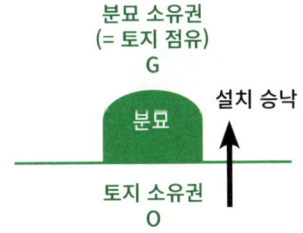

99다14006: 분묘의 기지인 토지가 분묘소유권[G]자 아닌 다른 사람[O]의 소유인 경우에 그 토지 소유자[O]가 분묘소유자[G]에 대하여 **분묘의 설치를 승낙**[했다면? 이] 때에는 그 분묘의 기지에 대하여 분묘소유자[G]를 위한 지상권 유사의 물권(분묘기지권)을 설정한 것으로 보아야 [한다. 즉, G는 **분묘기지권을 취득**한다.]

[그러므로] 이러한 경우 그 토지 소유자[O]는 분묘의 수호·관리에 필요한, 상당한 범위 [에]서는 분묘기지가 된 토지부분에 대한 소유권의 행사가 제한될 수밖에 없다.

분묘기지권 설정을 승낙한 것이 아니라, 분묘 설치를 승낙했다는 취지다. 따라서 설정계약에 따른 취득(법률행위에 따른 물권변동)은 아니다. 즉, 여전히 법정물권이다. 관습법도 법이므로, 관습법상 물권도 법정물권이다.

2. 관습지상권 발생 상황

2013다17292전합: **분묘를 설치한 사람[A]이 토지를 양도한 경우**에 분묘를 이장하겠다는 특약을 하지 않는 한 분묘기지권을 취득한[다.]

67다1920: 자기[A]소유 토지에 분묘를 설치하고 [분묘]를 타[B]에 양도[했다. 이] 경우에는 … 당사자[A, B]간에 특별한 의사표시가 없으면 … 분묘소유를 위하여 산 사람[B]이 토지에 대하여 지상권 유사의 물권[즉, 분묘기지권]을 취득한다.

이때의 분묘기지권은 실제로도 관습지상권에 해당한다.

3. 분묘기지권 시효취득

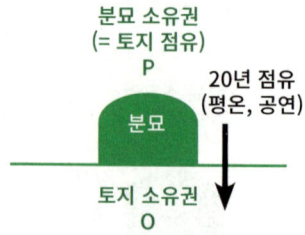

2013다17292전합: 타인 소유의 토지에 소유자의 승낙 없이 분묘를 설치[했다. 그러나 이 경우]에도 **20년간 평온, 공연하게 그 분묘의 기지를 점유**하면 지상권과 유사한 관습상의 물권인 **분묘기지권을 시효로 취득**[한다. 이것은] 오랜 세월 동안 지속되어 온 관습 또는 관행으로서 법적 규범으로 승인되어 왔[다.]

2017다228007전합: 조선시대에는 산림공유(山林公有)의 원칙에 따라 분묘가 주로 설치되던 임야에 대하여 개인의 소유권이 인정되지 않았다. 일제강점기를 거쳐 근대적 임야소유제도가 형성되는 과정에서도 사회 구성원들의 임야에 대한 권리의식은 거의 없거나 매우 낮았고 임야의 경제적 가치도 미미하였다. 한편 매장 중심의 전통적 장묘문화[인데도] 서구사회에서와 같은 공동묘지 등이 없어 분묘를 설치할 토지를 소유하지 못한 대부분의 사람들이 다른 사람의 임야에 조상의 시신을 매장할 수밖에 없었다.

전통적인 대가족 제도와 농경 중심 사회에서는 이웃 간의 정의(情誼)에 따라 임야 소유자로부터 명시적이거나 최소한 묵시적인 승낙을 받고 분묘를 설치하는 경우가 많았지만, 계약서 등 근거자료를 남겨놓는 경우는 매우 드물었다. 토지 소유자가 분묘 설치를 명시적으로 승낙하지 않은 경우에도 임야의 가치와 분묘의 특수성을 고려하여 임야를 무상 사용하는 것을 용인하는 경우가 많았다. 그런데 시간이 흘러 토지와 분묘의 소유자가 바뀌는 등으로 분묘 설치 당시의 사정을 알지 못하는 당사자 사이에 분묘굴이를 요구하는 등 분쟁이 생기는 경우에, 분묘 소유자가 애초에 토지 소유자의 승낙이 있었음을 증명[할 수 없는] 경우가 많았다. 대법원이 민법 시행 전후에 걸쳐 60여 년 동안 일관되게 확인·적용하여 온 분묘기지권의 시효취득에 관한 관습법은, 이러한 애로를 해소해주고 기존에 분묘를 둘러싸고 **장기간 형성된 사실관계를 존중**하여 분묘가 존치될 수 있도록 하였[다.]

다만, 분묘기지권의 시효취득은 2001.경 이전에 설치한 분묘만 적용 가능하다.

2013다17292전합: 이러한 법적 규범[은] 장사법... 시행일인 2001. 1. 13. 이전에 설치된 분묘에 관하여 현재까지 유지되고 있[다.] ... 분묘의 설치기간을 제한하고 토지 소유자의 승낙 없이 설치된 분묘에 대하여 토지 소유자가 이를 개장하는 경우에 분묘의 연고자는 토지 소유자에 대항할 수 없다는 내용의 규정들은 장사법(법률 제6158호) 시행 후 설치된 분묘에 관하여만 적용한다고 명시하고 있[기 때문이다.]

예외

다음 경우, 분묘기지권이 발생하지 않는다.

1. 외관상 분묘라는 점을 알 수 없었다면, 분묘기시권이 발생하지 않는다.

91다18040: 분묘란 그 내부에 사람의 유골, 유해, 유발 등 시신을 매장하여 사자를 안장한 장소를 말[한다.] ... 내부에 시신이 안장되어 있지 않은 것은 분묘라고 할 수 없다.

분묘기지권이 성립하기 위하여는 봉분 등 **외부에서 분묘의 존재를 인식**할 수 있는 형태를 갖추고 있어야 [한다.] 평장되어 있거나 암장되어 있어 객관적으로 인식할 수 있는 외형을 갖추고 있지 아니한 경우에는 분묘기지권이 인정되지 아니한다.

2. 분묘 또는 건물을 처분하면서, 당사자들이 분묘를 철거, 이장하기로 특약하면? 이때도 분묘기지권은 성립하지 않는다. 어차피 철거, 이장할 분묘를 위한 지상권은 필요 없기 때문이다.

> **2013다17292전합**: 분묘를 설치한 사람이 토지를 양도한 경우에 <u>**분묘를 이장하겠다는 특약을 하지 않는 한**</u> 분묘기지권을 취득한[다.]

제도 취지

> **2013다17292전합**: 예로부터 … 조상숭배사상의 영향으로 … 분묘를 … 존엄한 장소로서 존중해야 하며 함부로 훼손하여서는 아니 된다는 관념이 형성되었다. … 우리 사회의 기본적인 장묘(葬墓)의 방법은 시신이나 유골을 땅에 묻는 '매장'이었다.
>
> 대법원은 우리 사회에 널리 퍼져있던 **매장 중심의 장묘문화**와 이를 바탕으로 인정된 분묘의 수호 봉사를 위한 토지 사용권의 보호를 내용으로 하는 **관습 또는 관행**의 존재를 근거로 [다음과 같이 판단해 왔다. 즉,] 분묘를 소유하기 위한 토지 사용권인 분묘기지권을 **지상권과 유사한 관습법에 의한 물권**으로 인정[한다. 그리고] 토지 소유자의 승낙이나 취득시효를 원인으로 분묘기지권을 취득한[다.]
>
> [특히, 분묘기지권의 시효취득은 다음과 같은 의미가 있다.] 분묘를 설치하는 자는 토지 소유자로부터 명시적이거나 최소한 묵시적인 승낙을 받은 경우가 대부분이[다. 하지만,] 타인 소유의 토지에 분묘를 설치할 때에 계약서 등 근거자료를 작성하거나 이를 남겨놓는 경우는 매우 드물었다. … 토지 소유자가 바뀌는 등으로 … 시비가 생기는 경우에 분묘기지권을 주장하는 자가 토지 소유자의 승낙을 받았다는 사실을 증명하는 것이 사실상 불가능한 경우가 빈발[한다. 그리]므로 [분묘기지권의 시효취득은] 이러한 애로를 해소해 주는 측면이 있[다.] 그것이 취득시효제도의 존재 이유에 부합[한다.]

효력 범위

1. 존속기간

> **2005다44114**: 특별한 사정이 … 없는 경우에는 권리자가 분묘의 수호와 봉사를 계속하며 그 분묘가 존속하[는] 동안 존속한[다.]

2. 이용범위

> **2013다17292전합**: 분묘기지권은 분묘를 수호하고 봉제사하는 **목적**을 달성하는 데 **필요한 범위**[에]서 [권한 행사가 가능한] … 관습상의 물권이[다.]
>
> **2001다28367**: 분묘기지권에는 그 효력이 미치는 지역의 범위[라]고 할지라도 기존의 분묘 외에 새로운 분묘를 신설할 권능은 포함되지 아니[한다.]

지역권
Servitude

명나라로 가려 하니 길을 빌려 달라. - 도요토미 히데요시

지역권

개념

지역권(servitude)이란?

1. 자기 토지를 위해,
2. 타인의 토지를 이용하는 것을 내용으로 하는,
3. 물권

쉽게 말해, 토지가 토지를 부려서 이익을 얻는 것이다.

> **민법 제291조(지역권의 내용)** 지역권자는 일정한 목적을 위하여 **타인의 토지를 자기토지의 편익에 이용**하는 권리가 있다.

관련 용어

1. 지역권 설정(creation; establishment): 다른 토지(A)를 위해 자기 토지(B)를 쓰게 내어 주는 것
2. 요역지(dominant tenement): 편익이 필요한 토지(A)
3. 승역지(servient tenement): 편익을 제공해 주는 토지(B)
4. 지역권자: 요역지 소유자
5. 지역권설정자: 승역지 소유자

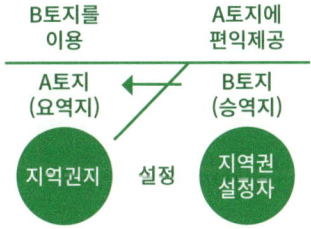

지역권은 요역지(A)가 아니라, 승역지(B)에 설정한다. 즉, 지역권은 승역지(B)에 관한 권리다. 지역권을 설정하는 목적이 요역지(A)의 이용을 위한 것일 뿐이다.

사례

법률행위에 따른 지상권(약정지역권)

법률행위(legal act)에 따른 지역권설정 사례가 있다. 즉, 의사표시(declaration of intention)에 따른 지역권설정 경우다. 이러한 지역권을 약정지역권(servitude by contract)이라 한다.

1. 지역권설정계약(승역지 B토지): K는 A토지 소유자다. 큰길에서 A토지로 가려면 B토지를 통하는 것이 편리하다. 그래서 A토지 소유자 K는 B토지 소유자 P에게, "매년 얼마씩 지료를 낼 테니 B토지를 통행할 수 있게 해달라" 했다. 이에 대해 P가 승낙했다. 이 합의(계약)를 지역권설정계약이라 한다.

길이 없어 차량통행 할 수 없는 땅, 즉 길이 연결되지 않은 토지를 "맹지(land without legal access; land-locked)"라 한다(토지에는 도로명주소가 없다는 점을 다시 떠올려 보자). 도로에 접한 토지를 승역지, 맹지를 요역지로 하여 통행지역권을 설정하는 사례가 많다.

79다1704: [P]가 [P] 소유의 [B]토지에 도로를 개설하여 [A 토지 소유자 K]로 하여금 영구히 사용케 한다고 약정하고 그 대금을 수령[했다. 이] 경우 위 약정을 지역권 설정에 관한 합의라고 [볼 수 있다.]

2. 지역권설정등기(승역지 B토지): 그 후 K와 P는 관할 등기소에 승역지(B토지)에 관해 지역권설정등기 신청까지 했다. 이에 따라 승역지(B토지)에 "지역권설정등기"를 마쳤다.

부동산등기법 제3조(등기할 수 있는 권리 등) 등기는 부동산의 표시(表示)와 다음 각호의 어느 하나에 해당하는 권리의 보존, 이전, 설정, 변경, 처분의 제한 또는 소멸에 대하여 한다.

   3. **지역권**(地役權)

부동산등기법 제70조(지역권의 등기사항) 등기관이 **승역지[B토지]**의 등기기록에 지역권설정의 등기를 할 때에는 제48조 ... 사항 외에 다음 각호의 사항을 기록하여야 한다. ...

   1. 지역권설정의 목적

   2. 범위

   3. 요역지

   5. 승역[지] 일부에 지역권설정의 등기를 할 때에는 그 부분을 표시한 도면의 번호

부동산등기법 제48조(등기사항) ① 등기관이 갑구 또는 을구에 권리에 관한 등기를 할 때에는 다음 각호의 사항을 기록하여야 한다.

   1. 순위번호

   2. 등기목적

   3. 접수연월일 및 접수번호

   4. 등기원인 및 그 연월일

   5. 권리자

등기사항전부증명서(말소사항 포함)
- 토지 -

등기고유번호 1111-2001-121211

[토지] 서울특별시 마포구 상부동 45

【 표 제 부 】 (토지의 표시)					
표시번호	접 수	소재지번	지 목	면 적	등기원인 및 기타사항
1	2001년3월4일	서울특별시 마포구 상부동 45	대	200.3㎡	

【 갑 구 】 (소유권에 관한 사항)				
순위번호	등 기 목 적	접 수	등 기 원 인	권리자 및 기타사항
1	소유권이전	2011년4월4일 제1515호	2011년3월28일 재산상속	소유자 설청자 900607-******* 서울특별시 마포구 월드로 3(상부동)

【 을 구 】 (소유권 이외의 권리에 관한 사항)				
순위번호	등 기 목 적	접 수	등 기 원 인	권리자 및 기타사항
1	지역권설정	2022년8월17일 제4545호	2022년8월16일 설정계약	목적 통행 범위 남측 15m 요역지 서울특별시 마포구 상부동 44 지역권자 지혁권 880103-******* 서울특별시 노원구 학원로 12(상계동)

3. 요역지지역권등기(요역지 A토지): 요역지(A토지)에도 등기가 이루어진다.

요역지(A토지) 경우는, 당사자들이 따로 등기신청을 하는 것이 아니라, 등기소에서 직권으로 한다.

부동산등기법 제71조(요역지지역권의 등기사항) ① 등기관이 승역지에 지역권설정의 등기를 하였을 때에는 **직권으로** 요역지의 등기기록에 다음 각호의 사항을 기록하여야 한다.

1. 순위번호
2. 등기목적
3. 승역지
4. 지역권설정의 목적
5. 범위
6. 등기연월일

등기사항전부증명서(말소사항 포함)
- 토지 -

등기고유번호 1111-1999-121211

[토지] 서울특별시 마포구 상부동 44

【 표 제 부 】		(토지의 표시)			
표시번호	접 수	소재지번	지 목	면 적	등기원인 및 기타사항
1	1999년1월3일	서울특별시 마포구 상부동 44	대	131.3㎡	

【 갑 구 】		(소유권에 관한 사항)		
순위번호	등 기 목 적	접 수	등 기 원 인	권 리 자 및 기 타 사 항
1	소유권이전	2020년5월7일 제1888호	2020년5월6일 매매	소유자 지혁권 880103-******* 서울특별시 노원구 학로12(상계동)

【 을 구 】		(소유권 이외의 권리에 관한 사항)		
순위번호	등 기 목 적	접 수	등 기 원 인	권 리 자 및 기 타 사 항
1	요역지 지역권			승역지 서울특별시 마포구 상부동 45 목적 통행 범위 남측 15m 2022년8월17일 등기

법률행위에 따르지 않은 지역권(법정지역권)

법률행위가 없더라도, 법에서 지역권이 설정되도록 정해 놓는 경우가 있다. 법정지역권(servitude by statute; servitude by law)이라 한다.

인접한 토지 소유자들이 더불어 살 수 있도록, 자동으로 지역권이 발생하도록 한 경우가 많다. 그 근거조항을 상린관계(neighborly relationship) 규정이라 한다. 모두 암기할 필요는 없다. 취지만 이해하면 충분하다. 예를 들어 보자.

2010다103086: 인접하는 토지[A, B] 상호 간의 이용의 조절을 위한 상린관계에 관한 민법 등의 규정은 인접지[B] 소유자에게 소유권에 대한 제한을 수인할 의무를 부담하게 [한다. 그러]므로 적용 요건을 함부로 완화하거나 유추하여 적용할 수는 없[다.]

1. 수도 등 시설권(right of installing pipes)

민법 제218조(수도 등 시설권) ① [A]토지 소유자는 타인의 [B]토지를 통과하지 아니하면 필요한 수도, 소수관, 까스관, 전선 등을 시설할 수 **없거나 과다한 비용**을 요하는 경우에는 타인의 [B]토지를 통과하여 이를 시설할 수 있다. …

2015다247325: 민법 제218조 제1항 본문[의] … **수도 등 시설권은 법정의 요건을 갖추면 당연히 인정**되는 것이[다.] 시설권에 근거하여 수도 등 시설공사를 시행하기 위해 따로 수도 등이 통과하는 [B]토지 소유자의 동의나 승낙을 받아야 하는 것이 아니다. 따라서 [B]토지 소유자의 동의나 승낙은 민법 제218조에 기초한 수도 등 시설권의 성립이나 효력 등에 어떠한 영향을 미치는 법률행위…라고 볼 수 없다.

승역지(B토지)를 이용하지 않으면 절대적으로 과다한 비용이 드는 때 시설권을 인정한다. 단순히 상대적으로 비용이 더 드는 정도만으로는 부족하다.

2010다103086: [수도 등 시설권은] 타인의 [B]토지를 통과하지 않고는 전선 등 불가피한 시설을 할 수가 없[어야만 인정된다. 인접한 타인의 [B]토지를 통과하지 않고도 시설을 ... 할 수 있는 경우에는 [어떨까?] 스스로 그와 같은 시설을 하는 것이 타인의 [B]토지[를] 이용하는 것보다 **비용이 더 든다는 등의 사정...만으로[는]** 이웃토지[B] 소유자에게 그 [B]토지의 사용...을 수인하라고 요구할 수 있는 권리[가] 인정될 수 없다.

2. 무넘기 권리(right of discharging surplus water)

민법 제226조(여수소통권) ① 고지[A]소유자는 침수지[A]를 건조하기 위하여 또는 가용이나 농, 공업용의 **여수를 소통하기 위하여** 공로, 공류 또는 하수도에 달하기까지 저지[B]에 물을 통과하게 할 수 있다.

2000다11645: 민법 제226조는 고지[A]소유자에게 여수소통을 위하여 공로, 공류 또는 하수도에 달하기까지의 저지[B]에 **물을 소통할 권리를 인정**[한 취지다.]

승역지(B토지)를 통과하지 않으면 절대적으로 과다한 비용이 드는 때 무넘기 권리를 인정한다. 단순히 상대적으로 비용이 더 드는 정도만으로는 부족하다.

2010다103086: [무넘기 권리는] 타인의 [B]토지를 통하지 않으면 물을 소통할 수 없는 합리적 사정이 있어야만 인정[된다.] ... 인접한 타인의 [B]토지를 통과하지 않고도 ... 물을 소통할 수 있는 경우에는 [어떨까?] 스스로 그와 같은 시설을 하는 것이 타인의 [B]토지[를] 이용하는 것보다 **비용이 더 든다는 등의 사정...만으로[는]** 이웃토지[B] 소유자에게 그 [B]토지의 사용...을 수인하라고 요구할 수 있는 권리[가] 인정될 수 없다.

3. 주위토지통행권(right of passing over surrounding land)

민법 제219조(주위토지통행권) ① 어느 토지[A]와 공로[(도로)]사이에 그 토지[A]의 용도에 필요한 통로가 없는 경우에 [어떻게 되는가?] 그 토지 소유자는 주위의 토지[B]를 통행 또는 통로로 하지 아니하면 공로[(도로)]에 **출입할 수 없거나 과다한 비용**을 요하는 때에는 그 주위의 토지[B]를 통행할 수 있고 필요한 경우에는 통로를 개설할 수 있다. ...

2013다11669: 주위토지통행권은 **법정의 요건을 충족하면 당연히 성립**하고 요건이 없어지게 되면 당연히 소멸한다.

도로는 항상 열려 있어야 한다(*Straßen müssen altzeit offen sein*; Roads have to be open). 다만, 승역지(B토지)를 통과하지 않으면 절대적으로 과다한 비용이 드는 때 주위토지통행권을 인정한다. 단순히 상대적으로 비용이 더 드는 정도만으로는 부족하다.

2016다39422: 주위통지통행권은 공로[(도로)]와 사이에 그 토지[A]의 용도에 필요한 통로가 없는 경우에 피통행지[B] 소유자의 손해를 무릅쓰고 특별히 인정하는 것이[다.]

95다1088: [그러므로] 그 소유 [A]토지의 용도에 필요한 통로가 있는 경우에는 그 통로[B]를 사용하는 것보다 더 편리하다는 이유만으로 다른 장소[B]로 통행할 권리를 인정할 수 없다.

등기가 필요한가?

1. 약정지역권(servitude by contract), 즉 법률행위(의사)에 따른 지역권 경우, 등기가 이루어져야 비로소 그때 지역권을 취득한다.

지역권설정계약을 체결한 자(K)는 설정자(P)를 상대로 지역권설정등기 청구를 할 수 있다.

> **민법 제186조(부동산물권변동의 효력)** 부동산에 관한 법률행위로 인한 물권의 득실변경은 **등기하여야 그 효력**이 생긴다.

> **71다249:** [K]는 아직 지역권설정**등기를 이행받지 못하여 지역권을 취득하지 못하고 있[다.]** ... [K]가 [P]와 간의 ... 지역권설정계약을 원인으로 ... [P]에게 구하는 ... 지역권설정등기 이행청구[는] 정당[하다.]

2. 법정지역권(servitude by statute; servitude by law) 경우, 즉 법률행위(의사)에 따르지 않은 지역권 경우, 등기 없이도, 요건을 갖춘 순간 지역권을 취득한다.

> **민법 제187조(등기를 요하지 아니하는 부동산물권취득)** ... 법률의 규정에 의한 부동산에 관한 물권의 취득은 **등기를 요하지 아니한다.** ...

> **92다30528:** 타인의 토지를 통행할 수 있는 권리로는 민법 제219조[에서 정한] 법정통행권 즉 주위토지통행권[이 대표적이다.]

민법 제219조와 무관하게, 계약(법률행위)으로 통행권을 발생시켜도 된다. 그러나 그때의 통행권은 "지역권(물권)"은 아니다. 남의 땅에 건물을 소유하는 근거가 지상권(물권)일 수도 있고, 토지임차권(채권)일 수도 있는 것과 마찬가지다.

> **92다30528:** 타인의 토지를 통행할 수 있는 권리로는 ...[그] 외에도 통행지 소유자와의 합의(계약)에 의한 통행권 즉 약정통행권이 있을 수 있[다.] 약정통행권은 지역권설정계약에 의하거나, 임대차 또는 사용대차계약에 의할 수도 있고, 민법이 규정하지 아니한 무명의 계약에 의할 수도 있을 것이다.

지역권 의의

물권

물건(property)인 토지에 관한 권리이므로 물권(property right)이다.

제한물권

승역지(B토지)에 관한 제한물권(restricted real right)이다.

1. 지역권자는 요역지(A토지)로 편익을 얻기 위해 그 한도에서만 승역지(B토지)를 이용할 권리를 가진다.
2. 토지(B토지)를 포괄적으로 지배하는 소유권과 달리, 지역권자는 토지(B토지)의 가치를 제한적으로 지배할 뿐이다.

가령 지역권자가 토지(B토지)를 다른 사람에게 매도, 처분할 권리는 없다.

용익물권

용익물권(usufruct)이다. 즉, 어떤 토지의 사용가치(use value)를 지배하는 물권이다. 쉽게 말해 토지를 이용하기 위한 물권이다.

1. 약정 용익물권(usufruct by contract): 의사표시에 따라 설정되는 경우도 있다. 약정지역권이다.
2. 법정 용익물권(usufruct by statute; usufruct by law): 의사표시와 상관없이 설정되는 경우도 있다. 법정지역권이다.

유치권
Right of Retention; Lien

기다림만으로 사는 사람은 굶어 죽는다. - 이탈리아 속담

유치권

개념

유치권(right of retention; lien)이란?

1. 타인 물건에 관해 생긴 채권을,
2. 담보하기 위해,
3. 그 물건을 점유(유치)할 것을 내용으로 하는,
4. 법정물권(property right by statute)

쉽게 말해, 어떤 물건 관련한 돈을 갚을 때까지 그 물건을 안 돌려주는 것이다.

> **민법 제320조(유치권의 내용)** ① 타인의 물건...을 점유한 자는 그 물건...에 관하여 생긴 채권이 변제기에 있는 경우에는 변제를 받을 때까지 그 물건...을 유치할 권리가 있다.

관련 용어

1. 유치권자: 채권자로서 점유자
2. 유치물(retained property): 그 점유하는 물건

"물건"은 동산과 부동산을 포괄한다. 즉, 동산, 부동산 모두 유치권이 성립할 수 있다.

3. 유치권 성립(설정): 유치권이 발생하는 것
4. 피담보채권(secured claim): 채권자의 그 채권(채무)
5. 유치(retention): 변제를 다 받을 때까지 물건을 점유하는 것.

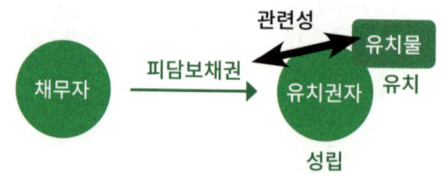

사례

사실관계

1. K는 기계에 달통한 사촌 D를 찾아가 유상으로 휴대전화기 수리를 맡겼다.
2. 수리비는 실제로 15만 원이 나왔다.
3. 수리가 다 됐다고 연락을 받고 K가 찾으러 왔는데, K는 10만 원 정도만 나올 줄 잘못 알고 10만 원만 가져왔다.

유치권 성립

1. D는 실제 비용 15만 원을 모두 받을 때까지 휴대전화기를 돌려줄 수 없다며 휴대전화기를 계속 점유할 권리가 있다.

2. 이 물권을 유치권이라 부른다.

> **민법 제320조(유치권의 내용)** ① 타인[K]의 물건[휴대전화기]...을 점유한 자[D]는 그 물건[휴대전화기]...에 관하여 생긴 채권[15만 원 수리비 채권]이 변제기에 있는 경우에는 변제를 받을 때까지 그 물건[휴대전화기]...을 유치할 권리가 있다.

3. 이때 D가 갖는 권리는 물권(property right)이다. 따라서 대세효가 있다. D는 누구에게나 위 권리를 주장할 수 있다.

> **2011다84298**: 우리 법에서 유치권제도는 무엇보다도 권리자[D]에게 그 목적인 물건[휴대전화기]을 유치하여 계속 점유할 수 있는 대세적 권능을 인정한[다.] ... 유치권자[D]는 ... 저당권의 실행절차에서 목적물을 매수한 사람을 포함하여 목적물의 소유자 기타 권리자에 대하여 위와 같은 **대세적인 인도거절권능**을 행사할 수 있다.

기능

변제의 심리적 강제

1. 유치권자가 유치물을 유치하고 있으면,

2. 채무자의 변제를 심리상으로 강제한다.

> **2011다84298**: 소유권 등에 기[초]하여 목적물[휴대전화기]을 인도받고자 하는 사람[K]...은 유치권자[D]가 가지는 그 피담보채권[15만 원 수리비 채권]을 만족시키는 등으로 유치권이 소멸하지 아니하는 한 그 인도를 받을 수 없[다. 그리]므로 실제로는 [채무자 K는] 그 **변제를 강요**당하는 셈이 된다. 그와 같이 하여 유치권은 유치권자[D]의 그 채권[15만 원 수리비 **채권]의 만족을 간접적으로 확보**하려는 것이다.

3. 따라서, 채권(피담보채권) 효력을 강화한다.

> **2011다84298**: 유치권자[D]는 ... 대세적인 인도거절권능을 행사할 수 있다. 따라서 ... 유치권은 대부[분] 경우에 **사실상** 최우선순위의 담보권으로서 작용[한다.] 유치권자[D]는 자신의 채권[15만 원 수리비 채권]을 목적물[휴대전화기]의 교환가치로부터 일반채권자는 물론 [다른 담보권자]에 대하여도 그 **성립의 선후를 불문하여 [사실상] 우선적**으로 자기[D] 채권[15만 원 수리비 채권]의 만족을 얻을 수 있게 된다.

공평

위와 같이 처리하는 것이 공평하나.

> **2005다16942**: 유치권 제도 본래의 취지[는] 공평의 원칙[이다.]

> **2011다84298**: 법이 유치권제도를 마련하여 [다른 담보권자들이] 위와 같은 거래상의 부담[을 느끼게 된다. 그럼에도 법이 그러한 결과를] 감수하는 것은 [왜일까?] 유치권에 의하여 우선적으로 만족을 확보하여 주려는 그 피담보채권[15만 원 수리비 채권]에 특별한 보호가치가 있다는 것에 바탕을 둔 것[이다.]

유치권 취득

법정물권인 유치권
당사자들이 "D에게 유치권을 주자"라고 합의(계약)한 적이 없다. 누구든 유치권을 부여하려는 의사표시가 없었다. 즉, 유치권은,

1. 법률행위에 따라 발생한 물권이 아니다. 즉, 약정물권이 아니다.
2. 법률행위에 따르지 않고(법률규정에 따라) 발생한 물권이다. 즉, 법정물권이다.

등기가 필요한가?
1. 유치권은 법정물권(property right by statute; property right by law)이므로,
2. 등기 없이도, 요건을 갖춘 순간 유치권을 취득한다.

> 민법 제187조(등기를 요하지 아니하는 부동산물권취득) ... 법률의 규정에 의한 부동산에 관한 물권의 취득은 **등기를 요하지 아니한다**. ...
>
> 2011다84298: 유치권은 목적물의 소유자[K]와 채권자[D]와의 사이의 **계약에 의하여 설정되는 것이 아니다**.] 법[에서] 정하는 일정한 객관적 요건(민법 제320조 제1항... 등 참조)을 갖춤으로써 발생하는 이른바 **법정담보물권**이다.

물건과의 관련성?

문제점
피담보채권이 목적물(물건)에 관해 생긴 채권이어야 하는가? 즉, 유치권 성립요건으로, 물건과의 관련성(relevancy)이 필요한가?

관련성을 견련성 또는 견련관계라고도 표현한다.

원칙(민법상 유치권): 관련성 필요
유치권이 성립하려면, 피담보채권이 목적물에 관해 생긴 채권이어야 한다. 즉, 관련성이 필요하다.

예: 위 사례에서 K가 작년에 디지털카메라를 사기 위해 D에게 50만 원을 대여받은 것이 있었다고 하자.

1. 유치권자 D가 휴대전화기 수리비용(15만 원)을 다 받을 때까지 휴대전화기를 유치할 수는 있다. 즉, 유치권이 성립한다.
2. 그러나 유치권자 D가 수리비용 15만 원을 다 받았는데도, 대여금 50만 원을 받기 위해 휴대전화기를 유치할 수는 없다. 휴대전화기와 대여금채권 50만 원의 관련성이 없기 때문이다. 즉, 유치권이 성립하지 않는다.

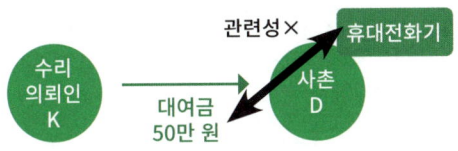

> **민법 제320조(유치권의 내용)** ① 타인[K]의 물건[휴대전화기]...을 점유한 자[D]는 그 물건...에 관하여 생긴 채권[15만 원 수리비 채권]이 변제기에 있는 경우에는 변제를 받을 때까지 그 물건[휴대전화기]...을 유치할 권리가 있다.

> **2011다84298:** 민사유치권의 경우에는 객관적으로 점유자의 채권과 그 목적물 사이에 특수한 관계(민법 제320조 제1항의 문언에 의하면 "그 물건에 관한 생긴 채권"일 것, 즉 이른바 '**물건과 채권과의 견련관계**'가 있는 것)가 [필요하다.]

그렇다면, 언제 관련성이 있고 언제 관련성이 없는가? 어쩔 수 없이, 사안마다 개별적으로 판단할 수밖에 없다.

> **2005다16942:** 민법 제320조 제1항에서 "그 물건에 관하여 생긴 채권"[이란 무엇인가?] 유치권 제도 본래의 취지인 공평의 원칙에 특별히 반하지 않는 한 채권이 **목적물 자체로부터 발생**한 경우는 물[론 포함한다. 나아가] 채권이 **목적물의 반환청구권과 동일한 법률관계나 사실관계로부터 발생**한 경우도 포함[한다.]

> 다세대주택의 창호 등의 공사를 완성한 하수급인이 공사대금채권 잔액을 변제받기 위하여 위 다세대주택 중 한 세대를 점유하여 유치권을 행사하는 [사안이다.] 그 유치권은 위 한 세대에 대하여 시행한 공사대금만이 아니라 다세대주택 전체에 대하여 시행한 공사대금채권의 잔액 전부를 피담보채권으로 하여 성립한다고 본 사례.

예외(상사유치권): 관련성 불필요

그러나 예외가 있다. 상인 간 상행위에 따른 채무는 물건과 관련성이 없어도 유치권이 성립한다. 이것을 상사유치권이라 부른다. 쉽게 말해, 장사꾼들끼리는 채무가 꼭 그 물건에 관해 생긴 것이 아니라도 유치권이 성립할 수 있다.

> **2012다37176:** 상법은 상인 간의 거래에서 신속하고 편리한 방법으로 담보를 취득하게 하기 위한 목적에서 민법상의 유치권과 별도로 상사유치권에 관한 규정을 두고 있다.

예: 도매상 A가 창고업자 B에게 사업상 대출로 2,000만 원 채무를 지고 있다고 하자. 그 상태에서, A는 사업상 전자레인지 화물을 B에게 맡겼다 찾으려고 한다.

1. 이 경우, B는 위 2,000만 원을 받을 때까지 전자레인지 화물을 점유(유치)할 수 있다.
2. 전자레인지 화물과 사업상 대출채무 2,000만 원은 아무런 관련이 없다. 그럼에도, 상사유치권은 성립할 수 있다.

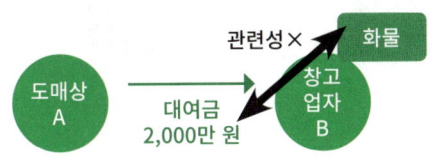

상법 제58조(상사유치권) 상인[A, B]간의 상행위로 인한 채권[사업상 2,000만 원 대출채권]이 변제기에 있는 때에는 채권자[B]는 변제를 받을 때까지 그 채무자[A]에 대한 상행위[사업상 전자레인지 화물 임치]로 인하여 자기가 점유하[는] 채무자[A] 소유의 물건[전자레인지 화물]...을 유치할 수 있다. ...

2011다84298: 상법 제58조에서 정하는 상사유치권은 단지 상인[A, B] 간의 상행위에 기[초]하여 채권[사업상 2,000만 원 대출채권]을 가지는 사람이 채무자[A]와의 상행위...에 기[초]하여 채무자[A] 소유의 물건[전자레인지 화물]을 점유하는 것만으로 바로 성립[한다. 이러한 상사유치권은] ... 목적물과 피담보채권 사이의 이른바 견련관계를 요구하는 민사유치권보다 그 인정 범위가 현저하게 광범위하다.

2010다57350: 상사유치권은 민사유치권과 달리 **피담보채권[사업상 2,000만 원 대출채권]**이 '목적물[전자레인지 화물]에 관하여' 생긴 것일 필요는 없[다](상법 제58조, 민법 제320조 제1항 참조).

상사유치권은 민법상 유치권(민사유치권)의 특별규정이다. 상법은 민법의 특별법 관계에 있다. 특별법(special)은 일반법(general)에 우선한다.

상법 제1조(상사적용법규) 상사에 관하여 본법[상법]에 규정이 없으면 상관습법에 의하고 상관습법에 **없으면 민법**의 규정에 의한다.

물건 소유권?

문제점
유치권이 성립하려면, 목적물(물건)이 채무자 소유여야 하는가?

원칙(민법상 유치권): 채무자 소유 물건일 필요 없음
유치권이 성립하기 위해, 물건이 채무자 소유일 필요가 없다. 즉, 어떤 물건에 관해 채무가 발생했다면, 그 채무자가 그 물건 소유자가 아니더라도, 유치권은 성립할 수 있다.

예: 앞 C-D 간 사례에서,

1. 수리비 채권자 D는 휴대전화기 수리비용(15만 원)을 다 받을 때까지 휴대전화기를 유치할 수 있는, 유치권을 취득한다.

2. 만약, 물건(휴대전화기)이 수리비 채무자 K의 애인 E 소유였다면? 상관없다. 이 경우도 D는 여전히 유치권을 취득한다. 민법 제320조 제1항이 채무자[K] 소유여야 한다고 한정하지 않기 때문이다.

> **민법 제320조(유치권의 내용)** ① **타인[E]의** 물건[휴대전화기]...을 점유한 자[D]는 <u>그 물건</u>...에 관하여 생긴 채권[15만 원 수리비 채권]이 변제기에 있는 경우에는 변제를 받을 때까지 그 물건[휴대전화기]...을 유치할 권리가 있다.

다만, 타인 물건이긴 해야 한다. 채권자 자기 소유 물건이어서는 안 된다. 즉, 자기 소유 물건에 관해서는 유치권이 성립하지 않는다. 예를 들어, 휴대전화기가 수리비 채권자 D의 소유였다면? 이 경우는 D가 유치권을 취득할 수 없다.

> **91다14116:** 유치권은 타물권[이다. 즉, 자기 소유 물건에 유치권이 성립할 수 없다.]
> 수급인의 재료와 노력으로 건축되었고 독립한 건물에 해당되는 기성부분은 수급인의 소유[다. 그러]므로 수급인은 공사대금을 지급받을 때까지 이에 대하여 유치권을 가질 수 없다.

예외(상사유치권): 채무자 소유 물건이어야 함

그러나 상사유치권 경우는 다르다. 상사유치권이 성립하려면, 물건이 피담보채권 채무자의 소유여야 한다.

예: 앞 A-B 간 사례에서,

1. 대출 채권자 B는 대출금(2,000만 원)을 다 받을 때까지 전자레인지 화물을 유치할 수 있는, 상사유치권을 취득한다고 했다.
2. 그러나 만약, 물건(전자레인지 화물)이 대출 채무자 A의 거래업체 Y 소유였다면? 결론이 달라진다. 이 경우는 B가 상사유치권을 취득할 수 없다.

> **상법 제58조(상사유치권)** 상인[A, B]간의 상행위로 인한 채권[사업상 2,000만 원 대출채권]이 변제기에 있는 때에는 채권자[B]는 변제를 받을 때까지 그 채무자[A]에 대한 상행위[사업상 전자레인지 화물 임치]로 인하여 지기가 점유 하[는] <u>채무자[A] 소유의</u> 물건[전자레인지 화물]...을 유치할 수 있다. ...

> **2010다57350:** <u>상사유치권은 민사유치권과 달리 ... 유치권의 대상이 되는 물건은 '채무자 소유'일 것으로 제한</u>되어 있다(상법 제58조, 민법 제320조 제1항 참조).

이렇게 민사유치권과 상사유치권 요건을 달리 규정한 것은, 나름의 이유가 있다.

> **2010다57350:** [이처럼] 상사유치권의 대상이 되는 목적물을 '채무자 소유의 물건'에 한정하는 취지는 [다음과 같다.] 상사유치권의 경우에는 목적물과 피담보채권 사이의 견련관계가 완화...[되어 있다. 그러다 보면,] 피담보채권이 유치권자와 채무자 사이에 발생하는 모든 상사채권으로 무한정 확장될 수 있[다.] 그로 인하여 이미 제3자가 목적물에 관하여 확보한 권리를 침해할 우려가 있[다. 이런 문제가 있어서,] 상사유치권의 성립 범위 또는 상사유치권으로 대항할 수 있는 범위를 제한한 [취지다.]

즉 상사유치권이 채무자 소유의 물건에 대해서만 성립한다는 것은, 상사유치권은 성립 당시 채무자가 목적물에 대하여 보유하[는] 담보가치만을 대상으로 하는 제한물권이라는 의미를 담고 있[다.]

연습문제

2019년도 변호사시험 민사법 선택형

[문 9.] 유치권에 관한 설명으로 옳지 않은 것은? (다툼이 있는 경우 판례에 의함)

① 도급인과 건물신축공사 계약을 체결한 수급인이 공사완료 예정일에 공사를 완료하였으나 도급인이 공사대금을 지급하지 않는 경우, 수급인은 공사대금청구권 및 공사대금 채무불이행에 따른 손해배상청구권을 피담보채권으로 하여 도급인에게 위 신축건물에 관한 유치권으로 대항할 수 있다.

② 다세대주택 전체의 창호 공사를 완성한 수급인이 위 공사 전부에 대하여 일률적으로 지급하기로 한 공사대금 잔액을 변제받기 위하여 위 다세대주택 중 한 세대를 점유하여 유치권을 행사하는 경우, 그 유치권은 위 한 세대에 대하여 시행된 공사대금만이 아니라 위 다세대주택 전체에 대하여 시행한 공사대금 잔액 전부에 대한 채권을 피담보채권으로 하여 성립한다.

③ 도급인 소유의 부동산에 경매개시결정의 기입등기[를 마치]어 압류의 효력이 발생한 이후에 수급인이 도급인으로부터 위 부동산의 점유를 이전받고 이에 관한 공사 등을 시행함으로써 도급인에 대한 공사대금채권 및 이를 피담보채권으로 한 유치권을 취득한 경우, 부동산을 점유한 수급인은 그 부동산에 관한 경매절차의 매수인에게 유치권으로 대항할 수 없다.

④ 건축자재상인이 건물 신축공사 수급인과 체결한 약정에 따라 건축자재를 공급하였으나 건축자재대금을 받지 못한 경우, 건축자재상인은 위 신축건물에 관하여 건축자재대금채권을 피담보채권으로 하는 유치권의 성립을 주장할 수 있다.

⑤ 공사대금채권에 기[초]하여 유치권을 행사하는 자가 유치물인 주택에 거주하며 사용하는 것이 보존행위에 해당하여 허용되는 경우에도, 특별한 사정이 없는 한 차임에 상당한 이득은 소유자에게 반환해야 한다.

임의규정?

문제점

법에서 유치권이 발생한다고 정한 사안에서,

1. 당사자들이 합의로 유치권을 배제할 수 있는가?
2. 즉, 유치권 포기 특약은 유효한가?
3. 즉, 법에 있는 유치권 조항은 임의규정인가, 강행규정인가?

민사유치권 경우: 임의규정(포기 가능)

2016다234043: 제한물권은 이해관계인의 이익을 부당하게 침해하지 않는 한 **자유로이 포기**할 수 있는 것이 원칙이다. 유치권은 채권자의 이익을 보호하기 위한 법정담보물권으로서, 당사자는 미리 유치권의 발생을 막는 특약을 할 수 있고 이러한 특약은 유효하다.

유치권 배제 특약이 있는 경우 다른 법정요건이 모두 충족되더라도 유치권은 발생하지 않는[다.] 특약에 따른 효력은 특약의 상대방뿐 아니라 그 밖의 사람도 주장할 수 있다.

상사유치권 경우: 임의규정(포기 가능)

상법 제58조(상사유치권) ... 유치할 수 있다. 그러나 당사자간에 다른 약정이 있으면 그러하지 아니하다.

2012다37176: [상법 제58조 단서는] 상사유치권을 **특약으로 배제할 수 있게** 하였다. 이러한 상사유치권 배제의 특약은 묵시적 약정에 의해서도 가능하다.

정리하면 다음과 같다. 이런 도표는, 암기하지 말고 이해하자.

	민사유치권	상사유치권
적용	일반(원칙)	특별(예외)
피담보채무와 물건 간 관련성	필요함	필요 없음
피담보채무가 상사채권?	필요 없음	필요함
피담보채무 당사자가 상인?	필요 없음	둘 다 필요함
물건 소유자	채권자 아닌 제3자면 무방	채무자에 한정
특약으로 배제	허용 (임의규정)	허용 (임의규정)
설정의사(계약)	필요 없음	필요 없음
근거	민법 제320조 제1항	상법 제58조
등기?	등기 없이도 취득	등기 없이도 취득
취득자의 지위	유치권자	유치권자
대세효	○	○

유치권 의의

물권
물건(property)에 관한 권리이므로 물권(property right)이다.

제한물권
목적물(물건)에 관한 제한물권(restricted real right)이다.

1. 유치권자는 피담보채무 변제를 받기 위한 한도에서 물건을 점유할 권리를 가진다.
2. 물건을 포괄적으로 지배하는 소유권과 달리, 유치권자는 물건의 교환가치를 제한적으로 지배할 뿐이다.

가령 유치권자가 물건을 다른 사람에게 매도, 처분할 권리는, 원칙적으로 없다.

담보물권

담보물권(real right granted by way of security)이다. 즉, 어떤 토지의 교환가치(exchange value)를 지배하는 물권이다. 쉽게 말해 물건(목적물)을 사용, 이용하기 위한 물권은 아니다.

1. 약정담보물권이 아님: 유치권은 의사표시에 따라 설정되는 것이 아니다.
2. 법정담보물권(real right granted by way of security by statute; real right granted by way of security by law): 유치권은 의사표시와 상관없이 설정된다.

2022다273018: 유치권은 점유하는 물건으로써 유치권자의 피담보채권에 대한 우선적 만족을 확보하여 주는 법정담보물권이[다.]

질권
Pledge

"모본단 저고리가 하나 남았는데…" "……." 나는 그만 묵묵하였다. 아내가 그것을 찾아 무엇 하려는 것을 앎이라. 오늘 밤에 옆집 할멈을 시켜 잡히려 하는 것이다.
- 현진건, "빈처"

동산질권

동산질권 개념

동산질권(pledge of movables)이란?

1. 채권을,
2. 담보하기 위해,
3. 동산을 점유(유치)할 것을 내용으로 하는,
4. 물권

쉽게 말해, 돈을 갚을 때까지 담보 잡은 물건(동산)을 안 돌려주는 것이다. 이때 채권자는 동산 소유권까지 이전받는 것은 아니고, 단지 점유만 한다. 돈을 안 갚으면? 돌려주지 않아도 되고, 그 동산을 경매해서 경매대금으로 변제받을 수도 있다.

> 민법 제329조(동산질권의 내용) 동산질권자는 채권의 담보로 채무자 또는 제삼자가 제공한 동산을 점유하고 그 동산에 대하여 다른 채권자보다 자기채권의 우선변제를 받을 권리가 있다.

동산질권 관련 용어

1. 질권자(pledgee): 채권자로서 점유자
2. 질물(목적물)(pledged property): 그 점유하는 물건
3. 질권 성립(설정): 질권이 발생하는 것
4. 입질(pledge): 질권을 설정하는 것
5. 질권설정자(pledger): 질권을 설정해 준 질물 소유자
6. 피담보채권(secured claim): 채권자의 그 채권
7. 유치(retention): 변제를 다 받을 때까지 물건을 점유하는 것

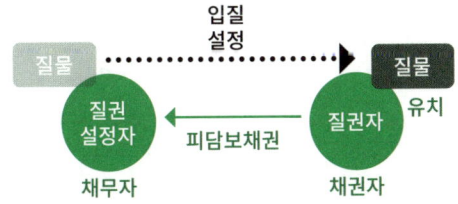

동산질권과 민사유치권의 차이점

민사유치권
1. 피담보채무: 그 물건에 관해 생긴 채권을 담보하기 위해,
2. 목적물(담보물): 그 물건이,
3. 의사표시?: 법률에 따라 자동으로 제공된다(법정담보물권).
4. 우선변제?: 법적 우선변제×. 심리적 압박을 통한, 사실상 우선변제○

동산질권
1. 피담보채무: 당사자들이 정한 채권을 담보하기 위해,
2. 목적물(담보물): 당사자들이 정한 동산이,
3. 의사표시?: 당사자들의 계약(합의)으로 제공된다(약정담보물권).

예외적으로, 법률에 따라 자동으로 제공된 동산질권, 즉 법정담보물권인 동산질권도 있다.

4. 우선변제?: 법적 우선변제○

동산질권과 저당권의 차이점

동산질권
1. 목적물(담보물): 동산
2. 설정 방법: 인도

저당권
1. 목적물(담보물): 부동산
2. 설정 방법: 등기(저당권설정등기)

권리질권

권리질권 개념

권리질권(pledge of rights)이란?
1. 채권을,
2. 담보하기 위해,
3. 권리(right)를 넘겨받는 것(유치)을 내용으로 하는,
4. 물권

쉽게 말해, 돈을 갚을 때까지 담보 잡은 권리를 안 돌려주는 것이다. 동산질권과 기본적 취지는 같다. 단지 목적물이 동산이 아니라 권리라 생각하면 된다. 만약 채무자가 돈을 안 갚으면, 질권자는,

1. 권리를 돌려주지 않아도 되고,
2. 담보로 받았던 권리를 자기가 직접 행사할 수도 있다.

민법 제345조(권리질권의 목적) 질권은 <u>재산권을 그 목적</u>으로 할 수 있다. ...

권리질권 관련 용어

1. 질권자(pledgee): 담보 조로 권리(B)를 양수한 자
2. 목적채권(pledged claim): 그 권리(B)
3. 제3채무자(garnishee): 목적채권에서 채무자
4. 질권 성립(설정): 질권이 발생하는 것
5. 입질(pledge): 질권을 설정하는 것
6. 질권설정자(pledger): 질권을 설정해 준 자(목적채권의 채권자)
7. 피담보채권(secured claim): 채권자의 채무자에 대한 채권(A)

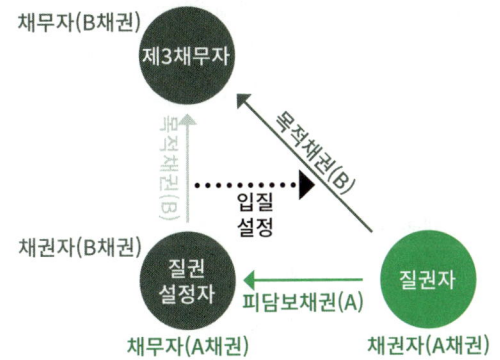

사례

동산질권

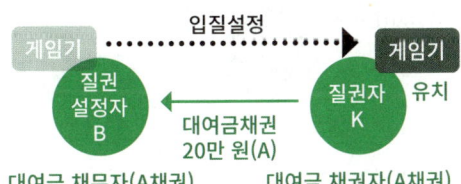

1. K는 약속을 잘 안 지키는 친구 B에게 20만 원을 빌려주려고 한다.
2. 그런데, 친구 B는 별다른 재산이 없다. B는 단지 최신형 게임기만 있을 뿐이다. B는 위 게임기를 K에 대한 채무의 담보로 활용하고 싶다.
3. 그래서 B는 20만 원의 대여금채권(A)의 담보로, 위 게임기를 K에게 넘겼다.

게임기에 동산질권이 설정된 것이다.

목적채권이 금전채권인 권리질권

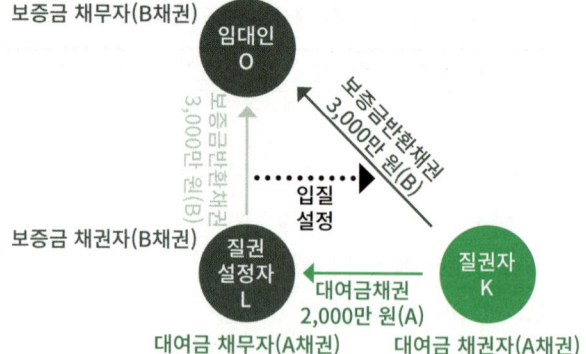

1. K는 약속을 잘 안 지키는 L에게 2,000만 원을 빌려주려고 한다.
2. 그런데 L은 동산도, 부동산도 없다. L은 단지 P주택 임차인으로, 임대인 O에 대한 3,000만 원의 임대차보증금 반환채권(B)만 있을 뿐이다. L은 임대인 O에 대한 위 보증금반환채권(B)을, K에 대한 채무의 담보로 활용하고 싶다.
3. 그래서 L은 2,000만 원의 대여금채권(A)의 담보로, 위 보증금 반환채권(B)을 K에게 넘겼다.

보증금 반환채권(B)에 권리질권(채권질권)이 설정된 것이다.

목적채권이 동산 인도채권인 권리질권

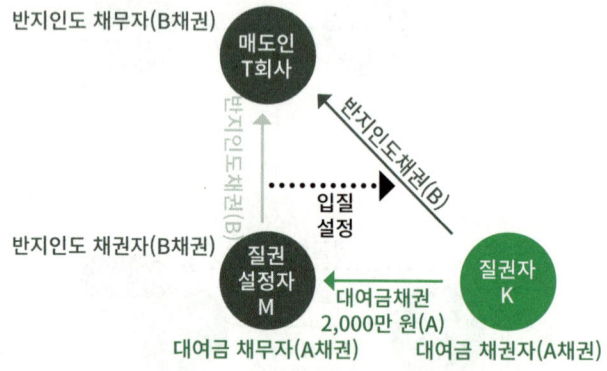

1. K는 약속을 잘 안 지키는 M에게 2,000만 원을 빌려주려고 한다.
2. M은 며칠 전에 T회사로부터 2캐럿 다이아몬드 반지를 매수했다. 매매대금은 다 냈는데, 물건은 받지 못한 상황이다. 매수인 M은 매도인 T회사에 대해 반지 인도채권(B)이 있다. M은 매도인 T회사에 대한 위 반지 인도채권(B)을, K에 대한 채무의 담보로 활용하고 싶다.

3. 그래서 M은 2,000만 원의 대여금채권(A)의 담보로, 반지 인도채권(B)를 K에 넘겼다.

반지 인도채권(B)에 권리질권(채권질권)을 설정하려는 것이다.

주의사항 1

1. 부동산의 사용, 수익을 목적으로 하는 권리에는 질권을 설정할 수 없다. 따라서 부동산임차권은 담보로 제공할 수 없다.
2. 그러나 보증금 반환채권은 부동산의 사용, 수익을 목적으로 하는 권리가 아니다. 단순한 금전채권일 뿐이다. 따라서 보증금 반환채권은 얼마든지 담보로 제공할 수 있다.

> **민법 제345조(권리질권의 목적)** 질권은 재산권을 그 목적으로 할 수 있다. 그러나 **부동산의 사용, 수익을 목적으로 하는 권리**[예: **부동산임차권**]는 그러하지 아니하다.
>
> **2018다201610**: 임차인[L]이 임대차보증금반환채권에 질권을 설정하고 임대인[P주택 집주인]이 그 질권 설정을 승낙[하는 경우가 있다.]

"임차권"과 "임대차보증금 반환채권"을 혼동하지 않도록 주의하라.

주의사항 2

다음은 서로 다른 개념이다.

1. 반지에 질권 설정(동산질권): 반지(동산)를 담보로 제공하는 것
2. 반지 인도채권에 질권 설정(권리질권): 채권(권리)을 담보로 제공하는 것

매수인 M이 매도인 T회사로부터 반지를 인도받기 전까지는, 반지는 여전히 T회사 소유다. 즉, 반지는 M 소유가 아니다. 그 상태에서는 M이 반지에 질권 설정(동산질권)을 할 수 없다.

법률행위에 따르지 않은 질권(법정질권)

지금까지 법률행위에 따른 질권(약정질권)을 봤다. 그러나 법률행위가 없더라도, 법에서 질권이 설정되도록 정해 놓는 경우가 있다. 법정질권(pledge by statute; pledge by law)이라 한다.

임차권 관련해 법정질권 조항이 "있다"는 정도로 가볍게 보아도 충분하다.

> **민법 제648조(임차지의 부속물, 과실 등에 대한 법정질권)** 토지임대인이 임대차에 관한 채권에 의하여 임차지에 부속 또는 그 사용의 편익에 공용한 임차인의 소유동산 및 그 토지의 과실을 압류한 때에는 **질권과 동일한 효력이 있다**.
>
> **민법 제650조(임차건물등의 부속물에 대한 법정질권)** 건물 기타 공작물의 임대인이 임대차에 관한 채권에 의하여 그 건물 기타 공작물에 부속한 임차인소유의 동산을 압류한 때에는 **질권과 동일한 효력이 있다**.

기능

변제의 심리적 강제

1. 질권자가 질물을 유치하고 있으면,
2. 채무자의 변제를 심리상으로 강제한다.
3. 따라서, 채권(피담보채권) 효력을 강화한다.

> 민법 제335조(유치적 효력) 질권자는 전조의 채권[A채권]의 변제를 받을 때까지 질물을 유치할 수 있다. ...

공평?

1. 유치권은 공평 원칙을 근거로 법률규정에 따라 인정한다. 즉, 의사표시와 무관하다.
2. 질권은 단지 당사자들이 "질권"이라는 담보를 설정하기로 약정(합의)했기에 인정한다. 즉, 의사표시에 따라 설정한다.

질권 실행

문제점

채무자가 돈을 안 갚으면, 채권자(질권자)는 어떻게 권리를 실현할 수 있을까?

이해하기 편하도록, 이자, 비용 등은 무시하겠다.

경매청구

1. 동산질권(pledge of movables) 경우: 질물(게임기)을 경매에 부친다. 그리고 경매대금을 자기 채권액만큼 충당한다.

예: K가 법원에 플레이 스테이션 게임기 경매를 신청해서 29만 원에 팔렸다면? K는 20만 원을 대여금 채권에 충당한다. 나머지 9만 원은 B 몫이다.

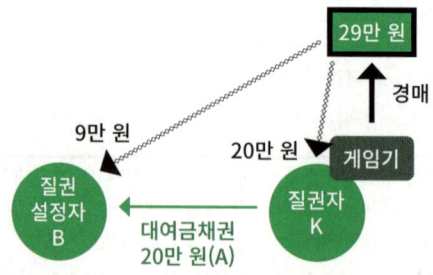

> 민법 제338조(경매, 간이변제충당) ① 질권자는 채권의 **변제를 받기 위하여 질물을 경매**할 수 있다.

> 민사집행법 제271조(유체동산에 대한 경매) 유체동산을 목적으로 하는 담보권 실행을 위한 경매는 채권자가 그 **목적물을 제출**하거나, 그 목적물의 **점유자가 압류를 승낙**한 때에 개시한다.

2. 권리질권(pledge of rights) 경우: 목적물(보증금반환채권, 반지인도채권)을 강제집행할 수 있다. 채권(권리) 자체도 재산권이기 때문에, 얼마든지 강제집행할 수 있다.

> **민법 제354조(동전)** 질권자는 … 민사집행법에 정한 집행방법에 의하여 질권을 실행할 수 있다.

> **민사집행법 제273조(채권과 그 밖의 재산권에 대한 담보권의 실행)** ① 채권, 그 밖의 재산권을 목적으로 하는 담보권의 실행은 담보권의 존재를 증명하는 서류…가 제출된 때에 개시한다.
> ③ 제1항…의 권리실행절차에는 제2편 제2장 제4절 제3관[→ 채권과 그 밖의 재산권에 대한 강제집행]의 규정을 준용한다.

직접청구

권리질권 경우, 반드시 경매라는 방법을 선택해야만 하는 건 아니다. 질권자는 질권의 목적이 된 채권(B)을 직접 청구할 수도 있다(직접청구권).

예: 질권자 K는 질권설정자 L이 임대인 O에 대해 가진 3,000만 원의 임대차보증금반환채권(B)을 직접 자신이 청구할 수 있다.

1. K는 그 임대차계약의 당사자가 아니다. 따라서 원래는 자기에게 임대차보증금을 반환하라고 할 수가 없었다.
2. 그러나 질권 실행을 위해, K가 질권자로서 직접 청구할 수 있도록 했다.

> **민법 제353조(질권의 목적이 된 채권의 실행방법)** ① 질권자는 질권의 목적이 된 채권[B]을 **직접 청구**할 수 있다.

3. 물론, 3,000만 원 모두를 청구할 수 있는 것은 아니다. 금전채권(B)의 직접청구는 K의 자기 채권(A)(2,000만 원) 한도에서만 가능하다.

> **제353조(질권의 목적이 된 채권의 실행방법)** ② 채권[B]의 목적물이 **금전**인 때에는 질권자는 **자기채권[A]의 한도**에서 직접 청구할 수 있다.

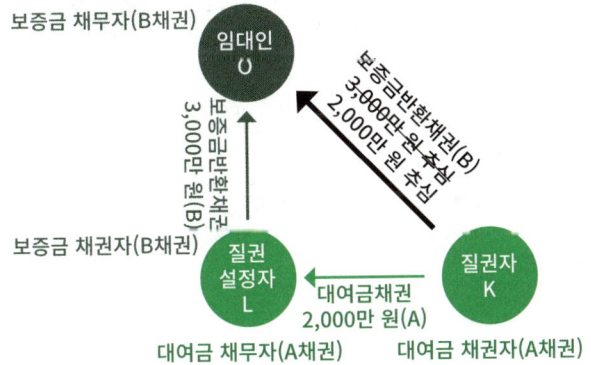

그러면 법률관계는 어떻게 되는가? 제3채무자(O)가 질권자(K)에게 직접 지급한 만큼(예: 2,000만 원),

1. 입질채권(B채권)의 이행(급여)도 이루어진 것으로 간주한다.
2. 피담보채권(A채권)의 이행(급여)도 이루어진 것으로 간주한다.

> **2012다92258**: 금전채권의 질권자[K]가 민법 제353조 제1항, 제2항에 의하여 자기채권의 범위[2,000만 원] 내에서 직접청구권을 행사하는 경우 [어떻게 되는가?]
>
> 질권자[K]는 질권설정자[L]의 대리인과 같은 지위에서 입질채권[3,000만 원 보증금반환채권(B)]을 추심하여 자기채권[2,000만 원 대여금채권(A)]의 변제에 충당[한다. 그리]고 그 한도에서 질권설정자[L]에 의한 변제가 있었던 것으로 [본다.]
>
> 위 범위[에]서는 **제3채무자[O]의 질권자[K]에 대한 금전지급으로써 제3채무자[O]의 질권설정자[L]에 대한 급부[B채권의 이행]가 이루어[진다**. 그]뿐만 아니라 **질권설정자[L]의 질권자[K]에 대한 급부[A채권의 이행]도 이루어진다**.

권리질권의 동산질권화

목적채권(입질채권)이 동산인도채권인 권리질권인 경우? 실행하면, 결과적으로 동산질권과 유사하게 처리한다. 즉,

1. 질권자 K는 질권설정자 M이 매도인 T회사에 대해 가진 반지인도채권(B)을 직접청구할 수 있다.

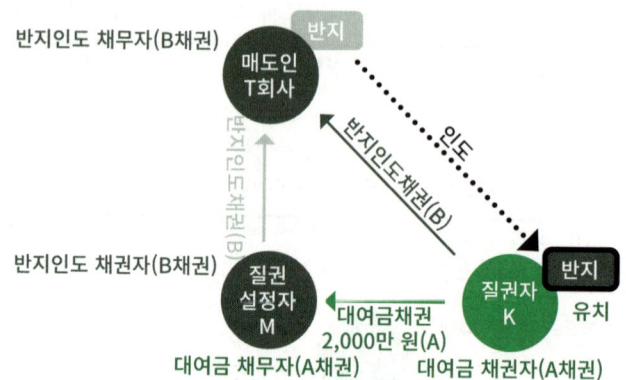

2. 질권자 K는 직접청구를 통해 반지를 인도받는다. 그다음, 그 반지(동산) 자체에 질권을 행사할 수도 있다.

> **민법 제353조(질의 목적이 된 채권의 실행방법)** ④ [입질]채권[(반지인도채권)]의 목적물[(반지)]이 금전이외의 물건인 때에는 질권자[K]는 그 변제를 받은 **물건[(반지)]에 대하여 질권**을 행사할 수 있다.

3. 그다음, 질권자 K는 동산질권과 마찬가지로 실행할 수 있다. 즉, 질권자 K는 피담보채권(A)을 위해, 반지(동산) 자체를 경매에 부칠 수 있다. 경매대금으로 충당받을 수 있다.

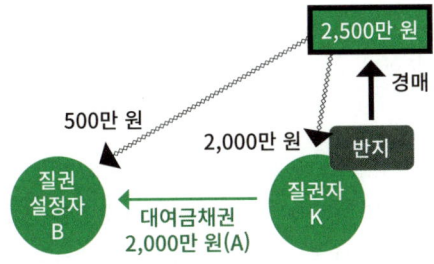

원래 권리질권이었는데, 이제 동산질권같다.

유질의 금지

유질 개념

즉, 법원의 경매절차를 거치지 않는 질권 실행을 유질(foreclosure)이라 한다. 예를 들어,

1. 사적 귀속정산: 채무자가 변제기(갚을 날)에 채무를 이행하지 않는 경우 질권자가 질물 소유권을 그대로 취득하는 방식
2. 사적 처분정산: 채권자가 질물을 임의로 팔아 그 매매대금으로 채권변제에 충당하는 방식

원칙: 유질 금지

변제기 전 유질계약(forfeited pledge)은 금지한다.

> **민법 제339조(유질계약의 금지)** 질권설정자는 채무변제기전의 계약으로 질권자에게 변제[를] 갈음하여 질물의 소유권을 취득하게 하거나 법률에 정한 방법에 의하지 아니하고 질물을 처분할 것을 약정하지 못한다.

채무자가 급전이 필요해서 그보다 훨씬 비싼 물건을 입질하고, 제 때 갚기를 못해 질물을 빼앗기는 결과를 막기 위해서다. 즉, 정책적 이유다.

예외: 유질 허용

그러나 유질계약이 허용되는 경우도 있다.

1. 변제기 후의 유질: 민사질권이라도, 변제기 후의 유질계약은 허용한다.
2. 상사유질: 피담보채권이 상행위에 따른 채권인 경우 유질계약은 허용한다.

> **상법 제59조(유질계약의 허용)** 민법 제339조의 규정은 상행위로 인하여 생긴 채권을 담보하기 위하여 설정한 질권에는 적용하지 아니한다.

질권 의의

물권
물건(property)에 관한 권리이므로 물권(property right)이다.

단, 권리질권(채권질권)도 물권으로 본다. 권리질권도 동산질권과 본질적으로 같은 성격을 가지기 때문이다.

제한물권
목적물(물건)에 관한 제한물권(restricted real right)이다.
1. 질권자는 피담보채무 변제를 받기 위한 한도에서 물건을 점유할 권리를 가진다.
2. 물건을 포괄적으로 지배하는 소유권과 달리, 질권자는 물건의 교환가치를 제한적으로 지배할 뿐이다.

예를 들어, 질권자가 물건을 다른 사람에게 매도, 처분할 권리는 원칙적으로 없다.

담보물권
담보물권(real right granted by way of security)이다. 즉, 어떤 토지의 교환가치(exchange value)를 지배하는 물권이다. 쉽게 말해 물건(목적물)을 사용, 이용하기 위한 물권은 아니다.
1. 의사표시에 따라 설정되는 경우도 있다(약정담보물권).
2. 의사표시와 상관없이 설정되는 경우도 있다(법정담보물권).

담보권 실행
원래 채권자가 강제집행으로 채권을 만족받으려면, 확정판결을 받아야 한다. 그러나 미리 담보를 설정받아 두면, 담보권을 실행해 채권을 만족받을 수 있다. 예를 들어, 금전채권자가,
1. 부동산저당권을 설정받아 두면, 확정판결 없이 저당권실행경매(부동산집행 절차)를 할 수 있다.
2. 동산질권을 설정받아 두면, 확정판결 없이 질권실행경매(유체동산집행 절차)를 할 수 있다.
3. 채권(권리)질권을 설정받아 두면, 확정판결 없이 추심 또는 전부(채권집행 절차)를 할 수 있다. 물론, 그러한 집행절차 없이 채권자가 원하면 제3채무자에게 직접 청구할 수도 있다.

연습문제

연습문제1

2018년도 변호사시험 민사법 선택형

[문 8.] 甲은 乙에 대하여 1억 원의 대여금채권을 가지고 있다. 위 대여금채권을 담보할 목적으로 乙은 丙에 대하여 갖고 있던 1억 원의 매매대금채권에 관하여 甲에게 채권질권을 설정하여 주었고 丙은 이를 승낙하였다. 甲은 양 채권의 변제기가 도래한 후 丙을 상대로 채권질권을 실행하고자 한다. 이에 관한 설명 중 옳은 것을 모두 고른 것은? (각 지문은 독립적이며, 다툼이 있는 경우 판례에 의함)

ㄱ. 甲이 丙을 상대로 매매대금채권을 직접 청구함에 대하여 乙이 동의하지 않으면 甲은 「민사집행법」에서 정한 절차에 따라 추심해야 한다.

ㄴ. 甲이 「민사집행법」에 따라 매매대금채권에 대하여 압류 및 전부명령을 받기 위해서는 위 대여금채권에 관한 확정판결 등 집행권원은 필요하지 않다.

ㄷ. 甲의 직접 청구에 따라 丙이 甲에게 1억 원을 지급하였는데 후일 乙의 丙에 대한 위 매매대금채권이 부존재한 것으로 밝혀진 경우, 丙은 甲에 대하여 부당이득반환을 청구할 수 있다.

위 ㄷ. 지문은 아직 풀 수가 없다. 지금 단계에서 관련 판례를 보더라도, 100% 이해할 수는 없다. 부당이득법을 충분히 배우고 난 후 다시 보기 바란다.

연습문제2

2022년도 변호사시험 민사법 선택형

[문 10.] 유치권에 관한 설명 중 옳지 않은 것은? (다툼이 있는 경우 판례에 의함)

① 유치권의 행사는 피담보채권의 소멸시효의 진행에 영향을 미치지 않는다.

② 유치권에 기[초]한 경매에서 유치권자는 일반채권자보다 우선하여 배당을 받는다.

③ 채무자 甲 소유의 부동산에 관하여 이미 저당권이 설정된 상태에서 乙의 유치권이 성립한 후 저당권에 기[초]한 경매신청이 있는 경우, 乙은 경매절차의 매수인 丙에게도 대항할 수 있지만, 乙의 유치권이 상사유치권이라면 丙에게 대항할 수 없다.

④ 채무자 甲 소유의 건물에 강제경매개시결정의 기입등기가 마쳐져 압류의 효력이 발생한 후에 甲이 건물에 관한 공사대금 채권자 乙에게 건물의 점유를 이전한 경우, 乙은 유치권으로 경매절차의 매수인에게 대항할 수 없다.

⑤ 채무자 甲 소유의 건물에 관하여 증축공사를 도급받은 수급인 乙이 경매개시결정의 기입등기가 마쳐지기 전에 甲으로부터 건물의 점유를 이전받았고 위 기입등기가 마쳐져 압류의 효력이 발생한 후에 공사를 완공하여 공사대금채권을 취득한 경우, 乙은 유치권으로 경매절차의 매수인에게 대항할 수 없다.

저당권
Mortgage

내 아들아 네가 만일 이웃을 위하여 담보하며 타인을 위하여 보증하였으면,
네 입의 말로 네가 얽혔으며 네 입의 말로 인하여 잡히게 되었느니라.
- "잠언" 제6장 제1-2절

저당권

저당권 개념

저당권(mortgage)이란?

1. 채권을,
2. 담보하기 위해,
3. 부동산을 받는 것을 내용으로 하는,
4. 물권

쉽게 말해, 돈을 안 갚으면 담보 잡은 부동산을 경매하겠다는 것이다. 이때 채권자가 부동산 소유권까지 이전받는 것은 아니고, 담보로 제공되었다고 등기부에 기재되도록만 한다. 그 등기가 바로 저당권설정등기다.

> **민법 제356조(저당권의 내용)** 저당권자는 채무자 또는 제삼자가 점유를 이전하지 아니하고 채무의 **담보로 제공한 부동산**에 대하여 다른 채권자보다 자기채권의 **우선변제를 받을 권리**가 있다.

제1강 민사구조론 중 "담보권실행경매" 부분을 다시 한번 떠올려 보라.

관련 용어

1. 저당권자(mortgagee): 채권자로서 부동산을 담보로 받은 자
2. 저당물(mortgaged property): 그 부동산
3. 저당권의 설정: 담보로 부동산을 제공하여 저당권이 발생하는 것
4. 저당권설정자(mortgagor): 저당권을 설정해 준 저당물 소유자
5. 피담보채권(secured claim): 보호받으려는 채권(채권자의 채권)

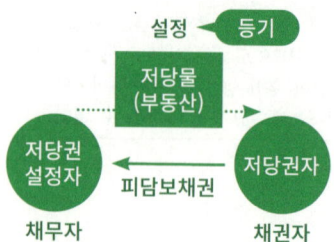

근저당권

근저당권 개념

근저당(floating sum mortgage)이란? 저당권의 특수한 형태다. 다음과 같다.

1. 일단, 저당권이다.
2. 그런데 피담보채권을 하나로 특정하지 않는다. 최고액만을 정해 놓고(예: 2억 5,000만 원), 앞으로 생길 다수의 불특정한 채권을 피담보채권으로 한다.

> **민법 제357조(근저당)** ① 저당권은 그 담보할 채무의 **최고액만을 정하고 채무의 확정을 장래에 보류**하여 이를 설정할 수 있다. 이 경우에는 그 확정될 때까지의 채무의 소멸 또는 이전은 저당권에 영향을 미치지 아니한다.

> **2022다300248:** 근저당권은 계속되는 거래관계로부터 발생하고 소멸하는 불특정 다수의 장래 채권을 결산기에 계산하여 잔존하는 채무를 일정한 한도[액 범위에서] 담보하는 저당권이[다. 그래]서 그 거래가 종료하기까지 채권은 계속적으로 증감 변동[한다.]

근저당권을 설정하려면, 근저당권설정등기가 이루어져야 한다.

> **부동산등기법 제75조(저당권의 등기사항)** ② 등기관은 … 저당권의 내용이 근저당권 (根抵當權)인 경우에는 제48조에서 규정한 사항 외에 다음 각호의 사항을 기록하여야 한다. 다만, 제3호 및 제4호는 등기원인에 그 약정이 있는 경우에만 기록한다.
> 1. 채권의 최고액
> 2. 채무자의 성명 또는 명칭과 주소 또는 사무소 소재지
> 3. 「민법」 제358조 단서의 약정
> 4. 존속기간

> **부동산등기법 제48조(등기사항)** ① 등기관이 갑구 또는 을구에 권리에 관한 등기를 할 때에는 다음 각호의 사항을 기록하여야 한다.
> 1. 순위번호
> 2. 등기목적
> 3. 접수연월일 및 접수번호
> 4. 등기원인 및 그 연월일
> 5. 권리자

【 을 구 】			(소유권 이외의 권리에 관한 사항)	
순위번호	등 기 목 적	접 수	등 기 원 인	권 리 자 및 기 타 사 항
1	근저당권설정	2022년7월4일 제777호	2022년7월1일 설정계약	채권최고액 금55,000,000원 채무자 장무자 　　서울특별시 관악구 노루로 231-2(신림동) 근저당권자 김권자 850330-******* 　　서울특별시 서초구 이대로 15(서초동) 공동담보 토지 서울특별시 관악구 서초동 99-8

피담보채권 확정

근저당권은, 피담보채권이 유동, 교체되다가, 어느 시점을 기준으로 고정하게 된다. 이 고정을 "확정"이라 하고, 그 시점을 "확정 시"라 한다. 근저당권은 이제 확정 시의 채무만을 담보한다. 확정 후 추가된 채무는 담보하지 않는다.

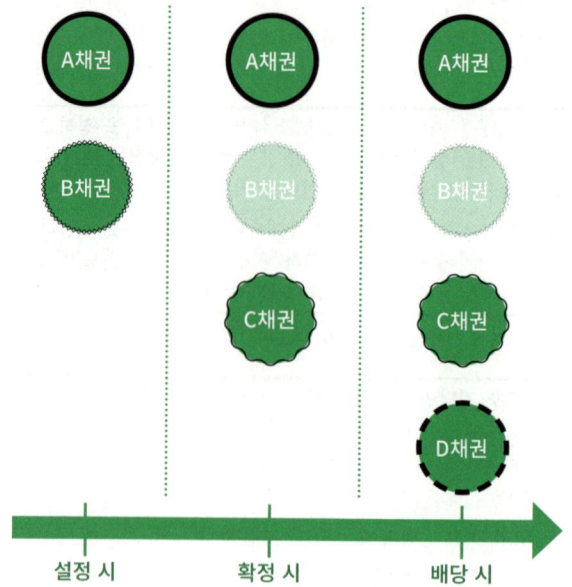

1. 설정 시: A, B

그 후 B채무는 소멸하고, C채무는 새로 발생했다. 그 결과,

2. 확정 시: A, C

그 후 D채무가 새로 발생했다. 그 결과,

3. 배당 시: A, C, D

이 근저당권이 담보하는 채무는 무엇인가? 확정 시의 채무 A, C다.

채권최고액 개념

근저당권은 설정 시에 채권최고액(maximum amount), 즉 최고액을 정한다. 최고액은 등기부에 반드시 기재한다.

부동산등기법 제75조(저당권의 등기사항) ② 등기관은 ... 저당권의 내용이 근저당권(根抵當權)인 경우에는 ... 다음 각호의 사항을 기록하여야 한다. ...

　1. 채권의 최고액

최고액은 말 그대로 담보하는 한도일 뿐이다. 즉,

1. 담보하는 범위는, 최고액이 아니라 실제 발생해 남아 있는 채무액이다.

예: 최고액이 5,500만 원이고, 실제 발생해 남아 있는 채무액이 5,000만 원이라면? 이 근저당권이 담보하는 범위는 5,000만 원이다.

2. 다만, 피담보채무 액수가 최고액을 초과하면? 이때는, 담보하는 범위는 최고액까지로 제한한다.

예: 최고액이 5,500만 원이고, 실제 발생해 남아 있는 채무액이 6,000만 원이라면? 이 근저당권이 담보하는 범위는 5,500만 원이다.

결국, 최고액과 실제 발생해 남아 있는 채무액 중 작은 액수만큼을 담보한다.

> 담보 범위 = min (실제 채무액, 최고액)

피담보채권 범위

1. 피담보채권의 확정은, 원본(원금)채무가 확정된다는 뜻이다. 즉, 근저당권의 피담보채무에 이제는 원본(원금)채무가 추가, 변경될 수 없다.

예: 피담보채무는 A, C로 고정한다.

> **87다카545**: 근저당권이 확정되면 그 이후에 발생하는 원금채권[D]은 그 근저당권에 의하여 담보되지 않는다.

2. 이미 확정된 원본채무에서 발생하는 이자는? 이것은 담보 범위에 포함한다.

예: 위 A, C의 각 이자까지도 피담보채무에 포함한다. 확정 후 발생한 이자라도 포함한다.

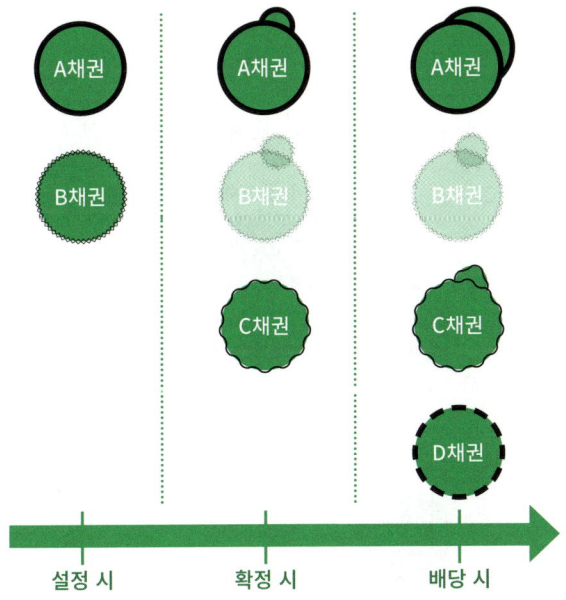

3. 그 경우에도, 이자는 최고액까지만 담보 범위에 포함한다.

예: 만약 위 A, C 각 원금과 확정 후 발생한 각 이자를 합쳤더니, 최고액을 넘으면? 최고액까지만 담보한다. 민법 제357조 제2항이 그 뜻이다.

> 민법 제357조(근저당) ② 전항의 경우에는 채무의 **이자는 최고액중에 산입**한 것으로 본다.

> 2005다38300: 근저당권의 피담보채권이 확정되었다[. 이] 경우, 확정 이후에 새로운 거래관계에서 발생한 원본채권[D]은 그 근저당권에 의하여 담보되지 아니[한다. 그렇]지만, 확정 전에 발생한 원본채권[A, C]에 관하여 **확정 후에 발생하는 이자**[A의 이자, C의 이자]...[는] 채권최고액의 범위[에]서 근저당권에 의하여 **여전히 담보**[된다.]

근저당권의 이용

실무상 일반적 저당권이 설정되는 사례가 거의 없다. 모두 근저당권으로 설정한다. 심지어 불특정 다수의 채권뿐만 아니라, 특정한 채권에 대해서도 근저당권 방식으로 설정한다.

따라서 "저당권"이라 하면, 최고액 개념이 있는 "근저당권"을 말한다고 보아도 사실상 무방하다.

채무자 아닌 자의 담보제공

개요

1. 기본적으로, 채무자가 자기 소유 부동산을 저당물로 제공한다.
2. 채무자가 아닌데도, 자기 소유 토지가 저당물로 되는 경우도 있다.

제3취득자

저당권이 설정되더라도, 일단 소유권은 원래의 소유권자에게 그대로 남아 있다. 따라서 소유권자는 저당부동산을 제3자에게 매도할 수도 있다. 이렇게 저당물을 양수한 사람을 "제3취득자(third party assignee)"라고 부른다.

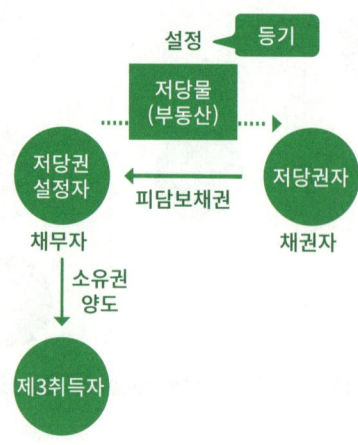

1. 계약 당사자?: 제3자는 저당권설정계약의 당사자가 아니다. 저당권설정계약의 당사자는 저당권자(채권자)와 저당권설정자(매도인)이다. 제3자는 저당권이 설정된 채로 부동산을 매수하게 된다.
2. 채무?: 원칙적으로, 제3취득자는 채무(debt)를 지지 않는다.

> **74다1419**: 저당권이 설정된 부동산을 매매할 때 그 매수인[제3취득자]이 동시에 그 저당권에 의하여 담보되는 ... 채무를 인수하였느냐의 여부는 당사자의 의사를 해석하여 결정될 문제[이다. 그러나] 특별한 사정이 없는 한 [제3취득자가] 그 담보 된 **채무를 인수한 것이 아니라고** [보아야 한다.]

3. 책임?: 그러나 제3취득자는 부동산 담보권 실행으로 부동산을 잃을 수 있다. 즉, 제3취득자로서는, 채무변제가 제대로 되지 않으면 부동산이 나중에 경매될 수 있다는 부담을 안고 양수했다. 그러므로, 제3취득자는 부동산 가액만큼 책임(liability)은 진다고 말할 수 있다.

> **2011다50233전합**: [제3취득자는] 당초 채무 전액에 대한 담보권의 **부담을 각오**하고 채무자로부터 담보부동산을 취득한 [자다.]

그래서 제3취득자는 아마도 저당권이 설정 안 된 부동산보다 저렴하게 매수했을 것이다. 일반적으로, 저당권이 설정된 부동산의 교환가치는 시가보다 낮다.

> **2005도7288전합**: 사람을 [속여서] 부동산의 소유권을 이전받[아] ... 이를 편취한 경우에 [특정경제범죄...법] 제3조[에서 말하는] ... 부동산의 가액을 [어떻게] 산정[하는가?]

> **특정경제범죄법 제3조(특정재산범죄의 가중처벌)** ① 「형법」 제347조(사기), 제347조의2(컴퓨터등 사용사기), 제350조(공갈), ... 제355조(횡령·배임)...의 죄를 범한 사람은 그 범죄행위로 인하여 취...한 재물 또는 재산상 이익의 가액(이하 이 조에서 "이득액"이라 한다)이 5억 원 이상일 때에는 다음 각호의 구분에 따라 가중처벌한다.
> 1. 이득액이 50억 원 이상일 때: 무기 또는 5년 이상의 징역
> 2. 이득액이 5억 원 이상 50억 원 미만일 때: 3년 이상의 유기징역

> **2005도7288전합**: 그 부동산에 아무런 부담이 없는 때에는 그 부동산의 시가 상당액이 곧 그 가액이[다. 그렇]지만, 그 부동산에 근저당권설정등기[를 마쳤]거나 압류 또는 가압류 등이 이루어져 있는 때에는 [다르게 보아야 한다. 즉,] 특별한 사정이 없는 한 아무런 부담이 없는 상대에서의 그 부동산의 **시가** 상당액**에서** 근저당권의 채권최고액 범위[에]서의 **피담보채권액**... 등**을 뺀 실제의 교환가치를 그 부동산의 가액**으로 보아야 한다.

4. 구상?: 만약 채무자가 빚을 안 갚으면? 제3채무자는 (i) 대신 갚거나, 또는 (ii) 부동산 경매로 부동산을 잃게 될 수 있다. 이 경우, 제3채무자는 채무자에게 구상할 수 있다.

원래 남의 채무를 위해 내 재산을 잃으면 보상청구를 할 수 있다. 이를 구상(demanding reimbursement)이라 부른다.

민법 제576조(저당권, 전세권의 행사와 매도인의 담보책임) ① 매매의 목적이 된 부동산에 설정된 저당권...의 행사로 인하여 매수인[제3취득자]이 그 소유권을 취득할 수 없거나 취득한 소유권을 잃은 때...
② 전항의 경우에 매수인[제3취득자]의 출재로 그 소유권을 보존한 때에는 매도인[채무자]에 대하여 그 상환을 청구할 수 있다.

94다38106: 담보물의 <u>제3취득자...가 구상권을 가짐</u>은 민법의 개별적 규정에 의하여 분명하[다.]

물상보증인

처음부터 채무자의 부탁으로 채무자를 위해 자기 소유 부동산을 담보로 제공할 수도 있다. 보증 같긴 하지만, 내(사람)가 보증하는 것이 아니고, 부동산(물건)이 보증을 하는 셈이다. 그래서 물상보증(surety on property)이라 부른다. 이렇게 물상보증을 한 사람을 "물상보증인(guarantor on property)"이라 부른다.

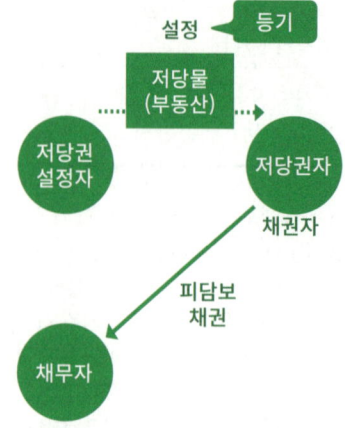

1. 계약 당사자?: 채무자는 저당권설정계약의 당사자가 아니다. 저당권설정계약의 당사자는 저당권자(채권자)와 저당권설정자(부동산 소유자)이다. 채무자가 아닌 저당권설정자가 바로 물상보증인이다.
2. 채무?: 원칙적으로, 물상보증인도 채무(debt)를 지지 않는다.
3. 책임?: 그러나 물상보증인은 부동산 담보권 실행으로 부동산을 잃을 수 있다. 즉, 부동산 가액만큼 책임(liability)은 진다.

2017다283028: 물상보증은 채무자 아닌 사람이 채무자를 위하여 담보물권을 설정하는 행위이[다.] 물상보증인은 담보물로 물적 ...**책임만을 부담**할 뿐 채권자에 대하여 **채무를 부담하지 않는다.**

대부분, 물상보증인이 아무 이유 없이 저당권설정을 하지는 않는다. 물상보증인은 아마도 채무자와 어떤 관계가 있을 것이다.

4. 구상?: 만약 채무자가 빚을 안 갚으면? 물상보증인은 (i) 대신 갚거나, 또는 (ii) 부동산 경매로 부동산을 잃게 될 수 있다. 이 경우, 물상보증인은 채무자에게 구상할 수 있다.

> **민법 제370조(준용규정)** ... 제341조...의 규정은 저당권에 준용한다.
>
> **민법 제341조(물상보증인의 구상권)** 타인의 채무를 담보하기 위한 질권설정자가 그 채무를 변제하거나 질권의 실행으로 인하여 질물의 소유권을 잃은 때에는 보증채무에 관한 규정에 의하여 채무자에 대한 구상권이 있다.
>
> **2017다283028**: 물상보증인이 담보권의 실행으로 타인의 채무를 담보하기 위하여 제공한 부동산의 소유권을 잃은 경우 물상보증인이 채무자에게 구상할 수 있는 범위는 [어떠한가?] 특별한 사정이 없는 한 담보권의 실행으로 부동산의 소유권을 잃게 된 때, 즉 매수인이 매각대금을 다 낸 때의 부동산 시가를 기준으로 하여야 [한다.]

저당권 사례

계속적 거래 관계

1. S는 소금과 사료의 도매상이다. L은 그 중간상인이다.
2. 서로 계속 거래를 할 것으로 예상한다. 이에 따라 L이 S에게 물품대금채무를 질 것도 분명하다.
3. 문제는 지금으로서는 물품을 얼마만큼 공급할지 특정할 수 없다는 점이다. 그 정확한 액수를 미리 정할 수 없다.

근저당권 설정

담보도 없이 외상으로 물품을 공급할 수는 없다. 그래서 S의 요구로, L은,

1. 물품대금채무를 담보하기 위해,
2. 자기(L) 소유의 시가 10억 원 K토지에,
3. S 앞으로 채권최고액 2억 5,000만 원의 근저당권을 설정해 주었다.

저당물 양도

1. 그런데 어느 날 C가 L로부터 K토지를 매수하고 싶다고 한다.
2. K토지는 원래 시가 10억 원의 토지다. 그렇지만 근저당권이 설정된 점을 고려해, 시가보다 더 낮은 가격인 7억 5,000만 원에 거래가 성사됐다.
3. 며칠 뒤 등기부상 K토지 소유권 명의는 C 앞으로 되었다. C는 제3취득자(third party assignee)다.

저당권 기능

변제 압박

1. 저당권이 설정된 뒤에도 설정자는 저당물(부동산)을 자유롭게 사용할 수 있다. 즉, 저당권에 유치적 효력은 없다.

2. 그럼에도, 채무변제가 이루어지지 않으면, 저당물 소유자는 소유권을 잃게 될 수 있다. 결국, 간접적으로 채무변제를 압박하는 효과가 있다.

거래 활성화
저당권자인 채권자는 저당권 덕분에 안심하고 채무자와 거래를 계속할 수 있다.
현재 금융계에서 저당권을 활발하게 이용하고 있다.

저당권의 순위

개념
1개의 부동산에 피담보채권이 다른 여러 개의 저당권이 설정되는 경우도 있다.

사례
J는 여러 사람으로부터 돈을 빌렸다. 채무자 J는,

1. K에 대해 4,000만 원 채무를 부담한다.
2. L에 대해 1억 원 채무를 부담한다.
3. M에 대해 5,000만 원 채무를 부담한다.

J는 위 채무를 부담할 때마다, 같은 W건물을 담보(저당권)로 제공했다.

【 을 구 】			(소유권 이외의 권리에 관한 사항)
순위번호	등 기 목 적	접 수	등 기 원 인	권 리 자 및 기 타 사 항
1	근저당권설정	2022년6월2일 제777호	2022년6월1일 설정계약	채권최고액 금55,000,000원 채무자 장무자 　서울특별시 관악구 노루로 231-2(신림동) 근저당권자 김권자 850330-******* 　서울특별시 서초구 이대로 15(서초동) 공동담보 토지 서울특별시 관악구 서초동 99-8
2	근저당권설정	2022년6월13일 제889호	2022년5월31일 설정계약	채권최고액 금120,000,000원 채무자 장무자 　서울특별시 관악구 노루로 231-2(신림동) 근저당권자 이대주 720422-******* 　대구광역시 수성구 뿌리로 53(황금동) 공동담보 토지 서울특별시 관악구 서초동 99-8
3	근저당권설정	2022년7월25일 제1024호	2022년7월24일 설정계약	채권최고액 금70,000,000원 채무자 장무자 　서울특별시 관악만 노루로 231-2(신림동) 근저당권자 모돈자 911204-******* 　서울특별시 성북구 옛성로 7(보문동) 공동담보 토지 서울특별시 관악구 서초동 99-8

순위 결정의 기준

1. K, L, M의 순위는 저당권 설정(establishment) 순서에 따라 결정한다.

   민법 제370조(준용규정) ... 제333조 ...의 규정은 저당권에 준용한다.

   민법 제333조(동산질권의 순위) 수개의 채권을 담보하기 위하여 동일한 동산에 수개의 질권을 설정한 때에는 그 <u>순위는 설정의 선후</u>에 의한다.

2. 여기서 설정 순서란, 저당권설정등기(registration) 순서를 의미한다.

   부동산등기법 제4조(권리의 순위) ① 같은 부동산에 관하여 등기한 권리의 순위는 ... <u>등기한 순서</u>에 따른다.

   ② 등기의 순서는 등기기록 중 같은 구(區)[예: <u>을구 내</u>]에서 한 등기 상호 간에는 <u>순위번호</u>에 따르고, 다른 구에서 한 등기 상호 간에는 접수번호에 따른다.

3. 여기서 등기 순서란, 저당권설정등기 접수(receipt) 순서를 의미한다.

   부동산등기법 제11조(등기사무의 처리) ① 등기사무는 등기소에 근무하는 ... "등기관"(登記官)[이]... 처리한다.

   ② 등기관은 등기사무를 전산정보처리조직을 이용하여 등기부에 등기사항을 기록하는 방식으로 처리하여야 한다.

   부동산등기법 제6조(등기신청의 접수시기 및 등기의 효력발생 시기) ① 등기신청은 ... 등기신청정보가 전산정보처리조직에 저장된 때 접수된 것으로 본다.

   ② 제11조 제1항에 따른 등기관이 등기를 마친 경우 그 등기는 <u>접수한 때부터 효력</u>을 발생한다.

결국, 선후의 기준은 대출 계약일도 아니고, 근저당권설정 계약일도 아니다. 아무리 계약을 더 먼저 하더라도, 근저당권설정등기 접수가 늦으면 순위가 밀린다. 먼저 권리를 가진 사람의 권리가 우세하다(*Qui prior est tempore potior est iure*; The one earlier in time has a stronger right).

위 기준에 따라,

1. 순위가 앞서는(prior) 저당권: 선순위저당권(senior mortgage)
2. 순위가 뒤처진(posterior) 저당권: 후순위저당권(junior mortgage)

사안 경우

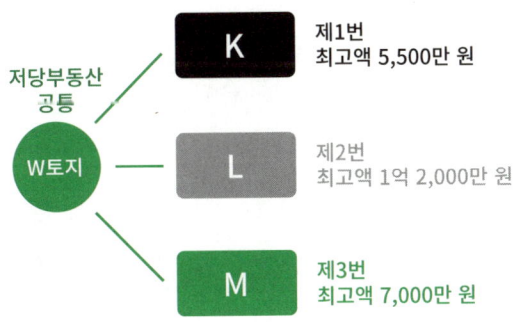

1. K 앞 최고액 5,500만 원의 근저당권설정등기: 제1번 근저당권자 K
2. L 앞 최고액 1억 2,000만 원의 근저당권설정등기: 제2번 근저당권자 L
3. M 앞 최고액 7,000만 원의 근저당권설정등기: 제3번 근저당권자 M

공동저당권

개념

거꾸로 1개의 피담보채권을 담보하기 위해 여러 개의 부동산에 저당권을 설정하는 경우도 있다. 이를 공동저당(joint mortgages)이라 한다.

공동저당권은 1개의 저당권이 아니다. 부동산의 수만큼 여러 개의 저당권이 설정되는 것이다. 단지, 여러 저당권들 사이에 "피담보채권이 동일하다"는 공통점이 있을 뿐이다.

사례

B가 L로부터 3억 원을 대출받는다. B는 그 담보로, X토지(시가 4억 원), Y토지(시가 5억 원), Z토지(시가 2억 원) 모두에 저당권을 설정할 수도 있다.

1. 위 3억 원 대출채권을 담보하기 위해 X토지에 저당권을 설정한다.

등기사항전부증명서(말소사항 포함)
- 토지 -

등기고유번호 1111-2002-123111

[토지] 서울특별시 마포구 냉우동 121-2

【 표 제 부 】 (토지의 표시)

표시번호	접 수	소재지번	지 목	면 적	등기원인 및 기타사항
1	2002년3월7일	서울특별시 마포구 냉우동 121-2	대	188.5㎡	

【 갑 구 】 (소유권에 관한 사항)

순위번호	등 기 목 적	접 수	등 기 원 인	권 리 자 및 기 타 사 항
1	소유권이전	2000년3월2일 제566호	2000년2월28일 매매	소유자 백차주 921002-******* 서울특별시 마포구 조로 5(공덕동)

【 을 구 】 (소유권 이외의 권리에 관한 사항)

순위번호	등 기 목 적	접 수	등 기 원 인	권 리 자 및 기 타 사 항

1	근저당권설정	2022년8월22일
		제7777호
			2022년8월20일
			설정계약
				채권최고액 금350,000,000원
				채무자 백차주 921002-*******
				   서울특별시 마포구 조로 5(공덕동)
				근저당권자 이공동 670905-*******
				   서울특별시 용산구 북빙로 1(후암동)
				공동담보목록 제2022-205호

2. 같은 3억 원 대출채권을 담보하기 위해 Y토지에 저당권을 설정한다.

등기사항전부증명서(말소사항 포함)
- 토지 -

등기고유번호 1111-2002-123111

[토지] 서울특별시 마포구 냉우동 121-7

【 표 제 부 】		(토지의 표시)			
표시번호	접 수	소재지번	지 목	면 적	등기원인 및 기타사항
1	2002년3월7일	서울특별시 마포구 냉우동 121-7	대	202.8㎡	

【 갑 구 】		(소유권에 관한 사항)		
순위번호	등 기 목 적	접 수	등 기 원 인	권 리 자 및 기 타 사 항
1	소유권이전	1999년3월3일 제444호	1999년3월3일 매매	소유자 백차주 921002-******* 서울특별시 마포구 조로 5(공덕동)

【 을 구 】		(소유권 이외의 권리에 관한 사항)		
순위번호	등 기 목 적	접 수	등 기 원 인	권 리 자 및 기 타 사 항
1	근저당권설정	2022년8월22일 제7777호	2022년8월20일 설정계약	채권최고액 금350,000,000원 채무자 백차주 921002-******* 서울특별시 마포구 조로 5(공덕동) 근저당권자 이공동 670905-******* 서울특별시 용산구 북빙로 1(후암동) 공동담보목록 제2022-205호

3. 같은 3억 원 대출채권을 담보하기 위해 Z토지에 저당권을 설정한다.

등기사항전부증명서(말소사항 포함)
- 토지 -

등기고유번호 1111-2002-123111

[토지] 서울특별시 마포구 냉우동 121-8

【 표 제 부 】		(토지의 표시)			
표시번호	접 수	소재지번	지 목	면 적	등기원인 및 기타사항
1	2002년3월7일	서울특별시 마포구 냉우동 121-8	대	50.1㎡	

【 갑 구 】		(소유권에 관한 사항)		
순위번호	등 기 목 적	접 수	등 기 원 인	권 리 자 및 기 타 사 항
1	소유권이전	1997년3월2일 제253호	1997년3월1일 증여	소유자 백차주 921002-******* 서울특별시 마포구 조로 5(공덕동)

【 을 구 】	(소유권 이외의 권리에 관한 사항)			
순위번호	등 기 목 적	접 수	등 기 원 인	권 리 자 및 기 타 사 항

1	근저당권설정	2022년8월22일
		제7777호
			2022년8월20일
			설정계약
				채권최고액 금350,000,000원
				채무자 백차주 921002-*******
				  서울특별시 마포구 조로 5(공덕동)
				근저당권자 이공동 670905-*******
				  서울특별시 용산구 북빙로 1(후암동)
				공동담보목록 제2022-205호

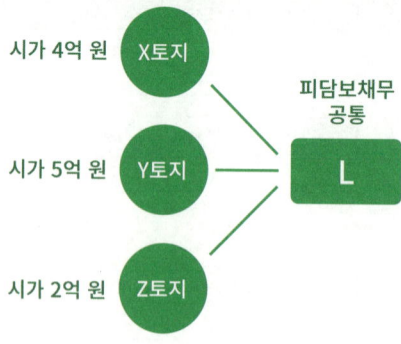

효과

1. 저당권자 L은 X토지, Y토지, Z토지 3개 토지 모두 경매 부쳐도 된다.

2013다16992전합: 공동저당권의 목적인 수 개의 부동산[X, Y, Z]이 동시에 경매[되었다.] ... 공동저당권자로서는 어느 부동산의 경매대가로부터 배당받든 우선변제권이 충족되기만 하면 [된다.]

2. 저당권자 L은 그중 일부 토지만 경매 부쳐도 된다.

81다43: 공동저당권자[L]가 공동저당물[X, Y] 중 일부[X]만에 대하여 저당권을 실행한다고 하더라도 이는 저당권자[L]의 권리에 속[한다.]

의의

1. L은 처음부터 가령 X토지에만 저당권을 설정할 수도 있었다.
2. 그런데 어떤 부동산이든, 훼손되거나 가격이 하락할 수도 있다. 만약 그렇게 1개 토지에만 저당권을 설정했다면, 충분한 담보가 못 될 수 있다.
3. 결국 공동저당을 통해, 실질적으로 위험분산을 할 수 있다.

저당권 실행
개념
저당권 실행이란?
1. 저당부동산을,
2. 법원의 경매에 부쳐,
3. 그 매각대금으로 피담보채권에 충당하는,
4. 일련의 절차

학습계획
1. 민법을 이해하려면, 반드시 저당권을 이해해야 한다.
2. 저당권을 이해하려면, 반드시 부동산 경매절차와 저당권실행 개념을 이해해야 한다.

분량이 많으니 따로 보겠다.

법률행위에 따르지 않은 저당권(법정저당권)
공부한 내용
지금까지 법률행위에 따른 저당권(약정저당권)을 봤다.

법정저당권 제도
그러나 법률행위가 없더라도, 법에서 저당권이 설정되도록 정해 놓는 경우가 있다. 법정저당권(mortgage by statute; mortgage by law)이라 한다.

임차권 관련해 법정저당권 조항이 "있다"는 정도로 가볍게 보아도 충분하다.

> 민법 제649조(임차지상의 건물에 대한 법정저당권) 토지임대인이 변제기를 [지난] 최후 2년의 차임채권에 의하여 그 지상에 있는 임차인소유의 건물을 압류한 때에는 **저당권과 동일한 효력이 있다**.

저당권 의의
물권
물건(property)인 토지에 관한 권리이므로 물권(property right)이다.

제한물권
목적물(물건)에 관한 제한물권(restricted real right)이다.

1. 저당권자는 피담보채무 변제를 받기 위한 한도에서,
2. 물건의 교환가치를 제한적으로 지배할 뿐이다.

가령 저당권자가 부동산(소유권)을 다른 사람에게 매도, 처분할 권리는, 원칙적으로 없다.

담보물권

담보물권(real right granted by way of security)이다. 즉, 어떤 토지의 교환가치(exchange value)를 지배하는 물권이다. 쉽게 말해 물건(목적물)을 사용, 이용하기 위한 물권은 아니다.

1. 약정 담보물권(real right granted by way of security by contract): 의사표시에 따라 설정되는 경우도 있다. 약정저당권이다.
2. 법정 담보물권(real right granted by way of security by contract by statute; real right granted by way of security by contract by law): 의사표시와 상관없이 설정되는 경우도 있다. 법정저당권이다.

근저당권 실행
Exercise of Floating Sum Mortgage
재물을 멸시하는 듯이 보이는 사람을 너무 신용하지 말라. - F. Bacon

경매개시
근저당권자의 경매신청
1. 채무자가 기한 내에 변제를 하지 않으면, 채권자(근저당권자)는 저당부동산을 경매에 부칠 수 있다.

민법 제363조(저당권자의 경매청구권, 경매인) ① **저당권자[K, L, M]는** 그 채권의 변제를 받기 위하여 저당물의 **경매를 청구**할 수 있다.

---

2. 순위와는 상관없다. 예를 들어, 제1번 근저당권자 K, 제2번 근저당권자 L, 제3번 근저당권자 M 중 어느 근저당권자라도, 자기 채권 변제를 받지 못하면, 다른 근저당권자와는 상관없이 법원에 경매신청을 할 수 있다.

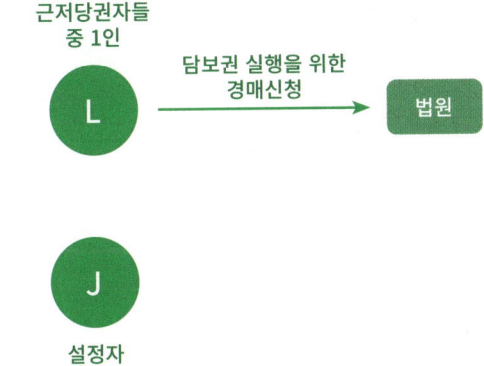

법원의 경매개시결정
그러면 법원에서 경매절차를 개시한다. 이것이 바로 담보권 실행을 위한 경매다. 임의경매라고도 한다.

이미 공부한 내용이다.

매각
관련 용어
1. 매각: 경매절차에서 누군가 저당부동산을 낙찰(successful bid)받는 것
2. 매수인: 낙찰받는 사람
3. 매각대금: 경매 매수인이 낙찰 대가로 지급하는 대금

소유권 변동

1. 저당부동산이 1억 5,000만 원에 P에게 낙찰됐다 하자.
2. 그러면, 매수인(P)이 매각대금 1억 5,000만 원을 법원 측에 내면 저당부동산 소유권을 취득한다.

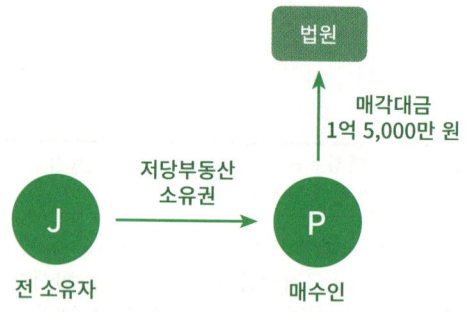

> 민사집행법 제268조(준용규정) 부동산을 목적으로 하는 담보권 실행을 위한 경매절차에는 제79조[부터] 제162조[까지]의 규정을 준용한다.

> 민사집행법 제135조(소유권의 취득시기) 매수인[P]은 매각대금을 다 낸 때에 매각의 목적인 권리[저당부동산]를 취득한다.

근저당권 소멸

소멸주의

그 결과, 저당부동산에 설정된 근저당권은 모두 소멸한다.

> 민사집행법 제268조(준용규정) 부동산을 목적으로 하는 담보권 실행을 위한 경매절차에는 제79조[부터] 제162조[까지]의 규정을 준용한다.

> 민사집행법 제91조(인수주의와 잉여주의의 선택 등) ② 매각부동산 위의 **모든 저당권 [K의 제1번 근저당권, L의 제2번 근저당권, M의 제3번 근저당권 모두]은 매각으로 소멸**된다.

> 2010마1059: 민사집행법 제91조 제2항, 제3항, 제268조는 경매의 대부분을 차지하는 **강제경매와 담보권 실행을 위한 경매에서 소멸주의를 원칙**으로 하고 있[다. 그]뿐만 아니라 [위 조항들은] 이를 전제로 하여 배당요구의 종기결정이나 채권신고의 최고, 배당요구, 배당절차 등에 관하여 상세히 규정하고 있[다.]

1. 역시 순위와는 상관없다. 예를 들어, 제2번 근저당권자 L이 경매를 신청한 경우에도, 제1번, 제2번, 제3번 근저당권이 모두 소멸한다.
2. 따라서, 경매 매수인(P)은 저당권이 전혀 남지 않은 부동산을 취득한다.

이 부분은 대단히 중요하다. 반드시 기억하라.

영향

1. 근저당권자들(K, L, M)은 순위에 따라 매각대금을 배당받는다.
2. 그렇더라도, 매수인(P)이 소유권을 취득하는 것에 아무 문제가 없다.

민사집행법 제267조(대금완납에 따른 부동산취득의 효과) 매수인[P]의 부동산 취득은 담보권[K, L, M의 각 근저당권] 소멸로 영향을 받지 아니한다.

근저당권 확정

문제점

1. 근저당권 확정: 피담보채무가 이제는 유동, 교체되지 않게 되는 상태
2. 확정이 되어야, 배당도 가능하다.
3. 그렇다면, 확정 시기는 정확히 언제인가? 즉, 언제 확정되는가?

확정 사유

다음 사유가 있으면, 근저당권이 확정된다.

1. 약정한 확정 시기 도래
2. 거래 관계 종료
3. 경매신청

확정 사유와 확정 시기 개념을 구별하라. 서로 다를 수도 있다.

약정한 확정 시기 도래

약정한 확정 시기가 도래하면, "약정한 확정 시기"에 근저당권이 확정된다.

부동산등기법 제75조(저당권의 등기사항) ② 등기관은 ... 저당권의 내용이 근저당권(根抵當權)인 경우에는 ... 다음 각호의 사항을 기록하여야 한다. 다만, ... 제4호는 등기원인에 그 **약정이 있는 경우**에만 기록한다.
    4. 존속기간

2015다65042: 근저당권의 존속기간이 있는 경우라면 [어떤가?] 원칙적으로 ... **존속기간이 만료한 때에 피담보채무가 확정**된다.

만약 결산기를 정한 사안이라면? "결산기를 정한 것"과 "존속기간을 정한 것" 모두 확정 시기를 약정했다는 점에서는 서로 실질적 차이가 거의 없다.

2015다65042: 결산기의 지정은 일반적으로 근저당권 피담보채무의 확정 시기와 방법을 정한 것이다.]

근저당권설정계약을 체결하면서 근저당권의 결산기를 장래 지정형으로 정[했다.] 근저당권설정계약서에 '계약일부터 3년이 경과하면 근저당권설정자가 서면통지에 의하여 근저당권의 결산기를 지정할 수 있도록 하되, 그 결산기는 통지의 도달일부터 14일 이후가 되어야 ... 한다.'고 기재하였다[다. 이것은] 피담보채무의 확정 시기에 관한 약정[이다.]

원칙적으로 결산기가 도래**하거나** 존속기간이 만료한 때에 피담보채무가 확정된다.

거래 관계 종료

거래 관계가 종료하면, "거래 관계 종료시" 근저당권이 확정된다.

1. 존속기간 약정이 없었다면, 설정자(mortgagor)가 언제든지 거래 관계를 종료시킬 수 있다. 이렇게 종료된 시점에 근저당권이 확정된다.

   > **95다2494**: 계속적 거래계약에 기[초]한 채무를 담보하기 위하여 존속기간의 약정이 없는 근저당권을 설정한 [사안이다.] 그 **거래관계가 종료**됨으로써 피담보채무로 예정된 **원본채무가 더[는] 발생할 가능성이 없게 된 때**에[는 어떻게 되는가?] 그때까지 잔존하는 채무가 근저당권에 의하여 담보되는 채무로 확정[된다.]
   >
   > 근저당권을 **설정한 [자(J)는]** 근저당권자에 대한 의사표시로써 피담보채무의 **확정을 구할 수 있[다.]**

2. 존속기간 약정이 있었더라도, 설정자(mortgagor)는 일정한 경우 거래 관계를 종료(해지)시킬 수 있다. 이렇게 종료된 시점에 근저당권이 확정된다.

   > **2002다7176**: 피담보채무를 확정 시키는 근저당권설정자[J]의 근저당권설정계약의 ... 해지에 관한 권한은 [언제 발생할 수 있는가?]
   >
   > 근저당권설정계약에서 근저당권의 존속기간을 ... 정한 [사안이다.] ... 이 경우에도 근저당권에 의하여 담보되는 채권이 전부 소멸하고 채무자가 ... **거래를 계속할 의사가 없[다면** 어떻게 될까? 이] 경우에는, 그 **존속기간...[이] 경과하기 전이라 하더라도** 근저당권**설정자[J]는 계약을 해지**하고 근저당권설정등기의 말소를 구할 수 있[다.]

경매신청

경매신청이 있으면, (i) "경매신청 시" 또는 (ii) "매수인의 매각대금 전부 납입 시" 근저당권이 확정된다. 예를 들어, 근저당권자들 K, L, M 중 제2번 근저당권자 L이 경매신청했다고 하자.

1. 경매신청을 한 근저당권자(L)의 근저당권(제2번): "경매신청 시" 확정된다.

   > **89다카15601**: 근저당권자[L]가 그 피담보채무의 불이행을 이유로 경매신청을 한 때에는 [어떻게 되나?] 그 **경매신청 시에 [제2번]근저당권은 확정**[된다.] 제2번 근저당권이 확정되면 그 이후에 발생하는 원금채권은 그 [제2번] 근저당권에 의하여 담보되지 않는다.
   >
   > **2001다73022**: 경매신청을 하여 경매개시결정이 있은 후에 경매신청이 취하되었다고 하더라도 채무확정의 효과가 번복되는 것은 아니다.

2. 경매신청을 하지 않은 근저당권자(K, M)의 근저당권(제1번, 제3번): "매수인의 매각대금 전부 납입 시" 확정된다.

   > **99다26085**: 다른 채권자[L]가 저당부동산에 대하여 경매신청을 한 경우 ... [민사집행법 제268조, 제91조 제2항]에 따라 경매신청을 하지 아니한 근저당권자[K 등]의 근저당권[제1번 등]도 [매각]으로 인하여 소멸[한다.]
   >
   > **민사집행법 제268조(준용규정)** 부동산을 목적으로 하는 담보권 실행을 위한 경매절차에는 제79조[부터] 제162조[까지]의 규정을 준용한다.
   >
   > **민사집행법 제91조(인수주의와 잉여주의의 선택 등)** ② 매각부동산 위의 **모든 저당권**[K의 제1번, L의 제2번, M의 제3번 근저당권 모두]은 **매각으로 소멸**된다.

99다26085: [그]므로, ... 경매를 신청하여 경매절차가 개시된 때[부]터 [매각]으로 인하여 당해 근저당권이 소멸하게 되기까지의 어느 시점에서인가는 당해 [제1번 등]근저당권의 피담보채권도 확정[되어야 한다. 그런데,] 어느 시기에 당해 [제1번 등]근저당권의 피담보채권이 확정되는가 하는 점에 관하여 우리 민법은 아무런 규정을 두고 있지 [않다. 따라서 해석 문제를 남긴다.]

선순위[제1 순위] 근저당권자[K]는 자신이 경매신청을 하지 아니하였으면서도 [매각]으로 인하여 [제1번]근저당권을 상실하게 되는 처지에 있[다. 그]러므로 거래의 안전을 해치지 아니하는 한도 안에서 선순위[제1 순위] 근저당권자[K]가 파악한 담보가치를 최대한 활용할 수 있도록 [해야 한다.]

[이러한] 관점에서 보면, 후순위[제2 순위] 근저당권자[L]가 경매를 신청한 경우[는 다음과 같이 처리한다.] 선순위 근저당권자[**제1번]의 피담보채권은** 그 [제1번]근저당권이 소멸하는 시기, 즉 **매수인이 매각대금을 완납한 때**에 확정된[다.]

위 판례는 경매신청자(L)보다 선순위 근저당권자(K)에 관한 사례다. 그러나 경매신청자(L)보다 후순위 근저당권자(M)에 관해서도 마찬가지다.

사례

사실관계

채무자 J의 채권자 K, L, M을 위해 차례로 W토지에 근저당권이 설정되었다.

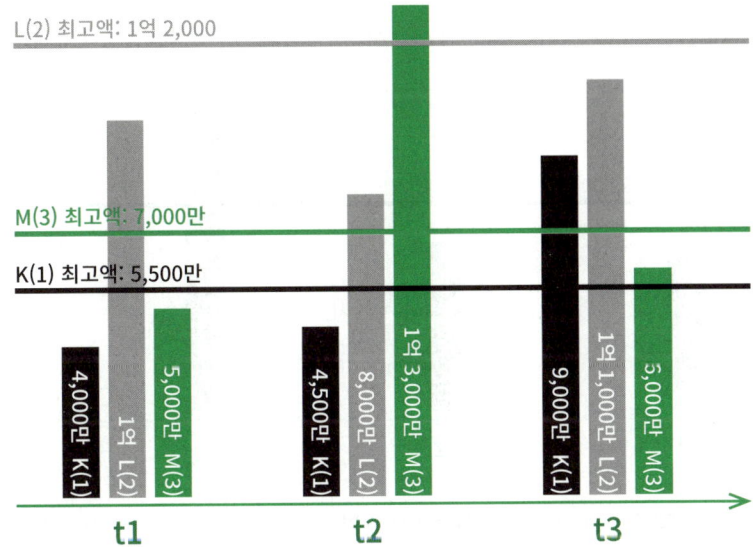

설정 당시(t1), 피담보채권액은 다음과 같다고 하자.

1. 제1번(K) 4,000만 원
2. 제2번(L) 1억 원
3. 제3번(M) 5,000만 원

제2번 근저당권자(L)의 경매신청 시(t2), 피담보채권액은 다음과 같다고 하자.

1. 제1번(K) 4,500만 원
2. 제2번(L) 8,000만 원
3. 제3번(M) 1억 3,000만 원

매수인(P)의 매각대금 전부 납입 시(t3), 피담보채권액은 다음과 같다고 하자.

1. 제1번(K) 9,000만 원
2. 제2번(L) 1억 1,000만 원
3. 제3번(M) 6,000만 원

논의의 편의를 위해, 원금만 있고 이자나 지연이자는 없다고 가정한다. 즉, 원금(원본)채권만 피담보채권에서 유동적으로 교체, 추가된 사안이다.

제1번 근저당권자(K) 경우: 매수인의 매각대금 전부 납입 시(t3) 기준

1. K는 경매신청을 하지 않은 근저당권자다.
2. 매수인의 매각대금 전부 납입 시(t3)를 기준으로 K의 근저당권이 확정된다.
3. 따라서 K의 근저당권 피담보채무는 9,000만 원으로 확정된다.
4. 한편, K의 근저당권 최고액은 5,500만 원이다.
5. 결론: K의 근저당권은 5,500만 원[= min(9,000만 원, 5,500만 원)] 담보

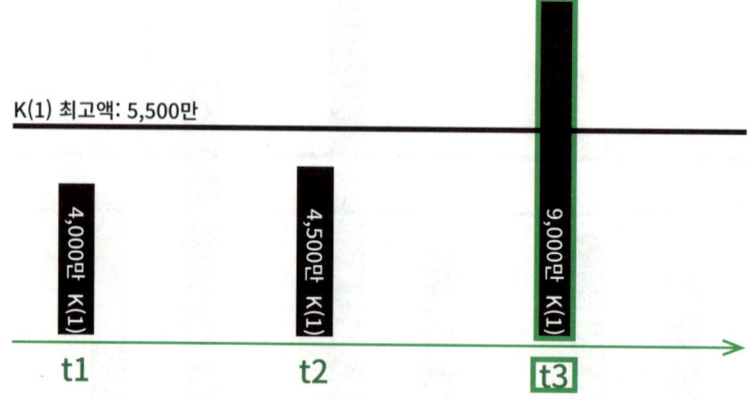

제2번 근저당권자(L) 경우: 경매신청 시(t2) 기준

1. L은 경매신청을 한 근저당권자다.
2. 경매신청 시(t2)를 기준으로 L의 근저당권이 확정된다.
3. 따라서 L의 근저당권 피담보채무는 8,000만 원으로 확정된다.
4. 한편, L의 근저당권 최고액은 1억 2,000만 원이다.
5. 결론: L의 근저당권은 8,000만 원[= min(8,000만 원, 1억 2,000만 원)] 담보

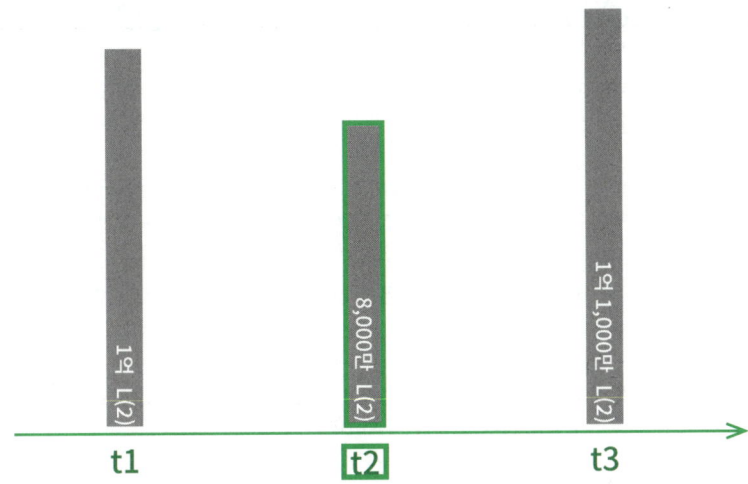

제3번 근저당권자(M) 경우: 매수인의 매각대금 전부 납입 시(t3) 기준

1. M은 경매신청을 하지 않은 근저당권자다.
2. 매수인의 매각대금 전부 납입 시(t3)를 기준으로 M의 근저당권이 확정된다.
3. 따라서 M의 근저당권 피담보채무는 6,000만 원으로 확정된다.
4. 한편, M의 근저당권 최고액은 7,000만 원이다.
5. 결론: M의 근저당권은 6,000만 원[= min(6,000만 원, 7,000만 원)] 담보

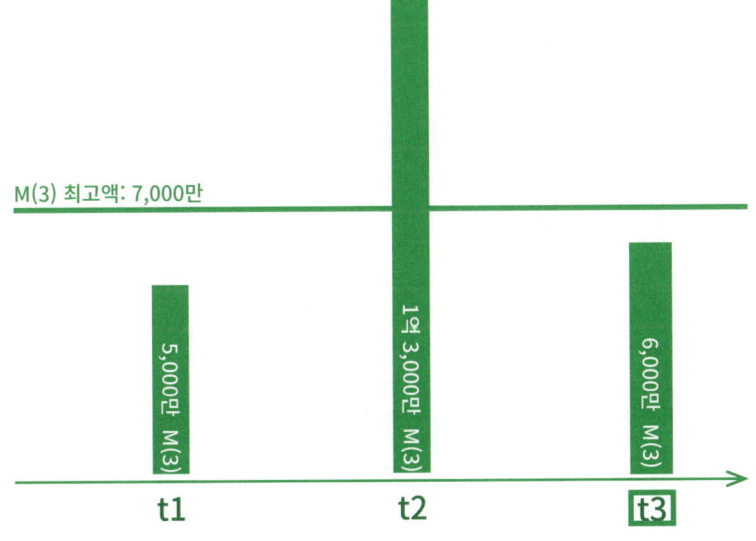

연습문제1

2019년도 변호사시험 민사법 선택형

[문 6.] 부동산 저당권에 관한 설명 중 옳지 않은 것은? (다툼이 있는 경우 판례에 의함)

① 근저당 거래관계가 계속되어 근저당권의 피담보채권이 확정되지 아니하는 동안에는 그 채[권] 일부가 대위변제되었다 하더라도 그 근저당권이 대위변제자에게 이전되지 않는다.

② 동일 부동산에 관하여 가압류등기가 먼저 행해진 후 근저당권설정등기가 마쳐진 경우 그 근저당권자는 가압류채권자에 대한 관계에서는 우선변제권을 주장할 수 없다.

③ 근저당권자가 피담보채무의 불이행을 이유로 경매신청을 한 경우 경매신청 시에 근저당권의 피담보채무액이 확정되지만, 경매개시결정이 있은 후에 경매신청이 취하된 경우에는 그 소급효로 인하여 채무확정의 효과가 번복된다.

④ 저당목적물인 부동산이 수용된 경우 저당권자가 저당권설정자의 토지수용보상금 지급청구권에 관하여 물상대위권을 행사하기 전에 다른 채권자가 위 지급청구권에 대하여 압류·추심명령을 받아 보상금을 지급받은 때에는, 저당권자는 우선변제권을 상실하게 되고 그 다른 채권자에 대하여 부당이득반환도 청구할 수 없다.

⑤ 근저당권이전의 부기등기[를 마친] 후 그 피담보채무가 소멸한 경우, 주등기인 근저당권설정등기의 말소등기만 구하면 되고 그 부기등기에 대한 말소를 구하는 것은 소의 이익이 없다.

연습문제2

2019년도 변호사시험 민사법 선택형

[문 55.] 근저당권에 관한 설명 중 옳지 않은 것은? (다툼이 있는 경우 판례에 의함)

① 근저당권설정등기의 말소등기절차의 이행을 구하는 소송 도중 그 근저당권설정등기가 경락을 원인으로 하여 말소된 경우에는 해당 소를 각하하여야 한다.

② 소유권에 기[초]한 방해배제청구권의 행사로서 근저당권설정등기의 말소등기청구를 한 전소의 확정판[결] 기판력은 계약해제에 따른 원상회복으로 근저당권설정등기의 말소등기청구를 하는 후소에 미친다.

③ 채무자가 피담보채무 전액을 변제하였다고 주장하면서 근저당권설정등기의 말소등기절차의 이행을 청구하였으나 피담보채무의 잔존채무가 있는 것으로 밝혀진 경우, 채무자의 청구 중에는 확정된 잔존채무를 변제하고 그다음에 위 등기의 말소를 구한다는 취지까지 포함[된] 것으로 해석함이 [타]당하며, 이는 장래 이행의 소로서 미리 청구할 이익도 있다.

④ 피담보채권의 양도를 원인으로 한 근저당권 이전의 부기등기가 있는 경우에 근저당권설정등기의 말소등기청구는 양수인을 상대로 제기하여야 하고, 근저당권 이전의 부기등기가 전부명령 확정에 따라 이루어지는 경우에도 동일하다.

⑤ 선순위 근저당권자는 저당부동산에 대하여 경매신청을 하지 아니하였는데 후순위 근저당권자가 저당부동산에 대하여 경매신청을 한 경우 선순위 근저당권의 피담보채권은 경락인이 경락대금을 완납한 때에 확정된다.

연습문제3

2020년도 변호사시험 민사법 선택형

[문 14.] 근저당권에 관한 설명 중 옳은 것(○)과 옳지 않은 것(×)을 올바르게 조합한 것은? (다툼이 있는 경우 판례에 의함)

ㄱ. 근저당권의 피담보채권이 확정되지 아니하는 동안에는 그 채[권] 일부가 대위변제되더라도 그 근저당권이 대위변제자에게 이전될 여지가 없지만, 피담보채권이 확정된 후에는 근저당권의 일부 이전의 부기등기가 있어야 그 근저당권이 대위변제자에게 이전된다.

ㄴ. 근저당권설정등기가 불법하게 말소된 경우 근저당권자는 그 등기말소 당시의 소유자가 아니라 현재 등기명의자인 소유자를 상대로 근저당권설정등기의 회복등기청구를 하여야 한다.

ㄷ. 근저당권자가 근저당권설정자의 피담보채무의 불이행을 이유로 경매신청을 하였으나 경매개시결정이 있은 후에 경매신청을 취하한 경우에는 근저당권의 피담보채무는 확정되지 않는다.

연습문제4

2022년도 변호사시험 민사법 선택형

[문 8.] 근저당권에 관한 설명 중 옳지 않은 것은? (다툼이 있는 경우 판례에 의함)

① 근저당권 설정의 당사자들이 그 목적인 토지 위에 건물이 설치되어 토지의 담보가치가 감소하는 것을 막는 것을 주요한 목적으로 하여 채권자 앞으로 지상권을 아울러 설정한 경우, 피담보채권의 소멸로 근저당권이 소멸하면 지상권은 소멸한다.

② 선순위의 근저당권부 채권의 양수인이 근저당권 이전의 부기등기를 마쳤다면, 채권양도의 대항요건을 갖추지 아니하였더라도, 후순위 근저당권자에게 채권양도로 대항할 수 있다.

③ 근저당권자가 피담보채무의 불이행을 이유로 경매신청을 한 경우에는 경매신청 시에 피담보채무가 확정되나, 경매개시결정이 있은 후에 경매신청이 취하되면 채무확정의 효과가 번복된다.

④ 후순위 근저당권자가 경매를 신청한 경우, 선순위 근저당권의 피담보채무는 경매절차에서 매수인이 매각대금을 완납한 때에 확정된다.

⑤ 甲은 乙이 운영하는 도박장에서 도박을 하던 중 도박자금이 부족해지자 乙로부터 1억 원을 차용하면서 그 차용금 채무의 담보 목적으로 甲 소유 X 토지에 관하여 乙 앞으로 근저당권설정등기를 마쳐주었다. 이 경우, 甲은 乙을 상대로 위 등기의 말소를 청구할 수 있다.

연습문제5

2023년도 변호사시험 민사법 선택형

[문 5.] 근저당권의 피담보채권의 확정 시기에 관한 설명 중 옳은 것(○)과 옳지 않은 것(×)을 올바르게 조합한 것은? (다툼이 있는 경우 판례에 의함)

ㄱ. 근저당권이 설정된 뒤 채무자 또는 근저당권설정자에 대하여 회생절차개시결정이 내려진 경우, 근저당권의 피담보채무는 특별한 사정이 없는 한 회생절차개시결정 시점을 기준으로 확정된다.

ㄴ. 근저당권자가 피담보채무의 불이행을 이유로 경매를 신청하면 경매신청 시에 피담보채권은 확정되며, 경매개시결정이 있은 후에 그 신청을 취하하더라도 채무확정의 효과는 번복되지 않는다.

ㄷ. 후순위 근저당권자가 경매를 신청한 경우, 선순위 근저당권자의 피담보채권은 매수인이 매각대금을 지급한 때 확정된다.

ㄹ. 공동근저당권자가 목적 부동산 중 일부 부동산에 대하여 제3자가 신청한 경매절차에 소극적으로 참가하여 우선배당을 받은 경우, 위 일부 부동산에 관한 근저당권의 피담보채권은 매수인이 매각대금을 지급한 때에 확정된다.

ㅁ. 공동근저당권자가 목적 부동산 중 일부 부동산에 대하여 제3자가 신청한 경매절차에 소극적으로 참가하여 우선배당을 받은 경우, 나머지 목적 부동산에 관한 근저당권의 피담보채권도 매수인이 매각대금을 지급한 때에 확정된다.

우선변제

개념

매각대금 1억 5,000만 원은 근저당권자들(K, L, M)의 채권에 충당한다.

1. 만약 J에게 근저당권자 아닌 다른 채권자들이 더 있다면? 그렇더라도, 다른 채권자들보다 먼저 근저당권자들에게 우선해 충당한다. 이것을 "근저당권자들에게 우선변제권(preferential repayment right)이 있다"고 한다.
2. 근저당권자들끼리는 순위에 따라 배당한다.

당사자들 입장에서, 충당 순위가 중요하다.

제1 순위 근저당권

1. 먼저 위 1억 5,000만 원으로, K(제1 순위)에게 배당한다.
2. K에게 5,500만 원을 배당한다.
3. 9,500만 원(= 1억 5,000만 원 - 5,500만 원)이 남는다.

제2 순위 근저당권

1. 다음 위 9,500만 원으로, L(제2 순위)에게 배당한다.
2. L에게 8,000만 원을 배당한다.
3. 1,500만 원(= 9,500만 원 - 8,000만 원)이 남는다.

제3 순위 근저당권

1. 마지막으로 위 1,500만 원으로, M(제3 순위)에게 배당한다.
2. M은 피담보채권액이 6,000만 원이다. 그러나 순위에서 밀려서 다 받지 못하게 되었다.

배당요구?

배당요구(demand for distribution): 경매절차에서, 매각대금을 자신에게 배당해 달라고 요구하는 것

1. 일반적으로는, 기간 내에 배당요구를 해야 배당받을 수 있다. 또는, 경매신청을 했어도 배당요구에 준해 배당받을 수 있다.

   > **민사집행법 제148조(배당받을 채권자의 범위)** ... 배당받을 채권자는 다음 각호에 규정된 사람으로 한다.
   >   1. 배당요구의 종기까지 **경매신청을 한** 압류채권자
   >   2. 배당요구의 종기까지 **배당요구를 한** 채권자

   > **2001다70702:** 배당요구가 필요한 배당요구채권자는 ... [일정한 시점]까지 배당요구를 한 경우에 한하여 비로소 배당을 받을 수 있[다.] 적법한 배당요구를 하지 아니한 경우에는 비록 실체법상 우선변제청구권이 있다 하더라도 경락대금으로부터 배당을 받을 수는 없[다.]

   > [그러므로] 이러한 배당요구채권자가 적법한 배당요구를 하지 아니하여 그를 배당에서 제외하는 것으로 배당표가 작성·확정되고 그 확정된 배당표에 따라 배당이 실시[될 수 있다. 그 경우] ... [돈]이 후순위채권자에게 배당되었다고 하여 이를 법률상 원인이 없는 것이라고 할 수[도] 없다.

   물론, 아무나 배당요구를 할 수 있는 것은 아니다. 일정한 자격요건이 있다. 자격을 갖추어야, 유효한 배당요구를 할 수 있다.

   > **민사집행법 제88조(배당요구)** ① **집행력 있는 정본을 가진** 채권자, [또는] ... 법률에 의하여 **우선변제청구권이 있는** 채권자는 배당요구를 할 수 있다.

2. 그러나 저당권자는, 배당요구를 하지 않더라도, 당연히 배당받을 수 있다.

   > **민사집행법 제148조(배당받을 채권자의 범위)** ... 배당받을 채권자는 다음 각호에 규정된 사람으로 한다.
   >   4. 저당권... 그 밖의 우선변제청구권으로서 첫 경매개시결정등기전에 등기되었고 매각으로 소멸하는 것을 가진 채권자

   > **2016다26969:** 저당권...으로서 첫 경매개시결정등기 전에 등기되었고 매각으로 소멸하는 것을 가진 채권자[→ **저당권자]는 배당요구를 하지 않더라도 배당**을 받을 수 있[다.]

전세권
Chonsegwon (Right to Registered Lease on Deposit Basis)

> 날짐승들이 박쥐에게 자신들의 군대에 참가하라고 부탁하였다.
> 박쥐는 "난 길짐승이야"라고 말하며 거절하였다.
> 이번에는 길짐승들이 박쥐에게 자신들에게 참여하라고 부탁하였다.
> 박쥐는 이번에는 "난 새야"라고 말하며 거절하였다.
> - "이솝 우화"

머리에

문제점

물권(property right)인 전세권을 보자. 어떤 구조에서 볼 수 있는가?

시작

1. 부동산 소유자는 부동산을 이용하려는 사람으로부터 전세금을 받는다.
2. 그 대신, 이용자는 부동산을 인도받고 일정 기간 부동산을 사용할 권리를 얻는다.
3. 전세권을 설정한다는 등기, 즉 전세권설정등기도 한다.

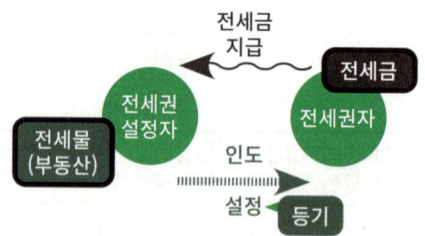

종료

1. 위 일정 기간이 끝나면, 부동산 소유자는 전세금을 반환해야 한다.
2. 그 대신, 이용자는 소유자에게 부동산을 반환해야 한다.
3. 이용자는, 만약 전세금을 반환받지 못한다면, 그 부동산을 점유하며 버틸 수 있다. 부동산을 점유하는 것이 곧 전세금 반환채권의 담보 기능을 한다.
4. 이용자는, 원한다면, 그 부동산을 경매에 부쳐서라도 전세금 반환채권을 변제받을 수도 있다.

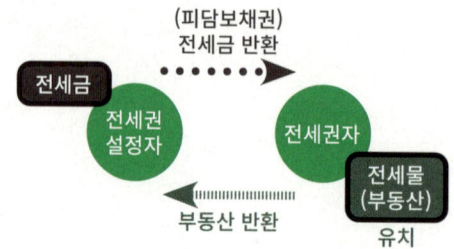

관계
1. 전세권설정자: 부동산 소유자 겸 전세금 반환 채무자
2. 전세권자: 부동산의 이용자 겸 전세금 반환 채권자

소결
무언가 임대차보증금 있는 임대차와 비슷하다. 그러나 다르다.
1. 이때 전세권자의 권리는 채권이 아니라 물권(property right)이다.
2. 별도 차임(임대료)이 없다. 그러나 전세금의 이자 해당분이 실질적 대가 지급 기능은 한다.

전세권

전세권 개념

전세권(*chonsegwon*; right to registered lease on deposit basis)
1. 전세금 반환채권을,
2. 담보하기 위해,
3. 부동산을 받아,
4. 그 부동산을 사용, 수익하는 것을 내용으로 하는,
5. 물권

쉽게 말해, 다음과 같다.
1. 전세권자는, 전세 잡은 부동산을 쓸 수 있다.
2. 전세권자는, 전세금 반환이 없으면 전세 잡은 부동산을 안 돌려주고 경매할 수도 있다.
3. 이때 전세권자가 부동산 소유권까지 이전받는 것은 아니고, 전세로 제공되었다고 등기부에 기재되도록만 한다. 그 등기가 바로 전세권설정등기다.

민법 제303조(전세권의 내용) ① 전세권자는 **전세금을 지급**하고 타인의 **부동산**을 점유하여 그 부동산의 용도에 좇아 **사용·수익**하며, 그 부동산 전부에 대하여 후순위권리자 기타 채권자보다 **전세금의 우선변제**를 받을 권리가 있다.

관련 용어

1. 전세권자(person with a right to lease on a deposit basis): (i) 부동산을 이용할 수 있고, (ii) 부동산을 전세금 반환채권의 담보로 받은 자
2. 전세물: 그 부동산
3. 전세권의 설정: 부동산을, (i) 일정 기간 이용하게 하고, (ii) 만료시 전세금 반환채권의 담보로 될 수 있게 하는 것
4. 전세권설정자: 전세권을 설정해 준 부동산 소유자

5. 피담보채권(secured claim): 보호받으려는 채권(전세권으로 담보되는 전세금 반환채권)

부동산임차권과의 구별

채권인가 물권인가?

전세권(물권)은, 전세 방식의 부동산임차권(채권)과 비슷하지만, 다르다.

제2강 계약법 기초 중 "임차인 보호" 부분을 떠올려 보라.

1. 부동산임차권(lease of immovables)은 채권이다.

> **민법 제618조(임대차의 의의)** 임대차는 당사자 일방이 상대방에게 목적물을 사용, 수익하게 할 것을 약정하고 상대방이 이에 대하여 차임을 지급할 것을 약정함으로써 그 효력이 생긴다.

> **2004다69741:** **임대차는** 당사자 일방이 상대방에게 목적물을 사용·수익하게 할 것을 약정하고 상대방이 이에 대하여 차임을 지급할 것을 약정함으로써 그 효력이 발생하는 **채권계약**[이다.]

2. 전세권은 물권이다.

> **민법 제303조(전세권의 내용)** ① 전세권자는 **전세금을 지급**하고 타인의 **부동산**을 점유하여 그 부동산의 용도에 좇아 **사용·수익**하며, 그 부동산 전부에 대하여 후순위권리자 기타 채권자보다 **전세금의 우선변제**를 받을 권리가 있다.

> **2004다69741:** **전세권은** 전세금을 지급하고 타인의 부동산을 점유하여 그 부동산의 용도에 좇아 사용·수익하며 그 부동산 전부에 대하여 후순위권리자 기타 채권자보다 전세금의 우선변제를 받을 권리를 내용으로 하는 **물권**이[다.]

따라서 다음과 같이 중요한 차이가 있다.

대세효 여부

1. 부동산임차권자는, 원칙적으로, 계약 상대방인 임대인에 대해서만 임차권을 주장할 수 있다. 예를 들어, 임대차계약 후에 부동산 소유자가 다른 사람으로 바뀌었다면, 부동산임차권자는 새 소유자에게 대항할 수가 없다.

쉽게 말해, 새 소유자가 쫓아내면 임차권자는 나가야 한다.

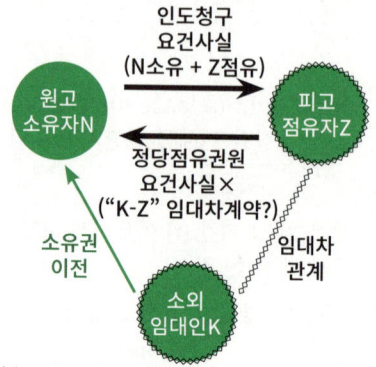

2. 그러나 전세권자는, 원칙적으로, 누구에 대해서든 전세권을 주장할 수 있다. 새 소유자에 대해서도 마찬가지다.

쉽게 말해, 새 소유자가 쫓아내고 싶더라도, 전세권자는 안 나가고 버틸 수 있다.

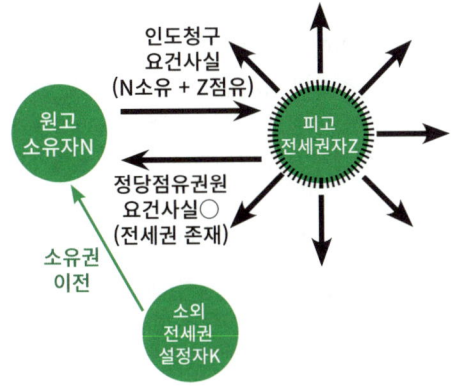

성립요건 차이

1. 부동산임차권은 당사자의 임대차계약만으로 성립한다.

    민법 제618조(임대차의 의의) 임대차는 ... **약정함으로써 그 효력**이 생긴다.

2. 그러나 전세권은 전세권설정계약만으로는 부족하고, "전세금"을 지급하고 전세권설정"등기"까지 해야만 성립한다.

    민법 제303조(전세권의 내용) ① 전세권자는 **전세금을 지급**하고 타인의 부동산을 점유하여 그 부동산의 용도에 좇아 사용·수익하며, 그 부동산 전부에 대하여 후순위권리자 기타 채권자보다 전세금의 우선변제를 받을 권리가 있다.

    2008다67217: **전세금의 지급**은 전세권 **성립의 요소**가 [된다.]

    민법 제186조(부동산물권변동의 효력) 부동산에 관한 법률행위로 인한 물권의 득실변경은 **등기하여야 그 효력**이 생긴다.

용어

1. 채권적 전세: 전세 방식의 부동산임대차(채권인 임차권 발생)
2. 물권적 전세: 전세권을 설정(물권인 전세권 발생)

일상용어로 말하는 "전세권"은 채권적 전세인 경우가 많다.

	전세방식 부동산임차권	전세권
본질	채권 (채권적 전세)	물권 (물권적 전세)
대세효	× (원칙)	○
성립요건	계약	계약 + 등기 + 전세금지급

전세권의 사례

법률행위에 따른 전세권(약정전세권)

법률행위(legal act)에 따른 전세권설정 사례가 있다. 즉, 의사표시(declaration of intention)에 따른 전세권설정 경우다. 이러한 전세권을 약정전세권(*chonsegwon* by contract)이라 한다.

1. 전세권설정계약: R은 H주택에 전세로 입주하고 싶다. R은 집주인 S에게 연락해 채권적 전세 말고 물권적 전세를 요구했다. R과 S는 전세금 1억 2,000만 원에 2년 전세권을 설정하기로 합의했다. 위 합의(계약)를 "전세권설정계약"이라 한다.
2. 전세금 지급: R은 S에게 전세금 1억 2,000만 원을 지급했다.
3. 전세권설정등기: R과 S는 관할 등기소에 전세권설정등기 신청까지 했다. 이에 따라 전세권설정등기를 마쳤다.

부동산등기법 제3조(등기할 수 있는 권리 등) 등기는 부동산의 표시(表示)와 다음 각호의 어느 하나에 해당하는 권리의 보존, 이전, 설정, 변경, 처분의 제한 또는 소멸에 대하여 한다.

4. **전세권**(傳貰權)

부동산등기법 제72조(전세권 등의 등기사항) ① 등기관이 전세권설정...의 등기를 할 때에는 제48조에서 규정한 사항 외에 다음 각호의 사항을 기록하여야 한다. 다만, 제3호부터 제5호까지는 등기원인에 그 약정이 있는 경우에만 기록한다.

1. 전세금 또는 전전세금
2. 범위
3. 존속기간
6. 전세권설정...의 범위가 부동[산] 일부인 경우에는 그 부분을 표시한 도면의 번호

부동산등기법 제48조(등기사항) ① 등기관이 갑구 또는 을구에 권리에 관한 등기를 할 때에는 다음 각호의 사항을 기록하여야 한다.

1. 순위번호
2. 등기목적
3. 접수연월일 및 접수번호
4. 등기원인 및 그 연월일
5. 권리자

등기사항전부증명서(말소사항 포함)
- 건물 -

등기고유번호 1101-2018-888114

[건물] 서울특별시 관악구 신림동 99-9

【 표 제 부 】 (건물의 표시)

표시번호	접 수	소재지번 및 건물번호	건 물 내 역	등기원인 및 기타사항
1	2018년5월1일	서울특별시 관악구 신림동 99-9 [도로명주소] 서울특별시 관악구 노루로 231-3	시멘트블럭조 슬래브지붕 단층주택 77.7㎡	

【 갑 구 】 (소유권에 관한 사항)

순위번호	등 기 목 적	접 수	등 기 원 인	권 리 자 및 기 타 사 항
1	소유권보존	2018년5월1일 제653호		소유자 한주인 770407-******* 서울특별시 마포구 올림픽로 43(상암동)

【 을 구 】 (소유권 이외의 권리에 관한 사항)

순위번호	등 기 목 적	접 수	등 기 원 인	권 리 자 및 기 타 사 항
1	전세권설정	2022년6월2일 제887호	2022년6월1일 설정계약	전세금 금120,000,000원 범 위 건물의 전부 존속기간 2022년 8월 20일부터 2024년 8월 19일까지 전세권자 라세입 930303-******* 대구광역시 중구 송이로 3(달성동)

법률행위에 따르지 않은 전세권(법정전세권)

법률행위가 없더라도, 법에서 전세권이 설정되도록 정해 놓는 경우가 있다. 법정전세권(chonsegwon by statute; chonsegwon by law)인, 법정갱신이다.

> **민법 제312조(전세권의 존속기간)** ④ 건물의 전세권설정자가 전세권의 존속기간 만료 전 6월부터 1월까지 사이에 전세권자에 대하여 갱신거절의 통지 또는 조건을 변경하지 아니하면 갱신하지 아니한다는 뜻의 통지를 하지 아니한 경우에는 그 기간이 만료된 때에 전전세권과 동일한 조건으로 다시 전세권을 <u>**설정한 것으로 본다**</u>. 이 경우 전세권의 존속기간은 그 정함이 없는 것으로 본다.

등기가 필요한가?

1. 약정전세권(chonsegwon by contract), 즉 법률행위(의사)에 따른 전세권 경우, 등기가 이루어져야 비로소 그때 전세권을 취득한다.

   > **민법 제186조(부동산물권변동의 효력)** 부동산에 관한 법률행위로 인한 물권의 득실변경은 <u>**등기하여야 그 효력**</u>이 생긴다.

   > **2015다69907:** 지상권설정<u>등기를 마치면</u> [그 후] 토지의 사용·수익권은 지상권자에게 있[다.]

2. 법정전세권(chonsegwon by statute; chonsegwon by law) 경우, 즉 법률행위(의사)에 따르지 않은 전세권 경우, 등기 없이도, 요건을 갖춘 순간 전세권을 취득한다.

> **민법 제187조(등기를 요하지 아니하는 부동산물권취득)** ... 법률의 규정에 의한 부동산에 관한 물권의 취득은 **등기를 요하지 아니한다.** ...
>
> **88다카21029:** 전세권의 법정갱신(민법 제312조 제4항)은 법률의 규정에 의한 부동산에 관한 물권의 변동이[다. 그러]므로 전세권갱신에 관한 등기를 필요로 하지 아니[한다.] 전세권자는 그 **등기없이도** 전세권설정자나 그 목적물을 취득한 제3자에 대하여 그 권리를 주장할 수 있다.

전세권 기능

전세권자 입장: 부동산 이용
전세권자는 전세기간에 부동산을 자유롭게 사용할 수 있다.

전세권설정자 입장: 전세금 이용
전세권설정자로서는 거액의 전세금을 이자 없이 빌리는 셈이다.

경제적 효과 면에서는, 매달 그 이자만큼 월세 받고 부동산을 임대하는 것과 비슷하다.

존속기간 만료 후: 서로 담보적 기능
전세기간이 끝나면?

1. 전세권설정자의 의무: 전세금 반환
2. 전세권자의 의무: 부동산 반환(인도) + 전세권설정등기 말소

위 의무(채무)는 서로 동시이행 관계에 있다. 따라서 전세권자는 전세금 반환채권을, 전세권설정자는 목적물 인도청구권을 서로 담보하는 의미가 있다. 쉽게 말해, 상대방이 돌려줄 때까지 나도 돌려주지 않아도 된다.

> **민법 제317조(전세권의 소멸과 동시이행)** 전세권이 소멸한 때에는 전세권설정자는 전세권자로부터 그 목적물의 인도 및 전세권설정등기의 말소등기에 필요한 서류의 교부를 받는 **동시**에 전세금을 반환하여야 한다.
>
> **2001다62091:** [전세기간 종료 후] 전세권자가 그 목적물을 [전세권설정자에게] 인도하였다. 그렇다 하더라도 [전세권자가] 전세권설정등기의 말소등기에 필요한 서류를 교부...하지 아니하는 이상, 전세권설정자는 전세금의 반환을 거부할 수 있[다.]

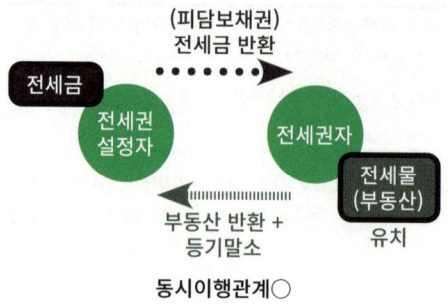

이에 비교해, 저당권은 변제와 등기말소가 동시이행 관계가 아니다. 변제가 더 먼저 이루어져야 한다. 쉽게 말해, 근저당권설정등기 말소를 아직 안 해주더라도, 일단 돈은 갚아야 한다. 즉, 저당권 사안에서는 변제가 말소의 "조건"일 뿐이다.

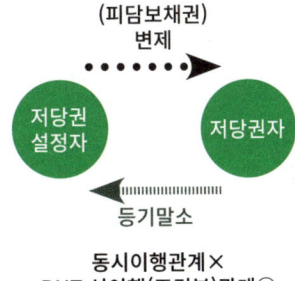

민법 제369조(부종성) 저당권으로 담보한 채권이 ... 소멸한 때에는 저당권도 소멸한다.

69다1173: 소비대차 계약[에서] 채무의 담보목적으로 저당권 설정등기를 [마친 사안이다.] 채무자의 채무변제는 저당권설정등기 말소등기에 앞서는 **선행**의무[다. 즉, 저당권설정등기 말소가] 채무의 변제와 동시이행 관계에 있는 것이 아니다.

전세권 실행

문제 상황

전세기간이 만료했다면? 전세권자 입장에서,

1. 전세금을 반환받아야 한다.
2. 그런데, 전세기간이 만료했기 때문에, 전세권 자체는 이미 소멸한 상태다.

98다31301: 전세권이 기간만료로 종료된 경우 **전세권은** 전세권설정등기의 말소등기 없이도 당연히 **소멸**[한다.]

경매청구

전세권자는, 부동산을 경매에 부칠 수 있다.

1. 피담보채권: 전세금 반환채권
2. 목적물: 전세부동산

민법 제318조(전세권자의 경매청구권) 전세권설정자가 전세금의 반환을 지체한 때에는 전세권자는 민사집행법이 정한 바에 의하여 전세권의 목적물의 **경매를 청구**할 수 있다.

이에 비교해 채권적 임대차에서, 임차인은 경매청구를 할 수 없다. 대항력 있는 임차인이라 해도 마찬가지다. 경매청구를 할 수 있다는 규정이 없기 때문이다.

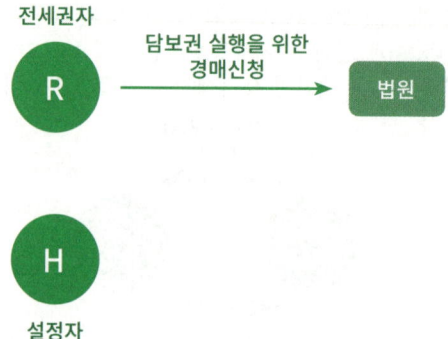

법원의 경매개시결정
그러면 법원에서 담보권 실행을 위한 경매(임의경매)절차를 개시한다.

소유권 변동
1. 부동산이 1억 5,000만 원에 P에게 낙찰됐다 하자.
2. 그러면, 매수인(P)이 매각대금 1억 5,000만 원을 법원 측에 내면 부동산 소유권을 취득한다.

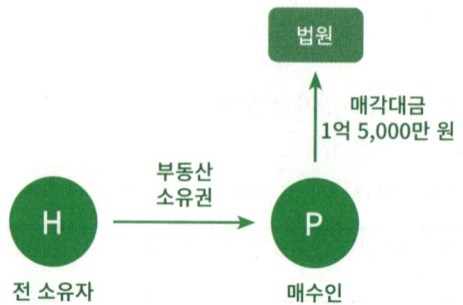

우선변제
1. 전세권자는 매각대금으로, 다른 채권자들보다 전세금 반환채권(피담보채권)에 우선 충당하겠다고 할 권리가 있다. 즉, 우선변제(우선배당)권이 있다.

> **민법 제303조(전세권의 내용)** ① 전세권자는 … 그 부동산 전부에 대하여 후순위권리자 기타 채권자보다 **전세금의 우선변제를 받을 권리**가 있다.

2. 전세권자는 배당요구할 수 있다. 전세권자가 경매신청을 했기 때문에, 배당요구도 한 것으로 볼 수 있다.

2013다27831: [전세권 사례는 아니지만] 주택임대차[법]의 대항력과 우선변제권을 모두 가지고 있는 임차인이 [있다. 그는] **보증금을 반환받기 위하여** 보증금반환청구 소송의 확정판결 등 집행권원을 얻어 임차주택에 대하여 스스로 강제**경매를 신청**[했다.]

특별한 사정이 없는 한 [임차인은] 대항력과 우선변제권 중 우선변제권을 선택하여 행사한 것으로 보아야 [한다.] 이 경우 우선변제권을 인정받기 위하여 배당요구의 종기까지 별도로 배당요구를 하여야 하는 것은 아니다. [**이미 배당요구한 것으로 볼 수 있다.**]

3. 매각대금 1억 5,000만 원은 전세권자의 전세금 반환채권에 우선 충당한다.

98다32939: 전세권의 우선변제적 효력에 근거하여 담보물권처럼 취급[한다.]

물론, 순위에 따라 충당한다. 만약 전세권자보다 선순위 저당권자가 있다면, 선순위 저당권자에 먼저 충당(우선변제)한다.

소멸 여부

전세권과 저당권은 매각(경매 매수인 P의 소유권 취득)으로 모두 소멸한다.

1. 전세권자가 최선순위가 아닐 경우: 저당권, 전세권 모두 소멸한다.

【 을 구 】		(소유권 이외의 권리에 관한 사항)	
순위번호	등 기 목 적	접 수	등 기 원 인	권 리 자 및 기 타 사 항
1	근저당권설정	2022년5월11일 제680호	2022년5월10일 설정계약	채권최고액 금80,000,000원 채무자 한주인 　서울특별시 마포구 올림픽로 43(상암동) 근저당권자 일순의 831108-******* 　서울특별시 성북구 마로 8(돈암동)
2	전세권설정	2022년6월2일 제887호	2022년6월1일 설정계약	전세금 금120,000,000원 범 위 건물의 전부 존속기간 2022년 8월 20일부터 2024년 8월 19일까지 전세권자 라세입 930303-******* 　대구광역시 중구 송이로 3(달성동)

민사집행법 제268조(준용규정) 부동산을 목적으로 하는 담보권 실행을 위한 경매절차에는 제79조[부터] 제162조[까지]의 규정을 준용한다.

민사집행법 제91조(인수주의와 잉여주의의 선택 등) ② 매각부동산 위의 모든 저당권은 매각으로 소멸된다.

③ ...**전세권**...**은 저당권...에 대항할 수 없는 경우**에는 매각으로 소멸된다.

2. 전세권이 최선순위일 경우: 저당권은 무조건 모두 소멸한다. 전세권은 전세권자가 배당요구를 하면 소멸한다. 그런데 경매신청(경매청구)은 배당요구한 것과 같기 때문에, 결국 전세권은 소멸한다.

【 을 구 】			(소유권 이외의 권리에 관한 사항)	
순위번호	등 기 목 적	접 수	등 기 원 인	권 리 자 및 기 타 사 항
1	전세권설정	2022년6월2일 제887호	2022년6월1일 설정계약	전세금 금120,000,000원 범 위 건물의 전부 존속기간 2022년 8월 20일부터 2024년 8월 19일까지 전세권자 라세입 930303-******* 대구광역시 중구 송이로 3(달성동)
2	근저당권설정	2022년6월11일 제900호	2022년6월10일 설정계약	채권최고액 금80,000,000원 채무자 한주인 서울특별시 마포구 올림픽로 43(상암동) 근저당권자 이순의 720422-******* 서울특별시 서초구 휴로 33(방배동)

민사집행법 제91조(인수주의와 잉여주의의 선택 등) ④ ... 다만, ... 전세권의 경우에는 전세권자가 ... **배당요구를 하면** 매각으로 소멸된다.

2009다40790: 저당권 등에 대항할 수 없는 전세권과 달리, 최선순위의 전세권은 ... **배당요구를 하면** 존속기간에 상관없이 소멸한[다.]

참고로, 전세권자가 부동산에서 잘 사는데, 제3자(저당권자 등)가 그 부동산 경매신청을 하는 경우가 많다. 제3자의 경매신청 사안이었다면, (i) 배당요구해서 전세권을 소멸시키고 경매절차에서 전세금을 우선변제 받고 나갈지, (ii) 배당요구 안 하고 계속 눌러앉을지, 전세권자가 선택할 수 있다.

민사집행법 제91조(인수주의와 잉여주의의 선택 등) ④ 제3항의 **경우 외**의 ...전세권...은 매수인이 인수한다. ...

2009다40790: **최선순위의 전세권은** 오직 전세권자의 배당요구에 의하여만 소멸[한다. 즉,] 전세권자가 **배당요구를 하지 않는 한 매수인에게 인수**[된다.]

경매신청한 전세권자는, 배당요구 없이도, 순위에 따라 배당받을 수 있다.

제148조(배당받을 채권자의 범위) ... 배당받을 채권자는 다음 ... 사람으로 한다.
    4. 저당권·전세권...으로서 첫 경매개시결정등기전에 등기되었고 **매각으로 소멸하는** 것을 가진 채권자

전세권 의의

물권
물건(property)인 부동산에 관한 권리이므로 물권(property right)이다.

제한물권
목적물(물건)에 관한 제한물권(restricted real right)이다. 즉, 존속기간 중,

1. 전세권자는 사용, 수익에 필요한 한도에서,
2. 사용가치를 제한적으로 지배할 뿐이다.

존속기간 만료 후에는,

1. 전세권자는 피담보채무(전세금 반환채권) 변제를 받기 위한 한도에서,
2. 물건의 교환가치를 제한적으로 지배할 뿐이다.

가령 전세권자가 부동산(소유권)을 다른 사람에게 매도, 처분할 권리는, 원칙적으로 없다.

용익물권 겸 담보물권

1. 존속기간 중: 용익물권(usufruct)이다. 즉, 어떤 부동산의 사용가치(use value)를 지배하는 물권이다. 쉽게 말해 부동산을 이용하기 위한 물권이다.
2. 존속기간 만료 후: 담보물권(real right granted by way of security)이다. 즉, 어떤 부동산의 교환가치(exchange value)를 지배하는 물권이다.

2003다35659: 전세권설정등기를 마친 민법상의 전세권은 그 성질상 용익물권적 성격과 담보물권적 성격을 겸비한[다.]

[그리하여] 전세권의 존속기간이 만료되면 [다음과 같은 상태가 된다.] 전세권의 **용익물권적 권능**은 전세권설정등기의 말소 없이도 **당연히 소멸**[한다. 그리고] 단지 전세금반환채권을 담보하는 **담보물권적 권능**의 범위[에]서 전세금의 반환시까지 그 전세권설정등기의 효력이 **존속**하고 있[다.]

약정(의사표시)가 필요한가?

1. (원칙) 약정 담보물권(real right granted by way of security by contract): 기본적으로, 의사표시에 따라 설정된다.
2. (예외) 법정 담보물권(real right granted by way of security by statute; real right granted by way of security by law): 경우에 따라, 의사표시와 상관없이 설정되는 경우도 있다.

	지상권	지역권	유치권	질권	저당권	전세권
담보/용익	용 익 물 권		담	보	물 권	용익+담보
지배 가치	사 용 가 치		교	환	가 치	사용+교환
동산/부동산	토	지	둘 다	동산	부동산	
약정/법정	약정	약정	법정	약정	약정	약정
그 예외	법정지상권	상린관계	×	법정질권	법정저당권	법정갱신
유치적 효력			○	○	×	?
경매청구권	(해당 없음)		○	○	○	○
우선변제효			×	○	○	○

점유의 기초개념
Basic Concept of Possession

동일한 위법 행위와 원인에서는, 점유자의 조건이 우선한다.
- Pope Boniface VIII, "De Regulis Juris"

간접점유

개념

1. 직접점유(direct possession): 물건을 직접 소지하여 점유하는 것. 단순히 "점유"라 하면, 직접점유를 생각할 수 있다.

> **민법 제192조(점유권의 취득과 소멸)** ① 물건을 사실상 지배하는 자는 점유권이 있다.

2. 간접점유(indirect possession): 직접점유하는 사람을 매개로 간접적으로 점유하는 것. 즉, 다른 사람으로 하여금 물건을 직접점유하게 한다.

> **민법 제194조(간접점유)** 지상권, 전세권, 질권, 사용대차, 임대차, 임치 기타의 **관계로** 타인으로 하여금 물건을 점유하게 한 자는 간접으로 점유권이 있다.

사례

건물주 B가 P에게 건물을 임대했다. P가 그 건물에 들어와 살고 있다.

1. 임차인인 P는 직접점유자다.
2. 임대인인 B는 간접점유자다.

점유 매개 관계

1. 위 임대차 관계처럼, 간접점유의 원인이 되는 관계를 점유 매개 관계라 한다.

> **2021다249810**: 민법상 간접점유를 인정하기 위해서는 간접점유자와 직접점유를 하는 자 사이에 일정한 법률관계, 즉 점유매개관계가 필요[하다.]

2. 도둑이 물건 훔친 경우? 점유 매개 관계가 없어 간접점유가 성립하지 않는다.

점유권자는 누구인가?

1. 직접점유자도 점유권자다.

> **민법 제192조(점유권의 취득과 소멸)** ① 물건을 사실상 지배하는 자[P]는 점유권이 있다.

2. 간접점유자도 점유권자다.

> **민법 제194조(간접점유)** 지상권, 전세권, 질권, 사용대차, 임대차, 임치 기타의 관계로 타인[P]으로 하여금 물건을 점유하게 한 자[B]는 간접으로 점유권이 있다.

즉, 어느 한 점유권이 없어지는 것이 아니다. 둘 다 점유자로 본다.

점유보조자

개념

물건을 사실상 지배하지만, 그것이 다른 사람 지시에 따른 경우가 있다. 이 경우,

1. 점유자: 지시를 하는 사람
2. 점유보조자(possession assistant): 지시를 받는 사람. 점유기관이라고도 한다.

> **민법 제195조(점유보조자)** 가사상, 영업상 기타 유사한 **관계에 의하여 타인의 지시를 받아** 물건에 대한 사실상의 지배를 하는 때에는 그 타인만을 점유자로 한다.

사례

은행원 E가 은행 금고 속의 현금을 관리한다고 하자.

1. 은행을 영업상 관계에서 지시자로 볼 수 있다. 은행이 점유자다.
2. 은행원은 그 지시를 받는 자다. 은행원 E가 점유보조자다.

점유권자는 누구인가?

1. 오직 지시를 하는 자(은행)만 점유권자다.
2. 즉, 점유보조자(은행원 E)에게는 점유권이 없다.

> **민법 제195조(점유보조자)** 가사상, 영업상 기타 유사한 관계에 의하여 타인[은행]의 지시를 받아 [은행원 E가] 물건에 대한 사실상의 지배를 하는 때에는 **그 타인[은행]만을 점유자**로 한다.

점유의 모습

선의점유 vs 악의점유

실제로는 점유할 권리(본권)가 없는데도 점유하는 경우가 있다. 점유할 권리가 없다는 사실을 알았는지 여부에 따라,

1. 선의점유(*bona fides* possession; possession in good faith): 점유할 권리(본권)가 있다고 착각하는 점유. 쉽게 말해, 몰랐으면 선의점유다.

> **99다63350**: 선의의 점유자[란] ... 권원이 **있다고 오신**한 점유자를 말[한다.]

2. 악의점유(*mala fides* possession; possession in bad faith): 점유할 권리(본권)가 없음을 알면서도 하는 점유. 쉽게 말해, 알았으면 악의점유다.

악의점유: 악의무단점유 vs 단순 악의점유

다시 악의점유는, 점유 개시를 무단으로 했는지 여부에 따라,

1. 악의무단점유(possession without permission): 점유 개시부터 악의점유인 경우. 쉽게 말해, 처음부터 알았으면 악의무단점유다.

> **2013다17292전합**: 이른바 '악의의 무단점유'[란] ... 점유자가 점유 **개시 당시**에 소유권 취득의 원인이 될 수 있는 법률행위 기타 법률요건이 없이 그와 같은 법률요건이 없다는 사실을 잘 **알면서** 타인 소유의 부동산을 **무단점유**한 [경우다.]

2. 단순 악의점유: 현재 악의점유에 해당하지만, 점유 개시 시점에는 악의점유가 아니었던 경우. 쉽게 말해, 처음에는 몰랐으면 단순 악의점유다.

선의점유: 과실 있는 점유 vs 과실 없는 점유

다시 선의점유는, 점유 개시에 과실이 있었는지 여부에 따라,

1. 과실 없는 점유(possession without negligence): 점유 개시시, 과실이 없었던 경우

> **2016다220679**: 점유의 개시에 [관한] 무과실이란 점유자가 자기의 소유라고 믿은 데에 과실이 없음을 말한다.

2. 과실 있는 점유(possession with negligence): 점유 개시시, 과실이 있었던 경우

> **97다48906**: [P는] 성일철강이 유성강재에 보관시켜 놓은 거액의 철판 전부를 성일철강의 부도가 임박한 상태에서 대물변제 받[았다.] ... [P는 D]회사에 조회하는 경우 소유권유보 사실을 쉽게 알 수 있었[다. 그럼]에도 [P는] 이러한 조치를 하지 않은 채 ... 통상의 방법에 의한 일반적인 거래라고 할 수 없는 경우로 취득[했다. P]로서는 성일철강에 이 사건 철판에 대한 처분권이 없음을 알지 못한 데 대하여 과실이 있다는 의심이 [든다.]

자주점유 vs 타주점유

한편, 어떤 경위로 점유를 개시하게 되었는지에 따라,

1. 자주점유(autonomous possession): 점유 개시시, 소유자처럼 지배하려고 점유한 경우. 쉽게 말해, 샀으면 자주점유다.

> **85다카2230**: 자주점유는 소유자와 동일한 지배를 **하려는** 의사를 가지고 하는 점유를 **의미**[한다.]

2. **타주점유(heteronomous possession)**: 점유 개시시, 다른 사람이 소유권을 가지고 있음을 전제로 점유한 경우. 쉽게 말해, 빌렸으면 타주점유다.

판단 기준은? 어떤 경위로 점유를 개시했는지를 보고, "객관적으로" 결정한다.

예: 임차인이 설령 내심으로는 소유자처럼 지배하려 했더라도, 또는 자기에게 소유권이 있다고 믿었더라도, 임차인 점유는 여전히 타주점유다.

> **2017다360**: 점유자의 점유가 자주점유인지 아니면 타주점유인지는 점유자의 **마음속에 있는 의사에 따라 결정되는 것이 아니[다**. 이는] 점유 취득의 원인이 된 권원의 성질이나 점유와 관련된 모든 사정에 따라 **외형적·객관적**으로 결정되어야 한다.

선악과 자타 사이 관계

1. 선악 여부와 자타 여부는 서로 별개다. 선의점유와 자주점유는 서로 다른 개념이다. 즉, 악의점유라 해서 꼭 타주점유가 되는 것이 아니다.

> **85다카2230**: **자주**점유는 ... 법률상 [소유자와 동일한 지배]를 할 수 있는 권한 즉, 소유권을 가지고 있거[나] 소유권이 있다고 **믿고서** 하는 점유를 **의미하는 것은 아니다**.

> **93다1886**: [K가] 주장하는 [어떠어떠한] 사실은 악의의 점유 내지 과실 있는 점유임을 인정하기 위한 자료가 될 수는 있[다. 그렇]지만 [H]가 이 사건 부동산을 매수하여 자기를 위한 새로운 점유를 개시한 이상 위의 사실이 인정된다고 하더라도 이를 타주점유라고 할 수 없[다.]

2. 다만, 악의점유 중에서도 (i) 부동산에 관한 (ii) 악의무단점유라면, 타주점유로 본다.

> **95다28625전합**: [부동산]점유자가 점유 **개시 당시**에 소유권 취득의 원인이 될 수 있는 법률행위 기타 법률요건이 없이 그와 같은 법률요건이 없다는 사실을 잘 **알면서** 타인 소유의 부동산을 **무단점유**[했다. 그렇다면,] 특별한 사정이 없는 한 점유자는 타인의 소유권을 배척하고 점유할 의사를 갖고 있지 않[다.] ... 그의 점유는 타주점유[다.]

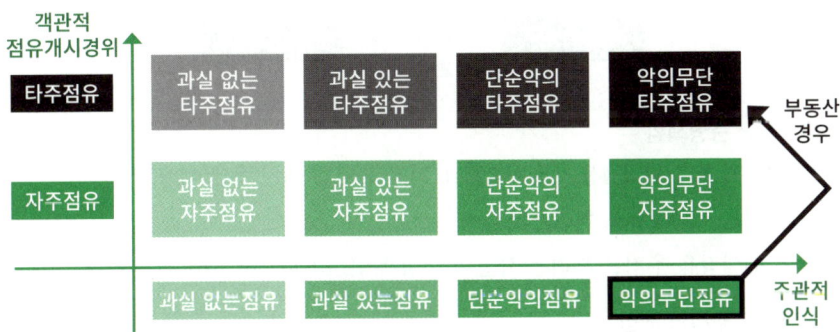

평온공연한 점유와 평온공연하지 않은 점유

1. 평온공연한 점유: 평온(peaceable) and 공연(open) 점유
2. 평온공연하지 않은 점유: 폭력(violent) or 은비(concealed) 점유

96다14036: 평온한 점유란 점유자가 점유를 취득 또는 보유하는데 있어 법률상 용인될 수 없는 강포행위를 쓰지 않는 점유이[다.]

공연한 점유란 은비의[감추는(conceal)] 점유가 아닌 점유를 말한다.

추정과 추정 깨짐

머리에

점유자는 자주점유, 선의점유, 평온한 점유, 공연한 점유를 하는 것으로 추정(presume)한다. 이 추정은 점유자에게 유리하다. 점유권 효력이다.

민법 제197조(점유의 태양[(모습)]) ① 점유자는 소유의 의사로 선의, 평온 및 공연하게 점유한 것으로 **추정**한다.

선의점유 추정

X가 어떤 물건을 점유하고 있다.

1. 원고는 X의 점유가 선의점유라 주장한다.
2. 피고는 X의 점유가 악의점유라 주장한다.

그런데, 점유가 있으면 선의점유로 추정(presume)한다.

민법 제197조(점유의 태양[(모습)]) ① 점유자[X]는 ... **선의**... 점유한 것으로 **추정**한다.
2020다290767: 부동산 점유권원의 성질이 분명하지 않을 때에는 민법 제197조 제1항에 따라 점유자는 소유의 의사로 **선의로** 평온하고 공연하게 **점유한 것으로 추정**[된다.]

선의점유 증명책임

1. 피고가 X의 선의점유 사실이 "없다"라고 증명해 내지 못한 이상,
2. 법원은 선의점유로 처리한다.

결국, 선의점유 추정을 깨려는 사람이 증명책임(burden of proof)을 진다.

선의점유 추정의 깨짐

추정은 깨질 수 있기에 추정이다. 개념 자체로, 깨질 수 있는 추정(rebuttable presumption)이다. 이렇게 추정이 깨지면 달리 봐야 한다.

1. 위 사례에서, 피고가 확실한 증거를 내서 X의 선의점유 사실이 "없다"고 증명(prove)해 내면? 이때는 추정이 깨진다.

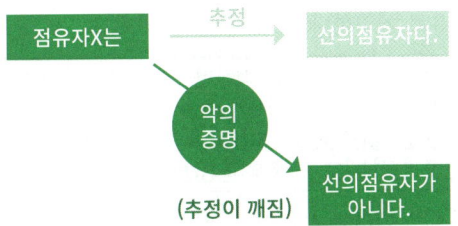

2. 그러면 법원은 악의점유로 처리한다.

선의점유 추정은 언제 깨지는가?

1. 객관적으로 "권원 없는 점유"라는 사실이 증명돼도, 그것만으로는 선의점유 추정이 깨지지 않는다. 여전히 선의점유로 처리한다.

> **99다63350:** [X의 점유가] 권원 없는 점유였음이 밝혀졌다고 하여 곧 그동안의 점유에 대한 선의의 추정이 깨어졌다고 볼 것은 아니다.

2. 주관적으로 "권원 없는 점유를 알았다"는 사실까지 증명돼야, 선의점유 추정이 깨진다. 그래야 악의점유로 처리한다.

> **80다3269:** [X]가 본건 토지를 1974. 7. 18.부터 어린이 놀이터로 점유, 관리하여 왔[다. X]는 사업시행자가 본건 토지에 관한 권리를 취득함이 없이 어린이 공원시설을 설치한 사실을 **알면서도** 본건 토지를 어린이 놀이터로 점유해 [왔던 것이다. 이 점은] 명백하[다. 그러]므로 위 토지를 [X]가 선의로 점유하여 왔다는 추정은 전복[된다.]

자주점유 추정

Y가 어떤 물건을 점유하고 있다.

1. 원고는 Y의 점유가 자주점유라 주장한다.
2. 피고는 Y의 점유가 타주점유라 주장한다.

그런데, 점유가 있으면 자주점유로 추정(presume)한다.

> **민법 제197조(점유의 태양(모습))** ① 점유자[Y]는 **소유의 의사로** ... 점유한 것으로 **추정**한다.

> **2020다290767:** 부동산 점유권원의 성질이 분명하지 않을 때에는 민법 제197조 제1항에 따라 점유자는 **소유의 의사로** 선의로 평온하고 공연하게 **점유한 것으로 추정**[된다.]

자주점유 증명책임

1. 피고가 Y의 자주점유 사실이 "없다"라고 증명해 내지 못한 이상,
2. 법원은 자주점유로 처리한다.

> **95다28625전합:** 민법 제197조 제1항에 의하면 물건의 점유자[Y]는 소유의 의사로 점유한 것으로 추정[된다. 그러]므로 ...[점유가 소유 의사 있는 점유라고 주장하는 경우] **스스로 소유의 의사를 [증명]할 책임은 없[다.]** 오히려 그 점유자[Y]의 점유가 **소유의 의사가 없는 점유임을 주장하[는]** ... 자에게 그 [증명]책임이 있다.

결국, 자주점유 추정을 깨려는 사람이 증명책임(burden of proof)을 진다.

자주점유 추정의 깨짐

1. 위 사례에서, 피고가 확실한 증거를 내서 Y의 자주점유 사실이 "없다"고 증명(prove)해 내면? 이때는 추정이 깨진다.

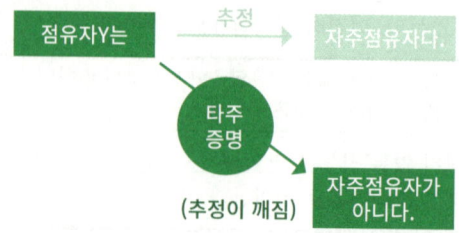

2. 그러면 법원은 타주점유로 처리한다.

자주점유 추정은 언제 깨지는가?

1. 주관적으로 "소유하려는 의사가 없었다"는 사실이 증명돼도, 그것만으로는 자주점유 추정이 깨지지 않는다. 여전히 자주점유로 처리한다.

> **2017다228342:** 점유자의 점유가 소유의 의사 있는 자주점유인지는 점유자의 내심의 의사에 의하여 결정할 것은 아니[다.]

2. 객관적으로 "부동산의 악의무단점유" 사실까지 증명되면, 자주점유 추정이 깨진다. 타주점유로 처리한다.

> **95다28625전합:** 점유자가 성질상 소유의 의사가 없는 것으로 보이는 권원에 바탕을 두고 점유를 취득한 사실이 증명[된 경우가 있다. ... 이처럼] **외형적·객관적**으로 보아 점유자가 타인의 소유권을 배척하고 점유할 의사를 갖고 있지 아니하였던 것이라고 볼 만한 사정이 증명된 경우에도 그 추정은 깨어진다.

> 점유자가 점유 개시 당시에 소유권 취득의 원인이 될 수 있는 법률행위 기타 법률요건이 없이 그와 같은 법률요건이 없다는 사실을 잘 **알면서** 타인 소유의 부동산을 **무단점유**한 것임이 [증명]된 경우[는 어떠한가?] 특별한 사정이 없는 한 점유자는 타인의 소유권을 배척하고 점유할 의사를 갖고 있지 않다고 보아야 [한다. 그러]므로 이로써 **소유의 의사가 있는 점유라는 추정은 깨어졌[다.]**

참고로, "자주점유 증명에 실패"하더라도, 그것만으로는 자주점유 추정이 깨지지 않는다. 여전히 자주점유로 처리한다. 증명책임이 누구에게 있는지를 생각해 보자.

> **2020다290767**: 점유자가 스스로 매매 또는 증여와 같이 자주점유의 권원을 주장하였으나 이것이 인정되지 않는[다고 하자. 그 경우]에도 원래 자주점유의 권원에 관한 **증명책임이 점유자에게 있지 아니[하다**. 그리]한 이상 그 주장의 점유권원이 인정되지 않는다는 사유만으로 자주점유의 추정이 번복된다거[나] 점유권원의 성질상 타주점유라고 볼 수 없[다.]

과실 없는 점유?

Z가 어떤 물건을 점유하고 있다.

1. 원고는 Z의 점유가 과실 없는 점유라 주장한다.
2. 피고는 Z의 점유가 과실 있는 점유라 주장한다.

이 경우 어떻게 처리하는가?

1. 과실 없는 점유로 추정하는 규정은 없다.

자주점유, 선의점유, 평온공연점유만 추정한다.

> **민법 제197조(점유의 태양[(모습)])** ① 점유자는 **소유의 의사로 선의, 평온 및 공연**하게 점유한 것으로 추정한다.

2. 결국, 과실 없는 점유라고 주장하는 사람, 즉 원고가 증명책임(burden of proof)을 진다.

> **97다2665**: 점유 취득에 관한 ... 무과실에 관한 [증명]책임은 [무과실이라고] 주장하는 쪽에 있다.

점유승계

개념

1. 점유권 이전(점유이전): 점유권자가 바뀌는 것
2. 점유승계(succession): 전 점유자의 점유를 새 점유자가 이어받는 것

점유권 양도

점유권자가 물건을 건네주면, 이제 물건을 받은 사람이 새로운 점유권자가 된다.

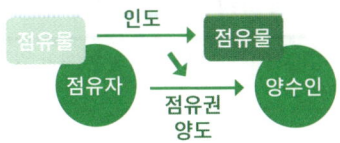

1. 점유물의 인도(delivery)로,
2. 현실적으로,
3. 점유권이 양도(transfer)된다. 이를 통해,
4. 점유승계(succession)가 이루어진다.

> **민법 제196조(점유권의 양도)** ① 점유권의 양도는 점유물의 인도로 그 효력이 생긴다.

상속
사람이 죽으면 상속인이 권리를 상속한다. 점유권도 상속받는다.

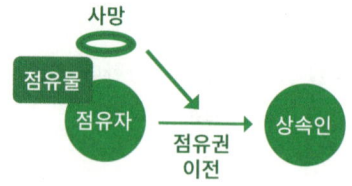

1. 상속(inheritance)으로,
2. 관념적으로,
3. 점유권이 이전(transfer)한다. 이를 통해,
4. 점유승계(succession)가 이루어진다.

> **민법 제193조(상속으로 인한 점유권의 이전)** 점유권은 상속인에 이전한다.

상속인이 실제로 물리적으로 점유하게 된다는 말이 아니다. 사망 즉시 점유권이 상속인에게 이전된 것으로 "간주"한다는 뜻이다.

점유기간
의의
점유는 시간적 개념이다. 예를 들어, 다음과 같이 말할 수 있다.
1. "점유기간이 20년이 넘었다."
2. "8년간 점유하다가, 5년 동안 점유를 하지 못했고, 다시 10년 점유했다."

점유계속의 추정
양 시점 점유 사실이 인정되면, 그사이에 계속 점유했다고 추정한다.

> **민법 제198조(점유계속의 추정)** 전후양시에 점유한 사실이 있는 때에는 그 점유는 **계속한 것**으로 **추정**한다.

예를 들어,
1. E가 K토지를 2020. 1. 1. 점유했고, 2021. 8. 31. 점유한 사실이 증명되면?
2. E가 2020. 1. 1.부터 2021. 8. 31.까지 계속 점유했다고 추정한다.

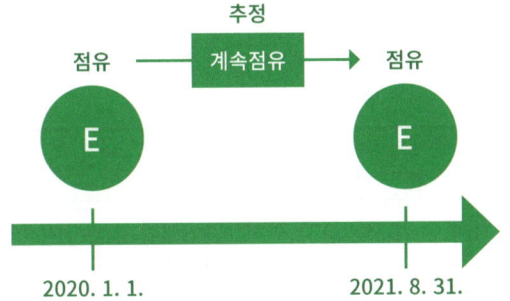

점유계속 추정의 깨짐
점유계속의 추정도 추정이므로, 역시 깨질 수 있다.
1. S가 2021. 5. 5.에 K토지를 점유한 사실이 밝혀졌다면?
2. 위 추정은 깨진다.

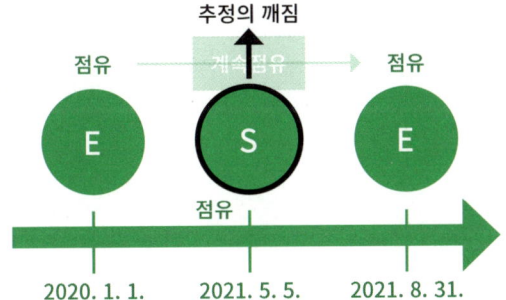

점유승계와 점유기간
사실관계
1. E는 어떤 건물을 2020. 1. 1.부터 1년 동안 짐유해 왔다.
2. 그러던 중, E가 2021. 1. 1. F에게 위 건물을 매도했다.
3. F는 2021. 6. 31.까지 6개월 동인 위 긴물을 점유했다.

그런데 위 건물은 알고 보니 E 소유가 아니라, N 소유였다고 한다. 그 사실을,
1. E는 알고 있었다.
2. F는 모르고 있었다.

문제점

1. 현 점유자 F의 점유기간은?
2. 현 점유자 F의 점유 모습(태양)은?

결론

1. F는 2021. 1. 1.부터 2021. 6. 31.까지 6개월 동안 점유했다고 주장해도 된다. 즉, 6개월 동안 선의점유다.

> **민법 제199조(점유의 승계의 주장과 그 효과)** ① 점유자[E]의 승계인[F]은 자기[F]의 점유[6개월]만을 주장...할 수 있다.

2. F는 2020. 1. 1.부터 2021. 6. 31.까지 1년 6개월 동안 점유했다고 주장해도 된다. 다만, E가 악의였기 때문에, 1년 6개월 동안 악의점유를 했다고 본다.

이때 "앞의 1년은 악의점유, 뒤의 6개월은 선의점유"로 보지 않는다. "1년 6개월 전체가 악의점유"로 된다.

> **민법 제199조(점유의 승계의 주장과 그 효과)** ① 점유자[E]의 승계인[F]은 ... 자기[F]의 점유[6개월]와 전점유자[E]의 점유[1년]를 아울러[1년 6개월(= 6개월 + 1년)] 주장할 수 있다.
> ② 전점유자[E]의 점유를 아울러 주장하는 경우에는 그 하자[(사안에서는 악의)]도 계승한다.

물권 변동 원리
Principle of Alteration of Property Rights

> 세상에 존재하는 것은 시시각각 흘러가고 변화하고 있어 고정된 것이 없는데,
> 인간은 항상 불변을 바라고 그것을 실체라고 고집하려 하는 데에 고통의 원인이 있다.
> - 석가모니

물권변동 개념

개념
1. 아주 다양한 원인과 다양한 방식으로 물권은 변동한다.
2. 물권 변동(alteration): 물권이 발생, 변경, 소멸하는 것

사례
1. 어떤 동산이나 부동산 소유자가 A에서 B로 변하기도 한다.
2. 의사표시에 근거하든 그렇지 않든 간에, 어떤 경우에는 지상권이 생기기도 하고, 사라지기도 한다.
3. 전세권이 설정되었다가 기간 만료로 소멸하기도 한다.

물권 득실
조금 전 소유권 변동 사례를 보자.
1. A 입장에서 보면, 물건 소유권을 상실(loss)한 것이다.
2. B 입장에서 보면, 물건 소유권을 취득(acquisition)한 것이다.

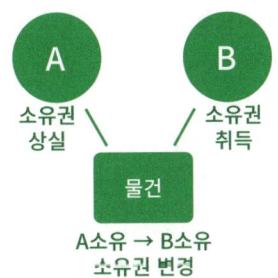

이처럼, 물권변동은, 물권자 입장에서는 곧 물권 취득, 변경, 상실을 의미한다.
취"득", "변경", 상"실"을 득실변경(acquisition, loss, and transfer)이라 한다.

물권변동의 원인

2가지 유형
물권변동의 원인은 2가지다.
1. 의사표시에 따른 것: 법률행위(legal act)에 따른 물권변동이다.
2. 의사표시에 따르지 않은 것: 법률규정(provision)에 따른 물권변동이다.

법률행위에 따른 물권변동

법률행위(계약 등)는 물권변동의 원인이다. 쉽게 말해, 계약 때문에 물권이 변동하기도 한다. 예를 들어,

1. 매매계약 때문에 매도인으로부터 매수인에게 소유권이 이전되기도 한다. 계약과 같은 법률행위는 물권변동의 원인이 된다.
2. 지상권설정계약, 질권설정계약, 저당권설정계약, 전세권설정계약 등에 따라, 물권이 발생하기도 한다.

법률행위의 핵심은 의사표시다. 예를 들어,

1. "소유권을 당신에게 넘기기로 한다"는 의사표시에 따라 그것대로 물권이 변동한다.
2. "지상권, 질권, 저당권, 전세권 등을 설정해 준다"는 의사표시에 따라 그것대로 물권이 변동(발생)한다.

그러나 그렇다고 해서, 계약 자체만으로 곧바로 물권이 변동한다는 말은 아니다. 추가로 등기나 인도 같은 요건이 필요하다.

약정물권이 "발생"하는 원인은 모두 법률행위다. 그러나 발생한 약정물권이 "변경, 소멸"하는 원인은 법률행위일 수도 있고, 법률규정일 수도 있다.

법률규정에 따른 물권변동

물권변동에 관한 의사표시가 없더라도, 법이 물권이 변동하도록 정한 경우가 있다. 쉽게 말해, 법률규정 때문에 물권이 변동하는 경우도 있다. 예를 들어,

1. 유치권 같은 법정물권이 발생하는 이유는 "유치권을 설정하기로 한다"는 합의가 있어서가 아니다. 법에서 정한 유치권 발생 요건에 해당하기 때문에 자동으로 발생한다.
2. 법정지상권도 "지상권을 설정해 준다"는 의사표시 없이 발생한다. 법에서 정한 법정지상권 발생 요건에 해당하기 때문에 자동으로 발생한다.

추가로 등기나 인도 같은 요건 없이도, 물권이 변동한다.

법정물권이 "발생"하는 원인은 모두 법률규정이다. 그러나 발생한 법정물권이 "변경, 소멸"하는 원인은 법률행위일 수도 있고, 법률규정일 수도 있다.

부동산 물권변동

법률행위에 따른 부동산물권변동

1. 법률행위가 있고, 나아가 등기까지 돼야 물권변동이 유효하다.

> 민법 제186조(부동산물권변동의 효력) 부동산에 관한 법률행위로 인한 물권의 득실변경은 **등기하여야 그 효력**이 생긴다.

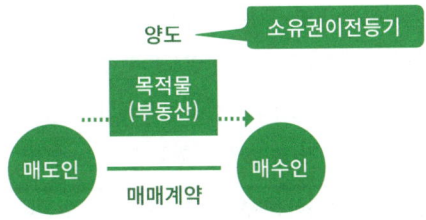

2. 예를 들어, 부동산매매 후 매수인 앞으로 등기가 되지 않으면? 설사 매매대금을 모두 냈다고 해도 부동산은 여전히 매도인 소유다.
3. 이것을 "등기(registration)는 법률행위에 따른 부동산물권변동 효력요건"이라 말한다.

법률규정에 따른 부동산물권변동

법률규정에서 정한 요건을 충족하는 이상, 등기 없이도 물권변동이 유효하다. 예를 들어,

1. 원래 토지와 건물이 모두 A 소유였다. 그런데, 건물에만 K은행 앞으로 근저당권이 설정된 후 근저당권이 실행되어 B가 건물을 매수했다.
2. 그러면 B는 민법 제366조의 법정지상권 규정에 따라 지상권자가 된다.

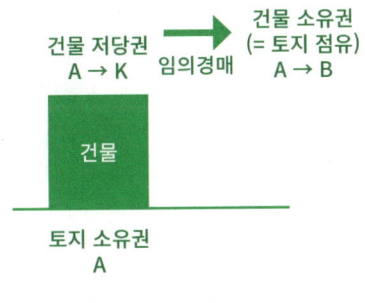

3. 이것은 말 그대로 법률규정에 따른 부동산물권 취득이다. 그러므로, B는 지상권설정등기를 받지 않더라도, 지상권자가 된다.

> **민법 제366조(법정지상권)** 저당물[건물]의 경매로 인하여 토지와 그 지상 건물이 다른 소유자[토지는 A, 건물은 B]에 속한 경우에는 토지 소유자[A]는 건물 소유자[B]에 대하여 지상권을 설정한 것으로 본다. ...
>
> **민법 제187조(등기를 요하지 아니하는 부동산물권취득)** ... **법률의 규정에 의한** 부동산에 관한 물권의 취득은 **등기를 요하지 아니한다.** ...
>
> **95다52864:** 건물 소유를 위한 [민법 제366조의 법정]지상권 [경우] 민법 제187조의 규정에 따라 **등기 없이 당연히 취득**[한다.]

제4강 물권법 기초

다만, 취득한 물권을 처분하려면, 그때는 등기가 필요하다. 예를 들어,

1. B가 취득한 지상권을 제3자인 C에게 양도하려면(지상권 이전)?
2. 이제는, 지상권설정등기와 지상권이전등기가 필요하다.
3. 등기 없이 지상권양수인 C가 지상권을 취득할 수는 없다.

> **민법 제187조(등기를 요하지 아니하는 부동산물권취득)** ... 법률의 규정에 의한 부동산에 관한 물권의 취득은 등기를 요하지 아니한다. <u>그러나 등기를 하지 아니하면 이를 처분하지 못한다.</u>
>
> **78다52**: 법정지상권을 가지고 있는 사람[B]이 ... 법정지상권의 처분에 따른 이전등기 등을 하지 아니하였다면 [어떻게 되는가?] 그 법정지상권은 의연히 원래의 법정지상권자[B]에게 유보[된] 것으로 보아야 한다.

동산 물권변동

법률행위에 따른 동산물권변동

1. 법률행위가 있고, 나아가 인도까지 돼야 물권변동이 유효하다.

> **민법 제188조(동산물권양도의 효력, 간이인도)** ① 동산에 관한 물권의 양도는 그 동산을 <u>인도하여야 효력</u>이 생긴다.

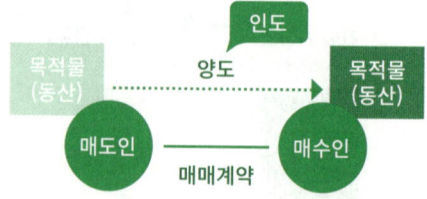

2. 예를 들어, 동산매매 후 매수인이 인도받지 않으면? 설사 매매대금을 모두 냈다고 해도 동산은 여전히 매도인 소유다.
3. 이것을 "인도(delivery)는 동산물권변동 효력요건이다"라 말한다.

인도

다음은 모두 인도에 해당한다.

1. 현실인도
2. 관념인도: (i) 간이인도, (ii) 점유개정, (iii) 목적물 반환 청구권 양도. 관념인도는 비록 현실의 지배력 이전은 없더라도, 인도로 간주하는 것이다.

현실인도에 따른 동산물권변동

현실 지배력을 이전하는 것이다.

1. 동산 인도: 물건을 건네주는 것
2. 건물 인도: 살림살이 물건을 꺼내거나 들여와 퇴거 및 입주하는 것

3. 토지 인도: 그 토지 위에서 경작을 한다거나, 그 토지 위에 건물을 소유하게 된 것

건물을 점유하는 것은 말 그대로 건물 점유일 뿐, 토지 점유가 아니다. 건물을 "소유"하는 자가 곧 토지를 점유하는 자다.

간이인도

1. A가 B에게 인도를 하려 한다. 그런데, 처음부터 B가 점유하는 상태다.

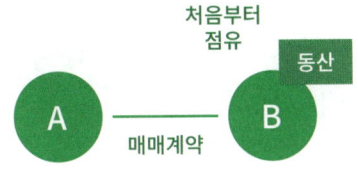

2. 그렇다면 A가 B로부터 굳이 물건을 돌려받은 다음 다시 B에게 인도해 주는 것은 너무 번거롭고 불필요한 일이다.
3. 이럴 때는 A가 B에게 준다는 의사표시만으로도 충분하다.

> **민법 제188조(동산물권양도의 효력, 간이인도)** ② 양수인[B]이 이미 그 동산을 점유한 때에는 당사자의 **의사표시만으로 그 효력**이 생긴다.
>
> **2008다96963:** 점유를 취득하는 방법에는 현실의 인도(교부) 외에 간이인도 [등이] 있다.

예: B가 A로부터 책을 빌려 읽다가, 그것을 사겠다 하는 경우

점유개정

1. A가 자기 물건을 B에게 매도하지만, 사용은 A가 계속하고 싶을 수도 있다.
2. 이럴 때는 매매계약과 임대차계약을 함께 체결하기도 한다. 즉, A가 B에게 물건을 매매하되, A는 새로운 소유자가 될 B로부터 그 물건을 임차해서 쓰는 방식이다.

실무에서는, 매각 후 재임대(Sale and Lease Back; SLB) 방식이라 부른다.

3. 그렇다면 A가 B에게 굳이 물건을 건네준 다음, 다시 A가 B로부터 건네받아야 하는가? 너무 번거롭고 불필요하다.
4. 이럴 때는 A와 B 합의로 그냥 A가 종전대로 계속 점유하는 것으로 해도 충분하다.

민법 제189조(점유개정) 동산에 관한 물권을 양도하는 경우에 당사자의 계약으로 양도인[A]이 그 동산의 점유를 계속하는 때에는 양수인[B]이 **인도받은 것으로 본다**.

89도1931: [A가] 그 소유의 이 사건 에어컨 등을 [B]에게 양도담보로 제공하고 점유개정의 방법으로 점유[한 사례가 있다.]

목적물 반환 청구권 양도

1. A가 B에게 인도하려고 한다. 그런데, 물건을 제3자 C에게 수리를 맡긴 상태다. 아직 수리가 다 되지 않아 C가 보관하고 있다.

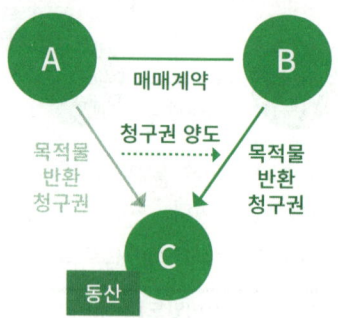

2. 그렇다면 A가 C로부터 물건을 돌려받은 다음 B에게 건네고, 다시 B가 C에게 수리를 맡겨야 하는가? 너무 번거롭고 불필요하다.
3. 이럴 때는 그저 A가 C로부터 물건을 돌려받을 권리를 B에게 넘기면 된다. 즉, 현실인도 대신 목적물 반환 청구권을 양도하는 것으로 충분하다.

민법 제190조(목적물반환청구권의 양도) 제삼자[C]가 점유하[는] 동산에 관한 물권을 양도하는 경우에는 양도인[A]이 그 제삼자[C]에 대한 반환청구권을 양수인[B]에게 양도함으로써 동산을 인도한 것으로 본다.

공시 제도

개념

1. 공시(public notice): 물권변동 사실을 외부에서 알 수 있도록 하는 것.
2. 공시방법(method of public notice): 공시의 수단(도구).

등기, 인도가 바로 공시방법이다.

유형별 공시방법

1. 부동산 물권변동의 공시방법은 등기(registration)다. 등기부에 부동산 물권변동 사항이 기재되고 공개되기 때문이다.
2. 일반적으로 동산 물권변동의 공시방법은 인도(delivery)다. 인도로 외부에서도 소유권 변동을 알 수 있기 때문이다.

3. 다만 예외적으로, 어떤 동산은 인도가 아니라 등록(registration)이나 등기가 공시방법이기도 하다.

예를 들어, 자동차 소유권 변동에서는 등록이 효력요건이다. 그 결과 등록이 바로 공시방법이 된다.

> **자동차관리법 제6조(자동차 소유권 변동의 효력)** 자동차 소유권의 득실변경(得失變更)은 등록을 하여야 그 효력이 생긴다.

공시 원칙

1. 물권변동에는 언제나 공시방법이 따라야 한다. 이것을 가리켜 공시 원칙(principle of public notice)이라 한다.
2. 물권은 채권과 달리 절대성, 배타성이 있다. 그래서 만약 제3자가 그 물권의 존재를 알 수 있도록 해두지 않으면, 제3자가 예측하지 못했던 손해를 입게 된다. 거래 안전을 해친다.

성립요건주의

법률행위에 따른 물권변동에 반드시 공시방법을 갖추도록 강제할 방법은 무엇일까? 즉, 공시 원칙을 관철하려면 제도를 어떻게 두어야만 할까?

1. 성립요건주의: 공시방법을 못 갖추면 물권변동을 무효로 하는 나라도 있다.

공시방법이 물권변동 성립요건(requisite of establishment)인 나라다.

2. 대항요건주의: 공시방법을 갖추지 못해도 일단 당사자 사이에서는 물권변동이 유효한 나라도 있다. 다만, 제3자에게까지 그러한 물권변동을 주장할 수 있으려면 공시방법을 갖춰야 한다고 본다.

공시방법이 물권변동의 대항요건(requisite of opposition)인 나라다.

우리나라는 공시방법이 효력요건이다. 즉, 성립요건주의를 채택했다.

매매와 같이 합당한 원인이 앞서 존재하고 그에 따라 인도가 이루어지는 경우에 소유권이 이전한다(*Numquam nuda traditio transfert dominium, sed ita, si venditio aut aliqua iusta cuasa praecesserit, propter quam traditio sequeretur*; A bare delivery never transfers ownership, but only if a sale or other just cause has preceded it, upon account of which the delivery has followed).

무효인 물권변동

개념

물권변동의 무효: 말 그대로, 물권변동에 효력이 없는 것.

사례

1. A가 B에게 K토지를 매도해서, 매매대금을 다 받고,
2. 등기까지 이루어졌는데도,
3. 법적으로는 B가 소유권을 취득하지 못하는 경우다.

원인

물권변동이 무효인 이유? 크게 2가지가 있다.

1. 제1 원인: 계약의 무효
2. 제2 원인: 양도인이 물권자가 아님

제1 원인(법칙): 계약이 무효라면 물권변동도 무효

계약(법률행위)에 따라 물권변동이 일어났는데, 그 계약이 무효라면 물권변동이 무효다.

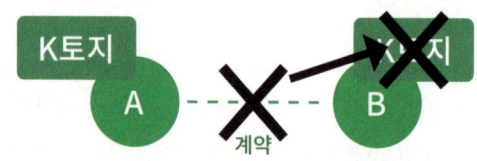

예를 들어,

1. 만약 위 사례에서 매매계약이 처음부터 무효였거나 혹은 취소되었다면?
2. K토지 물권변동은 무효다. 즉, B는 K토지 소유권을 취득하지 못한다. 원시적 무효든, 후발, 소급적 무효든 상관없다.

> **2001다8097**: 부동산 전부에 관하여 ... 매매계약이 체결되었는데 그 ... **매매계약이** ... 반사회적 법률행위에 해당하여 **무효**인 [사안이다.] ... 그에 기[초]한 소유권이전**등기[도] 무효**인 것으로 보아야 [한다.]

무효인 매매계약에 기초하여 인도가 이루어진 경우에는 인도물 소유권은 이전되지 아니한다(*Ex nullo enim contractu dominium non transfertur*; Ownership can not be transferred on the basis of a void contract, even if possession is transferred).

제2 원인(법칙): 양도인이 물권자가 아니면 물권변동 무효

계약(법률행위) 자체는 유효하더라도, 양도인에게 그 물권 자체가 없었다면 역시 물권변동이 무효다.

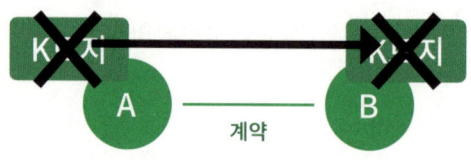

예를 들어,

1. 위 사례에서 설령 A, B 사이의 매매계약이 완전히 유효하다고 하더라도, 만약 A에게 K토지 소유권이 없었다면?
2. K토지 물권변동은 무효다. 즉, B는 K토지 소유권을 취득하지 못한다.

> **2017다3499:** 법률행위에 따라 권리가 이전되려면 권리자 또는 처분권한이 있는 자의 처분행위가 있어야 한다. **무권리자[A]가 타인의 권리를 처분**한 경우에는 특별한 사정이 없는 한 **권리가 이전되지 않는다**.

누구도 자기가 가지는 이상의 권리를 타인에게 줄 수 없다(*Nemo plus iuris ad alium transferre potest quam ipse habet*; One can not transfer more rights than he has).

3. 양도인(A)에게 물권(K토지 소유권)이 없었다고 해서, 양도인(A)과 양수인(B) 사이의 계약(매매계약)까지 무효로 되는 것은 아니다. 남의 물건을 팔거나 임대하더라도, 그러한 채권계약 자체는 유효하다. 즉, 물권이 없어서 물권변동이 무효일 뿐, 물권이 없다고 해서 채권계약까지 무효인 건 아니다.

> **73다1639:** 타인의 부동산을 매매의 목적물로 삼[더라도] 그 **매매계약만은 당사자[A, B]간에 채권계약으로 유효**하[다.] 따라서 매도인[A]은 그 권리를 취득하여 매수인[B]에게 이전할 의무[가 있다.]

효과

물권변동이 무효라면, 어떻게 처리되는가?

편의상 위 제1 원인(법칙) 사례로 분석해 보자.

1. K토지 소유명의가 B 앞으로 되어 있지만, 소유자는 B가 아니라 A다. 공시된 것과 실제 권리에 차이가 생겼다. 자기(A) 소유의 토지인데 남(B) 소유로 공시되어 있다. 결국 A 입장에서는 자기 소유권이 방해받는 상황이다.
2. 그렇다면 A는 이 상태를 없애고 싶다. 즉, A소유로 공시되도록 만들고 싶다.

> **민법 제214조(소유물방해제거, 방해예방청구권)** 소유자[A]는 소유권을 방해하는 자[B]에 대하여 방해의 제거를 청구할 수 있고 ...

3. A는 소유권자로서 B에게 등기말소를 구할 수 있다. B명의 등기가 말소된 후 등기부를 보면 이제 A소유라는 것을 알 수 있게 된다.

복합 사례

배경

1. P토지는 원래 甲 소유로 등기가 되어 있었다.

2. 甲은 돈이 급히 필요해서 乙에게 "P토지 바로 옆에 내년에 L백화점이 들어오니 땅값이 뛸 것이다"라고 거짓말을 했다. 순진한 乙은 이에 속아서, 甲으로부터 P토지를 매수해서 소유권이전등기를 받았다.

3. 다시 乙은 丙에게 P토지를 매도해서 丙 앞으로 소유권이전등기가 됐다. 丙은 "甲이 乙에게 사기 쳤다는 사실"을 우연히 알고는 있었지만, 甲의 사기행위에 개입한 것은 없다. 乙과 丙 사이의 매매계약 자체에는 아무런 문제가 없었다.

갑이 을에게 매도한 것을 을이 다시 병에게 매도하는 식으로 순차 매매가 이루어지는 것을, "전매(resale)"라 부른다.

4. P토지 소유권은 甲, 乙, 丙 순으로 이전된다. 일단 물권변동은 유효하다.

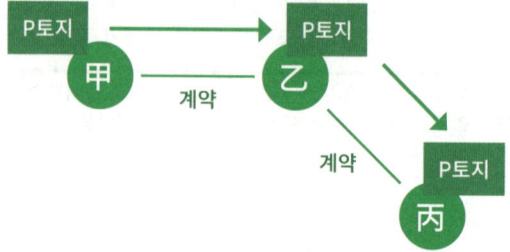

乙의 소유권 취득? → 매매계약 취소와 제1 법칙의 적용

1. 그러다가 乙은 자기가 사기를 당했다는 것을 깨닫고 곧바로 甲과 乙 사이의 매매계약을 취소했다. 그러면 甲, 乙 사이의 매매계약은 계약체결시로 소급해 무효로 된다.

> **민법 제110조(사기, 강박에 의한 의사표시)** ① 사기나 강박에 의한 의사표시는 취소할 수 있다.

> **민법 제141조(취소의 효과)** 취소된 법률행위는 처음부터 무효인 것으로 본다. ...

2. 매매계약이 무효라면, 물권변동도 무효다(제1 법칙). 따라서 甲으로부터 乙로 소유권 이전(물권변동)이 무효로 된다.

> **2001다8097**: 부동산 ... 매매계약이 ... 무효인 [사안이다.] ... 그에 기[초]한 소유권이전등기[도] 무효인 것으로 보아야 [한다.]

丙의 소유권 취득? → 乙의 소유권 상실과 제2 법칙의 적용

1. 취소 결과, 乙은 법적으로는 한순간도 P토지 소유권자인 적이 없게 된다. 소급효 때문이다. 乙은 P토지 소유권자가 아닌데도, 丙에게 P토지를 매도한 셈이 됐다.
2. 양도인에게 물권 자체가 없었다면 물권변동이 무효다(제2 법칙). 따라서 乙에서 丙으로 소유권 이전(물권변동) 역시 무효로 된다.

> **79다942:** [P부동산]의 매수가 ... 무효인 경우 [매수인 乙]이 전득자[丙]에게 [P부동산]을 매도한 것도 효력이 없[다. 그리]므로 전득자[丙] 명의로 이루어진 등기는 실체적 권리관계에 부합되지 않는 무효의 등기이다.

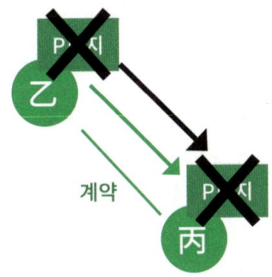

해결

1. 乙, 丙으로의 물권변동이 모두 소급해 무효로 됐다. 그 결과, 甲은 처음부터 소유권을 잃었던 적이 법적으로는 단 한순간도 없게 된다.
2. 甲은 소유권자로서, 乙과 丙 명의의 등기를 모두 말소할 수 있다. 그렇게 하여, 甲은 P토지를 자기 명의로 복구할 수 있다.

> **민법 제214조(소유물방해제거, 방해예방청구권)** 소유자[甲]는 소유권을 방해하는 자 [乙, 丙]에 대하여 방해의 제거를 청구할 수 있고 ...

> **98다23393:** 순차 [마친] 소유권이전등기의 각 말소 청구소송은 [어떤가?] ... 그[乙, 丙] 중의 어느 한 등기명의자만을 상대로 말소를 구할 수 있[다.] 최종 등기명의자[丙]에 대하여 등기말소를 구할 수 있는지에 관계없이 중간의 등기명의자[乙]에 대하여 등기말소를 구할 [수] 있다.

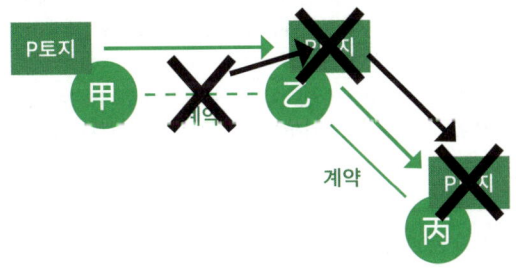

공신력과 추정력?

공시내용과 실제 권리의 불일치 가능성

등기나 인도를 받은 자라고 해서, 실제로도 반드시 그에게 어떤 물권이 있다고 단정할 수 없다. 즉,

1. 부동산 경우, 등기부 기재가 항상 실제 권리관계와 일치하지는 않는다. 등기부에 "A가 K토지 소유자"로 쓰여 있다고 해서, 꼭 실제로도 A가 소유자라 단정할 수는 없다.

사례처럼 계약이 무효나 취소로 되었을 수도 있기 때문이다. 또는, 누군가 등기소에 위조서류를 첨부해 등기신청을 해서 잘못된 등기가 이루어질 수도 있다.

2. 동산 경우에도, 동산 점유자와 소유자도 서로 별개다. F가 L동산의 자주점유자라 해서, 꼭 실제로도 F가 소유자라 단정할 수는 없다.

공시내용을 믿고 거래한 자 보호 여부

이처럼 등기나 인도에 따른 공시내용이 실제 권리관계와 불일치하는 경우가 생긴다. 그 경우, 공시내용을 믿고 거래한 자를 법적으로 보호해 줄 것인가?

예: 乙 앞으로 P토지 소유권이전등기가 된 상태에서, "乙이 소유자구나"라 오해하고 乙로부터 P토지를 매수한 丙을 보호해 줄 것인가?

1. 보호해 주는 나라: 원칙적으로, 丙은 P토지 소유권을 취득할 수 있다. 공시방법에 "물권변동에 관한 공신력(public confidence)"이 있는 법제다.

2. 보호해 주지 않는 나라: 원칙적으로, 丙은 P토지 소유권을 취득할 수 없다. 공시방법에 "물권변동에 관한 공신력(public confidence)"이 없는 법제다. 예외적으로, 특별한 개별 보호 규정이 있어야만 보호받을 수 있다.

우리의 경우

원칙적으로는 보호해 주지 않는다. 즉, 공시방법에는 물권변동에 관한 공신력(public confidence)이 없다. 즉,

1. 부동산 등기를 믿고 거래했어도, 부동산에 관한 권리를 취득하지 못할 위험이 항상 있다.

> **97다37661전합:** 민법은 법률행위로 인한 부동산 물권의 득실변경에 관하여 등기라는 공시방법을 갖추어야만 비로소 그 효력이 생긴다는 형식주의를 채택하고 있[다. 그럼에도] 등기에 공신력이 인정되지 아니[한다.]
>
> **2005다34667:** 부동산등기에 관하여 공신력이 인정되지 아니하는 [것이] 우리 법제[다.] ... 무효인 등기[乙 명의 등기]에 기초하여 새로운 법률원인으로 이해관계를 맺은 자[丙]가 다시 등기를 이어받았다면 [어떻게 되는가?] 그[丙] 명의의 등기 역시 특별한 사정이 없는 한 무효[다.]

2. 동산 점유를 믿고 거래했어도, 동산에 관한 권리를 취득하지 못할 위험이 항상 있다.

다만, 예외적으로 보호받는 경우가 있긴 하다. 즉, 개별 보호 규정이 있다. 특히, 동산 경우 비교적 넓게 보호하고 있다.

> **민법 제249조(선의취득)** 평온, 공연하게 **동산**을 양수한 자가 선의이며 과실 없이 그 동산을 점유한 경우에는 양도인이 정당한 소유자가 아닌 때에도 즉시 그 동산의 소유권을 취득한다.

이처럼 등기나 인도에 따른 공시내용이 실제 권리관계와 일치한다고 보장하는 공신력은 없다. 다만, 그렇게 일치한다고 추정(presumption)은 한다. 즉,

1. 부동산 경우, 등기가 이루어지면, 그렇게 받은 등기에 추정력이 있다.

> **2018다260565: 부동산**등기는 그것이 형식적으로 존재하는 것 자체로부터 **적법한 등기원인에 의하여 마쳐진 것으로 추정**된[다.]

2. 동산 경우, 인도가 이루어지면, 그렇게 받은 점유에 추정력이 있다.

> **민법 제200조(권리의 적법의 추정)** [**동산**] 점유자가 점유물에 대하여 행사하는 권리는 **적법하게 보유한 것으로 추정**한다.

일치한다고 추정되므로, 불일치한다고 주장하는 자가 증명해야 한다.

소결
1. 공시방법(등기나 인도)은 외부에 물건의 권리관계를 알리는 중요한 도구다.
2. 그러나 그 권리관계의 진정성을 보장하지는 않는다(공신력 없음).
3. 단지 그 권리관계의 진정성이 추정될 뿐이다(추정력 있음).

결론
물권변동 유효의 전제?
1. 법률규정에 따른 물권변동: 법률규정에서 정한 요건을 갖출 것
2. 법률행위에 따른 물권변동: 공시방법(부동산은 등기, 동산은 인도)을 갖출 것

공시방법과 물권변동 사이 관계
1. 법률행위로 물권변동이 되려면, 공시방법을 갖춰야만 한다.
2. 반대로 공시방법을 갖추었다 해서, 반드시 물권변동이 유효한 것은 아니다.

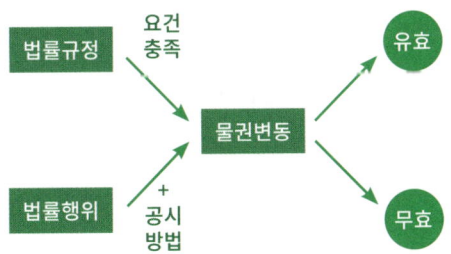

제4강 물권법 기초

제6판
법학 입문 (구 누워서 읽는 법학)
민사법 1 – 민사법 기초

초판 발행　2014. 10. 13.
제6판 발행　2023. 11. 16.

지은이　　김해마루
펴낸이　　최원아
표지디자인　박연미

펴낸 곳　**율현출판사** ｜ 등록 2019. 3. 12. 제2019-76호
　　　　　서울 마포구 월드컵북로47길 37, 101동 503호
　　　　　yulhyunbooks@gmail.com

ISBN　　979-11-973599-8-9
ISBN　　979-11-973599-7-2 (세트)

이 책의 출판권은 독점적으로 율현출판사에 있습니다.
저작권자와 맺은 특약에 따라 검인을 생략합니다.

책값은 뒤표지에 있습니다.
파본은 구입하신 서점에서 바꾸어 드립니다.